走讀伊斯蘭

ISLAMIC EMPIRES

Fifteen Cities that Define a Civilization

從聖城麥加到富都朵哈，
定義伊斯蘭千年文明的15座城市

Justin Marozzi

賈斯汀・馬羅吉——著
苑默文——譯 林長寬——審訂

獻給J

沒有你，我無法完成這一切

推薦序
繁華皆成夢

林長寬（前國立成功大學多元文化研究中心主任）

伊斯蘭自西元七世紀建立後，已傳播超過十四個世紀；而伊斯蘭帝國的建立也形塑了融合古希臘羅馬與波斯、印度元素承先啟後的「伊斯蘭文明」，從西元八至十六世紀之間可謂東亞地區之外最輝煌的世界文化與人類文明。隨著伊斯蘭帝國跨歐、亞、非三洲的擴張，相當多的宗教文化中心因而被建立，也形成伊斯蘭宗教與學術網絡。相對地，這些城市的生活也呈現了伊斯蘭文明內涵；但是伊斯蘭文明的複雜性與多元深度並非一般通史書籍可道盡。一九七〇年代，美國芝加哥大學伊斯蘭文明史泰斗馬歇爾．哈濟生（Marshall G. Hodgson）出版了*The Venture of Islam*（三冊），為伊斯蘭文明與文化提出了客觀的解析，論定其內涵與模式，至今無人出其右；而此名著也在臺灣國內有了漢譯本。❶

哈濟生的*The Venture of Islam*是一部嚴謹的學術著作，不易被非學術界讀者理解吸收。二〇一九年，出身劍橋大學英國資深記者，本身也是歷史研究者的賈斯汀．馬羅吉（Justin Marozzi）出版了《走讀伊斯蘭：從聖城麥加到富都朵哈，定義伊斯蘭千年文明的15座城市》（*Islamic Empires: Fifteen*

---

❶ 此書的漢譯本，見馬歇爾．哈濟生著、張人弘等譯，《伊斯蘭文明》六冊，新北市：臺灣商務印書館，二〇一五年至二〇一六年。

Cities that Define a Civilization），以十五個城市的活動來追溯伊斯蘭文明歷史，不僅回顧輝煌的過去，更把現代伊斯蘭世界的問題與之連結。這本著作所針對的讀者，是對伊斯蘭文明有興趣的非學術界普羅大眾。對不熟悉伊斯蘭世界歷史文化的臺灣讀者而言，此書的漢譯本可謂一部豐富精彩的入門書，彌補了哈濟生譯本難懂的遺憾。馬羅吉以城市歷史來建構伊斯蘭文明史，或許是為了一般讀者著想，但其問題在於伊斯蘭文明的多元性與區域差異性，是否全然可就十五座伊斯蘭中土（Central Lands of Islam）城市為典範？❷一般認定這些城市都是政權、朝代首都，其居民日常生活實為伊斯蘭世界文明之寫照。馬羅吉以這些政權首都為核心，談論該朝代歷史，例如伍麥亞朝（the Umayyads，六六一—七五〇）的大馬士革、阿巴斯朝（the Abbasids，七五〇—一二五八）的巴格達、後伍麥亞朝（the post-Umayyads，七五六—一〇三一）的哥多華，以及法蒂瑪朝（the Fatimids，九〇九—一一七一）的開羅。這幾個朝代乃所謂Khilafah體制（Caliphate，以哈里發為統治者之政體）的運作；而且只有這幾個朝代可被認知為「政教合一」的伊斯蘭帝國。

此外，書中所論及的其他伊斯蘭城市實際上與十五世紀後火藥時期（Gunpowder Period）的帝國有關，因為歐斯曼（the Osmanlıs，一二八〇—一九二四）、薩法維（the Safawids，一五〇一—一七二二）、蒙兀兒（the Mughals，一五二六—一八五八）三帝國，乃中世紀至近代（pre-Modern）伊斯蘭文明的發揚者。伊斯蘭文明在火藥帝國時期達到巔峰，但也是邁向衰微之始，肇因於歐洲工業革命創造現代科技與刺激殖民帝國主義的興起，這挑戰了伊斯蘭文明的發展。歐洲帝國殖民勢力的進入伊斯蘭世界，造成穆斯林統治者的自傲轉成自卑，試圖仿效歐洲的現代化迎頭趕上，但由於政治與宗教勢力的糾纏造成國力衰退，文明快速式微。

而在歐洲殖民勢力撤出伊斯蘭世界後，隨著穆斯林國族主義（nationalism）的興起，伊斯蘭世界的獨立國家如雨後春筍，紛紛建立，大一統哈里發體制的Ummah（社群、國家）隨之瓦解。這些新興國家積極採納殖民母國的「現代化模式」作為國家發展政策；但結果呈現兩極化，大部分國家因政府人謀不臧而陷於貧困中，而產油國卻發展出連殖民母國也自嘆不如的「伊斯蘭為表，西方為裡」的新城市文明，這也造就了幾個重要的奢華城市。此轉變有如《聖經》中所提到的「巴別塔」（Migdal Babel）故事，神的權威受到挑戰，宗教聖地甚至成了宗教觀光地，為統治者帶來巨大財富。雖然滿足了統治霸權的虛榮心，但也毀掉信仰虔誠性。

由於馬羅吉本身為記者，並長期在伊斯蘭世界工作生活，其書中所記載的城市皆有他親身的經驗，甚至有他早期成長地方，也因此他對城市歷史細節與所發展出來的文明有深度刻劃。然而，身為西方人，即使對伊斯蘭文明相當景仰，他對伊斯蘭史實也往往帶有懷疑論（skepticism）觀點。但也無可否認，他的確飽覽諸多穆斯林史料與西方學術研究成果，試圖為伊斯蘭文明給予客觀的詮釋，這或許是一種「東方主義原罪」的省思。從馬羅吉的描述，中世紀的伊斯蘭社會並非如今人們所理解的保守；相反地，在古典伊斯蘭社會中無論在上層或下層的傳統裡，人民所展現的觀念是相當開放的，其自由程度相較於今日西方社會，有過之而無不及。

在伊斯蘭研究的諸多議題中，最常被提及討論的是「宗教包容」問題。不同於今日穆斯林國家，

❷ 伊斯蘭世界重要的城市相當多，本書的十五個城市有其選擇性（例如南亞、東南亞、黑色非洲的伊斯蘭中心並未被列入），應該是與作者的生活經驗有關，選擇較容易處理的區域；但也可能在馬羅吉的觀念中，伊斯蘭重要帝國城市皆位於伊斯蘭中土地區。

馬羅吉試圖主張古典時期的伊斯蘭社會其當包容性相當大。這似乎是他一廂情願的觀點，重要的伊斯蘭研究學者未必全然認同，例如Marshall Hodgson、Shahab Ahmed[3]、Jack Tannous[4]等人對此議題有相當的深入探討，而提出不同的觀點；英國基督宗教神學家W. Montgomery Watt畢生研究伊斯蘭教義及基督宗教與伊斯蘭的關係，甚至也不得不承認「信仰衝突」往往存在於穆斯林社會的政治運作中。[5]

馬羅吉引用其突尼西亞朋友的話作為書的開場白，顯示其「以阿拉伯人為恥」的無奈。這位突尼西亞人的表白顯示當今Dar al Islam（伊斯蘭境域、伊斯蘭世界）的動盪不安與充滿流血衝突，書中所描述昔日輝煌文明如今已成碎夢。然而，若仔細對照今日穆斯林國家現況與過去歷史，當可發現歷史現象實不斷重複著，人類文明的起伏興衰不啻為一個循環，誠如中世紀北非社會史學家伊本·哈勒頓（Ibn Khaldun，一三三二—一四〇六）所提出的理論，而且Dar al Islam的Ummah機制也在今日「西方民主」與「東方伊斯蘭」體制競逐中被爭論著。馬羅吉的《走讀伊斯蘭：從聖城麥加到富都朵哈，定義伊斯蘭千年文明的15座城市》雖未含括整個伊斯蘭世界歷史，但也重點式提出當代伊斯蘭原教旨主義者（Salafist）的追求逝去繁華夢，亦即重建古典伊斯蘭政教合一的Khilafah體制。

馬羅吉追隨傳統的西方伊斯蘭史觀，從伊斯蘭發源地的麥加聖城談起，直到人造的杜拜、朵哈，一路把古典歷史與現代發展交織地敘述，娓娓道出伊斯蘭世界文明的興衰歷史。對他而言，這些產油國新興城市似乎讓逝去的伊斯蘭文明光輝重新照耀；而事實上，那些國家（特別是波斯灣地區）當今所創造出的文明有如披上伊斯蘭外衣的幻象；世俗化社會早已擱置了伊斯蘭傳統與價值觀，西方資本主義更已征服了那些暴發戶產油國。

臺灣至今關於伊斯蘭世界歷史文明的出版物泰半翻譯自歐美或日本的出版品，其中譯者有臺灣本地與來自海峽對岸，因此產生了不同文體與用詞邏輯的有趣現象。總而言之，這本翻譯書提供對伊斯蘭世界文明歷史有興趣的讀者相當多的知識，當可作為中學歷史教師或大學生世界文明通識課的補充閱讀資料，甚至是伊斯蘭世界旅遊的參考資料。而更值得一提的是，馬羅吉其流暢的敘述也帶出了伊斯蘭中土世界（Central Lands of Islam）與基督宗教歐洲的直接或間接關係，顯示了兩個獨一神信仰之文化與文明的交流對話。這也是本書可貴、可讀之處。

---

❸ 其名著為*What is Islam? The Importance of Being Islamic* (Princeton University Press, 2015)。

❹ 此新生代學者，其著作*The Making of the Medieval Middle East: Religion, Society, and Simple Believers* (Princeton University Press, 2018)，提出中世紀伊斯蘭和基督宗教交融與衝突之新觀點。

❺ 參閱林長寬，〈「消弭敵對」之建言：評介W. M. Watt的*Muslim-Christian Encounters: Perception and Misperception*〉，《新世紀宗教研究》，第十八卷第四期，二〇二〇年，頁二六一－二六七。

目次

地圖列表

許多上述地圖都使用OpenStreetMap貢獻者們的數據版權，這些內容之利用是在開放資料庫授權（Open Database License）的許可範圍內。本書未繪製古代麥加（第一章）的地圖。

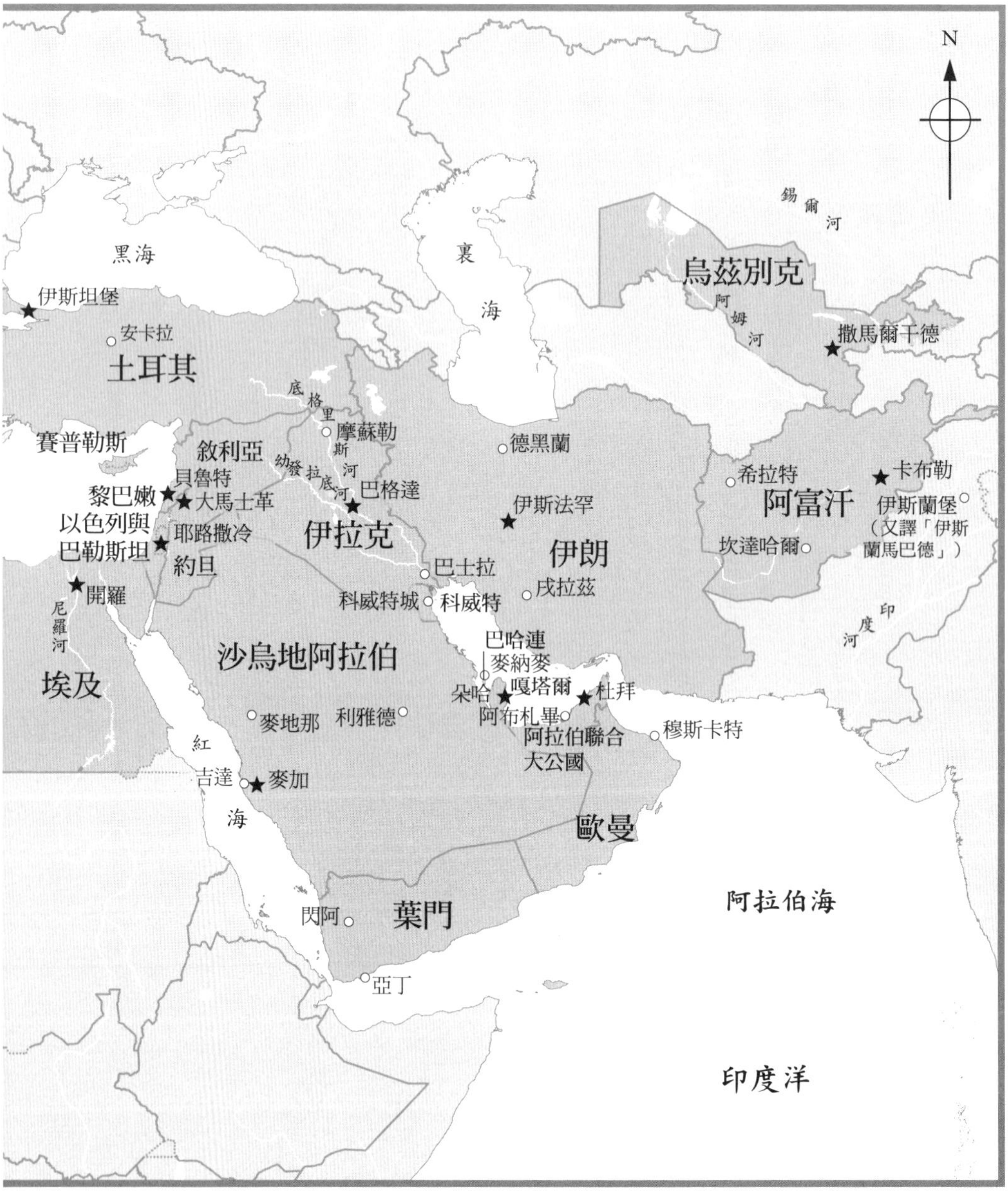
N
黑海
伊斯坦堡
安卡拉
土耳其
裏
海
烏茲別克
錫
爾
河
阿
姆
河
撒馬爾干德
底
格
里
斯
河
摩蘇勒
賽普勒斯
敘利亞
幼發拉底河
貝魯特
巴格達
黎巴嫩
大馬士革
德黑蘭
希拉特
卡布勒
阿富汗
伊斯蘭堡
（又譯「伊斯
蘭馬巴德」）
伊斯法罕
以色列與
巴勒斯坦
耶路撒冷
伊拉克
約旦
伊朗
坎達哈爾
巴士拉
開羅
尼
羅
河
科威特城
科威特
戌拉茲
印
度
河
巴哈連
麥納麥
沙烏地阿拉伯
埃及
朵哈
嘎塔爾
杜拜
麥地那
利雅德
阿布札畢
穆斯卡特
紅
阿拉伯聯合
大公國
吉達
麥加
海
歐曼
阿拉伯海
閃阿
葉門
亞丁
印度洋

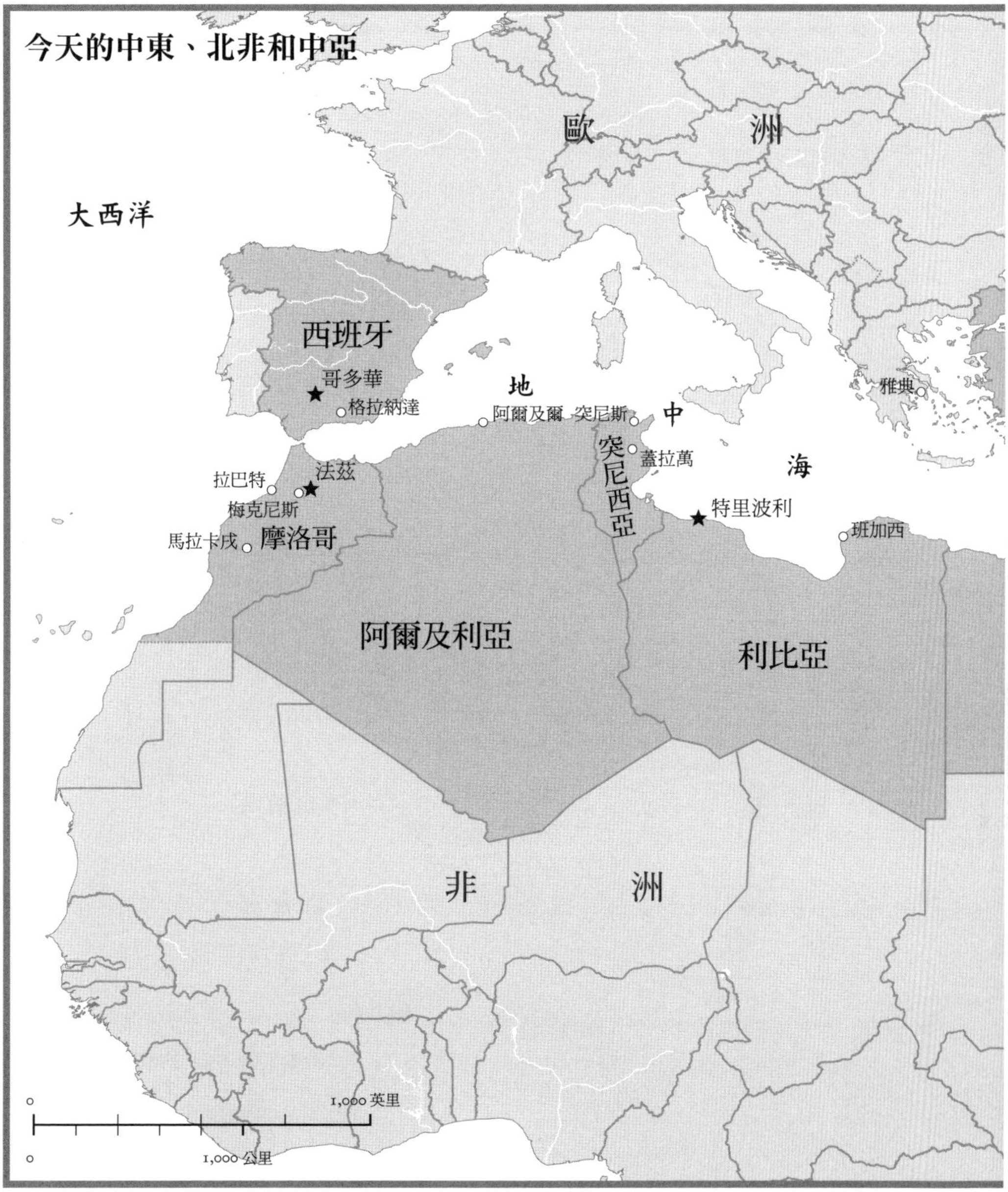
今天的中東、北非和中亞
歐
洲
大西洋
西班牙
哥多華
格拉納達
地
中
海
阿爾及爾
突尼斯
突尼西亞
蓋拉萬
雅典
拉巴特
法茲
梅克尼斯
馬拉卡戌
摩洛哥
特里波利
班加西
阿爾及利亞
利比亞
非
洲
0
1,000 英里
0
1,000 公里

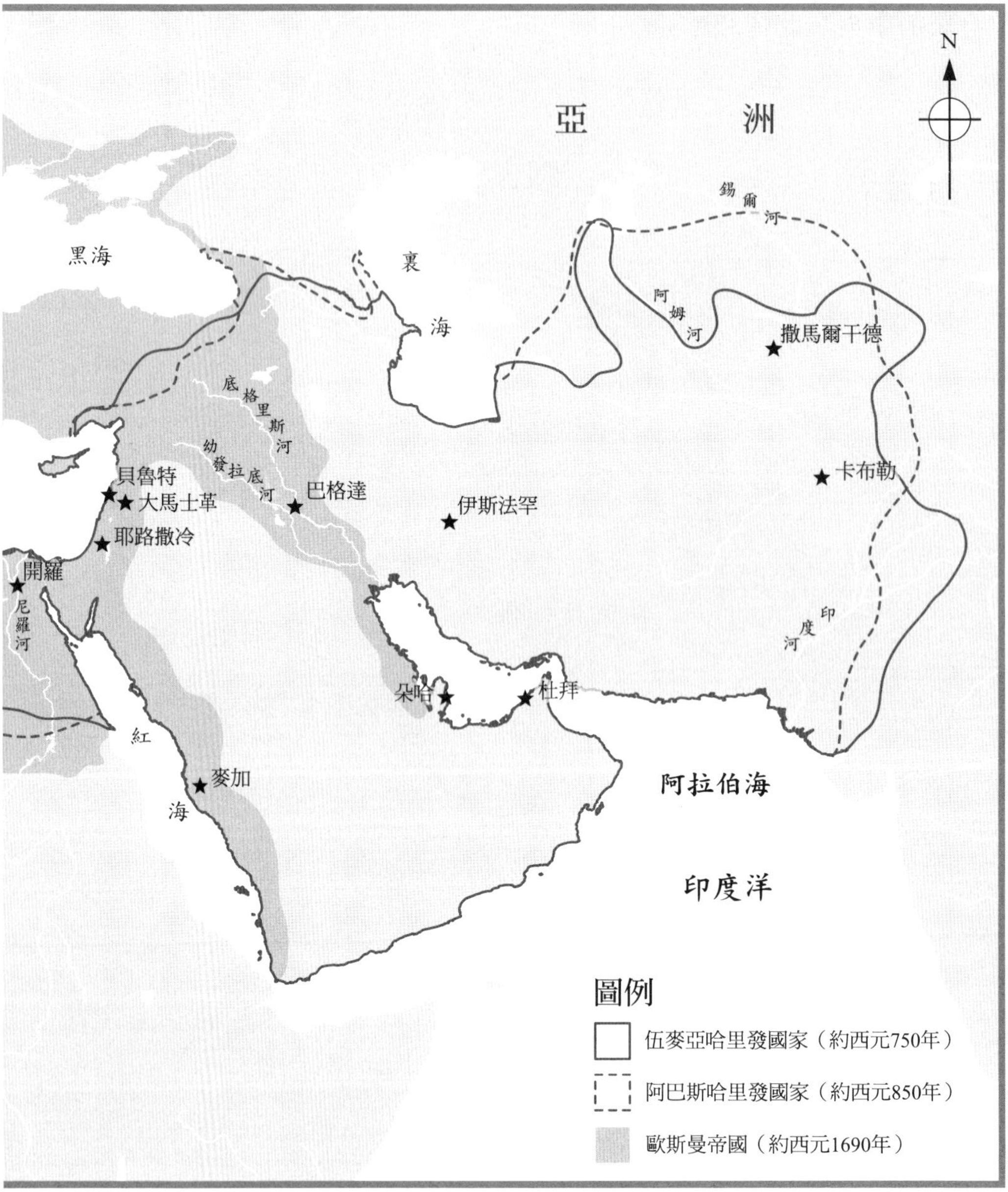
N
亞　洲
黑海
裏
海
錫
爾
河
阿
姆
河
撒馬爾干德
底
格
里
斯
河
幼
發
拉
底
河
巴格達
貝魯特
大馬士革
耶路撒冷
開羅
尼
羅
河
伊斯法罕
卡布勒
印
度
河
朵哈
杜拜
紅
海
麥加
阿拉伯海
印度洋
圖例
伍麥亞哈里發國家（約西元750年）
阿巴斯哈里發國家（約西元850年）
歐斯曼帝國（約西元1690年）

伊斯蘭諸帝國
歐 洲
大西洋
伊斯坦堡
哥多華
地
中
海
法茲
特里波利
非 洲
0
1,000 英里
0
1,000 公里

前言

一個突尼西亞朋友不久前曾對我這樣說：「在這年頭，當一個阿拉伯人真丟人，放眼看看阿拉伯國家，到處都是混亂、爭鬥、流血、獨裁、貪腐、不公和失業。我們在世界上唯一領先的一件事就是恐怖主義。」

這事實上也是今天大多數西方人的看法，甚至在阿拉伯世界本身也不例外。但是，這當然遠非事情的全貌——而且事實也並非總是如此。一千年前，伊斯蘭文明執世界之牛耳。阿拉伯穆斯林駕馭當時的世界秩序，驕傲地占據著世界秩序的頂端，而不是羞恥、尷尬地落在後面不吭聲。很多位於北非、中東及中亞的城市本身就是建築、智識和經濟的奇蹟。作為伊斯蘭諸帝國的都城，從大馬士革、巴格達和哥多華（Cordoba），到開羅、法斯（Fez，阿拉伯文Fas，又譯「非茲」）和撒馬爾干德（Samarkand，又譯「撒馬爾罕」），這些城市享譽四海、威震八方，象徵著一種軍事強大、藝術輝煌、商業勢力和精神聖潔的振奮結合。這些城市也是科學、醫學、數學、天文、地圖繪製、書法、歷史、地理、法律、音樂、神學、法學及哲學上，前瞻和深入思考的動力所在，每座大城市都是一個轟鳴作響的創新和發現引擎。實力、人口、思想落後的基督宗教歐洲，以嫉妒的眼光盯著南方和東方，恐懼又不懷善意。巴格達在西元九世紀時擁有約八十萬人口，而一一〇〇年時的倫敦和巴黎只不過是兩萬人口的小城市。在當時，諸多伊斯蘭城市是優越文明的實際化身。

英文中的「civilization」（文明）一詞是源自拉丁文的civis，意為市民，此詞又和civitas（城市）有關。從這些詞源，我們就能邁出一小步，指出城市帶來文明，讓男男女女脫離粗糙野蠻的生活，因此沒有城市就沒有文明。文明存在於城市中，而不是在沙漠、曠野、草原、山脈和叢林裡，自然風景雖然美麗並令人心潮澎湃，但是人類看到了城市最偉大的潛力：擅長藝術和科學，探索人類的狀態，並留下難忘的文學遺產。

然而在談到文明的地理起源時，拉丁文無法給我們任何指示。我們的目光必須從羅馬往東移三千英里，到今天的伊拉克地區，古希臘人稱為「下美索不達米亞」（Lower Mesopotamia），位於孕育生命的底格里斯河和幼發拉底河之間灌溉肥沃區。[1]正就在此，從西元前六〇〇〇年蘇美人時代，經過巴比倫、亞述、阿契美尼德（Achaemenid）、塞琉西（Seleucid）、安息（Parthian〔帕提亞〕）、羅馬及薩珊（Sassanid）時代，一個接著一個的帝國、文明和城市，例如阿卡德（Akkad）、亞述（Assur）、巴比倫、烏爾（Ur）、烏魯克（Uruk）、尼尼微（Nineveh）、尼普爾（Nippur）及尼姆魯德（Nimrud）在此相繼繁榮。這些古城市在美索不達米亞平原上以泥磚建造的雄偉建築屹立，控制著周圍的世界，並為後代子孫刻畫了她們的名字。當伊斯蘭在西元七世紀建立時，這些城市大多數已剩下斷壁殘垣。

如果說美索不達米亞為世界帶來最早的城市，那麼在這個地域中隨後崛起的各個伊斯蘭帝國，則是遺贈給後人一些有史以來最絢麗和光輝的都城。本書講述了十五座這樣的城市，自先知穆罕默德的時代直到今天的十五個世紀裡，關注每個世紀中的一座城市，她們都曾以各自的方式為伊斯蘭境域

（Dar al Islam，或伊斯蘭世界）的歷史帶來決定性貢獻。

《走讀伊斯蘭》這本書透過這些偉大的城市，追溯了穆斯林世界的歷史和其中一些重要時刻，按照西元前五世紀時的「歷史之父」希羅多德（Herodotus）的說法，本書關注那些「偉大驚人活動」，嘗試以斷斷續續的歷史故事，從西元七世紀時開始，敘述到二十一世紀結束。

歷史故事必須從阿拉伯半島漢志（Hijaz）酷熱沙漠中的麥加開始，伊斯蘭歷史由此展開。直到今日，麥加仍是全球十五億穆斯林心中最神聖的地方，是每日五次禮拜的朝向，也是穆斯林世界中獨一無二的地方，自從伊斯蘭在此取代多神崇拜後，這座城市就只對穆斯林開放，此傳統審慎地延續至今。不同於本書中談論的任何其他一座城市，麥加被界定為一座排他性的城市，是一個全然聖潔之地，外人無法得其門而入。據此，這座城市是伊斯蘭優越複雜情結之表徵。

西元七世紀間，阿拉伯騎士湧出沙漠，照亮出一條征服之路，震驚世界。起自先知時期的阿拉伯半島，伊斯蘭帝國在先知的四位偉大繼承者帶領下，迅速向北、西擴張，即所謂的「正統哈里發」（Rashidun caliphs）：阿布．巴克爾（Abu Bakr）、歐瑪爾（Umar）、歐斯曼（Uthman）及阿里（Ali）。伊斯蘭帝國的第一個大首都是大馬士革，由此，伍麥亞朝（Umayyad Dynasty，六六一—七五〇）將伊斯蘭領域擴大成為有史以來世界上最大的帝國之一，西起北非大西洋沿岸、伊比利半島，延伸到中亞的群山區，東抵中國和印度邊界。

---

❶ 此阿拉伯文Iraq詞意為「脈」或「根」，被認為是源自約四〇〇〇年前的蘇美人城市Uruk之稱，而後透過亞蘭文（Aramaic）的Erech或波斯文的Eragh的轉傳，而成為Iraq之名稱。

西元七五〇年的一場革命殘暴血腥地結束了伍麥亞朝，阿巴斯朝（Abbasid Dynasty）取而代之。西元七六二年至一二五八年之間的五百年，阿巴斯朝的統治中心是無與倫比的新都——和平之城巴格達。這是世上最卓越的城市，是絢麗的宮殿、高聳的清真寺，以及傳統伊斯蘭教育機構（madrassa，伊斯蘭經學院）、圖書館、大學和研究機構，還有完善的道路與運河網絡、最先進醫院和興盛市場所構成的奇蹟，其學術機構中充滿世界上最頂尖的學者（大多數是穆斯林）。巴格達是一座典型的國際大都會型首都，其藝術、音樂、飲酒作樂及各種詩作（有些內容甚至足以讓現代讀者咋舌），印證了伊斯蘭的自信多元性。

伊斯蘭帝國在歲月中分裂。在西元九二九年時，阿布杜·拉赫曼三世（Abd al Rahman III，九二九—九六一在位）親王（emir）在遙遠的安達魯斯（Al Andalus）摒棄對巴格達哈里發名義上的臣服，並在哥多華建立與之競爭的哈里發政權。在其統治下，眾多高潔學者在藏書豐富的哥多華圖書館中勤奮筆耕，將這座安達魯斯城市轉化為世界的榮耀。

在敘述發生於一〇九九年有如末日災難的第一次十字軍東征時，我把耶路撒冷置於論述中心，這場災難裡的惡行一直留在許多穆斯林的心中至今。阿拉伯人將這座城市稱為聖地（Al Quds），在伊斯蘭中，其神聖地位僅次於麥加，並見證了人類的宗教敬畏之心及對競爭衝突的執著致命偏好。幾個世紀的衝突持續至今，賦予此城市情非所願的名稱——世界上最受爭奪的城市。

敘述完第一次十字軍東征在十一世紀巔峰的惡行與羞辱後，我們轉向「勝利之城」開羅（Al Qahira），論述十二世紀豐饒伊斯蘭財富下的傳奇人物：庫德人領袖薩拉丁（Salah al Din）。十字軍被擊退，耶路撒冷也光復了，榮譽得到伸張，穆斯林世界核心區恢復順尼（Sunni，又譯「遜尼」）

伊斯蘭與威望。

數千英里外的西穆斯林世界，有一座城市在十三世紀時榮耀矗立。這座城市曾被比喻為「非洲雅典」，馬林朝（Marinid Dynasty，一二四四—一四六五）治下，法斯興起為照亮世界的學術中心，足以媲美但丁（Dante）、阿奎那斯（Aquinas）、傅華薩（Froissart）、培根（Bacon）和喬叟（Chaucer）時的歐洲。直至今日，充滿彎曲小徑的法斯舊城（medina）仍是世上現存最大的伊斯蘭古城區，也是世界上最令人著迷的地方之一。

十四世紀，沒有一座伊斯蘭世界中的城市可以媲美撒馬爾干德，她是「東方之珠」，也沒有任何穆斯林領袖能與令人膽寒的突厥戰士帖木兒（Timur，在西方以Tamerlane著稱）較勁。四十年之間，此人在馬背上建立的帝國從未嘗過敗績，他還把撒馬爾干德變成閃亮的大城市，充滿無與倫比的藍色穹頂，在亞洲各地受到讚賞。他也把歐亞大陸上最美麗的城市，包括一些本書中描述的城市，化為斷壁殘垣，被砍下的人頭堆出一座座高塔，圍繞在城市廢墟周圍，引來禿鷹在上空盤旋。

伊斯蘭興起後的八個世紀之間，對基督宗教世界而言，是一個明顯存在的威脅。這種感受在一四五三年達到極致，年輕的歐斯曼帝國（Ottoman Empire，又譯「鄂圖曼帝國」）蘇丹梅赫梅德二世（Mehmed II）征服了君士坦丁堡，這座自先知時代以來，飽受穆斯林軍隊無數次攻擊均屹立不搖的城市終於被攻陷。它引起的震盪至今仍然感受得到，今日痛苦和驕傲仍烙印在許多希臘人與土耳其人心中。雖然並非在一夜之間發生，但是基督宗教徒的君士坦丁堡穩步轉型成穆斯林的伊斯坦堡，具有永恆的意義。

一個新的伊斯蘭帝國於十六世紀誕生在中亞興都庫斯山（Hindu Kush，又譯「興都庫什山」）山區。從其精巧的都城卡布勒（Kabul，又譯「喀布爾」），帖木兒的後裔「老虎」巴布爾（Babur 'The Tiger'）將征服目標鎖定南方，並建立國祚長久的蒙兀兒帝國，改變了印度次大陸，持續到一八五七年。巴布爾用筆的技巧有如用劍般高超，他以《巴布爾傳》（*Baburnama*）而廣受讚譽，這是穆斯林文學的瑰寶之一。從散發著酒味和大麻氣息的放縱派對，到群山之間勇敢的軍事征程，這本熱情洋溢的自傳呈現的觀點，與西方人對伊斯蘭如鐵板一般的刻板印象（絕對一神性、禁慾且不包容）大不相同，這本著作對伊斯蘭世界早期多元性提出適時、簡明的提醒。

伊斯法罕（Isfahan）是本書提及的少數非阿拉伯城市之一，書中討論的大多數首都皆在順尼伊斯蘭地區，伊斯法罕則是什葉（Shia）伊斯蘭世界中的一顆閃亮寶石。即使不提阿巴斯一世（Abbas I）的故事，光是地面上那些建築奇觀就足以證明。阿巴斯國王帶領的薩法維帝國（Safavid Empire，一五〇一—一七二二）於十七世紀中葉達到國力新高峰，對西邊的歐斯曼帝國構成強大挑戰，對東邊的蒙兀兒帝國亦形成重大威脅，在此同時，這位君王出色地再造伊斯法罕，怪不得詩人們讚嘆「伊斯法罕半天下」。

利比亞人從很久以前就把特里波利（Tripoli，阿拉伯文Trabulus，又譯「的黎波里」）暱稱為「海的新娘」。自從二〇一一年爆發革命至今，一些人把動盪與流血不斷的她稱作「海的寡婦」；當我在二〇一九年初撰寫本書時，城中各處都能聽到那些民兵開槍的響聲。雖然十八世紀時期既不是這座城市命運的巔峰，亦非低點，但是此時期標誌著特里波利最不尋常的歷史篇章之一，好戰的卡拉曼里朝（Karamanli Dynasty）強悍冷酷地推翻歐斯曼帝國的霸權。卡拉曼里這個狂妄自大的家族從一七一一年統治到一八三五年，在這段時間內，桀驁不馴的海盜船隊變成地中海航運的夢魘。他們善用令人膽寒的柏柏人（Berbers）海盜船（水手中還包括歐洲叛變改宗的穆斯林），特里波利前所未有地使歐斯曼人和歐洲人頭痛。

有什麼地方比「中東小巴黎」的貝魯特（Beirut）更能證明十九世紀城市生活的完善、悠閒？在歐斯曼帝國統治下，隨著與歐洲越頻繁的外交、商業接觸，穆斯林與基督宗教徒的交融在此開出令人驚嘆的花朵，他們利用與生俱來的貿易才能，豐富了此大都會居民的生活，不斷提升享樂活動的標準。是力量也是弱點的多宗教與社群，其間週期性或災難性的衝突說明了貝魯特歷史殘酷的一面。誠如過去，那些故事與今日的貝魯特仍舊息息相關。

很少有人能預料到，一個極不起眼、外部世界全然不知的阿拉伯灣小漁村，能在二十世紀數十年的時間內，變成指標性摩天大樓競相聳立的全球知名城市國家。而一個家族建立在傾囊投入的賭注和對自由貿易的衷心追求之上的不可阻擋願景，使得杜拜在不可能中得以建立。對於逃離壓迫與腐敗政權的阿拉伯人、尋求財富的西方闖蕩者，以及想找尋更好生活的亞洲和南亞次大陸的貧苦勞力來說，這座城市已成為指標，她不僅是阿拉伯的城市，更是真正的全球性都市。瑪克圖姆家族（Maktoums）建立了她，全世界的人紛至沓來。

本書故事最後談論的是現時另一座同樣令人驚訝的城市國家，像蛹化成蝶般，朵哈（Doha，又譯「杜哈」）從一個不顯眼的採珠漁村，變成世界上最富有的二十一世紀城市，她是純粹的都市奇景，以驚人速度發展，令人難以理解地從嚴酷的阿拉伯沙堆中出現。正如同杜拜，她有一個同樣渴求世界認同的家族，薩尼家族（Al Thanis）在全世界狂熱地收攬獎杯，從哈洛德百貨（Harrods）、倫敦的夏爾德摩天大樓（Shard skyscraper）和巴黎聖日耳曼足球俱樂部（Paris Saint-Germain Football

Club），再到西方藍籌公司的投資，例如保時捷（Porsche）、西門子（Siemens）和瑞士信貸（Credit Suisse），已經把嘎塔爾（Qatar，又譯「卡達」）及其快速發展的首都清楚地標注在世界地圖上。就像緊鄰的杜拜，這兩座城市都是現代世界的奇觀。

要強調一點，這十五座城市是我個人的選擇。即使像麥加、大馬士革、巴格達、開羅和伊斯坦堡這樣的城市，可能會出現在任何一本關於伊斯蘭世界的歷史書籍裡，但是若要找出另外十五座城市來涵蓋伊斯蘭世界的十五個世紀歷史，同樣也是有可能的。雅加達、拉合爾（Lahore）和德里就不在我的名單內，雖然這三個城市代表著世界上三個最多穆斯林人口的國家；也沒有放入巴勒赫（Balkh）、布哈拉（Bukhara）、希瓦（Khiva）、塔不里茲（Tabriz）、戌拉茲（Shiraz，又譯「舍拉子」）、摩蘇勒（Mosul，又譯「摩蘇爾」）、梅爾夫（Merv）、阿勒坡（Allepo）或嘎茲尼（Ghazni，又譯「加茲尼」），這些城市都曾在伊斯蘭世界的蒼穹中閃亮；同時略過突尼西亞古聖城蓋拉萬（Qairouan，又譯「凱魯萬」）。一個世紀只寫一座城市，勢必要有所取捨。放眼今日，馬賽（Marseille）或布拉福德（Bradford）可能比朵哈更能展現二十一世紀的視野。在過去數十年裡，我以記者、歷史學家的身分在中東、北非和中亞活動的個人經歷，始於青少年時在伊斯坦堡、開羅及特里波利的生活。而中東、北非和中亞這三個地區，正包含伊斯蘭世界的搖籃，而且至今仍是伊斯蘭世界的中心。

伊斯蘭境域多元且寬廣。伊斯蘭是世界上發展最快的宗教，從遠東到北美、歐洲到非洲，廣布其間，而阿拉伯人長久以來卻扮演不相稱的角色。阿拉伯文永遠是《古蘭經》的語言，也是穆罕默德在麥加近郊山洞裡接受第一次神啟的語言，因此是伊斯蘭「最純真」的語言。麥加和麥地那都位於阿拉伯半島的核心區，在伊斯蘭歷史上具有關鍵重要性，更強化其穆斯林世界核心所受的關注。

在此，要談一下寫作方法。對歷史學家來說，雖然檔案、歷史、傳記、遊記、書信、地圖、圖像、照片及其他文獻是不可或缺的，但也必須參考現存人物的說法。就像在威廉·莎士比亞（William Shakespeare）劇作《考利歐雷諾斯》（*Criolanus*）中羅馬保民官希西尼烏斯（Sicinius）問市民的問題：「除了人以外，城市是什麼呢？」市民回答說：「的確，城市就是人民。」[1]對於重要、持續的主題，來自這十五座城市裡男女的聲音提供新鮮的視野，反映出這整個區域的現況。

如果我們夠仔細地聽，這是在我們當代世界及其歷史構成基礎之間持續的對話。變化無常的歷史女神克利俄（Clio）比想像中更能被規律地辨別。例如，在想要恢復一個世紀前滅亡的世界帝國夢想裡，當土耳其總統告訴人民，說土耳其是「唯一一個能夠帶領穆斯林世界的國家」時，我們便聽到了克利俄的聲音。[2]在當下對伊斯蘭歷史、自由和民主、人權和壓迫、恐怖主義、基督宗教徒西方和穆斯林東方的既定衝突、外國干預和陰謀論、宗派分歧、寬容和不寬容、持續存在的內鬥災難的談論裡，我們也能聽到克利俄的聲音。「內鬥」這個詞彙的阿拉伯文是fitna，它在阿拉伯文裡還有分歧、失序和混亂的意涵，而近年來的穆斯林世界，就是在這樣的狀態中劇烈地抽搐——正如我的突尼西亞朋友對身為一個阿拉伯人的抱怨那樣。

將這十五座城市連結在一起，講述出一個不同於今日刻板印象的故事，一本引人入勝的關於伊斯蘭力量、學術及靈性的歷史，這十五座城市見證了伊斯蘭境域曾在好幾個世紀間無止境大膽地創造世界最偉大文明的勇氣與力量。或許最重要的是，這些城市讓人想起過往寬容、多元性（plurality）和世界主義（cosmopolitanism）的精神，是伊斯蘭世界命運歷程中不可或缺，也是很多人希望能夠取回的。

【第一章】

麥加
——眾城之母——
Mecca–Mother of All Cities
(西元七世紀)

我確已見你反覆地仰視天空，故我必使你轉向你所喜悅的朝向。你應當把臉轉向禁寺。[1]你們無論在哪裡，都應當把臉轉向禁寺。曾受神啟示者必知道這是他們的主所降下的真理，真主絕不忽視他們的行為。

——《古蘭經》2 : 144

[1] qiblah，阿拉伯語，意為「方向」，是穆斯林朝麥加禮拜祈禱的方向。它通常由清真寺牆上的壁龕表示，該壁龕面向伊斯蘭教最神聖的城市。該壁龕所在位置即是麥加方位，因此面對壁龕禮拜。

數個世紀以來，麥加是一個難以形容的啟發。朝聖活動的艱困旅程與昂貴開銷總是縈繞在穆斯林的腦海中，而這些困頓總是幸運地滿足他們的精神生活。他們從麥加回到家鄉，用敬畏的語調描述麥加，回憶內心的激動與熱淚盈眶。朝聖者用「令人興奮」、「入迷」和「謙卑」的詞彙形容這趟旅行。無論男女，朝聖是情感激動的人類匯聚，是歷史上無與倫比的活動。

先知穆罕默德出生的城市對穆斯林總是具有吸引力，這是因為他在西元七世紀時接受了神的啟示，也是因為天房（Kaaba）在穆斯林心中有圖騰般的地位，這個黑色大理石構成的立方體被視為麥加清真寺中的卡巴聖壇（天房）（Bait Allah），是朝聖中心。按照《古蘭經》的規定，所有身心健康與具備經濟能力的穆斯林都應該到麥加朝聖，這裡是全世界唯一被如此規定的地點。在之後幾世紀，傳統和朝聖經歷更是增添麥加在整個伊斯蘭世界的魅力與獨一無二的吸引力。麥加是伊斯蘭永恆且無爭議的中心，是全世界每一個穆斯林禮拜的朝向。對朝聖者來說，麥加天房是他們在地球上圍繞旋轉的唯一中心。

今日，在天房後方有一座六百公尺高的鐘樓緊鄰屹立，完全將這個神聖的紀念物映襯得像是小矮人一般。在高樓前的地面上，如果有一隻鴿子能夠離開正在啄食的鴿群，向上高飛片刻，牠將望著北方，看到一座像是巨大體育場的地方，那裡有一群穿著白袍的球迷正圍繞著一個立方體展開巡遊。然而，那裡可不是一座球場。Abraj Al Bait這個或被稱為麥加王室鐘樓（Makkah Royal Clock Tower）的摩天大樓，是一座集合豪華飯店、公寓、購物中心的建築物，裡面有直升機起降場、水流按摩浴缸、三溫暖、蒸氣浴室、巧克力屋、美體沙龍、商務中心、舞廳和二十四小時無休的管家服務，這座大樓俯瞰著禁寺（Masjid al Haram，或稱聖寺），位於這座清真寺中央的立方體，正是天房。在一年一度的全世界最盛大組織性宗教活動中，來自世界各地的信仰者會繞行這座十三公尺高的石造建築七圈，集體對至高無上的真主禮拜。

伊斯蘭最高聖地在從先知穆罕默德以來的一千五百年裡見證了無數變化，最開始時是哈里發歐瑪爾（六三四—六四四在位）和歐斯曼（六四四—六五六在位）領導下的一連串土地徵用改善，但是這一切遠遠不及二十一世紀發生的快速、劇烈變動，麥加的天際線被改變了。二〇〇二年，為了方便新鐘樓建築工程，沙烏地當局夷平了阿吉亞德堡壘（Ajyad Fortress），這是歐斯曼帝國在一七八〇年為保護麥加不受外來者入侵所興建的城堡。在國際社會發出強烈抗議後，土耳其政府宣稱拆除行動是「反人類罪行……和文化大屠殺」。[1] 以一個山丘與先知穆罕默德相關的扭曲諺語，沙烏地人也夷平城堡所在的布勒卜勒山丘（Bulbul hill）。

一些位於麥加的足跡，如傳說中建造天房者亞伯拉罕（Abraham）的足跡（被保存在聖寺中心），比其他遺跡獲得更大的尊重。據估計，麥加王室鐘樓地基所在地占據麥加九五%的千年歷史建築物區域，其中包括四百個具有文化和歷史重要性的地點。先知穆罕默德最親密的門徒兼第一位哈里發阿布·巴克爾的家，被麥加希爾頓（Makkah Hilton）飯店取代。先知的第一個愛妻哈蒂嘉（Khadija）的家，現在是公共盥洗室，甚至連先知的家也未能倖免，一座新王宮被蓋在先知的家上。[2]

如此龐然大物的麥加王室鐘樓充其量是價值數百億美元再開發計畫的九牛一毛，這正在徹底地改變麥加，整個摧毀與建設已經使許多穆斯林和非穆斯林感到哀傷。二〇一四年，聖寺中現存最古老的部分遭到拆除，包括一五五三年至一六二九年間，由歐斯曼蘇丹蘇萊曼（Suleiman）與穆拉德四世

（Murad IV）建造的美麗雕花大理石石柱，為的是增建多層具空調系統的禮拜大殿。聖寺西邊是賈貝勒．歐瑪爾（Jebel Omar）工程所在地，一片摩天大樓組成的水泥森林將出現在此，其中包含剷平一座山丘所興建的更豪奢飯店。聖寺北邊則是沙米亞開發計畫（Al Shamiya development），清真寺的範圍將延伸至此，以便增加三十萬平方公尺的禮拜大殿，並容納二十五萬人。

對迅速增加的朝聖者人數來說，沙烏地阿拉伯政府持續地推動開發計畫有其作用。朝聖者為沙烏地阿拉伯帶來財源，據估計，人數將從今日的約兩百萬人急遽上升。沙烏地阿拉伯的最高宗教權威（Grand Mufti）阿布杜．阿濟茲．賓．阿布杜拉．謝赫（Abdul Aziz Bin Abdullah al Sheikh），曾稱這個國家應該感謝政府所做的重要建設。[3]

然而，有許多麥加人暗自抱怨他們的聖城正被變成另一個拉斯維加斯。沙烏地建築師兼朝聖研究中心（Hajj Research Centre）創辦人薩米．安嘎維（Sami Angawi）曾批評，目前正在伊斯蘭最高聖地進行的再開發計畫完全違背麥加的本質和麥加清真寺中的卡巴聖壇（天房）的聖潔。他說：「這是完全無法形容的，他們正在把聖地變成一臺機器，一個缺乏認同感、遺產、文化、自然環境的地方。他們甚至把山都剷除了。」[4]批評者提出，當時的國王阿布杜拉（Abdullah）在巨大建築工程動工很久後，才下令做出一份麥加及其周邊地區的整體規劃。除了伊斯蘭初期遺產的喪失外，這種翻天覆地的改造工程還造成巨大人力的損耗。舊城區居民被迫遷移，他們只有一週的準備時間，隨後大部分的舊城區就被夷為平地。麥加的伊斯蘭遺產研究基金會（Islamic Heritage Research Foundation）主任伊爾凡．阿拉維（Irfan al Alawi）說：「已經在這裡生活好幾代的當地居民，被迫要為這些天空中的大理石城堡遷移。」[5]

朝聖者對此的反應十分混雜，有人把麥加巨大鐘樓視為末日將近的跡象。他們引用聖訓（hadith，即先知穆罕默德與其門徒之言行錄）的內容，先知曾對天使加百列（Jibril）說：「當黑駱駝的牧羊人開始競相吹噓和比賽建造更高的建築時，末日審判正在來臨。」[6]雖然有人讚賞麥加這種勇敢轉型的現代性和自信，卻也有人認為這種重商主義不當且方向錯誤。一位英國穆斯林回憶他的朝聖之旅，提到「沙烏地人對麥加的所作所為完全令人毛骨悚然」，而他的朝聖被那延伸至聖寺上方之「奢華揮霍購物秀」破壞殆盡。他說：「在將臉轉向天房前，我最後看到的是一家新秀麗（Samsonite）和一間哈根達斯（Häagen-Dazs），他們把麥加變成了一座購物中心。」[7]

毫無疑問地，古代遺產的喪失讓所有對文化歷史感興趣的人痛心疾首，沙烏地阿拉伯政府的行為讓人聯想到神學士（Taliban，又譯「塔利班」）在二〇〇一年對阿富汗巴米揚（Bamiyan）大佛的破壞，以及自稱「伊斯蘭國」（Islamic State, IS，阿拉伯文的縮寫為Daesh）的組織在二〇一五年對包括伊拉克尼姆魯德和敘利亞帕勒米拉（Palmyra）在內，類似「偶像崇拜」遺產進行的破壞。雖然在伊斯蘭誕生的搖籃進行都市開發是一場悲劇，但是毫不掩飾的商業主義在麥加核心區的蓬勃發展，卻也與當地的歷史若合符節，因為麥加最初的起源就和貿易活動與極力從朝聖者身上榨取錢財的行為密切相關——當然，這是一種傳說，但可能也是事實，正如一句當地的古老諺語所言：「我們不種麥或高粱；朝聖者就是我們的食糧。」[8]

持平而論，麥加從來就不是偉大文化的泉源。照亮世界的伊斯蘭文明，如藝術和科學，從建築、數學、天文學，到地理學、幾何學、詩歌、物理及哲學，並非來自麥加，而是來自像大馬士革、巴格達、哥多華、開羅、法斯、撒馬爾干德、伊斯坦堡和伊斯法罕，以及許多其他類似的城市。那些城市都是文化多元的都會，包容不同宗教的信徒，是伊斯蘭、猶太教和基督宗教的熔爐；而麥加長久以來一直是與世隔絕的封閉地方。直到今天，麥加仍舊是一個純淨的堡壘，嚴格禁止任何非穆斯林訪客進入。

麥加確實可以毫不思索地就把歷史遺產夷為平地，但是如同我們即將見到的，她也可以同樣輕鬆地創造歷史。

其實就麥加所處極不適合人居的位置而言，並不需要發明歷史。困在兩座陡峭的山間與荒涼漢志沙漠的孤角，麥加位於一座狹窄、不通風、無河流、無樹木的山谷中，距離港口城市吉達（Jeddah）有四十三英里，夏季的氣溫常常高達讓人感到大腦都要烤焦的攝氏五十度，也就是惡名昭彰的焚熱麥加（ramdaa Makka），還有不定期暴風雨帶來的惡水。[9]自然環境的詛咒遠比福賜來得多。對伊斯蘭早期詩人海乍坦（Al Hayqatan）而言，麥加是一個「冬日與夏日同樣令人難以忍受的地方。沒有流水……沒有一片青草來讓目光停留休息；連打獵活動也沒有，只有商人最卑鄙的行當」。[10]一位早期的編年史家提到這裡的景色，除了阿拉伯膠樹和多刺的樹木外，只有荒蕪的土地。《古蘭經》中先知亞伯拉罕與真主的對話裡，提到這裡是「一個沒有莊稼的山谷」。[11]依據十世紀阿拉伯地理學家穆嘎達西（Muqaddasi）所述，這是一個被包圍在「令人窒息的熾熱、致命的野風、遮雲蔽日的飛蠅」中的地方。[12]在這炎熱的曠野裡，滲滲泉（Zamzam Well）的間歇性流水是唯一的舒緩。仰賴來自敘利亞和伊拉克的商隊提供糧食，這裡是一個殘酷、石礫、貧瘠、缺少雨水的世界，饑荒不斷，農業對這裡而言是遙不可及的夢。因此，讀者大概可以驚訝地質疑西元八世紀的歷史學家、先知傳記的最早編纂者伊本・伊斯哈格（Ibn Ishaq）的說法，他稱麥加是「一個蒙受流水、樹木恩惠的城鎮」。[13]

姑且不談訝異，在伊斯蘭最初歷史的探究中，麥加還有許多比更嚴重的理由需要憂慮。歷史學家在此面對難以克服的困難，因為麥加這個人類和超自然戲劇性展演的歷史舞臺，遠比周邊滾滾沙漠更加難以理解。穿梭在歷史、信仰與寓言的流沙中，要設立固定的歷史參照是極為困難的，因為除了傳說外，有關麥加早期的證據「極度匱乏」。[14]在阿拉伯半島這個地區，考古學基本上是不存在的，伊斯蘭誕生前的口傳文化時代，少數的銘文、錢幣和莎草紙證據已經十足珍貴。

因此，對伊斯蘭誕生地和先知穆罕默德生活過城市的早期歷史，「我們必須幾乎完全依賴相當後期的穆斯林訴說」。[15]令歷史學家十分沮喪的是，有關麥加與穆罕默德的穆斯林史料到西元八世紀中葉才出現，在此之前的歷史是一片無奈的空白，亦即先知歸真後的一百二十年間並無可靠的資料。

雖然穆斯林往往接受伊斯蘭傳統資料，而且不考慮這段空白的問題，但對其他學者來說，這是惱人棘手的。第一手資料如此嚴重缺乏，導致《古蘭經》詮釋成為伊斯蘭在麥加建立及其周邊歷史的主要史料，而這本身也有日期與詮釋上的重大問題。

最近數十年裡，興起一個「對於伊斯蘭的起源抱持高度懷疑的歷史分析學派」，他們對傳統的穆斯林史料記載拋出「重大疑問」，並斥之為「具特定意圖的伊斯蘭歷史編纂」。[16]例如，先知傳記的早期穆斯林作者在寫作中加入「太多的矛盾之處和引人懷疑的故事」，如此內容很難讓人依字面意義全盤聽信。[17]本質上，這種指責意謂那些資料與其說是歷史記載，不如說是文學創作，是在它們意欲描述的事件發生很久之後才撰寫的，而且寫作時帶有明顯目的，即推廣新宗教，並奠定史實基礎。

穆斯林傳統認為亞當（Adam）在天地初創不久後建蓋了天房，因此麥加早在成為人類定居地之前即是宗教聖地。但是此說法有問題，在阿拉伯半島之外的眾多希臘文、拉丁文、敘利亞文、亞蘭文或科普特文（Coptic）文獻，都沒有在阿拉伯人征服之前提過麥加；而且歷史傳統上認為麥加是貿易與多神教信仰的中心。[18] 西元一世紀的羅馬作家普羅科匹烏斯（Procopius）在對阿拉伯半島西岸進行大量調查後，寫成的《戰爭史》（*History of the Wars*）中並未提及麥加。一個世紀後，托勒密（Ptolemy）的《地理指南》（*Geography*）提到阿拉伯半島內陸一個叫Macoraba的地方，其地理位置接近麥加。我們必須等到西元七四一年，亦即超過先知去世一個世紀後，才有非阿拉伯文本提及麥加，而《拜占庭—阿拉伯編年史》（*Byzantine-Arab Chronicle*）將之定位於美索不達米亞北部。[19]

雖然麥加在西元七世紀時的歷史一直沒有定論，但它至關重要，因為它是一個更寬廣的歷史故事的基礎，即先知穆罕默德、《古蘭經》神啟與伊斯蘭誕生的歷史；換句話說，它關乎穆罕默德、麥加和伊斯蘭的宗教傳統敘述的史實性。對某人而言，這是歷史的正當探問；但是對另一人而言，乃對先知不可原諒的冒犯，因為在伊斯蘭，對叛教（思想或行為詆毀宗教）的懲罰是死刑，因此在某些情況下這關乎生死。

然而我們必須說，儘管中世紀的穆斯林學者做出各種努力，但麥加、天房與伊斯蘭的起源仍然難有定論。在某種意義上，這並不讓人驚訝或難以接受。當今對此問題的困惑，在某些部分正好呼應了西元七世紀時基督宗教徒的反應，對他們而言，伊斯蘭的興起是完全突發的祕密。西元六一四年，正值毀滅性拜占庭—薩珊戰爭（Byzantine-Sasanian War，六〇二—六二八）中期，波斯人征服了耶路撒冷。對拜占庭而言，把波斯人視為主要敵人再自然不過。然而西元六三七年，就在先知穆罕默德去世的五年後，耶路撒冷絕望的主教索福洛尼烏斯（Sophronius）並不是對波斯帝國投降，當時波斯帝國已面臨瓦解，而是把城門鑰匙交給剛掌權的阿拉伯人哈里發歐瑪爾，這個全新、未曾聽聞信仰的領袖。

信仰和懷疑之間充滿著不可化解的爭鬥，因為要證實或推翻宗教信仰及其建立基礎是不可能的，因為信仰在定義上就意味著拋開懷疑，相信超自然與神力，所以我們必須承認，在早期歷史與伊斯蘭崛起之間交織著相當的模糊性，並求助於同樣充滿爭議的文獻紀錄。

談起麥加與天房，關於該定居處的最早文獻是西元九世紀的阿茲拉奇（Al Azraqi）的《論麥加歷史》（*Kitab Akhbar Makka*），它以阿拉伯史上第一部單一城市專著聞名。阿茲拉奇宣稱天房的那塊玄石可以溯至時間開初時，甚至比創世還早。「天房曾是水上的泡沫，比真主創造天地還要早四十年。」[20]阿茲拉奇向其讀者講述了系列故事：亞當建造天房，後來亞伯拉罕與他的兒子伊斯瑪儀（Ishmael）在大洪水後重建之，以及古萊戌人（Quraysh，從西元五世紀起即是麥加多神信仰的主導部族）在先知穆罕默德臨終前的蒙昧時期（Jahiliya）重建了天房。後來，阿拉伯地理學家將麥加稱為「地球的肚臍」。也許令人驚訝，《古蘭經》只有少數幾次提及天房。經文敘述它是如何被創造成「人類求助的聖地」、「亞伯拉罕立足禮拜處」，以及亞伯拉罕及其子伊斯瑪儀奉獻真主建造之，他們清理了它，以便信仰者在周遭巡禮與在內禮拜。[21]

《古蘭經》對麥加也沒有太多著墨，甚至很少提及其他地名，全部經文中只提到九個，其中麥加只提到一次。❷這使得有人認為，「《古蘭經》對麥加的興致就像《福音書》對拿撒勒（Nazareth）興致缺缺」。[22]《古蘭經》中有兩處提到「眾城之母」，被認為指的是麥加。[23]傳統認為《古蘭經》經文的Bakka是麥加的別稱；而即使經文匯集各種聖地相關的線索，包括Maqam或亞伯拉罕的立足

處，以及朝聖功課，我們仍無法掌有確切證據。❸

阿茲拉奇、伊本．伊斯哈格，以及西元九世紀多產作家穆罕默德．伊本．賈利勒．塔巴里（Mohammed ibn Jarir al Tabari，他是《歷代先知與帝王史》〔*History of the Prophets and Kings*〕的作者。此書英譯本有三十八卷之多，約一萬頁），這三位歷史學家視麥加歷史始於西元四〇〇年至四七〇年之間，一位名為古塞伊．伊本．基拉卜（Qusay ibn Kilab）的部族領袖在此定居。在此以前，他的部族是在山谷的山坡地上紮營生活。據說在摧毀天房的諾亞大洪水時期，麥加是沒有居民的，周圍是朱爾胡姆（Jurhum）和阿瑪利奇（Amalekites）部族的國家。大約在西元二世紀初至三世紀前半葉之間，朱爾胡姆人曾是天房守護人，他們的生活十分奢侈、墮落。私密幽會的情人們偶爾會溜進天房，其中有一對在那裡交媾後，迅速「被變成兩塊石頭」，作為對如此褻瀆行為的懲罰。塔巴里告訴我們，麥加「也被稱為Bakkah，因為壞人與暴君作惡時會在那裡被扭斷（tabukk）脖子」。[24] 胡扎阿（Khuzaa）部族取代朱爾胡姆部族後就一直掌管麥加，直到被先知穆罕默德出身的古萊氏部族取代。

古塞伊清理了聖殿鄰近地區後將其部族就地安置，這是關鍵性的決定，代表沙漠游牧群體開始轉向城市社群，是伊斯蘭城市興起的先驅。他最重要的措施是修建議事廳（Dar al Nadwa），這是阿拉

❷「他曾制止他們對你們下手，也制止你們在戰勝他們之後在麥加山谷中對他們下手，真主是明察你們的行為的。」（《古蘭經》四八：二四）

❸「為世人而創建的最古的清真寺，確是在麥加的那所吉祥的天房、全世界的引導。其中有許多明證，如易卜拉欣的立足地；凡入其中的人都得安寧。凡能旅行到天房的，人人都有為真主而至天房朝聖的義務。不信道的人，（無損於真主），因為真主確是無求於全世界的。」（《古蘭經》三：九六—九七）

伯半島上第一個會議廳，所有政治、社會和商業的問題皆在此協商議定，其他儀式如割禮、婚約及宣戰也都是在此舉行。這間房子同時也是古塞伊的私人住所，其大門直接面對天房。如同今日，當時能夠靠近天房是居民和到訪者地位的顯示，就像每個在麥加王室鐘樓華麗的斐爾蒙特（Fairmont）飯店裡吹冷氣的客人。那裡同時也有許多貧窮的朝聖者處於低於標準、危險、令人震驚，甚至是骯髒汙穢的狀況。[25]然而，住得太靠近天房也有相當的隱憂，西元七世紀末和二十一世紀初的居民皆然，這裡是官方威權青睞的地方，無論是當時的哈里發或今日的沙烏地阿拉伯政權都是如此。住在這裡的居民必須面臨土地和房地產被徵收的風險，以利聖地的擴建與再開發。

古萊氏人建立聖地（Haram），其範圍是從天房向外延伸二十英里周遭涵蓋處，所有形式的暴力在此完全禁止，造訪者也都免受攻擊。在一個被部族對立、不斷掠奪與衝突所困擾的地方，這是一個關鍵性的考量。誠如絕大多數穆斯林作者的熱衷提醒，根深柢固之多神信仰與偶像崇拜使得每一部族都有自己的石頭神像。作為壟斷天房朝聖活動的部族，古萊氏人收集不同部族的圖騰，並將它們置於聖殿中供人敬拜。他們自己敬拜的是胡巴勒（Hubal，天房內的一個紅色大石頭），以及三尊麥加女主神：阿拉特（Allat）、烏扎（Al Uzza）和馬納特（Manat）。❹

穆斯林作者強調多神信仰時期，麥加貪婪和放蕩的風格（對許多評論家而言，如此貪婪仍然存在於今日的麥加）。為了最大化朝聖活動收益，古萊氏人引進禁止朝聖者自行攜帶衣物和食物進入聖地的政策。

西元六世紀初的阿拉伯半島，各部族會在一些市集（suq）進行買賣。他們以順時針方向從巴哈連（Bahrain，又譯「巴林」）、歐曼（Oman，又譯「阿曼」）、葉門開始旅行，並在朝聖月期間於麥加內外周遭與天房聖地五個市集前完成活動。帶著舟車勞頓，頂著熾熱太陽，各部族人一到麥加，就展開以三百六十個部族圖騰為中心的傳統朝聖儀式。首先，他們在薩法（Safa）和麥爾瓦（Marwa）山丘之間來回奔走七次，以紀念亞伯拉罕被拋棄的第二位妻子夏甲（Hagar）焦急地為她的嬰兒伊斯瑪儀找水。在跑到大雷神住處的穆茲達利法（Muzdalifa）坑窪處後，部族人會在距離麥加十六英里處阿拉法特山（Mount Arafat）下的平地徹夜不眠。他們在麥加東方的米納（Mina）山谷，對三根石柱丟擲石頭，象徵魔鬼三度誘惑亞伯拉罕。環繞（tawaf）儀式則是以逆時針方向繞行天房七次，可能是貿易環繞路線的再現。朝聖儀式結束於獻祭部族最珍貴的母駱駝。

麥加當時是一個重要造訪地點，也是一個可掌控的高獲利之處。雖然最早期文獻存在明顯的宗教偏見，貿易和宗教似乎是伊斯蘭前麥加發展的主要動力。歷史學家主張西元五世紀時有一場運輸革命，阿拉伯貝都因人發明一種鞍，可以讓駱駝載重更多。因此，印度、東非、葉門與巴哈連的商人以駱駝取代緩慢的運貨驢車，使得他們的奢侈品（乳香、香料、象牙、穀物、珍珠、木頭、布料及藥物）貿易路線不必繞道阿拉伯半島，其目的地是拜占庭和敘利亞。貝都因人受僱為沿途的嚮導與保鏢。[26]

近來研究顯示古塞伊孫子哈希姆．伊本．馬納夫（Hashim ibn Manaf）強力推動麥加貿易，他創立稱為ilaf的商業結合，允許較不富裕的社群成員匯集資本投資商隊，因此與敘利亞組成的貿

❹在《古蘭經》五三：二三中提到三尊女神雕像：「這些偶像只是你們和你們的祖先所取的名稱而已，真主並未對此降示任何證據。他們只順從猜想和私慾，儘管正道確已從他們的主降臨他們了。」

易結合，確保麥加商人布料和皮革貿易的安全。這是有益麥加商業國際化的創舉，開啟在巴士拉（Busra）、嘎札（Gaza，又譯「加薩」）、亞力山大城（Alexandria，又譯「亞歷山卓」）及其他拜占庭控制下的市場，促進往阿比西尼亞（Abyssinia）、葉門和波斯的貿易活動。在漢志地區一個如此偏僻的角落，商業是十分脆弱的。很多商人在投資前就週期性瀕臨破產，哈希姆提出最有效的辦法，結束習慣性自殺（itifad）的殘酷傳統，該傳統使得破產商人被迫和他的家人與部族分離而餓死。[27]

據傳統觀點，麥加因為貿易而存在。「在這座城內，朝聖儀式與貿易是必然的。」[28]必須提醒的是，這也是充滿爭議的說法。一些修正主義者對於麥加是否真為古萊戌人的商貿總部表示懷疑；更有爭議的是，有人甚至懷疑穆罕默德根本不是在這裡接受神啟的。[29]他們批判穆斯林史料在回顧事件時，刻意誇大西元七世紀時麥加的地位，使之更適合作為新信仰的發源地。

這些早期穆斯林史料無疑將麥加呈現為具備財富、神聖地位及重要性的地方，成為外部嫉妒、占有的目標。穆斯林史料記載，西元五七〇年，希木亞爾（Himyar）的基督宗教統治者（曾任阿比西尼亞在葉門的總督）偉大的阿布拉哈（Abraha）率領一支軍隊攻打麥加，以證明麥加既非聖地，也並非堅不可摧。因為阿布拉哈在閃阿（Sanaa）建造一座朝聖地與麥加競爭，所以證明麥加並非聖地符合其利益。但是正當他的象隊抵達麥加外圍準備攻擊時，奇蹟般地，這些大象跪在地上拒絕前進，麥加存續下來。《古蘭經》記載此重大事件，這十分少見，因為不同於《聖經》，《古蘭經》很少記錄歷史人物、行為與事件。❺穆斯林把該事件發生的那年稱為象年（**Year of the Elephant**）。無論是傳奇或事實，麥加不可侵犯的神聖性已被證明。史料指出這一年是西元五七〇年令人起疑，因為這一年正是穆罕默德出生年，所以使得它成為雙重吉祥的年分。[30]

若阿茲拉奇活在現今，並被帶到麥加王室鐘樓頂部那個重達三十五噸巨大金色新月內部的禮拜廳，一旦他從懼高的驚嚇中回神，在看到削平山丘的爆破工程和各種吊車、鷹架後，大概會虛弱地發抖，然後慢慢改寫在一千兩百年前以天房為中心對麥加景象的記載。[31] 他會從這裡眺望遠處，然後把目光停在那些聖地中最神聖處，解釋這些重要的神聖地標。首先是亞伯拉罕立足處，亞伯拉罕曾與兒子伊斯瑪儀一起在此修建天房牆壁高處。今日這裡擠滿了想要目睹此古老足印的朝聖者，足印所在的石頭上方有一座水晶製成的穹頂。在天房東邊二十公尺處有著名的滲滲泉（神奇地救了夏甲和伊斯瑪儀性命的泉水），如今有摩肩接踵的朝聖者用水瓶在這裡取水，世界各地的穆斯林會珍惜地飲用這些水。

阿茲拉奇的記載明確地指出，在麥加，唯一重要的紀念物就是天房及其相關事物，他用了五百頁驚人的篇幅敘述。這座城市的住區都是後來添加的，麥加充其量指的是天房的開放空間，即緊鄰的聖寺。

據阿拉伯歷史學家記載，西元六世紀末，麥加正在經歷一場信仰危機。市場力量的興起正撕裂著傳統社群連結。一些商人變得極為富裕，其他麥加人遠遠被拋在貧困交加中。再次地，歷史學家在之後回顧歷史時，覺得這為穆罕默德的出現創造最適當的環境。穆斯林史料呈現的麥加是一個黑暗、邪

---

❺「難道你（先知）不知道你的主是怎樣對付大象的軍隊嗎？難道祂沒有使他們的計謀徒勞無益？祂曾派遣成群的鳥去攻擊他們，以乾土做成的石子投射他們，祂使他們變得（像是）割過的草梗一般。」（《古蘭經》一〇五：一—五）

惡的定居處，是多神信仰之窩，充斥著不公、放縱，也是魔鬼、占卜者和巫師住處。這是怯懦者無容身之處，只有建立信仰、改變世界的先知能改變她。

西元五七〇年，穆罕默德就出生在這個豔陽如火的多神崇拜聚落。即使梗概模糊、史料可疑，這位未來先知的人生及其後的宗教與伊斯蘭諸帝國都和麥加緊密連結，無論是好是壞。❻一般可能認為，信仰建立者應該是這座城市最受喜愛之子，但是他大部分的人生卻正好相反。雖然生為麥加人，穆罕默德與她的關係卻是複雜、痛苦的，其中有神啟、對立、救贖、迫害、暴力和流血。

出生在古萊戌部族的哈希姆（Hashim）氏族，他的家族並不富有。他的遠祖可能是首位在敘利亞、葉門之間獨立貿易的商人，穆罕默德的父親阿布杜拉（Abdullah）在他出生前就過世了，這為他的家庭造成不可避免的困難。更糟的是，在穆罕默德六歲時，母親阿米娜（Amina）也去世了。據說這個年幼孤兒先是與年老祖父生活，祖父很喜歡將床搬到戶外，以便在天房聖潔的陰涼中放鬆休息。祖父去世後，穆罕默德開始和叔父阿布．塔里布（Abu Talib）住，後者是哈希姆氏族的領袖。後來，穆罕默德開始和另一位叔父阿巴斯（Abbas）在往北的敘利亞旅程中一同從事商隊貿易。他的經商本領引起一位富有、美麗的寡婦哈蒂嘉注意。在哈蒂嘉的提親下，他們結婚了，那時穆罕默德二十五歲，哈蒂嘉約四十歲。

史料強調穆罕默德的公正與仲裁能力。一則故事提到西元六〇五年左右，吉達的外海發生船難，古萊戌人打算用（船難留下的）木頭和石頭重修天房。在這個資源貧瘠的地方，突來的木材有如天降的禮物。在討論該由誰負責把天房東邊牆角的神聖黑石移走時，他們起了爭執。在僵局中，他們決定由下一位進來的人解決這個問題。此時穆罕默德走進來，他提議由這些爭執的人將石頭放在一塊布上，然後每個人抓住布的一角，一同把石頭抬起來。困難迎刃而解，族人也共享榮譽，穆罕默德親自把那塊石頭歸位，他因此以誠實可靠者（Al Amin）著稱。今日，這塊黑石的一角被以寬邊銀框嵌入天房牆壁，許多穆斯林繞巡天房時必觸吻之。

至此，一切稀鬆平常，但是在西元六一〇年發生驚天動地之事。當時四十歲的穆罕默德身在距離麥加兩英里處的山洞裡，他有時會離開城鎮男女人群到山上日夜冥思。當他在星空下沙漠深處，俯瞰出生的城鎮時，神極宏亮、迷人的聲音突然傳來，命令說：「你朗誦！」那是天使加百列。雖然文盲穆罕默德說他無法閱讀，但是這個聲音不理會他的反應，並重複說：「以你主之名，你朗誦！❼祂以血塊創造人。你朗誦吧！因為你的主是最慷慨的，祂曾以筆教人，教其所不知道。」[32]這種經驗嚇得穆罕默德神魂不定，他感到自己正被緊緊地壓住，幾乎要窒息。他相信壓制自己的是精靈（jinn），正準備飛奔離開以結束折磨，他爬上山頂做最壞的打算，卻被一道天堂的聲音打斷：「穆罕默德啊！我是加百列，你是神的使者。」[33]

這是改變一生的時刻，這一夜後來以「神諭之夜」（Laylat al Qadr）之名紀念。這位普通的古萊戌人爬上山洞後，卻暈頭轉向地以神的先知的身分下山，那些啟示給他的話語成為《古蘭經》最早的

❻ 撰寫先知生平作品的人絕對不只伊斯哈格和塔巴里。在最早的紀錄中還包括穆罕默德・伊本・伍麥爾・瓦奇迪（Mohammed ibn Umar al Waqidi，約八二〇年卒）和他的同代人穆罕默德・伊本・薩阿德（Mohammed ibn Saad），以他們為先行者，後來還有大量的傳記作者繼續湧現，一直持續至今。

❼ 阿拉伯語單字Iqra'是阿拉伯語動詞QaLa'a第二人稱命令式，意為「你誦唸！」因此，古蘭經（al-Qur'an）一詞其意為「誦唸」。

經文。十四個世紀後，許多健康情況良好的朝聖者還是會直奔石礫峭壁的希拉山（Mount Hira，亦稱光明山〔Jabal al Nour〕）上。儘管沙烏地阿拉伯政府公告爬上山洞並非朝聖儀式的一部分，但他們還是會奮力沿著臺階往上，帶著憧憬與虔誠眼光凝視著這個四公尺乘以一．五公尺大小，上有塗鴉小石板遮蓋的山洞。有人朗誦詩詞、有人親吻石頭，而其他人則跪著禱告。

之後，啟示開始間歇地出現。約西元六一三年，穆罕默德開始在麥加傳教，開始斥責偶像崇拜和多神信仰。從此，他在麥加的大半時日飽受詛咒與敵視。就古萊戌人的觀點而言，這樣對待他的緣故很容易理解。以天房為中心的多神儀式維繫著部族古老關係和傳統，穆罕默德傳播的內容造成麥加社群的分化。穆罕默德對傳統的攻擊惹惱了部族權貴，然而不管是公開警告還是威脅和利誘都無法阻止他，難怪穆罕默德會被指責為騙子、詩人、巫師、占卜師與被精靈附身。但是一切口頭攻擊都無法澆熄穆罕默德的熱忱。一群麥加人找他的監護人叔父塔里布下最後通牒，「以神之名發誓，我們不能忍受我們的祖先受到侮辱，習俗受到嘲弄，神祇被攻擊。如果你不讓我們除掉他，那我們就與你對立戰鬥，直到一方被消滅為止」。[34]

當穆罕默德對任何願意傾聽他的人傳教時，我們不難想像這會為麥加帶來怎樣的緊張關係、懷疑與敵意。他一神論的訊息對現狀構成決定性威脅，其中也包括社群的領導權。自有記憶以來，以天房為中心的多神敬拜儀式有助於麥加及其商人之生計，現在穆罕默德正試圖切除。

無論是否編造，最早順服穆罕默德一神論的人們（世上第一批穆斯林）有充分的理由這麼做，他們絕大多數是社群中最卑微、貧窮的人，也是倍受壓迫者。那些具社會地位的穆斯林被說成是「愚蠢、僵化者」，他們的聲名掃地。商人受到的警告是生意會被抵制，而成為「乞丐」。然而，受到最嚴酷對待的還是麥加社會的底層人口，因為穆罕默德傳播的革命性訊息對城中絕大多數的人是詛咒，麥加權貴「攻擊、監禁、毆打他們，讓他們饑渴交加，暴露在麥加酷熱中，以誘騙他們脫離宗教」。一項針對奴隸比拉勒（Bilal）的懲罰尤為殘酷，日正當中時，他被帶到麥加城外的開闊山谷中，面朝烈日，胸口被壓上一塊大石頭。[35]由於對穆斯林新社群的迫害變本加厲，穆罕默德在西元六一五年時將一些追隨者送過紅海，到信仰基督宗教的阿比西尼亞尋求庇護。

穆罕默德在麥加的地位變得岌岌可危，面對持續的生命威脅，只能依靠叔父塔里布，此時後者也被麥加人圍攻，要求他交出穆罕默德。西元六一九年，叔父塔里布與妻子哈蒂嘉皆去世，先知的情況變得危急。西元六二二年夏天，當攻擊者策劃暗殺他的消息傳到先知耳中時，他哀嘆說：「麥加啊！我愛妳勝過全世界，但是妳的人卻不讓我活！」[36]他在十一年的先知生涯所得到的只是反對、迫害與兩百多名追隨者，此時需要做出斷然措施了。在夜色掩護下，先知和他的一群追隨者，包括未來的岳父阿布．巴克爾（第一位穆斯林哈里發），悄悄地溜出麥加，趕往遠在北方兩百英里的雅斯利卜（Yathrib）。在地部族早被穆罕默德的傳教與突出的領袖特質打動，他們在年度的麥加朝聖期間已經見過面，並且相當歡迎他。

這次戲劇性的沙漠之旅，在穆斯林傳統稱為Hijra（指先知穆罕默德及門徒從麥加遷徙到麥地那），這是相當重要的事件，新的伊斯蘭曆（hijri）即以遷徙這一年為元年。在兩個月的時間內，微小的穆斯林社群幾乎全都搬到雅斯利卜。他們加入的城市有兩個主要的泛神信仰阿拉伯部族——奧斯（Aws）與哈茲拉吉（Khazraj），以及三個猶太部族——蓋努嘎（Qaynuqa）、古雷扎（Qurayza）與納迪爾（Nadir），這三個部族的歷史早於其他所有社群。一夕之間，麥加成為敵人領域；相反地，曾經是猶太城市的雅斯利卜則變成先知之城（Medinat al Nabi），日後簡稱為麥地那（Medina）。

自遷徙起，伊斯蘭的傳播交織著軍事衝突、掠奪與征服。一開始，這只是麥加泛神論者和麥地那穆斯林對漢志控制權的地方性爭奪；然而隨著時間推移，這種現象從阿拉伯半島擴大成一種國際性活動，是穆斯林歷史上軍事與信仰的顯著功績之一。❽西元六二四年，穆斯林與麥加人在巴德爾（Badr）交戰，穆罕默德的小軍隊（歷史上第一支穆斯林軍隊）戰勝了人數比他們多出許多的敵人，立刻把先知從獨立特行的叛教者變成受到尊敬的領袖。

隨著勢力壯大，先知開始對付挑戰其地位的蓋努嘎猶太部族，這個部族曾背著他，暗中串通麥加人加害穆斯林。穆罕默德迅速出擊，包圍對方並迫使他們投降，接著將他們逐出麥地那，這是史上第一次穆斯林與猶太人之間的敵對。穆罕默德隨後將獲得的財產分給追隨者，保留五分之一給之後必然形成的伊斯蘭國家。西元六二五年，納迪爾部族被指控密謀暗殺先知，步上蓋努嘎部族後塵被趕出麥地那，這可以說是對阿拉伯半島各部族的警告。

穆斯林在巴德爾戰役（Battle of Badr）大勝後，西元六二五年發生較不具決定性的武忽德戰役（Battle of Uhud），而在西元六二七年的壕溝戰役（Battle of Al Khandaq）時，麥加人決心遏止先知事業，他們顯然獲得遭驅逐的納迪爾和蓋努嘎猶太部族的協助，圍攻麥地那，但是穆罕默德再次帶領追隨者獲勝。

該是報復的時候了，史料告知，穆罕默德已無法再容忍古雷扎部族的背叛，他們在要求安全離開麥地那的談判被拒絕後無條件投降。穆罕默德指派的仲裁者薩阿德·伊本·穆阿者（Saad ibn Muadh），隨後下達可怕的命令：處決男子，婦孺為奴，財產分與穆斯林。穆罕默德肯定此一判決，視之為「神的裁定」。[37]根據伊斯哈格的記載，先知親自執行了這項裁定：

然後他派人將他們成批帶過來，砍下頭顱丟入壕溝……他們總共約六、七百人，雖然有數字指出是八、九百人。[38]

雖然在數個世紀以來，穆斯林評論者都認為對古雷扎部族的屠殺是「合法的」、「對伊斯蘭的發展有益的」，而且的確是穆罕默德親自執行，但是這也引來許多西方史學家的責難，他們稱這場大屠殺是「野蠻和不人道」，是「極端殘酷的」，而且是先知名聲中抹不去的汙點與不公正的「野蠻行為」。[39]古雷扎部族之所以會遭到屠殺，除了背叛先知的指控外，也不該忽略人力和物質戰利品的強烈吸引力。土地、財產、武器、馬、駱駝，以及俘虜的婦孺（有些人可能被留下，其他人則可能被出售，以換取更多的武器和馬），代表一筆巨大的財富，讓穆罕默德得以將之分配給正在壯大的穆斯林社群。對敵人手下不留情，同時對支持者慷慨，提高他作為一位值得追隨領袖的聲望。

先知在前線上持劍領導社群的戰場生涯，將會為接下來一千四百年的穆斯林提供一個神聖的榜樣。這啟發、影響了歷代的伊斯蘭帝國建立者，從大馬士革的伍麥亞人、巴格達的阿巴斯人、撒馬爾干德的帖木兒、伊斯坦堡的歐斯曼人、巴布爾的蒙兀兒人，甚至是今天憧憬哈里發國家的聖戰者。穆罕默德像耶穌一樣傳播教誨，但他的軍事征服是一個更值得關注的面向。

❽伊斯蘭中一些最激進的信仰者認為穆罕默德發起的軍事鬥爭尚未結束，應該繼續下去，直到全世界都改信伊斯蘭。

穆罕默德的工作遠未完成，他移居的城市麥地那已經接受了伊斯蘭教，但同樣的事情卻沒有在他出生的城鎮發生，那裡仍頑固地反對伊斯蘭教，麥加必須被光復。

在西元六二八年這一年，麥加人一定覺得受到極度的冒犯，穆罕默德帶了大約一千四百名手無寸鐵的穆斯林來麥加朝聖。他們被攔在城外一個叫做侯代比亞（Al Hudaybiya）的地方，雙方人馬在這裡惡言相向。後來古萊氏人的中間人建議穆罕默德的人應該要快點棄他而去，阿布·巴克爾用了令人難忘的回擊來挖苦說：「去找你們的阿拉特喝奶吧！我們怎麼會拋棄他呢？」[40]在經歷一些威脅和口角後，穆罕默德讓女婿歐斯曼前去商議，後者是未來穆斯林帝國的第三位哈里發。最終，雙方恢復平靜，展開理性對話，達成《侯代比亞條約》（Treaty of Hudaybiya），建立麥加與麥地那為期十年的和平協議，並允許穆罕默德和他的追隨者在明年可以回到麥加朝聖。穆斯林作者告訴我們，協議履行了兩年，然後和古萊氏人結盟的巴克爾（Bakr）部族攻打穆罕默德和穆斯林的盟友胡扎阿部族。對先知來說，此舉是對條約的公然破壞。他向古萊氏人提出三個選項：和巴克爾部族解除盟友關係、支付一大筆錢，或是解除《侯代比亞條約》。古萊氏人選擇後者，引發了戰爭。

西元六三〇年，穆罕默德率領一萬人軍隊來到麥加。擔心失敗和部族遭殃，古萊氏部族領袖阿布·蘇富揚·伊本·哈爾布（Abu Sufyan ibn Harb）騎馬出城和穆罕默德見面，他在麥加兩段路之外的馬爾扎賀蘭（Mar al Zahran）紮營，得到強烈的建議：「在你喪命以前，應該順從並作證萬物非主，唯有真主，穆罕默德是主使者。」[41]他適時地皈信新宗教，這是讓他的城鎮和部族皈信的關鍵一步。在阿布·蘇富揚投降後，他帶著穆罕默德將得到大赦的消息回到麥加。他的妻子信德·賓·伍特巴（Hind bint Utbah）是一個以凶殘聞名的女子，對投降不以為然。「殺了這個肥貨！」她叫喊著，撕扯著丈夫的鬍子，「好一個腐爛發臭的眾人保護者！」[42]信德心狠手辣。伊斯哈格記載她在武忽德戰役後，切下穆罕默德死去的叔叔哈姆扎（Hamza）的肝吃，並且破壞先知其他同伴們的屍體，用他們的鼻子、耳朵做成項鍊、腳鍊及掛墜。

穆罕默德現在來到了麥加，他的人馬分為四隊從四個方向接近麥加，他們得到的命令是只跟做出抵抗的人戰鬥，而實際上反抗十分零星。據說古萊氏一方的傷亡不超過二十八人，穆斯林一方則只有兩人。這是一次非比尋常的勝利，是中東歷史上最重要的時刻之一。

在一夕之間，麥加成為第一個穆斯林征服的地點，成為一個初生帝國的心臟，帝國很快就會以星火燎原之勢擴大，先是整個阿拉伯半島，然後向北進入中東與北非。無論是以和平的方式接受精神上的順從，或是在先知及其追隨者的劍尖之下被迫臣服，從一開始，征服就是帝國的命脈，這也是基督宗教殉教者與伊斯蘭戰士之間最大的差異。

一旦形勢平靜下來，穆罕默德便走向天房。他騎著駱駝繞行七次，每繞行一次都會用一根木棍觸碰一次黑石。後來他拿出鑰匙，走進天房。他看到一座木製的鴿子雕像，將其粉碎並丟棄。伊斯哈格記載，天房裡所有的畫像都被清除了，除了耶穌和瑪利亞的畫像以外。接下來是三百六十個鉛製偶像，穆罕默德用棍子指著它們，以超自然的力量將它們粉碎。少數的麥加人，可能是十個左右，被排除在豁免之外，他們因為各種罪名遭到處決，包括背教者（這預示伊斯蘭教此後將如何嚴懲背教者），還有一、兩個奴隸女孩，她們曾經諷刺穆罕默德並嘲笑伊斯蘭教。令人驚訝的是，儘管信德之前殘暴抵抗，卻並未遭到處決。這位曾與穆罕默德為敵的女人跟隨她丈夫的腳步，順從了這個新的信仰。

泉湧而出的詩歌讚頌著麥加的征服，在根本的改變和革新中，這是文化延續性的一面。這是一種阿拉伯詩句之美受到深深尊敬的外顯口述文化。在描寫穆罕默德進入麥加的詩歌想像中，其代表就像是神的光亮照亮一切：

> 你可曾見到，穆罕默德和他的軍隊，
> 他到來時，將偶像清理乾淨，
> 你看到的是神的光芒閃耀，
> 陰影遮住了偶像的臉。[43]

在閱讀這些早期對穆罕默德征服麥加的記載時，無論是清除偶像、帶來正義、分享戰利品，或是重新畫定聖地的邊界，可以看到穆罕默德擁有完全的政治和軍事優勢，同時又是新信仰的奠基者與領袖。❾將彼此競爭、爭鬥的阿拉伯半島部族團結在伊斯蘭的旗幟下，是一項政治和軍事任務，這項任務占據了先知的餘生，在這段年歲中，他是阿拉伯半島無可爭議的領袖。從一開始，伊斯蘭就是政治性的。

隨著征戰的領域越發寬廣，出現在戰場上的穆罕默德軍隊數目也越來越大。在西元六三〇年的胡納因戰役（Battle of Hunayn）中，他麾下一萬兩千人的軍隊擊敗了人數要多得多的敵人，即麥加東南部的哈瓦茲因（Hawazin）部族及其盟友。這場戰役帶來的戰利品十分可觀，包括盔甲、武器、兩萬四千頭駱駝、六千名戰俘，《古蘭經》也提及這場戰役。穆斯林的勢力開始遍及阿拉伯半島的東部和北部。游牧的貝都因人和穆罕默德簽署一系列協定，承認穆斯林的政治首都麥地那的領主地位，並以繳稅換取文化上的獨立。在這個新信仰的最早時期與劫掠文化的背景中，這種新的稅賦就像是保護費，「與其說是一種對神的責任，不如說是對新征服者的貢品」。[44]

收穫戰利品並不只是勝利的可喜可賀結果。在《古蘭經》的神聖允許下，獲取戰利品的意義比這遠遠重要許多。❿「簡而言之，穆罕默德必須征服，他的追隨者們喜愛征服，他的神命令他征服，那麼還需要什麼別的理由嗎？」[45]雖然大部分麥加早期的歷史和伊斯蘭的興起都是以貿易角色為中心，但無可懷疑的是，征服是新信仰傳播的一項驅動原則。高於一切的經濟動機現在是發動突襲，然後將戰利品分配給每個人。[46]穆罕默德在阿拉伯半島的軍事生涯為西元七世紀和八世紀前所未有的征服奠定基礎，在征服中，阿拉伯軍隊從半島傾巢而出，奪取極其遼闊的領土，確立伊斯蘭的版圖，其疆域從西邊的大西洋沿岸和伊比利半島，一直綿延到東邊中亞白雪皚皚的群山裡。

先知在西元六三二年歸真，同年最後一次在麥加完成朝聖後，結束了伊斯蘭歷史的第一章。這也開啟了麥加和麥地那突然從穆斯林史學家關注中消失的一段時期。注意力開始轉移到最初的哈里發帶領下的伊斯蘭征服，然後是先知的表親、敘利亞總督穆阿維亞（Muawiya）於西元六六一年攫取權力

❾ 以天房為中心的聖地範圍如下所述：在麥地那路上走一小時的路程；在葉門路上走三小時的路程；在塔伊夫（Taif）路上走五小時的路程；前往伊拉克的路上走三小時的路程；在吉蘭納（Jirana）路上走四小時的路程。這些定義後來被第二位和第三位哈里發歐瑪爾與歐斯曼更新了。

❿「他們問你關於戰利品，你說：『戰利品是歸於真主和他的使者的。你們當敬畏真主，並且調解你們之間的隔閡，如果你們是信仰者，你們就要順服真主和他的使者。』」（《古蘭經》八：一）

並定都於大馬士革的世襲伍麥亞朝（六六一—七五〇）。⓫

禁寺很快就變得太小，無法容納越來越多的穆斯林。哈里發歐瑪爾是第一個擴建禁寺的人，他購買並拆除了周圍的房子，然後建立環繞聖地的圍牆。他告訴那些拒絕強制購買的人：「你們是接近天房的人們，而不是天房接近你們，這是它的花園。」[47]歐斯曼延續前任留下的任務，再次擴大聖地並增添柱廊。有些麥加人拒絕出售他們的地產，歐斯曼強行拆除，並將反抗者送進監獄。

在歐瑪爾和歐斯曼擔任哈里發的時期，伊斯蘭帝國迅速擴大。到了六四〇年代中期，美索不達米亞、亞美尼亞及波斯帝國都進入伊斯蘭境域中，而阿拉伯軍隊則在北非和阿富汗作戰，並對東地中海發動海襲，攻擊伊比利半島。

麥加的人口在西元七世紀的一百年中穩步增加，這座城市因此進行重要的擴張，有了新的果園和水井。哈里發穆阿維亞（六六一—六八〇在位）本人也買下許多土地，並將先知第一個妻子哈蒂嘉的房子變成一座清真寺，也就是今日公共盥洗室的位置。

無論神聖與否，麥加在西元六八三年發覺自己處於卑鄙的政治算計中，並且遭受攻擊。為了推翻伍麥亞人，先知的孫子胡笙・伊本・阿里（Hussain ibn Ali）在西元六八〇年於伊拉克南部的卡爾巴拉戰役（Battle of Kerbala）中遭到殺害，並被砍下頭顱。這是一次造成伊斯蘭內部分裂的命運遭遇，雙方之中有一方認為伊斯蘭帝國的領導權應該由穆斯林間遵守先知與其門徒傳統的社群（Ahl al Sunnah wal Jamaah，亦即順尼派）選出，另一方則相信領導權歸先知的堂弟和女婿阿里所有（Shiat Ali，阿里的追隨者，亦即什葉派），但是阿里本人也在西元六六一年決定繼承人的動盪中遭到刺殺。

伍麥亞人的另外一個敵人阿布杜拉・伊本・祖拜爾（Abdullah ibn al Zubayr）在麥加的禁寺避難，天房在後來的包圍中著火，黑石成了碎片。這時候哈里發亞濟德（Yazid，六八〇—六八三在位）駕崩的消息傳來，讓即位的不確定性更加撲朔迷離，在這樣的情況下，敘利亞軍隊才急忙趕回大馬士革。最終的戲劇性和流血事件為西元七世紀劃下句點。為了徹底消滅伊本・祖拜爾，哈里發阿布杜・馬利克（Abd al Malik，六八五—七〇五在位）於西元六九二年派出另一支軍隊攻打麥加。⓬抵抗很快就被平息，伍麥亞人重新建立控制權。馬利克隨後下令將天房推倒，並按照穆罕默德時期的樣貌重建。從那時起，天房就一直保持這個樣子。

在穆罕默德生前及在先知最早期的傳記中，麥加經歷了伊斯蘭化的重新設計和建設。先前古老的多神崇拜地點，例如繞行天房的地方，在麥爾瓦和薩法山丘之間的奔波，與在米納投石的三根柱子，這些地方先前的多神教圖案都被去除，並按照伊斯蘭的功能加以保留和改造，使阿拉伯人對伊斯蘭的接受在文化上不那麼窒礙難行。

⓫ 伍麥亞這個名稱來自先知一位祖先的名字，即伍麥亞・伊本・阿布杜・沙姆斯（Umaya ibn Abd Shams），穆阿維亞家族聲稱是他的後代。

⓬ 麥加在九三〇年遭受更毀滅性的暴力，當時來自阿拉伯東部的激進教派卡爾馬提派（Qarmations），在朝聖季襲擊這座城市，屠殺多達三萬名朝聖者，褻瀆了神聖的清真寺，並將屍體扔進滲滲泉，還竊取黑石，直到九五一年才被歸還，但已經破碎不全。一三一四年，在統治者阿布・諾馬伊（Abu Nomay）退位後，麥加發生一起令人作嘔的兄弟相殘事件。他的兒子胡邁達（Humaida）殺死了他的兄弟阿布・蓋斯（Abul Ghaith），將整具屍體烹煮並邀請其他人共食。胡邁達後來得到報應，於一三二〇年被埃及蘇丹納西爾（Al Nasir）下令處決。

受爭議的撒旦詩篇故事是說先知受到魔鬼的引誘，說出認同三位神祇阿拉特、烏扎和馬納特的話。這個故事投射出同樣的基本現實：在推行激進的創新舉措時，需要保留並重新敘述一些受到尊敬的文化傳統。雖然伊斯哈格、塔巴里、瓦齊迪（Al Waqidi）和伊本・薩阿德全都提過撒旦詩篇的事件，但是現代的穆斯林學者否認這件事，任何暗示這件事的發生都是危險的，就像作家薩爾曼・魯西迪（**Salman Rushdie**）在一九八八年出版小說《撒旦詩篇》（*The Satanic Verses*）之後所發生的事情。一年後，伊朗的最高領袖阿亞圖拉・霍梅尼（Ayatollah Khomeini）發布了一則教令，要求穆斯林取他的性命。[48]

文化從來不是麥加向心力的一部分，和中東地區一些偉大的穆斯林城市不同，麥加從來沒有被視為一個文化之都。實際上，按照近年一名穆斯林城市傳記作者的說法，這個神聖飛地在多數時間裡是一個「被腐敗包圍的文化沙漠……偏狹、封閉，對廣闊世界變化中的現實漠不關心」。[49]其他的城市將會崛起為伊斯蘭世界的文化發動機，帶領並定義世界上最偉大的文明，而麥加將依舊是內向、受限和樸素的，它的強勁力量依舊來自精神的神聖性，讓一個偏遠、酷熱難耐的沙漠定居地從一個微不足道的地方，變成連結世界上十五億穆斯林的紐帶。不過對猶太人而言，這是一個不祥之處，它是穆斯林首次屠殺猶太人的地方。

自從穆罕默德在西元六三二年的最後一次朝聖到今天，人們開闢了從世界各地來到這個偏遠沙漠城市的道路，男男女女穿著簡樸的白色戒衣，在酷熱的陽光下圍繞著古老的大理石立方體進行繞行儀式。他們來自天南地北，從事各種營生，無論是國王、蘇丹、征服者、哈里發、清潔工、旅人、作家、工人、農民、歌手、科學家，還是軍人、名流、學生、女裁縫、銀行職員、足球員、會計、大使、政治人物、農場主、屠夫、公車司機和男女商人。在伊斯蘭的十五個世紀期間，雖然人類的種種弱點也投射在這座城市身上，但麥加是每座其他的穆斯林城市（無論本書提到與否），都從遙遠之處注目和嚮往的，她是伊斯蘭的終極、團結一致的體驗。伴隨著麥加益發快速的脈動，她在西元七世紀在精神和尚武上的開拓，撼動了世界，並且為之後出現的每一個伊斯蘭帝國設下基調。

【第二章】

大馬士革

——芳香樂園——

Damascus–The Perfumed Paradise

（西元八世紀）

如果樂園在人世，那它必定是大馬士革；如果樂園在天堂，那大馬士革也能與之媲美。

——伊本·朱貝爾（Ibn Jubayr）

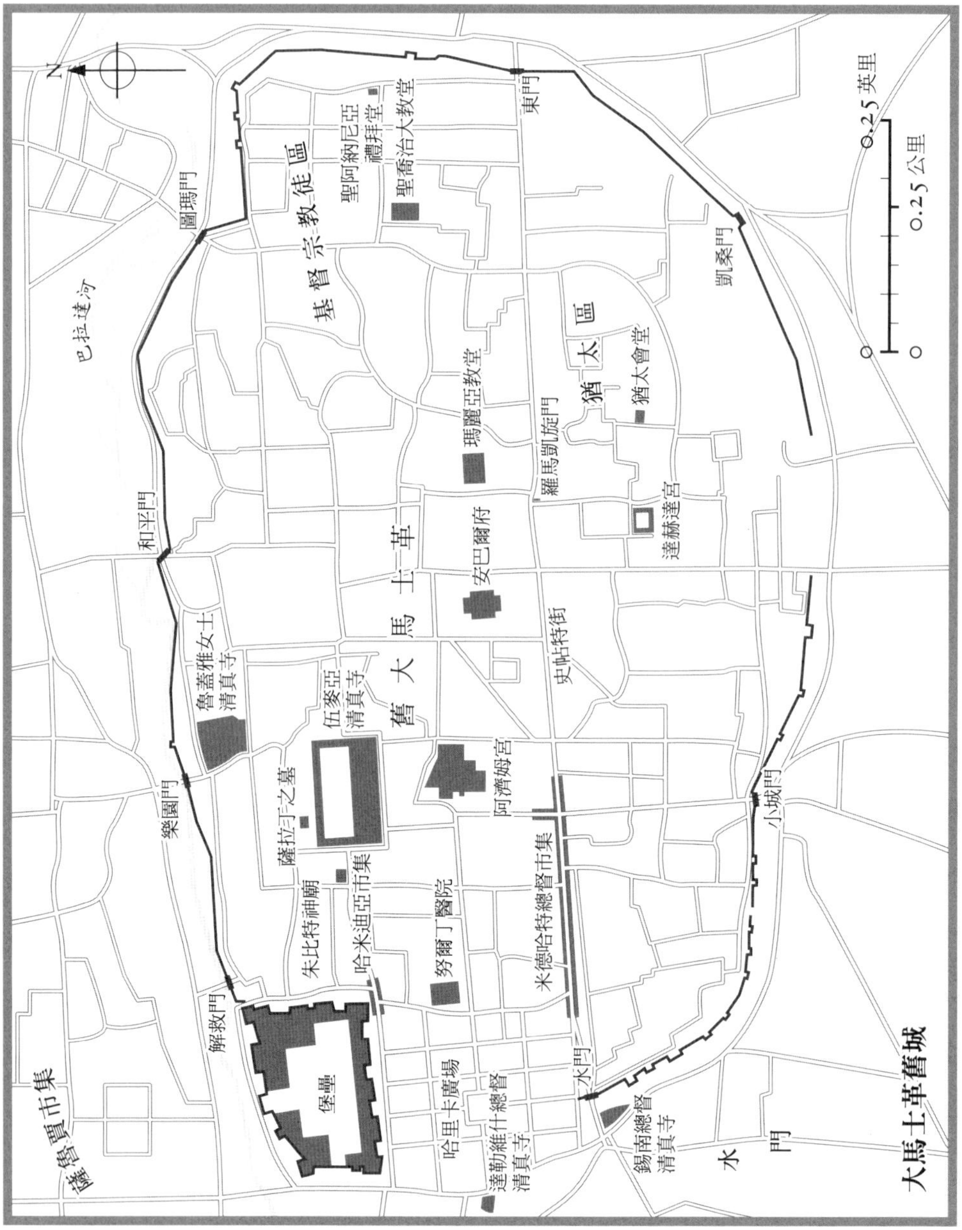
大馬士革舊城
N
薩魯買市集
解救門
樂園門
和平門
圖瑪門
巴拉達河
東門
凱桑門
小城門
水門
水 門
堡壘
哈里卡廣場
達勒維什總督清真寺
錫南總督清真寺
朱比特神廟
哈米迪亞市集
努爾丁醫院
米德哈特總督市集
薩拉丁之墓
阿濟姆宮
伍麥亞清真寺
魯蓋雅女士清真寺
舊 大 馬 士 革
史帖特街
安巴爾府
羅馬凱旋門
達赫達宮
瑪麗亞教堂
猶 太 區
猶太會堂
基 督 宗 教 徒 區
聖阿納尼亞禮拜堂
聖喬治人教堂
0
0.25 英里
0
0.25 公里

「我們也許來自不同的社群，有不同的部族和信仰；但我們是一群人，和平地生活在一起，穆斯林、猶太人和基督宗教徒。這是我們的方式。我們都是敘利亞人。我們之間沒有問題。」

很難忘記那次談話。多年前，敘利亞內戰還沒有在大馬士革的街道上爆發之前，我曾和一位當地的歷史學家走在大馬士革舊城中。穆罕默德和我穿過阿敏猶太區的蜿蜒曲折小巷，這個被包圍著社群的僅剩成員仍在一棟曾經富麗堂皇，現在已經破敗的兩層小樓中孤寂地看守著。在宏偉的羅馬城牆遺跡處，我們向下沿著一條稱為史帖特街（Straight Street）的羅馬街道前行，這條街道至今仍從東向西將舊城平分，在西元一世紀時，見到異象的盲眼法利賽人（Pharisee）掃羅（Saul）就是在這裡成為基督宗教徒保羅。[I] 在超過一千年的時間裡，虔誠的朝聖者每年都會聚集在這些牆外面，展開一段考驗信仰的旅程，全程幾乎長達九百英里，穿過沙漠，抵達麥加。最後一次這樣的朝聖團是在一八六四年啟程，從那時開始，乘船到吉達的路線代替了這條路。我和那位歷史學家一同數了七座古代的城門，❶ 我們凝望著朱比特神廟（Temple of Jupiter）和午後灑落的金色陽光，直衝進哈米迪亞市集（Hamidiya Suq），微弱的光柱穿透錫製屋頂上之前在衝突中留下的彈孔。在時間有限但東西看不完的情形下，我們匆忙地向這座城市中的猶太會堂、教堂和清真寺的靈魂致敬，走馬看花地看過一座薩拉丁聖陵、聖阿納尼亞斯之家（House of Saint Ananias），在那裡看了掃羅的洗禮盆，同時走向其

❶ 從城堡開始，順時針分別是樂園門（Bab al Faradis）、和平門（Bab al Salam）、圖瑪門（Bab Tuma，以基督使徒圖瑪的名字命名）、東門（Bab al Sharqi）、凱桑門（Bab Kisan，聖保羅就是在夜色中由此逃離大馬士革的）、小城門（Bab al Saghir），以及水門（Bab al Jabiya，這座城門仍然經由米德哈特總督街和現代版本的「史帖特街」連接到東門）。

中最大的清真寺。

我仍對那次很久以前的旅程念念不忘，想著瀰漫的茉莉花香氣和一叢叢盛開的木槿與九重葛，因為那座城市為我帶來的衝擊，就像它曾經給十二世紀的安達魯斯詩人、朝聖者兼地理學家伊本·朱貝爾的印象一樣，大馬士革就像人間的樂園。

很少有訪客會用上述詞彙來描述今天的大馬士革，在安達魯斯人寫下對大馬士革讚美的八百年後，一場毀滅性的內戰已經把城市的一些區域變成聯合國形容的「人間地獄」。敘利亞曾是多元社群享有穩定與和諧的一座堡壘，如今它已毀滅，整個國家都被內亂（fitna）所毀，fitna是一個讓阿拉伯人十分害怕的詞彙，意思是內部的爭鬥。雖然大馬士革的古老中心（世界最古老且持續有人居住的城市之一）躲過最凶殘的屠殺，但是大馬士革四方延伸的郊區卻已經完全被毀。對道路、房屋、公寓街區到整個建築環境毀壞的絕對程度，讓人想起最惡名昭彰的都市破壞，從德勒斯登（Dresden）與貝魯特到卡布勒和摩加迪休（Mogadishu）。空拍機拍攝的畫面顯示，多年來在俄羅斯支持下的阿薩德（Assad）政權進行的空中轟炸，以及數不清的叛軍團體發射的火箭，已經帶來最糟糕的後果：一排排的斷壁殘垣、倒塌的住宅樓房、牆壁和窗戶都被炸開，所以那些仍然斜靠在鄰宅瓦礫堆上的房屋就好像沒蓋完的多層停車場。大馬士革是伊斯蘭歷史上最負盛名的首都之一，現已被粉碎成一座末日之城，那個曾被猶太教徒、基督宗教徒及穆斯林視為多元文化天堂的世界已經煙消雲散。[2]

在阿拉伯人的情感裡，大馬士革一直擁有崇高的地位。西元六三四年，這裡成為第一個落入穆斯林戰士手中的拜占庭大城市，這是正在快速擴張的伊斯蘭帝國引以為傲的。大馬士革的歷史可以回溯二十六個世紀，它也是世上最富盛名的城市之一，自古以來就有相當多的美譽。北非的地理學家伊德里斯（Al Idrisi）在一一五四年寫道，這裡是「神在這世界上所創造最令人愉悅的城市」。[3]

在西元七世紀阿拉伯征服時，大馬士革早已習慣外來軍隊兵臨城門。西元前十一世紀時，阿拉姆—大馬士革（Aram-Damascus）是阿拉梅（Aramaean）王國首都，最早的長方形街道計畫和運河網絡即起自那時，後來大馬士革在西元前八世紀被亞述人，西元前七世紀時被巴比倫人，西元前六世紀是阿契美尼德人，西元前四世紀是亞歷山大大帝的希臘人和塞琉西人，西元前一世紀則是納巴提人（Nabateans）與羅馬人分別占領。西元六一二年時，大馬士革落入波斯人手中，受薩珊國王霍斯洛二世（Khosrow II，五九〇—六二八在位）統治，直到西元六二八年才被希拉克里烏斯（Heraclius）式微中的拜占庭帝國再次奪回。

入侵的軍隊無法不對這顆沙漠中的翡翠垂涎三尺，豐沛的古塔（Ghouta）綠洲圍繞這座城市，得到發源於前黎巴嫩山（Anti-Lebanon），最後消失在大馬士革東南部沼澤中的巴拉達河（Barada River）滋養。曾經安詳的古塔東郊區經歷了敘利亞戰爭中戰況最慘烈的戰鬥。在多年的空襲、轟炸、巷戰及一連串據信的化學武器攻擊後，這裡的大部分地方已變成瓦礫堆，一名當地的醫生稱為「二十一世紀的大屠殺」。

正如穆斯林歷史學家為麥加、先知穆罕默德和四位正統哈里發生活史賦予伊斯蘭光環，在征服大馬士革很久之後寫作的阿拉伯作者，用大量的篇幅來強化這座城市的聖潔。《大馬士革史》（*Tarikh Madinat Dimashq*）是第一本整體研究一座伊斯蘭城市及其傑出居民的作品，作者伊本・阿薩奇爾（Ibn Asakir，一一七六卒）記述先知曾大膽預測伊斯蘭在未來的傳播，阿拉伯軍隊將到達敘利亞、伊拉克和葉門。當時的一位門徒曾問先知：「真主的使者啊！請替我選擇敘利亞、伊拉克或葉門吧！」穆罕默德答說：「去敘利亞吧！」[4]

從最早的記載判斷，這些初期穆斯林戰士的動機是直白的。幾個世紀以來，西元九世紀的歷史學家巴拉朱里（Baladhuri）的《開疆擴土史》（*Kitab Futuh al Buldun*）都被認為是最權威的著作，書中描述哈里發阿布．巴克爾激勵穆斯林為戰利品而戰。那些起身而戰的人既「渴望戰利品」，也「懷著得到神福報的念頭」。[5]

無論是出於貪念還是為神奮戰，在哈立德．伊本．瓦利德（Khalid ibn Walid）麾下有五千名阿拉伯戰士。這位指揮官是先知的門徒，也是將阿拉伯半島團結在穆罕默德領導下的軍事指揮家。這支軍隊在西元六三四年抵達大馬士革城東門外，拉開陣仗準備作戰。他們胸有成竹，拜占庭帝國在敘利亞的城市早已接連陷落。在真主庇護下，一個嶄新並傳播信仰的戰士早已勢不可當。

對拜占庭統治下的神學教義失去興趣，曼蘇爾．伊本．薩爾君（Mansur ibn Sarjun，神學家大馬士革的聖約翰〔St John of Damascus〕的祖父）領導下的基督宗教社群，可能意識到這位阿拉伯將軍的伊斯蘭別名賽義法拉．馬斯魯勒（Sayf Allah al Maslul，意為「真主之劍」）的威脅，選擇不戰而降。哈立德和他們商談投降的條件，允諾保護「他們的生命、財產及教堂的安全……只要他們支付保護稅（*jizya*），降臨在他們身上的只有好事」。[6]對大馬士革人來說，這是可以接受的條件，因為他們知道所有被征服的族群都必須繳納保護稅，於是對阿拉伯人打開大門。

阿拉伯穆斯林攻占大馬士革，向來被描述為「至關重要」的事件，它結束了將近一千年西方基督宗教的強權。[7]在那之後，穆斯林並未帶來讓人無所適從的革命。在露天會議地點從羅馬廣場轉移到清真寺後，日常生活秩序仍然持續著，生活各方面大多一如往常。歷史學家修．甘迺迪（Hugh Kennedy）的著作指出，大馬士革及其他東伊斯蘭世界城市的伊斯蘭化，並不是在短短幾年或幾十年間完成的，而是要花上五百年。[8] 伊斯蘭城市中的主要建築物，例如客棧（khan）、商旅客棧（caravanserais，大型客棧，通常有中庭，為商人及其商隊提供住宿服務）、頂棚市集（qaysariyas）和伊斯蘭經學院之類的建築，要到十一、十二世紀才會出現。

當時，敘利亞和伊拉克從基督宗教徒的統治轉為穆斯林統治的變化速度，並不如一般所想像得那麼戲劇性。在歷史學家的記載裡，並未出現財政或教會事務的崩潰，也沒有毀滅性的破壞，一波波的阿拉伯定居者沒有顛覆這裡的秩序。不同於當前可能需要幾個世代時間與數十億美元才能重建的敘利亞衝突，西元七世紀的征服就像一場夏日暴風雨：「來的時候令人害怕，但是很快就風平浪靜，造成的破壞也迅速修復。」[9]

不過，城市結構還是出現立即且徹底象徵性的改變，建築物展現出擁有與控制該城的新主人是誰。穆斯林戰士以修建一個小禮拜室（musalla）慶祝他們的征服，該室位於施洗者聖約翰教堂（Church of St John the Baptist）內東南方，之所以如此命名，是因為這裡據說保存著這位聖徒被割下來的頭顱。這座教堂坐落在先前羅馬朱比特神廟的位置之上，而後者則是建立在阿拉梅人的聖地上。此城的第一座穆斯林清真寺是一個鄰近圖瑪門的改建物，在包圍大馬士革時，哈立德曾在那裡禮拜。今天這個地方是阿爾斯蘭大師（Sheikh Arslan）墓園小禮拜室中的一部分。

拜占庭皇帝希拉克里烏斯的兄弟帖歐多魯斯（Theodorus）曾經在西元六三六年試圖奪回大馬士革，但在同一年，阿拉伯人在加利利海（Sea of Galilee）以東的亞爾穆克戰役（Battle of Yarmuk）

中擊潰拜占庭軍隊，終結了基督宗教徒在敘利亞的統治。希臘編年史作者艾迪薩的帖歐菲魯斯（Theophilus of Edessa，約六九五－七八五）提到阿拉伯人殺死了很多羅馬人，屍體堆成一座可過河的橋。希拉克里烏斯在從眼前的廢墟撤退時，苦澀地說：「哦，別了，敘利亞！這麼美好的家園要變成敵人的了！」[10]到了西元六三七年時，耶路撒冷和安提歐克（Antioch）都陷落了。西元六四〇年，也就是阿拉伯人開始入侵埃及的同一年，黎凡特（Levant）沿岸地區的希臘文化不光只是衰微，而是完全消失。西元六四一年，地中海上古老明珠的亞力山大城也被攻陷。拜占庭在亞爾穆克戰役的潰敗預示了穆斯林征服的超凡世紀，這個世紀將為伊斯蘭帝國帶來史無前例的光輝，為其輝煌首都大馬士革帶來榮耀。

儘管困難重重，但穆罕默德成功地將阿拉伯半島上彼此對立的部族統一在伊斯蘭大旗下，承諾他們將會得到戰利品。然而，分裂的危機始終存在，並在西元六五六年災難性地爆發：年邁的哈里發歐斯曼在麥地那家中遭埃及叛亂者刺殺。穆罕默德之後的最初四位伊斯蘭世界領袖，有三位死於暗殺。歐斯曼偏袒他的伍麥亞族人而引起公憤，最後在他深愛的古蘭經抄本前，被反覆刺了幾刀失血死去。先知的堂弟兼女婿阿里（六五六－六六一在位）在同一年被推舉為哈里發，在他不太順利的領導期間，發生了穆斯林社群的第一次內戰。來自麥加伍麥亞族，西元六三九年起擔任敘利亞總督的穆阿維亞，拒絕向阿里宣示效忠，要求為死於謀殺的族人歐斯曼復仇，後者沾滿血跡的外衣被掛在大馬士革清真寺以糾集支持者。在支持阿里的人與支持伍麥亞族人的人（包括先知遺孀阿伊霞〔Aisha〕）之間，發生一連串沒有結果的戰役。

戰役或仲裁都沒有產生決定性的作用。後來證明，在這場權力爭鬥中，最關鍵的是一個伊斯蘭的出走派（Kharijite）分子。西元六六一年，趁阿里正在庫法（Kufa）清真寺禮拜時，他用一把沾了毒藥的劍刺殺阿里。❷出走派分子殺死了這位愛德華．吉朋（Edward Gibbon）眼中的詩人、戰士兼聖徒，刺殺阿里是一個改變社群命運的行為，它揭開順尼派和什葉派之間的分裂，也從此撕裂了穆斯林世界。[11] 隨著阿里死亡，早已是伊斯蘭世界最強大軍隊掌控者的穆阿維亞，自立為哈里發。阿里之子兼繼承者哈山（Hasan）在伊拉克遭受壓制，被迫接受穆阿維亞的權力。

在耶路撒冷登基後，穆阿維亞並不打算把帝國首都設置在麥地那或曾是阿里大本營的庫法。大馬士革具備作為首都的適當理由，她的地理位置十分適宜，接近拜占庭前線，位於伊拉克、埃及、地中海港口與漢志沙漠之間。也許更重要的是，在擔任敘利亞總督的二十年間，他早已發展出一套令人敬畏的政治網絡，讓他能在這裡建立帝國行政中心。當時的伊斯蘭世界正向西發展，如果此刻南遷到遙遠的阿拉伯沙漠會是錯誤的決定。穆阿維亞是活力充沛的領袖，以雄辯口才、優雅舉止及健碩身材聞名，這些德行都是阿拉伯世界高度重視的涵養。他重新組織並強化軍隊，帶動一些農業灌溉規劃，設立功能得當的財政部門，在麥地那與大馬士革之間建立定期的郵遞服務。

似乎有些矛盾的是，在這位英明果斷的朝代開創者統治下，大馬士革仍舊是一座基督宗教徒占

❷ Kharijite的稱呼源自阿拉伯語的「出走者」，他們是最早的伊斯蘭派別，不同於順尼派與什葉派。他們排斥哈里發永遠正確的觀念，並反對單一氏族壟斷權力；也排斥順尼派聲稱由古萊氏部族掌握哈里發權位，以及什葉派擁護由阿里後代執掌哈里發權位，而傾向以一種民主推舉方式選出社群領導者。在他們清教徒式的運動中，推翻任何犯罪的領袖是一種義務，這種激進信念使得他們經常會對既存威權發動叛亂。

多數的城市。維持現狀的理由是巨大的財政誘因，尤其是保護稅。伊斯蘭局限於少數精英，強迫改變宗教的壓力並未出現。雖然就官方而言，受保護民（dhimmis，伊斯蘭治下的非穆斯林）屬於二等公民，但其人身與宗教自由受到法律保護，以換取對穆斯林當局的接受。逐漸地，越來越多的非阿拉伯人改信伊斯蘭，但是他們沒有得到與阿拉伯穆斯林同等的權利，隨著來自受保護民的稅收遽減，造成社會關係緊張，在西元八世紀時引發對伍麥亞權力的反抗。

在大馬士革不同宗教共存初期，基督宗教徒和猶太教徒受到很好的對待。在內戰改變一切之前，大馬士革歷史學家穆罕默德熱心地這樣提醒我：「就像今天一樣，三個社群和平相處。」穆阿維亞深明在肥沃月灣和埃及的臣民主要是基督宗教徒，他所營造的是一個寬容的環境。聖約翰（其祖父參與大馬士革投降的協商）的基督宗教徒家族仍然掌管財政，這是帝國最重要的官職。當時穆斯林軍隊和越來越多的海軍正在擴張伊斯蘭世界，並正建立一個更專業，而非部族性的社會基礎。在六七〇年代末，一場地震摧毀了著名的艾迪薩（Edessa）大教堂，穆阿維亞加以修復。正如一名敘利亞聶斯托里（Nestorian，景教）主教所言，他的穆斯林統治者並未攻擊基督宗教，「而是保護我們的信仰，尊重我們的神父與聖徒，並且為我們的修道院帶來禮物」。[12]

基督宗教徒繼續主導大馬士革的朝廷，編年史資料相當關注基督宗教與伊斯蘭各自優異性的高尚辯論。雖然有沉溺女色、酒徒之惡名，但是阿赫塔勒（Al Akhtal，意為「健談」）卻擁有穆阿維亞宮廷詩人的高位，得意洋洋地漫步在哈里發宮殿裡，脖子上掛著十字架，為伍麥亞人及其敵人創作纏綿頌詩和諷刺詩。[13] 基督宗教徒的影響呈現在宮廷內室生活中，對哈里發寢宮的影響尤其大。穆阿維亞最寵愛的妻子梅順（Maysum）是權勢極大的雅古比教會（Jacobite）基督宗教卡勒卜族（Kalb）酋長之女，她為哈里發生下法定繼承人亞濟德，這公然違反麥地那傳統。他的貼身醫生也是基督宗教徒。

宗教間的寬容與多少和諧共存（在今天這個衝突不斷的地區相當罕見）是大馬士革成功的基石，也是其他後繼的穆斯林帝國首都的榜樣。最偉大的伊斯蘭城市為各帝國定下統治基調，反映其統治者胸懷無邊的自信。在伍麥亞朝統治下的大馬士革，就像阿巴斯朝的巴格達、法蒂瑪朝的開羅、馬林朝的法斯、歐斯曼帝國的伊斯坦堡、帖木兒的撒馬爾干德、薩法維朝的伊斯法罕與今日瑪克圖姆家族的杜拜，他們眼光開闊並對自己的力量充滿自信。當代中東面臨的困難正是上述情形的反面，不寬容與教派爭鬥分裂，這些標誌性的困難是穆斯林世界日後喪失力量和威信的徵兆與起因。

穆斯林起初在建築上的自卑情結表示，大馬士革將會出現戲劇性且長久的改變，這種情結可以在拜占庭帝國使者拜訪穆阿維亞首都的傳說中得知。當這位使者被問到，他對以樸素土磚和木頭蓋成的執政官辦公廳（Dar al Khadra）作何感想時，他嗤之以鼻地說：「上層是鳥巢，下層則是鼠窩。」[14]歷史上並未記載這位不諳外交辭令使者的下場，但是穆阿維亞拆除了這座建物，並用石頭重蓋一座。意識到大馬士革中央清真寺無法作為伊斯蘭帝國權力的展示場地，於是穆阿維亞和基督宗教領袖商議，希望將施洗者聖約翰教堂移轉給穆斯林社群，但是基督宗教徒拒絕讓步。

大馬士革外，穆阿維亞的帝國戰略是派代表向東征討，越過烏滸河（River Oxus）抵達位於今日中亞的幾個「斯坦區」（Stans）的布哈拉、撒馬爾干德和卡布勒，同時他也在西邊集中精力對付羅馬人。西元六六八年，在先知歸真短短三十六年後，穆阿維亞的軍隊已經抵達了迦克墩（Chalcedon），他們在此可以凝望博斯普魯斯海峽對岸輝煌的君士坦丁堡。在首次不成功的圍城戰後，穆阿維亞於西元六七四年再次試圖攻下這座有三層城牆的大都市，從馬爾馬拉海（Marmara

Sea，又譯「馬摩拉海」）發起長達七年的一系列海攻。君士坦丁堡屹立不倒，這些遠征很容易被歸為失敗，但是考慮到這座城市在八百年後才落入穆斯林勢力時，穆阿維亞在伊斯蘭第一個世紀時的果敢就更令人佩服了。

阿拉伯人征服的速度令人咋舌，但這絕不僅是基督宗教徒史料中描述的純軍事破壞的末日災難而已，其中更有強烈的文化遺漏與同化因素。阿拉伯人的招降誘導手段，除了承諾尊重生命、財產和宗教自由外，還有偏遠地區人民免稅。

同樣重要地，雖然對於現代的非穆斯林讀者來說，伊斯蘭聽起來遙遠、與熟悉的事物迥異，但是對西元七、八世紀時生活在中東和北非的人來說，這些騎馬勇士所信仰的伊斯蘭包含各種令人感到安慰的熟悉元素：有亞伯拉罕信仰中全能獨一的神、受到崇敬的列位先知、經文、禮拜、齋戒、捐獻、朝聖等儀式、神聖節日與集體禮拜空間。「它確實不同於基督宗教與猶太教，但還是有一定的相似度，可讓人接受。」[15]事實上，對當時的一些人來說，如大馬士革的聖約翰，伊斯蘭不像是新的信仰，而是基督宗教的一支異端。[16]如果說新的保護稅不受歡迎的話，先前君士坦丁堡收取的各種稅可能更讓人不悅。

隨著穆阿維亞在西元六八〇年去世，大馬士革失去最偉大的贊助者，穆斯林帝國則失去一位最傑出的領袖。他政治敏銳、軍事成熟，他高超的領導術和手腕令人讚賞，他以精明、奉承和狡黠達成目的。西元九世紀的阿拉伯歷史學家亞古比（Yaqubi）用令人印象深刻的文字，描述穆阿維亞奉行的權力哲學：「我的舌頭夠用時便不用鞭子，鞭子夠用時便不用刀劍。如果有一根頭髮可以連結我和身邊的人，我不會讓它鬆動。如果他們拉緊，我便放鬆；如果他們放鬆，我便拉緊。」[17]但穆阿維亞也受到憎恨，因為他破壞穆斯林傳統，指派自己的兒子為繼承人，把哈里發制度變成君主世襲制。

穆阿維亞之子亞濟德的哈里發統治十分短暫（六八〇—六八三），其中最著名的事件是西元六八〇年發生在伊拉克南部卡爾巴拉（Kerbala）的慘烈戰役，數千人的伍麥亞軍隊包圍前任哈里發阿里之子胡笙率領的一百一十名殘兵。胡笙慘遭殺害並被取下頭顱，他的家人包括襁褓中的男嬰也遭到殺害。這場屠殺讓什葉派有了紀念殉難烈士的傳統，在一千四百年後仍然迴盪在順尼派與什葉派對穆斯林世界的權力角逐之中。

大馬士革與帝國在哈里發阿布杜·馬利克（六八五—七〇五在位）在位時期更明顯的阿拉伯化。他發行自己的第納爾（dinar）金幣和迪爾汗（dirham）銀幣，替代拜占庭的羅馬幣與伊拉克幣。而影響力更長遠的舉措，則是他以阿拉伯語作為官方行政語言，逐漸取代作為書寫和日常用語的亞蘭語，以及金融語言的希臘語和巴勒維語（Pahlavi）。武裝力量的專業化持續進行。和基督宗教徒進行將施洗者聖約翰教堂交給穆斯林的談判仍不成功。然而，大環境正在發生變化。敘利亞的密卡易勒（Michael the Syrian，一一九九年卒）是敘利亞東正教會的大牧首，他記載了阿布杜·馬利克下達的命令：「應該把十字架取下來，將豬殺死。」[18]雖然不清楚這項命令推行的程度，但是基督宗教的公開活動遭到官方限制，穆斯林的飲食禁忌得到普遍推行。

阿布杜·馬利克最偉大的建築貢獻並不是在政權所在地大馬士革，而是聖地耶路撒冷。西元六九二年，他在耶路撒冷修建宏偉的岩石圓頂清真寺（Qubba al Sakhra），以紀念穆斯林傳統中記載的先知在天使加百列陪同下夜行登上天堂。❸為了讓人確信伊斯蘭才是更偉大的宗教，岩石圓頂清真寺的光彩以高調的手法蓋過復活教堂（Church of the Holy Sepulchre），以富麗優美的銘文駁斥了神之子的說法，並申明耶穌是神的先知兼僕人，而不是神本身。在岩石圓頂清真寺的旁邊，阿布杜．馬利克興建阿葛殷清真寺（Al Aqsa Mosque），它是僅次於麥加聖寺和麥地那先知清真寺的第三聖地。建造這座清真寺是大膽的賭注，挑戰阿拉伯半島對朝聖活動的壟斷，以及因此獲得的穩定經濟利益。

作為一個正在擴張中帝國的首都，大馬士革蓬勃發展，自信地進入西元八世紀。之前這裡人口占多數的基督宗教徒，雖然與其君士坦丁堡主人和教胞在神學上有所區隔，現在則是穆斯林權力下的基督宗教子民。

哈里發瓦利德（Al Walid，七〇五—七一五在位）決心要在大馬士革留下絕對的伊斯蘭印記，而要完成這件事，就只有一個辦法。每當哈里發離開他的宮殿，都會看到一個讓他不舒服的景象，即羅馬皇帝狄奧多西烏斯（Theodosius，三七九—三九五在位）在大教堂南門上留下的《聖經》銘文：「〔耶和華啊！〕你的國是永遠的國！你執掌的權柄存到萬代！」（〈詩篇〉一四五：一三）這勢必要有所改變。

有別於穆阿維亞及父親阿布杜．馬利克，瓦利德打算解決施洗者聖約翰教堂這個懸而未決的問題。早在即位之初，他就曾告訴大馬士革的居民，這座城市有四項最偉大的特色：氣候、水、水果和澡堂，使得他們優於世界各地的居民，「而我要再添加一個，即這座清真寺」。[19]

六十年來，基督宗教徒和穆斯林在大馬士革幾乎是比鄰禮拜，基督宗教徒在他們超凡的教堂禮拜，旁邊則是有著圍牆、建築較差的清真寺。這一切都得改變。艾迪薩的帖歐菲魯斯痛苦地記載瓦利德奪取並毀掉教堂，以一座有著馬賽克瓷磚的雄偉清真寺取代，他寫道：「惡劣的人因嫉妒基督宗教徒而做出此事，因為這座教堂華美絕倫。」[20]

也許對基督宗教徒沒有什麼慰藉，但是他們卻能保有所有先前在古塔地區被沒收的教堂和修道院，以及史帖特街上的聖瑪利亞教堂，這座教堂直到今日仍是此城市的主要教堂。

伍麥亞清真寺成為穆斯林在麥加、麥地那和耶路撒冷之後的第四個聖地，這是西元八世紀大馬士革的明顯象徵。隨著這座舉世聞名的華美建築完成，瓦利德幾乎是用一己之力讓大馬士革成為聖地，從建築工人和書法家，到詩人與作家，都聽命於他的指揮，去彰顯伊斯蘭的勝利。穆斯林和基督宗教徒的共存十分融洽，但人們必須曉得誰才是真正的主人。

根據伊本．阿薩奇爾的記載，哈里發在寫給君士坦丁堡的拜占庭皇帝的信裡，直言不諱地稱呼他為暴君（Al Taghiya）。哈里發在信中要求他送來兩百名技藝高超的工匠：「因為我想要建造一座空前絕後的清真寺。如果你不遵從，我就會派兵攻打你的國家，毀掉我領土上的所有教堂，包括耶路撒冷、艾迪薩的教堂及所有羅馬的紀念建築物。」[21]

按照伊本．阿薩奇爾的說法，這位基督宗教徒統治者順服地答應，並送工人給哈里發。伊本．朱貝爾提到希臘工匠人數是一萬兩千人，同時還有科普特人（Copts）、波斯人、印度人和北非人。歷

❸ 阿拉伯地理學家穆嘎達西表示：「很明顯地，阿布杜．馬利克在看到復活教堂輝煌、宏偉的圓頂之後，擔心這座建築會讓穆斯林困惑，因此在現在的地方建立岩石圓頂清真寺。」

史學家巴拉朱里記載了瓦利德要給基督宗教徒一筆鉅額金錢以換得他們的教堂。當他們拒絕時，哈里發就威脅要拆除教堂，其中一個人警告他，任何膽敢這麼做的人都會發瘋。這讓瓦利德火冒三丈，以至於立刻拿一把斧頭親自砍下教堂第一鑿，隨後把斧頭傳給聚集起來的王公大臣，並讓猶太人完成這項工作。這一年是西元七〇六年。伊本·阿薩奇爾還講過一個故事，說工人們在清真寺下方一處空洞中發現奇蹟般保存完好的施洗者約翰的頭顱，瓦利德下令重新埋葬在一根柱子下面。

一座規模如此誇張的紀念性建築物一定所費不貲，它的花費引起那些印象深刻與憤慨者的大量評論。十世紀時的波斯歷史學家兼地理學家伊本·法基赫（Ibn al Faqih）記錄這座建築物最後的花費比國家財政部門從土地經營稅（kharaj）中獲得的年收益高出好幾倍，或者說花費超過六十至一百萬金幣。他這樣寫到：大量工人被僱用從事建築工程，光是每日供給工人的蔬菜就耗費六千金幣。當清真寺竣工時，送給瓦利德的工程收據要用十八頭駱駝運送。然而，哈里發對這些雞毛蒜皮的事根本不感興趣，「下令燒了這些收據」。[22]

伍麥亞清真寺的巨大花費在幾個世紀間依然盪漾，按照歷史學家塔巴里的說法，這筆巨大花費導致嚴重不安，以至於在一個世代之後，哈里發亞濟德三世（Yazid III，七四四年在位）即位後，自覺有義務向人民許諾不要「磚石堆疊興土木」。[23]《最佳地區知識分類》（*The Best Divisions for Knowledge of the Regions*）一書的作者穆嘎達西，是第一位詳細記錄大馬士革的穆斯林造訪者。他詢問叔父為何瓦利德要在清真寺上耗費巨資。這位老人一點也沒有他的這種感受，而是為哈里發的工程辯解，認為這是正確值得的，建築體現伊斯蘭至高無上地位是必要的。瓦利德看到古老基督宗教堂的「輝煌」，例如復活教堂，「因此他想為穆斯林建蓋一座獨特世界奇觀的清真寺」。[24]

伍麥亞清真寺可能是自從羅馬衰亡後最宏偉的建築創造，是一個優越新宗教強而有力的象徵。這座清真寺大馬士革穆斯林的神聖空間，從位於和其他用途共享建築群東南角的簡單、露天禮拜處，提升到獨自控制，在伊斯蘭世界各地都稱得上是最宏偉的清真寺。對於一個扎根於阿拉伯沙漠中的游牧民文化來說，這也是一個決定性的城市創造與定居文明優點的里程碑宣示。對伊斯蘭信仰而言，它立即成為跨越整個穆斯林世界的建築典範，在幾個世紀之間，從伊拉克到印度、安達魯斯到阿富汗、哥多華到開羅和伊斯法罕到嘎茲尼，伍麥亞清真寺一直是建築標竿。晚至十三、十四世紀，伍麥亞清真寺還影響著瑪穆魯克朝（Mamluk Dynasty）在埃及和黎凡特（地中海東岸地區）的建築。對某些中古時期穆斯林作者來說，伍麥亞清真寺甚至可稱得上兩樣世界奇觀：其一是建築物本身；其二則是複雜的馬賽克和大理石雕花裝飾。[25]

當我和穆罕默德站在清真寺庭院角落時，他這樣說：「試想你們歐洲的偉大教堂！」此刻近乎靜謐，只有遠處禮拜者的窸窣聲穿過古老的石頭傳到耳畔，還有一群染上火紅夕陽斜照，喧鬧飛翔的鴿子。

他的右手揮過眼前這幅全景畫，表示：「聖母院、主教座堂（Duomo）、科隆、聖彼得，還有許多其他的，同樣都是關於宗教的故事，尤有甚者，這是關於權力、帝國的故事。看看這裡就知道了，這就是伍麥亞朝寫在石頭上的權力。」

他說的一點也沒錯，當我試著匯聚最初的印象時，只不過是被它的巨大所吞沒。這樣巨大場景打動了豔陽下的訪客，留下第一印象。這座聖殿的外部面向幾乎極不合情理：東西距離是三百八十五公尺，南北距離三百零五公尺。在圍牆內，有三面通道的禮拜大廳正對南牆，由古老的大理石柱支撐，它們上面有愛奧尼亞（Ionic）和科林斯式（Corinthian）的柱頭，令人目眩地向前延伸一百六十公尺，沿線懸掛著金色的清真寺吊燈。

這是對感官的一次衝擊，與伍麥亞清真寺弘大規模相映成趣的是，所有表面都用奢華漂亮的細節呈現的精美裝飾，所有這一切都令人過目難忘。我們穿越被日光照得發白的庭院，經過柱廊，進入涼爽的禮拜大廳，其入口上方是一面鑲滿閃閃發光金色馬賽克的牆面，上方是中央圓頂，在大馬士革任何地方都可以看到它。安達魯斯的地理學家、詩人兼旅行家伊本·朱貝爾如此回憶在一一八四年夏天攀登到圓頂內部時心跳加速的經歷：「我們幾乎都感到旋轉暈眩……」就像跨宗教關係有時可能困難的提醒，伊本·朱貝爾也觀察到：「在穆斯林與基督宗教徒之間，不和之火正燃燒著。」但是往來的旅客並未受到騷擾。[26]在二〇一一年三月十五日，敘利亞革命的第一把火就是在這裡點燃的，當時有大約五十名抗議者在晌午禮拜結束後，到伍麥亞清真寺外的街道上，開始要求自由和推翻現在的政權。[27]

穆罕默德說：「看看這些馬賽克，它們是這裡真正的寶藏。」就像伊本·朱貝爾一樣，我們也一度被內部裝飾感動得無法言語，精湛細節和奢侈使用馬賽克造成的壯觀效果，組成魅力非凡的結合，在整個清真寺的庭院中跳躍。馬賽克圖案呈現的是對天堂的想像：肥沃果園與潺潺溪水、恢弘的宮殿、房屋和華麗圓形大廳，這是信仰者的最後歸宿。四十公噸的玻璃和石塊，有三分之一是綠色的，在四邊形外圈圍成一個色彩斑斕的框。在南牆上，虔誠地刻寫了古蘭經文，讚美至大的真主。這些經文將四塊金色條形裝飾圍繞在中間，背景是閃閃發亮的青金石。然後是顯現在馬賽克和大理石上的葉片、葡萄、無花果、巴旦木、石榴、蘋果、梨及絲柏。

在禮拜方向的壁龕（mihrab）上方的是一個金色藤蔓裝飾，裡面鑲嵌著藍寶石、珍珠、珊瑚、瑪瑙及其他寶石，在牆面上以發亮的馬賽克不規則延伸。這是將拜占庭的工藝、穆斯林的虔信與奢華的美妙融合，絢麗奪目的圖案傳達獨特的訊息：大馬士革是地上天堂，伍麥亞清真寺是通往永恆天堂的途徑。

來到伍麥亞清真寺的穆斯林朝聖者往往會受到極大的震撼。興致勃勃的摩洛哥旅行家伊本·巴杜達（Ibn Battuta）在十四世紀時來到伍麥亞清真寺，他認為就美觀、優雅和建築上的氣勢而言，這裡是「天下最偉大的清真寺」。易卜拉欣·伊本·阿比·雷特·卡提卜（Ibrahim ibn Abi al Layt al Katib）是一名十一世紀時的訪客，視這座清真寺為「世紀模範、時間奇蹟和時代奇珍」。[28]

當這座偉大清真寺完工後，穆斯林傳統主義者就開始聖化它。瓦利德用石頭建造的伊斯蘭紀念物現在就得加上學術筆墨的肯定，在伊本·阿薩奇爾的筆下，大馬士革是亞伯拉罕的誕生地，先知穆罕默德曾經到訪，這也是一座在《古蘭經》中被提及受到賜福的城市，她是瑪麗和耶穌的避難所，也是超過一萬名卓越學者、聖人、法學家、歷史學家、工匠及其他重要人物的家。嘎西雲山（Mount Qasiyun）的傳奇故事就在這裡展開，大馬士革正位於山腳下，這裡有各種聖地，包括血洞（Grotto of Blood），據說該隱（Cain）就是在這裡殺死亞伯（Abel）的。[29]大馬士革南城牆外，有小城門墓園，這裡是一些著名穆斯林歷史人物的長眠之地。這些內容只不過是伊本·阿薩奇爾致意伊斯蘭征服敘利亞連篇巨著中的一小部分，其著作篇幅超過兩百頁，蓄意讚美拋棄伊斯蘭前的過去。這既不是第一次，也不是最後一次的假歷史之名宣揚伊斯蘭。穆罕默德稍後說：「同樣地，沙烏地阿拉伯人對伊斯蘭之前的事物也沒興趣。」

然而，類似伊本．阿薩奇爾，尼古拉斯．佩夫斯納（Nikolaus Pevsner）這位沉迷於編纂城市重要建物和人物故事的學者，羅列了十四座大馬士革教堂。在穆斯林征服敘利亞五百年後，其中八座有不同程度的損壞、一座被拆除、三座變成清真寺（如同猶太會堂），以及兩座仍在使用中。❹ 聖瑪麗亞教堂已經成為基督宗教徒禮拜的主要場所，這座教堂是大馬士革基督宗教的偉大倖存物，雖然在一八六〇年從黎巴嫩延伸過來的德魯茲（Druze）——基督宗教徒衝突期間被燒毀，但是它今天依然聳立在史帖特街上，稱為大馬士革瑪麗亞大教堂（Mariamite Cathedral of Damascus），是希臘正教牧首座所在地，二〇一八年遭到炮火破壞。

對基督宗教徒來說，失去心愛的聖約翰教堂是一大創傷，一座頂替教堂的宏偉清真寺更叫人心痛，是他們今世被擊敗最大的精神象徵。以阿拉伯希羅多德著稱的十世紀歷史學家馬蘇悟迪（Masudi）寫道：「當基督宗教到來時，它是教堂，隨後伊斯蘭到來，它就是清真寺。」[30] 大馬士革有如重寫的羊皮書卷，伊斯蘭蓋過了基督宗教，基督宗教蓋在羅馬多神教的遺跡上，羅馬則是蓋在古代亞述的遺跡上，只有城市本身是持久的。

在西元七一五年至七五〇年間，有八位伍麥亞哈里發統治伊斯蘭帝國，這是一段從閃耀的巔峰陷落到喋血的低谷和毀滅的短暫時期。大馬士革的命運反映了這種政治的興衰無常，西元八世紀前半葉，反對勢力開展，一切越來越像家族事業，太多的權力財富集中在伍麥亞家族，伍麥亞朝的反對者開始有了怨言。哈里發瓦利德、蘇萊曼（Sulayman，七一五—七一七在位）、亞濟德二世（Yazid II，七二〇—七二四在位）、希夏姆（Hisham，七二四—七四三在位）都是阿布杜・馬利克的兒子，而歐瑪爾二世（Umar II，七一七—七二〇在位）和瑪爾萬二世（Marwan II，七四四—七五〇在位）則是他的姪子。[31]

軍事征服持續無往不利，反對力量也被噤聲。然而，在西元七一七年至七一八年間對君士坦丁堡兩年圍城的災難性失敗，為伍麥亞朝帶來前所未有的逆轉。已經習慣對異教徒的一連串令人激動的勝利，阿拉伯人卻面臨悲慘狀況，只能以動物屍體和戰船殘片果腹。載著糧食、武器及補給品的營救行動遭到拜占庭人圍剿，這讓阿拉伯人對君士坦丁堡的遠征劃下無顏的句點。

與此同時，帝國境內農民大規模地皈信伊斯蘭期間，緊張關係正醞釀著，許多人離開土地而投入軍隊以避稅。稅收相對減少削弱了國力，各省的執政者都提高皈信標準，要求新穆斯林必須實行割禮，並且要念誦《古蘭經》，以表明他們的皈信是真誠的。歐瑪爾二世曾特別下令，要求官員給所有穆斯林同等的權利：「無論是誰接受伊斯蘭，無論是基督宗教徒、猶太教徒或瑣羅亞斯德教徒（祆教徒），那些現在有賦稅義務並加入穆斯林社群的人……都應該享有和別人相同的權利與義務……」[32]

在希夏姆統治的二十年裡，阿拉伯軍隊十分忙碌，然而持續的戰事卻沒有讓帝國的疆域出現實質變化，甚至耗盡了帝國金庫。希夏姆很少住在大馬士革，就像許多後期的伍麥亞統治者，他們喜愛花

❹ 細緻、詳細到街道的細節是伊本・阿薩奇爾歷史作品的特色，例如：「雅古比派的教堂是在新監獄的後面。你可以穿過馬鞍工匠市場進去，如今這裡是在阿里市場旁邊，蘇西街旁的馬鞍工匠澡堂的入口就是在這條街上。這座建築的部分遺留仍然可見，它已經傾頹許久了。」N. Elisséeff, *La Description de Damas d'Ibn Asakir*, p. 221.

時間住在沙漠宮殿：位於幼發拉底河南邊的魯薩法（Rusafa）、位於傑里哥（Jericho）附近約旦峽谷中的希夏姆宮殿（Khirbat al Mafjar），以及帕勒米拉附近的黑爾東堡（Qasr al Hayr al Sharqi），後者是一個占地一萬平方公尺的建築群，他可以在這裡享受打獵、音樂、飲酒作樂。

在整個七二〇年代，穆斯林軍隊不斷地入侵法蘭克人領土。隨後，在西元七三三年遭遇強大對手。在圖爾斯戰役（Battle of Tours，也稱作波捷爾戰役〔Battle of Poitiers〕）中，安達魯斯總督阿布杜・拉赫曼・嘎菲格（Abd al Rahman al Ghafiq）面對法蘭克公爵——查理王子，按照西元八世紀的《阿拉伯化基督宗教徒編年史》（*Mozarabic Chronicle*）的記載，歐洲軍隊「如牆堅定」、「如冰山不動」，後來「轉眼間，他們用劍摧毀了阿拉伯人」。[33]阿布杜・拉赫曼・嘎菲格被殺，基督宗教徒軍隊獲勝。查理王子得到一個威風稱號——鐵鎚（查理・馬特〔Charles Martellus〕）。圖爾斯戰役宣告伊斯蘭在歐洲征服行動的終結，在一千多年後，吉朋曾想像，若是穆斯林在圖爾斯獲勝的話，阿拉伯艦隊將會毫無阻攔地進入泰晤士河，「也許牛津學院教授的就是古蘭經詮釋，學生會對受到割禮者（穆斯林、猶太教徒）彰顯穆罕默德得到啟示的正當性與真理」。[34]

希夏姆在戰場上失敗後，對很多穆斯林來說，短命的哈里發瓦利德二世（Walid II，七四三—七四四在位）其統治出現明顯可怕的腐敗。他墮落地無法與他同名的哈里發相提並論，而是沉迷於狩獵、酒、音樂、詩歌及性，以下的句子明確讚美他所追求的：

> 我要一枚金幣一杯酒
> 所有女人在我面前。

唯獨開放者能飲
唯有勇者會做愛。[35]

對當時的穆斯林和基督宗教徒歷史學家來說，瓦利德二世是一個墮落狂妄的人。他的沙漠行宮（Qasr Amra）中的壁畫是現存最早的伊斯蘭藝術和建築遺跡之一，也是聯合國教科文組織的世界遺產，包括赤裸上身的女子，飲酒、狩獵及星座符號的圖畫。伊斯蘭藝術一向是樸實，從來沒有比這更自信地挑戰反對展現人體具象的成規。他寬闊又華麗的沙漠行宮有游泳池，內部裝飾華麗，曾被稱作當時的「花花公子俱樂部」。[36]

瓦利德二世最褻瀆的行為是用古蘭經抄本作箭靶，如果說他讓穆斯林子民不安的話，也沒有讓敘利亞的基督宗教徒人民對他有好感。他割下大馬士革的聖彼得（St Peter of Damascus）的舌頭，藉此懲罰他「公開譴責阿拉伯人和摩尼教徒的不虔誠」。[37]彼得被流放到葉門，後來死在那裡。

編年史提到一個瓦利德二世遇到阿布·哈利姆·烏塔拉德（Abu Harrim Utarrad）的故事，這是那個時代令人驚訝的標記。阿布·哈利姆·烏塔拉德是出色的歌手、古蘭經朗誦者，他從麥地那被召來以娛樂這位哈里發。在經過沙漠漫長旅途後，這位歌手發現瓦利德二世正在他私人大理石浴室裡，坐在一個框著石頭的水池邊緣，水池裡放的不是水而是酒。瓦利德二世命令他唱一首歌後，突然將他的刺繡長袍扯成兩半，然後一絲不掛地跳進酒池裡，「只有神才知道他喝了多少，水位明顯降低許多。隨後他被拖了出來，醉如一攤爛泥，並被蓋上衣服」。

對哈里發的行為大為錯愕，阿布·哈利姆·烏塔拉德小心地離開，直到第二天被傳喚。同樣的事情又發生了一次。隨後在第三天，瓦利德二世又找他來，並且警告他對所見所聞保持靜默，「你，妓女之子，我對神發誓，如果聽到有半點閒言碎語從你嘴唇中流出，我就砍下你的頭！」隨後哈里發以一千金幣遣走他。[38]

當哈里發廝混時，政權也在酸蝕，全面性叛亂在七四〇年代爆發，最早是西元七四〇年在北非興起的柏柏人叛亂。這場血腥暴力的叛亂將基督宗教徒和出走派穆斯林聯合起來，對帝國造成全面性挑戰。西元七四四年對於伍麥亞朝政權來說是多事之秋，三位哈里發上下，第四位哈里發不顧一切地想要平亂。先是瓦利德二世被推翻砍頭，他的繼任者亞濟德三世將瓦利德二世滿是酒味的腦袋以長矛刺穿，在大馬士革遊街示眾，諷刺地對著人群說：「這就是那個酒鬼的腦袋。」[39]亞濟德三世普遍被認為是一個虔誠的人，但他根本沒時間來證明這一點，上任不到一年就死了，接替他的人是易卜拉欣，馬上被瑪爾萬二世所取代。據說瑪爾萬二世挖出亞濟德三世的屍體，並釘在木板上。

瑪爾萬二世在西元七四四年作出一個對大馬士革影響深遠的決定，他將帝國都城遷往賈茲拉（Jazira）北部的哈蘭（Harran），這立刻傷及大馬士革的名聲和財富。哈里發金庫隨即被打包，以三千頭駱駝送去帝國新都，使「大馬士革的王室財富短絀，聲望暴跌」。[40]自從他們掌權，伍麥亞哈里發們就開始在沙漠各地修建行宮、城堡和狩獵休息場所，並隨著時局變化，到處移動政府，但這一次是更具決定性的改換，大馬士革第一次被如此徹底的邊緣化。

如果這個決定對單一城市而言是令人後悔的話，那麼它對伊斯蘭帝國更是一個明顯的挫折。瑪爾萬二世的繼位開啟第三次內戰。在西元七四六年，一名反叛者在葉門宣告自立哈里發，並占據麥加和麥地那，後來他在西元七四八年被殺。一場比這更嚴重的什葉派革命，從西元七一九年開始就在伊拉克南部慢慢點燃，伍麥亞人在聖城庫法的敵人派遣一名喬裝成香水商人的使者到約旦死海南邊的村子，他的任務是鼓動先知穆罕默德家族的一支遠房後代支持反抗受人憎惡的政權。阿布・阿巴斯（Abu al Abbas），也就是先知叔父阿巴斯的嫡系後裔，成為這場運動的精神領袖。雖然阿巴斯家族與先知的血緣關係比阿里家族久遠，但是阿巴斯家族的組織力，以及阿布・阿巴斯的殘酷無情則是無可比擬的。

漸漸地，有更多的祕密使者從庫法被送到呼羅珊（Khorasan），這個伊斯蘭帝國最東邊的角落，是一片包含伊朗東部和阿富汗、烏茲別克及土庫曼部分地區的廣闊區域。這裡有草原與白雪覆蓋的興都庫斯山脈，有像撒馬爾干德、布哈拉、尼夏普爾（Nishapur）、希拉特（Herat）、巴勒赫和梅爾夫的古老都市，呼羅珊的省會是梅爾夫。在西元六五〇年被阿拉伯軍隊占領後，此阿拉伯征服者和他們的後代、皈信伊斯蘭的突厥游牧民、伊朗的王公貴族、富有的粟特商人與貧苦的農民，便在這個地區生活。革命者高談闊論伊斯蘭復興，以及一個阿拉伯人、非阿拉伯人可以互為穆斯林兄弟姐妹平等對待的新世界，而不像伍麥亞人視阿拉伯人勝過他者。

這樣的訊息找到了願意接受者，阿拉伯半島南部的卡勒卜族和北部的蓋斯族（Qays）早已在內部暗中破壞伍麥亞朝。瑪爾萬二世對蓋斯族青睞有加，疏遠了呼羅珊地區的卡勒卜族，這讓他們有越來越多人投入革命者懷抱。什葉派感覺被大馬士革腐敗的順尼派疏離，伍麥亞人從合法者手中奪取哈里發權位；出走派在各地察覺罪惡而反叛。

認同先知穆罕默德家族之哈里發繼承權（Al Rida min al Mohammed）穆罕默德的家族中，這是故意以祕密、含糊用詞方式擴大什葉派對革命的訴求。呼羅珊的伍麥亞總督納斯爾（Nasr）感覺到即將來臨的災難，在給瑪爾萬二世的信中寫道：「我看到灰燼中仍在燃燒的火光，它將成為熊熊的烈火。」「火花從火柴摩擦中迸出，戰爭從言語中引出。」[41] 西元七四七年六月十五日，一直祕密行動的反抗者在梅爾夫郊外揭舉黑色旗幟。上千人拿起武器，形成什葉派、呼羅珊人和阿巴斯人的大聯合。西元七四八年時，阿巴斯人已經在他們的軍事領袖阿布．穆斯林（Abu Muslim）的領導下拿下了梅爾夫，面對伍麥亞人取得一連串勝利，根據傳說他冷血地殺死了六萬人。[42] 一年後，阿巴斯在庫法的大清真寺宣告自立為哈里發薩法赫（Al Saffa），即「濺血者」，並向集結在他面前的人發布預警：「做好準備，我是無情的濺血者兼毀滅的復仇者。」[43]

西元七五〇年一月，瑪爾萬二世的伍麥亞軍隊在大扎卜河（Great Zab River）遭遇阿巴斯叛軍，這條河是底格里斯河位於伊拉克北部的支流。據迪歐帕尼斯（Theophanes）估計，帝國軍隊有三十萬人，人數遠遠壓過那些舉著黑色旗幟的人。瑪爾萬二世的騎兵自信地展開衝鋒，但卻無法突破阿巴斯軍隊的長矛防守，許多人當場被刺穿，還有許多人逃脫，大量的人淹死在河裡，這是一場完全的潰敗。

在大馬士革，由瑪爾萬二世的女婿瓦利德在哈里發缺席期間代理政務，他們面對阿巴斯人的進攻心慌意亂。隨後在四月二十五日，大馬士革陷落了，城防被阿布杜拉．伊本．阿里（Abdullah ibn Ali）攻破，他是自立為哈里發薩法赫的叔父。伍麥亞人與阿巴斯人之間的戰鬥十分激烈，可能在伍麥亞人內部也有激烈爭鬥。迪歐帕尼斯記載了前帝國首都被洗劫時難以描述的流血場面：「阿布杜拉．伊本．阿里的人……花三個小時在市場、街道及房屋間砍頭，拿走他們的錢財……瓦利德也在被害者之中，當天有大量的猶太教徒和基督宗教徒被殺。」[44]

在大馬士革城內的死亡人數令人恐懼，馬蘇悟迪記載有相當多的人被殺。被抓到的伍麥亞指揮官被送給濺血者處決，許多人在福特洛斯河（River Futros）岸被割喉，埋葬在地下的伍麥亞人被挖出來鞭屍與釘在十字架上。哈里發家族成員的頭顱被當作射箭練習的靶子，直到成為碎片，剩下的伍麥亞家族成員屍體則被收集燒成灰。[45]城市裡的偉大建築被洗劫，防禦被摧毀，哈里發陵墓遭到褻瀆。有一些報導聲稱阿巴斯人甚至把西元六三四年大馬士革圍城的烈士墓地刨開，其中包括先知的門徒埋葬的地方。若說城市裡的宮殿在西元七五〇年被夷平，則必須參考九世紀時阿巴斯官員亞古比的另一項觀察，他表示當時大馬士革大多數房屋和宮殿都是伍麥亞前朝留下的，而且穆阿維亞的宮殿是總督的官邸。然而，所造成的破壞和流血無疑是大災難。

濺血者（七四九—七五四在位）為證實其別號，毫不留情地追殺瑪爾萬二世及伍麥亞家族餘下的男性成員，瑪爾萬二世遠逃到埃及，藏身在一座教堂中，但仍被窮追不捨後殺死，他血跡斑斑的頭顱被送給濺血者。後來在一次詭計中，八十個倖存的伍麥亞朝王子在亞法（Jaffa）城外參加和解晚宴，全都死在劍下。據說，薩法赫坐在他們翻滾掙扎的身體上冷笑著，歡呼道：「我從來沒有吃過這麼美味的一頓飯。」[46]只有一個伍麥亞王子——十九歲的阿布杜．拉赫曼（Abd al Rahman）成功地從屠刀下逃脫。在長途奔逃中，他避開好幾次可能的暗殺，經過五年的長途跋涉，他經過巴勒斯坦、埃及，穿越北非，在伊比利半島建立了哥多華的（後）伍麥亞朝。

回到伊斯蘭世界中心，伍麥亞朝已經被斬草除根。大馬士革的時代隨著帝國斜陽結束，被洗劫後的城市滑入陰影中長達約一個世紀，從此被巴格達遮蔽。新的穆斯林帝國從西元七六二年開始以巴格達為中心，大馬士革降格成一座低階的省城，衰微而不重要。在十二世紀，令十字軍膽戰心驚，熱情洋溢的努爾丁（Nur al Din）統治大馬士革，讓這座城市有相當程度的復興，但它只是平白地模仿之前伍麥亞統治時的偉大。「敘利亞首都的榮耀與權力巔峰前無古人，後無來者。」[47]

穆罕默德談到伍麥亞朝時說：「他們維持得並不長久，但他們建立大地上前所未見的大帝國，而且讓伊斯蘭聞名全世界，那是他們最璀璨的成就。」

可能沒有錯，就像是修．甘迺迪所說的，伍麥亞人在敘利亞的統治或許是不正常，因為「這個國家沒有足夠的人口、沒有足夠統一或是足夠的財富來維持一個巨大的帝國」。[48]然而從西元六六一年至七五〇年，雖然受到三次內戰的挑戰，伍麥亞朝不僅成功地存活下來，還擴大了伊斯蘭帝國。大馬士革曾經指揮號令的帝國，讓巔峰時的羅馬帝國黯然失色。

新宗教的傳播，無疑是這個朝代延續最久的遺續。伍麥亞人將帝國的中心從艱困、寂靜的漢志，帶到一個黎凡特地區文化更多元的世界。很有可能，正如一個大馬士革的歷史學家近期所說的：「如果沒有大馬士革這段插曲，伊斯蘭可能永遠不會成為一個世界性宗教。」[49]

在其他的領域也有令人印象深刻的成就。透過哈里發瓦利德的紀念物建築計畫，尤其是伍麥亞清真寺，大馬士革創造出一種在相對短暫的政治優勢結束後仍長久持續的建築傳奇遺續。一個輝煌無比的禮拜場域創造出受到敬仰和仿效的必然典範，而很少建築能趕得上它的水準，更不用說超越了，從大西洋一直到中亞都是如此。對法國東方學家瓊．索瓦傑（Jean Sauvaget）而言，伍麥亞清真寺「在任何時代、地方都算得上是建築傑作之一」。[50]

對於建築上的創新和伊斯蘭跨越三大洲的擴張而言，伍麥亞清真寺還在其中扮演推廣人類知識邊界的角色。在智識上而言，儘管巴格達創下的藝術、科學的璀璨層次更高，但大馬士革令人敬畏的成就仍然值得自豪。伍麥亞朝首都透過嚴謹肅的神學討論，扮演提升宗教學術的關鍵角色。最早在麥地那興起的學科，例如古蘭經注釋學（Tafsir）與古蘭經詮釋學（Tawil）、聖訓（先知穆罕默德與其門徒之言行錄）研究、伊斯蘭法學（fiqh）研究和辯證神學（kalam），所有的上述學科都在大馬士革密集發展，而且得到早先猶太教、希臘及基督宗教資料的激發。這種刺激相當程度上為阿巴斯朝在西元九世紀大量把希臘、思想、學術資產，透過敘利亞文翻譯到阿拉伯文的偉大工程奠定基礎。伍麥亞朝的幾位哈里發十分尊重學者（公共生活絕對是男性世界），而且像是伊本・阿薩奇爾和伊本・阿迪姆（Ibn al Adim，一二六二年卒）編纂的巨大自傳文學中所著重揭示的，大量的學者在此時期來到大馬士革定居，很多人享有宮廷的贊助。以哈里發希夏姆為例，他培養了大量的學者，例如聖訓研究者伊本・胥哈卜・祖赫里（Ibn Shihab al Zuhri，七四二年卒），他是當時最偉大的穆斯林知識分子之一，還有他先前的學生瑪阿瑪爾・伊本・拉施德（Maamar ibn Rashid，七七〇年卒），則是先知的傳記作者和伊斯蘭法學專家。[51]

對非阿拉伯人的少數族群而言，伍麥亞朝的故事則不那麼輝煌。基督宗教徒在敘利亞和伊拉克的論證重起捍衛宗教（apologetic）的紀錄，大多數是用阿拉伯文，在西元八世紀中進行。因此整體而言，基督宗教徒在西元七八七年的第二次基督宗教尼西亞大公會議（Second Council of Nicaea）之後認為是被邊緣化，這次大會的召開恢復了對聖像畫的使用和敬拜，沒有任何一個敘利亞主教出席這次會議。在拜占庭與羅馬基督宗教間的辯論和爭議中，敘利亞教會並未扮演任何角色。早期穆斯林的包容氣氛在伍麥亞朝末期有所退減，但對少數族群的財政剝削加劇。西元八世紀末，阿拉伯文作為帝國官方和學術語言的推行，使得已經在敘利亞和巴勒斯坦作為文學、科學及神學語言的希臘文幾乎消失。[52]

當罩幕將大馬士革遮蓋時，另一個城市興盛起替代了她，位於伊斯蘭帝國的中心，這座城市有更長久的帝國光輝。伍麥亞朝大馬士革的「簡樸省城」如今讓位給阿巴斯朝巴格達的「宏偉帝國」。[53]

【第三章】

巴格達

——和平之城、流血之城——

Baghdad–City of Peace, City of Blood

(西元九世紀)

巴格達，伊斯蘭帝國的心臟，是安樂的城市；在城裡居住著能言善道、温文儒雅的天才。這裡的風温暖宜人，知識精闢。在巴格達能找到所有最精美的事物。所有值得思慮的都來自這裡，所有優雅都投入巴格達。巴格達人心所繫，所有戰爭都針對它，所有人高舉雙手捍衛它。這座城市負有盛名而無須描述，它的燦爛光輝總是超乎我們所能描述的，它的確是超乎讚美的城市。[1]

——穆嘎達西(Muqaddasi)，《最佳地區知識分類》(*The Best Divisions for Knowledge of the Regions*)

阿巴斯朝的巴格達

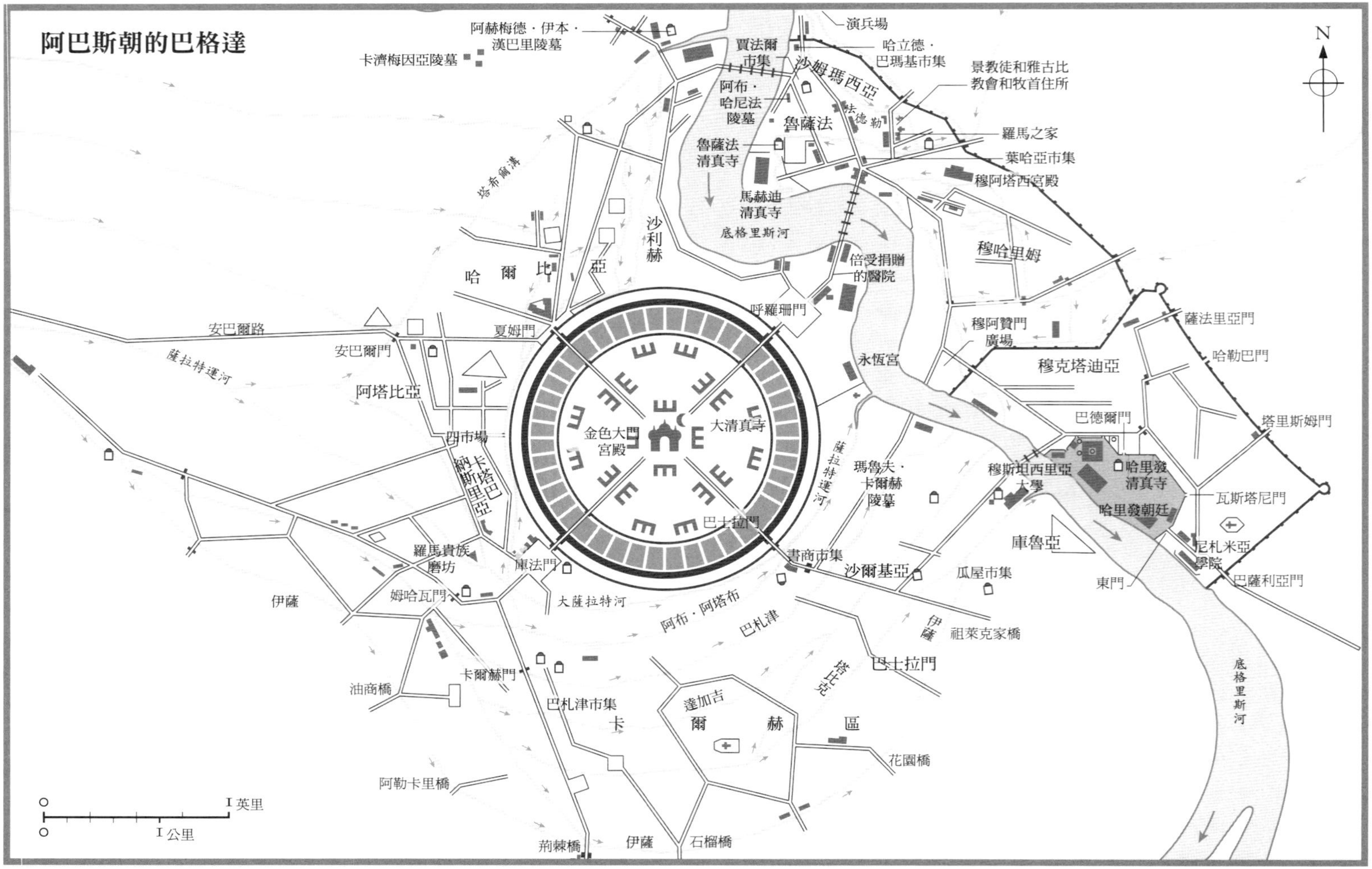

N
阿赫梅德．伊本．漢巴里陵墓
卡濟梅因亞陵墓
演兵場
賈法爾市集
哈立德．巴瑪基市集
沙姆瑪西亞
景教徒和雅古比教會和牧首住所
阿布．哈尼法陵墓
魯薩法
法德勒
羅馬之家
魯薩法清真寺
葉哈亞市集
穆阿塔西宮殿
塔希爾溝
馬赫迪清真寺
底格里斯河
沙利赫
穆哈里姆
倍受捐贈的醫院
哈爾比亞
呼羅珊門
薩法里亞門
安巴爾路
夏姆門
安巴爾門
穆阿贊門廣場
哈勒巴門
薩拉特運河
永恆宮
穆克塔迪亞
阿塔比亞
大清真寺
巴德爾門
塔里斯姆門
四市場
金色大門宮殿
卡塔巴
納斯里亞
薩拉特運河
瑪魯夫．卡爾赫陵墓
穆斯坦西里亞大學
哈里發清真寺
瓦斯塔尼門
巴士拉門
哈里發朝廷
羅馬貴族磨坊
庫法門
書商市集
庫魯亞
尼札米亞學院
沙爾基亞
瓜屋市集
東門
巴薩利亞門
伊薩
姆哈瓦門
大薩拉特河
阿布．阿塔布
巴札津
伊薩
祖萊克家橋
巴士拉門
卡爾赫門
塔比克
底格里斯河
油商橋
達加吉
巴札津市集
卡
爾
赫
區
花園橋
阿勒卡里橋
0
1 英里
0
1 公里
荊棘橋
伊薩
石榴橋

斷斷續續響起的槍聲迴盪在城市上空，被令人暈頭轉腦的炎熱導向恍惚狀態，警車鳴笛作為回應。在遠遠的一處，美國黑鷹直升機盤旋在深藍色的天空，暴力瀰漫在空氣中。

我們來看穆斯坦西里亞（Mustansiriya），對歷史興趣驕傲的伊拉克人將她尊為世界上最古老的大學，由阿巴斯朝哈里發穆斯坦西爾（Al Mustansir）在一二三三年建立。我的朋友沙伊爾（Thair）博士是巴格達大學學者，他就是我說的在乎歷史的伊拉克人之一。在這座城市變成殺戮戰場時，他冒著巨大的個人危險，開車載我來這裡。在底格里斯河東岸，巴格達舊城的南端，有一座高聳伸向天堂的大門。這座優雅的拱門入口裝飾著漂亮的陶土花磚、幾何圖形裝飾及書法銘文，上方有一個鋪滿藍色瓷磚的圓頂在陽光下閃閃發亮，下面則有一座莊嚴宏偉的宣禮塔。

穆斯坦西里亞是在一二五八年成吉思汗孫子旭烈兀（Hulagu）西征，對巴格達暴力摧殘後為數不多的倖存物之一。它是巴格達在經過一連串來自外力的入侵、破壞和摧毀之後，仍然屹立不倒的阿巴斯朝建築中的稀有珍品。沙伊爾說：「光是看她有多美，我覺得你就能明白阿巴斯朝有多麼偉大。」

我們從入口走進去，發現自己被鋪地、受太陽灼烤的庭院所吞沒，庭院長一百公尺，寬五十公尺，四周由兩層樓的拱廊圍繞著。三個玄關（iwan）面對著庭院，第四個引向三個露天的禮拜廳。一棵孤零零的棕櫚樹站在那裡，被驕陽烤得發蔫。這是一個簡潔安詳的空間，有著令人心平氣和的莊嚴。

幾乎九百年前，來自穆斯林帝國各地的學生在這裡孜孜不倦地研習神學、《古蘭經》、伊斯蘭法學、醫學、數學及文學。建築物意圖反映團結競爭的各順尼派別，庭院連結立基於《古蘭經》、聖訓和伊斯蘭的宗教學者（Ulama）詮釋的四個順尼法學派，分別是漢巴里學派（Hanbali）、哈那菲學派

（Hanafi）、夏菲儀法學派（Shafi）及馬利基法學派（Maliki）。

當學生們脫離嚴厲的學習生活時，從哈里發捐獻成千上萬書本的圖書館走出來的珍貴休息時間時，可以在澡堂（hammam）放鬆，然後享受廚房剛煮好的美食，任何需要照顧的人都可以在學校的附屬醫院得到療癒。在入口大廳，一個紀念性、以水力驅動最先進的鐘會在禮拜和上課的時間響起，這同時也提醒老師、學生們正生活在世界上最先進、完善的城市之一。

我說了一些關於這座廢棄校園歷史建築的平靜。沙伊爾諷刺地笑著：「這不像另一個穆斯坦西里亞。」一九六〇年代，在巴格達東北部成立的第二穆斯坦西里亞大學有一個學生幫會，曾經謀殺、折磨及強暴學校內學生、教授和行政人員。❶沙伊爾厭倦地說：「只有在巴格達。」[2]

在現代穆斯坦西里亞校園中的流血，城市中迴響的槍聲和美國直升飛機劃過天際的場景，代表著伊拉克歷史的黑暗面，一段教派紛爭與流血、政治動盪和重複的外國入侵故事，這些主題在大部分中東地區回應著。

然而，阿巴斯朝的五個世紀則是一段樂觀的時代。原始的穆斯坦西里亞是在巴格達取代大馬士革作為伊斯蘭帝國首都四百七十一年之後設立的，即使十三世紀時，穆斯坦西里亞才對求知心切的心靈敞開大門，但是在阿巴斯朝哈里發輝煌政權末期，它仍然象徵著這個政權統治的五百年中，果敢地推進人類知識邊界的努力。光是這一座建築，就代表在建築美感與自信相隨下，帝國權勢和智識追求的結合。這所大學位於市中心，它是一句聖訓的鮮明體現，據聞先知穆罕默德曾說：「追求學問甚至遠至中國。」阿巴斯朝時代是伊斯蘭帝國對西元前五世紀時的希臘黃金時代的回應，沒有任何時代比她在九世紀時的巴格達更加光輝燦爛。

相較於麥加、大馬士革，其定居處古老起源與傳奇的模糊，巴格達則是新的發跡者。這座城市是在西元七六二年由哈里發曼蘇爾（al Mansur，意即「勝利者」）在底格里斯河邊建立的。曼蘇爾是西元七五四年死於天花的濺血者的兄弟。雖然薩法赫最偉大的遺產是阿巴斯朝政權，但是他的兄弟和繼任者送給歷史的禮物，是比阿巴斯朝延續更久的城市，而且城市的名字曾短暫稱為勝利之城（Medinat al Mansur）。然而，城市居民更喜歡稱之為和平之城（Medinat al Salam）或和平境域（Dar as Salam），這是《古蘭經》經文對天堂的描述。❷巴格達這個為人所知的名字大概是源自古代波斯文的bagh（「神」，現代波斯語意為「花園」）和dadh（「建立」或「基礎」）的合音，因此巴格達就是「神建立的城市」，此時已經是一個擁有五百萬平方英里領土，從摩洛哥和伊比利半島一直延伸到中亞的伊斯蘭帝國首都。[3]

就地理而言，麥加和麥地那反映的是伊斯蘭的起源與統一阿拉伯半島的初衷。大馬士革屬於之後的第二階段，將伊斯蘭帝國帶出了沙漠，向西展望，尋求未來的擴張。然後，在西元八世紀的最後幾十年裡，開始第三階段。不同於被取代的大馬士革，新城巴格達繁榮昌盛地坐落在美索不達米亞中央，這是位於兩河之間的沃土，獨立於忠於前朝者，刻意地東望，去涵化跨越烏滸河的領土。距離拜

❶ 二〇〇九年，總理努里·馬利基（Nuri al Maliki）臨時關閉這所大學，極力清除學生幫會。

❷ 「真主召人到平安之屋，並引導其所想引導的人走上正路。行善者將領受善報且有餘慶，臉上沒有灰暗和憂色，這些人是天堂居民，將永住其中。」（《古蘭經》一〇：二五—二六）

占庭前線夠遠，巴格達臨近波斯，為阿巴斯朝的軍事力量提供穩固基礎。

利用來自幼發拉底河和底格里斯河的豐沛水資源，肥沃月灣東部區域已經見證了一系列繁華文明的延續，從西元前六千年的蘇美一直到巴比倫、亞述、阿契美尼德、塞琉西、安息、羅馬及薩珊時期。這裡完美地處於連接東西方繁盛貿易與文化交流網絡中心。依照哈里發曼蘇爾與《諸國誌》（*The Book of Countries*）的作者、地理學家兼歷史學家亞古比的說法，這裡是「宇宙的交叉口」：

> 底格里斯河上的船隻，來自瓦希特（Wasit）、巴士拉、歐布拉（Obolla）、阿赫瓦茲（Ahwaz）、法爾斯（Fars）、歐曼、亞瑪麻（Yamama）、巴哈連及周邊各國，這些船都會在這裡停泊、啟航。在這裡，來自摩蘇勒、亞塞拜然和亞美尼亞的貨品經由底格里斯河運來；來自拉卡（Rakkah）、敘利亞與小亞細亞相鄰地帶、埃及和北非西伊斯蘭世界（Maghreb）的產品，也會經過幼發拉底河上的船隻運來這裡。這座城市也處在賈比勒（Jebel）、伊斯法罕和呼羅珊的旅行路線上。靠託真主，我會在這裡建造都城，然後一輩子住在這裡。這裡也會是我的子孫後代們的居所。毫無疑問，這會是全世界最繁榮的城市。[4]

阿拉伯人在西元七世紀不可能之短時間內的征服速度，長久以來被評為史上非凡的軍事現象之一。有如旋風般，巴格達從一個微不足道、不具重要性的定居地快速轉變成大都會，並在幾年內成為世界文明的重鎮，這確實令人驚訝。巴格達的成功是很自然的，西元七五〇年至七六二年之間，薩法赫和曼蘇爾在伊拉克建立的四個臨時都城的不令人滿意已清楚顯示。

不像麥加和大馬士革，對於創建一座相當新的城市，其中一個優勢是可用材料供應的多寡。即使為了迎合伊斯蘭虔信與王室贊助者，巴格達相關史料常陷於誇張和聖人傳記的阿諛，但是仍然提供吸引人的細節，顯示一座城市如何從無到有。如吾人所知，曼蘇爾是一位喜歡介入的著名領導者，要求工人依他的圓城（Round City）藍圖，在地面上以煤渣畫線，這是曼蘇爾從他所景仰的歐幾里德（Euclid）幾何著作研究學到的。從編年史可得知，當時曼蘇爾如何進行基礎規劃及監督雙層外圍城牆位置的測定。棉花球被浸泡在石腦油（naphtha）或液化氣油中，並將它們沿著城牆邊邊緣放置點火，幫工人留下固定的記號，眾多建築工人在太陽下揮汗如雨，和身邊勞工、木匠、鐵匠、挖工、建築師、工程師、測繪人員及法律專家一起工作。這是一座多元文化城市，勞工的身分多元，來自世界各角落，懷抱著在伊斯蘭帝國偉大建築工程中賺大錢的期盼而聚集在一起。亞古比估計的十萬名工人數目也許太過誇張，但是無論如何，他的說法象徵進行的工程規模絕對令人嘆為觀止。

四年後的西元七六六年，曼蘇爾的圓城在底格里斯河西岸竣工，她是一個建築奇觀，在世界任何地方都是首屈一指。一位西元九世紀的博學作家賈希茲（Jahiz）讚賞道：「它看起來就像倒入一個模具裡鑄成的。」[5]外城牆開有四座城門，每座城門都有一條筆直大道通向城市中心。庫法門（Kufa Gate）位於西南，巴士拉門（Basra Gate）位於東南，這兩座城門外是薩拉特運河（Sarat Canal），它將幼發拉底河的水引入底格里斯河，也是讓這裡的景觀相當迷人的水利系統網絡關鍵部分。夏姆門（Sham Gate，大敘利亞地區稱呼）位於西北方，是通向安巴爾（Anbar）的主要道路，穿越沙漠可以抵達敘利亞。最後，位於東北方的呼羅珊門坐落在底格里斯河邊，面對著過河的船橋（bridge-of-boats，許多船緊緊排在一起組成的浮橋）。巴格達得等到一千兩百年後新外來入侵者的英國人到來時，才建造固定的跨河橋梁。在此之前，浮橋都是按照日常所需組成的。

從四座城門處延伸四條通向城市中心的大道，兩旁是拱門走廊，商店與市集坐落其間。這四條大道導入其中的小街道，通往當時人口有限的房屋和廣場。而巴格達的核心區則是嚴密保留的王室圈地，直徑約兩千公尺。這個空間的外層是年輕王室成員的宮殿、職員居所、哈里發的廚房、麵包烘焙房、騎兵營地與國庫辦公室、土地稅務部、軍火庫和法院。作為榮耀伊斯蘭世界結合世俗與信仰權威的大膽建築象徵，在圓城正中心是被尊崇的地面，被兩座最輝煌的建築物所主導：大清真寺（Great Mosque）和曼蘇爾的金色大門宮殿（Golden Gate Palace）。

曼蘇爾的宮殿很快成為城內第一個過於富麗堂皇的代表，這是一個約有一百八十五平方公尺的豪華建築，其大晉見廳上面有一個四十公尺的綠色穹頂。高聳入雲霄的是一座揮舞長矛的騎士雕塑，據說它會像風向標一樣旋轉，指示下一個將是哈里發敵人處的方向。像許許多多阿巴斯朝時代的紀念建築物，曼蘇爾的大清真寺（巴格達的第一座清真寺）最初是用晒乾的陶土磚建造的，木製的柱子支撐著屋頂。數百年間不斷地重修，這座清真寺居然逃過一二五八年旭烈兀毀滅性的造訪而倖存下來。在一三二七年受到身為世界旅行家的摩洛哥人伊本·巴杜達所讚賞，他在歷時二十九年，長達七萬五千英里，走遍幾乎全世界已知地區的旅程初期曾造訪巴格達。

在大馬士革，瓦利德的伍麥亞清真寺已是一項惡名昭彰的耗資工程。曼蘇爾的整個城市建造工程則是完全不同的命令。雖然不可能得知精確的花費，但可從十一世紀學者哈提卜·巴格達迪（Al Khatib al Baghdadi）的著作《巴格達史》（*History of Baghdad*）中窺知，該著作是了解這座新都修建的珍貴資料。他引用了兩份相互矛盾的報導：一份聲稱花費是一千八百萬銀幣；另一份則表示，包括清真寺、哈里發宮殿、城門、市場的花費金額，剛好是令人質疑的四百萬零八百三十三銀幣。[6] 然而不管花費多少，所有花費絕非掏自以吝嗇聞名曼蘇爾的腰包。依據說三道四的歷史學家馬蘇悟迪指出，這位巴格達的建造者在西元七七五年去世時，為國庫留下一千四百萬金幣和六億銀幣，❸ 這個數字相當於兩千六百四十公噸白銀。[7]

曼蘇爾在位期間，巴格達人口開始大增。除了大量參與建城工程和擴建中宮殿、清真寺、住宅和市集的工作人員外，西元九世紀的歷史學家塔巴里記錄從呼羅珊、葉門、漢志沙漠地區、瓦希特、庫法及穆斯林世界各地的移民，爭相來到巴格達，團結在伊斯蘭的大旗下（有些例外），點燃了房地產長期的繁榮，將新生的都城轉化為世界上最多元文化之地，這是一個種族、部族和語言的大熔爐。當統治者家族在社會最高層飛黃騰達時，不可思議的財富更廣泛地被傳到社會各階層，如宮廷侍從、喜愛人士與官員、著名歌手、美麗女奴、飲酒作詩的詩人、最出色的學者和勤勞的貿易人士。一個詩人創作的一句精采句子可能會帶來一筆足以改變人生的財富，而一句不合適的譏諷也可能換來身首分離。

哈里發的施捨是巴格達令人矚目發展裡最輝煌迷人的一面，而貿易也是其中的關鍵部分。在建城的短短幾年裡，她就可以名副其實地聲稱是曼蘇爾曾經想要達到的成為「世界交叉路口」了。船隻在幼發拉底河和底格里斯河中穿梭，這兩條河是天堂描述的四條古老河流裡的兩條，商隊從埃及與敘利亞來到這裡，帶著給這座新城市貨物，人們仿效他們的領袖也開始奢華的消費。這座城市裡的市場很快就充滿來自世界各地的商品：絲綢、黃金、珠寶、書籍、香料、異域水果、精緻地毯和持久耐勞的

❸ 一枚第納爾金幣的價值約等於二十枚迪爾汗銀幣。一枚迪爾汗的重量約三公克。

駱駝，奴隸與婢妾就更不用說了。由於巴格達的興盛，伊拉克地區的財庫收入是阿巴斯帝國第二富裕的埃及地區之四倍，國庫每年都有一億六千萬銀幣進帳，相當於四百八十公噸白銀。[8]

在曼蘇爾的繼承人兒子哈里發馬赫迪（Al Mahdi，七七五—七八五在位）統治之前和期間，東巴格達或今日所稱的魯薩法（意為堤道、緊密地建造）開始興起為另一個城市。這裡也是以清真寺和王宮作為中心，透過浮橋連接到西巴格達，或稱為卡爾赫（Karkh，位於呼羅珊門的東北方），並與圓城相通。呼羅珊門的前方是一個巨大的遊行慶典場地。高階軍官和國家官員都能得到封地，封地沿著河東岸向城市的南邊與北邊延伸。馬赫迪的宮廷贊助受到巴爾瑪基家族（Barmakids）支持，這是第一位阿巴斯朝哈里發手下的重臣家族，他們的贊助有時候甚至會蓋過哈里發，為自己建造的宮殿十分宏偉，很容易就被拿來與其主人的宮殿相媲美。

雖然延續了五百年的阿巴斯朝總是被視為巴格達最輝煌的時代讚美之，但是最巔峰時代應該被局限於西元七六二年至八三三年間的八十年。當時的巴格達，其人民和文化在曼蘇爾、馬赫迪、哈迪（Hadi，七八五—七八六在位）、哈倫．拉施德（Harun al Rashid，七八六—八〇九在位）、阿敏（Al Amin，八〇九—八一三在位）和瑪蒙（Mamun，八一三—八三三在位）這幾位哈里發的統治達到巔峰。這段期間內，哈里發阿敏是唯一在巴格達去世的哈里發，哈里發政權時時刻刻向外發展的雄心由此可見。

在這六個名字中，有一個人的名聲蓋過其他人，他是這座城市建造者的孫子哈倫．拉施德，他的名字意思是「被正確地引導的、正統」。馬蘇悟迪在《黃金牧場》（*The Meadows of Gold*）中提到：「他的統治時代最為輝煌富裕，因為繁榮，這段時期被稱作『蜜月』。」對吉朋來說，他是「阿拉伯人中最強而有力的君主」。[9]

無論是在東方或西方，哈倫享譽盛名的原因之一是他在膾炙人口的《一千零一夜》（*A Thousand and One Nights*）中的明星角色，這部傑作是西元八、九世紀印度、波斯及阿拉伯傳說故事的合集。哈倫具魅力地穿梭在故事裡，他是一個在夜色中微服私訪的哈里發，享受美麗妻妾的溫柔鄉，任何惹怒他的人絕對會被砍頭，對取悅他的人則會扔出一袋袋黃金，快速作詩並暢懷於黃色笑話中。這些哈倫的故事集使他大勝前人，至少是在放蕩不羈哈里發的刻板印象上。

但是在哈倫揮金如土的誇張描述背後，有著真實的勇氣與實質目的。對巴格達來說，哈里發哈倫的統治是一段轉型經驗，名副其實地建立在祖父曼蘇爾所奠定的基礎上，把這個初生城市發展成全面的世界性大都會。一連串的宮廷贊助與支出展現輝煌威力，這些經費定期補給對拜占庭帝國的征戰。哈倫在他青春期的十四歲時首次帶兵出征，並且對待巴格達城有如寵妃，將對拜占庭帝征戰獲勝所得的財富一次又一次地用在巴格達。這是一個流血征服、朝聖與繁衍、科學與學術的萬花筒，巴格達壯麗的建築和帝國開支的規模空前絕後。這種高效能施捨不該與腐敗或放棄混為一談。歷史學家塔巴里記載哈倫於西元八〇九年離世時，為國庫留下的財富有九億銀幣、相當大量的金銀珠寶、四千頂纏頭巾（頭帽）、一千件最好的瓷器、三十萬支長矛和盾牌，以及其他財富。據傳，年近半百的哈里發曾經這樣對君士坦丁堡的拜占庭皇帝誇耀：「我最卑微臣民所管理的最小領土之收入比你的全部財富還多。」[10]

城市聚集各行各業的人產出遠比各單一總和更偉大的文化，最優秀的男女在轉變城市樣貌的同時也被該城市改變了，他們和各界菁英在藝術、科學、音樂、法律、時尚、官僚體制、宗教、商業、料理及運動世界中相互交流。阿巴斯朝初期是令人敬畏的城市文化孵化器，巴格達在開明的領導下成為一個大思想的實驗室。

雖然曼蘇爾和馬赫迪都曾試著投注文化贊助，但是哈倫將之帶向新高度，他最令人難忘的成就是贊助翻譯運動，巴格達的學者們將古希臘、印度和波斯學者的偉大著作翻譯成阿拉伯文，修訂改善著作，並將更新的文本流通整個伊斯蘭帝國和其境外更遠地區。阿巴斯朝的使者從遠征拜占庭歸來，帶回許多重要手抄本，是柏拉圖（Plato）、亞里斯多德（Aristotle）、歐幾里得、希波克拉提斯（Hippocrates）、蓋倫（Galen）等人的著作。宮廷圖書館中的收藏十分豐富，成千上萬本收藏都是由驚人的財富和對社會有宏願的私人贊助者支持得來，他們樂於推動這一波翻譯潮。阿巴斯朝的文化是多元、包容的，接納外部世界最好的提供。古典智慧和知識從西方傳向東方，確保這些知識能長存，並在幾個世紀後重入西方文明中，這是一項直到今日仍然受惠良多的智識大服務。第一部歐幾里得著作的阿拉伯文譯本的出版是獻給哈倫的。菲利普・希提（Philip Hitti）將巴格達的這個時代和十六世紀的文藝復興做連結，指出阿拉伯語世界在接下來的一千年中，再也沒有可以與此相提並論的活動。「它讓阿拉伯人的首都成為世界科學中心，可以與羅馬的法律、雅典的哲學和耶路撒冷在宗教的地位相提並論。」[11]

哈倫將這一智識好奇心和求知慾的積極氣氛烙上個人印記，為這座城市及其傑出居民立下方針。即使必須謹言，他的沙龍圈子仍包括不同立場的宗教法學家（馬利克・伊本・阿納斯〔Malik ibn Anas〕和夏菲儀〔Al Shafi〕）、法官、歷史學家（瓦齊迪和伊本・古泰巴〔Ibn Qutayba〕）、詩人（阿布・阿塔西亞〔Abu al Atahiya〕和惡名昭彰的阿布・努瓦斯〔Abu Nuwas〕）、音樂家（阿布・

伊斯哈格・摩蘇利〔Abu Ishaq al Mosuli〕）、文法學家（阿里・伊本・哈姆扎〔Ali ibn Hamza〕）、人文主義者（阿斯瑪伊〔Asmai〕和阿布・歐貝達〔Abu Obayda〕）。對思想封閉的保守宗教人士來說，哈倫所鼓勵的無拘束哲學、宗教及科學討論和辯證是可惡的，就像狂飲酒、揮霍的盛宴、集體性行為與同性戀關係。哈倫和他的密友常常狂飲通宵達旦，喝著以金銀或水晶杯所盛色澤如紅寶石的戌拉茲紅酒，並在後宮女人的娛樂下唱歌、彈奏魯特琴，並帶動醺然賓客們跳起撩人的絲巾舞和慢悠悠的彎刀舞。就像是詩人穆斯林・伊本・瓦利德（Muslim ibn Walid）在概述宮廷風氣的詩句中呈現的：「這種生活除了愛、醉酒與美女（美眸）外，還有什麼？」[12]

不足為奇的是，孤傲的宗教人士會在背後稱哈倫為非獨一神信士之統領，這是玩弄哈里發的傳統頭銜獨一神信士之統領（Amir al Muminin）。但是這對哈倫攻打異教徒的出色紀錄和他是全本《古蘭經》背誦者（hafiz）的資格有些不公平，除了哈里發歐斯曼外，他是唯一能背誦《古蘭經》的哈里發。

哈倫最重要的親信——極富有的巴爾瑪基家族，是藝術與科學的當然贊助者。忠誠的亞赫雅（Yahya）是哈倫的導師兼大臣（vizier），他是曼蘇爾的大臣哈立德・巴爾瑪克（Khalid al Barmak）的兒子，他們是發展東巴格達的先鋒，將之規劃成極大規模的宮殿建築區。亞赫雅的兒子賈法爾（Jafar）是哈倫的密友、顧問及之後的大臣，他花了令人不可思議的兩千萬銀幣在此建造一座宮殿，其內部裝飾又花費了兩千萬銀幣。這座宮殿以外交手段贈予哈倫的兒子瑪蒙，他後來作為官邸。其最重要區塊是哈里發朝廷（Dar al Khilafat），該金光閃亮的哈里發建築群是之後眾獨一神信士之統領們的家。巴格達原先是河岸西邊的一座圓城，在馬赫迪、哈倫的統治下迅速地向東岸發展，以哈里發宮殿和清真寺為中心的魯薩法區、夏姆瑪西亞（Shammasiya）區和穆哈里姆（Mukharrim）區，成為新一代競相努力討好哈里發侍從們的采邑。

在西元八〇三年，至今仍原因不明，哈倫突然把賈法爾砍頭，並將其年邁父親亞赫雅丟進監獄，並在西元八〇五年死於獄中。讓許多巴格達人感到害怕的是賈法爾被分屍成三塊，每一塊都被吊在浮橋上示眾，並且曝屍兩年。那些受惠於巴爾瑪基家族慷慨施捨的巴格達詩人，在詩句中悲痛地哀悼：

慷慨的群星熄了；
樂善好施之手已縮。
充沛大海已退，
巴爾瑪基家族如今已逝。
巴爾瑪克後裔引導正道之星
已墜。[13]

伊斯蘭帝國如今無疑已是一個父權之地。女人是母親、妻子和婢女，而不是公眾人物，她們適當的生活空間是在私領域裡、在家庭中，至今在穆斯林世界中有很多地區仍是如此。然而在哈倫的巴格達，一小群出身不尋常的女人以公領域角色興起，無論是從其本人或資料，比如說她們在祕密領域揭開面紗。

哈倫時期，處於巴格達社會頂端的是他的表親妻子朱蓓妲（Zubayda），即使不考慮她與最有權勢男人的婚姻，她仍是一個令人敬畏者。身為曼蘇爾的孫女，朱蓓妲有王室血統，極為富有，並且在宗教、詩歌及文學上受過良好教育。她在兩件事情上名留青史：第一，奢侈豪華的展現；第二，在慈善和宗教上的活動。哈倫時期的巴格達是一個誇耀性消費殿堂，在這方面沒有人比她更誇耀。據說在重要宮廷慶典上，她穿戴的黃金和寶石必須由兩名僕人扶著她才能站直。西元七八一年，她與哈倫的婚禮上得到「寶石、首飾、后冠與頭飾、金銀轎子、香水、服飾、僕人及伴娘」，還有一件鑲滿整排大顆紅寶石和珍珠的背心，那些珍珠、寶石是西元七五〇年大馬士革陷落時，從伍麥亞人得到的戰利品。無數錢財發送給被眼前景象所震驚的賓客，金幣放在銀碗裡、銀幣放在金碗裡，還有一袋袋的麝香與龍涎香、盛裝著昂貴香水的玻璃瓶和用繡金線顏色豔麗象徵榮譽的袍子。「這在伊斯蘭時代是前所未見的。」[14]慶典花費令人咋舌的五千萬金幣，而這只是私人財庫的開銷，還有更多是由哈倫支付。

受到這種帝國式炫耀驚嚇的憤怒者，可能會認同地看待朱蓓妲的善行，她開創一條九百英里長的安全朝聖路線，從巴格達南邊的庫法穿越沙漠到聖城麥加。後人稱為朱蓓妲道（Darb Zubayda），這是一項大規模工程，包括水井、蓄水池及水箱、有濾水池的最先進水壩和每隔十六英里（一天的路程）的五十四座大休息站。當舟車勞頓的朝聖者抵達麥加，即可善用麥加城第一條朱蓓妲委託挖掘的水道，它供應聖地泉水。一千三百年後，這裡仍然被稱為朱蓓妲井（Ain Zubayda）。這項巨型工程的花費要以上百萬金幣計算，都是她自掏腰包，許多穆斯林朝聖者因此感謝她。[15]

其他的巴格達女人也以美貌與奢侈生活揚名，隨之的代價是反映了時代的輕挑風氣。此伊斯蘭世界首都的市場無所不有，其中包括悅人心意的美女。為兒子哈倫立下榜樣，馬赫迪曾經買下一位名叫瑪克努娜（Maknuna）的女孩，「她以細腰高胸為傲」，他為她花了十萬銀幣；另一位名叫「撫慰」（Basbas）的，花費他難以置信的一萬七千金幣。這位哈里發也許擁有無上權力，但並非所有事情都順心如意。哈倫變得越發痴迷於一位名叫怡婻（Inan）的阿拉伯女子，不僅是因為她美麗，受過很好的教育又善於調情，據說她還能作詩般地與擅長同性愛情詩的傳奇詩人阿布．努瓦斯捷巧對答。哈倫曾為了買下她失敗兩次，第一次是他拒絕為她支付十萬金幣，第二次則是有人開價二十五萬銀幣贏他。怡婻並非唯一富有盛名的女子，綽號「宮廷夜鶯」的阿麗卜（Arib）是後宮最特出的女人之一，其嗓音甜美並創作上千首詩曲。她原先是阿敏買下的，後來進入瑪蒙家室，在王宮中大膽地與他私通，以深夜極冒險的幽會誘惑他。據說阿麗卜會用琥珀和麝香製成的髮油滋潤頭髮，後來被她的僕人高價出售。在她年老時曾有兩位年輕人拜訪，詢問她是否仍有性趣，她回答：「孩子啊！慾望還在，但身體已無能為力。」讓連續幾位哈里發為之痴迷的阿麗卜，九十多歲時死於薩瑪拉（Samarra）。[16]

阿巴斯朝的巴格達的明顯特徵（及其繁榮的動力）之一就是世界主義，與阿拉伯人、波斯人、印度人、突厥人、亞美尼亞人、庫德人，共處於猶太教徒、基督宗教徒和穆斯林的首都。在被廣泛接受的生活方式中，包容無須誇耀。猶太教徒、基督宗教徒在這裡生活的時間遠早於穆斯林，被曼蘇爾選作圓城的地點也是他們深深根植的地方。若非耶路撒冷悲劇般的陷落，羅馬能否興起為西方基督宗教首都是可爭辯的。就像迪爾梅德．麥克庫洛赫（Diarmaid MacCulloch）聲稱的：「直到西元八世紀，偉大的新城巴格達比羅馬更像全世界基督宗教首都。」[17]

基督宗教徒在巴格達的建城故事中扮演重要角色，在塔巴里的版本中，一個巴格達薩拉特（Sarat）區的基督宗教徒醫生告訴曼蘇爾，當地傳說一位名為米克拉斯（Miklas）的人將會在底格里斯河和薩拉特運河之間建造一座城市。曼蘇爾驚叫：「以神發誓，那就是我！我小時名叫米克拉斯，及長不再使用此名。」[18] 這位已在此生活很久的聶斯托里教士，據說曾向曼蘇爾推薦這裡相對涼爽宜人的氣候（巴格達人應該被原諒，不理會今日這裡夏季溫度有時候會突破攝氏五十度），乾燥又沒有蚊子，大幅減少幼發拉底河沿岸與更南遠處的酷熱和瘧疾之風險。

誠如其特殊圓錐形高頂絲帽（Kalansuwa）所示，哈倫可能會把自己裝扮成「戰士兼朝聖者」（Ghazi wa Hajji），但是他對宗教並不狂熱。西元七八〇年，以青少年之姿首次出征攻打拜占庭後，他帶著基督宗教徒俘虜回到巴格達，這些俘虜是他從亞美尼亞邊境的薩馬魯（Samalu）堡壘中虜獲的，他們被允許在魯薩法組成基督宗教徒社群，並在一座名稱為羅馬之家（Dayr al Rum）的希臘修道院敬拜。隨著時間推移，它成為一個繁榮的基督宗教中心，直到一二五八年災難到來，那場災難將城市多處地方夷為廢墟。資料指出，聶斯托里和雅古比敘利亞教會在巴格達許多清真寺間爭奪空間。

聶斯托里教會有很多感謝阿巴斯朝的理由。在伍麥亞朝滅亡，離開大馬士革後，雅古比敘利亞教會興起，主導了基督宗教教會。阿巴斯朝統治者給予聶斯托里牧首的官方司法權，可以主持哈里發帝國內，從埃及到中亞的所有基督宗教教會的司法事務。[19] 哈里發也高度肯定基督宗教徒醫生的知名技術。從曼蘇爾時代開始，巴赫提舒（Bakhtishu）家族為阿巴斯朝宮廷提供醫生，時間超過兩百五十年，這個家族是出色的雅古比基督宗教徒，原先在君迪夏普爾（Gundeshapur）的波斯大學受訓練。

有關巴格達最古老少數群體的社會地位，必須等到十二世紀末才有關於城中猶太教徒生活的最早記載。圖德拉的班雅明（Benjamin of Tudela，圖德拉〔Tudela〕位於西班牙北部的納瓦雷〔Navarre〕）是冒險旅行家，約在一一六〇年代末抵達巴格達，他發現那裡有大約四萬名猶太教徒「在哈里發統治下安全、尊榮地生活」。[20]其中包括著名的賢聖和睿智拉比（rabbi），帶領著十個猶太學院，其中不少人有顯赫家世，例如首席拉比撒母耳（Samuel），其族譜據說可追溯到摩西（Moses）。

圖德拉的班雅明相當正直、純淨，是一位「仁慈的人」，對「以色列很友善」，並有許多猶太教徒隨從。他會多種語言，精通以色列律法，能以聖語（希伯來語）讀寫。流放的巴比倫猶太人首領（名為達尼勒〔Daniel〕）被授予統領所有伊斯蘭帝國猶太教徒的權力，從美索不達米亞、《聖經》上的蘇美（Shinar）、伊朗、呼羅珊及葉門、突厥人之地（Togarmim）和阿蘭人（Alans，位於喬治亞和高加索），一直到西伯利亞荒原與「撒馬爾干德的大門，圖博（Tibet）和印度之地。猶太社群帶給他來自世界各角落的貢品與禮物，他是一個「非常富有」的人，擁有救濟院、花園、在巴比倫的種植地，以及從他父親那裡繼承的領土。

阿巴斯朝統治時期巴格達的宗教包容跡象，在圖德拉的班雅明造訪時，巴格達有二十八座猶太會堂。主要的敬拜場所是一個令人驚豔的宏偉紀念物，它有彩色的大理石柱，上面鑲嵌著金銀和取自〈詩篇〉中的刻文。巴格達猶太社群的重要性，可以在哈里發定期和猶太教徒領袖見面看出，巴格達人每年一次會在盛大節日中見到他們的哈里發，但是達尼勒「每週五」就能在盛大的典禮裡拜訪哈里發，其身邊有基督宗教徒和猶太教徒陪同，並有人在前方開路。在親吻哈里發的手後，他坐在哈里發對面，「所有哈里發宮廷中的穆斯林王子都在他面前站著」。在他的就職典禮時，護衛以鈴鼓和橫笛伴隨他從哈里發宮殿回到自己的住所。

巴格達的猶太教徒社群對穆斯林統治當局來說，具有根本重要性，尤其是它提供哈里發及其宮廷

「很多錢」，這個生活事實一直持續到二十世紀。現代閱讀圖德拉的班雅明著作，他所觀察到「城裡的猶太教徒是有學問的，而且十分富裕」，在之後八百年中十分準確，直到現代悲劇的發生為止。在二十世紀後半葉和二十一世紀初，一個西元前六世紀就存在的巴比倫之囚（Babylonian Captivity）古老社群在巴格達就快要絕跡了。

哈倫在西元八〇九年去世，此後不到兩年的時間，巴格達就陷入兩個兒子與繼承人阿敏和瑪蒙之間的內鬥。這場衝突摧毀城裡大部分區域，並結束了西巴格達政治與社會中心的地位，這是第一次一觸即發的大規模暴力，標誌著爭鬥、流血及許多瘋狂殘暴例子的開始，這將在和平之城的歷史中循環著。

在西元八一一年至八一三年內戰間，城市先被瑪蒙包圍，遭到石頭與火藥攻城。阿敏撤退到其最後據點的圓城；但是因為攻勢太猛烈，他被迫放棄曼蘇爾的永恆宮（Palace of Eternity），這座巴格達人相當讚賞的宏偉建築隨即付之一炬。

對詩人胡雷米（Al Khuraymi）來說，巴格達直到不久之前仍是「人間天堂」和「幸福境域」，有輝煌宮殿、茂盛花園及美貌的魯特琴手，而現在已經變得「有如野驢肚般空無一物」，是一個荒蕪之地、火獄，戰爭的寡婦嘶嚎著穿過街巷，還有野狗撕咬著無頭屍體，[21]甚至有如閃亮鏡子和雙乳間珍珠項鍊般的底格里斯河都已不再美麗，淪為被丟棄男女成人及小孩屍體的血汙垃圾場，就像二〇〇三年美國領導的入侵之後肆虐數年的殘酷征戰。巴格達的西南方和北邊一帶形同廢墟。受到兄弟軍隊的包圍，阿敏試著從水路在混亂中突圍，但是仍被敵人困住。他的結局是在巴格達漫長、動盪歷史上不斷重演的悲慘場面：阿敏被士兵猛砍後斷頭。

雖然以兄弟喋血為開始，瑪蒙從西元八一三年至八三三年的哈里發統治起於不幸，但結束時卻留給後世輝煌的知識遺續，其成就是任何一位阿巴斯哈里發難以媲美的。瑪蒙慷慨的資助為學術努力定調，以高階薪資和在這座世界之城進行最尖端研究的聲望，吸引當時一些最偉大的科學家來到巴格達。

在西元八世紀末從中國傳到巴格達的最新造紙技術，讓新一代高薪的抄寫員和翻譯員可以自由發揮，徜徉於羅馬法律、希臘醫學、數學、哲學與地理、印度神祕主義、波斯學術、繪圖學、天文學，以及有些人特別熱衷的伊斯蘭前詩歌。在瑪蒙的統治下，巴格達受到慷慨資助的智慧宮（Bait al Hikma）成為阿巴斯朝智識活動的中樞，結合王室檔案館、學術研究機構、圖書館、智庫和翻譯局中心，裡面有專業學者、抄寫員與書籍裝訂師。西元九世紀中葉時，這裡已經成為世界最大的藏書庫，「從東方的烏茲別克到西方的西班牙，阿拉伯科學黃金時代各項成就的種子從這裡萌芽，開枝散葉」。[22]

巴格達知性活動的振奮在整個亞洲產生共鳴，這是一個新書、圖書館、閱讀室、書店和學術爆發的時代。在西元八二八年，瑪蒙贊助了伊斯蘭世界的首座天文臺，以驗證西元二世紀時地理學家兼天文學家托勒密論述中的觀察《天文學大成》（*Almagest*），這座天文臺是「世界上首次國家資助的大規模科學工程」，在設計與傳遞上是經久不衰的成就。[23]他還贊助一項繪製一幅開創性世界地圖的工程，在這項工程中，古代世界地圖裡的許多錯誤，如地中海的大小，得到更正。托勒密筆下封閉內海成為開放水域，即大西洋和印度洋。《地表景象》（*Surat al Ardh*）這本書是這個時代的地理研究，詳細標注超過五百座城市的經緯度，將各個城鎮、山川、河流、大海及島嶼以表格分門別類，每一類都有精確的座標。

瑪蒙交付任務給穆薩氏族（Banu Musa）三兄弟，穆罕默德、阿赫梅德和哈山，他們是優秀的數學家、天文學家及工程師，瑪蒙要求他們評量古代對世界圓周測量的精確度。他們在巴格達西北方的辛賈爾（Sinjar）平原，用繩子綁緊短樁釘在地面做了許多英里的測繪，隨後為了證實他們得到的數據，再到庫法周圍的沙漠測量北極星仰角，然後計算出地球圓周是兩萬四千英里，與古代測量結果一致（地球正確周長為兩萬四千九百零二英里）。

瑪蒙帶頭之處，其他人也追隨，就像在曼蘇爾、馬赫迪及哈倫時期的巴爾瑪基家族效法宏偉哈里發宮殿建造，最富有的巴格達人鼓勵學術發現。穆薩氏族三兄弟除了是積極的科學家外，也是強力贊助者，資助使團前往拜占庭帶回最新手抄本，再以相當高的薪水僱用學者翻譯這些手抄本。

在智慧宮的卓越科學家中，穆罕默德・伊本・穆薩・花拉里茲米（Mohammed ibn Musa al Khwarizmi，約八五〇年卒）是算術和天文學大師，他是《簡明還原平衡代數學》（*Al Kitab al Mukhtasar fi Hisab al Jabr wal Mukabala*）的作者，就像當時許多偉大的研究，他的著作也是獻給哈里發瑪蒙。他以「algebra」留名，今日英文字（代數）即源自其里程碑著作，而他也是阿拉伯數字進入中世紀歐洲的關鍵導線。他還有另一本重要著作《印度算術加減之書》（*The Book of Addition and Subtraction According to the Hindu Calculation*），首次介紹九個數字與零的十進位系統——「零為一個循環的第十個數字一循環」，這是發現十進位制小數的途徑，這個方法後來被用於計算數字的根，和從π到十六位小數的數值。[24] 今天在尖端金融業工作的人會覺得十分熟悉花拉里茲米之名，因為「algorithm」（演算法）一詞即源自其姓「al Khwarizmi」。薩比特・伊本・庫拉（Thabit ibn Kura，約八三六—九〇一）則是另一位偉大數學家和天文學家，是至少三十部著作的作者，也是活躍多產的譯者，翻譯了阿基米德（Archimedes）、歐幾里得、托勒密、迪歐凡圖斯（Diophantus）和尼可馬楚斯（Nicomachus）的著作。

在聶斯托里教徒及其穆斯林後代的帶領下，醫學領域也有新的進展，其中最重要的是胡奈因・伊本・伊斯哈格（Hunayn ibn Ishaq，八〇八—八七三），他從伊拉克南部基督宗教城希拉（Hira），經由在拜占庭的學術停留轉入巴格達，其別名是「譯者大老」（shaykh of translators），通曉阿拉伯語、波斯語、敘利亞語及希臘語等的能力，被擢升為智慧宮翻譯長；此外，也是哈里發穆塔瓦基勒（Al Mutawakil，八四七—八六一在位）的首席醫生。胡奈因是一個年少天才，他翻譯西元二世紀希臘羅馬醫生蓋倫的大作《論大自然能量》（*On the Natural Faculties*）時才十七歲。他還翻譯了更多蓋倫的著作，包括《論靜脈和動脈解剖結構》（*On the Anatomy of Veins and Arteries*）和《論神經解剖結構》（*On the Anatomy of Nerves*），以及希波克拉提斯的其他著作，胡奈因本身也是一名出色科學家，他的《眼睛十論》（*Ten Treatises on the Eye*）完成於西元八六〇年，其中包括人眼的最早解剖圖解，被認為是「第一本有系統的眼科學教科書」。[25]

巴格達可以誇耀拉齊（Razi，約八五四—九三五）是中世紀的最偉大醫生，他是一名醫學先驅、哲學家和多產作家，有許多大部頭醫學著作，他是立足醫學世界的巨人支撐。在《論奧祕》（*Kitab al Asrar*）中，他將物質分為四類（動物、植物、礦物和三者的衍生物），這是脫離煉金術、江湖醫術向前發展的一大步，大幅邁向實驗室實驗和推論，引導後來出現的化學物質的科學分類。他認為時間是絕對和無限的，既不需要動力，也不需要物質存在，這樣的觀點極具創造性，類似較晚的牛頓理論。

在一篇引人深思的文章中，他對巴格達不祥的未來有悲觀的先見之明，更不用說是今日的穆斯林世界了，他對保守的宗教對手表示輕蔑：

> 如果信仰宗教的人被問及其宗教立足證據，這些人會火冒三丈，變得憤怒，並且讓任何提出此問題的人流血。他們禁止理性推測，極力殺死對立者，這就是為何真理全然靜默和被隱藏的原因。[26]

在早期阿巴斯朝巴格達的學術描述中，不能不提阿布・優素夫・亞古伯・金迪（Abu Yusuf Yaqub al Kindi，約八〇〇—八七三）。他是第一位「阿拉伯人哲學家」，也是數學家、醫生、音樂家、占星師，同時是瑪蒙繼任者哈里發穆阿塔西姆（Mutasim，八三三—八四二在位）的一個兒子之私人教師。談到將希臘哲學帶入穆斯林世界，金迪比任何一位西元九世紀的巴格達學者都更重要。他出身於一個開明的葉門智識分子貴族家庭，對宗教抱持類似拉齊的理性途徑，這使他成為保守聖訓學者的敵人，他們鄙視他與基督宗教徒為伍。金迪是一位研究領域極廣的多產作者，著作約有兩百五十篇，範圍從盛行的博學式到他個人的專題論述。他的重要著作《論第一哲學》（*On First Philosophy*）研究了阿基米德、托勒密、歐幾里得、希波克拉提斯醫學、玻璃製作、音樂、密碼法及刀劍。今日，他甚至被歸功於是頻率分析法的創立者，依照這種方法可以用字母或一組字母的頻率分析來解開特殊碼。他也是穆斯林世界中第一位音樂理論家，在阿拉伯魯特琴加上一根弦，開創樂譜發展，甚至還試著以音樂療癒一位四肢癱瘓男孩。[27]十世紀的重要著作《目錄》（*Fihrist*，一部記錄文學、科學和知識菁英資料索引），其作者伊本・納迪姆（Ibn al Nadim）表示：「因為他的古代科學知識，他是其時代的卓越傑出人物。」[28] 今日，巴格達的魯薩法有一座為紀念他而命名的金迪教學醫院（Al Kindi Teaching Hospital），位於巴格達東北區最著名的拉施德路，是向哈倫·拉施德致敬。

自然科學的昌明並沒有以犧牲文學生命作為代價，阿拉伯人熱愛詩歌，這是在伊斯蘭之前就有的悠久傳統，它在伊斯蘭時代繼續發展，並且受到從哈里發以下的開明贊助者支持。詩歌就像是阿巴斯朝的搖滾樂，得到最高層的無限獎賞。就像許多學者、科學家、音樂家、醫生、數學家、哲學家、天文學家、地理學家、歷史學家、商人、律師、歌女，以及整個帝國中最雄心勃勃的男女，反道德的阿布·努瓦斯（約七五七－八一四）是扮演《天方夜譚》（*The Arabian Nights*）中一些不道德角色為樂者，他在西元八世紀末來到巴格達闖蕩。他的生涯是對阿巴斯朝時代與伊斯蘭世界巔峰時期之極度包容的有力提醒。他是聰明大膽的優秀作家，若是生在不那麼寬容的時代，肯定會被殺頭。阿布·努瓦斯通宵達旦，露骨地歌頌不道德的性行為，甚至在一首詩作中公開表達他對哈里發阿敏的愛慕。他被公認為阿拉伯語文中最偉大的醉飲詩人，挑逗又露骨地公開寫作同性肉體的醉酒接觸：

今晚吉星升起了，
當醉漢突襲醉漢，
我們向魔鬼致敬消磨時間，
直到黎明修士敲響鐘聲，
一位青春少年拖著愉悅長袍離開了，
被我邪惡行徑玷汙的袍子，

他淚流滿面嘆息：「噢，哀哉！」
「你已經撕毀了我嚴守的尊嚴。」
我回答：「獅子看見瞪羚會猛撲過去；
這就是命運的變化啊！」[29]

而他在青春期時曾被出櫃的男同性戀詩人瓦里巴．伊本．胡巴布（Waliba ibn Hubab）誘惑。他們第一次幽會時，在暢飲美酒後，故事的發展是瓦里巴讚美這名青年的裸體，並從背後吻他。粗魯的阿布．努瓦斯朝著他的臉放屁，立即因為粗俗行為被咒罵。阿布．努瓦斯則毫無畏懼，他這樣反駁道：「對一個吻屁眼的人來說，除了一個屁以外，還能有什麼獎賞呢？」身為當時最著名也最具爭議的詩人之一，今日底格里斯河東岸的三線道濱河公路就是以阿布．努瓦斯命名。伊拉克雕塑家伊斯瑪儀．法塔赫．圖爾克（Ismail Fattah al Turk）還在一九七二年製作他的銅像，啜飲著他標誌性的酒杯。在如今普遍相當保守的時代標誌裡，這座雕塑在二〇一五年遭到破壞，手中的酒杯被拿掉了。[30]

阿巴斯朝的詩人開創了多層面的情詩，有許多是表達痛心和空虛的感受，還有對於人類生命狀態憂鬱悲傷的沉思與更具狂歡色彩的宴飲詩，以及有時候會出現的全然縱情酒色的著作。阿布．阿塔西亞（七四八—八二五）出身最底層，曾是一個身無分文的陶罐小販，後來成為阿巴斯朝時代最卓越的詩人。他被打、被關、被放逐，總是因為自己的傲氣和試圖贏得烏特巴（Utba）芳心的努力而受傷，後者是一名屬於王室的美麗女奴。有一次，他在騷擾這個可憐的女子後，再次遭到一頓毆打，因此宣稱要連詩歌也放棄。在哈里發馬赫迪的命令下，他被關進監獄，並被命令觀看一個人遭到砍頭。

哈里發如此告訴詩人：「你要選擇作詩，還是步上他的後塵？」[31]阿布・阿塔西亞只好再次提筆，並且成功地在之後的四任哈里發期間沒有被砍頭。巴夏爾・伊本・布爾德（Bashar ibn Burd，約七八四年卒）是阿巴斯朝三大哈里發期間最後一位著名詩人，他是另一個從身無分文到盛名獲利的故事，這是當時社會和地理的移動性之典型，即使他最後的下場十分悲慘。他被一些人鄙視為放蕩子，有人警告他不要再寫作情詩，但是他漠視警告。塔巴里記載巴夏爾是如何冒犯哈里發馬赫迪的一位大臣，於是這位大臣誣陷報復他，給哈里發看了一首指控馬赫迪和他姨媽們有染的詩句，呼籲推翻他的統治，並要求馬赫迪的兒子穆薩（Musa）「從黑珠蘭（Khaizuran）的下身移開」，這是指哈里發的美麗妻子。[32]不容他為自己辯解，巴夏爾遭到暗殺，成為這場致命宮廷鬥爭下的犧牲品。

雖然詩人是阿巴斯朝時代名人，而且有金錢利益可以追求，但是若能寫出一篇好散文（這種文體仍在發展中），同樣能獲得哈里發的關注；而在這個領域裡，大概不會有別人比多產、博學的賈希茲（意為「凸眼的」，約七七六—八六八）更富娛樂性，或是比他更博學多聞。這位巴士拉學者出身十分卑微，就像同時代中的許多卓越人才，他在西元九世紀初被吸引到伊斯蘭帝國最偉大的城市巴格達。他「可能是阿拉伯文學中最偉大的散文作家」，是一位有著「出乎常人天賦」的作家。[33]身為一名孜孜不倦的學者，他撰寫驚人的兩百三十一篇著作，其中最出名的是七卷的《論動物》（*Kitab al Hayawan*），此書大量引用亞里斯多德的著作，有人主張書中的自然淘汰論比達爾文早了一千年。[34]他是散文大師，寫作領域體現了時代的智性精神，主題廣泛且論述大膽，他寫過黑人優於白人觀、賽鴿、伊斯蘭神學、守財奴、亞里斯多德的「魚觀」，以及女人可否在性交時呻吟。就像今天的出版商爭先恐後提供最著名作家驚人的預付金，大臣、大法官和巴格達社會菁英都設法支付鉅額款項，以換得在他的諸多著作裡的獻言。[35]

如同那個時代最著名的詩人，頂尖的歌手和音樂家也是名人，其中一些人非常富有。易卜拉欣・摩蘇里（Ibrahim al Mosuli）是一位聲名狼藉、好飲酒的音樂家，本來是一個貧窮的旅行者，和兒子伊斯哈乍・摩蘇里（Ishaq al Mosuli）成為巴格達文化界名人。易卜拉欣可能是歷史上首位樂團指揮，他花費奢侈幾乎達到哈里發的水準。根據伊斯哈格估算，他父親去世時花費兩千四百萬銀幣，外加每個月一萬銀幣的月薪，其中有很大一部分用在為朋友和樂迷準備的盛宴，用了不計其數的葡萄酒來滋潤那些場合。五個世紀後的歷史學權威伊本・哈勒頓（Ibn Khaldun）提及：「在巴格達舉行的美妙音樂會，回憶至今仍然持續著。」馬赫迪、哈倫、阿敏和瑪蒙代表「古代阿拉伯音樂文化巔峰」。[36]

＊

西元八三五年，巴格達受到屈辱一擊。新上任的哈里發穆阿塔西姆突然將權杖從帝國都城撤走，將首都遷往沿著底格里斯河往北一百英里外的地方，在薩瑪拉建立新都城。穆阿塔西姆和之後的七位哈里發坐位這座新城，而不是巴格達，統治到西元八九二年止。

對許多巴格達人來說，這座城市的降級不是侮辱，更像是祝福的解脫。穆阿塔西姆早已在招募突厥奴兵（ghulam），他們是來自中亞草原的忠誠傭兵。巴格達人開始憎惡這些騎在馬背上，耀武揚威地穿過街頭巷尾，打倒任何一個擋路者的亞洲闖入者。即使不會說阿拉伯語，傭兵卻被派任有利的宮廷職位。街道上與軍中爆發衝突，多起謀殺發生，當地人的嫉妒另有原因。年輕傭兵的才能不只限於戰場，他們在各方面都吸引阿巴斯王公貴冑：同一個男孩可以是奴隸、護衛、繆斯或主人的床伴。37

從巴格達遷都到薩瑪拉的戲劇性變化，反映了這些緊張的社會關係。新地點提供無限的土地，讓這些活躍的軍隊駐紮。短期而言，離開曼蘇爾的高貴城市也許有其理由，但瑪蒙之後的哈里發意識到他們的權力正逐漸消蝕於那些本應保護他們的突厥軍事將領。就像艾尤比蘇丹國（Ayyubid Sultanate）的傭兵（Mamluk）和歐斯曼帝國的新軍（Janissary），傭兵的權力越來越大，直到最後僭越了哈里發，阿巴斯帝國領導人越來越像自己宮殿中的囚犯。

哈里發的統治不再，巴格達淪落到被一連串總督治理的恥辱地步，政治權力和聲望戲劇性消失。之後更糟糕，在西元八六五年，也就是阿敏和瑪蒙之間的恐怖圍城與內戰結束半個世紀後，這座城市再次受到攻擊。在薩瑪拉的兵變後，哈里發穆斯塔因（Al Mustain，八六二—八六六在位）逃到巴格達，他的朝廷立刻向他的堂兄弟穆阿塔茲（Al Mutazz）效忠，後者是哈里發穆塔瓦基勒的兒子。

總督塔希爾（Tahir）保衛巴格達策略的一部分是摧毀橋梁，淹沒安巴爾（Al Anbar）區的運河，以阻擋突厥人從西北邊的進攻。這個短期決定導致灌溉基礎設施長期損毀，對巴格達和伊拉克的繁榮造成致命傷害。面對兵臨大敘利亞門（Shammasiya Gate）外的一萬兩千名職業突厥軍隊，巴格達的捍衛者已經到了極為險惡的困境，塔希爾下令特別徵兵，甚至連一群來自呼羅珊的朝聖者都被召集，這些人關心的是麥加朝聖之途，現在卻被強迫加入「迷失流浪者」的非正規軍，這群烏合之眾的裝備只有嵌了一些釘子的棍棒和抹上柏油的墊子作為盾牌。巴格達的守衛者向突厥軍營發動一次衝鋒，並獲得初步成功，把許多攻城者趕到底格里斯河裡，船上水軍殺死落水的敵人。塔巴里記載小船上堆積著可怕的人頭，並展示在橋上和總督宮殿圍牆上以嚇阻敵人。有兩千名攻城者被殺。

秋天時，突厥人終於攻破西岸的安巴爾城門並沿路放火，導致哈爾比亞區（Harbiya quarter，戰爭區）的巨大破壞。在圍城、饑餓和疲憊的折磨下，巴格達人上街抗議執政者，反對他的暴亂隨之而來，人群毀掉他的宮殿大門。穆斯塔因出現在宮殿屋頂上，身上披著先知穆罕默德的神聖黑色斗篷，揮舞著象徵執政權力的槍，向人們顯示他仍然握有權力。西元八六六年初，在塔希爾的背叛行動後，穆阿塔茲自立為哈里發。穆斯塔因被流放到漢志，但很快就在中途被攔截殺死，他的頭顱被送到堂兄弟穆阿塔茲面前，哈里發命令「先擱著」，並不打算為了這件事停止正在下的棋局。[38]

慢慢地，薩瑪拉的哈里發們開始害怕他們在這座軍事新都的性命。在這座刻意建造的都城裡，歷任哈里發在五十七年的統治中死於不同的悲慘方式。處決的方法不乏想像力，其中包括被有毒的小刀放血而死（穆阿塔西爾〔Muntasir〕，八六二年）；砍頭（穆斯塔因，八六六年）；被鎖在牢房裡渴死（穆阿塔茲，八六九年）；以及最令人痛苦的睪丸碎裂而死（穆赫塔迪〔Al Muhtadi〕，八七〇年）。哈里發穆阿塔迪德（Al Mutadid，八九二—九〇二在位）下定決心要逃離劇烈痛苦死法，將都城遷回巴格達。此後在阿巴斯朝最後的三百五十年歷史中，巴格達一直是都城。

穆阿塔迪德例證了巴格達的哈里發在西元九世紀的黃金時代過後的興趣所在，他是令人大為驚嘆的宮殿建造者，投入雄心壯志的重建工程中，修復在西元八六五年的圍城戰中所受到的破壞。他住在哈里發朝廷，並且戲劇性地擴大東岸的宮殿建築群，創造新的花園，並修建有廣大野生動物園的天堂堡（Qasr al Firdus）；七星宮堡（Qasr al Thuraya）下面有一條兩英里長的地下通道可以抵達哈珊尼宮（Hasani Palace），使得宮廷女眷可以低調地來去自如；最後還有王冠堡（Qasr al Taj），這是後來的主要官方宅邸，也是阿巴斯朝哈里發的獸檻。

在瑪蒙鼓舞人心的全盛期過後，權力平靜地從阿巴斯哈里發的手中流失。從薩瑪拉搬回巴格達的決定並不能阻止住衰微，他們從崇高無上的世界君主變成空有金錢的傀儡統治者，生活在實質的軟禁中。然而，巴格達仍在一段時間裡維持著傑出地位。拜占庭女皇佐伊（Zoe）派遣貴族外交官約翰·拉迪諾斯（John Radinos）和麥可·托哈拉斯（Michael Toxaras），曾於西元九一七年到巴格達與哈里發穆克塔迪爾（Al Muktadir，九〇八—九三二在位）協商和平條款。他們被有意展現出來的戰力和氣勢所震懾：通往哈里發宮殿道路兩旁有十六萬名騎兵和步兵，獲邀造訪二十三座宮殿；七千名宦官；四千名黑人侍從；最好的紡織品，包括單一座宮殿裡的三萬八千條窗簾和兩萬兩千塊地毯；騎在大象背上耍火把的人；一百隻戴著嘴套的獅子，每隻都有專人照料；一棵用純金銀打造重達一．五公噸的樹，上面有機械驅動會唱歌的鳥，鳥身上點綴著同樣的貴重金屬。

到目前為止，一切都如此輝煌。然而，在西元九世紀的最後十年裡，面對埃及突倫朝（Tulunids）、中亞薩曼朝（Samanid Dynasty）不斷地強大，以及在波斯的叛亂政權，巴格達哈里發控制下的領土已經縮小到伊拉克、波斯西部、阿拉伯半島及其周邊部分地區。巴格達對伊斯蘭帝國的掌控和來之不易的文化主導權，在十世紀期間不斷被侵蝕。在西元九〇九年，對立的什葉派法蒂瑪哈里發政權者在突尼西亞宣立，其他的東方城市則下決心要在歷史上留下自己的印記，發展出崇高的朝廷，其中擠滿了明星人物。在伊斯蘭世界可以羅列出一長串的卓越城市：撒馬爾干德、巴勒赫、希瓦、塔不里茲、伊斯法罕、戌拉茲、摩蘇勒、阿勒坡、開羅、嘎茲尼。

西元九世紀的巴格達就像是一顆流星閃耀蒼穹，以許多改變世界的大現照亮了大地。馬蘇悟迪在九世紀後半葉時說它的光芒正逐漸熄滅，當時的哈里發是保守主義者穆塔瓦基勒，他為不受控制的智識文化發展畫下休止符，因為大量的智識活動都仰賴哈里發資助。馬蘇悟迪寫說：「穆塔瓦基勒廢止了思想自由、哲學論證和那些已存在於穆阿塔西姆、瓦錫格（Wathik）與瑪蒙時期的思想活動，他重新樹立正統和順服於傳統宗教價值。」即使如此明顯的虔信並未阻止他擴充一個有四千位女子的後宮，據說他和她們所有人共度春宵。[39]

當安達魯斯地理學家詩人伊本・朱貝爾在一一八四年抵達巴格達時，他對這座曾是伊斯蘭偉大都會感到極度失望。他這麼說：「我將她和之前的地位相比，在不幸和悲劇降臨她之前，現在的她像是一座被抹去的廢墟，留下被掃除的痕跡或是一座幽靈的雕塑。」[40]但這樣的不幸和旭烈兀在一二五八年的毀滅性入侵相比是微不足道的。旭烈兀之後，帖木兒又在一四〇一年洗劫她，一同熄滅了巴格達之世界地位最後的一絲期待。

我的一個巴格達朋友，退休外交官瑪納夫（Manaf）表示：「這就是阿巴斯時代中期和晚期，哈里發和他的家眷在被埋葬的地方。二〇〇五年，一場暴烈的叛亂延燒伊拉克全境，順尼和什葉穆斯林的武力都在逼近城市，我們勇敢地待在位於巴格達東北部的順尼中心區域阿札米亞（Adhamiya）塞車的公路上，前往探訪歷史古蹟。不同於位在底格里斯河對面的什葉派卡濟梅因亞（Kadhimain）聖地，阿布・哈尼法清真寺（Abu Hanifa Mosque）的建築十分簡單樸素，它的牆壁後面有著紅漆噴字（「耐心，再耐心，巴格達，入侵者的軍隊終究會被掃除」）。這裡是伊瑪目（Imam）阿布・哈尼法（Abu Hanifa）的陵墓，他是順尼四大法學派之一的哈尼法法學派創立者，該法學派的追隨者遍布伊斯蘭世界各地，是四大法學派中最大的。瑪納夫說：「你應該在先知生日紀念節慶時來這裡看看。

這裡是伊斯蘭世界順尼穆斯林關注的焦點，先知生日的慶祝是阿札米亞最重要的活動之一。」哈倫·拉施德的母親黑珠蘭就埋葬在離這裡不遠的地方，那裡被稱為黑珠蘭墓園。在這些街道中還有阿巴斯朝末代哈里發穆斯塔西姆（Al Mustasim）的兒媳溫姆·拉比亞（Um Rabia）的墳墓，她在一二五八年死於入侵蒙古人的屠刀下。

我一度有了走訪這些偉大的阿巴斯朝哈里發陵墓的念頭，但是瑪納夫馬上打消我的念頭，他平靜地說：「在洪水與巴格達的許多黑暗時期破壞中，這些陵墓早就已經不見了。」

對於曼蘇爾的伊斯蘭帝國一度輝煌無比的首都來說，有各種困難擺在眼前。雖然巴格達命運在進入十世紀時已經明顯衰微，但是在穆斯林世界最西邊的角落，在歷史的反諷中，一座伊斯蘭城市即將留下歷史印記。在大馬士革被完全摧毀的伍麥亞家族從灰燼中興起，西元九二九年在安達魯斯宣布哈里發國家的建立，它的首都是哥多華。

【第四章】

哥多華
——世界之點綴——
Cordoba–Ornament of the World
（西元十世紀）

自安達魯斯島（the island of Andalus）被征服以來，都城哥多華即是最高遠頂峰、標準典範、城市之源、美好高尚之境、智慧母國（智慧開始與遠播之地）；它是世界中心、科學泉源、伊斯蘭清真寺、伊瑪目所在；它是睿智理性之鄉、思想果園；它是時代標竿、詩歌散文的支持者。純淨寫作與精緻編撰著作皆出於此。這一切理由是因為相較於其他城市，這裡前前後後的卓越者都是各種知識與美好事物的探索追求者。這個國家中的人民大多數是來自東方高貴的阿拉伯征服者，是定居在敘利亞和伊拉克的軍事將領，所以他們的後代依然是每一區域的貴族。幾乎每一城市都有優秀作家、扣人心弦的詩人，讚美它是最佳城市。[1]

——無名氏，《閃耀寶藏》（*Al Dhakhira al Saniyya*）

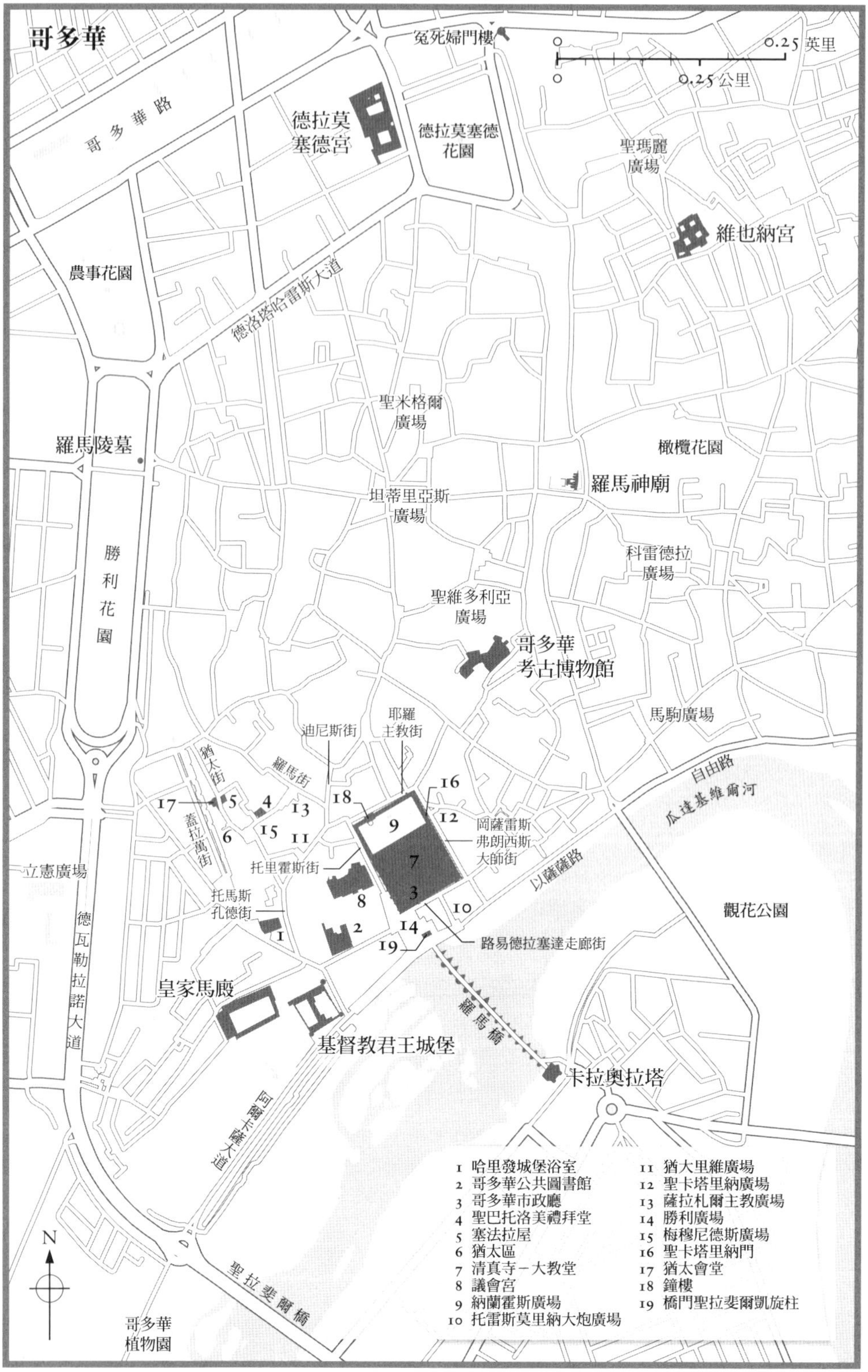
哥多華
冤死婦門樓
0 0.25 英里
0 0.25 公里
哥多華路
德拉莫塞德宮
德拉莫塞德花園
聖瑪麗廣場
維也納宮
農事花園
德洛塔哈雷斯大道
聖米格爾廣場
羅馬陵墓
橄欖花園
羅馬神廟
坦蒂里亞斯廣場
勝利花園
科雷德拉廣場
聖維多利亞廣場
哥多華考古博物館
馬駒廣場
迪尼斯街
耶羅主教街
猶太街
羅馬街
自由路
瓜達基維爾河
蓋拉萬街
岡薩雷斯
弗朗西斯
大師街
托里霍斯街
以薩薩路
立憲廣場
托馬斯
孔德街
路易德拉塞達走廊街
觀花公園
德瓦勒拉諾大道
皇家馬廄
羅馬橋
基督教君王城堡
卡拉奧拉塔
阿爾卡薩大道
聖拉斐爾橋
哥多華植物園
N
1 哈里發城堡浴室
2 哥多華公共圖書館
3 哥多華市政廳
4 聖巴托洛美禮拜堂
5 塞法拉屋
6 猶太區
7 清真寺－大教堂
8 議會宮
9 納蘭霍斯廣場
10 托雷斯莫里納大炮廣場
11 猶大里維廣場
12 聖卡塔里納廣場
13 薩拉札爾主教廣場
14 勝利廣場
15 梅穆尼德斯廣場
16 聖卡塔里納門
17 猶太會堂
18 鐘樓
19 橋門聖拉斐爾凱旋柱

‘No hay Moros en la costa!’

曼努埃勒・龔札雷茲・穆亞納（Manuel González Muñana）神父笑著解釋：「海岸邊沒有摩爾人！」這是一句古老西班牙諺語，相當於英文的「the coast is clear」（海岸線上無阻礙），在這種情況下誰是敵人十分明顯。曼努埃勒神父是作家、神學教授、無染原罪與聖大亞伯特（Immaculate Conception and St Albert the Great）教區教士，曾參與當地穆斯林發起要求在西元八世紀建造的哥多華清真寺教堂中禮拜運動（Mezquita-Catedral of Cordoba）。這位神父是一個身材瘦小，戴著眼鏡，穿著黑夾克和白圓領的謙虛男子，堅毅支持著他溫和的外表。他站在光輝燦爛橘庭入口拱門後的一根柱子旁，一幅在陽光照射下棕櫚樹、絲柏樹、柑橘樹和灌溉渠道的景色，其後方是由宣禮塔改成高聳入雲的粗壯鐘樓。在這裡，他的自信表達是天主教擁有權與總主教職的強調。曼努埃勒神父確信，不僅不該有穆斯林，更絕不容許讓他們在這座由清真寺改成的著名教堂裡做禮拜，他斬釘截鐵地說：「它是基督宗教徒禮拜堂的地方。」

在城鎮另一端的一家咖啡館裡，哥多華當地的伊瑪目阿布杜阿齊茲（Abdulaziz）點了一杯卡布奇諾，在和我討論同一個話題時露出疲憊的微笑，他一邊聳肩，一邊說：「當你到教堂時，『你會撞上磚牆』（Con la iglesia hemos topado）。」這是另外一句非常有名的話，「收復運動」（Reconquista）絕不容有任何異議。

哥多華中心小巷縱橫，蜿蜒曲折的猶太區（Juderia Quarter）在一九八四年成為聯合國教科文組織世界遺產地（World Heritage Site），在距離一座十二世紀猶太哲學家與醫生梅穆尼德斯（Maimonides）雕像的不遠處，有一間小型博物館和圖書館，設立在一座十四世紀房屋內的Casa de Sefarad是為了保存伊比利半島的沙法爾迪（Sephardic）猶太人傳統的記憶。而這也顯示哥多華各宗教之間的關係、反猶太主義（anti-Semitism）和狀態——這間博物館曾遭到仇恨言論塗鴉，這是對所謂安達魯斯族群共存（Convivencia）的反諷。博物館主任甚至不願意談到他是否為猶太人，他說：「有些事情我從不跟陌生人討論。」[2]

古老城市的哥多華城跨越穿瓜達勒基維爾（Guadalquivir）山谷窪地，是與它同名的黃水河流之源頭。不同於巴格達，哥多華的歷史可以追溯到超過兩千年前的迦太基（Carthaginian）時代。❶在西元前三世紀初被羅馬征服，成為西班牙貝提卡省（Baetica）的都城，是羅馬帝國在伊比利半島最南省分，這是港口城市，西班牙小麥、紅酒和橄欖油從這裡運往羅馬。西元五七一年，西哥德國王李歐維基勒德（Leovigild）從拜占庭帝國奪取它，並在此建立一個主教區，提升其聲望和重要性。長久以來，這裡都是一個農業中心，它得天獨厚地坐落在北邊的西耶拉．莫雷納（Sierra Morena）山脈牧區和南邊的肥沃耕地之間。就在短短幾年後，西元七一一年就被穆斯林軍隊占據，穆斯林征服者將Al Qurtuba（哥多華）定為安達魯斯首府。

西元七五〇年在大馬士革被阿巴斯人屠殺的伍麥亞家族唯一倖存者，大難不死的阿布杜．拉赫曼（哈里發希夏姆的孫子）逃過血洗，躲過阿巴斯刺客，展開危險重重的西向逃亡之旅。他從伊拉克逃到巴勒斯坦，然後是西奈（Sinai）和埃及，繼續穿越北非，到了今天的摩洛哥。經過混亂的五年逃亡，總在甩開間諜、密探和可能的刺客，他於西元七五五年踏上伊比利半島，並很快地在西元七五六年建立一個新朝代與穆斯林新興國家——哥多華大公國。這個朝代將持續三個世紀。在西元八世紀中，西班牙北部的天主教侯國往南擴張，因此在十世紀，穆斯林哥多華視半島上的雷昂（León）、卡斯提勒（Castile）、納瓦雷、阿拉岡（Aragon）和巴塞隆納（Barcelona）等地區為異教徒敵人。

在西元八世紀的征服之後，當沒有什麼時間享受精緻文明時，伍麥亞人的生活在西元九世紀時發展得更愉悅。哥多華不但從巴格達進口最高級的錦緞和地毯，還效法巴格達的精緻。阿布杜・拉赫曼二世（Abd al Rahman II，八二二—八五二在位）建造了大規模裝飾的宮殿和清真寺，並將誇耀的服飾引入奢侈的宮廷儀式。在酷烈的中東生活過後，較溫和的安達魯斯氣候使得沙漠粗獷騎士的後代變得柔和，他們以伊斯蘭的大旗向西發展，因此「很快變得感性嬌慣、好酒與舞女，以及所有那些在羅馬帝國時期讓卡迪茲（Cades）城女人聞名的樂趣」。[3]

阿布杜・拉赫曼三世在九一二年繼承公國政權，當時才二十一歲。儘管他的名字是標準的阿拉伯人名，但他的血統並非如此，而是複雜得多，他的父親穆罕默德是阿布杜拉統領（Amir）與天主教徒公主伊妮嘉（Iñiga）所生，外祖父是納瓦雷的國王，曾於八六〇年代被送到哥多華當人質；他的母親則是一個名為姆茲納（Muzna）的基督宗教徒婢女，這使得她的兒子有四分之三的西班牙—巴斯克（Basque）血統和四分之一的阿拉伯血統。他有淺色頭髮與藍色眼睛，和哥多華的許多伍麥亞人有著同樣的身體特徵，很難讓人將他與傳統上的穆斯林領袖連結，這是他試圖要彌補的外表問題，於是他將頭髮染成黑色，看起來更像阿拉伯人。[4]

了解伍麥亞人的混血是吸引人的，通常是由一個穆斯林阿拉伯人父親和基督宗教徒母親結合，伍

❶ 瓜達勒基維爾一詞來自阿拉伯語的Wadi al Kabir，意為大河谷。

麥亞朝統治西班牙三個世紀，通婚混血狀況是他們顯著世界主義的基因基礎。從第一個把伊斯蘭帶到伊比利半島的西元八世紀征服者穆薩·伊本·努賽伊爾（Musa ibn Nusayr）的兒子阿布杜·阿濟茲（Abd al Aziz）的時代開始，基督宗教徒女性俘虜和奴隸就被大量帶進伍麥亞朝後宮。經過幾個世紀和柏柏人、伊比利和西哥德女人的生育，王室血脈中阿拉伯血統相當淡，許多人有淺色或黃頭髮和藍眼睛。自孩童時起，這些未來的統治者就聽過基督宗教儀式、故事及來自卡斯提勒、雷昂、加泰隆尼亞和法蘭西歌謠，他們生活在那些載有其父母固有遺產之各種象徵符號的建築物中。[5]

雖然哥多華在陸續繼任有著淺色頭髮的伍麥亞王公統治下興起繁榮，但是這座城市到了十世紀才進入輝煌黃金時代，套用日耳曼修女霍洛茨維莎（Hrotsvitha of Gandersheim，約九三〇—一〇〇二）之言，哥多華成為世界之點綴（decus orbis）。[6]若相信是有一個人帶來這個由和平、繁榮、穩定政治和文化開花結果作為基礎的前所未有的黃金時代，那就是阿布杜·拉赫曼三世，他在其時代中是一位出類拔萃的人物。在西元九一二年至九六一年之間的長期間統治，證明自己既不是胸懷壯闊的將軍，也不是富有魅力的宗教領袖，而是精明頑強的政治家，他穩定地擴大哥多華的掌控範圍，從政令難以傳到遠過哥多華城郊，變成安達魯斯無可爭議的執政者，是穆斯林社群領導者，也是基督宗教徒多年來的心頭大患。他在權力的爭取和累積下奠定基礎，把組織混亂、難以管控，「依賴年度遠征掠奪維持的戰鬥團體」，轉化成有組織的軍隊。[7]

面對著半島上擠滿長期各自為政的公國、地方軍閥和未來國王，阿布杜·拉赫曼三世堅決要強制其權威，發動一連串果斷的戰爭攻打對手，無論他們是擁有像塞維耶（Seville）、巴達霍茲（Badajoz）、托雷多（Toledo）的大城市，或只是位於半山腰上的孤零零城堡。他實行典型的蘿蔔與棍子的政策，也就是包圍封鎖反抗者，有時施以經濟處罰——破壞果樹與農地；而那些屈服者如塞維耶統治者穆罕默德・伊本・易卜拉欣・伊本・哈加吉（Mohammed ibn Ibrahim ibn al Hajjaj），或是阿布杜・拉赫曼三世的死敵，波巴斯特羅（Bobastro）領主哈夫斯・伊本・哈夫森（Hafs ibn Hafsun），都將被賞賜大臣或高階軍官職位，在哥多華享領高薪。慷慨被用作武器瓦解對抗，以最高級布料織成的華麗長袍會當作最受喜愛的禮品，贈與那些屈膝解械者。

阿布杜・拉赫曼三世也親赴前線。在西元九一七年、九二〇年、九二四年、九三四年和九三九年，親自帶領聖戰（jihad），攻打北方異教徒。在策略溝通（strategic communication）這個術語出現之前，阿布杜・拉赫曼三世就已經是策略溝通專家，他是第一個伍麥亞統治者僱用官方歷史學家阿赫梅德・伊本・穆罕默德・拉吉（Ahmed ibn Mohammed al Razi，九五五年卒），將其勝利消息在主麻聚禮時在清真寺宣告，可惜的是拉吉的著作原稿並未流傳下來。盡職的詩人與作家將誇示其文韜武略和虔誠信仰的贊辭、文章傳播各處，他們將這位統領形容成勇猛、公正及高貴的戰士，是極盡其能的宗教復興者、正統捍衛者，以泣血寶劍打擊異端，各種尊崇之詞不勝枚舉。更明顯的征服證據是其敵人的頭顱被帶回哥多華，掛在城堡門上展示或是在市場遊街示眾；那些沒被處死的俘虜也會被帶回哥多華，在王宮和瓜達勒基維爾河之間的廣場進行煽動群眾的斬首行刑。

據聞西元九二五年時，一位名叫阿布・納斯爾（Abu Nasr）的基督宗教徒弓箭手（他參與歐瑪爾・伊本・哈夫孫〔Omar ibn Hafsun〕的叛亂），被活活釘在十字架上，由其他的弓箭手以火球射他，屍體最後被這苦刑燒成灰燼。一位西元九三九年慘烈罕達克戰役（Battle of Al Khandaq）的叛徒福爾屯・伊本・穆罕默德（Furtun ibn Mohammed）被割下舌頭後，釘死在十字架。就在十一世紀保險的寫作視野，博學的安達魯斯作家伊本・哈札姆（Ibn Hazm，是一位多產作家，著作主題從伊斯蘭法學到愛的藝術）評斷阿布杜・拉赫曼三世是一個殘酷領導者，毫不在乎濺血，連自己的兒子都被他處決。根據一段故事指出，阿布杜・拉赫曼三世曾經將一些倒楣的混血年輕人捆綁在一座王宮的水車上，直到死亡。劊子手阿布・伊姆蘭・亞赫雅（Abu Imran Yahya）是他手下最忙碌的官員之一，他的劍和皮墊總在身邊，隨時等他的統治者下令。[8]

在西元九二九年一月十六日週五，阿布杜・拉赫曼三世有了行動。這是一個極大膽的決定，他突然一舉拋棄統領頭銜和對阿巴斯朝巴格達遙遠權威名義上的服從，自立為哈里發，別名（laqab，通常用來表達一個人的宗教、政治、學術之涵養）為伊斯蘭捍衛者（Al Nasir li Din Allah）。十四世紀的歷史學家伊本・哈提卜（Ibn al Khatib）和伊本・伊札里（Ibn Idhari）記載，在他傳送給各地執政官的信中宣告此消息，並指示他們如何稱呼他：

> 我是最值得落實自己的權利者、最具資格完成天命者，披上真主所賦予的高貴者，以及真主所顯示的喜好和賜予的聲望與祂為我提升的權力，因為祂已經使事務容易讓我們的國家能達成；祂已經使我的名號與權力的偉大聞名天下……我已決定以眾獨一神信士之統領之名被稱呼，之後你我之間的通訊皆應以頭銜稱呼……因此命令你所在之處的講道士（khatib）在講道（khutba）❷中使用此頭銜，若真主願意！[9]

隨後阿布杜・拉赫曼三世用新的哈里發頭銜鑄造金幣，上面刻著Al Imam al Nasir li Din Allah Abd al Rahman Amir al Muminin（阿布杜·拉赫曼，伊斯蘭捍衛者，眾獨一神信士之統領）。在地中海對面的北非海岸區，崛起中的法蒂瑪朝已在西元九〇九年建立競爭對手的什葉派哈里發政權，對伊比利半島上狂妄自大的新手不以為然。「他們的祖先血統追溯到誰那裡？」有人在一封輕蔑的信中問道：「是追溯到狗、人猿，還是豬那裡呢？連這些動物都比他們追溯到的祖先更好。」[10]有史以來第一次，穆斯林世界裡有三個相互競爭的哈里發政權：兩個是順尼派、一個是什葉派。

西元九三九年，在哥多華宣布哈里發頭銜的十年後，阿布杜·拉赫曼三世首次嘗到失敗的滋味。他在罕達克戰役中帶領軍隊，差點被雷昂國王拉米羅二世（Ramiro II）俘虜殺死。他的營帳被洗劫一空，哈里發軍旗、他的盔甲和個人用的《古蘭經》被敵人所奪，這幾乎是一次奇蹟般的脫逃。在經過這樣的震撼後，阿布杜·拉赫曼三世不再親自領軍作戰，無論是攻打或對抗異教徒。

對哥多華及其居民來說，這顯然是一個極為有利的決定。沒有直接軍事角色，哥多華第一位哈里發為其所建立的政權恰如其分地提供輝煌建築的基礎，就像一首獻給伊斯蘭中最新哈里發的詩所表達的：

想要後裔談論其高貴目標理想的君王們，
以建築物代言。
看那金字塔如何依然聳立，

❷ Khutba是指週五聚禮時的講道。

而數不清的君王在時光流動中消逝。[11]

所有建築中，沒有任何一座比閃耀之城（Medinat al Zahra）更能見證其輝煌，位於哥多華西方四英里處的宮殿群，據說是以阿布杜·拉赫曼三世的一位寵妃名字所命名，據說她是從後宮六千三百名女子裡所挑中的，這些女子被僱用負責宮廷生活事務與滿足哈里發的性慾。坐落在西耶拉·莫雷納山麓丘陵，此宮殿複合區東西相距一英里，南北距離半英里，宮殿蓋在三塊斜坡階地會合的平原上，每一斜坡階地上圍有塔樓的城牆。建造工程於西元九三六年前後開始，並在阿布杜·拉赫曼三世在位期間和繼任哈里發的兒子哈卡姆二世（Hakam II，九六一－九七六在位）任內持續進行。阿布杜·拉赫曼三世個人對這項工程相當著迷，以至於連續好幾週缺席大清真寺的主麻聚禮，而遭到哥多華的一名法官公開指責。

閃耀之城的一切都是以最恢弘的規模建造，就其面積（兩百八十英畝）、人力（一萬至一萬兩千名工人）、工期（四十年），以及最後花費（工程期間所有政府收入的三分之一）皆然。對經常誇大其辭的十七世紀歷史學家馬嘎里（Al Maqqari）來說，閃耀之城是人類有史以來最絢麗奪目的建築工程，他在西班牙穆斯林史著作《安達魯斯綠色枝葉的芳香》（*Nafh al Tib min Ghusn al Andalus al Ratib*）中用大量誇耀之詞加以讚頌。[12] 伊本·海揚（Ibn Hayyan）是十一世紀時的哥多華歷史學家，他聲稱在阿布杜·拉赫曼三世時期的第一工程，每天使用大約六千塊石頭。粉色和綠色的大理石來自迦太基（Carthage）、突尼斯（Tunis）及斯法克斯（Sfax），還有從羅馬、法蘭克王國地區塔拉格納（Tarragona）和阿勒梅里亞（Almeria）的白色大理石（材料運輸大工程的一部分），以每天一萬五千頭驢和五千頭駱駝運到山上。據說每三天就有一千一百份陶土與石膏被用掉。那裡至少有四千根柱子，一百四十根是拜占庭皇帝贈送的。有關閃耀之城修建的史料雖然並非信史，但值得注意的是，宮庭僕人說建築工程的年花費是三百萬金幣。在一個對大預算相當無知的時代，現代的財務大臣可能對其簡約預算一笑置之，阿布杜·拉赫曼三世用歲入資源的三分之一作為軍隊薪餉、三分之一當作王室開銷，另外的三分之一則用於他的宏偉宮殿和其他較不重要的新建築物。

被視為適合王室之處，上層階地保留給哈里發宮殿和一系列美觀碉堡；中層階地是綠蔭花園，其中遍布開著白花的無花果樹與扁桃樹，以及比賽場；下層階地上則包括奴隸、僕人生活場域，以及一座有會客廳可俯瞰瓜達勒基維爾河的清真寺。這是一座圍牆環繞的王城，裡面有豪宅、客棧、學校、軍營、澡堂、工坊、伙房、動物園、鳥舍，以及放養各種魚的池塘。男僕的人數是一萬三千七百五十人，外加三千七百五十名奴隸和閹人。廁所有沖水設置，這是一個領先當時歐洲幾百年的創新。歸功於作品享譽地中海地區的拜占庭雕刻師和馬賽克技術師，鮮明的葉蔓花草紋飾在幾何圖形設計之間迴轉，充滿自信的閃耀之城是人間天堂。

對伊本·海揚來說，此建築群最不尋常的是兩座噴泉：較大的來自拜占庭，雕刻著漂亮鍍金的人物銅像；較小的則是來自敘利亞或拜占庭的綠色大理石。小噴泉四周圍繞著十二組紅金雕塑，上面嵌有珍珠和寶石，表現出哥多華工坊的時尚造型，有獅子、雄鹿、鱷魚、老鷹、龍、鴿子、獵鷹、鴨、母雞、小公雞、鳶及禿鷹，水從每個雕像的口中噴出。[13]

更著名的奇觀是哈里發沙龍（Salon of the Caliphs），這裡刻意以金碧輝煌、半透明大理石牆面與彩色繽紛天花板呈現。有些資料提到一顆拜占庭皇帝利奧六世（Leo VI）贈送的大珍珠，掛在一個充滿水銀水池的上空。八扇門上面以黃金和烏木裝飾，排列在大廳兩側，間隔著彩色大理石與清澈水晶的柱子。據說這間房屋裡懸掛著金銀裝飾。對質地的選擇經過算計，以突顯哈里發的權力與威嚴。當太陽照進房間時，牆壁和天花板會反射出眩目的光芒。

當哈里發想要威震訪客時，會示意奴僕攪動水銀池；整個大廳立即充滿跳躍的光影，聚集在大廳的人則會感覺自己隨著晃動的水銀搖晃，整個房間就像圍繞著一個軸心，跟隨太陽運轉。[14]

偉大旅行家兼地理學家伊本·昊嘎勒（Ibn Hawqal）曾在十世紀時造訪哥多華，他描述阿布杜·拉赫曼三世如何提供工程發展必要的基礎設施，並成功地鼓勵人民來此定居：

他邀請人民去那裡生活，並下令在西班牙各地發布公告：「任何一個想蓋房子的人，只要選擇一靠近君主所在地點，都將收到四百銀幣。」於是人民如潮水般湧入建蓋住宅；建築物一座座並列著，建築物與城市的受歡迎度形成哥多華和閃耀之城之間的連線。[15]

閃耀之城建築物多半是哥多華哈里發政權的一個非宗教性標記，說明帝國力量和文化精緻度；與之對應的精神標記是大清真寺，它具有地標性、無與倫比的美感及創新的設計，強而有力地宣示伍麥亞人的伊斯蘭正統性和領導權。大馬士革的記憶一直存在安達魯斯，而哥多華清真寺的歷史則明顯對應著敘利亞伍麥亞清真寺的歷史。

最初是一座向聖文森（St Vincent）致敬的西元八世紀西哥德教堂，西元七一一年穆斯林征服後，這裡原本是阿拉伯化基督宗教徒（Mozarab）和穆斯林共用的禮拜場域。❸就像在大馬士革，共同禮拜時期是穆斯林完全接手的序曲。西元七八五年，阿布杜·拉赫曼一世（Abd al Rahman I）買下基督宗教徒使用的部分，一年內興建一座清真寺於其上。從那時起，每一位哥多華統領與哈里發都為這座清真寺改建和擴大，因此這座西元八世紀時阿布杜·拉赫曼一世簡單的長方形建築不斷擴大，變成十一世紀初時曼蘇爾的龐大奢華宏偉建築，當時哥多華清真寺已經成為世界上最宏偉的清真寺之一。阿布杜·拉赫曼三世個人持續的貢獻是那座高聳宣禮塔，這座令人嘆為觀止的多層高塔成為哥多華天際線的焦點，如今則是一座典型壯觀的教堂鐘樓，頂端的拱頂裡掛著叮噹作響的鐘，從遠處就能看到和聽到。

今天這座大清真寺以哥多華聖伊格雷西亞大教堂（Santa Iglesia Cathedral de Cordoba）著稱，或低調地稱為清真寺—大教堂（Mezquita-Catedral），它是「世界公認中世紀最非凡的地標建築物之一」。[16]它的拱頂多柱禮拜大廳是由八百五十六根彩色大理石、碧玉（jasper）、縞瑪瑙（onyx）及石墨的石柱構成，頂部覆蓋著複雜裝飾的羅馬、哥德和摩爾式柱頭，柱頭下的雙拱之間有紅白相間的石頭和磚塊打造的拱石，襯托出充滿氣氛的空間，長久以來被比作另一個具聳立棕櫚園的建築隱喻，那是伍麥亞朝興起的摯愛故土大馬士革。另一個毫無疑問的伍麥亞連結（也是反伍麥亞族的暴力罪行）則是，第三任正統哈里發歐斯曼的古蘭經抄本在西元九六五年被安置在大清真寺中。從地理學家伊德

---

❸ Mozarabs是指在伊比利半島穆斯林統治下，生活試圖阿拉伯化的基督宗教徒。

里斯的記載得知，此抄本書頁沾有西元六五六年刺殺現場的血漬，一項具象徵性意涵的活動是男僕把那些書頁取下，每天舉行儀式時由伊瑪目誦讀經文。[17]

當今這棟建築物中最引人注目之一的是，華麗得令人讚嘆的壁龕（清真寺中指示禮拜方向的凹壁），這是哈卡姆二世所引進，外圍框有金色庫法體的《古蘭經》經文，映襯著藍底和花草紋飾的馬賽克。上面經文提醒穆斯林真主阿拉的全知全能，和穆斯林對真主完全信服的責任。哈卡姆二世將這座清真寺的面積擴大三分之一，然而他最反常的是創造出一個王室專屬圍場，一個神聖空間內部的神聖空間，在拱門與鑲滿金色馬賽克穹頂嘆為觀止的交織下，充滿了陽光。即使其建築精緻，但在政治上並不受歡迎，高昂支出和鮮明顯示的距離感，突顯統治者與子民之間的公然隔離，違反伊斯蘭內所有人在真主面前都是平等的教義。在很多人的眼中，伍麥亞人想要證明的伊斯蘭社群財富和力量已經偏離傳統，到了驕傲自戀與放縱的地步。[18]

這座安達魯斯特色鮮明的建築物，大清真寺也是西班牙歷史上的典型——多重意義的展現，相繼出現的各朝代和信仰都以它印記了最高威權。從卡斯提勒的斐爾迪南德三世（Ferdinand III）在一二三六年收復哥多華開始，這座已有五百年歷史建築的穆斯林禮拜場域再次成為教堂。基督宗教徒在之後幾個世紀不斷加以改造，但是意義最重大的建築改造發生在一五二三年，神聖羅馬皇帝查理五世（Charles V）授權在清真寺內部建造一個文藝復興式的教堂正廳，這是一個眾所皆知的後悔決定。當他造訪檢視完工的建築時感到驚駭，大吼道：「如果早知道你所要做的，我絕對不會允許，你毀掉世界上傑出之物，建了任何城市中都能看到的建築物。」[19]旁遮普（Punjabi）學者兼政治家穆罕梅德．伊葛巴勒（Mohammed Iqbal）在一九三五年發表的詩歌《哥多華的清真寺》（*The Mosque of*

Cordoba）中，表達了安達魯斯被收復所引發的刻骨懷舊情懷，從那時起，阿拉伯人與穆斯林作家持續哀嘆安達魯斯的失去。

> 藝術愛好者的聖殿！明見之信仰力量！
> 安達魯斯之地就如麥加曾經的聖潔。
> 若穹蒼有如妳之美麗，
> 那也只在穆斯林心中，別無他處……
> 即使今天，在其微風中葉門來的芳香依然飄盪著，
> 即使今天，在漢志歌曲中其回響依在。[20]

即使在二十一世紀，如此失去感仍然在哥多華發酵，能攪動的並非只是文字資料上的悔意。近年來，西班牙穆斯林正在遊說在這座教堂進行清真寺禮拜的許可，這個要求已經被西班牙教會和梵蒂岡教廷鄭重拒絕了。二〇一〇年，有兩名穆斯林遊客因為和警察發生肢體衝突而遭到逮捕，當時警察試圖執行穆斯林不可以在此建築物內禮拜的命令。最近，西班牙教會發現其立場和哥多華的世俗當局有所不同，後者拒絕教會對此建築物獨有權的訴求，並在報告中表示，這座建築的真正擁有者是「這世界上任何時代，不分種族、國籍與文化的人」。[21] 依其所言，如此狀況將會延續下去。

誠如建造這些建築物的哥多華伍麥亞哈里發們，閃耀之城和大清真寺都是複合式創造，和諧地融

合羅馬、西哥德基督宗教徒，以及敘利亞與伊比利地區穆斯林建築特色。它們幫助哥多華從一個「政治、經濟和文化重要性的邊緣城市，轉化成可以與當時的巴格達、開羅宏偉程度競爭的城市」。[22]

宏偉的典範建築反映了安達魯斯自然之美，與阿布杜．拉赫曼三世統治下的經濟繁榮。為了找到半傳說中亞洲遙遠地區的猶太王國具體位置，哈里發信賴的大臣，也是哥多華的猶太社群領導者，哈斯達伊．伊本．夏普魯特（Hasdai ibn Shaprut）在寫給遙遠的哈札爾（Khazars）國王信中，讚揚安達魯斯的諸多優點：

> 這是一片肥沃土地，到處都是河流、泉水和石頭砌堆水井……這裡是出產穀物、葡萄酒和最純淨油的地方，這裡有各種植物，是有各種甜食的天堂。花園和果園裡種著各種果樹，還有養蠶植物……我們的土地有自己的金銀礦，在山區，我們開採銅、鐵、錫、鉛、化妝墨（kohl），以及大理石和水晶……統治這裡的國王收集銀、金和其他各種寶物，還有一支未被擊敗過的軍隊……當其他國王聽到我們國王的力量和榮耀時，他們帶來禮物……我收到這些貢禮後，也回贈給他們。[23]

在估算十世紀時哥多華的人口時，獲得的數目從九萬到令人難以置信的一百萬不等。最近的研究傾向於較低的數目，亦即十萬人左右，但這仍是當時歐洲最大城市，人口等同君士坦丁堡，即使必須小心中世紀資料過於強調的性質。我們得到的大部分知識來自馬嘎里在十七世紀時的彙編著作，它被一位現代作家描述為「兩代的懷舊」。[24]如果考量城市的實際規模，其不確定性更大。十三世紀的安達魯斯學者夏昆迪（Al Shakundi）估計它的長度為十英里，包括橫跨兩英里的閃耀之城，城市中心被圍牆圈住，圍牆的周長大約為七．五英里。另一則中世紀的記載則認為，它的面積是二十四英里乘以六英里，瓜達勒基維爾河沿岸的整個區域裡布滿宮殿、清真寺、花園和房屋。回憶在西元九四八年時造訪，伊本．昊嘎勒建議繞著城牆愉快步行，他說：「你一個小時就可以走完。」這表示城牆的周長應該小於七．五英里。[25]

不論確切規模和人口為何，哥多華實屬歐洲城市中的佼佼者，遙遙領先其他那些相對泥濘汙穢、相形見絀的城市。伊本．昊嘎勒就其區域情境留下讚揚且嚴肅的描述，肯定了這座城市的偉大：

> 在整個西伊斯蘭世界，甚至在上美索不達米亞、敘利亞或埃及，都沒有能比得上它的，因為它的人口數、規模、帶有市集的廣闊地區、清潔、清真寺的建築或澡堂及商旅客棧的數量都最多。來自這個城市幾位曾造訪巴格達的旅行者說，哥多華的面積是巴格達城內一個區的大小……哥多華的面積也許不到巴格達一半，但相差不會很大。這是一座有石牆的城市，有漂亮城區和寬闊廣場。[26]

現代學者大多認同伊本．昊嘎勒對這座城市優越性的評論。就修．甘迺迪的認知，鼎盛時期的哥多華「在西歐沒有可與之對比的城市」，任何具有實質意義的比較都不得不把哥多華和巴格達或君士坦丁堡對比。[27]

城的南側被瓜達勒基維爾河圍繞著，這座以牆環繞的城市有七座門，羅馬時代的早期哥多華城區主要是行政機構所在處，包含清真寺、宏偉的阿勒卡札爾宮（Alcazar Palace）、法院、鑄幣廠、軍營、監獄和高階官員的宅邸。河的北岸是繁榮的郊區，傘狀的青翠景觀包含市集花園、富人的美倫鄉村別墅（munya），散布在哥多華山南麓的緩坡上，這裡也有貨源充足的市場、工業區、延展的花園、澡堂和墓園。對大多數哥多華人來說，城市生活集中在北岸。穿過保存至今的十六座羅馬拱橋到南岸，這裡人口十分稀少，大量的墓園和痲瘋病村，以及河濱宅第留下悲情的暗示。這些別墅中最顯眼的是納斯爾別墅（Munyat Nasr），是著名西元九世紀宮廷侍從音樂家吉爾亞卜（Ziryab）的住處，十世紀時屬於哈里發所有，是貴賓招待行館，其中的賓客包括西元九四九年抵達的拜占庭使節。

毫無疑問地，哥多華是一座以奇觀花園（Garden of Wonders）、城裡有浪漫地命名為甜羅勒賣店（Shops of the Sweet-Basil Sellers）、歡慶的清真寺（Mosque of the Rejoicing）等，引人回憶的城市。狹窄街道和寧靜廣場、種著金合歡樹和椰棗樹的小花園，讓人立刻聯想到大馬士革，伍麥亞人在那裡被殘酷地連根拔起，只留下一個孤獨的流亡者和他的後代，幾個世紀後在另一大陸上再造失去的榮耀。

連街道都浪漫，哥多華特別奠基於務實基礎。在阿布杜・拉赫曼三世的開明統治下，貿易和製造業蓬勃發展。在芳香的城市街道上，可以聽到工匠手中的金屬、皮革、木材、陶瓷、玻璃、象牙發出的敲打聲，更不用說紙、絲綢和羊毛了。紡織品在哥多華的製造世界裡占有主要地位。伊本・昊嘎勒的產品調查舉出天鵝絨、毛氈、亞麻和絲綢，他寫道：「他們的染色工匠手藝簡直就是奇蹟。」[28] 城市的繁榮也建立在充滿活力的農業，學者戲稱是伊比利半島上的綠色革命。新的灌溉技術，尤其是帶桶水車，為新農作物備好基礎，使得十世紀中葉，安達魯斯人種植稻米、高粱（hard wheat sorghum）、甘蔗、棉花、柳橙、檸檬、萊姆、香蕉、石榴、西瓜、菠菜、朝鮮薊、茄子及無花果，而且常常出口。正如一位研究西班牙穆斯林的歷史學家所言，創新技術與新作物的結合，帶動「無法評估的經濟和社會效益」，包括更高的生產力、更長的生長季節、更健康的人口、對多變天氣的適應、供需價格穩定，給農民更高收入，從而鼓勵他們從事試驗和多樣化的生產。[29]

安達魯斯猶太人在商業界極具影響力，伊本·胡爾達茲巴（Ibn Khurdadhbeh）在西元九世紀末的《王國與路徑之書》（*The Book of Roads and Kingdoms*）中記載，通曉多種語言（阿拉伯語、波斯語和希臘語）的猶太商人旅行於東、西方世界之間，出口閹人、奴隸、劍、精緻絲綢、皮革，以及如水獺、鼬鼠毛的皮草，經由海、陸路，從中國返回途中，帶來麝香、樟腦和肉桂之類的稀有奢侈品。[30]

農業和貿易產生財富，財富製造娛樂，而娛樂提供文化昌盛的空間，如此使得阿布杜·拉赫曼三世和哈卡姆二世統治下的哥多華與巴格達，並稱「地球上最文明的地方」，捍衛截至十七世紀西班牙最高文化的全盛期。[31]文學引領發展。據說光是在西郊就有一百七十名婦女以抄寫書本謀生，每年出產六萬本書。哈卡姆二世是哥多華最偉大的愛書者，收集了四十萬冊藏書，包括來自東方各大學術中心的稀有品。王室的贊助點燃了書籍市場的蓬勃，在那裡有豪華珍貴的書籍以驚人價格拍賣出。西元九世紀的基督宗教詩人兼神學家哥多華的阿勒瓦魯斯（Alvarus of Cordoba，對他而言，先知穆罕默德是反基督）哀嘆道：「基督宗教徒喜歡閱讀阿拉伯人的詩歌和浪漫故事，只要有一個可以用拉丁文寫信的人，就會有一千個能說一口優雅阿拉伯語的人。」[32]

在哈卡姆二世的熱心資助下，歷史和宗教著作大量問世，這樣的文化贊助是從他父親擔任哈里發時就開始的。阿赫梅德·伊本·穆罕默德·拉吉是首位制定歷史編纂規則的學者，確立編年史寫作體裁。他的兒子伊薩（Isa）曾撰寫哈卡姆統治史，保留在伊本·海揚的著作中。在他涉獵農業、天文、動物學、植物學和馴鷹的知識時，可能是《哥多華記事》（*Calendar of Cordoba*）一書作者的博學家阿利卜·伊本·薩伊德（Arib ibn Said，約九八〇年卒），將比利半島原始資料結合東伊斯蘭世界的歷史研究。伊本・古提亞（Ibn al Qutiya，九七七年卒）是第一本阿拉伯文動詞變化的語源學作者，也撰寫了詳盡追溯安達魯斯伍麥亞朝的歷史。

宗教學者傳記辭書是伊斯蘭文學中最流行的體裁之一，這種辭書為了解他們的寫作、教學和生活提供一個窗口。在其父親統治期間，哈卡姆經常贊助這類研究。因此出現了突尼斯移民的伊本・哈里斯・胡相尼（Ibn Harith al Khushani，九七一年卒）、哥多華人哈立德・伊本・薩俄德（Khalid ibn Saad，九六三年卒）和阿赫梅德・伊本・阿布杜・巴爾（Ahmed ibn Abd al Barr，約九四九年卒）等人，關於安達魯斯法學家的著作。虔信順尼派著作支持哥多華所宣稱的伊斯蘭世界領導者，尤其是反異端的什葉派法蒂瑪朝在整個地中海地區的勢力。此外，還有記載文法學家（朱貝迪〔Al Zubaydi〕）、醫生（伊本・鳩勒非勒〔Ibn Juljul〕）、文書人員（薩坎・伊本・易卜拉欣〔Sakan ibn Ibrahim〕）和詩人的傳記辭書。

智識分子自由地旅行各地，這是伍麥亞時代的正面現象。十世紀哥多華所出現最聞名著作之一的《珍奇項鍊》（*Al Iqd al Farid*），是伊本・阿布杜・拉比赫（Ibn Abd Rabbih，八六〇—九四〇）編撰的一部阿拉伯文學傑作，全書有二十五卷，每一卷象徵項鍊上的一顆寶石。這部著作引用了《聖經》、《古蘭經》、聖訓、歷史、詩歌，以及如西元九世紀博學善論作家賈希茲的著作。這是文學（禮儀〔adab〕）中最精緻例子之一，是理解上層社會的鑰匙，包含各種具教育和娛樂意義的智識性內容，還有一些幽默故事，是任何有內涵者想要知道的知識，其中包括政治、自然歷史、成語、戰爭、飲食及詩詞歌賦。伊本・阿布杜・拉比赫並不是唯一為渴求知識的官員和雅士提供便覽的人，其他作家如阿布・阿里・生利（Abu Ali al Qali，卒於西元九六七年），受到宮廷慷慨贊助的吸引，而從巴格達西行，為蓬勃發展的大都市提供更多的文學魅力。像薩伊德．巴格達迪（Said al Baghdadi）和安達魯斯浪漫主義家伊本．法拉吉．賈雅尼（Ibn Faraj al Jayyani）之類的詩人與學者，都是將著作獻給哈卡姆二世的諸多作家中之一員。

在哈里發宮廷中，音樂持續地發展。吉爾亞卜（七八九—八五七）是最著名的音樂家，他將巴格達的精緻帶到在阿布杜．拉赫曼二世統治時期穩定興起的哥多華。「百靈鳥」吉爾亞卜是伊拉克偉大作曲家、音樂家伊斯哈生．摩蘇里的門徒，他決定往西發展，到安達魯斯尋找財富，也立刻如願以償，據說他的薪酬包括每個月兩百枚金幣與更多的紅利、一座哥多華豪宅、有農地的鄉村別墅，以及大量小麥與大麥。據說這樣的薪酬過於高昂，王室財庫正式拒絕支付，阿布杜．拉赫曼二世只好自掏腰包補償他。有報告表示，這位哈里發被伊拉克人的美聲吸引，而不再聽其他歌手的聲音。吉爾亞卜很快就在這裡留下他的印記，他引進了烏德琴（oud，即魯特琴），並就其所能為該樂器加上第五調琴弦，稱為烏德琴靈魂；還設立新音樂學院，為安達魯斯音樂的興盛和後續發展奠定基礎，對中世紀歐洲音樂的影響極深。

然而，吉爾亞卜絕不只是一位有天賦的音樂家。他在安達魯斯成為風格、時尚和禮儀最重要權威，本身就是文化最高權威名人，他的一言一舉駕馭生活各方面，他的意見決定了何為優雅髮型（女性髮型傳統中分和髮辮已過時，取而代之的是修剪髮型和修眉）；讓侍從注重個人衛生與去除狐臭（歐洲最早的牙膏、腋下有鉛除臭膏）；如何漂白衣物；雅致餐具（精美水晶取代沉甸甸的金銀高腳杯）；隨季節調整穿搭（春天穿亮色絲綢、亞麻和棉衣，夏天穿白色，冬天穿毛邊披風）；桌面布置（裝飾性皮革桌巾）；優雅餐桌禮儀（首次引進進餐順序，先上開胃湯，然後是魚、禽肉或牛、羊肉主餐，隨後是水果和甜點）。作為這一意義深遠的文化和烹飪革命的一部分，吉爾亞卜甚至花時間為哥多華人介紹新菜色與食材，例如蘆筍。在他去世後一千兩百年，他的名字至今仍在一道哥多華當地菜色中為人所記，這道菜是烤白豆，菜名是吉里亞比（ziriabí）。此外，在整個穆斯林世界裡，有不少的街道、旅館和餐廳都以他的名字命名。[33]

詩歌未必都高尚優雅，也可能粗俗淫穢。眾所皆知，在位時間很短的哈里發穆斯塔克菲（Mustakfi，一〇二三—一〇二五在位）的女兒娃拉妲（Wallada）公主創作許多詩，她也是哥多華高階文學沙龍活躍的主持者。娃拉妲是傑出的女性，以美麗、大膽、爭議性舉止聞名。據說她拒絕戴頭巾，還將自己寫的讚美性自由的詩句以金線繡在長袍上。

以真主發誓，偉大與和我相稱，我傲然昂首闊步。
我讓愛人觸吻臉頰，我回吻渴望的他。[34]

身為詩人的娃拉妲在一個幾乎全是男性的世界裡競爭，並且表現出色。其大部分詩作意指她的情人伊本·載敦（Ibn Zaydun），是當時大使、大臣和出色詩人，兩人之間有一段激盪的戀情。在兩人關係遇到困難的時期裡，娃拉妲在一首詩中公開指責伊本·載敦參加同性戀幽會，稱他是男妓、姦夫、出軌男、雞姦小偷，還曾用露骨的句子攻擊他：

伊本·載敦的後庭痴為男人褲襠內的棍棒開大門。他若偵測到棕櫚樹頂上有陽具，就會如禿鷹般俯衝擷取。[35]

比現代YouTuber「Super Couples」的實境節目早一千年，這是十世紀時公開上演以眼淚（大量詩句）結束的名人超級愛情劇。娃拉妲最後離開了伊本・載敦，並勾搭上一個大臣，後者侵占伊本・載敦的財產，並且將他逮捕入獄。在一首名為*Qafiyya*（以Q字母為韻腳押韻的詩作），充滿懷舊氣息、讚美哥多華城外花園的歌曲中，伊本・載敦對他的情人做高尚的告別：

在消逝的時光裡
我們彼此需求
為真愛付出
如雄馬駒般快樂
自由奔馳牧場上。

如今我孑然一身
誰可誇耀忠誠。
妳離開了我，
我卻依然傷心在此愛妳。[36]

誠如在貿易圈中的表現，安達魯斯的猶太人在學術圈亦有傑出發揮。梅納亨・賓・薩魯葛（Menahem ben Saruq，約九七〇年卒）從西班牙北部省分到多元大都市哥多華交流，撰寫了《詮釋之書》（*The Book of Interpretations*），這是第一本希伯來文辭典，他是安達魯斯最具權力聲望的猶太人哈斯達伊・伊本・夏普魯特的祕書。一位來自巴格達家族，在法斯出生，好滋事的學者杜納戌・賓・拉布拉特（Dunash ben Labrat）也被哥多華的內聚力吸引，在這裡贏得猶太教會領唱和詩人的名望，他創作、演唱禮拜聖歌，也寫過警告葡萄危險誘惑的詩句：

> 我們該在玫瑰環繞的花床上飲美酒
> 讓悲傷與所有愉悅禮誼飛走
> 享用甜食與暢飲金杯美酒
> 然後像巨人自娛自樂，暢飲盆中酒。[37]

猶太文人代表此時哥多華多元文化的綻放，他們之中有傑出詩人語言學家（艾札克・伊本・乍普倫〔Isaac ibn Qapron〕、阿布・歐瑪爾・伊本・亞克瓦〔Abu Umar ibn Yakwa〕、哈科恆・賓・穆達拉姆〔Hakohen ben al Mudarram〕、阿布・易卜拉欣・艾札克・伊本・哈勒馮〔Abu Ibrahim Isaac ibn Khalfon〕），受人尊敬的語法學家（艾札克・伊本・吉卡提拉〔Isaac ibn Djikatilla〕、猶大・賓・大衛・海尤吉〔Judah ben David Hayyuj〕），以及博學作家的法官哈山・賓・馬爾・哈珊（Hasan ben Mar Hassan）。

將穆斯林、猶太人和少數的基督宗教知識分子之成果相互結合，可反映出哥多華伍麥亞人與伊斯蘭中心的巴格達人一較高下之內在渴望。他們在相當程度上成功了，「這種嚴格考驗的結果傳到基督宗教歐洲，影響了辯證哲學、浪漫風格藝術、蒙特貝利耶（Montpellier）的醫學派、吟遊詩人的抒情詩及但丁的神祕詩」。[38]

任何關於十世紀哥多華的討論，必得提及共存，即穆斯林統治下西班牙的信仰共存。近年來，它一直是學術界爭論焦點，引起懷疑論者與浪漫主義者兩極化的辯論。[39]浪漫主義者看到的是混合社群散發出的光輝，西班牙人和東方人、自由人和奴隸、職業軍人、猶太教師和商人，以及基督宗教使節構成的社會，對不同文化持開放、寬容態度。除了文化外，就連相當基本的性慾層面也存在著相當程度的共存，但總是偏袒身出名門或富裕的穆斯林。眾所皆知，哈里發的後宮裡充斥著美麗的基督宗教徒女子。「詩人們歌頌他們的情人或王公喜愛的女子，從那裡得知西班牙的穆斯林十分看重身材勻稱的女子」，尤其是來自加利其亞（Galicia）和巴斯克地區的金髮女孩，[40]不肖商人甚至試圖將安達魯斯的女子冒充成來自北方的基督宗教徒。

也許觀察穆斯林、猶太人、基督宗教徒三方世界內部的不同社群，有助於了解非常不同的共存經驗。對基督宗教徒而言，穆斯林征服安達魯斯之後建立的保護（dhimma）制度（一位現代西班牙作者汙衊為「歧視性寬容」），讓基督宗教徒從政治統治者的最高位置如同災難般地跌落。[41]然而對猶太人而言，自從西哥德人統治以來，他們就處於西班牙社會和政治生活最底層，穆斯林的保護制度提升猶太人到與上帝立約之有經書的信仰者社群（Ahl al Kitab，主要是指猶太教徒與基督宗教徒）地位，這是猶太人地位的大幅提升，為猶太人在政治、商業發展開闢空間。基督宗教徒不是自願流亡到信仰基督宗教的北方，以抵抗他們認為無法忍受的文化壓迫，就是在西元九世紀中葉，以聳人聽聞的自殺手段成為殉教烈士，或是轉而改信征服者的宗教，這是大多數人的做法。西元九二六年，基督宗教王子佩拉吉烏斯（Pelagius）在十三歲時殉教，據說是出於宗教冒犯行為。在日耳曼修女霍洛茨維莎關於佩拉吉烏斯的記述中，延續了基督宗教徒長久以來的寫作傳統，將佩拉吉烏斯的死歸咎於穆斯林，說哈里發阿布杜·拉赫曼對於美男童有「慾火燃燒的激情」。基於對佩拉吉烏斯拒絕的憤怒，具戀童癖、慾火焚身的穆斯林哈里發下令將他放在投石機上拋過城牆，但是他奇蹟般地毫髮無傷，於是最後遭受酷刑，被砍頭分屍。[42]

相較之下，安達魯斯的猶太人向前邁進，他們融入伍麥亞人的阿拉伯伊斯蘭文化中，保有虔信的宗教社群，以使其宗教語言保存完好。一個曾受迫害的少數族群變成了受保護者，當然迫害並非一夜之間就消失。[43]

在幾個世紀中，共存明顯起伏不定。僅僅一個世代的時間內，勝利就很容易就變成悲劇。因此，詩人、學者和政治家的撒繆勒·哈納吉德（Samuel Ha-Nagid）能在十一世紀時躍升為鄰國格拉納達（Granada）王國的大臣、將軍，但在一〇六六年，他的兒子約瑟夫（Joseph）遭到一群被猶太人影響激怒的暴民撕碎，導致一場惡名昭彰的格拉納達屠殺猶太人。若把觀察視角縮小在十世紀，一位研究穆斯林西班牙猶太社群的重要猶太學者，在調查阿布杜·拉赫曼三世的統治時期後，毫不含糊地支持其所營造的寬容氣氛，總結道：「毫無疑問，這位開明統治者是在哥多華所有伍麥亞統治者中最寬容的，他統治時期的編年史中沒有非穆斯林社群遭受任何傷害的信息。」這與巴格達阿巴斯統治者形成鮮明對比，後者堅持猶太人要在自己的服飾上做標記，以顯示其信仰。「穆斯林西班牙是一個多種族國家，沒有一個明確定義的宗教標記；因此其統治不會危及少數群體、族群或宗教的存在。」阿布杜·拉赫曼三世統治下的猶太人命運是「快樂的」。[44]

從西元八世紀開始，基督宗教徒被驅逐出內城，城牆內就沒有教堂，而十世紀時哥多華的猶太區面積已過小，無法容納當時遽增的猶太人口。它位於首都西南邊，與西邊城牆相接，毗鄰王室區，那裡設有伍麥亞王宮及僕人、警衛住所，這是一個可以讓猶太人感覺更安全的地點。今天，它是主教宅邸和其他教會辦公室所在；而在現代的哥多華，猶太人的蹤跡並不難辨認。梅穆尼德斯路（Calle Maimonides）是以十二世紀的哥多華猶太醫生兼天文學家梅穆尼德斯的名字命名，其原始街名是猶太街（Calle de los Judíos），是猶太區裡的主要街道，路長一百六十公尺，非常狹窄，蜿蜒穿過大清真寺庭院的北側，直到阿勒莫多瓦爾門（Puerta de Almodóvar），這是城市早期七個城門之一。Plaza de las Bulas（原名是Plaza de la Judería）廣場的北面，坐落一間十四世紀的簡樸猶太會堂，它初期前身也許能追溯到穆斯林時期。

哈斯達伊·伊本·夏普魯特的故事指出，安達魯斯猶太社群裡最傑出的成員在十世紀時能有各種長才發揮的可能。對歷史學家伊本·海揚來說，哈斯達伊是一位傑出王室侍從，以他的教養、精明、耐心和智慧聞名，常常是基督宗教徒與穆斯林的中間人。西元九四〇年，阿布杜·拉赫曼三世派他去雷昂拯救一名被俘的穆斯林領袖圖吉比（Al Tujibi）。同一年，哈斯達伊前往巴塞隆納，與當地人進行商業條約談判。西元九五五年時，他擔任駐歐爾多諾（Ordono）朝廷使節，展現多才多藝的能力，甚至在西元九五八年治癒了惡名昭彰的納瓦雷胖國王的肥胖症。飛黃騰達和官高厚祿無可避免地製造了敵人，十二世紀哥多華的博學哲學家伊本·魯戌德（Ibn Rushd，在西方以阿比魯斯

〔Averroes〕著稱），寫了一份狂熱檄剿文向哈里發本人批評哈斯達伊，當著一群哥多華人面前說：「你因為先知而有現在的榮譽，但這個人卻說先知是說謊者。」[45]

最精采引人注目的穆斯林、猶太教徒和基督宗教徒之間的三腳戲，在十世紀中葉上演。九四〇年代後期，由於北非的法蒂瑪朝崛起，拜占庭皇帝君士坦丁七世（Constantine VII，九一三—九五九在位）想要重建與哥多華伍麥亞朝的外交關係，並向西班牙派出一名宦官，建議阿布杜．拉赫曼三世派遣一個使團到君士坦丁堡談判友好條約。西元九四八年，哈里發的基督宗教徒大使希夏姆．伊本．庫萊卜（Hisham ibn Kulaib）正式向東啟航，君士坦丁皇帝授權一個代表團前往哥多華，領銜的是皇帝首相兼禮賓長史蒂凡諾斯（Stephanos）。阿布杜．拉赫曼三世在宮廷接見這些使節時得到許多極貴重的禮物，包括一份金璽詔書、希臘文的使徒書信，該信使用藍色羊皮紙，上面一邊蓋有耶穌圖像的重金印，另一邊則是皇帝及其子圖像，裝在一個有金蓋的銀雕盒子裡。來自君士坦丁的禮物，還包括一些稀有書籍，其中有西元五世紀西班牙作家歐羅修烏斯（Orosius）和迪歐斯科里德斯（Dioscorides）的《藥材誌》（*De Materia Medica*），這是對之後幾個世紀的藥理學有決定性影響的教科書。由於哈里發宮廷裡沒有人懂希臘語，所以阿布杜．拉赫曼三世要求君士坦丁派出一個翻譯人員，一位名叫尼古拉（Nicholas）的希臘修士在西元九五一年左右和哈斯達伊一同抵達，開始新的翻譯工作。

大約同時，發生更具爭議的外交事務。為了回應神聖羅馬皇帝歐托一世（Otto I，九三八—九七三在位）提出控制西班牙強盜團的要求，阿布杜．拉赫曼三世在西元九五〇年派出另一支外交使團。當時的西班牙強盜是以普羅旺斯的一座穆斯林碉堡（Fraxinetum，位於聖特羅佩茲灣〔Gulf of St Tropez〕）為基地，嚴重破壞地中海貿易。這時使團中的一位阿拉伯化主教帶著一封有著非外交辭令攻擊基督宗教信仰的信件，使節們實質被拘留了三年，然後無功返回哥多華。西元九五三年，歐托一世如法炮製，派遣一支使團，帶著包含同樣對伊斯蘭攻擊的令人不快書信來訪。這支使團的領導者戈爾澤的約翰尼斯（Johannes of Gorze）是一位一心一意的日耳曼修士，陪同者是一名會吏、兩名猶太人和哈里發的使節。在這一場經典的外交以牙還牙的攻防示例中，儘管阿布杜·拉赫曼三世極想知道信件的內容，卻故意拖延時間不召見那位修士。哈里發一方面不允許任何對伊斯蘭的攻擊，另一方面又得顧慮歐托一世的強大實力。西元九五四年底，阿布杜·拉赫曼三世仍然沒有召見約翰尼斯，這時候的情勢越來越緊張。修士被允許在週日進行禮拜儀式，但是必須在特別看管下，否則得留在別墅被隔絕。

哈斯達伊試圖說服這位頑固修士。由於害怕可能的衝突和安達魯斯基督宗教徒的利益受損，哥多華主教約翰（John）也懇請約翰尼斯重新考慮其外交任務，避免用那封信侮辱阿布杜·拉赫曼三世，他說：「試想我們身處在什麼情況。由於我們犯下原罪才會淪落如此，受異教徒控制，耶穌的使徒禁止我們抵抗具有正當合法性的權威。在這種災難中只有一種安慰，就是他們並未禁止我們遵守我們的教律。因此在這種情況下，對我們而言，遵守所有不妨礙我們信仰的規範似乎是明智選擇。」在史料記載中，約翰尼斯表現得像狂熱分子，不為所動地說：「你是一位主教，我怎麼也想不到你會說這些話……基督宗教徒遭受饑餓的殘酷折磨，也比犧牲自己的靈魂來吃異教徒的食物要好千倍。」[46] 哈里發威脅，如果他處死約翰尼斯，也會殺死西班牙每一個基督宗教徒，這位修士公開表示，他寧願被分屍也要把歐托一世的信正式呈遞出去。哈里發陷入進退兩難的僵局，他可以為了榮譽，在接受這封信之後因衛教而殺死約翰尼斯，但也明白這麼做意謂宣戰。

最後，雙方達成外交解決方案。依修士的建議，阿布杜・拉赫曼三世送一封信歐托一世，要求他提出外交新指示。問題來了，該由誰來主導這個敏感任務呢？拉比・伊本・宰德（Rabi ibn Zaid）是一位受過良好教育的阿拉伯化基督宗教徒，同意在西元九五五年前往德國，但前提是他必須得到對自己所做努力的官方認可。他嚴肅地問道：「對一個出賣靈魂的人要給予什麼獎賞？」[47]他得到的回答是一份大獎勵。拉比・伊本・宰德當上位於格拉納達鄰近艾勒維拉（Elvira）的雷塞蒙杜（Recemundus）主教，這是他在之後四十年享受的優渥差事。這時候的歐托一世正迫不及待想要得到一份與哥多華保持友誼的和平協議，於是口氣軟化了，緊張的情勢也緩和下來。

就某種層面上來說，這場跌宕起伏的外交攻防戰是微觀的西班牙族群共存，涉及基督宗教徒、猶太教徒與穆斯林三方的敏感政治操作中，張力、威脅、靈活、務實主義、敷衍及和平解決方案。這種政策對立的敵意更明顯存在於基督宗教徒和穆斯林之間，而不是在穆斯林和猶太教徒之間。即使日耳曼修女霍洛茨維莎羨慕哥多華是「世界的點綴」，但是在解讀過多關於不同宗教和諧共處的評論時更應該小心，在她表達自己對於哥多華和穆斯林征服基督宗教西班牙的觀點時並不委婉：

過去，這座城裡全是真基督宗教徒子民，有數不清裹著白袍的兒童為主行洗禮。但是突然間，入侵者扭轉了悠久的神聖律法，傳播他們的邪惡教義，對虔信者灌輸錯誤思想。詭詐又不言放棄的薩拉森人（Saracens）國家，誘使這座城市的居民走向戰爭，並控制了榮耀王國的命運。[48]

西元九六一年，亦即使用哥多華哈里發頭銜即將半個世紀的前夕，阿布杜・拉赫曼三世去世了，他為國庫留下五千萬金幣，把一個一團混亂的小公國變成極繁榮的國家。對安達魯斯來說，他在位時期是國力高峰；而在個人方面，阿布杜・拉赫曼三世留下一句令人驚訝的悲傷注解，他表示在一生中只享受十四天的幸福時光。

哥多華的成功和輝煌，在繼承他的兒子哈卡姆二世在位期間延續著。哈卡姆二世是極為文雅、博學，為自己贏得無限求知慾藏書家的名聲，他是學者的熱情贊助者，也將不同藝術知識領域的佼佼者吸引到哥多華。閃耀之城的工程繼續著，同時對大清真寺的大規模擴建，其中有令人驚嘆的建築創舉，但有時候也極具爭議性。當時的人可能對哈卡姆二世在擴建工程中的奢華誇耀和昂貴花費不以為然，但是在一千多年後，今日的造訪者仍會對這些巧奪天工的石雕、壁龕的拉毛粉飾與鑲嵌馬賽克、以貝殼塑成的天花板下的燦爛華麗感到驚嘆，這是拜占庭工匠在哥多華權力巔峰時的勝利創作。

哈卡姆二世是阿布杜・拉赫曼三世當之無愧的繼承人，也是最後一位重要的哥多華伍麥亞哈里發。在哈卡姆於西元九七六年去世時，穆罕默德・伊本・阿比・阿米爾（Mohammed ibn Abi Amir）這位無情又野心勃勃的官員，曾從卑微的書記員一路晉升，擔任一系列具有影響力的職位，極盡拉攏能助他一臂之力的人，除掉任何妨礙他的人，用權謀確保十二歲的王子希夏姆二世（Hisham II）安全繼位。到了西元九八一年，他自授曼蘇爾的哈里發頭銜，向巴格達的偉大建立者致意，同時操控政權繼位人選，並攝政直到一〇〇二年。就領土安全而言，曼蘇爾的統治時期是穆斯林在西班牙統治的高潮期，稍具軍事狂熱和獨裁的色彩，他名副其實地掀起戰爭流血旋風，以獲得五十七場戰役的勝利而受人信賴，其中最非凡的一次是在西元九九七年席捲天主教聖城聖地亞哥德孔波斯帖拉（Santiago de Compostela），並在西元九八五年洗劫了巴塞隆納。當曼蘇爾洗劫聖城大教堂時，強迫基督宗教徒俘虜拆下最珍貴的物品——大教堂門和鐘，並帶回哥多華，分別用於大清真寺與作為吊燈。一二三六年，卡斯提勒的費爾南多三世（Fernando III）的收復運動時，鐘才回歸原處。曼蘇爾也對知性自由開戰，放縱沙文主義宗教學者對哲學內容的責難，燒掉哈卡姆圖書館的書，文明世界的奇蹟消失在煙霧中。

十世紀結束時，哥多華的輝煌時代也將步入黃昏。曼蘇爾危險地大幅擴軍，透過將北非的柏柏部隊全部收編，埋下哈里發政權瓦解的種子。來自直布羅陀海峽對岸成千上萬的柏柏人，加劇了阿拉伯人與柏柏人在伊比利半島上已經十分激烈的爭鬥，柏柏士兵效忠於其部族首領，而不是安達魯斯人的國家。可怕的內亂（爭鬥分裂和反對當局的叛亂），以極大的破壞力爆發。從外表上來看，希夏姆二世從西元九七六年至一〇一三年的長期統治，表明其持久性和韌性，但在大部分時間，他的權威只是理論，而安達魯斯的政治生活實為混亂。阿布杜．拉赫曼三世以前所未有的和平與穩定的統治，但他的孫子希夏姆二世卻以動盪不安和最後的崩潰為統治時期特徵。的確，阿布杜．拉赫曼三世逝世不到半個世紀，他如此煞費苦心建立的基業就開始震盪，並且從未恢復。

在一〇〇〇年，卡斯提勒伯爵桑邱．生爾西亞（Sancho Garcia）帶給穆斯林國家重大損失。隨後在一〇〇九年，阿布杜．拉赫曼三世的曾孫蘇萊曼自立為哈里發穆罕默德二世（Mohammed II），進軍閃耀之城，並和他的柏柏部隊毀滅性地將之洗劫一空。正如十一世紀詩人蘇梅西爾（Al Sumaysir）哀嘆寫道：

> 我駐足閃耀之城啜泣；想著，

其斷垣殘壁而哀嘆。
我說：「喔，不！回來，札哈拉。」
她答說，誰能死而復生？
我淚流不止，在那裡痛哭，
啊！眼淚如此無用，一點都沒用。
它們（斷垣殘壁）就像為亡人哀悼者的淚痕。[49]

同樣反映與這首詩濃烈懷舊之情和失去感的是歷史學家伊本・海揚，他看到閃耀之城全然瓦解是「世界地毯被捲收，世上人間樂園之美已變醜」。[50]時光本身對此曾經燦爛輝煌的城市發動戰役，並使之淪為廢墟；但是它的自然美仍舊在毀壞中發光。今日，漫步在喚起記憶的精緻傾頹宮殿建築群遺址，即使忽視花園外圍的絲柏和棕櫚樹圈，也必定會聽到哥多華轉瞬即逝力量的幽靈細語。

自從閃耀之城在一〇〇九年被洗劫一空，安達魯斯就一直在內戰中飄搖，敵對的軍閥為了權力而傾軋。安達魯斯曾是政治團結和文化輝煌基石的舊秩序，「像流星般消失了」。[51]一〇一三年，蘇萊曼的柏柏人違反讓城中百姓安全離開的協議，衝進哥多華無情地劫掠，屠殺城中已被惡化的傳染病、圍城、大火與洪水折磨的居民。伊本・哈札姆是這場屠殺的最重要見證者之一，他後來是最偉大多著作的阿拉伯作家之一。哥多華陷落時，他大約十九歲，他後來列出六十名被殺害的傑出學者，其中一人是第一本記載安達魯斯學者歷史的作者伊本・法拉迪（Ibn al Faradi），他的屍體被暴露在街上三天，沒有下葬。[52]

從一〇〇八年至一〇三一年之間，基督宗教徒權力（尤其是崛起中的納瓦雷的桑邱〔Great of Sancho〕），利用穆斯林之間的內戰，為相互爭奪高位而肆虐整個伊比利半島。到了哈里發希夏姆三世（Hisham III，一〇二六—一〇三一在位）時，哥多華的伍麥亞統治者在人民心中的聲望已經下降很多，以至於他們的「權威受到鄙視的程度，就像當初受到讚許的程度」。[53]當希夏姆三世在一〇三一年被推翻時，哈里發政權正式滅亡。

哥多華哈里發政權享受了短期的輝煌，就像照亮天堂的流星。除了阿布杜・拉赫曼三世和哈卡姆二世的精明統治外，它最大的優勢之一可能是世界主義，提供社會凝聚力，維繫這個和諧、團結的國家，在這裡貿易與思想自由是最高準則。與團結相對的內戰證明了其致命毀滅性，哈里發政權萎縮成一個個地方小政權（taifa kingdoms），無法有效地自我捍衛，無論是抵禦北方各支系的基督宗教勢力，或是後來從北非進入的穆拉維朝（Almoravids）和穆瓦希德朝（Almohads，阿拉伯文al-Muwahhids）。其他的城市，尤其是格拉納達和塞維耶，迅速蓋過哈里發前首都的光芒，哈里發政權成了回憶，失去團結、榮耀及卓越成就揮之不去的回憶。穆斯林總是哀嘆哥多華的衰落，和在一四九二年之後整個安達魯斯災難性的喪失，內戰將在之後幾個世紀裡纏擾著阿拉伯人的政體。

【第五章】

耶路撒冷
——紛爭之城——
Jerusalem–The Contested City

（西元十一世紀）

走上通往復活教堂的路。從邪惡種族手中搶下那片土地，置之於你自己之下。

——1095年教宗烏爾班二世（Urban II）
在克勒爾蒙特（Clermont）的演講

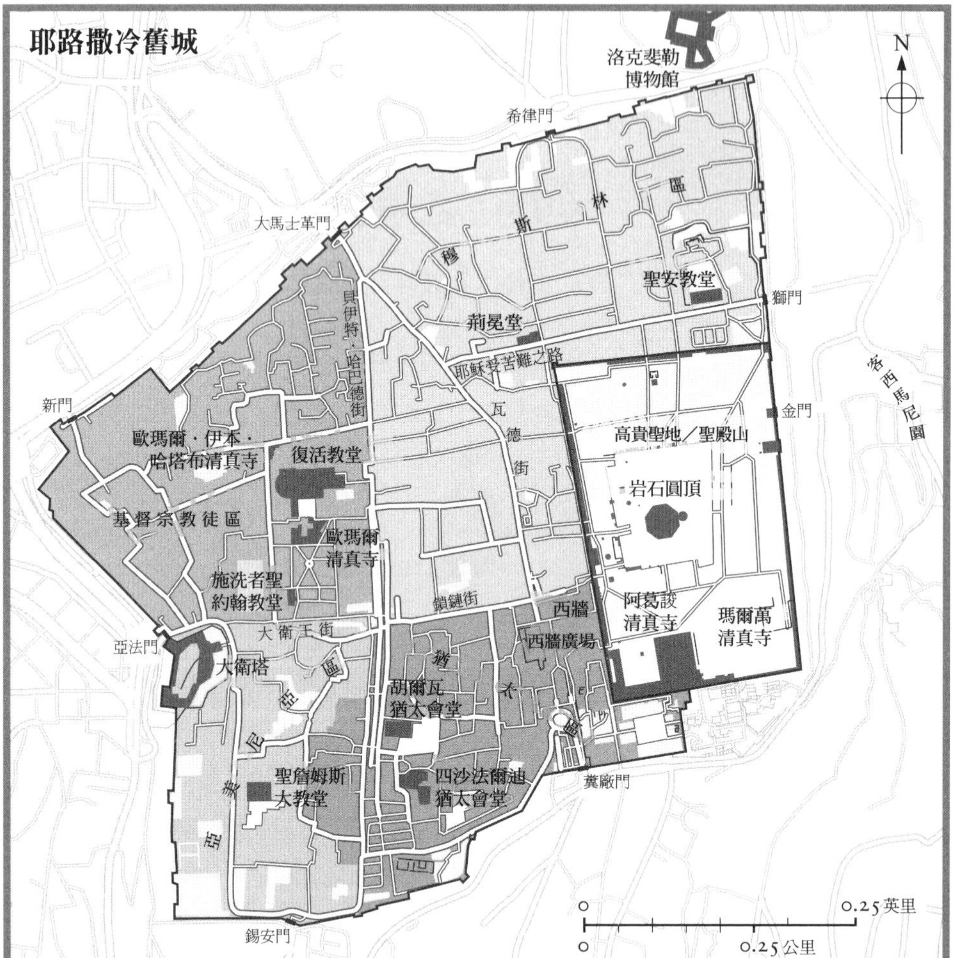
耶路撒冷舊城
洛克斐勒
博物館
N
希律門
大馬士革門
穆
斯
林
區
聖安教堂
獅門
貝伊特·哈巴德街
荊冕堂
耶穌受苦難之路
新門
瓦
德
街
金門
客西馬尼園
高貴聖地／聖殿山
歐瑪爾·伊本·
哈塔布清真寺
復活教堂
岩石圓頂
基督宗教徒區
歐瑪爾
清真寺
施洗者聖
約翰教堂
鎖鏈街
西牆
阿葛薩
清真寺
瑪爾萬
清真寺
大衛王街
西牆廣場
亞法門
大衛塔
猶
太
區
亞
美
尼
亞
區
胡爾瓦
猶太會堂
聖詹姆斯
大教堂
四沙法爾迪
猶太會堂
糞廠門
0
0.25英里
0
0.25公里
錫安門

耶路撒冷舊城在一個被太陽照得發白的早晨醒來，幾隻烏鴉盤旋在天空，對著下面的人群發出沙啞叫聲。穿過巨大的大馬士革門，攤販的手推車在鵝卵石上叮噹作響。在罕載特市集（Suq Khan al Zeit）中，店主打開百葉窗，掛上出售的衣服、手提袋、布料和地毯，準備與那些左顧右盼、慧眼獨具的女主顧們討價還價。頭上戴著黑邊軟呢帽、紅色格紋頭巾（keffiyeh）、彩色小帽、頭巾的人，和沒有戴帽子、留著大鬍子的人，以及戴著棒球帽的人，各式各樣的人在街上閒逛，然後湧入猶太區、穆斯林區、基督宗教徒區或亞美尼亞區。一位白鬍鬚的男子攤開手上的報紙，伴著一杯熱騰騰的茶，來了解這個喧囂、驚駭的世界。這座城市蜿蜒曲折的街道將行人吞沒，然後又將行人毫髮無傷地展露在明媚的陽光下。一名年輕男子從一條黑暗的通道匆匆走出來，頭上頂著一個大托盤，上面擺放剛出爐的麵包。斑鳩站在屋頂上，謹慎地監視著下方的一切。在歐斯曼蘇丹蘇萊曼於十六世紀建造的沙色城牆外，車流堵在那裡，人們的脾氣和汽車喇叭聲一起升高。

今日，如同在世界宗教首都中心的每一天，上演著敬拜的場面。在巨大西牆（Western Wall）下，猶太教徒在蔚藍天空下來回擺動身體祈禱，其他人一動也不動地靠在牆上，手掌、鼻子和額頭都緊緊貼在牆上，虔誠得令人難忘。古老的石頭給人安慰。在耶穌受苦難之路（Via Dolorosa）上，一些很早就來的朝聖者在十字架站前擺姿勢拍照；然後全然沉浸在環境和情緒中，跪下禮拜。在數百公尺外的復活教堂裡，一幕活生生的教派分裂意識場景呈現著，一個科普特修士靠在一根孤零零的蠟燭旁邊守夜，周圍都是競爭者——方濟會修士、希臘、亞美尼亞和敘利亞教會。即使在這個神聖空間的屋頂上，神學教義和領地戰鬥也仍持續著，在那裡，一群身穿黑袍的衣索比亞修士貧窮地生活在漏風的泥屋裡，他們嚴陣以待，與科普特人（及以色列國）爭奪供電和衛生設施。這些古老的基督宗教最神聖空間裡的教會長老，對於爭鬥早已不陌生，教士群體之間的暴力行為隨著季節變化不時爆發（他們在這裡爭奪鑰匙），在那裡為了關閉禮拜堂大門，信仰者大打出手，證明了人類能從狹小的空間中找出爭執的能力。

我在夏日的陽光下瞇著眼睛，走進一個三十七英畝的四邊形地帶，這裡被描述為世界上最能引發衝突的土地所有物之一。猶太人稱這裡為聖殿山（Temple Mount），是猶太教最神聖之地，久遠又模糊不清的最高聖地和第一猶太聖殿的位置。對穆斯林而言，這裡是高貴聖地（Haram al Sharif），是穆斯林第三大聖地阿葛診清真寺及岩石圓頂清真寺所在之處。對猶太教徒、基督宗教徒和穆斯林來說，這裡都具有極大的宗教意義。儘管今天穆斯林在此有優勢，但這裡仍是地球上最具爭議的地方，這是多個世紀以來各宗教間持續衝突的根源。根據耶路撒冷的現狀，此狀況可以追溯到歐斯曼帝國時期關於聖地所有權和使用的規定，非穆斯林可以參訪，但不能舉行儀式，這是一個常常受到猶太民兵挑戰的禁令，成為各方爭吵中的重大問題。

即使存在著古老仇恨，這座城市還是有一種奇怪而絕對的安寧。耶路撒冷就像一股精神力量，遮住這些人類小小的弱點。耶路撒冷超越這些仇恨存在並持續著，這是一個被注視和讚美的城市奇觀。正如十世紀阿拉伯地理學家穆嘎達西所說的，她是一個「滿是蠍子的金盆」。[1] 共存和世界主義被深深地烙印在這座城市；但分裂也是如此，而且對許多今日的耶路撒冷人來說，無論是猶太教徒、穆斯林或基督宗教徒，城市中的裂痕正在加深，不同的社群越來越「不交織一起，而是孤立平行生活著」。[2]

一位鬍鬚濃密的阿拉伯導遊打破了沉思，他在阿葛診清真寺前面，帶領一群戴著遮陽帽的歐洲人，用劈里啪啦的英語向他們解釋這個聖地對穆斯林的重要性，免得任何人對此抱持懷疑。他談到先知穆罕默德夜晚從麥加騎飛馬到耶路撒冷登宵進入天堂之奇蹟（阿拉伯人稱為Al Isra wa al Miraj），指著高聳天際的金色岩石圓頂清真寺，其閃爍的光是伊斯蘭出色建築的象徵。❶導遊隨後談到亞伯拉罕、猶太教徒、基督宗教徒和穆斯林的共同起源。

當一個法國人問他十字軍東征對耶路撒冷造成什麼影響時，這位導遊變得更有精神，儘管他十分禮貌地沒有提及第一次十字軍東征時扮演領導角色者，正是這位法國遊客的諾曼和普羅旺斯的祖先；但是談到十字軍在一〇九九年對猶太教徒與穆斯林不分青紅皂白的屠殺，在我們面前描述了基督宗教騎士騎馬衝進清真寺裡，在血流成河的場面中砍死無辜的男女、孩童，他說：「他們殺了我們現在站立處的所有人。相信我，他們為此感到非常自豪。」解釋了一些士兵和牧師在後來書寫十字軍東征歷史時是如何讚美屠殺的，當場出現一陣尷尬的靜默。

他說：「那是非常恐怖的罪行，耶路撒冷人民從未忘記這件事。」彷彿是在談論新近發生，而不是一千年前的暴行。

十一世紀中葉時，穆斯林世界比任何其他的信仰群體或是全世界任何一個地方的文明更完善、精緻。如果提出這樣的說法需要拿出證明的話，一切都可以在整個中東地區的石頭建築，或是像在伊拉

❶阿拉伯地理學家穆嘎達西曾說：「這難道不是顯而易見的嗎？看到復活教堂輝煌的穹頂後，阿布杜・馬利克擔心這座建築會讓穆斯林心煩意亂，因此興建岩石圓頂清真寺。」Oleg Grabar, *Formation of Islamic Art*, pp. 64-5.

克以陽光乾燥的磚塊上一目了然。文明是以城市現象做界定，這一點，無人曾經像穆斯林建造城市。

當伊斯蘭城市人口以成千上萬的幅度增長時，基督宗教徒城市只有數萬人口，這些人生活的地方不漂亮，遠遠不如穆斯林城市來得宏偉。只有少數的歐洲城市為當時穆斯林所知。當然有羅馬，那是自成一格的世界，然後則是米蘭和科隆，隨後是二級的倫敦、巴黎、魯汶（Rouen）、緬茲（Mainz）、布拉格、克拉寇夫服（Cracow），以及少數像「威尼斯那樣引起瘟疫的小村莊」。[3]如果說中世紀歐洲正在逐漸都市化，那麼穆斯林世界則是正在快速飛越。城市成功最明顯的跡象只要看人口多寡就能明白，當巴格達在九世紀時以大約八十萬的人口，稱冠整個伊斯蘭帝國時，開羅有四十萬人左右，哥多華則大約有十萬人，在基督宗教世界裡，只有君士坦丁堡有五十萬人左右。那些歷史顯赫的歐洲城市，例如羅馬、米蘭和科隆的人口，在伊斯蘭世界裡充其量只是一個三萬至四萬人口的中型城市。在一一〇〇年時，倫敦與巴黎的人口是尷尬的區區兩萬。[4]

尤其重要的是，伊斯蘭的城市是多元且國際化的，充滿著穆斯林、猶太教徒和基督宗教徒。在擁擠的街道與繁榮的市集中充斥著來自世界各地的產品，阿拉伯人和庫德人、突厥人和波斯人、希臘人和斯拉夫人，還有非洲人、自由人與奴隸們共同存在大街小巷。穆斯林世界的城市具有的吸引力，證明伊斯蘭在帝國、文化和經濟上的成功。如果穆斯林想到歐洲那些粗野、陰鬱、泥濘的落後地區，只會讓人打冷顫。

伊斯蘭世界卓越建築群的基礎是建立在地理性與嚴格的宗教規範上。數學大師、天文學家兼地理學家的穆罕默德・伊本・穆薩・花拉里茲米在其地理書*Kitab Surat al Ard*中引用托勒密的理論，將世界劃分為七個氣候區，每個氣候區都賦予其居民一些特徵。根據這個自用的體系，第三區與第四區是最和諧與平衡的地區，包含阿拉伯人故土、北非、伊朗及中國的部分地區。然而，包括法蘭克人、突厥人和斯拉夫人土地的第六區則完全是另一回事，這裡的人骯髒、不衛生又奸詐，具有野蠻、性放縱和好戰之特性。十世紀的阿巴斯朝歷史學家馬蘇悟迪反映當時穆斯林對歐洲人的普遍看法：「他們的身體壯碩，性格粗暴，舉止粗魯，理解力低下，語言難聽。」[5] 一〇六八年在托雷多寫作的穆斯林法官撒宜德・伊本・阿哈梅德（Said ibn Ahmed）也沒有筆下留情，他形容可鄙的歐洲野蠻人更接近野獸，這些白皮膚、肥胖的造化缺乏「敏銳的理解力和智慧，屈服於無知與冷漠，欠缺洞察力又愚蠢」，[6] 他們的優點頂多是勇敢、守紀律。

儘管世界觀相差甚大，但是穆斯林和基督宗教徒並非沒有共同點。雖然對十一世紀的基督宗教徒而言，耶路撒冷是一座無可言喻的宏偉、神聖城市；對穆斯林來說，則只是一座面積不大、寧靜的神聖小城。但是無論穆斯林、基督宗教徒及猶太教徒都認為，這座城市歷史充滿歷史神聖性，即使她的規模多不起眼，都不能和其他城市規模相提並論。

如同大馬士革，耶路撒冷是一座具有多重意義的城市，世界上三個最偉大的宗教都在這裡寫下各自的歷史。這是亞伯拉罕（三大一神信仰之始祖）、大衛王、耶穌和瑪麗的城市。猶太人尊為第一聖殿所在地。第一聖殿也被稱為所羅門聖殿，在西元前五八七年被舊約記載反派殺戮猶太教徒、嗜錢的暴君尼布查尼札爾（Nebuchadnezzar，又譯「尼布甲尼撒」）摧毀。這座城市最初的神聖性源於猶太教徒自認為上帝選民的排他主義。就像一座大廈，這種精神力量隨著後來的初期基督宗教徒與之後穆斯林的虔信建構而成，他們也將這種排他主義強化自己的信仰。[7] 基督宗教徒指望耶路撒冷為基督宗教世界的兩個最神聖地點：耶穌被釘上十字架的地方（Calvary或Golgotha），以及他復活到天堂留下的空墓穴，兩者都在復活教堂裡。最早的基督宗教朝聖之旅所記載的「一座奇觀般美麗的教堂」，是三二〇年代由羅馬第一個基督宗教徒皇帝君士坦丁建造的。[8]

對穆斯林來說，耶路撒冷是伊斯蘭發源地阿拉伯半島外最神聖的城市。穆斯林信仰初期，信徒向耶路撒冷禮拜，而不是麥加。最重要的是，先知穆罕默德奇蹟般的登霄之旅使這座城市成為伊斯蘭信仰的聖地。在登霄夜，天使加百列將他從麥加的禁寺帶到耶路撒冷的阿葛薩清真寺，在造訪天堂之前，天使帶先知去見識地獄的場景，隨後在天堂中見到在他之前的列位先知，並目睹被天使環繞，坐在寶座上的真主。在岩石圓頂清真寺和阿葛薩清真寺的銘文中追憶這次非凡夜行，這兩座建築物都位於耶路撒冷聖地中心——高貴聖地或聖殿山。耶路撒冷是巴勒斯坦境內最神聖的城市，巴勒斯坦也被稱作神聖大地（Al Ard al Muqaddasa），是敘利亞聖地中的聖地。[9]

西元六三七年，穆斯林征服了巴勒斯坦。同年，東方基督宗教世界的災難在亞爾穆克發生，拜占庭統治也隨之崩潰，只有耶路撒冷還在抵抗。被穆斯林軍隊包圍幾個月後，眼看巴勒斯坦和敘利亞的城市一一陷入哈里發軍隊手中，幾乎沒有翻轉的可能，而且物資供應也在危急中，耶路撒冷主教索福洛尼烏斯在他親自向哈里發本人獻城的條件下同意投降。因此這位不久才向信眾們警告「無神信仰之汙穢的薩拉森人」，而且在其詩作歌頌他所愛的耶路撒冷「錫安（Zion，即耶路撒冷），宇宙光輝的聖城」，親自把城市的鑰匙交給穆斯林哈里發歐瑪爾。當時他正騎著一頭白色駱駝走向耶路撒冷，周圍跟隨騎著駱駝和馬的士兵，渾身泥濘，疲憊不堪。[10] 這對索福洛尼烏斯來說是一個徹底崩潰的時刻，他流著眼淚，回想起基督的話：「先知但以理（Daniel）所說的，看那哀傷的可憎。」[11] 沒過多久，他就心碎而死。歐瑪爾在穆斯林征服耶路撒冷期間的克制和謙恭的行為將被銘記，不同於之後血淋淋的掠奪。歐瑪爾曾在穆斯林禮拜時間被要求造訪復活教堂，主教邀請他就地禮拜，但是哈里發敏銳地拒絕，擔心自己的行為會被效法，並將教堂變成穆斯林禮拜場域。因此，他改在距離教堂不遠的地方禮拜，亦即後來十二世紀時建造至今的歐瑪爾清真寺（Mosque of Umar）所在處。當歐瑪爾要求帶他去看大衛（David，阿拉伯文Da'ud）聖地時，發現聖殿山被「基督宗教徒用以褻瀆猶太教徒的垃圾堆」所汙染。[12] 基督宗教徒原本打算長久地侮辱猶太教徒和羅馬多神教徒，用巨大石塊與瓦礫堆在被提圖斯（Titus）於西元七〇年摧毀的希律王聖殿遺跡處，將瓦礫灑滿整個平臺，這是基督宗教耀武揚威呈現在耶路撒冷的例子之一（對應之後穆斯林的遭殃）。正如耶穌向祂的門徒所預言的；「將來在這裡沒有一塊石頭留在石頭上，不被拆毀了。」（〈馬可福音〉一三：二）。

歐瑪爾對至聖之地的造訪，更有利於後來的成功。一位猶太改信者向他展示聖殿的基石，這是亞當的天堂（prelapsarian paradise）所在地，也是亞伯拉罕準備犧牲兒子的地方，以及上帝派遣先知大衛和所羅門（Solomon，蘇萊曼）建造聖殿的地方。❷穆斯林聖訓認為，先知穆罕默德的登霄也是在同一處。正是在這塊被阿拉伯人稱為sakhra的岩石南邊，歐瑪爾建造留存至今的阿葛薩清真寺。歐瑪爾授予猶太教徒和基督宗教徒有保留各自信仰的權利，但是肯定有很多人接受了征服者的信仰。眾所皆知，至少在最初穆斯林與基督宗教徒曾共用教堂，而且歐瑪爾邀請猶太教徒和穆斯林一起在聖殿山做禮拜。伊斯蘭剛建立時，信仰之間的差異較無清楚地界定。穆斯林也從猶太教徒那裡借用耶路撒冷之稱。因此，他們將稱這座城市為Bait al Maqdis（耶路撒冷聖地），源自猶太教徒的稱呼Bait ha-

❷三大亞伯拉罕宗教都認同這裡是亞伯拉罕獻子處，但猶太教徒和基督宗教徒認為被獻祭的兒子是以撒，穆斯林則認為是伊斯瑪儀勒。

Miqdash。

據阿拉伯人的記載，歐瑪爾以勝利者之姿來到耶路撒冷時，將復活教堂的鑰匙交給努塞貝赫（Nuseibeh）家族，他們是先知穆罕默德在麥地那的強力支持者，也是西元七世紀阿拉伯征服中的重要領銜者。他們家族的名稱是以女戰士努塞貝赫的名字命名的，她是與先知在戰場上並肩作戰的追隨者，這個家族聲稱是耶路撒冷聖地最古老的家族。努塞貝赫被歐瑪爾任命為復活教堂的監護者，這個家族在十四個世紀以來一直保有此身分，只是在第一次十字軍東征期間曾短暫中斷。時至今日，一名努塞貝赫家族的成員會在黎明時分按照禮節儀式打開教堂，並在晚上關閉。努塞貝赫家族還繼續調解各基督宗教派之間的糾紛，這些糾紛是聖城生活日常特徵，並證明稱為聖火降臨的東正教年度宗教儀式。這一天有火會奇蹟般地從耶穌墳墓中升起，並落在耶路撒冷的希臘正教主教手持的橄欖油燈上。[13]

如果說對耶路撒冷的兩個古老亞伯拉罕信仰採取寬容態度是由歐瑪爾帶動的，那麼較年輕宗教的重要地位則是奠基在建築基石。透過新建築和文獻的努力規劃，伊斯蘭的耶路撒冷其地位在這個新宗教初期就已經在成長了。這部分原因是新政權的伍麥亞朝較為劣勢。他們下定決心在首都大馬士革及其外地方樹立伊斯蘭的威望。穆斯林表達信仰最明顯的方式，就是在他們取得的城市空間做轉變。

哈里發阿布杜·馬利克於西元六九二年建造的傑出岩石圓頂清真寺，一舉將岩石轉成伊斯蘭神聖意涵，這座高聳入天際的紀念建築物同時彰顯出伊斯蘭強而有力的至高地位。長期以來，具猶太教徒和基督宗教徒的神聖性被掃除，轉變成具伊斯蘭風格的聖地，象徵著一個先是建立在猶太教和基督宗教基礎上更偉大的真理取而代之。對很多人來說，以單一建築物代表今天的耶路撒冷，定義了這座城市的不是復活教堂，而是岩石圓頂清真寺。傳統上，有人把Kanisa al Qiyama（復活教堂）戲稱是Qumama（垃圾堆，因為聖殿山所在地區曾經是一片垃圾場）。環繞著耶穌埋葬處的君士坦丁之圓形建築，也許已宏偉壯觀，卻被燦爛的金色圓頂搶去風光，圓頂矗立在舊城區的上空，光亮閃爍，日夜引人注目。這是伊斯蘭最早的偉大建築成就之一，是現存最古老的穆斯林地標建築物，也是伊斯蘭建築簡短歷史中前所未有的。對就中世紀的傳統路線，從耶路撒冷南邊入城的遊客來說，看到岩石圓頂清真寺高聳矗立蒼穹下，是耶路撒冷讓造訪者留下的難忘雄偉景象，直到穿越這座城市幽暗如迷宮般的羊腸小巷，進入神聖建築之後，時而有陽光照進來，朝聖者們看到朝著崇高聖殿所敞開的寬闊區域，人們的心會興奮地跳動，岩石圓頂清真寺的輝煌盡收眼底。這座建築是用光亮白色大理石、華麗藍綠色馬賽克瓷磚，以及超過兩百四十公尺長銘文裝飾的美麗和諧建築。這些文字讚美神的光輝與祂的使者，並提醒信仰者耶穌確實是神的先知「僕人」，既不是神的兒子，也不是神本身。❸

當長期走動的摩洛哥旅行家伊本・巴杜達在修建岩石圓頂清真寺的六百年後，於一三二六年來到耶路撒冷，立刻受到震撼。他在範圍廣泛的著作《伊本・巴杜達遊記》（*A Precious Gift to Those Who Contemplate the Wonders of Cities and the Marvels of Travelling*）中表示：「岩石圓頂清真寺是一座美麗、堅固、優雅且造型獨特的非凡建築，無論是外表還是內部，其裝飾如此壯麗，工藝巧奪天工，無以言語形容之。更偉大的是它以黃金覆蓋圓頂，因此以眼睛欣賞時，會被其光閃得眩暈，就像一團光芒、

❸這一點絕無模糊或混淆的空間。伊斯蘭的教義包括La sharika Lahu，即神獨一無二，無與之比擬者，此教義在建築銘文上重複了五次。

閃電那樣奪目。」[14]

建築對伊斯蘭的偉大榮耀相當重要，但還不是全部。同樣重要的是，用文字表達穆斯林城市的無限魅力，使它像人間天堂。因此，中世紀的編年史家極盡寫作證明敘利亞是一塊「獲得了神慈憫的土地」，有著特殊地位；也將典籍詮釋傳統全然提升至言過其實的新高度，將夏姆地區（Al Sham）的耶路撒冷和大馬士革作為新宇宙論的一部分，以先知做背書。[15]先知本人難道沒有表示真主創造的美好分成十部分，其中九部分都在敘利亞？耶路撒冷的論述基礎和伊斯蘭的誕生密切結合在一起。在神創造麥加後，「祂把麥加注入麥地那，把麥地那注入耶路撒冷，在一千年後，一瞬間創造了全世界」。[16]先知後來要求他的追隨者不要去麥加禁寺、麥地那先知清真寺及耶路撒冷阿葛薩清真寺以外的任何地方朝聖。耶路撒冷儼然被提升到伊斯蘭世界的核心，成為記憶之庫和信仰基礎。

基督宗教徒到穆斯林耶路撒冷朝聖的行為在十世紀時開始變得興盛，朝聖者在十一世紀繼續快速增加。勃艮地的克魯尼修道院（Abbey of Cluny）始建於西元九一〇年，在很長一段時間內是世界上最大的基督宗教建築，是歐洲基督宗教徒從西班牙到聖地朝聖之旅的樞紐。受到克魯尼修士的鼓勵，斯塔韋洛（Stavelot）的修道院院長於西元九九〇年出發前往耶路撒冷，威爾頓伯爵（Count of Verdun）在西元九九七年造訪。[17]懺悔動機是朝聖活動的基本教義。因此，虔信者群組（有時是殘酷濺血者）踏上漫長旅程到耶路撒冷為自己贖罪。其中法國和洛連（Lorraine，又譯「洛林」）朝聖者占很大的比例，數量超過英格蘭和日耳曼朝聖者，這反映了安茹伯爵（Count of Anjou）和諾曼地（Normandy）的公爵們為當地信徒提供資助。一〇〇一年，十二、十三世紀統治英格蘭的安茹伯爵

——安則溫朝（Angevin Dynasty）建立者黑色富勒克（Fulk the Black）在宣布他的新娘與養豬者通姦後，立即將身穿新娘服的她活活燒死，他認為前往耶路撒冷是智慮的。英格蘭國王哈羅德（Harold）的兄弟斯威恩·戈丁森（Sweyn Godinson）伯爵在強姦修道院處女院長艾德維生（Edwiga）後，脫下鞋子，朝著耶路撒冷赤腳朝聖。征服者威廉（William the Conqueror）的父親諾曼地公爵羅伯特（Robert Duke of Normandy）於一〇三五年踏上旅程，但是如同當時的許多朝聖者，他在到達目的地之前就離開人世。[18] 宗教聖物遍布整個東方，造訪基督宗教發源地是耶路撒冷的另一個引人之處，儘管許多世紀以來，有許多聖物為了安全起見都被移到君士坦丁堡。

十一世紀大部分的時間裡，耶路撒冷是一個人口十分複雜且具文化涵養的地方。根據十世紀的地理學家穆嘎達西的說法，大多數醫生和政府部門祕書是基督宗教徒，而銀行家、製革商及染工則是猶太教徒。除了定居人口外，其中還有許多穆斯林學者、本地人，也有來自伊斯蘭世界各地者，朝聖者絡繹不絕，因此「這座城市裡每天都有陌生人出現」。[19] 穆嘎達西指出穆斯林、猶太教徒及基督宗教徒的關係整體上是和睦的，而且穆斯林也會參加一些基督宗教徒的宴會。許多穆斯林訪客，例如安達魯斯的學者伊本·阿拉比（Ibn al Arabi）是在一〇九八年抵達的，他有「到天涯海角追求知識的渴望」，而這裡並未讓他失望，「知識的滿月照耀著我，超過三年的日子裡，我蒙受其光輝」。[20]

在耶路撒冷，宗教之間的包容並非常態，會依領導人的激情和偏見起伏。有一個哈里發的名字至今仍被猶太教徒和基督宗教徒厭惡。一〇〇九年災難襲擊了基督宗教徒社群，先前的包容受到干擾，什葉派的法蒂瑪朝哈里發哈基姆（Hakim，九九六—一〇二一在位）命令拆除復活教堂。法蒂瑪朝是長期與巴格達式微中順尼派阿巴斯朝競爭的對手，法蒂瑪人在西元九六九年建造開羅城，使得他們成為埃及和耶路撒冷的主人。在指示殺死所有埃及的貓狗之後，他下令殘暴地逮捕並處決基督宗教徒，還強行把教堂改為清真寺。基督宗教徒朝聖者的積極使他惱怒，而復活節慶祝活動更讓他難以忍受。在慶典上，基督宗教徒以有爭議的奇蹟聖火儀式紀念耶穌復活（其中有光與火從基督被埋葬處升起），❹哈基姆下令將教堂夷為平地；但是僅僅數十年後，教堂即被重建。

哈基姆偏狹的攻擊並不僅限於基督宗教徒，猶太人也成為被攻擊的目標，他們被命令改信或離開，一種令人費解的做法是，讓他們配戴代表金牛犢雕像（Golden Calf）的木牛項鍊。基督宗教徒被迫配戴鐵十字架，葡萄酒也被禁止了。猶太會堂和教堂遭到焚毀。哈基姆站在偏狹的宗派主義出發點，變得越來越野蠻和病態，直到他不分青紅皂白地襲擊穆斯林，不管遜尼派與什葉派都是他的目標，禁止齋戒月並處死（經常是肢解）那些在他身邊的人，從忠實的導師、交往的詩人，到無辜的廚師和王室成員。

哈基姆在一〇二一年的一次夜間旅行中神祕消失，只留下一頭驢和沾血的衣服，之後他的兒子扎希爾（Zahir，一〇二一—一〇三六在位）繼承了法蒂瑪哈里發政權。經過哈基姆的血腥風暴後，扎希爾的統治讓耶路撒冷得到舒緩，在他的統治下，進行一連串的重建與回歸寬容政策。儘管這座城市曾一度倖免於人為破壞，卻仍然無法逃脫一〇三三年強烈地震的自然災害。地震損毀了拜占庭城牆和阿葛薩清真寺，並且嚇壞了城市居民。耶路撒冷猶太宗教學校的行政祕書在一封信中寫道：「人們從家裡跑到街上，因為他們看到房子和城牆都在搖晃，屋梁從牆裡穿出來前後移動著，然後坍塌成廢墟。」[21]透過大力的重建工作，扎希爾展現他對城市的愛，以相當於今天圍繞舊城的歐斯曼時期城牆樣式加以重建，並為岩石圓頂清真寺和阿葛薩清真寺賦予光彩奪目的新馬賽克。在扎希爾和他的繼任者穆斯坦西爾（Mustansir，一〇三六—一〇九四在位）統治下，與拜占庭人的關係得到改善。扎希爾和羅馬努斯三世（Romanus III）簽署條約，為後來的君士坦丁九世・莫諾馬霍斯（Constantine IX Monomachus）在一〇四二年至一〇四八年間重建復活教堂以及聖地的其他基督宗教遺址鋪路。[22]

波斯詩人、哲學家兼旅行家的納西爾・胡斯洛（Nasir-i-Khusraw）留下十一世紀中葉珍貴的耶路撒冷肖像畫。他在夢中聽到一段來自天際的聲音，隨後辭去呼羅珊稅務官職位，歷時七年，經過一萬兩千英里的長途跋涉後，於一〇四七年來到耶路撒冷。寫作的《旅行之書》（*Safarnama*）記載他的細心觀察，他描述這是一座有著兩萬人口的「偉大城市」，周圍有耕作良田，種植玉米、無花果和橄欖，尤其是這座城市裡穆斯林最神聖的禮拜場域。胡斯洛欣賞許多「高大具結構性又乾淨的市集」（每個市集裡都有其專業工）、鋪著石頭的街道，以及倍受捐贈的醫院（Bimarista Adudi Hospital），在醫院裡，「藥水和藥膏」治療許多病人。對所有三大亞伯拉罕宗教信徒而言，這是一個相當多元的朝聖之地。他記載在某些年中，多達兩萬名無法前往麥加的穆斯林改到耶路撒冷聖殿山上聚禮。「也有希臘人和其他國家的基督宗教徒、猶太教徒來到耶路撒冷，造訪復活教堂及那裡的猶太會堂。」穆斯林湧入鋪有精美絲質地毯的岩石圓頂清真寺。綠色雕花和不同顏色大理石欄杆環繞著聖地講壇，有如「鮮花盛開的牧場」。但最壯麗的是「像一座高山」般著名的穹頂，從遠處就能

❹ 在《羅馬帝國衰亡史》（*The History of the Decline and Fall of the Roman Empire*）中，吉朋對這一奇蹟感到不以為然，他不屑地說：「這是出於虔誠的騙局，最初是在西元九世紀出現，被拉丁十字軍虔誠無比地重視，每年都會被希臘、亞美尼亞和科普特支派的教士重複，他們向輕信的觀眾們做這件事，只是為了自己和那些暴君的好處罷了。」

看到。胡斯洛還熱情讚頌有兩百八十根大理石柱「大而美」的阿葛薩清真寺，它的壁龕裝飾著彩釉瓷磚，上方有雕刻精美的木頭屋頂。接近重建完成的復活教堂是「最寬敞的建築，能夠容納八千人，這座宏偉建築是用最高超的技巧，以彩色大理石、最漂亮的裝飾和雕塑建造而成的。在裡面，教堂的四壁裝飾著拜占庭錦緞，上面有著金色圖案」。其中，耶穌被描繪騎著驢，同行的還有其他先知和主教，如亞伯拉罕、以實瑪利（Ishmael）、以撒（Isaac）、約伯（Jacob），「願主賜他們平安！」[23]

胡斯洛造訪耶路撒冷是在一〇五四年教派大分裂發生的幾年前，這場分裂將基督宗教世界一分為二，其裂痕甚至在一千年後也沒有癒合。君士坦丁堡和義大利南部雙方關閉對方教堂的對立舉動，乃出於神學上、教會結構的模糊性差異、爭論，教宗利奧九世（Leo IX）的教廷使節乾脆把拜占庭牧首米卡耶勒一世·切拉利伍斯（Michael I Celarius）開除教籍作為報復，後者也以牙還牙。從此以後，羅馬的拉丁天主教徒在他們的教宗領導下反對希臘正教，後者只認可君士坦丁堡的今世及其精神領導地位。對基督宗教徒已有吸引力的耶路撒冷，更是基督宗教內部競相影響之處，胡斯洛記錄當地傳說拜占庭皇帝曾祕密地朝聖，「以免被認出」。自一〇五九年開始，君士坦丁十世·杜卡斯（Constantine X Doukas）支持在復活教堂周圍發展一片基督宗教徒聚居區。

整個基督宗教世界，包括東正教和天主教都對一〇六四年的訊息感到驚嚇，當時在距離耶路撒冷只有幾天路程處，班貝格主教阿諾德（Arnold Bishop of Bamberg）帶領的七千名日耳曼和荷蘭朝聖者，遭到「最殘忍嗜血的阿拉伯部族」攻擊。根據某位編年史作者的說法，無力抵抗的朝聖者敵不過這些「窮凶惡極的狼」，被毫不留情地殺死。[24]當時有故事說朝聖者把金子吞下肚，但是被奪財害命者剖開內臟以拿出金子。據說有五千人被殺，若不是法蒂瑪朝的巴勒斯坦總督前來營救，整支朝聖隊伍很可能全部都會死於非命，這是對朝聖途中存在危險的一個血淋淋提醒。

從一〇七〇年代開始，聖地不穩定的狀況加深。一〇七一年，塞爾柱（Seljuqs）突厥統領阿勒普．阿爾斯蘭（Alp Arslan，意為「如獅英勇」）在曼濟刻爾特戰役（Battle of Manzikert）中大破拜占庭軍隊。這場發生在位於今日土耳其東部的戰役，象徵突厥人力量在安納托利亞的增強與拜占庭勢力的逐漸式微。這次戰役是拜占庭人災難性的失敗，受辱的皇帝羅馬努斯四世．迪歐傑尼斯（Romanus IV Diogenes）本人也被俘虜。

阿勒普．阿爾斯蘭手下的突厥將軍阿濟茲．伊本．阿巴哥（Atsiz ibn Abaq）繼續向南出擊，並包圍耶路撒冷。出於對這座城市「神聖地位」的尊重，他誓言不會強攻，但是這並不能阻礙他讓城裡的人在一〇七三年挨餓投降。一〇七七年，他又回到聖城牆下，當時居民受到他兵敗埃及的鼓舞而發動反叛。這一次他就不那麼想要克制自己的人馬，有三千名耶路撒冷居民被殺，只有那些跑入聖殿躲避者才被以贖金放過。猶太詩人索羅門．本．約瑟夫．哈科恆（Solomon ben Joseph Ha-Cohen）描述阿濟茲在開羅和耶路撒冷的暴行時，形容突厥人有如野獸、蕩婦及通姦者：

他們……搶劫殺人
強姦婦女，掠奪貨棧
他們是怪異又殘酷的人……
讓城市成廢墟，讓人感到悲傷……
堆燒穀物，破壞宮殿，

砍倒樹木，踐踏葡萄園，
挖開掘墓，丟出骨頭。[25]

阿濟茲占領耶路撒冷，明顯未能為這座城市帶來一個更有序的時代。短短幾年內，阿濟茲被謀殺，而阿勒普・阿爾斯蘭剛剛起步的帝國旋即崩潰，成為內戰與衝突的受害者。耶路撒冷就像是當鋪中的典當品，被交到突厥軍閥歐爾圖哥・伊本・阿克薩卜（Ortuq ibn Aksab）手中，後者以向復活教堂的圓頂射箭，慶祝他對這座城市的掌控。儘管在一〇九三年發生另一次叛亂，但是歐爾圖哥的兒子們守住了耶路撒冷，直到一〇九八年，當時埃及的大臣將這座城圍困四十天，迫使向新總督伊夫提哈爾・阿勒道拉（Iftikhar al Dawla，此傲然名稱意為「國家之榮」）投降。

暴力的突厥軍閥與埃及領主在這裡的來去，對耶路撒冷和城中人民造成相當不便，但是與即將展開的恐怖未能相比。

在法國克勒爾蒙特—費朗（Clermont-Ferrand）市中心的玖德廣場（Place de Jaude），有一座高盧人領袖維爾善托利斯（Vercingetorix）的大型雕像，他高舉勝利之劍，騎著馬跨過倒下的羅馬士兵奔馳。雕像位於堅固基座上的六根柱子上，高聳於街道上方，主宰著這片公共空間，是激動人心的軍功紀念碑，上面的銘文是以雕塑主角的口吻，寫著J'ai pris les armes pour la liberté de tous，我為所有人的自由而戰。

一〇九五年十一月二十七日，即維爾善托利斯聯合高盧的部族對抗羅馬一千一百多年後，另一名法國人站在克勒爾蒙特，呼籲聽眾為自由拿起武器。在克勒爾蒙特會議上致辭時，教皇烏爾班二世敦促主教和貴族們集結起來營救在聖地的基督宗教徒，這是他回應東正教會發出的急切求援，他們正面臨塞爾柱人的劫掠。

他告訴面色凝重的聽眾：「我們的基督宗教徒兄弟教胞在耶路撒冷、安提歐克和東方的其他城市遭到鞭打、壓迫及傷害，基督宗教徒被驅趕流放，在他們自己的土地上成為被出售的奴隸，接受難以言語的侮辱與勞役。」[26]之前用來歡慶神聖奧祕的教堂，現在被當作馬廄。現在東方的基督宗教城市不是由基督宗教聖人控制的，而是由「卑鄙惡劣的突厥人」控制。最具煽動性和末日色彩的教宗布道版本（有五種版本），來自編年史學家修士羅伯特（Robert the Monk）寫於一一二二年左右。在他的筆下，聖地的穆斯林統治者是血腥的野蠻人，「最悖逆上帝的種族」。

> 他們毀滅了祭壇。他們對基督宗教徒進行割禮，將割禮的血塗抹在祭壇上，或將其灑在洗禮的水中。他們樂於切開肚皮，拖出腸子的末端綁在木樁上。然後鞭打他們，讓他們圍著木樁跑，直到內臟溢出倒地。

烏爾班竭盡全力讓他的追隨者們怒不可遏，糾正這樣的錯誤，拿起十字架出發前往聖地，從「邪惡的種族」手中奪回這塊奶與蜜的土地，而這片土地本應歸還給那些以色列的子孫。耶路撒冷是「世界肚臍」、「愉悅樂園」，上帝（耶穌）的降臨使她傑出、祂的臨在使她美麗、因祂的痛苦而神聖、因祂的死而得救，並且因其埋葬而榮耀。這座城市被無知的野蠻人擄獲，她「渴望解放，並不停地懇求你幫助她」。那些接受這一神聖挑戰的人將得到「免除原罪，並有天國永恆榮耀的保證」，這是一個精心設計具說服力的主張。

基督宗教朝聖者遭到襲擊殺害，拜占庭皇帝已為穆斯林所敗。神聖的耶路撒冷從一個野蠻人轉移到另一個野蠻人手中，聖地充滿鮮血，現在是採取果斷行動為基督服務的時候了。毫無疑問，有史以來最偉大的耶路撒冷之旅得到上帝的支持，這次朝聖之旅將成為第一次十字軍東征。一群騎士和主教大聲讚揚教宗激盪人心的談話，他們大聲吼叫著「Deus vult!」上帝意欲！

教宗烏爾班二世可能沒有許多軍隊調遣，但是他呼籲的這次大膽遠征時機格外有利。在過去幾年裡，伊斯蘭世界已經喪失了主要、持久的領導者，開羅的法蒂瑪朝哈里發穆斯坦西爾和他的大臣巴德爾．賈瑪里（Badr al Jamali）、巴格達的阿巴斯朝哈里發穆葛塔迪（Muqtadi）、塞爾柱蘇丹馬力克夏赫（Malikshah）和他的大臣尼扎姆．穆勒克（Nizam al Mulk）全都被死亡天使帶走了。法蒂瑪朝和阿巴斯朝的力量受到嚴重削弱，塞爾柱帝國則是正在解體中。[27]

對許多中世紀的基督宗教徒來說，耶路撒冷誠如教宗所指是世界中心。拋開它的宗教聖物不說，這座城市本身就是聖中之聖，是上帝救贖人類之處，超越其他任何地方，這座城市象徵一代代先知和聖人的精神力量。這裡是最初的基督宗教徒（耶穌及其門徒）的城市，這裡是基督被釘上十字架、埋葬和復活之處。對於那些相信預言的人，耶路撒冷將會是世界末日之前最後一位皇帝加冕的地方，這也難怪最受歡迎的十字軍戰鬥口號是出自〈詩篇〉七十九：「上帝啊，外邦人進到了祢的地。」

十字軍是由社會上層與下層的人組成：貴族、騎士、佃農、修士、流氓、盲信者、浪漫天真者、孤僻怪人和冒險投機者，他們在烏爾班二世的呼籲下聚集，在衣服縫上象徵性的十字架。這支浩浩蕩蕩、手持武器的隊伍的精神領袖是皮烏的安則馬爾（Adhemar of Le Puy）主教，他是第一個拿起十字架者，跟在他身後的是圖魯斯的伯爵（Count of Toulouse）雷蒙德四世（Raymond IV）。這支倉促集結的軍隊由各色人組成，彼此分歧，爭執頻繁，時而追求王國，無情且野心勃勃。這支軍隊主要組成是諾曼和普羅旺斯人，其中包含諾曼地公爵羅伯特、弗蘭德斯伯爵羅伯特（Robert Count of Flanders）、義大利南部萊切的坦科里德（Tancred of Lecce）、布伊庸的戈德弗雷（Godfrey of Bouillon）、下洛連地區公爵（Duke of Lower Lorraine），以及塔蘭托的博希蒙德（Bohemond of Taranto）。

鮮血流濕了他們前往耶路撒冷的路途。在一〇九五年末與一〇九六年初，他們甚至尚未離開歐洲，就屠殺了法國和德國的猶太教徒，他們在基督受難超過一千年後居然仍受到責難。一〇九七年，十字軍拿到第一個亞洲回報，在長達一個月的圍城後，他們奪取了安納托利亞西北部的尼西亞（Nicaea），並交給拜占庭軍隊。接著是安提歐克古城，十字軍在這裡經歷最激烈的饑困圍城戰，幾乎在達成目標之前就得結束征程。此時在十字軍的營區，有一位叫彼得·巴爾梭洛繆（Peter Bartholomew）的士兵，開始得到一些幻象，告訴他聖矛（Holy Lance）的埋葬地點。隨後能夠「發現」聖物的消息振奮了十字軍，讓他們堅持繼續戰鬥。然而，巴爾梭洛繆卻無法抹除對於他是騙子的指控，下定決心要證明自己的清白，主張承受火的考驗，走過一根燒得通紅的犁頭，幾天後就離開人世。

十字軍面臨的情況更加惡化，食物供應耗盡。一場瘟疫也在此時爆發，讓許多飽受煎熬的人丟了性命。然後在一〇九八年底，在位於敘利亞西北部，距離安提歐克三天路程的瑪阿剌（Maarra），十字軍墮落到更離譜的狀況，他們的行為至今仍令人震驚。法蘭克編年史作者卡翁的拉杜勒夫（Radulph of Caen）記載：「我們的軍隊在鍋裡煮了異教徒成人，把小孩串起來烤著吃。」[28]這些不是敵人毫無根據的指控，吃人肉行為是被坦白承認的，編年史作者艾西斯的亞伯特（Albert of Aix）記載：「我們的軍隊不僅不害怕吃死去的突厥人和穆斯林，他們甚至吃狗！」[29]

在一封寫給教皇的信中，十字軍對此提出的正式解釋是饑荒所致，許多穆斯林則認為這是狂熱主義。正如十二世紀敘利亞飽學之士歐薩馬・伊本・蒙基澤（Osama ibn Munqidh）後來所寫的：「凡是對法蘭克人理解者，都視他們為有過人勇氣、鬥志的野獸，但也僅此而已，就像動物力量和侵略性較強。」[30]在瑪阿剌的這場可怕事件中，還得加上十字軍對城鎮男女老少的大規模屠殺，那些沒有被殺的人也遭到搶劫，並被賣為奴隸。城牆被毀，房屋被燒。在一個非比尋常的誇大統計數字例子中，十二世紀的歷史學家伊本・阿希爾（Ibn al Athir）表示，有十萬人在瑪阿剌被屠殺。這個城鎮的全部人口不太可能超過一萬人，但無論數字多少，十字軍進行的屠殺都是毀滅性的。

那些逃離殺戮四散的難民提供關於法蘭克人的暴行故事，驚駭於故事內容，包括哈馬（Hama）、霍姆斯（Homs）、特里波利、貝魯特、凱撒利亞（Caesarea）及阿嘎（Acre，阿拉伯文'Aka）在內的許多城市，都匆忙地切斷和十字軍的協商，那些城市當時甚至有一支裝備簡陋英格蘭艦隊在濱海的支援。在阿爾蘇夫（Arsuf），軍隊轉向內陸，他們距離心中的神聖目標只有五十英里。一〇九九年六月三日，隨著夏季氣溫的上升，他們占領了拉姆拉（Ramla）。諾曼人坦科里德衝去伯利恆，將之據為己有。六月七日，在激動心情下，有一些十字軍還赤著腳，他們已經在為自己的成就「歡心和狂喜」，這支精疲力竭的軍隊抵達了耶路撒冷。[31]根據圖魯斯的雷蒙德手下牧師阿吉雷斯的雷蒙德（Reymond of Aguilers）記載，他們的隊伍有一萬兩千人，其中大約一千兩百人是騎士，還有更多武裝的農民和非軍事人員。

對聖城的居民來說，一支駐紮在城外面的軍隊尤其駭人，距離上一次被包圍才過了僅僅九個月，那一次是法蒂瑪朝軍隊進行為期四十天的圍城。然而，他們的處境還稱不上毫無希望，這座城市有強大的防禦設施和大量的駐軍，城外和他們對峙的軍隊暴露出其危險性，在一連串的被動行軍後疲憊不堪，出現補給短缺的危險，傲慢領主之間發生不和分裂。夏季氣溫不斷上升，井被堵塞，供水有限。最重要的是，阿夫達勒（Al Afdal）領導下的一支龐大埃及軍隊已經趕來要消滅異教入侵者的消息，很快就傳到守城者和十字軍那裡。十字軍並沒有太多時間，在另一次神聖顯像後，十字軍發動了閃電般的城梯襲擊，而沒有依靠攻城機轟炸城牆，這是橄欖山（Mount of Olives）上的一位隱士催促他們立即進攻。防守者擊退他們的衝鋒，十字軍被打退了，並受到慘重損失。

這次失敗促使當事者採取更周詳的方法，而領袖們之間為了誰要進攻城牆的哪一部分而有新一輪的爭吵。經過長時間的爭論，圖魯斯的雷蒙德率軍進逼南邊錫安山（Mount Zion）下的錫安門（Zion Gate）。坦科里德和諾曼地與弗蘭德斯的兩位羅伯特則向北占領陣地，分別面對新門（New Gate）和大馬士革門（Damascus Gate），而布伊庸的戈德弗雷則開始在防禦者的攻擊範圍外建造攻城塔。這種雙面包夾的戰術可以將守方的防禦作戰一分為二，迫使他們必須用稻草、穀堆、巨大木樁、繩子，甚至是紡織品或塞了絲綢的床墊來保護城牆，任何能夠抵禦投石車發起的無情轟炸之物都用上了。六月十七日，當熱那亞人（Genoese）的船在亞法靠岸時，對十字軍來說又是一次好運。這些船被拆下，木材迅速運到耶路撒冷，在那裡被改造成移動式攻城機，沒有它們，城市就無法被攻占。

七月六日，溫度已經讓歐洲白人無法忍受。另一次神聖顯像又發生了。一名神父聲稱已故的皮烏的安則馬爾主教（前一年在安提歐克逝世的「品格崇高和永恆不朽」者）向他顯示，並呼籲基督宗教徒在傑里哥城牆外以約書亞之靈進行儀式。[32]為期三天的齋戒被應允了，隨後跟隨在留著大鬍子、身上帶著聖物的教士們身後，赤著腳、頭暈目眩的士兵們開啟他們如同幻覺般的聖城巡禮，受到號角齊鳴和如大海一樣的十字軍旗幟的激勵，每向前一步都被守城的士兵嘲笑，對他們來說，這樣的奇異場景絕對令人不安。這一次，一個教士在城門外講道，其內容和布爾格伊勒修士長巴勒德里克（Abbot Baldric of Bourgueil）有關，精采地傳達凝聚在營地中基督宗教徒的責任和命運之狂熱氣氛：

> 你們起來，基督的家族成員！你們起來，騎士和步兵把那座城市牢牢控制在手中，我們的邦協！試想今天在那城中被禁止和被釘在十字架上的基督……並強將基督從不潔迫害者帶離……如果有外人殺了你的血親，你難道不會報仇雪恨？你更應加倍為你的上帝、你的父親、你的兄弟報仇，他們在耶穌的土地上被責難和放逐，甚至釘死在十字架上；你難道沒有聽到他們的呼喚，哀傷地乞求援助？[33]

到了七月十三日夜幕降臨時，法蘭克軍隊已經完成精神與軍事的攻擊準備。兩座巨大的攻城塔在夜色中矗立，兩側鋪蓋著新剝下來浸泡醋的動物皮，以抵禦守軍的希臘火炮。坦科里德、弗蘭德斯及諾曼地的兩位羅伯特朝著東北方移動，靠近戈德弗雷所確認城牆最薄弱處，這裡距離希律門（Herod's Gate）東邊不遠，位於今天的洛克斐勒博物館（Rockefeller Museum）對面（一座白色石灰岩構築的風景）。[34]戈德弗雷已經把它預定為攻擊點，為自己找好在攻城塔裡的指揮位置，爬到頂上操作巨大的十字弩，對著守方發射尖銳的鋼釘。雙方的攻城火力遍布空中。

七月十四日早晨，在橄欖山上的信號員利用反射鏡，藉由日光反射巧妙配合正在城市北邊和南邊的攻勢。伊本·阿希爾記載了雷蒙德在南邊的攻城塔如何被攻擊和燒毀，並將裡面的人殺死。但是當法蒂瑪人將防守力量集中在南方，到了中午時，戈德弗雷的攻城塔頂住了炮彈和希臘火箭的配合攻擊，占據東北邊的城牆。從這裡，他可以擊潰堡壘的防守力量並強行殺入城中，坦科里德的諾曼人很快就跟上。在城市的另一邊，雖然對自己的緩慢進展感到氣餒，但是雷蒙德的人馬終於打開通道，並且帶著因為不耐煩而產生的狂熱，殘暴地殺向大衛塔（Tower of David）。在那裡，隨著外層防守被攻破，大量守軍在總督伊夫提哈爾的命令下撤退。西牆突出部分是一個古老的八角形堡壘，它的底部是以鉛焊接而成，堅不可摧，但是伊夫提哈爾明白這座城市周邊正在陷落，在雷蒙德的施壓下，他選擇投降以換得城中百姓活命，他被允許在晚些時候離開，前往阿斯卡隆（Ascalon）。

對耶路撒冷人來說，卻沒得逃離。受到恐慌的衝擊，平民男女老幼跑到本應免於殺戮的聖殿山上避難的聖地，但是他們不僅沒有獲救，更遭到殺害。這種如此殘忍、嗜血和無情的場面，只能解釋為宗教狂熱，這樣的暴行也不能被譴責為敵人的宣傳，因為這些暴行被栩栩如生地記錄在十字軍的編年史裡。在記載中，教宗烏爾班二世的基督戰士（milites Christi）歌頌暴力，並且陶醉在濺血中。阿吉雷斯的雷蒙德就是其中的一位，他用近乎洋洋得意的驕傲口吻描述屠殺：

> 美好場景出現在眼前。我們的人砍下敵人的腦袋，還有人射箭，讓他們從塔上掉落，更有人用火

燒，以更長時間折磨他們。街道上看得到一堆堆的頭、手與腳，必須踐踏人和馬屍體才能向前走。[35]

投降和饒恕是不可能的，多年來，在前往耶路撒冷兩千七百英里路途上的困窘與苦痛，在殺戮和搶劫的狂歡中被忘得一乾二淨。最臭名昭著的十字軍記載並未刻意隱藏對無辜百姓的無差別殺戮，抓著嬰兒猛衝城牆撞死，或是將受害者從高塔上拋出摔死，描寫這些行為的口吻則是極盡地誇大其榮耀，彷彿每一份殺戮的記載都能讓他們基督宗教徒的榮譽感更生光輝。因此，我們也聽到有騎士將法蒂瑪士兵追到岩石圓頂清真寺，並進入阿葛誒清真寺，繼續砍殺面前的所有人，「血已經浸濕到他們的韁繩處」。對阿吉雷斯的雷蒙德來說，「那是上帝公正、光彩的審判，這地方應該填滿異教徒的血」。❺有些歷史學家或許認為，這些十字軍視自己為上帝之怒的代理人。[36]

十一世紀的穆斯林曾將十字軍比作野獸。夏爾泰的福勒薛赫（Fulcher of Chartres）是一名參加過十字軍的教士，曾擔任布洛涅的鮑德溫（Baldwin of Boulogne）之專職神父，他後來在遠征編年史中，將耶路撒冷的猶太教徒和穆斯林比喻成「腐爛的果子」：

我們的人揮舞著利劍穿過城市；
絕不放過任何人，即使是那些乞求憐憫的也不例外。
這群人被擊倒在地，像是腐爛的果子，
像被風吹動的橡樹果，從搖晃的樹枝掉落。[37]

一般認為有一萬人在聖殿上遭到殺害，「其中有大量的伊瑪目、宗教學者、正直者和靈修者，這些人是離開故鄉，到此寧靜地方過著聖潔生活的穆斯林」。[38]雖然後來的穆斯林記載提及有十萬人被屠殺——伊本·阿希爾提到在阿葛薩清真寺就有七萬人被殺害，但現代歷史學家認為實際數目是十分之一。伊本·乍拉尼西（Ibn al Qalanisi）是少數對這件事做了簡略記載的當時穆斯林編年史作者之一：「許多人被殺，猶太教徒聚集在他們的會堂裡，然後法蘭克人將他們活活燒死。他們也毀了聖人紀念物和亞伯拉罕的墳墓，願主慈憫他！」[39]

坦科里德下令放過留在阿葛薩清真寺屋頂上的三百名穆斯林，而將屠戮變為劫掠。在接下來的早晨，雷蒙德的軍隊罔顧坦科里德的命令，爬上屋頂，開始又一次的瘋狂殺戮，折磨受害者，並砍下他們的頭顱。

自從十字軍東征開始時期，「今天如果上帝高興的話，我們都會發大財」。這句話就成為一句最流行的戰鬥口號。現在財富可以肆意掠奪，古老的聖殿山因為聖地失去聖地中的驚人寶物。伊本·阿希爾記載法蘭克人有系統地從岩石圓頂清真寺中拿走超過四十個銀燭臺（每個價值都有三千六百銀幣）、四十四敘利亞磅重的巨大銀油燈，還有一百五十個小一些的銀燭臺，以及超過二十個金燭臺和其他數不清的戰利品。十字軍在搶東西時帶著如同他們殺人般的狂熱，在城市的各個角落搜索。根據

❺ 一名主教和重要的十字軍編年史家泰爾的威廉（William of Tyre）曾在十二世紀時對此提出非議，觀察到殺戮是如此殘忍，甚至讓浸泡在血泊中的勝利者們都「害怕和感到噁心」。見Benjamin Kedar, 'The Jerusalem Massacre of July 1099 in the Western Historiography of the Crusades', *Crusades* 3, pp. 15-76.

另一位目擊者的記載，他們「拿走金銀、騾子和馬，以及房子裡所有的物品，無時無刻喜極流淚歡慶」。[40]

街道上流著血水，堆起來的屍體阻塞了街道。此時逃過屠殺的一群群猶太教徒和穆斯林被命令搬運那些屍體，堆疊起來用柴火焚燒，隨後冷血的屠刀再將他們殺死，然後推入火焰中。

七月十七日，以基督名義的屠殺過後，疲憊的騎士們抹去臉上喜悅的淚水，開始尋求精神上的救助。「城市陷落了，朝聖者在復活教堂敬拜的場景是對十字軍的報答，人們歡呼雀躍，唱起讚美上主的歌。他們的靈魂獻給勝利和成功的上帝，讚美的祈禱已無法用言語形容。」[41]

法蘭克人甚至對他們的教胞也殘酷下手，為了申明拉丁人對城裡最神聖的基督宗教聖地之權，阿爾努勒夫（Arnulf，新任命的耶路撒冷諾曼主教）將東正教的教士——希臘人、喬治亞人、亞美尼亞人、科普特人和敘利亞人趕出復活教堂。當那些教士拒絕透露真十字架的保藏處時遭受酷刑。除了所有物質的掠奪外，還有把囚犯賣為奴隸的收入，最有價值的人被勒索贖金，那些沒錢換得釋放的人則是與他們的同伴一起加入燃燒的屍堆。在炎熱的夏季酷熱中，屍體立刻開始腐爛，整座城市變成惡臭的停屍間。夏爾泰的福勒薛赫在耶路撒冷遭到洗劫的五個月後寫道：「哦，城牆內外都是惡臭，那些死掉的薩拉森人（穆斯林）的腐爛屍體一直發臭到此時。」[42]

耶路撒冷在短短幾天內就被摧毀了，其人民被無情地屠殺，猶太教徒和穆斯林的聖地被毀，珍貴的財寶在一場醜陋的基督宗教徒狂暴中被洗劫偷走。曾經流淌著奶與蜜的大地，如今流著血與充斥著發臭的屍體。現在，它需要一個新的基督宗教徒領導者。

由於候選人不少，因此十字軍領袖之間產生新的爭執。有人提出讓雷蒙德坐上王位，但是他拒絕，巧妙地說自己配不上在基督的城市當王。貞潔、未婚的戈德弗雷，這個頭髮蓬鬆雜亂的攻城英雄，是一個敬畏上帝的選擇，他拒絕被加冕成為國王，因為絕不會在基督戴上荊棘冠的地方戴上金冠，因此被擁立為復活教堂的守護者。他的第一個任務是領導殘存的十字軍攻打從埃及前來救援的軍隊，他在阿戌克隆（Ashkelon）擊敗了埃及援軍，粉碎任何的直接威脅。雷蒙德轉往特里波利，在那裡建立一個新的十字軍王國，這是最初十字軍四個國家的最後一個，其他則是安提歐克、艾迪薩與現在的耶路撒冷。

這四個國家被共同稱為Outremer（意為「海外」），指在猶太教徒、基督宗教徒和穆斯林血海中誕生的一塊基督宗教徒領地。耶路撒冷落入基督宗教勢力手中，以及對上帝可憎之敵的正當破壞無異為一場奇蹟，就像不到五年前迴盪在克勒爾蒙特上空，發自騎士和教士們的吼叫聲——Deus vult。

伊斯蘭世界嚇壞了，十一世紀末、十二世紀初的伊拉克詩人阿布·穆扎法爾·阿比瓦爾迪（Abu Muzaffar al Abiwardi）在一首寫於耶路撒冷淪陷後的詩中，悲吟責問在這恥辱、惡行和對信仰者的侮辱中，穆斯林如何能在這樣的暴行後安然入睡。先知穆罕默德正從墳墓中呼喚，勸告信徒們起身反抗：

> 這樣一場戰爭，從漩渦中逃脫
> 而挽回生命的人將悔恨地咬牙切齒。
> 這樣一場戰爭，異教徒手中的劍

隨時準備好揮向信仰者的脖子和頭顱。
這樣一場戰爭，讓躺在麥地那墓中的他似乎提高了聲音，
並哭泣道：「哈希姆的子孫啊！
我看到我的人緩緩向敵人舉矛對抗：
我看到信仰（伊斯蘭）停在脆弱的支柱上。
穆斯林擔心死亡，因而迴避戰鬥，
忘記死亡終將來臨。」[43]

因損失而捶胸頓足，為屠殺感到震撼，大馬士革的大法官阿布・薩阿德・哈拉維（Abu Saad al Harawi）和一群淒慘的耶路撒冷難民逃到巴格達。經過三週艱苦跋涉穿越沙漠的痛苦後，他衝進了王宮。他那華麗的絲綢頭巾早已不知去向，暴露著晒傷的頭頂。他看到年輕的阿巴斯哈里發穆斯坦西爾臥在躺椅上，被宮廷寵侍圍繞著，他的痛苦立即變得怒不可遏。哈拉維已經完全忘了自己。

他怒不可遏地吼道：「你怎敢在自滿和安全的陰涼中沉睡，過著像花園中花朵般輕佻的生活，而你在敘利亞的兄弟們除了駱駝和禿鷹的肚子以外，已經沒有其他藏身之處了，遍地流淌著鮮血！美麗的年輕女子被糟蹋了，她們只好用雙手摀住甜美的臉！英勇的阿拉伯人會甘願讓自己受此侮辱，英勇的波斯人會甘心接受這樣的羞恥嗎？」[44]

那些來自聖城的難民所講述的悲慘故事讓在場者潸然淚下。他們懇求能得到幫助，談到「在那聖潔、受人景仰的地方」所發生對男女老幼的殺害和對穆斯林財產的掠奪。[45]穆斯坦西爾當時才二十多

歲，沒有足夠的力量回應十字軍對伊斯蘭世界核心發動的攻擊。他有溫柔的靈魂，他的熱情是在建築和愛情詩上，而非聖戰和軍事榮耀，他聽到法官帶來椎心的消息後忍不住流淚，這反應引起面前這位非同一般來訪者簡短的詰責，他斥責哈里發說：「穆斯林從來沒有被如此被侮辱過，他們的土地從未被如此野蠻地遭到破壞過。」

就像許多現代政治家試圖平息大眾中爆發正義怒火時的做法，穆斯坦西爾下令由七名王公進行一次調查。「也許無須再補充了，這一群聰明人不再發出任何的聲音。」[46]坐位上的人曾經是力量、榮耀和積極的阿拉伯文明象徵，如今只是一個沒有能力、墮落的傀儡。

這不是伊斯蘭世界第一次感受到基督宗教軍隊的力量，早在西元九世紀的拜占庭戰爭，伊斯蘭世界已經遭遇過基督宗教徒的攻勢和侵略，但是第一次十字軍東征與耶路撒冷的陷落卻有不同的震撼力，在他們的動機中公然表露的宗教性讓穆斯林實在無法承受。

對穆斯林來說，基督宗教的勝利最直接的解釋並不難理解。阿里·伊本·塔希爾·蘇拉米（Ali ibn Tahir al Sulami）是十二世紀的一名敘利亞傳教者，也是《聖戰之書》（*Book of Jihad*）的作者，是討論十字軍東征的第一位穆斯林作者。他提到穆斯林世界的領導者因為放棄發動聖戰的責任而有罪，真主讓他們分裂，容易受到法蘭克人的入侵作為懲罰。「統治者間爭吵不休……因此法蘭克人征服了這片土地。」[47]這是又一個毀滅性內戰後果的呈現。蘇拉米呼籲穆斯林重新奪回耶路撒冷，但卻遭遇讓人壓抑的沉默。

第一次十字軍東征，以及那些後續直到十三世紀末的十字軍戰爭，造成最惡毒、最長久的後果可能就是，基督宗教與穆斯林世界之間烙上重重敵意之印。十字軍把基督宗教世界帶入和伊斯蘭世界全然的衝突中。對今天許多人來說，新月和十字架之間衝突的苦澀回憶可以追溯到十字軍東征的一千年。突厥人從未忘記基督宗教徒在瑪阿剌吃人肉的行徑，猶太教徒和阿拉伯穆斯林仍然記得對耶路撒冷的大屠殺。

曾任約旦外交部長的耶路撒冷人哈濟姆．努塞貝赫（Hazem Nuseibeh）博士如此說：「基督宗教與西方入侵已經形成一種連結，直到今日仍令人困惑。我們不稱之為十字軍，而是Harb al Faranja（意為「法蘭克人的戰爭」）。我們從不認為那是基督宗教和伊斯蘭之間的戰爭，絕對不會！因為我們尊敬基督宗教就像我們尊敬伊斯蘭，但是入侵之間的連結仍造成困惑。」[48]

在十字軍東征一千年後，耶路撒冷對猶太教徒、基督宗教徒及穆斯林仍和先前一樣有著神聖地位。對許多以色列人來說，這是「猶太人永恆的首都」；數以百萬計的基督宗教徒仍在朝聖之路上向這座城市致敬。在不平靜中由三個宗教所共享，它仍是世界上最具爭議的城市，一個精神戰場、一個競爭和世界主義、虔信與血腥衝突的地方。努塞貝赫表示：「它意謂我的一生、我所有的夢想和抱負。一千四百年來，這裡一直是我家族生活的城市，它是我最寶貴的東西。我為耶路撒冷感到許多的痛苦。即使被有系統地斬首和吞噬，它仍是最美麗的城市。這實在悲傷。但是，沒有任何事情會永遠持續。」

出於希望、絕望和必然，這是當今耶路撒冷的每一個穆斯林的心聲。舊城的巴勒斯坦旅館老闆克里斯．阿剌米（Chris Alami）如此說：「你看，沒有人永遠留在這裡，羅馬人沒有、突厥人沒有、基督宗教徒沒有、穆斯林沒有、猶太人沒有、英國人也沒有。無論他們多強大、多偉大，都沒有人永遠留在耶路撒冷。到最後，耶路撒冷還是只屬於耶路撒冷人。」[49]

十字軍的海外首都，法蘭克人對聖城的控制當然也沒有永遠持續。自從一〇九九年的瓦解開始，耶路撒冷控制在基督宗教徒手中的時間不到一個世紀。十字軍王國的持續時間稍長一些，但是隨著特里波利在一二八九年陷落，阿嘎在一二九一年陷落，這場救贖運動也崩潰了。

對未來一切而言，第一次十字軍東征最直接的後果就是把耶路撒冷提高到穆斯林心中最重要的位置。穆斯林未能履行義務而遭受真主懲罰的悲慘，一切已經顯現得相當清楚了。同樣明顯地，還有隨著時間流逝，耶路撒冷必須光復。

【第六章】

開羅

——勝利之城——

Cairo–The City Victorious

(西元十二世紀)

隨著時間流逝，當狂風暴雨威脅我們，我們四處流蕩；但託靠偉大真主，現在我們在這座城找到休養之處。

—— 梅穆尼德斯（Maimonides），《迷惑者指引》（*The Guide for the Perplexed*）

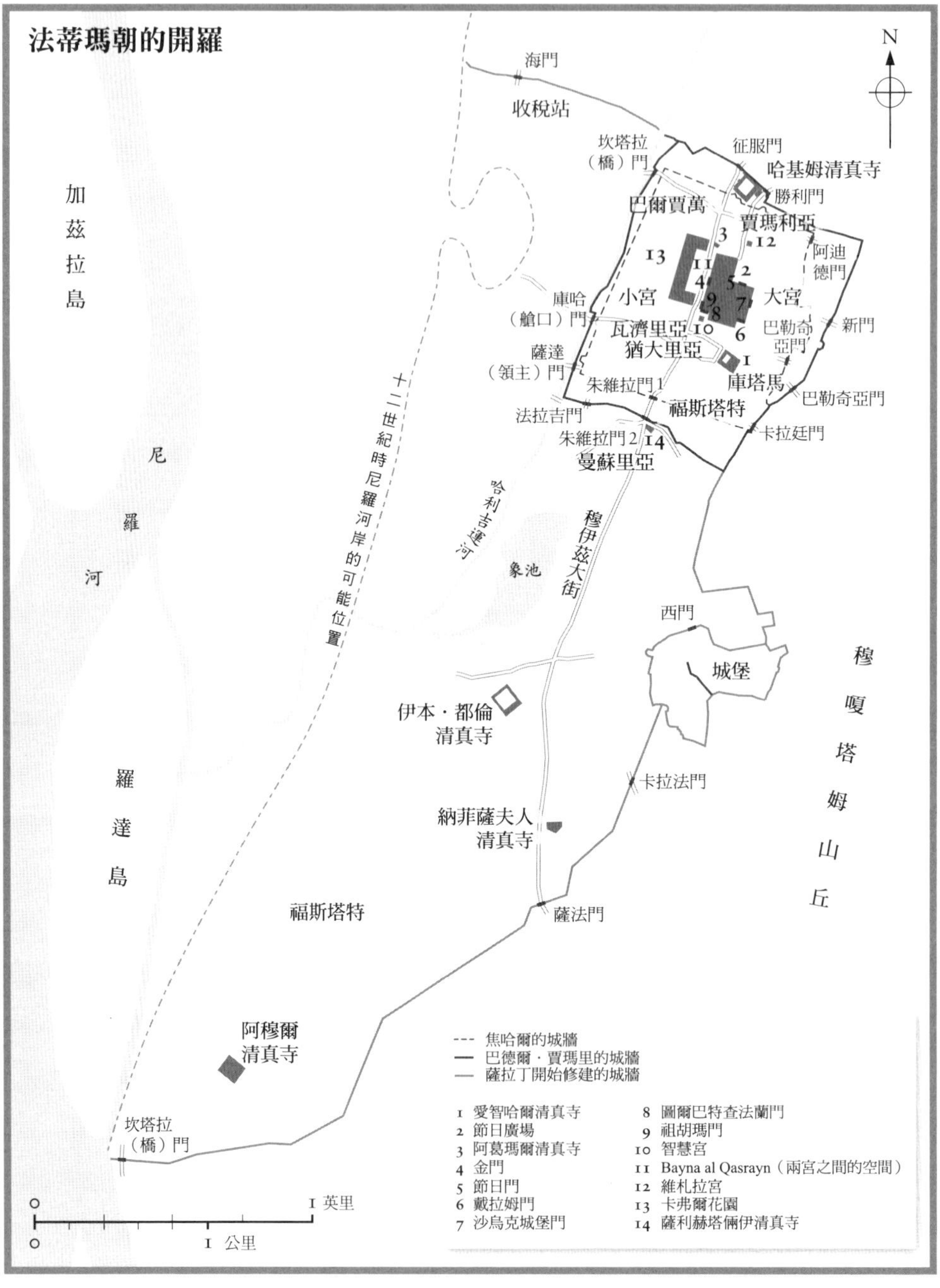
法蒂瑪朝的開羅
N
海門
收稅站
坎塔拉（橋）門
征服門
哈基姆清真寺
勝利門
巴爾賈萬
賈瑪利亞
阿迪德門
小宮
大宮
庫哈（艙口）門
瓦濟里亞
猶大里亞
巴勒奇亞門
新門
薩達（領主）門
庫塔馬
朱維拉門 1
福斯塔特
巴勒奇亞門
法拉吉門
朱維拉門 2
卡拉廷門
曼蘇里亞
加茲拉島
尼羅河
十二世紀時尼羅河岸的可能位置
哈利吉運河
象池
穆伊茲大街
西門
城堡
穆嘎塔姆山丘
伊本・都倫清真寺
卡拉法門
納菲薩夫人清真寺
羅達島
福斯塔特
薩法門
阿穆爾清真寺
坎塔拉（橋）門
焦哈爾的城牆
巴德爾・賈瑪里的城牆
薩拉丁開始修建的城牆
1 愛智哈爾清真寺
2 節日廣場
3 阿葛瑪爾清真寺
4 金門
5 節日門
6 戴拉姆門
7 沙烏克城堡門
8 圖爾巴特查法蘭門
9 祖胡瑪門
10 智慧宮
11 Bayna al Qasrayn（兩宮之間的空間）
12 維札拉宮
13 卡弗爾花園
14 薩利赫塔儞伊清真寺
0 1 英里
0 1 公里

對於大多數想要看到開羅城雜亂、喧囂、氣味揉雜、遍布宣禮塔的震撼全景的人來說，去處只有一個。在兩百公尺高的穆嘎塔姆（Muqattam）山丘上，巍峨的薩拉丁城堡已經雄踞於此超過八個世紀。作為一名伊拉克庫德人構思的建築，它由歐洲基督宗教徒戰俘修建，住著一代代的哈里發和他的後宮，也住過許多蘇丹與奴隸，還有軍閥、總督（Pasha）、惡人和投機者，這座城堡已經成為埃及首都最具象徵意義的標誌之一。十九世紀的穆罕默德·阿里總督清真寺（Mosque of Mohammed Ali Pasha）添加許多穹頂和一對伸向天空二十五公尺高的宣禮塔，薩拉丁城堡就可以從遠處辨認。

多年來，我曾多次站在這些堡壘上，眺望這座引人注目、激發想像力的無與倫比城市。我曾在這裡為古典阿拉伯語與埃及方言奮鬥，採訪過異見者、伊斯蘭主義者和一位世界聞名的牙醫小說家。我還曾遇見如希羅多德的埃及學家、一臉嚴肅的愛智哈爾（Al Azhar）學者、作風溫和的聖公教會領導者、惡名昭彰的單親女權主義者、激烈的革命者，還有冷血的政府黨工，沾沾自喜地談到九一一恐怖襲擊（「我們早就警告西方關於伊斯蘭分子的事了，但你們就是不聽」）、慵懶的肚皮舞演員們，以及一名搔首弄姿的櫃中男同志電影明星。我曾在哈里利市集（Khan al Khalili）為小紀念品討價還價，努力擺脫被坑殺觀光客的圈套，也曾在月光下攀爬金字塔，在黑里歐波利斯（Heliopolis）抽過水菸，在狹窄小巷裡被熱情的計程車司機拉生意。我還曾騎著機車閃躲埃及祕密警察，並在解放廣場（Midan Tahrir）的指標性穆加瑪大樓（Mugamma el Tahrir）中，對埃及的官僚作風發起無效的戰爭，這是正在脈動的城市中心。當溫度計指向攝氏四十度以上時，這就是開羅為卡夫卡（Kafka）

的小說《城堡》（*Castle*）所提供的答案。❶在四十八小時的高燒中，我癱倒在床上，蓋著被汗水濕透的被子，嘴裡不斷呢喃著，這時候從喧鬧的城市裡每一座宣禮塔上傳來有節奏的喚拜合聲：Allahu akbar! Allahu akbar!（阿拉至大！阿拉至大！）灼熱地烙進我的意識。

我曾在塔拉特哈爾布（Talat Harb）大街擁擠的書店裡度過很多快樂時光，在退休前，也曾在文學地標的馬德布利（Madbouly）書店中流連忘返。我曾在著名的麗舍咖啡館（Café Riche）中喝茶，開羅智識分子在那裡聚集暢談好幾個小時，為國事感到絕望，或是傳來古典歌曲演唱者，如法利德·阿特拉什（Farid al Atrash）和穆罕默德·阿布杜·瓦哈卜（Mohammed Abd al Wahab）的聲音。就探索歷史而言，沒有什麼地方比在穆伊茲大街（Sharaa al Muizz）上漫步更能感其宏偉了，這條街道名稱取自虛誇的法蒂瑪朝哈里發穆伊茲·里丁·阿拉（Muizz li Din Allah，意為「伊斯蘭強化者」）之名。這段路長略微超過半英里，連接著征服門（Bab al Futuh）和朱維拉門（Bab al Zuwayla），沿街有各種宏偉的清真寺、伊斯蘭經學院、宣禮塔及覆蓋著厚厚沙塵的穹頂，這些建築代表著中古時期伊斯蘭世界珍貴建築的最高水準。最令人迷路的地方是死城（Qarafa al Arafa），這是一處巨大的穆斯林墓園，在穆嘎塔姆山崖下方雜亂地蔓延五英里，這裡是亡者長眠之所，也是活人生活的地方，從伊瑪目胡笙（Imam Hussain）的聖陵和地位無人能及的阿拉伯歌唱女神溫姆·庫樂孫姆（Umm Kulthum）長眠之地，到最貧賤可憐者的簡陋茅舍。❷

當我還是一無所有的青少年時，曾在滿是塵土的便宜咖啡館裡磨練雙陸棋技巧，一大早就敲擊著櫃檯，直到打烊才回到以髒亂聞名的牛津小旅館（Oxford Pension），整夜與跳蚤、蝨子及蟑螂戰鬥。成年後稍微有了錢，我進出尼羅河邊有空調的十九世紀總督伊斯瑪儀勒（Khedive Ismail）宮殿中，亦即萬豪（Marriot）飯店。在川流不息的尼羅河上，充滿破舊的三桅帆船與滿是娼妓的遊艇，看著落日霞光漸漸消失在漫漫黃沙中，從城市淡出。夜色中，永恆、冷清的河流上漂浮著一塊塊黑色油汙，反射著城市燈光，緩緩流向北方的尼羅河三角洲。我還曾整日沉浸在陰涼的埃及博物館（Egyptian Museum）中，隨著腳步滑過的時間不是以百年計算，而是動輒消逝的千年時光。

薩繆勒・瓊生（Samuel Johnson）曾說：「當一個人厭倦了倫敦，他便厭倦了生活。」然而，若要與埃及首都相比，倫敦看似平淡無奇。開羅就是生命，她有內在生命力，令人無法抗拒、窒息、忘然，汙穢令人敬畏，鼓舞人心又令人沮喪。在喧鬧的交通堵塞，上千輛汽車駕駛人猛按喇叭的日子，震撼著你的生命。她人滿為患的市場裡擠滿了喧囂購物者、大嗓門的攤主，以及來自全球各地的商品。她在殘破中顯露奢侈，有指標建築的宏偉、殖民地的輝煌，以及醜陋、廉價粗糙物品和破爛衣衫。她散發著汗臭味，有著自我生命，無所不包，將你淹沒其中，一向如此，無論何時人潮似乎永不消失。這裡有兩千一百萬居民，每天都有交通巔峰時間的通勤者與將產品推向市場的鄉下人，大量的人口每天湧入湧出，這是一個充滿動力又十足令人暈眩的超大城市。在瓊生博士撰寫其佳作的數百年前，當時倫敦只是一潭充斥著維京人的死水時，開羅已是世界矚目的焦點。在《一千零一夜》中，一

---

❶ 譯注：該小說講述主角在歷經百般折磨後，仍然無法進入目的地城堡的故事。

❷ 「歷史上很少有藝術家能在跨越長久時間中有如此廣大聽眾，溫姆・庫樂孫姆就像是耶迪・皮雅芙（Edith Piaf）與瑪麗亞・卡拉絲（Maria Callas）、法蘭克・辛納屈（Frank Sinatra）和盧西安諾・帕瓦羅提（Luciano Pavarotti）的合體。對一億五千萬阿拉伯人而言，她是東方之星、尼羅河夜鶯、阿拉伯歌后；對開羅人而言，夫人（al Sitt）指的就是她。Max Rodenbeck, *Cairo: The City Victorious*, pp. 328-9.

起，開羅與巴格達同為許多精采故事和冒險的發生地。例如，在第二十八個晚上的「猶太醫生故事」中，我們聽到旅行者稱之為地球上最美麗的城市：

沒有見過開羅的人就尚未看到世界。
她的土地是金子，
她的尼羅河是奇蹟。
她的女人就像是天堂裡眼睛明亮的仙女；
她的房子是宮殿；
她柔軟的空氣比沉香木更溫馨，使人愉悅。
當開羅是世界之母時，還能有別的稱呼嗎？[1]

在那些造訪裡，我總是會到城堡（Citadel）處，這是城市不停歇、發展大變動的定點。這座巨大城市堡壘提供俯瞰開羅、尼羅河谷和跨越數千年埃及歷史的最好視角，沒有別處會比這裡更能感受到空間與時間。越過尼羅河波光，西向十英里處，透過霧霾和摩天大樓，隱約看到吉札（Giza，又譯「吉薩」）的基歐普斯大金字塔（Great Pyramid of Cheops），它是建於西元前二四六七年的奇觀，希羅多德曾在西元前五世紀時造訪。當時的金字塔對他來說，就像對我們一樣，已經是遠古遺物。更南處，被椰棗樹圍繞在中間的是古老得難以想像的孟斐斯（Memphis）遺跡，越過這些遺跡，西邊就是遼闊的撒哈拉沙漠，這片沙漠在兩千五百年前曾吞噬了卡姆比西斯（Cambyses）的軍隊，而從那裡延伸直到三千英里外的大西洋。

諸多法老在數不清的世紀裡，從北邊的太陽城黑里歐波利斯沿著宗教儀式之路到南方的孟斐斯，這條路至今仍是主要交通路線。在城堡下方，從更近處開始是中古時期開羅的迷宮，這裡有宏偉的蘇丹哈山清真寺和伊斯蘭學校建築群，還有四座坐落有序的宣禮塔，左邊是西元九世紀伊本·都倫清真寺（Ibn Tulun Mosque），其墩實、螺旋狀宣禮塔俯瞰著被陽光烤得發熱的寬闊中庭。河濱公路以東是一個讓人覺得好奇的地方，在這個世界上最大、人口最稠密城市之一的開羅，這裡卻是一片荒蕪。在這片散落著瓦礫的平地上，錯落分布著局部發掘的別墅和水道，散亂地出現廢棄已久的陶窯殘骸，這是帳篷之城（Misr al Fustat）的廢墟，是由阿拉伯將軍阿穆爾·伊本·阿斯（Amr ibn al As）於西元六四一年在這裡大破拜占庭軍隊後建立的，於這座羅馬人和後來的拜占庭人在巴比倫軍事城鎮的廢墟上，開啟了伊斯蘭開羅的歷史。

阿拉伯人征服埃及的一個世紀內，福斯塔特（Fustat）已經成為一座偉大城市。十世紀的波斯地理書《世界邊界》（*Hudud al Alam*）描述它是世界上最富有的地方。伊拉克旅行家兼地理學家伊本·昊嘎勒在十世紀時曾兩度造訪這裡，對她的大市場、商業中心、百花繁盛花園和蔥鬱公園感到欽佩。高度的讚揚也來自同時期的阿拉伯地理學家穆嘎達西，他把福斯塔特的眾多人口比作蝗蟲。今日的福斯塔特就是過去的巴格達，他寫道：「我不知道整個伊斯蘭地區還有哪一個城市能讓人留下更深刻的印象……福斯塔特使巴格達黯然失色。這是伊斯蘭的榮耀，也是世界商業中心，比巴格達來得輝煌，它是……東方的交通樞紐。」穆嘎達西記載了一座獨占鰲頭城市的美好時光，流傳至今，讓熱情的開羅人得以炫耀：

有一天，我沿著福斯塔特的河岸走，驚訝地看著那麼多的船穿梭往來，有的停下，有的正要啟航。有一個人對我說：「知道嗎？先生，在這裡停靠的船隻，再加上那些從這裡出發到其他城市和地點的船隻數都數不清，若它們到了你故鄉，可以把那裡所有人都裝上船，還包括所有的設備、石頭、蓋房子的梁柱，所以有人會說，它們能運送整座城市。」[2]

從西元七五一年的軍營（Al Askar）到伊本・都倫（Ibn Tulun）在八六〇年代的定居處城市區（Al Qatai），福斯塔特產出一連串在同一個街區彼此間隔的王室和軍事駐地。在幾個世紀的過程中，每個駐地都會相繼被王城Al Qahira遮蔽吸納，這座城市是西元九六九年法蒂瑪朝哈里發穆伊茲・里丁・阿拉的將軍焦哈爾（Jawhar）為紀念在埃及的勝利而建立的。他選擇了伊本・都倫清真寺稍北處，其東邊是穆嘎塔姆山丘，緊鄰的西邊是哈利吉運河（Khalij Canal）岸。這條運河是羅馬皇帝特拉姜（Trajan）改建法老時期的工程，以連結尼羅河、紅海和阿拉伯半島的聖城。這將是新王室之城，成為軍人（rijal al sayf）與行政文人（rijal al qalam）共居處。[3] 焦哈爾帶領一支十萬大軍從今日的突尼西亞橫掃而來，抵達埃及時造成轟動。起初，他帶了一千兩百個裝滿錢的大箱子，後來又以數不清的駱駝載運黃金製成的巨大碑石。隨後他發布命令，承諾所有埃及人的宗教自由，無論是順尼穆斯林、基督宗教徒或猶太教徒，為法蒂瑪朝為期兩百年的包容定調。

Al Qahira意為「勝利」，歐洲人從這個詞彙中衍生出Cahere、Caire和Cairo（開羅）的稱呼。關於這座城市的建立，有各種不同的傳說，依照其中一個版本，這個名字是源自火星（Al Qahir），在動土時火星正處於上升之勢，因此宮廷占星師判定這是開工的吉時。還有人說穆伊茲．里丁．阿拉命令焦哈爾建造一座統治世界的城市——Al Qahira。對埃及首都和範圍更大的穆斯林世界來說，至今仍具重大意義的是西元九七二年建立的愛智哈爾（意為「輝耀的」）清真寺。這是一個為推動什葉伊斯蘭少數群體的宣教中心，也是在法蒂瑪朝開羅修建的第一座清真寺和伊斯蘭經學院。

第四位法蒂瑪朝哈里發穆伊茲在西元九五三年從他的父親繼承哈里發大位，他在二十歲初就已經統治相當於今日摩洛哥、阿爾及利亞和突尼西亞的大部分地方，現在未經任何戰鬥，就取代曾經強盛無比的阿巴斯朝，成為埃及的主人，並把帝國中心遷移至此，他決心要讓入城時刻極盡輝煌盛大。❸西元九七二年或九七三年，在由大象領頭（還包括放置三位先前統治者遺體的棺材）的盛大遊行隊伍中，穆伊茲起身從高頭大馬上躍下，帶領齋月結束後的開齋節聚禮，並做主麻（週五）講道，然後繼續盛大遊行來到他的宮殿，他坐在金色寶座上，宣布正式掌控這座城市。法蒂瑪家族正式宣稱其血統世襲是繼承自先知穆罕默德，透過先知的女兒法蒂瑪（Fatima，也就是該朝名稱的由來）和哈里發阿里，傳續至今。因此，什葉法蒂瑪朝勢力象徵從正統順尼阿巴斯朝的統治決定性的分道揚鑣。在非官方的解讀中，他們的正當性來自權力和金錢。當一個開羅人挑戰穆伊茲具爭議性的哈里發頭銜時，他只是簡單地抽出佩劍說：「這就是我的世系。」然後把手伸進腰包，將一把金幣扔在面前的地上，宣

❸ 法蒂瑪朝最初三座都城都在今天的突尼西亞，最早的是位於蓋拉萬西南方的拉嘎達（Raqqada，九〇九—九二一），然後是馬赫迪亞（Mahdia，九二一—九四八）、曼蘇里亞（Al Mansuriya，九四八—九七二）。

告：「而這就是證明！」[4]

穆伊茲宣稱哈里發頭銜那一刻，在整個中東地區引發極大震盪。一千年來，埃及首次成為一個治權國家。此後直到歐斯曼人在五個半世紀後的征服，埃及成為幅員愈加廣闊伊斯蘭世界的前線，以整併福斯塔特的開羅將為其首都。隨著時間流逝，法蒂瑪帝國跨越北非、掌控麥加、麥地那和耶路撒冷三大聖城，並向東擴展至伊拉克的底格里斯河，西至西西里島海岸，南至葉門，北至今日土耳其南部的陶魯斯山區（Taurus Mountains）。

穆伊茲（九五三－九七五在位）確立法蒂瑪朝行政改革、宗教寬容和透過貿易的經濟振興策略，這些策略得到其子阿濟茲（Aziz，九七五－九九六在位）的支持延續，從紅海到大西洋穆斯林世界廣闊領域中，阿濟茲的名字出現在主麻聚禮講道中。❹❺阿濟茲信心十足地認為他將戰勝巴格達的阿巴斯朝哈里發，甚至花費兩百萬金幣準備一座鍍金宮殿安置他的伊拉克俘虜（哈里發），但事實並非如他所願。哈里發哈基姆（九九六－一〇二一在位）的統治即將到來，他對猶太教徒、基督宗教徒和穆斯林展開瘋狂迫害。他的統治證明了法蒂瑪朝寬容和多元主義統治的例外，隨意處決任何讓他不悅的人，無論是奴隸、大臣、後宮女子、猶太教徒、基督宗教徒和穆斯林，而事實上這種專斷已經成為普遍現象。一〇一七年，在一些狂熱支持者煽動下，他甚至宣布自己就是神的化身，這件事造成深遠影響，並誕生一個新的異教。❻從那以後，法蒂瑪朝的哈里發立即成為帝國的統治者，也是伊斯瑪儀里派（Ismaili）伊瑪目，是信徒的現世領袖和精神領導人。❼

在他統治的黑暗時期中也有光亮，亦即在一〇〇五年建立的智慧宮（Dar al Hikma），這是與巴格達同名機構的埃及對手，它很快就成為天文學、醫學和宗教研究重要中心。哈里發哈基姆的宮廷編年史家兼朋友穆薩比西（Al Musabbihi），描述了古蘭經誦讀家、法學家、天文學家、語法學家、數學家、邏輯學家、語言學家及醫師的演講，其中有許多人是哈里發任命的。智慧宮對「各行各業的人」開放。認真的學者和業餘愛書者都有權閱讀與複製書籍，並使用免費的墨水、蘆管筆、紙張和墨水臺。歷史學家伊本・阿比・達伊（Ibn abi Tayyi）說這裡是「世界奇觀」，大約藏有十萬本「科學與文化各領域的手稿」。[5]此學術機構最偉大的成就是一部新的Zij，是由阿哈邁德・伊本・尤努斯・哈基米（Ahmed ibn Yunus al Hakimi）編纂的一套天文表，它相當程度改進了西元九世紀在巴格達支持學術研究的哈里發瑪蒙時期發展出來的天文表。智慧宮中最著名的學者是光學之父伊本・海薩姆（Ibn Haytham），他是一位開創性的物理理論學家，被中世紀的歐洲人稱為Alhazen；以及治療白內障的創新者，眼科醫生阿瑪爾・伊本・阿里（Ammar ibn Ali）。在這個欣欣向榮知識研究景象的一百多年後，哈里發阿米爾（Al Amir，一一〇一—一一三〇在位）在西宮（Western Palace）附近建立了

❹ 譯注：在講道中為統治者祈禱是效忠其政治統治正當性的象徵。

❺ 穆伊茲還是世界上第一枝自來水筆的設計贊助者。根據十世紀的法蒂瑪朝手抄本《論社交與調適》（*Kitab al Majalis wa'l Musayarat*）的記載，穆伊茲在西元九五三年說：「我希望能製造一枝不需要用墨水盒取墨就能寫字的筆，它的墨水在筆裡面。只要往筆裡面灌墨水，隨時就可以寫字。寫字的人能把這樣的筆放在袖口裡，或攜帶到任何他想去的地方，隨時取用而不擔心墨水漏出，墨漬弄髒衣服，筆中墨水只會在書寫時才流出。」

❻ 十一世紀傳教者達拉吉（Al Darazi）支持哈里發是神化身的一種信仰，並在黎巴嫩與敘利亞扎根，這一派的支持者被稱為德魯茲。

❼ 伊斯瑪儀里派是什葉伊斯蘭的少數群體分支，與什葉派最大宗的十二伊瑪目派不同。十二伊瑪目派相信十二位神指定的伊瑪目，最後的一位是穆罕默德・馬赫迪（Mohammed al Mahdi）將會在某一天從隱遁中現身；而伊斯瑪儀里派認可的繼承者則是第七位伊瑪目伊斯瑪儀勒・伊本・賈法爾（Ismail ibn Jaffar），這是該派別名稱的由來。

科學院（Dar al Ilm）。

正如在一〇四七年造訪耶路撒冷後，提供對這座城市無價的紀錄，波斯詩人、哲學家兼旅人胡斯洛在一年後留下對福斯塔特與開羅令人神迷的描繪，他詳細地描述油燈市集（Suq al Qanadil）和裡面的商品。這是一個無與倫比的地方，他提到充滿來自世界各地最稀有珍貴的商品，有龜殼製造小盒子、梳子和刀柄；巧奪天工藝匠華麗的水晶製品；還有來自占吉巴爾（Zanzibar，又譯「尚吉巴」）的象牙；阿比西尼亞牛皮製成的漂亮拖鞋；來自大馬士革的銅瓶，其閃爍光亮勝似黃金。胡斯洛羅列他於十二月中的一天在市場上發現的物品：玫瑰、百合花、柳橙、檸檬、葡萄、蘋果、椰棗、甘蔗、葫蘆、大蒜、洋蔥、胡蘿蔔和許多其他的水果、花卉和蔬菜。他對精緻彩陶尤有獨鍾：「如此精緻又輕薄透明，瓶壁可透視外面的手。」[6]

在建城不到一百年間，依據胡斯洛的說法：「開羅已是一座少有其他城市能與之媲美的偉大城市了。」[7]開羅有八座高大清真寺，福斯塔特也有同樣數目的大清真寺。他估計蘇丹在開羅擁有兩萬家商店，在福斯塔特也有數目相當的房屋。至於哈里發宮殿，裡面有三萬名日常隨從，其中有一萬兩千名侍者與一千名馬隊和步兵護衛。胡斯洛所記載最震撼的景象之一是福斯塔特七至十四層的社群住屋，這是一千年前現代高樓前身。他寫過一個住戶在七層樓的陽臺上設置一個花園，並安裝一個用牛驅動的水車，從地面引水到上面澆灌橙樹、香蕉樹和其他果樹。胡斯洛的記載並非如馬可波羅（Marco Polo）般的幻想。他記載的內容獲得伊本．昊嘎勒和穆嘎達西的印證，兩人都談到七層樓高的房子。法蒂瑪時期的開羅是一個都市奇蹟，而且經年累月成為伊斯蘭世界最偉大的城市。它是一個建築創新里程碑，最早摩天大樓在曼哈頓聳立之前的一千年就有高樓建築，是讓人引頸讚嘆的城市。

環牆帝國首都中心坐落著兩座華麗宮殿，東宮（Eastern Palace）是由歷代統治者擴建的複合區，散布在九公頃的土地上，其中的九座門、四千個房間及三百四十五公尺長的西面牆，誇示王室地位的分量。裡面的花園飼養各種珍禽異獸，十四頭駝每天從西奈山（Mount Sinai）載運冰雪到宮廷廚房，其內五十名員工為哈里發準備喜愛的珍饈。東宮對面是較小的西宮，兩座宮殿間的空間設計為一廣場（稱之為Bayna al Qasrayn），其面積達兩百五十公尺乘以一百零五公尺，是法蒂瑪朝盛典活動的場域，足以容納一萬名騎兵。南北走向穿過城市的通道稱為Qasaba，即今日的穆伊茲大街，從北邊的征服門通到南邊的朱維拉門，被引入Bayna al Qasrayn。而輝煌的愛智哈爾清真寺則坐落在智慧宮的東南方，稍微在東宮的南方。

如此快速興起大好繁榮的背後動力為何？簡言之，就是貿易。在法蒂瑪朝統治的兩個世紀（九六九—一一七一），福斯塔特與開羅結合成西伊斯蘭世界的大貿易中心，是地中海和印度之間商業重要參與者。在馬克思．羅登貝克（Max Rodenbeck）的開羅研究中，注意到透過洲際貿易關係，阿拉伯文的商業術語持續滲入英文中：

> 英文的fustian（緯起絨布）源自阿拉伯文的qutn（cotton，棉花）與福斯塔特製作的linene（亞麻）的結合。而dimity（格紋布）則源自阿拉伯文的Damietta（達米耶塔，埃及地名）、damask（錦緞）源自Damascus（大馬士革）、gauze（紗羅）源自Gaza（嘎札，巴勒斯坦地名）、muslin（平紋細布）源自Mosul（摩蘇勒），來自巴格達Atabi區的水洗絲，英文為tabby（平紋織布）。類似詞彙還有柔軟的mohair（安哥拉羊毛織物）、細緻的chiffon（雪紡綢），以及camisole（女性

內衣）、ream（紙張計數單位「令」）、sash（腰帶、肩帶或飾帶）、sequin（衣服裝飾亮片）、mattress（床墊）、sofa（沙發）。一艘從福斯塔特啟航的船，可能裝有許多jar（罐）的camphor（樟腦）、syrup（糖漿）或sherbet（果味糖粉）；還有sugar（糖）、candy（糖果），以及香料，如cinnabar（辰砂）、caraway（葛縷子籽）、carob（角豆樹果）、cumin（孜然）和sesame（芝麻），足以填滿magazine（倉）或arsenal（庫），而且會被課重稅（tariff）。最有calibre（能力）的admiral（海軍將官）方可指揮這艘船。在參考almanac（曆書），並從carafe（喇叭口玻璃瓶）喝了一口充滿茉莉（jasmine）香氣（attar）的聖水（elixir）後，到日正當中（zenith）時，他會在船後桅前，並在魯特琴（lute）的伴奏下，享受輕鬆（drubbing）的按摩（massage）。[8] ❽

世界各地商品和人都匯聚在開羅，這個時期最吸引人的歷史資料或許是福斯塔特猶太教徒社群文獻庫的收藏——文獻庫資料（Geniza documents）。在賓艾茲拉猶太會堂（Ben Ezra Synagogue）文庫裡，保存有約一千年以神之名的各種文件，這些文件超過二十五萬份，其中有十九萬三千份在一八九六年至一八九七年之間，被學者所羅門·薛賀特（Solomon Schechter）檢視後帶到劍橋。大部分文件內容含括十一世紀初至十三世紀時期的紀錄，提供豐富不凡的洞見，得以知悉中世紀時期地中海地區猶太教徒的生活。除了不出所料的宗教著作，如《聖經》、禮拜書和猶太法法典外，文件中還有結婚契約與離婚行為、關於蘇非主義和什葉伊斯蘭哲學的短文、阿拉伯寓言、醫書及大量日常生活文件。[9]這些文件中多采短文和軼事比比皆是，例如十二世紀時一位教師寄給一位父親的信，敘述他用功的兒子即使課業頗有進步，但可惜的是這位男孩的同學們卻搗毀了他的寫字木板。[10]文獻也顯示，猶太教徒、基督宗教徒和穆斯林在福斯塔特共同生活，而不是在個別的圈地或區域。

文獻庫的商業契約、信件、購物清單、海運明細，以及有關海關與稅收的資訊，揭示了該時代十足的活力和商業全球性。福斯塔特與非洲、歐洲、安達魯斯有了連結，往東跨越亞洲到撒馬爾干德與錫蘭。這些文件顯示市場上如何琳瑯滿目地擺著西班牙絲綢頭巾、阿比西尼亞和歐洲的女奴、埃及亞麻、耶路撒冷和巴阿勒巴克（Baalbek）奶酪、葉門床墊、阿比西尼亞鴕鳥毛和皮革、亞美尼亞的墊子和地毯、中國瓷器和精緻絲綢、肥皂、番紅花、突尼西亞斯法克斯黏著劑和樹脂、大馬士革鋼劍、塔巴里斯坦（Tabaristan）錦緞和室內裝飾品、阿拉伯海珍珠、波羅的海琥珀、印度柚木家具，以及摩蘇勒銅器。關於法蒂瑪朝哈里發金庫珍寶的記載中，十四世紀的埃及歷史學家馬葛里濟（Al Maqrizi）列舉了無價珠寶、水晶花瓶、琥珀杯、鋼鏡、金盤、象牙墨水臺、麝香瓶、鑲寶石劍和匕首，以及刺繡花布匹。據資深官員伊本·賽拉菲（Ibn al Sayrafi）所稱，一名伊拉克的改信猶太教徒伊本·基利斯（Ibn Killis）在西元九九一年離世時，留下的亞麻布和布料價值高達五十萬金幣。[11]

---

❽ 以下是英文字及其相對的阿拉伯文來源：Mohair—*mukhayyar*，特選的、chiffon—*shafaf*，透明的、camisole—*qamis*、ream—*ruzma*、sash—*shash*、sequin—*sikka*、mattress—*matraha*、sofa—*suffa*、jar—*jarra*、camphor—*kafur*、syrup—*sharab*、sherbet—*sharbat*、sugar—*sukkar*、candy—*qandi*、cinnabar—*zunjufr*、caraway—*karawiya*、carob—*kharrub*、cumin—*kammun*、sesame—*simsim*、magazine—*makhzan*、arsenal—*dar al sinaa*，製造所、tariff—*taarifa*、admiral—*amir al bahr*，海洋之王、almanac—*al manakh*、carafe—*gharrafa*、elixir—*al iksr*、attar—*itr*、jasmine—*yasmin*、zenith—*samat*、massage—*masaha*、drub—*daraba*、mizzen—*mizan*、lute—*al oud*。

埃及人抱怨政府無能是傳奇本質，我的一位工程師老友伊薩姆（Essam）說：「天啊！埃及最壞的一切都在那棟大樓。」他談論的是那棟惡名昭彰的穆加瑪大樓（中央政府行政大樓）——官僚制度折磨的中心，數十年來已長期困擾埃及人生活。[12]然而，事情未必總是如此。

法蒂瑪朝的開羅，建立在極具高度行政效能與稅收體制的帝國輝煌乃當時的社會秩序結構。據傳哈里發阿濟茲（九七五－九九六在位）在三天內籌集了二十二萬金幣，相當於一公噸純金。重要的是，貿易並非仰賴於該地區如今日模稜兩可的政治、外交關係。由於處於順尼伊斯蘭世界中的法蒂瑪朝的埃及，是奉行非正統的什葉伊斯蘭國家，所以政治、外交關係難會免有盛衰。然而，即使順尼突尼西亞與法蒂瑪埃及在交戰中，商人們仍能來去自如。

中世紀穆斯林也許鄙視歐洲異教徒的粗野行為，卻不反對和他們做生意。自西元九九六年起，以航海事業立國的阿瑪勒非共和國（Republic of Amalfi）就一直在福斯塔特擁有長期的代表人，還有那些老練的貿易商——熱那亞人和威尼斯人，被授予在埃及經商的正式權利。一一四三年，法蒂瑪帝國與西西里島的羅傑二世（Roger II of Sicily）簽訂貿易協議。大約在同一時間，比薩（Pisan）商人被允許使用funduq，即商旅客棧。開羅鑄造的法蒂瑪金幣成為標準的國際貨幣，其價值在中東、歐洲和非洲保持了兩個世紀。

貿易是法蒂瑪時期開羅的命脈，寬容則是其動力，是一枚硬幣的兩面。一首出自阿濟茲時代的格言警句曾經如此諷刺地勸誡信徒們：「作為基督宗教徒吧！因為基督宗教是真宗教，今日已相當程度清楚地表明。只要相信這三個人，其他人皆無益：雅古柏（Yakub）大臣是聖父、阿濟茲是聖子、法德勒（Fadl）是聖靈。」[13]在穆斯坦西爾（一〇三五－一〇九四在位）統治法蒂瑪朝的繁榮期間，身為埃及統治時間最長的穆斯林統治者，猶太教徒和基督宗教徒一直被拔擢到高位，以至於穆斯林怨言偶爾會以文學形式爆發出來。詩人里達・伊本・薩伍卜（Rida ibn Thawb）曾創作這樣的諷刺詩句：

如今猶太教徒已經實現了他們的夢想，
富有、至高無上……
埃及人啊！這是我對你的建議，
既然天國變成了猶太國，你們就變成猶太教徒吧！[14]

亞美尼亞基督宗教徒巴德爾・賈瑪里自一〇七三年至一〇九四年擔任大臣，在此期間，他孜孜不倦地提拔基督宗教徒同胞至高位。亞美尼亞社群大大受到好幾代哈里發的尊重。哈里發哈菲茲（Hafiz，一一三〇—一一四九在位）喜歡每週接受兩次亞美尼亞教會主教談論歷史，他的好幾位繼任者都喜歡在科普特修道院安寧的花園避靜，在那裡得到好客的修士們熱情照料，哈里發為維修修道院和教堂提供慷慨的捐贈。

作為一個身處順尼穆斯林為主體地區的伊斯瑪儀里什葉少數群體，法蒂瑪朝統治者對宗教迫害危險極為敏感。一一三六年，哈里發哈菲茲發布一項體現法蒂瑪朝政權包容和尊重其他信仰精神的飭令，也使現代讀者對當時的不凡進步感到驚訝：

我相信應該將公正和憐憫的責任廣傳，以之擁抱不同的宗教社群。改善生活環境的方式應該包括穆斯林與非穆斯林，提供期待的和平與安全。15

包容與開明乃法蒂瑪時期開羅巨大政治和經濟成功的必然本質，它是成功的基礎，允許整個帝國與其他地區商品、思想自由流通。

文獻庫資料為法蒂瑪朝開羅普及的世界性提供文字證明，開羅的建築則提供更多具有地標性證明。一種新風格在十世紀末出現，誕生在此新朝代的統治需求。從一個效忠巴格達阿巴斯朝哈里發政權的省分升級為有自己統治都城的成熟、完善哈里發帝國，更以適得其所的宏大方式提升，因此法蒂瑪朝統治者選擇從伊朗—伊拉克到拜占庭—敘利亞之間，各種最精緻的建築形式和風格，融合出一目了然的原創風格，脫離在此之前較為樸素的風格。伊朗的影響呈現於穹頂和小穹頂上；敘利亞的影響則出現在門與宣禮塔使用的石頭；來自拜占庭的裝飾風格，已經被大馬士革和哥多華伍麥亞朝統治者採用，這在開羅的牆面凹壁上的貝形裝飾圖案中可見。獨特的清真寺正面在法蒂瑪朝開羅的街道兩旁對齊排列，這種風格最早出現在裝飾極為複雜絕倫的阿葛瑪爾清真寺（Aqmar Mosque）。清真寺宣禮塔的風格有了大變化，被稱為燻香爐（mabkhara）風格，主要是因為有凸稜的頭盔形尖頂立在矩形軸支撐的圓形或八角形截面上方，此術語是東方學家理查．波頓（Richard Burton）爵士在聽了哈里發哈基姆在宣禮塔上點香，為清真寺添加香氣的故事後所創造的名詞。精心設計的幾何圖形和花草紋，以及阿拉伯式花紋遍布在石頭、泥灰與木製公共建築上，比已知的伊斯蘭世界花紋更富麗繁雜。

在可能是為了爭取順尼多數穆斯林與什葉少數群體的一系列建築努力上，法蒂瑪朝統治者修建了順尼派和什葉派共同尊崇的聖人陵墓，如納菲薩夫人（Sayyida Nafisa）、魯蓋雅夫人（Sayyida

Ruqaya）、載娜卜夫人（Sayyida Zaynab）及伊瑪目胡笙的紀念性建築，後者被割下的頭顱在一一五三年被從阿戌克隆帶到開羅，至今依然安放在哈里利市集旁邊的胡笙清真寺（Al Hussain Mosque）。雖然法蒂瑪朝王室宮殿建築的巔峰早已不在，但是帝國風格的建築遺緒毫無疑問地保留在大量的清真寺中，例如哈基姆清真寺（Mosque of al Hakim）、阿葛瑪爾清真寺、誏里赫・塔拉阿伊清真寺（Al Salih Talaai Mosque），以及建於一〇八七年至一〇九二年間保留至今的三座巨大城門：有方塔的勝利門（Bab al Nasr）、圓塔的征服門，其上皆有階梯，方便守城士兵對來犯者投擲石頭、燃燒的油彈，以及無與倫比，具兩座宣禮塔與壁壘的朱維拉門。這座城門上的壁壘直到十九世紀時仍是處決犯人砍頭示眾處，也是提供觀賞開羅舊城的最佳地點之一。[16] 在亞美尼亞人巴德爾・賈瑪里擔任大臣期間，開羅的建築防禦有了決定性提升，他修建的堅固城牆和厚重大門提供第二層保護，其風格反映出受僱用的亞美尼亞和敘利亞建築師與工人的品味和傳統，他引進巴格達稀有石料於建築中，證明了埃及首都建築上長期的創新。

十一世紀後期，法蒂瑪帝國中心再次出現動盪。乾旱與隨之而來不可避免的饑荒大災難（Al shidda al uzma），也稱為一〇六五年至一〇七二年間穆斯坦西爾危機（Mustansir Crisis），對埃及大部分地區帶來極嚴重的破壞。古希臘史家希羅多德說埃及是「尼羅河的禮物」，這條河是一股慷慨但無常的力量，往往帶來一年豐富贈禮，卻又帶來一年的悲慘和死亡。從法老時代起，政權就必須密切監視尼羅河水位。一個完整的尼羅河儀表至今仍豎立在羅達島（Roda Island）南端，是穆斯林征服後所建的。最適當的夏季水位是十六腕尺（cubit，一腕尺約等於五十公分），象徵農業豐收、政府稅收及得當的物價；少於十六腕尺的水位就有乾旱和饑荒的隱憂，還常常帶來瘟疫、動亂與犯罪；甚至更意味著毀滅性洪水。根據史家馬蘇悟迪，埃及人把十三腕尺和十四腕尺等級的水位稱為Munkar與Nakir，即死亡天使。從一〇六五年開始，每隔一年就會出現饑荒，基本食物價格飆升。以至於那些餓極窮人開始吃馬肉、驢肉、貓肉和狗肉，人民行為水準猛跌到更糟情況。馬葛里濟提到：「太多的狗、貓被吃了，以至於狗成了稀有動物，情況越來越糟，已經到了人吃人的地步。」出現一些「鈞」人肉的故事，有人在露臺上把肉鉤子吊在那裡，引誘不夠小心的過路人。

不幸的穆斯坦西爾垮了，落魄到拋售一件件財寶的地步，甚至其王座上的坐墊必須補丁，還要依賴一個學者家族的救濟，威信的失去嚴重到宮廷女眷棄他而去，只剩下三個奴隸隨侍。曾經有一萬匹駿馬的帝國馬廄，現在只有三匹了無生氣的病馬。政治不安成為常態，大臣在一〇六二年至一〇六六年間走馬燈式地換了二十二個大臣。大量的猶太教徒移居別處，宗教基金會捐獻金已經枯竭，福斯塔特的住屋被棄置。拿不到薪餉的士兵和軍官開始掠奪哈里發宮殿、財庫及圖書館。「數不清難以描述的精美書籍」從智慧宮被偷走，奴隸和僕人把較不值錢的書皮拿來做涼鞋，中間的書頁不是被撕去，就是燒掉。突厥士兵們搶走一萬八千本科學著作，還有兩千四百本無價的金銀裝飾的古蘭經抄本。只是一天的光景，就有二十五頭駱駝滿載書籍從哈里發宮殿前往大臣阿布．法拉者（Abu al Faraj）的宅邸，後來又從那裡被偷走，一個將軍用五百金幣的低價買走價值三十萬金幣的綠寶石。[17]

若開羅小景象已是淒涼的，那麼大區域景象就更不樂觀了。法蒂瑪帝國正在瓦解，柏柏地區（Barbary）的控制從十一世紀中葉開始流失。然後在一〇七六年，法蒂瑪朝統治者把最富裕的核心地區敘利亞喪失於塞爾柱蘇丹，導致國庫收入的巨大損失（大約一百五十萬至兩百六十萬金幣）。東邊防禦的失去致使埃及立即暴露於威脅中，即十字軍的入侵聖地，並在一〇九九年攻陷耶路撒冷。

法蒂瑪朝在許多方面都相當出色，但仍無法倖免歷史力量之主宰。十四世紀的偉大阿拉伯歷史學家伊本·哈勒頓，這位帝國興衰理論家認為，像他們之前的大馬士革伍麥亞朝和巴格達阿巴斯朝，此埃及朝代在積極強力開國者的領導下，戲劇性地成為重要且強大勢力，無法抵擋式微，淪為懶散、不重要之地步。在一〇二一年起，繼哈基姆之後的八位哈里發中（大多都是幼主登基），很容易受到野心勃勃和凶狠大臣的脅迫，這些大臣本身也與埃及人、柏柏人、突厥人和黑人軍官們進行著黨項之爭。從一一三五年開始，順尼穆斯林對法蒂瑪朝異端的抵抗變得相當強烈，導致出現了促進正統伊斯蘭的新伊斯蘭經學院。從十二世紀中葉開始，外部威脅開始加劇。一一四九年，基督宗教徒的軍隊洗劫了港口城市亞力山大城和達米耶塔。五年後，突厥統治者努爾丁（信仰之光）在大馬士革政變奪權，將開羅置於控管之下。在隨後的一一六七年（神聖羅馬皇帝腓德立克·巴爾巴爾羅薩〔Frederick Barbarossa〕在波爾吉歐山戰役（Battle of Monte Porzio）擊敗教宗亞歷山大三世〔Alexander III〕那年），明顯的危機出現在開羅城門前。

那年的一個美好春日清晨，兩位耶路撒冷阿馬勒里克國王（King Amalric of Jerusalem）使節的基督宗教徒騎士：凱撒利亞的修（Hugh of Caesarea，聖約翰醫院騎士團騎士）爵士與吉歐弗里·福勒徹（Geoffrey Fulcher，聖殿騎士）爵士，為公務進入開羅。他們的任務是達成一項將為法蘭克人帶來驕傲和榮光，並對法蒂瑪朝埃及帶來卑屈羞辱的協議，一支基督宗教徒軍隊騎兵利用埃及東側的脆弱穿越巴勒斯坦，大軍壓境至此。

在法蒂瑪朝廷中的背叛、混亂達到最高峰時，這些異教徒隨之而來。一一六三年，大臣夏瓦爾

（Shawar）被廢黜，他的反彈是與敘利亞強力統治者努爾丁接觸，並允諾提供埃及三分之一的稅收，以換取努爾丁支持他恢復領導地位。在庫德人將領戌爾庫赫（Shirkuh）率領軍隊恢復他的權位後，夏瓦爾立刻背棄對努爾丁的承諾，懇求阿馬勒里克國王協助他對抗敘利亞人。這一詭計只在短期內發揮作用，一一六七年，當法蒂瑪朝哈里發阿迪德（Adid，一一六〇—一一七一在位）要求外部援助抵禦進犯開羅的十字軍後，戌爾庫赫又從敘利亞回到埃及。這一次他帶著姪子，一位叫薩拉丁（Saladin）或薩拉赫・丁・艾尤比（Salah al Din al Ayyubi）的年輕人（此名字意為「信仰正直」）。夏瓦爾再次求助法蘭克人，因而才有前面提到的外交使節前往開羅。

有些人就是有適時適地出現的本能，泰爾大主教威廉（William, Archbishop of Tyre）就是這種人。正是這位中世紀高級教士兼外交官所寫的《跨越海洋活動史》（*Historia Rerum in Partibus Transmarinis Gestarum*），書中包含駐埃及哈里發朝廷大使館不凡的見證紀錄。現今讀之，歐洲騎士無疑對法蒂瑪朝宮廷的奢華感到震驚與讚嘆。在步兵分隊的陪同下，他們行進穿過征服門，沿著兩宮間道前進。無論把目光轉向哪裡，都可以看到震撼人心帝國世俗與宗教建築。首先，在大門南邊不遠處是哈基姆清真寺，這座壯觀的紀念性建築具有時代性規模，占地面積達一百二十公尺乘以一百一十三公尺，有兩座俯瞰庭院的宣禮塔，庭院規模相當於閱兵場。在他們到達城市的主要河濱道路之前，在兩宮間道上，他們經過位於左側的阿葛瑪爾清真寺。這是一座華麗大建築，上面有高度裝飾紋樣凹壁的立面和木石雕刻的徽章，慶祝開羅重返輝煌與神選領導者——第十任法蒂瑪朝哈里發阿米爾（一一〇一—一一三〇在位），為他的人民帶來了光明與歡樂。[18]

阿迪德的大臣領著騎士們沿著長廳行走，經過有黑色士兵手持出鞘利劍站崗的一道道門，又經過一個廣闊庭院，四周環繞大理石柱的拱廊，其地面有精美馬賽克磚，屋頂有對稱的嵌金飾板。其中有大理石噴泉和相當多歐洲訪客不認識的珍奇鳥類，他們邁向穆斯林世界最偉大領導者的每一步，心裡就越覺得自己的粗俗。穿過另一個裝飾更華麗的大廳，當看到鸚鵡、長頸鹿及野獸時更感到困惑好奇，心想那些珍禽異獸應該只是藝術家的創作。

最後，經過許多環轉，他們到達哈里發寶座的房間，那裡有許多男侍身穿著華服，宣示其主人的輝煌。大臣穿得更是華麗，他解開佩劍，俯伏在地，又如對其神禱求。然後，繡著黃金和珍珠的沉重簾幕突然快速被拉開，哈里發穿著無比華麗衣服在金色寶座上，正襟危坐地出現。[19]

阿迪德年約十八歲，只是他不當大臣夏瓦爾的手中棋子。夏瓦爾對他說法蒂瑪朝哈里發和阿馬勒里克國王之間存在好友誼並相互理解。這是一份建立在穆斯林埃及送給基督宗教耶路撒冷一大筆報償基礎上的簡約，亦即四十萬金幣外加每年十萬金幣的歲貢；另一種解讀則是視之為交保護費。無論是何種方式，唬人騎士修爵士堅持要與伊瑪目—哈里發握手，代表條約完成，這種外交上的失禮讓宮廷震驚。帶著被迫的微笑，年輕的阿迪德脫下手套，達成交易。

在沒有得到保證歲貢兌現之前，法蘭克人是不會撤兵的。對法蒂瑪朝政權而言，相當恥辱的是債務財庫的成立，並且受到法蘭克人行政官員與武裝騎兵控制，以促進及時納貢。對像開羅這樣的伊斯蘭信仰堡壘而言，這是一次財富大逆轉；對法蘭克人來說，則是狂喜時刻。「基督宗教徒軍隊進入此穆斯林大城市那天是光榮的，整座城牆、所有的塔樓和大門……哈里發的住所本身都讓給基督宗教騎士」，確定他們可以隨意找到哈里發。這對穆斯林是一大恥辱，此條約在法蒂瑪埃及中建立一個事後證明短期的諸侯國，這是領導者們幾乎沒有固定結盟關係的時候。一一六八年，條約剛簽訂不久，阿馬勒里克第四次入侵埃及，向開羅步步進逼，先占領城東北方四十英里的比勒貝斯（Bilbeis），當地居民被屠殺到只剩下一個男人、一個女人和一個孩子，並囚禁了夏瓦爾的兒子。他嘲諷地寫給大臣說：「您的兒子塔里（Tari）想知道，我是否認為比勒貝斯是可以吃的奶酪。是的，比勒貝斯的確是我的奶酪，開羅是我的奶油。」[20]

最新一次的投機求援於斷斷續續的同盟中，阿迪德現在開始訴求努爾丁能提供緊急的軍事援助打擊異教徒，但是這還不足以抵抗入侵。為了保衛城市，需要採取不惜一切的措施。疏散的命令已經下達，然後是放火燒福斯塔特，以防止再次發生大屠殺，並阻止十字軍將之作為對開羅發動最終進攻的基地。兩萬桶石腦油和一萬支點燃火把的結合造成煉獄，持續焚燒了五十四天，福斯塔特變成一片沙地廢墟。❾這個事件與戌爾庫赫快速帶援軍支援，讓阿馬勒里克再次撤退。庫德人將軍任命已為期幾個月的大臣，然後將頭銜授予他的姪子薩拉丁，這反映相對的權力平衡。法蒂瑪朝的傀儡哈里發阿迪德，為薩拉丁加上榮耀頭銜：「君王佐理」（Al Malik al Nasir）。

阿迪德於一一七一年去世，薩拉丁代替努爾丁統治開羅。葬禮結束後，哈里發宮中傳來一則出乎意料的興奮消息。前文提到那位講述耶路撒冷如何被屠城的伊本·阿希爾，描述了薩拉丁在王室財庫中發現超乎想像的財富，和保險庫裡大量的珍貴寶石。「一塊如山紅寶石，其重量有十七枚銀幣重或miskal（相當於兩千四百克拉）。這確實無誤，我親眼看，也自己秤。珍珠也是絕好無比，而綠寶石中有一塊足足有四根手指長。」[21]薩拉丁不但沒有私吞這些財寶，還將部分財富交給他的長官努爾丁，分發一大部分給士兵作為獎勵，並出售剩下部分來豐富財庫，沒有為自己留下分文。相較於現今這個地區裡那些更腐敗的領導者，這是出色政治領袖風範的實例。他將宮廷圖書館裡大部分的十二萬本書送給財務大臣——法官法迪勒（Al Fadil）。薩拉丁一方面十分慷慨，另一方面則十分嚴苛，他將一萬八千名官員、大臣和他們的親信與家庭成員逐出宮殿，並將大約兩百五十位法蒂瑪家族男性成員及其女眷確實隔離，以確保一段時間後，法蒂瑪朝血脈就此滅絕。努爾丁在一一七四年去世，這為薩拉丁帶來直接掌權的機會。同年稍晚，他攻占了大馬士革，並在一一七五年宣布，從阿巴斯朝哈里發穆斯塔迪（Mustadi）獲得埃及—敘利亞蘇丹的稱號。這無疑是個諷刺，一個最初被送到開羅去解救搖搖欲墜法蒂瑪朝政權的人最後摧毀了它。他更進一步在那裡建立自己的朝代，以薩拉丁父親的名字命名。艾尤比朝（Ayyubid）統治埃及和敘利亞，直到一二五〇年。

若薩拉丁推倒一座延續兩個世紀的大廈，他更建立另一個超過八百年的朝代，光榮地存續至今。他目睹開羅的防禦弱點，新建立的碉堡城牆補強了此弱點，並將帝都的開羅和福斯塔特的貿易中繼站圍護在一起。

城堡修建工程立即開始，一一七六年開工，直到一一八四年才竣工。它成為中東地區最偉大的堡壘，以及和埃及政府所在地，直到十九世紀末。一代代的艾尤比、瑪穆魯克、歐斯曼及其總督

---

❾ 關於放火和損壞的程度存在著許多不確定性。考古證據十分模糊不清，文獻庫資料完全沒有提到此事，而阿穆爾清真寺（Amr Mosque）與今天開羅科普特區占地五公頃的夏姆堡（Qasr al Sham）的保留存續頗具神祕性。有些說法認為火勢遠比中古時期文獻所宣稱的有限，這些文獻記載的是十字軍從開羅的東門進入後，城內緊張情勢升高，是反基督宗教徒騷亂的一部分。

（khedival）統治者皆在此運籌帷幄。除了第五次十字軍東征（一二一七－一二二一）、第七次十字軍東征（一二四八－一二五四）和亞力山大城十字軍（一三六五）的短暫時間之外，再也沒有法蘭克人入侵埃及，這種情況持續到一七九八年拿破崙到來為止。

在精心準備下，就如哈里發曼蘇爾選定底格里斯河沿岸的巴格達，薩拉丁也慎重地選定這座偉大城堡的位置。他命人在城四處掛上肉，其中在涼風習習的穆嘎塔姆山丘上的肉保鮮時間最長。「城堡坐落在俯瞰開羅城的高地上，遠離攻城武器的最遠射程，完全掌控主導位置。奠基銘文刻在位於堅固阿爾瑪（Armah）山丘上的西門（Bab al Mudarraj），既實用又具美感，還能為任何到他王國尋求庇護者提供避難所」。[22]

來自安達魯斯各地旅行的地理學家伊本·朱貝爾曾在一一八三年初夏乘船到開羅。他正趕上這座「堅固難攻」的建築物以極快速度完工前的最後階段。他高興地看到薩拉丁最近才俘虜的基督宗教徒入侵者跟在駱駝後面，從亞力山大城押解到埃及首都，他們在此投入這項中世紀世界上最大的勞力工程——馬葛里濟認為此城堡工程使用了五萬名戰俘。一一六七年屈辱於十字軍後，開羅再次展現出力量和伊斯蘭信仰的光榮。這座城堡是「奇觀中之奇觀」。[23]

巴哈丁·嘎拉古戌（Baha al Din Qaraqush）是被授權負責此工程者。建築材料從遠方各地送來，另外還有穆嘎塔姆山丘上可用的石灰岩。許多吉札的金字塔被拆解，石塊經由一條專門鋪建的大路運輸，還有更多石料來自開羅南方十五英里處。

除了城堡提供的全景視角外，其規模最讓人讚嘆。英格蘭與之相似處是威廉二世（William II）在一〇九九年完成的倫敦塔（Tower of London）或西敏廳（Westminster Hall，現今國會大廈西敏宮之部分建築），那時正是十字軍洗劫耶路撒冷的同一年，西敏廳也是當時歐洲最大的同類建築。然而，這和薩拉丁的城堡相比只是小巫見大巫，薩拉丁的城堡本身就是城市。光是以東北向陽軍事用途的外牆部分就有超過一英里長、厚三公尺、平均高十公尺：一片十三公頃多邊形的隆起區域，有五百六十公尺乘以三百二十公尺的面積，包含兩間博物館和蘇萊曼總督清真寺（Mosque of Suleiman Pasha）。以幕帷牆（護牆）和塔樓隔開，受到嚴密防護的西南區包含幾乎相等面積的王室住區。今天坐落在這裡的是十九世紀修建的穆罕默德・阿里清真寺（Mohammed Ali Mosque）、盤旋井（Spiral Well）和高哈拉（Al Gawhara）宮殿博物館，後者是十九世紀的一個建築複合區，有軍營、學校、火藥製造廠、兵工廠及鑄幣廠。敘利亞的十字軍騎士堡（Krak des Chevaliers）常被視為中東中古時期城堡建築的里程碑，T・E・勞倫斯（T. E. Lawrence，常被稱作「阿拉伯勞倫斯」）認為騎士堡「可能是全世界保存最好、令人稱奇的城堡」，它展現出毫無爭論的工程和建築上壯舉，而且卓越優美地矗立在霍姆斯峽谷（Homs Gap）六百五十公尺高的山丘上，但是和薩拉丁的城堡相比，前者更像炫耀的暴發戶，而且更慘的是，騎士堡在近年敘利亞內戰中遭到嚴重毀壞。

幾乎同樣卓越，但不易被看出的是那口盤旋井，這是一個高超的工程設計，其作用是提供建於小山丘上人口不斷增加城市的供水系統。工人從岩石鑿出兩個九十公尺深的井水通道。由牛驅動的水車透過兩階段將水送到地面，先是送到位於水道上層半截處的蓄水池，然後從那裡再送到地面。第一個井道的寬度足以容納一個坡道，將耐勞的牲口引到地下的工作場所，這就是盤旋井的形成。

這座城堡的修建工程在薩拉丁去世後才完工，如同一道極優越的城牆，以城堡為中心連通尼羅河。此時大部分的工程事實上已完成，正如從十二世紀時到處遊歷的學者、醫生兼早期埃及學家阿布杜・拉提夫（Abd al Latif）得知，他記載了一道石頭城牆圍繞著福斯塔特、開羅和城堡。

這座城堡是薩拉丁贈予開羅毫無疑問最偉大的建築遺產。他為埃及和廣闊的中東地區留下同樣悠遠影響，是在法蒂瑪朝延續兩百年的什葉伊斯蘭伊斯瑪儀里支派的實驗後，回歸順尼伊斯蘭。這早在一一七〇年，他於福斯塔特城中心開設第一座伊斯蘭經學院時就開始了，這所伊斯蘭經學院適宜地位於埃及第一座清真寺——阿穆爾・伊本・阿斯清真寺（Mosque of Amr ibn al As）旁邊。城堡和城牆修建工程之初還設立另外四所伊斯蘭經學院，在他後半的統治中又建了九所。這些伊斯蘭經學院代表順尼伊斯蘭的四大法學派的教學，是從巴格達到大馬士革與開羅所謂的「順尼伊斯蘭復興」的先鋒，培養出多少具同質性的新一代伊斯蘭學者和領導者，他們界定、統一並強化此信仰。就政治而言，誠如被爭論過的「伊斯蘭經學院拯救了伊斯蘭」，這些學校開啟以順尼伊斯蘭為中心的復興，並大幅強化伊斯蘭的統一。[24]原本建立推廣伊斯瑪儀里什葉伊斯蘭的愛智哈爾清真寺學院，被薩拉丁及其後繼者消除了聚禮清真寺——學院的地位與影響力。在瑪穆魯克時期（一二五〇—一五一七）被徹底調整，以強調支持提倡正統順尼伊斯蘭神學。今天的愛智哈爾對順尼穆斯林世界仍有巨大影響力，來自埃及之外各地的穆斯林都會尋求愛智哈爾所發布有關伊斯蘭律法、教義諮詢的飭令（fatwa）。

一一八二年，薩拉丁離開了埃及，他說過：「（埃及）無法讓我遠離我忠誠以對的愛人伴侶。」他所說的忠誠伴侶就是敘利亞。[25]他開始奔走呼籲對十字軍入侵發起長期抵抗，從此再也沒有回到埃及。他的頭號敵人是夏提庸的雷納勒德（Reynald de Châtillon）和耶路撒冷的「痲瘋病國王」波勒德溫四世（Baldwin IV）。一一八七年，薩拉丁已經準備好向聖城進發，當時的耶路撒冷在新國王基・德・呂星翁（Guy de Lusignan）的統治下脆弱並四分五裂。在哈丁戰役（Battle of Hattin）中，薩拉丁把戰場上缺水又疲憊的法蘭克軍隊打得落花流水。薩拉丁的顧問，十二世紀的庫德人歷史學家巴哈爾丁（Baha al Din）如此記載：「他們有如被繩套緊緊勒住，明知死到臨頭，末日將到，明日即造訪墳墓，但仍向前衝刺。」[26]

十字軍有充分的理由感到恐懼。薩拉丁的軍隊把基督宗教徒打得潰不成軍，不是被俘虜，就是被殲滅，倖存的幾千人被當作俘虜向開羅行進，與前一批俘虜一同成為修建城牆的苦力。薩拉丁對待基．德．呂星翁國王十分慷慨，送給他冰涼的水果露，並且不傷害他——「這不是王者殺死王者的傳統」。但是，受到鄙視的雷納勒德在他一次又一次地攻擊穆斯林朝聖者與商人隊伍的同一個地點遭到處決，他還曾於一一八二年鄙視麥加和麥地那的神聖性發動攻擊，企圖取得先知穆罕默德的遺體，藉此讓人花錢參觀。醫院騎士團與聖殿騎士團在他們的據點被打敗。哈丁戰役之後，十字軍王國再也沒有恢復。

薩拉丁本人等到一一八七年十月二日，也就是先知穆罕默德夜行登霄紀念日這天，才凱旋進入耶路撒冷。伊本．阿希爾記載薩拉丁是如何下令清洗阿葛韶清真寺和岩石圓頂清真寺，在基督宗教徒占領八十八年期間留下的汙穢。當主麻聚禮的講道在這位勝利指揮官面前高聲念誦時，人人眼中閃爍著喜悅淚光。薩拉丁喜愛的波斯人歷史學家伊瑪德丁（Imad al Din），描述這位閃亮領袖「彷彿被月亮光芒環繞」。[27]一〇九九年的恐怖過後，聖城再次掌握在穆斯林手中。

獅心理查（Richard the Lionheart）的十字軍從未重新奪回耶路撒冷，聖城一直在穆斯林控制下，直到一二二九年，即薩拉丁在一一九三年去世後的數十年。人民應該還記得，薩拉丁在奪回耶路撒冷後，有人請願摧毀復活教堂，但是他拒絕了。儘管他建立的政權是短暫的，但他個人生涯卻相當成功。他處理法蒂瑪朝，統一敘利亞和埃及，並奪回耶路撒冷，在阿拉伯與伊斯蘭歷史上占有一席之地。也許他身後還留下一絲諷刺，儘管是庫德人，但是在他去世八百多年後，他的徽章——薩拉丁之鷹（Eagle of Saladin）出現在阿拉伯國家，如埃及、伊拉克、巴勒斯坦及葉門的國徽上。

十二世紀的最後歲月，見證了福斯塔特的勢力式微。一一六八年遭到祝融之災，並被開羅逐漸成長的政治、商業力量蓋過，福斯塔特逐漸淪為新統治者居處的陪襯。有如福斯塔特曾吞噬孟斐斯，開羅擴展蓋過福斯塔特，埃及人開始把開羅稱為Misr（埃及），至今依然如此，而將福斯塔特稱為「舊埃及」（Misr al Qadima）。

雖然學術界無視這種小事，但偉大的猶太哲學家梅穆尼德斯（《困惑者指引》〔*Dalalat al Hairin*〕的作者）在一一六五年左右到福斯塔特定居。他出生於哥多華，這位博學家搬到福斯塔特之前，先在法斯生活幾年，在那裡成為猶太社群領導者，他是猶太教法官，也是薩拉丁長子阿夫達勒的醫生。儘管他有不凡生涯，但在開羅的智性生活卻平淡無奇，在艾尤比朝統治下，開羅的控制較嚴格與不包容。順尼伊斯蘭長期的勝利蓋過法蒂瑪朝的兩百年，這是在開羅活躍已久的不受限智性精神的代價。這是一個多宗教，少哲學的例子，而且學術上領域也相對變得狹隘，「關於正確的清潔、飲食的做法的辯論，或是否女人在遭遇精靈後要進行儀式性洗浴之類的問題，取代了哲學猜想和科學發明的問題」。[28]

十二世紀，再以尼羅河對開羅造成的災難劃下句點。一二〇〇年，尼羅河水位低於十三腕尺，這是自五百年前阿拉伯征服以來的第二低水位，對該城市和人民造成災難。伊拉克學者阿布杜．拉提夫親睹開羅有錢人帶著財富離去，留下窮人以比狗搶食更令人害怕的爭鬥自保，他們已淪落，他提到吃「腐爛的食物、屍體、狗和動物的髒汙」。這已經夠噁心了，但接著更糟糕的是「他們開始吃小孩」。一開始，這是暗中進行的不常見行為，後來變得稀鬆平常，人民「對此噁心食物有了胃口」。一大群食人者搬到羅達島，從那裡發動捕人的突襲，把屍體儲存在隨意處。無論哪條街上都有屍體或將死之人，城市裡的死亡率「多不勝數」。有紀錄的死亡人數是十萬，他聲稱真實數目來得更高。[29]饑荒掏空了福斯塔特，讓財富的鐘擺更向著開羅擺動。

希羅多德在《歷史》（*Histories*）中告訴讀者，城市的起落是大歷史的一部分，並提出「人類的繁榮永遠不會留在同一地方」。[30]因此，當埃及人的首都在十三世紀將到之際正遭受著恐怖的折磨時，在它西邊兩千英里遠的地方，另一個阿拉伯城市——「西伊斯蘭世界的麥加」，即將享有最偉大的黃金時代。

【第七章】

法斯

——非洲雅典——

Fez–The Athens of Africa

（西元十三世紀）

這是必要親睹的世界，它是那麼大、人口那麼多，它的城牆與防衛是多麼堅固。

——哈山·伊本·穆罕梅德·瓦贊·化西（Al Hassan ibn Mohammed al Wazzan al Fassi，亦以非洲里歐〔Leo Africanus〕著稱），《非洲紀實》（*Description of Africa*），1550年

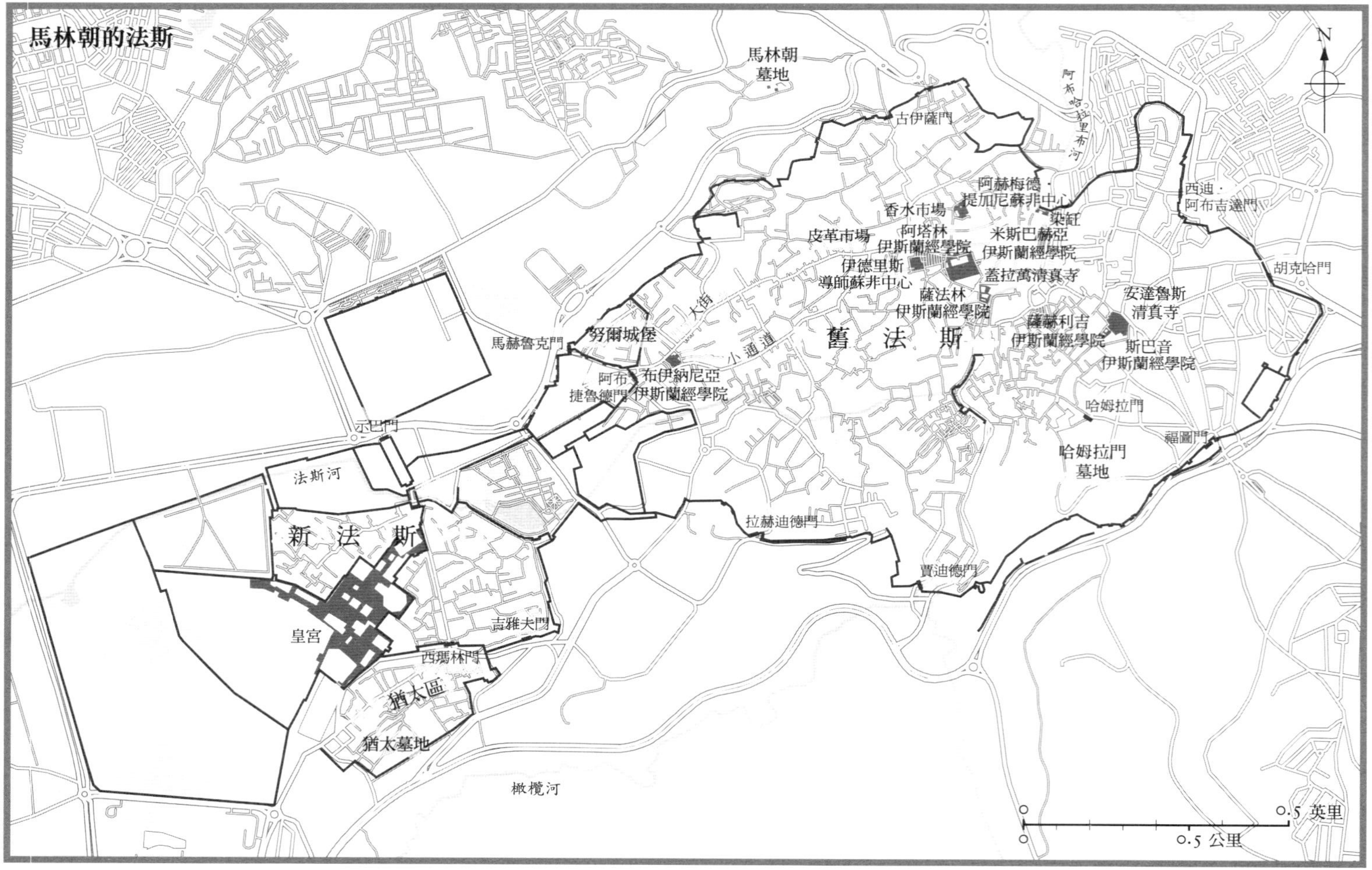
馬林朝的法斯
N
馬林朝
墓地
古伊薩門
阿布哈拉里布河
阿赫梅德·
提加尼蘇非中心
香水市場
染缸
西迪·
阿布吉達門
皮革市場
阿塔林
伊斯蘭經學院
米斯巴赫亞
伊斯蘭經學院
伊德里斯
導師蘇非中心
蓋拉萬清真寺
胡克哈門
薩法林
伊斯蘭經學院
安達魯斯
清真寺
大街
努爾城堡
馬赫魯克門
小通道
舊法斯
薩赫利吉
伊斯蘭經學院
斯巴音
伊斯蘭經學院
阿布
捷魯德門
布伊納尼亞
伊斯蘭經學院
哈姆拉門
示巴門
福圖門
哈姆拉門
墓地
法斯河
拉赫迪德門
新法斯
賈迪德門
吉雅夫門
皇宮
西瑪林門
猶太區
猶太墓地
橄欖河
0
0.5 英里
0
0.5 公里

在法斯迷路的經歷是令人瘋狂、驚嚇，有時候甚至會傷害婚姻，但它也是必然的，這需要時間去理解，但法斯的基本矛盾是，如果要發現這個謎樣城市，就需要先迷失其中。換句話說，片面的發現也必須來自迷失。多彩芳香的生命在街道上綻放，許多外在景象於幾個世紀以來都沒有什麼變化，高大城牆和緊閉大門依舊暗藏了法斯最精緻細密的瑰寶。若踏入城裡眾豪宅中的一座，可見到入口處充滿明亮的對比，鋪滿瓷磚的庭院裡種著苦橙樹，庭中是座華麗大理石噴泉。住在摩洛哥大半生的美國作家保羅．波勒斯（Paul Bowles）提到：「街道上不規則延伸的土牆背後藏著一個私人的小罕布拉宮（Alhambra），有如避開世人目光的縮小版天堂。」[1]

在大約十二英里長的砂岩城牆之內，二十五萬法斯人仍然生活在如同中世紀令人困惑的一萬條大街小巷裡，這使得法斯成為地球上最大的無車城市空間。混亂並非意外，而是有意為之，舊城中有超過一半的街道故意設計成無尾巷，提供居民安全，在私密的環境裡保護他們的設施。在我第一次造訪法斯和三十年後最後一次來到這裡時，都一次又一次地迷路。當手機導航在一片密密麻麻的大型迷宮中告訴我「無法找到路」時，這個訊息不但沒有讓我失望，而是感到興奮，中世紀的法斯智勝今日的加州科技先知。

經驗豐富的嚮導哈薩．加納（Hassan al Janah）輕笑道：「對我而言，法斯舊城有如一位保守、耐人尋味的戴面紗婦人，你需要時間讓女人相信你，她或許會拿下面紗，也許卸下長袍。」說話時，他看了一下我的妻子，尷尬地笑了笑，決定結束這種類比。

我們終於找到往銅匠廣場（Sahat al Saffarin）的路，在這裡，金屬工匠們敲打出一首怒氣聲音的交響曲，這個法斯古老區域因為他們的即興交響樂而令人興奮，就像一千多年前般地敲、錘、捏、打、壓、折。這裡是法斯的心臟，湯鍋、平底鍋、大盤、托盤、小飾物、塔吉鍋、茶壺、水壺與桶、杯子、濾壺，還有大到足以讓一個小孩在裡面游泳的大煮鍋、香爐、（俄式）茶炊和北非小米（couscous）蒸鍋、茶罐、糖罐、珠寶盒及一些不知名的瑰寶，在起起落落的敲打聲中構成一幅畫。就像古諺所說的，法斯是一面鏡子；這裡的寧靜片刻就像其他地方平常的喧譁吵雜。[2]

在此雷鳴般斷斷續續的噪音中靜修和冥思有可能嗎？難道中世紀的學生能在此專心一志完成那些費腦筋的課程，如折騰人的伊斯蘭法學、繼承法（faraid）、密契主義（tasawwuf）、邏輯（mantiq）、修辭（balaghah）、詩歌、散文與頌文、科學、天文學和算術的知識？這個問題之所以會出現在我的腦海，原因是距離蹲坐工匠們數尺不遠處，就是世界最古老著名圖書館之一的所在地，在綠色瓷磚的傾斜屋簷和一面柔軟無力的摩洛哥國旗下方，圖書館巧奪天工的木雕屏風大門入口就在高立的拱門下，旁邊是一家有綠色遮陽棚，提供薄荷茶和無酒精飲料的生意興隆小店——Crémerie de la Place。

這裡就是嘎拉維印圖書館（Khizanat al Qarawiyyin），法斯最具代表性的建築和文化地標。西元八五九年，也就是開羅的愛智哈爾清真寺學院成立的一個世紀前，法提瑪．菲赫里（Fatima al Fihri），一位出身於今天突尼西亞境內蓋拉萬的富商女兒，她虔誠、有學養、充滿好奇心，用她足以讓人生改變的繼承遺產建立了嘎拉維印清真寺伊斯蘭經學院（Qarawiyyin Mosque and Madrassa）。這是在伊斯蘭世界裡已知最早做出如此貢獻的女性，而圖書館中還不尋常地保留她在西元九世紀時的學位文憑，一塊字跡在一千年歲月中變得渾濁的木板。她的姊妹瑪麗亞（Mariam）則是興建了街對面的安達魯斯風格清真寺（Andalusian Mosque），河流東岸區和法斯城就是圍繞著這兩座清真寺發展的：嘎拉維印清真寺區（Adwat al Qarawiyyin）位於河流西岸，安達魯斯風格清真寺區（Adwat al Andalus）則位於東岸。從最早的一座四條橫廊的樸實小清真寺，嘎拉維印清真寺在之後數百年中擴大包含一所大學和一座圖書館，它在這段期間內被反覆地重修、擴建。穆拉維朝於一一三五年的大規模改建下，嘎拉維印清真寺的橫廊變成二十一條，能夠容納兩萬兩千人禮拜，它的面積擴大了四倍，達到近六千平方公尺。拱廊和立柱組成如森林般，讓當地人開始有了「數嘎拉維印清真寺柱子的人會發瘋」的說法。該清真寺建立近一千兩百年後的今日，在國際上被認可為「世界現存最古老和持續運作的教育機構」。[3]

嘎拉維印清真寺伊斯蘭經學院的畢業生之光，包括許多中世紀伊斯蘭世界裡最偉大的智識分子，十二世紀的猶太學者梅穆尼德斯是中世紀重要猶太哲學家，一度是薩拉丁家族的醫生，他曾在這裡研習；還有安達魯斯密契主義大師、詩人兼哲學家——伊本·哈提卜；「最偉大導師」伊本·阿拉比。格拉納達博學家、詩人、史學家、醫生兼政治人物的流亡者伊本·哈提卜，曾在十四世紀造訪嘎拉維印清真寺伊斯蘭經學院。其他的安達魯斯詩人、政治人物，還有伊本·扎姆拉克（Ibn Zamraq）、歌頌統治者傳記的摩洛哥作家伊本·馬爾祖葛（Ibn Marzuq），其著作為《我們偉大統治者阿布·哈山豐功偉績之精確記載》（*The Correct and Fine Traditions About the Glorious Deeds of Our Master Abul Hasan*〔一三三一—一三五一在位〕），還有凌駕同儕的偉大歷史學先行者、傳記作家和為普世性歷史著書立派的《導論》（*Muqaddimah*）作者伊本·哈勒頓，他是社會學之父，對政治相當投入，也是嘎拉維印清真寺伊斯蘭經學院當之無愧的最出色畢業生。十六世紀的安達魯斯外交官、旅行家兼作者伊本·瓦贊（在西方以非洲里歐著稱），經歷了最傳奇流浪的生活，後來留下一部長篇、詞語犀利、內容詳盡的法斯紀錄，他也曾是這裡的學生。他對嘎拉維印清真寺伊斯蘭經學院的規模驚嘆不已，「它大到讓人不可思議」，以至於每天晚上要點九百盞油燈照明。它的周長一．五英里，圍牆有三十一個大門。你若是聽一些法斯更熱情的導遊講述，嘎拉維印清真寺伊斯蘭經學院的畢業生還包括歐里亞克的吉爾伯特（Gerbert of Aurillac），他就是未來的教宗西勒維斯特二世（Sylvester II），儘管很難找到確鑿證據。[4]

在西元九世紀由一名女子建立嘎拉維印清真寺伊斯蘭經學院，又在二十一世紀得到另一名女子的修建。二〇一二年，在法斯長大，於哈佛大學和哥倫比亞大學接受教育，總是被嘎拉維印「魔術般光環」吸引的摩洛哥裔加拿大建築師阿濟札．夏戊尼烏尼（Aziza Chaouni），被選為圖書館修繕工作者。當時圖書館正面臨許多結構性問題，如不良的排水系統、隔離性不足、瓷磚破損、木質部件損壞及自毀性電路問題。夏戊尼烏尼表示：「這有如治療傷口。」這項工作和其家庭有很大的關聯。十九世紀，夏戊尼烏尼的曾祖父曾從鄉下騎著毛驢來到法斯，這一切只是為了能在嘎拉維印清真寺伊斯蘭經學院學習的榮譽，她的一個曾叔父是銅匠，就在圖書館近處工作，為銅匠廣場叮叮噹噹交響樂團的一員。

之後的四年裡，藉由敏銳使用新技術為圖書館帶來轉變。夏戊尼烏尼說：「我不想讓這座建築變成不腐死屍，在保持原有空間與滿足當前使用者的需求之間，應該有巧妙的平衡，這些使用者中有學生、研究者和觀光客，並且要融入新的永續性科技，即太陽能板、花園灌溉的水收集技術等。」[5]一個帶有地下運河的新汙水處理系統，到目前為止解決了潮濕的問題。珍貴手稿和藏書室使用數位門鎖系統，並有空調控制濕度，避免過去因為濕度造成的破壞。

在圖書館裡有四千本書和古代手抄本，它們是大量的文獻瑰寶，有伊本・魯戌德（在西方以阿比魯斯著稱）有關馬利基學派的法理學手抄本；關於先知穆罕默德行誼最古老的紀錄，其中包括伊瑪目布哈里（Imam al Bukhari）編纂的《聖訓集》（*Hadith*）；十四世紀伊本・哈勒頓親自詮釋的《導論》手稿；無價的西元九世紀古蘭經手抄本，優雅飛舞的庫非體（Kufic script）書法印在駱駝皮上，而且保有一千一百多年前的裝訂。圖書館裡的一些藏書從十三、十四世紀馬林朝全盛期保存至今，當時馬林朝在伊比利半島戰場上的勝利贏得珍貴文藝與領土。據一三六五年左右出版的編年史《法斯建城基礎之史說》（*Kitab Zahrat al As fi bina Madinat Fez*）作者賈茲奈伊（Al Jaznai）的記載，這座圖書館的保全是最優質的。這些書被保管在三道鐵門之後，三把不同的鑰匙分別掌握在三個不同的人手中。[6]

今天，若有辦法得到許可進入私人收藏區，快步走上鋪著綠色瓷磚的樓梯，停下來看看修復的閱覽室，這裡是一個幽靜綠洲，幾個鬱鬱寡歡的學生正悠遊書海中，即使有銅匠們的狂飆猛進（Sturm und Drang）交響曲聲——老邁的管理員口袋裡塞滿了叮噹作響的鑰匙，打開一連串古老鐵門上的鎖，走到走廊的末端，這裡曾是圖書館與清真寺連結處。若套用西元前五世紀希臘哲學家西拉克理圖斯（Heraclitus）的話，就是：法斯永不變，一切停滯不變。

這也許並不全然正確，因為過去微小的嘎拉維印，今天已經完全傲視舊法斯（Fez al Bali），矗立其中。街面上明顯呈現，高圍牆間插著拱形入口，非穆斯林不得越過拱門。街道在這裡突然變窄，宛如被它們通達的神聖空間所懾服。法斯的所有道路幾乎都能通往嘎拉維印清真寺，其建築主導力在空拍視角下更加明顯體現，可見到一大片綠色四方屋頂與灰色庭院。嘎拉維印清真寺位於法斯人所傲稱城市「黃金三角形」中的東南端，西邊緊鄰伊德里斯導師蘇非中心（Zawiya Moulay Idris），使兩區塊交融。這個地方是伊德里斯二世（Idris II）超絕華麗陵墓，他與父親伊德里斯一世（Idris I）共同建立法斯城，後者是先建城者，也是摩洛哥伊德里斯朝（Idrisid Dynasty，七八八—九七四）的奠基者。而在嘎拉維印清真寺北邊幾條街處，先知後裔阿赫梅德・提加尼蘇非中心（Zawiya Sidi Ahmed Tijani）是三座綠頂建築中的最後一座，這裡埋葬著西元八世紀的蘇非大師與同名道團的建立者，一直有來自非洲各地和以外的穆斯林歡欣朝聖。

阿赫梅德・山提西（Ahmed Sentissi）是一位戴著眼鏡的法斯旅館業的老前輩，他架式十足地坐在自己的蒙內比西宮殿（Mnebhi Palace）旅館中，表示：「這是世界上最古老、偉大的城市之一。」這間旅館坐落於著名的小通道（Talaat Saghira）街道上，曾是一九一二年至一九二五年間，第一位法國駐摩洛哥軍官于貝爾・李歐提（Hubert Lyautey）元帥的總部官邸。

雖然很難確定這座城市到底有多古老，但山提西所言不虛。遠在其黃金時代之前，在十三世紀和十四世紀柏柏人的馬林朝（一二四四—一四六五）期間，法斯城的奠基就已經深植於神話與傳說中。不意外地，早期穆斯林作者會為這傳說賦予強烈的伊斯蘭色彩，從一開始就將法斯描述成一座神聖城市。

現存最早馬林時期的歷史之一，是寫於一三二六年左右的《摩洛哥國王編年史和法斯城史花園篇章之娛樂指南》（*The Entertaining Companion Book in the Garden of Pages from the Chronicle of the Kings of Morocco and the History of the City of Fez*），這位鮮為人知的作者是阿布・哈山・阿里・伊本・阿比・扎爾（Abu al Hassan Ali ibn Abi Zar）。該書也以《花園篇章》（*Rawd al Qirtas*）著稱，描述一位「超

過一百五十歲」的基督宗教徒修士和伊德里斯二世偶遇的虛構故事，那時他正準備興建新城市。修士告訴他，這裡本來有一座名為咱夫（Zef）的城市，有一天一位名叫伊德里斯的先知後裔來到此地，「把它從遺忘中復興，使它從廢墟中挺立，它將有極大重要性，命運十分重大」。[7]這種場景相當類似巴格達的建城傳說，伊德里斯說他就是那個人。❶

賈茲奈伊與伊本·阿比·扎爾都記載這座城市是如何命名的。伊德里斯說：「那座（早先的）城鎮稱為咱夫，我要把這個名字倒過來」，稱為法斯。[8]另外一個聽起來更可信的故事是說法斯的名字源自一把斧頭，在修建城牆的工程中還挖到它。在法斯建城的傳說中認為，其奠基日期不是伊德里斯一世時的西元七八九年，就是其兒子伊德里斯二世時的西元八〇七年，最有可能的是老伊德里斯在河流右岸建城，小伊德里斯則在河流左岸擴建。[9]到了十二世紀，兩個不同城牆的定居地已經合併為一座城市。

誠如許多偉大城市，其位置是吉利的。法斯位於薩伊斯平原（Sais Plain）邊緣，海拔四百公尺，接近法斯河（Fez River）與薩布河（Sebou River）匯流處和兩條主要貿易路線交會處。第一條是南北走向路線，從地中海沿岸進入撒哈拉沙漠，從中亞特拉斯山（Middle Atlas Mountain）與上亞特拉斯山（High Atlas Mountain）進入西非和「黑色人種境域」，這條路線全年都能通行。第二條是東西走

❶ 西元九世紀學者塔巴里的《歷代先知與帝王史》中，講述了一個基督宗教徒醫生和阿巴斯朝哈里發曼蘇爾見面的故事，當時是哈里發正要在西元七六二年建立巴格達的時候。這個基督宗教徒告訴他一個當地傳說，一位名叫米克拉斯的人將會在底格里斯河和薩拉特運河之間，興建一座名叫扎烏拉（Al Zawra，彎曲）的城市。曼蘇爾對神發誓，宣稱他就是那個人。他說：「我小時候匿名為米克拉斯，後來這個名字就沒再用了！」在許多巴格達建城的故事中，聶斯托里修士都扮演了角色。

向路線，從大西洋沿岸到阿爾及利亞，對很多前往阿拉伯半島或麥加朝聖者與商人來說，此路線帶有豐富伊斯蘭色彩，法斯有「西伊斯蘭世界的麥加」的別稱。對既有路線增添的優點是這裡有充足豐沛的水源供給，不若耶路撒冷地區的缺水。自從西元前四世紀的塞琉西時期到二十世紀的英國人、以色列人，都會在伯利恆襲取耶路撒冷的水源供給，即使敵人將法斯河流向改道，這座城市也能依靠豐沛的地下水存活，這裡有三百六十處泉水和數不清的水井。

擁有長流不息水源的賜福，法斯還有最好的建築材料，它靠近兩個能提供大量石塊、沙土和石灰的採石場，而且中亞特拉斯山的森林也提供許多橡木與杉木。其周圍的肥沃農地提供足夠的食物，如燕麥、橄欖、葡萄作物和水果，以滿足人口不斷增加的城市，同時還有草地可放牧山羊、綿羊與牛。[10]儘管在酷熱夏季，溫度飆升到攝氏四十度以上時，遊客得增加想像力才能將法斯視為氣候溫和之地。然而，伊本·哈勒頓在訴說其氣候對人們性格造成影響的理論時，將「黑人」和埃及人（「樂觀、不穩定、隨遇而安」）的活潑與溫和氣候地方的人做對比，他說後者更節儉、深沉，並會未雨綢繆。他寫道法斯「被涼爽的山丘包圍」，這裡的居民「悲傷、陰鬱，而且……太容易擔心未來」。雖然一個法斯人的家可能存有多年小麥收成的財富，但是仍會每天一早就去市場，「因為擔心存貨用光」。[11]伊本·哈勒頓並非最後一位評論法斯人節儉、嚴肅，甚至憂鬱傾向的作者。

儘管它位於薩伊斯平原邊緣，但相對於法國人在二十世紀前半葉建造的寬闊新城（Ville Nouvelle），對面的古代伊德里斯朝法斯事實上是延伸進入一座深圓山谷。波蘭裔英國雕塑家羅姆·蘭道（Rom Landau）如此表示：「即使乍看，法斯也會因其怪異而讓人驚訝。」從一九四八年直到一九七四年過世，他花了二十多年時間撰寫十幾本關於摩洛哥的書。「它緊貼著山丘環繞的山谷，就像是在碗裡。它的一切都可以在山上一覽無遺。這些密密麻麻的房屋像小孩的玩具城中緊連的房屋，擠在一起，沒有什麼開闊或真正浪漫的。」那裡沒有令人眼花撩亂的白色，如在特里波利見到的，而是「沒有個性陰鬱灰白的待洗床單」。[12]

從被摩洛哥，尤其是法斯完全迷住的絕對浪漫主義者的角度來看，這是相當奇特的結論。儘管那些房子確實雜亂地傾入將其充滿富麗瑰寶的內部景致，隱藏在高大、大多無窗戶牆壁和緊閉大門後面的碗狀區，但從馬林朝陵墓望去（這裡先前是一座宮殿，其選址是為了一覽舊城全景），其面貌無疑是世界上最美的風景之一。從這裡可見更廣闊的視野，包括崎嶇不平的薩伊斯平原、緩緩向下延伸的橄欖樹林，以及遠方有時覆蓋著皚皚白雪的中亞特拉斯山頭。黃昏時，望向城市本身則無法抵擋地被吸引到這座鋪著綠色瓷磚的神聖紀念建築物上，它在黃昏中隱隱約約閃爍著，當環繞其上的燈火開始在星空下閃爍，嘎拉維印清真寺日落禮拜（Maghrib）的喚拜聲，引起全城一片聽覺「大火」。根據數百年的傳統，法斯其他的清真寺必須等嘎拉維印清真寺先召喚禮拜之後才各自喚拜。

幾個世紀以來，造訪這裡的文人雅士幾乎都被這座城市特殊環境所吸引。有人曾說：「從遠處看到的法斯，薄霧中湧現翠綠色屋頂，即使在最疲憊的旅途勞頓中，也能引起陣陣詩意。」瑞士學者提圖斯．布爾克哈爾德特（Titus Burckhardt）與摩洛哥政府合作保護古城，並幫助它在一九八一年成為聯合國教科文組織世界遺產。❷他愛上了這座城市，在一份充滿情感的研究報告中寫道：「成千上萬

❷ 聯合國教科文組織在一九八一年宣布法斯城列入世界文化遺產。它被認為是阿拉伯穆斯林世界裡極力保存最好的歷史城鎮：「它不僅代表出色的建築、考古和城市遺產，而且傳遞了生活方式、技術及文化堅持……」

顆緊緊簇擁一起的水晶閃閃發光，被銀綠色的光環圍繞著，這就是暮色中的法斯舊城。」儘管美國作家伊迪絲．華爾頓（Edith Wharton）在一戰結束後造訪這裡時，覺得法斯「極為憂鬱」，但是她對城市的環境仍舊深深著迷：「彷彿有一種強力魔法，在決定將這座城市推向深淵後，被它的美麗感動，於是揮手讓它免於破壞。」[13]

法斯的歷史也是摩洛哥各朝代的故事，起起伏伏有如經常變化的撒哈拉沙漠沙丘。穆拉維朝是柏柏駱駝騎士建立的一個令人懊惱的新朝代。大約在一〇七〇年，其領袖尤素夫．伊本．塔戌芬（Yusuf ibn Tashfin）建立了馬拉卡戌（Marrakech，又譯「馬拉喀什」），與法斯、梅克尼斯（Meknes）及拉巴特（Rabat）皆是帝國都城。雖然法斯落入他手中的具體日期並不清楚（最可能是在一〇六九年或一〇七五年），它標示這座城市的歷史關鍵時刻，正因為尤素夫將河流兩岸相互對立的定居區合併為一，首次結合成單一的法斯城。就像中世紀編年史家寫下的數目深受懷疑，他提出的數據宣稱有難以置信的三萬人在征服法斯時被殺。非洲里歐提出讓人感覺尤素夫對城市強制處理情況令人印象深刻，尤素夫讓兩座城市「在一場血腥征服後，全然地結合與協調」。❸這樣的局面有效結束阻礙城市發展的混亂惱人的競爭關係，而使法斯成為一座偉大的伊斯蘭大都會，開啟了新紀元。尤素夫是一個宗教虔信者，伊本．阿比．扎爾記載道：「只要他發現有地方沒有禮拜場所，就會責備那裡的居民，並強迫修建一所。」尤素夫展現他對宗教的責任感，呼籲用大規模、更主動的形式展開對十字軍的抵抗，在第一次十字軍東征期間，他派出一支有七十艘船的艦隊前往巴勒斯坦。[14]

在穆拉維朝統治的四分之三個世紀中（約一〇七五—一一四五），法斯以新近的繁榮而奢侈。除了宣禮塔外，舊有樸實的嘎拉維印清真寺被推倒，改建成更大規模的帝國清真寺，由安達魯斯的建築師、石匠和工匠在地中海兩岸穿梭，賦予了華麗裝飾。新的壁龕（指示禮拜方向的凹壁）刻意回應哥多華的馬蹄形拱門風格，外圍雕飾花草、引人注目的幾何圖形和庫非體書法之矩形框（ijmiz）。另一項哥多華的複製是一個講道壇（minbar）於一一四四年引進，同樣有奢華的捲曲葉蔓裝飾和醒目的幾何圖案。在所有的物件中，最具勝利色彩的是一個象徵性的銅吊燈，在一二〇三年由穆瓦希德朝統治者納西爾捐贈，是以直布羅陀一座教堂的巨鐘重新鑄成的。大量的水利工程將水引入城市裡，與世界其他城市相比，法斯初早時就已經開始享受自來水了。[15]

帝國領域從西非延伸到安達魯斯的穆拉維朝，儘管享有無疑的榮光，但政權相對短暫。一一四五年，穆拉維朝被在法斯穆瓦希德朝（意即「認主獨一者」）取代，他們是具強烈宗教意識，來自上亞特拉斯山的柏柏人，戮力伊斯蘭改革。即使其都城是馬拉卡戌，法斯仍舊是在安達魯斯活動的軍事中心，以及具不斷成長商業城市的重要性。隨著受過良好教育的安達魯斯人、學者、行政人員及商人相繼到來，法斯的人口一直增加。

伊德里斯在十二世紀後半葉為法斯留下珍貴景象，這是向「高貴」建築輝煌致敬，其城市精緻、著名的周邊肥沃土地環境（「一切都綠色又新鮮」），以及其人民的勤勞、驕傲與獨立。[16]它是一座柏柏人、阿拉伯人、穆斯林、猶太教徒、安達魯斯人、黑奴和基督宗教徒軍人、商人和學者、工匠與

---

❸「穆斯林作家很少例外不注重數字準確性」，《地中海世界的中世紀貿易》（*Medieval Trade in the Mediterranean Word*）一書編者們曾建議把原作提出的數字減少為五〇％至七五％。

聖人混居的城市。從一一六六年至一一六八年，這裡也是猶太大哲學家梅穆尼德斯的家，他的家族在穆瓦希德朝控制安達魯斯後，從哥多華逃到這裡。在面對改信伊斯蘭、死亡或是流放的選擇時，梅穆尼德斯轉向南方，二十年後，在法斯的家中編纂了*Mishna*，即猶太教徒的「口述討拉經文」（Oral Torah）律法合集。在距離大街（Talaat Kabira，是穿過法斯舊城通往嘎拉維印清真寺的兩條主要道路之一）不遠Derb Margana區的一條巷子裡，一個破舊標示牌指著他的住家。

十三世紀初見證了新勢力的醞釀。馬林朝人，或是阿拉伯語中所稱的馬林氏族（Banu Marin），是一個由扎納塔柏柏人（Zenata Berber）部族組成的聯盟，多所青睞的美麗諾羊毛（merino wool）即由這些游牧部族的牧羊人得名。這種羊毛在十四世紀初是透過熱那亞商人出口歐洲利潤豐富的商品。馬林氏族首次出現在阿拉伯編年史中是在十二世紀末，他們與穆瓦希德人一同作戰，在一一九五年發生在安達魯斯的阿拉爾叩斯戰役（Battle of Alarcos）中，痛擊阿方索八世（Alfonso VIII）率領的卡斯提勒軍隊。他們最初的據點是在摩洛哥東部的菲基克（Figuig）和撒哈拉北緣的西基勒馬薩（Sijilmasa）之間的地方，在阿拉伯人湧入的壓力下，他們往北移動。在編年史《花園篇章》中，他們是以嚴厲好戰的游牧人興起：

> 他們不知錢也不知幣，也不臣屬於任何統治者，天性驕傲，目中無人，不容被攻擊也不結盟。他們不務事也不知貿易，只是打獵、養馬與四處劫掠。他們的資產包括馬、駱駝與黑奴。他們靠肉、水果、奶與蜂蜜維生。[17]

一二一三年，感知到一年前被基督宗教徒在拉斯納瓦斯·德·托羅薩（Las Navas de Tolosa）打敗的穆瓦希德朝政權衰弱，阿布·薩伊德一世（Abu Said I）統領召集他的馬林柏柏人首領們。他的訊息具有革命性，但其利用宗教合法化叛亂的方式卻又傳統。一位十四世紀佚名作者所編纂的歷史《馬林朝的輝煌歷史》（*Al Dhakhira al Saniya fi Tarikh al Dawla al Mariniya*），記錄了他振奮人心的呼籲：

> 穆瓦希德人是有罪的，因為他們忽視對伊斯蘭社群的責任。他們忽視應提供有效能的政府。他們忘了對子民的責任……這樣的輕忽是對宗教律法的褻瀆，也是必須受到懲罰的侮辱。他們的潰敗因而構成一項使命，馬林朝人應該接下這項使命，落實穆斯林的福祉與救贖。[18]

馬林朝人阿布·薩伊德一世激勵其手下將領，揮動伊斯蘭改革的大旗，征服西伊斯蘭世界。這種伊斯蘭熱情可能部分是為了善用民意，或是後代官方歷史編纂出來的。因此，伊本·阿比·扎爾可能受僱於馬林朝蘇丹阿布·撒宜德·伍斯曼二世（Abu Said Uthman II，一三一〇—一三三一在位）進行文學創作以獲得酬勞，他形容馬林朝統治者是扎納塔部族後代的「首要貴族」，長期以「偉大人格與美德脫穎而出。他們有最溫和舉止、勇敢戰士及虔誠宗教信仰，並且從不食言」。這種對伊斯蘭道德生硬地強調，正好與穆瓦希德朝統治者的「美酒、奢侈與放蕩」形成對比。這種修辭目的是針對那些有強大且根深柢固的宗教社群的城市中心，尤其是法斯，在那些地方，至少是一開始，人民對這些粗野的游牧民懷有深深的懷疑和鄙視。[19]

無論對他們的動機如何懷疑，他們軍事的成功是肯定的。一二二〇年，阿布·撒宜德宣布脫離穆瓦希德人的控制獨立。在之後幾十年，馬林朝人「就像一群蝗蟲」向各地擴散，不斷蠶食穆瓦希德帝國領土，直到開始對主要城市也構成直接威脅。他們「在戰鬥中的勇猛」證明其敵人是永不可擋。梅克尼斯在一二四四年淪陷，其後是一二四八年的法斯、一二五五年的西基勒馬薩和一二六九年的馬拉卡戌。[20]

馬林朝統治者需要一段時間鞏固政權後，方能全心全力投入新首都、國家的行政基礎和經濟的發展。十三世紀的大部分時期裡，馬林朝統治者忙著對付伊比利半島上的敵人，而非建構王國。在之前的瓦倫西亞和哥多華征服後，一二四八年，卡斯提勒基督宗教徒攻占了穆斯林的塞維耶，接著是格拉納達及馬拉嘎（Malaga）的王國，伊斯蘭在安達魯斯唯一的堡壘變得岌岌可危。

一二五〇年的一場叛亂測試，證明了馬林朝統治者的毅力。在阿布·亞赫雅亞·阿布·巴克爾（Abu Yahya Abu Bakr，一二四六—一二五八在位）殘酷地鎮壓叛亂，處決六個元凶，其中包括大法官及其兒子。伊本·哈勒頓說：「此懲罰讓法斯人屈服在馬林朝政權下，他們的恐怖記憶至今猶在，再也不敢起身反對、違抗政府命令或密謀反抗。」[21] 根據編年史《馬林朝的輝煌歷史》的說法，任兩人甚至不敢私下交談，以免被誤認為叛亂者。

在馬林朝統治下，法斯到達其輝煌巔峰，但這並非完全意謂他們的到來受到此莊嚴崇高伊斯蘭堡壘的歡迎。法斯人自視老練、文明化與有教養者並非沒有理由，他們不同於那些被視為粗魯游牧民的新主人。由先知穆罕默德後裔建立的法斯享有最輝煌高貴的開端，是一座傑出尊貴的伊斯蘭城市，在學術上享有盛譽。游牧民戰士與驕傲城市菁英之間的摩擦，永存於馬林朝人征服的這座城市。

這有助於解釋馬林朝蘇丹阿布·尤素夫·雅古伯（Abu Yusuf Yaqub，一二五八—一二八六在位）

在一二七六年的有趣決定，他出資建造一座全新的城市，初名為白色城市（Medinat al Baida），但後來則稱為新法斯（Fez al Jadid），坐落於伊德里斯朝舊法斯七百公尺外，將新法斯作為他的軍事、行政首都。據伊本·阿比·扎爾的說法，修建新首都的決定是在幾個法斯猶太人被殺的幾天後所決定。

> 當穆斯林統領（Amir al Muslimin）趕來時，已經有十四位猶太教徒被殺，他帶士兵趕到猶太街區，趕走暴徒，制止劫掠。若不是他介入，不會有猶太教徒倖存。後來他公開警告城民，在嚴厲懲罰威嚇下，無人可干擾被保護的猶太教徒。[22]

法斯著名的猶太區Mellah of Fez，其地名源自阿拉伯文的「鹽」，此名稱後來成為全摩洛哥指稱猶太聚居區，這是猶太聚落出現相當晚時才有的。❹非洲里歐曾提到法斯猶太人的房地產常常被攻擊後，在阿布·撒宜德·伍斯曼三世（Abu Said Uthman III，一三九八—一四二〇在位）期間被遷移至新街區。居住在猶太區既是福氣也是詛咒，對一些人而言，它提供了安全和靠近王宮的保護性；對另一些人來說，例如阿布納爾·哈薩爾法提（Abner Hassarfaty）拉比，他是這座城市十六世紀猶太教徒編年史的作者，認為這是「不平與邪惡的流放」。比起喪失舊城裡的家和工作場所，許多猶太教徒更願意改信伊斯蘭。[23]

新法斯坐落在設有不少塔與城堞之「高大堅不可摧堅固城牆」後面，分為三個部分：第一個部分

❹ 該地區原為「鹹性土質窪地」（Wadi Mellah）。

是王宮、貴族住區、花園、大清真寺和王家鑄幣廠所在地；第二個部分包括一個大的王家馬廄、宮廷隨侍宮殿和沿著長一．五英里東西幹線的市集。在西門處還有另外兩個王家馬廄，這裡有三百匹馬與王室衛隊；第三個部分則是國王衛隊和隨從住區，有兵營與兩支不同的馬林朝部隊：來自卡斯提勒或加泰隆尼亞的基督宗教徒傭兵，他們是用摩洛哥金幣招募而來，還有來自霍姆斯的敘利亞弓箭手，他們的住區後來成為猶太區。在城市北邊是夾在兩座有箭垛高塔之間的巨大獅子門，馬林朝的君王即從這裡進入新城。

如果非洲里歐的記載可信，這是一個內美外髒的例子，越過城牆，其外部立即見到盛況、宏偉的對照面。非洲里歐輕蔑地說：「法斯郊外是一大群淫蕩骯髒的妓女住處。」這裡還有雜亂無章的花園、果園，每天有五百車的桃子從這裡出貨，非洲黑奴也在此被交易。

在某個層面上，阿布．尤素夫興建新法斯的決定扭轉了十一世紀尤素夫．伊本．塔戌芬將兩座城市打造成一座的做法。但事實上，舊法斯仍是商業、知性首都，隨著新法斯成為正在發展的馬林朝軍事、政治和行政中心，從宮殿中的蘇丹到兵營裡的最低階士兵，所有負責國家有效運作的人都住在新法斯。法斯的城市擴張是有預先規劃的，其成功可透過之後在馬林時期的蓬勃發展，以及整體而言卓越都市設計傑作延續至今的成就加以衡量。

在非洲里歐寫作當下，這座城市的猶太教徒已經移居到新法斯，他們住在一條長街上，「自從被趕出西班牙以來，他們在這裡的人數就大大增加」。然而，只要想到跨宗教關係，場景就不樂觀。他說：「這些猶太教徒頗被鄙視，而且不允許穿鞋。」[24]

在嚴肅看待非洲里歐的負面評論真實性之前，對此人應有一些了解。他在突尼西亞海岸被西班牙海盜抓走，很快就被發現他的天賦異稟且受過教育。他不但沒有被送到船艙服役，反而在一五二〇年被當作禮物送給教宗李歐十世（Leo X）。對這位上進且見識廣博的北非文人有了深刻印象後，教廷成為他的贊助者。他在羅馬聖彼得教堂受洗，於是這位伊本・瓦贊變成約翰尼斯・里歐・德・梅迪奇斯（Johannes Leo de Medicis，但他更喜歡的名字是Yuhanna al Asad al Gharnati」，意為「格拉納達的獅子約翰」）。他在之後的八年中寫了旅行見聞，一五五〇年於威尼斯首次出版。雖然《非洲記實》從出版到十九世紀探索時代來臨前，是論述北非最權威的文本，具重要影響力，但是在談論猶太教徒與穆斯林時，其文字就像狂熱的改宗者，視伊斯蘭為「不虔誠的穆罕默德教」、「瘟疫」。[25]

如同所有老道侍臣，伊本・阿比・扎爾當然也知道要選邊站，他寫了上百頁阿布・尤素夫的實錄；更有趣的是，他還留下一份關於十三世紀法斯的令人著迷的調查。儘管需要謹慎看待他提出的數字，但穆瓦希德朝時期在曼蘇爾（一一八四—一一九九在位）及其子納西爾（一一九九—一二一三在位）統治時，城市無疑有著非凡發展。在一份繳納租金與稅金發展清單中，他列出八萬九千兩百三十六間房屋、九千零八十二家商店、三千四百九十臺織布機、一千一百七十個烤爐、七百八十五座清真寺、四百七十二座磨坊、四百六十七家旅館、一百八十八間陶作坊、一百三十五間麵包烘焙坊、一百一十六間染房、九十三間公共浴場、八十六家製革廠、四十七家製皂店、十二家銅器鑄造廠、十一家水晶製造店、兩座帝國市集（qaysariya bazaar）、兩家鑄幣廠，以及可能四百家造紙廠。[26]而這時期城市的發展，城牆內並無花園或果園。

如此繁榮並非憑空產生。馬林朝在世紀中葉的崛起和掌權，幾乎與歐洲黃金鑄造再現同時期，並使得自西元八世紀起已經荒廢將近五百年的金幣鑄造復甦。儘管在歐洲中世紀經濟衰退期間，西基督宗教世界的金幣生產已經停滯，銀幣盛行於整個大陸時，但伊斯蘭世界卻仍沉浸在黃金中。早在十一世紀，位於今日摩洛哥領土處，尤其是法斯、馬拉卡戌、西基勒馬薩、努勒（Nul）和阿葛瑪特（Aghmat），以生產黃金著稱。伊本·哈勒頓記載兩條從撒哈拉以南非洲出發的黃金路線，有一條每年向埃及輸送一萬兩千支黃金商隊；另一條則是向北走，從廷巴克圖（Timbuktu）朝法斯出發到達地中海岸。這些貿易路線的安全是由馬林朝軍隊與王權行政機構力量所保障，鉅額數量的金塊和金沙經過法斯運往歐洲，點燃了經濟成長能量。長途貿易商、商人及商業代理人湧入法斯。賈茲奈伊提及：「沒有任何城市、國家在法斯沒有代理人，他們經商，活躍地生活在這裡。長途貿易商，以及來自各地區工匠，從事各種商業的人都匯集在此。」[27]

哥多華和塞維耶的淪陷與馬拉卡戌在馬林朝時期地位的下降，讓法斯成為北非和安達魯斯上流社會所在乎的活躍舞臺，從「來自提里畝山（Tlemcen，阿拉伯文Tilimsān）的吉揚部族（Banu Ziyan）、格拉納達的納斯里朝（Nasrids）、哈夫西朝（Hafsid）的親王……外交官、旅客、蘇非行者、學生或是表明的寄生者」都有。馬林朝人是如此富有，使他們能支付得起從卡斯提勒、阿拉岡和法蘭西招募一支五千人的基督宗教徒常備傭兵。十四世紀的蘇丹阿布·伊南（Abu Inan，一三四八—一三五八在位）在位期鑄造的高品質馬林金幣，被認為在整個伊斯蘭世界無與倫比。當他用五萬金幣贖回特里波利時，自負地說這筆金額只是「區區小數」。據伊本·昊嘎勒的說法，十世紀時，光是西基勒馬薩一地就可以從貿易中賺到四十萬金幣，如此阿布·伊南的豪氣自滿也可諒解了。因此，難怪北非的伊斯蘭黃金貨幣提供歐洲的鑄幣方式參照樣本。[28]

沒有什麼可以比馬林朝於十三世紀和十四世紀期間，在摩洛哥各地修建的伊斯蘭經學院更能顯示其輝煌，這些伊斯蘭經學院就是馬林朝軟實力的顯現。

商人、雜貨店老闆、香料商人、學生、學者、藝術家、調香師、屠夫、麵包師、鞋匠、書商、旅館老闆、廚師、木匠、地毯織工、修鞋匠、小孩、家庭主婦、電工、水管工、珠寶商、裁縫師、招攬生意的人、蹣跚學步的孩子、遊客、購物者、乞丐、文具商、裁縫、醉漢與馱著高疊貨物的毛驢，其尖銳的金屬馱籃可能會讓不看路的行人撞破頭，這些人構成大街上不斷流動的人潮，從人潮漩渦中跳脫，進入到法斯最安詳、美麗的四方院落，方可深吸一口氣。

以阿布·伊南蘇丹的名字命名的布伊納尼亞伊斯蘭經學院（Bou Inania Madrassa）於一三五一年至一三五六年間馬林朝巔峰時建立，這是法斯最重要的建築瑰寶之一。據傳這座建築起因於蘇丹及其最寵愛妃子之間的愛情，該建築設計、裝飾極盡奢華，完全不在乎預算，是馬林朝建築巔峰之作。在揭幕典禮上，阿布·伊南問身邊的學者，在這座新學校禮拜是否有效。學者們給予肯定的回應，蘇丹點頭接受。「就像從廢石堆變成一座禮拜大廳，願妓女可以變成名媛。」後來，當最後鉅額建築開銷帳單呈上時，他瀟灑地把這筆開銷視為區區小事一件，並說：「使人著迷的事物永遠不算貴。」[29]

布伊納尼亞伊斯蘭經學院建築的繁瑣細節幾近無可挑剔的程度，若站在庭院中，無論凝視何處，都會被這世界上最偉大混合元素使用的伊斯蘭藝術視覺表現所震撼。一座鋪著約克郡乳白色背景襯托出綠色調彩色瓷磚的堅實宣禮塔，安詳地注視著下面的華美建築。今日，從舊城最受歡迎的入口之一——藍色的賈魯德大門（Bab Bou Jeloud）外就能看到這座宣禮塔，它成為法斯天際線的標記已經有八個世紀了。

學院內部吉里則式（zellij）的瓷磚與馬賽克圖案，在壁龕和圍欄上垂直、平行交替的設計流動，與數英畝的石膏雕工、飛舞的阿拉伯花紋及彩色壁磚、梁架和已曝晒漂白的雪松木梁梁框相映成趣。天花板由一千個幾何圖案組成，還有一對寬闊銅大門和浮紋裝飾。相對應的層面上，冷色地板磚、上釉臺座、圖案繁複的泥灰牆面、歷經風霜的雪松木則清楚顯示色調和質感、暗部與色彩無盡的結合。研究伊斯蘭藝術史的學者羅伯特・希稜布蘭德（Robert Hillenbrand）曾說：「有如步入一個珠寶盒。」[30]

學院正對面是另一個法斯最著名的地標——鐘屋（Dar al Margana），這是一座十四世紀以重力驅動的巧妙水漏或水鐘，在當時是一個奇觀。那裡還有其他以水力驅動的馬林朝奇觀，例如巨大的戽斗水車，提供王宮和貴族宅邸茂盛蔓延之花園用水。據說在蘇丹阿布・哈山（Abul Hassan）統治期間，這裡有無數以清澈自來水驅動的設施，從噴泉、淨身室到規格齊備的游泳池。

就像造訪布伊納尼亞伊斯蘭經學院的遊客常常被它的美折服（但年輕中國女遊客花費長時間以研究過的姿勢自拍是例外），也被這所學院之美折服的還有精力充沛的摩洛哥旅行家伊本・巴杜達。他在一三四九年十月抵達法斯，被法斯的帝國威嚴與晉見蘇丹阿布・伊南的排場所震撼，「願真主為他樹立輝煌威望，並粉碎其敵」。

伊本・巴杜達並非容易被震撼的人，他已經旅行二十四年，並且即將走完七萬五千英里的冒險之旅，這將使他此後被稱為「伊斯蘭旅行家」。一三二五年，當工匠正在完成法斯光輝的阿塔林伊斯蘭經學院（Attarin〔意即「香水師」〕Madrassa）的最後裝飾工程時，他已經穿上涼鞋，提起皮包，從丹吉爾（Tangier）出發前往麥加朝聖。完成朝聖之旅後，開始向西穿越耶路撒冷、開羅和亞力山大城的回程之旅後，他屈服於可諒解的鄉愁之苦，抵達正處在輝煌巔峰的馬林朝首都：

> 我自薦見他，並有幸獲得接見。圍繞他周圍的撼人景象，使我忘記了伊拉克國王身邊的景象；他的優雅，使我忘記了印度皇帝；他的客氣，讓我忘記了葉門國王；他的勇敢，讓我忘記了突厥人國王；他的溫文爾雅，讓我忘記了君士坦丁堡皇帝；他的宗教態度，讓我忘記了突厥斯坦（Turkistan）國王；他的知識，讓我忘記了蘇門答臘國王；因為他對我是如此厚愛，我發現自己無法用語言來表達我對他的感激。[31]

被這位旅人的故事、外國君王和東伊斯蘭世界事物所吸引，蘇丹阿布·伊南贊助這位摩洛哥同胞寫下他的旅遊故事。《洞悉城市奇妙、旅遊奇觀者之珍貴禮物》（*The Precious Gift of Lookers into the Marvels of Cities and Wonders of Travel*）是世界上最偉大的遊記之一，富有知識性，充滿奇聞軼事和傳說，語言幽默，充滿人性與娛樂性。

馬林朝伊斯蘭經學院的歷史可以追溯到阿布·尤素夫在一二七一年開創的薩法林伊斯蘭經學院（Saffarin Madrassa），它開啟一波延續一百年受宗教啟發而建立的建築物風潮。薩法林伊斯蘭經學院為此後的許多建築物立下標準，將占地不大的面積和令人眼花撩亂的繁複裝飾圖案，以及混合媒介與多功能用途融合一起，它既是伊斯蘭經學院，也是清真寺、慈善機構、學生宿舍、社群中心和官方慶典場所。

修建於蘇丹阿布．撒宜德．伍斯曼二世（一三一〇—一三三一在位）任內一三二三年至一三二五年間的阿塔林伊斯蘭經學院，坐落在香料和香水市集入口，正好在嘎拉維印清真寺隔壁，這是法斯又一座馬林朝時期的指標性建築。建築物中庭有一座噴泉，圍以大量銘文、馬賽克瓷磚、鐘乳石裝飾（muqarnas，蜂巢式）凹壁、雕刻石膏、垂飾拱門、連筆銘文與花草紋飾。圓頂下的稀有彩色玻璃窗放射出柔美、多彩光芒，灑落在下方禮拜者身上。

馬林朝在法斯建造的伊斯蘭經學院遠非王室財富的炫耀，而是感知之現。這些華麗的伊斯蘭建築提供馬林朝所需的精神與知性驅動力，這些建築也在推廣政權的伊斯蘭正統性競賽其建築代表性的激烈競爭，它們的興建也是為了要控制那些時而爭吵不休，並且慣於自以為是的宗教機構。統治者曾在一二五〇年的叛亂中受到挑戰，在那以後，宗教人士被當局要求通報所有在清真寺中舉行的集會，馬林朝統治者不再允許找麻煩教士反對的存在。那些有大量追隨者的傳教士於是被統治者籠絡。由於順尼派馬利基學派的正統教義被強制推行，對宗教權威的國家控制到了全新且細密的管理高度。例如在一二八三年至一三〇〇年間，只是為了給嘎拉維印清真寺做特殊修繕，宗教人士曾經七次尋求蘇丹的許可。[32]

法斯在馬林朝發展規劃中的重要性，可從新建伊斯蘭經學院數目加以判斷。一二七一年至一三五七年間，有七所新建伊斯蘭經學院。光輝伊斯蘭經學院大門在王國各地敞開。據伊本．馬爾祖葛的記載，光是曾經短暫將摩洛哥和提里畝山（位於阿爾及利亞）、羅馬帝國統治的地中海南岸（Ifriqiya，突尼西亞、利比亞西部與阿爾及利亞東部）統合的蘇丹阿布．哈山（一三三一—一三四八在位）一人，就曾在法斯、梅克尼斯、撒列（Salé）、丹吉爾、安法（Anfa）、阿者木爾

（Azemour）、誜菲（Safi）、阿葛瑪特、馬拉卡戌和烏巴德（Al Ubbad）建蓋學校。

新伊斯蘭經學院建築的浪潮讓馬林朝創造出新的一批忠誠、受到良好教育、講柏柏語的法官和宗教人士，他們跟隨蘇丹，因為生計也仰賴蘇丹。這些學校也振興了法斯作為伊斯蘭學術名城的聲望。就像安達魯斯的地理學家阿布・薩宜德・嘎爾納提（Abu Said al Gharnati）所寫的：「法斯的居民是受教育、淵博、聰慧之人；這裡是一個真正的人才寶庫，相較任何一座其他的城市，你在這裡能夠找到更多的醫師、法官、學者、貴族和王公貴族（Sharif）。」[33]

馬林朝的輝煌也在最盛大排場中展現，蘇丹騎著精心挑選的高大駿馬，戴著黃金和寶石的轡頭，騎士坐騎也有鑲嵌寶石的馬鞍，隊伍的前方舉著馬林朝白色旗幟，搭配著鼓與管樂器伴奏，在街道上穩步前進。在先知誕辰紀念日（Mawlid al Nabi al Sharif），極盡奢侈慶祝提供馬林朝政權，展現王室對先知穆罕默德家族成員（Ahl al Bait）與窮人其宗教虔誠性和慷慨的機會，讓窮人滿足地享受豐盛宴會的剩餘食物。[34]

當伊斯蘭經學院建築成為王權虔信在建築建構的證明，王公貴族群體（也就是先知的後代）同時從伊斯蘭世界各地被邀請到法斯定居，這是一座由先知直系後裔建立的城市，是先知後裔的標記。他們得到豐厚禮金和各種特權，權力壯大而獨立於民事司法外，這將為王權帶來嚴重後果。

如同在他之前的伊本・巴杜達，非洲里歐也受到法斯的震撼。他的非洲記載巨著包括七十頁「法斯的專注描述」，特別是約七百座「建築宏偉莊嚴」的清真寺和伊斯蘭經學院，尤其是「最美麗且引人讚嘆的」嘎拉維印清真寺伊斯蘭經學院和布伊納尼亞伊斯蘭經學院。[35]非洲里歐還被城市裡的各個巨大市集吸引，裡面有兩萬名紡織工及兩萬名磨坊工人、一百五十名雜貨商與藥劑師、一百五十名裁縫師、一百名陶藝工和一百名馬鞍工匠、五十名編織針製造工與五十名水果商，忙碌地做生意。「無論在非洲還是亞洲，或是在義大利，從未看到任何一個市集有如此多種類商品，細數所有商品價格根本是不可能的。」[36]

當非洲里歐的書在一五五〇年出版時，馬林朝已不存在，但是他們費盡心力經營和建設這座伊斯蘭城市的輝煌，依然在穆斯林世界中受到豔羨。伊本·巴杜達的慷慨贊助人蘇丹阿布·伊南在一三五八年被一位大臣勒死，導致政權逐步沒落，其命運早被馬林朝時期最重要的學者伊本·哈勒頓在其論述帝國興衰過程深遠影響的精采著作《導論》中預料到。倦怠的蘇丹、濫權的大臣、野心勃勃的王位覬覦者及一連串的宮廷政變與謀殺，為法斯和領土廣闊的馬林朝政權帶來混亂、失控。一四六五年，爆發一場由法斯上層階級的王公貴族族群領導的群眾叛亂。蘇丹阿布杜·哈格二世（Abd al Haq II）和他的猶太大臣都被殺死。到了一四七二年，一個由瓦塔西家族（Wattasids）組成的新政權崛起，他們是和扎納塔柏柏人有關係的家族。法斯的巔峰已經過去，馬林朝氣數已盡。

潮流來去，但是法斯小心翼翼地成功保持原貌不變。在古老的懸鈴樹蔭下，在城市裡最古老、美麗的市集之一哈娜市集（Suq al Henna）裡，慢條斯理的香料與香水商人仍舊和顧客討論著調製香水的藝術，一邊調配著令人陶醉的混合物，把沉香木、茉莉、麝香、梔子、天竺葵、佛手柑、玫瑰油、雪松木與肉桂、八角、胡椒、洋甘菊、乳香和廣藿香混合在一起。手指著幾公尺外的老舊建築物之前，細語的調香師拉戌德·歐德希利（Rachid Ouedrhiri）正在調製一種引人注目的「王家琥珀」

（Royal Amber）香調。希迪．福拉吉醫院（Maristan Sidi Frej）是世界上最早的精神病院之一，由阿布．尤素夫在一二八六年建造，比瓦倫西亞建於一四一〇年的醫院Hospital de los Pobres Inocentes要古老得多。法斯尊重其傳統與記憶，依自己的步調前進。

不若位於法斯南方約三百英里的帝國城市馬拉卡戌（在近幾十年裡大力修繕得鮮亮宏偉），法斯有一種堅韌，有時帶著殘酷的真實感。任何人都可以在那些顫顫巍巍的兩層小樓上、令人不忍直視的傷殘乞丐身上、肉鋪外掛著爬滿蒼蠅的駱駝頭上，看到這種真實感。在法斯，所有人都可以參觀惡名昭彰的休瓦拉（Chaouara）製革廠，在那裡聞到臭氣，看到裡面的工人，就像他們一千年來一代又一代的前輩們，在同一地點工作，在蜂巢般的石頭染井之間穿梭，井中散發出牛尿、鴿糞、生石灰、鹽與水混合的氣味，工人們將毛皮放入染井裡退毛、軟化，然後丟進染料中，染成深粉色、紫色、暗紅、藍色、黃色或是任何法斯皮貨商人認為這一季會有不錯銷路的顏色。染色工人行會的歷史可以追溯到法斯的初始時期，這些工人仍站在顏料深及腰的巨大墨水池裡，用天然的植物染料揉皮革，用木藍得到藍色、指甲花（henna）得到橙色、薄荷得到綠色、番紅花得到黃色、雪松木得到棕色，以及罌粟花得到紅色。時間停滯。

一九三一年，瑞士現代主義建築師柯布希耶（Le Corbusier，又譯「柯比意」）造訪這裡，批判這座古城在他眼中的雜亂無章，他抱怨舊城過於擠壓，注定西方有所行動來規劃創造其現代生活。法斯聳聳肩，日子照過。半個世紀後，波勒斯把他的目光投注在舊城「難以想像的骯髒」，預測家家戶戶會離開舊城，到卡薩布蘭卡（Casablanca）創造新生活是「注定的」。法斯依舊無所謂地繼續過日子。[37]

當提圖斯．布爾克哈爾德特在闊別二十五年後，於一九五〇年代重回他心愛的城市時，曾擔心這座城市不知會變成什麼樣子，會如何因現代歐洲文化大潮的腐蝕而失去對神聖事物的尊崇，變得全是「金錢、倉促與揮霍」。

他無須憂慮。宣禮塔依然將喚拜聲傳向這座綠色屋頂城市，香料小販仍在狹窄的香水市集街道擺攤，提倡者和見證者依然聚集在嘎拉維印清真寺周圍，趕騾子的人與搬運工依舊急忙趕路，穿過曲折小巷，高喊著數百年來未曾更改的話：「Balak! Balak!（小心！小心！）」羊毛織工仍在織布，紡紗工仍在紡紗，銅匠廣場上的工匠依舊敲打著他們的水壺和托盤，眼前仍是一切發自內在的光輝，就像今日，「這是無法改變、不被摧毀的法斯」。[38]

【第八章】

撒馬爾干德
——典範花園——
Samarkand–Garden of the Soul
（西元十四世紀）

撒馬爾干德，地表最燦爛的城市。

——阿敏．瑪阿魯夫（Amin Maalouf），《撒馬爾干德》（*Samarkand*）

撒馬爾干德
烏魯別克
天文臺
阿芙羅西亞布
伊瑪目布哈里大街
西尤布
巴扎
永生王
陵墓群
塔什坎特大街
畢碧母后
清真寺
提拉科里
伊斯蘭經學院
米爾扎烏魯別克大街
西爾多
伊斯蘭經學院
烏魯別克
伊斯蘭經學院
伊瑪目
馬圖里迪陵墓
雷吉斯坦
帖木兒統領街
雷吉斯坦大街
帖木兒雕像
魯赫阿巴德陵墓
古爾阿米爾陵墓
白色宮殿陵墓
大學大道
N
0
1 英里
0
1 公里
帖木兒先前的城牆

十四世紀後半葉，一股強勁令人讚嘆的新勢力崛起於中亞。他沒有王室血統，也沒有從他的父親繼承王國或帝國。他是世界歷史上最偉大自力成就輝煌的人物之一，一位文盲軍事將領奮鬥創立世界最大帝國之一，軍隊士兵因他的勝利而效忠。他傑出的沙場生涯是一個傳奇，在馬背上的三十五年未嘗敗績，堅定地將自己與世界最偉大征服者，如亞歷山大大帝、成吉思汗並列。他也以許多誇耀的頭銜證明其偉大，如吉星匯聚之主（指的是他在一三三六年出生時逢星宿吉象）、世界征服者、時代帝王、七重天長生之主。克里斯托弗．馬爾洛威（Christopher Marlowe）在以其名命名的劇本中，稱他是「神怒之鞭／世界唯一的恐懼與暴力」。他的名字是帖木兒。對和他同時期的其他穆斯林領導者而言，他們恐懼、厭惡他，認為他是不識字的野蠻人。在他自己的認知中，他是穆斯林世界的無上領袖，並自詡為伊斯蘭之劍與信仰戰士，他的首都撒馬爾干德是東方無與倫比的珍珠。[1]

西元前八世紀，這座城市建立在札拉夫襄河（Zarafshan River）邊，位於阿拉伯人所稱的Mawarannahr，意為「河後區」的核心處，該地區是前蘇聯廣闊的棉花產區，今日是中亞的共和國烏茲別克、哈薩克、土庫曼、塔吉克與吉爾吉斯等共和國所在地，往東延伸至中國西北部的新疆（維吾爾斯坦〔Uyghurstan〕）。該區域又稱Transoxiana，位於中亞的兩大河流阿姆河與錫爾河（Sir Darya）之間三百英里寬的走廊中心。這兩條河的古代名字是烏滸河和藥剎河（Jaxartes），是中世紀四條天堂河流中的兩條，穿過貧瘠地貌的條狀肥沃地區。

在這些神聖水道及其支流岸邊，古老高貴城市聳立著，這些城市名稱呼應亞歷山大和蒙古軍事領袖成吉思汗的回憶：撒馬爾干德、布哈拉、提爾米茲（Termez）、巴勒赫、烏爾崗奇（Urganch）及希瓦。波斯大君居魯士（Cyrus the Great）於西元前五五〇年左右攻占了撒馬爾干德，亞歷山大大帝緊隨其後，在西元前三二九年占領這座被希臘人稱為馬拉坎達（Marakanda）的城市。河區外是致命的沙塵和狂風。阿姆河西邊是令人膽寒的卡拉庫姆沙漠（Qara Qum，意為「黑色沙土」）。錫爾河東邊則是令人生懼的饑荒草原（Hunger Steppe），在地平線上廣闊地延伸。甚至在兩河流之間——文明中心和富饒農地北邊，還有如火焰般的奇及勒沙漠（Qizil Qum，意為「紅色沙土」）。夏季，酷熱會令人頭暈目眩，那些辛苦勞作者的皮膚被熾烤得起泡，變得有如皮革。冬季，一片死寂的曠野上覆蓋積雪，游牧民與定居民同樣會躲到毛氈帳篷或泥磚屋裡，身上裹著厚厚皮草，用羊毛毯抵禦能把一個人從馬上吹翻的強風。只有在春季時，當河水從高山上流下，果園裡花朵綻放，市場上擺滿琳瑯滿目的蘋果、桑椹、梨子、桃子、李子、石榴、甜瓜、杏子、榲桲與無花果；在部族宴會上，室外火烤肉架上的羊肉與馬肉吱吱作響地冒著油花，人人痛飲葡萄酒，整個國家極盡享樂著。

自絲綢之路出現以來，中亞一直是東西方的交接地區，這是一條三千七百英里長，起自西元前一世紀的貿易路線，從中國經由撒馬爾干德，直通位於安提歐克和亞力山大城的地中海港口。帖木兒時期，撒馬爾干德正處於鼎盛時期，其市集出售世界各地產品：毛皮和獵鷹、羊毛、黃金、白銀與寶石；俄羅斯和韃靼地區的皮革與亞麻布；瓷器、麝香、巴拉斯紅寶石、鑽石和珍珠；中國最高級絲綢與香料；印度的小豆蔻、丁香、肉豆蔻、肉桂、薑和穀物；敘利亞及小亞細亞布料、玻璃和金屬製品。此外，還有當地製造的絲綢、綴織物和毛皮襯裡，以及當地種植最美味的水果與蔬菜。

帖木兒是一位突厥裔蒙古人或韃靼人，成長於一二二〇年代成吉思汗對中亞發動焦土入侵的一個世紀後，那時他的部族和許多其他部族都已皈信伊斯蘭教。那是一個聯盟關係變換頻繁的動盪地區，河中地區的城市和鄉村定居貴族已接受伊斯蘭教；而在其東邊，游牧軍事貴族則拒絕接受伊斯蘭教，並且堅持泛神信仰。在這片沙漠、草原和高山的土地上，帖木兒學會了任何可成為領袖所必須的武術與馬術之技術。

然後在一三六〇年，二十四歲時，他以勇敢、投機方式從朦朧晦暗中一躍進入官方正史記載裡。當時河中地區的統治者在一三五八年被刺殺，隨後便陷入混亂，帖木兒利用此局面。當時對手的汗王從東邊入侵，其部族領導人決定逃亡，帖木兒看到機會，保證他會帶領抵抗，但隨後卻改變態度倒向入侵者，以達成其封侯統治。抓緊機會的帖木兒無畏地取得巴爾剌思（Barlas）部族領導權。在之後的歲月中，身為四處劫掠的強盜和傭兵，他磨礪了領導才能。他受過一次嚴重的傷，造成右手和右腿殘疾，這也使他有一個外號——「跛腳帖木兒」（Timur the Lame，英文中的Tamerlane即源於此）。就如俗語所言：「只有抓穩劍的人，才能握住權杖。」永久性殘疾使他之後的戰場生涯顯得更加非比尋常。一三七〇年，他已消滅所有對手，成為察合臺（Chaghatay）地區無可爭議的領袖，此地區以成吉思汗的次子命名，河中地區位於察合臺的西半部，更雄心勃勃的征服就是從這個時候開始的。

若要快速了解帖木兒及其成就規模，察看他從一三七〇年至一四〇五年之間的作戰地圖即可得知。一條極活躍的線延伸到整個亞洲，穿過天然屏障，越過沙漠、高山，戰勝了強大敵人，最西邊到了突厥人岸區的歐洲大門外，東邊深入西伯利亞，北邊抵達莫斯科郊外，跨過天穹，南至德里。他的帝國地圖展現超過一百七十萬平方英里的領土，包括中亞、高加索、小亞細亞、黎凡特和印度次大陸的一部分。

此時，伊斯蘭世界已經分裂成支離破碎。成吉思汗的孫子旭烈兀在一二五八年屠城巴格達，消滅了統治中東大部分地區長達五百年的阿巴斯帝國的殘餘，歐斯曼人在十四世紀時尚未崛起，北非已經分裂成一些小王國，而傭兵政權統治著埃及和黎凡特地區。帖木兒將成為世界最強大的穆斯林君主，推翻這些敵對的伊斯蘭政權，並將伊斯蘭世界的重心轉移到更遠的東方，從主要是阿拉伯人（一部分是柏柏人）的北非和中東轉移到種族更加多元的亞洲草原。

他的軍事生涯矛盾處在於，以伊斯蘭大旗四處征戰之下，其征服造成上百萬穆斯林震撼性的死傷。儘管他一直辯駁是為伊斯蘭世界帶來榮耀，但一般人所看到的是大批的毀滅和那些敢於反對他的伊斯蘭城市變成廢墟焦土。正如塔西圖斯（Tacitus，又譯「塔西陀」）曾說的：「肆虐、殺戮，在虛妄的頭銜之下掠奪，他們說這是帝國；而造成的荒漠卻說是和平。」[2] 帖木兒與此不同的是，之後以帝國規模建設那片荒漠，以血流帶來璀璨建築與文化遺續，而撒馬爾干德即為帝國中心。

其生涯漩渦始於一三七〇年代在花剌子模（Khorezm）和蒙古斯坦（Moghulistan，東察合臺汗國地區）垂手可得的成功。從一三八〇年代起，其目標開始擴大，進攻呼羅珊、阿富汗及波斯。在一三八六年至一三八八年的三年血腥戰爭中，帖木兒及其韃靼騎兵在波斯、高加索地區取得勝利，洗劫了成吉思汗的孫子旭烈兀建立的伊兒汗國（Ilkhanate）地區。帖木兒計劃性地擴大其行動之恐怖效果，以此規劃強化其勢力，把恐懼注入敵對者內心，並且將叛亂的風險降至最低。一三八三年在伊斯菲扎爾（Isfizar, Esfezar），他把兩千名俘虜活活堆疊封死在陶土和磚塊興建的塔中。在波斯的聖城伊斯法罕，有七萬人被冷血屠殺。一四〇〇年，他發起七年攻勢，將新的暴力帶入黎凡特、中東與小亞細亞。

他的軍隊像一場火焰風暴席捲整個亞洲，以令人驚恐的程度製造了荒蕪。東伊斯蘭世界的大城市一個接一個被屠戮毀滅地陷落。安提歐克、阿嘎、阿勒坡、巴勒赫、巴阿勒巴克、貝魯特、巴格達、大馬士革，以及德里、哈馬、霍姆斯、希拉特、伊斯法罕、伊斯菲扎爾、卡布勒、烏爾崗奇和扎蘭吉（Zaranj）都被洗劫燒毀。他占領了布哈拉（伊斯蘭宗教聖地）、蘇勒丹尼亞（Sultaniya）和戎拉茲、提爾米茲與塔不里茲。他的部下燒殺、姦擄、搶遍整個大陸。帖木兒以一己之力使得大部分伊斯蘭世界地區屈服於其屠殺和威嚇下。伊斯蘭文明遭受前所未有的威脅，它的仇敵不是仇視的法蘭克人，而是野蠻的穆斯林軍閥。

一座城市從這亞洲末日黑暗中興起至閃亮巔峰。

詹姆士・艾勒洛伊・弗雷克（James Elroy Flecker）死於肺結核八年後，其劇作於一九二三年於女王劇院（Her Majesty's Theatre）首演，劇中人哈山將引人興奮東方冒險之旅帶到倫敦西區，也為英國民間提供「通往撒馬爾干德黃金之路」的想像。❶這座城市早在西方人的想像中閃亮發光，成為遙遠、充滿異國情調最浪漫的城市，在許多人的觀點中，它依舊如此。其名稱使人想到帶有香料和神話般寶藏的商隊，他們與惡劣的沙漠風暴搏鬥，宏偉的宮殿和精心修剪的花園在人們眼前展開一幅美景，它是華麗宏偉之最，是東方野蠻世界中一個優雅寧靜、有藍色穹頂的綠洲。

但即使在二十世紀的前一、二十年中，這些深受懷念的印象仍是虛幻的。十九世紀，俄羅斯與大英帝國在中亞群山隘口、宮廷裡較勁影響力之雅致卻無所顧忌的大博弈時代已經結束，新生的蘇維埃

❶ 劇中的一句臺詞：「我的主人啊！我們是朝聖者，我們永遠都走得更遠些⋯⋯」被刻在西爾福德（Hereford）不列顛空勤特遣隊總部的鐘樓上。

帝國正在向南擴張，包含之前的帖木兒帝國領域。

弗雷克在瑞士去世兩年後的一九一七年，也是撒馬爾干德登上倫敦舞臺的六年前，俄國人占領了這座城市，紅旗飄揚在拉吉斯坦（Registan，意為「沙地」）廣場。一九二四年，烏茲別克蘇維埃社會主義共和國建立，一年後，撒馬爾干德被宣布為首都，迎來了一個現代、進步的新時代。該政權採納蘇維埃實驗的全套識別，工廠、學校、醫院和高層住宅如雨後春筍般湧現，寬闊、綠樹成蔭的大道取代了迷宮般的街巷。具有潛在危險和破壞穩定的烏茲別克民族主義象徵的帖木兒從公共話語中被剔除，成了一個難登大雅之堂人物、蠻族暴君與破壞者。帖木兒的藍色宮殿處成為列寧廣場（Lenin Square），以蘇維埃之家（House of Soviets）、歌劇院和芭蕾舞劇院的形式作為新文化元素。雜亂無秩序的撒馬爾干德傳奇被控制了，至於這座城市偉大的紀念性建築在幾個世紀的放棄後，漸序地以蘇維埃時尚修復。

我在二十年前第一次造訪撒馬爾干德時，當時帖木兒的烏茲別克家鄉還處於共產黨獨裁統治下，不滿情緒正沸騰著，而通往撒馬爾干德之路已不具金色光輝。到處是一望無際的棉花田，消失在地平線上，自帖木兒時代以來，變化並不大，但它講述了一個非浪漫的悲傷故事。棉花仍是烏茲別克的主要經濟作物，那裡的舊共產主義習慣造成嚴重後果。一個晴朗的秋日早晨，我從塔戌坎特（Tashkent）穿越貧困郊區，來到這座城市郊區。一支由一百多輛老舊公車組成的車隊朝著我們的反方向駛去。我問烏茲別克旅伴法爾哈德（Farkhad）：他們是誰？又要去哪裡？

他說：「哦，他們只是學生，要去採棉花。」

聽到這樣艱苦的工作竟能吸引如此多志工，我真感到驚訝。

法爾哈德斜眼看著我，「他們當然不是志工。他們必須去採棉花，否則將被政府踢出大學，不採棉花，就沒有畢業證書」。

他在蘇聯時期提前離開大學，因為無法應付義務性、極艱苦的勞動，「如今的日子還是一樣，一切都沒有改變，只是現在隱藏得更好了。棉花田大多遠離主要道路，因此外國人看不到正在發生的事」。

根據傳說，帖木兒愛撒馬爾干德就像「老男人愛年輕情婦」，更準確地說，也許是他以一個年輕男子的熱情吸引了這位美人的愛。這段愛情故事始於一三六六年，當時帖木兒用武力奪取了這座城市。這是他獲得的首要勝利，也是第一場顯赫征服，將這座城市帶入他的勢力範圍，讓這座城市名稱像羅馬、巴比倫，在千年中迴盪。他始終珍視這一刻，將撒馬爾干德作為統治世界基礎。從那時起，首都在他的美學世界中占有不可挑戰的地位。西班牙人路易·岡札雷茲·卡拉維霍（Ruy González de Clavijo）如此寫道：「撒馬爾干德確實是他征服的所有城市中的第一個，並且自那之後仍讓這座城市勝過所有其他城市，用建築物讓這裡成為他征服所得的寶庫。」他是西班牙卡斯提勒的亨利三世（Henry III）宮廷所派來的大使，曾於一四〇四年造訪撒馬爾干德。[3]

帖木兒所征服的撒馬爾干德正處於困境中，存活在過去的盛名中。摩洛哥旅行家伊本·巴杜達在一三三三年造訪這裡時，曾說它是「世界上最大、無比美麗城市之一」，但諸多大宮殿和令人讚嘆紀念性建築「大部分成為廢墟，城市的一部分也被毀了，它沒有城牆或城門，城外也沒有花園」。[4]帖木兒的首要行動就是好好打扮他的新愛人，以五英里長的城牆將之圍繞，並挖了一條護城河抵擋入侵者，也修建鋪石的寬闊街道，這一傳統在今天城市寬闊的林蔭大道中保留至今，連通了六座防禦城門到城中心的室內市集。這完全超出游牧的成吉思汗所建立的蒙古傳統，對成吉思汗而言，定居生活及其相關的基礎建設，如城鎮、市集、農業完全是受到厭惡、詛咒的。

在其餘生中，帖木兒忙於跨越世界各地燒殺擄掠，這一切都是為了使他所鍾愛的城市得到更大的榮耀。他在歐亞大陸上橫衝直撞，彷彿別無所求，只是要把最新的獎勵和裝飾品帶回來點綴她。在過去四十年中，這座城市像一個永不滿足的情人吸納帖木兒的禮物。那裡有藍色瓷磚與大理石覆蓋的宮殿，蔚藍圓頂清真寺、陵墓、學校、無數花園和公園，以及精美的亭臺樓閣；更有數不清的金銀、寶石、珍禽異獸、無與倫比的華美布料、絲綢、掛毯、奴隸與香料，但這永不足夠。每當他帶回更多的財富，她都會將他再送上戰場。她的榮耀需要以無盡的勝利嬌寵，這只有不斷攻城略地才能實現。

帖木兒虜獲的人力資源比其掠奪的財富更加重要，被抓回來的人有科學家、學者、作家、哲學家及歷史學家，匯聚在他建立的新學院與圖書館，為這座城市增添了知性光輝。十五世紀的敘利亞編年史家阿赫梅德．伊本．阿拉卜夏赫（Ahmed ibn Arabshah）挖苦攻陷大馬士革者，說帖木兒「從四面八方收集到撒馬爾干德的世界各種成果；這座城市相對地有了各種手工藝和珍奇藝術，這些工藝遠勝於其他對手」。❷在從君士坦丁堡出發完成橫跨帖木兒帝國的漫長陸路之旅後，卡拉維霍也提出類似觀察，此西班牙人說：「這位君王積極促進商貿，以確保其都城是『最高貴的城市』，而且在每次征服後，帖木兒總是「帶走當地最好的人才進入撒馬爾干德人口，將所有國家中最好的工匠都帶到那裡」。

亞洲最好的音樂家、藝術家與工匠都順服於撒馬爾干德的帝王虛榮心；詩人、畫家、細密畫畫家、書法家、音樂家及建築師，從波斯來到這座亞洲大陸的文化首都。敘利亞提供最好的絲織工、玻璃製造師傅和盔甲師傅；印度提供瓦泥匠、建築工人與寶石切割工匠，小亞細亞則提供銀匠、火槍製造師和繩索製造工。除了劫掠外，和平貿易是帝國繁榮基石。正如帖木兒所吹噓的，連一個小孩也可以帶著一袋金子，從他的帝國最西邊安全無虞地旅行到最東邊。如此說法也得到卡拉維霍的觀察見證，他說：「整個國家在帖木兒統治管理下處於和平狀態。」5

傳教士和蘇非聖者在清真寺裡傳道授業，這樣的清真寺如雨後春筍般在城市各角落興起，藍色穹頂在雲朵之間閃爍著光芒，內部也裝飾閃亮的黃金與綠松石。公園一座接一座地出現，祥和寧靜綠洲向城郊四處蔓生，這些郊區被輕蔑地以帖木兒征服過偉大東方城市命名：巴格達、大馬士革、開羅、戍拉茲和蘇勒丹尼亞，以突顯與雄偉帝都相較下，撒馬爾干德是靈魂天堂，那些地方只不過是閉塞落後之地。

帖木兒的撒馬爾干德是世界上最國際性的城市之一，雖然人口與戰俘被迫遷移至此，但其磁力般的吸引力仍有相當作用。在撒馬爾干德的穆斯林人口中，有突厥人、阿拉伯人和摩爾人（Moor），基督宗教徒中有希臘正教、亞美尼亞教會、天主教、敘利亞教會與聶斯脫里教會，甚至終身為奴僕的印度教徒和瑣羅亞斯德教徒。猶太教徒織工與染工是一個重要社群，還有大量教胞生活在帖木兒的首都布哈拉。據估計，撒馬爾干德人口約有十五萬，這是一個語言、宗教及膚色大熔爐，是帝國輝煌之

❷ 阿拉卜夏赫的著作《偉大的統領帖木兒》（*Tamerlane or Timur the Great Amir*）之卷首，毫不掩飾對他的憎惡：「這個惡棍把亞塞拜然和伊拉克各王國變成了廢墟」；「這個傲慢暴君是破壞家族軸心，地獄最底層永遠有其位置」。阿拉卜夏赫稱帖木兒是「撒旦」、「惡鬼」、「毒蛇」、「惡棍」、「暴君」、「騙子」和「邪惡的傻子」，因此任何出自這位作者的誇讚都不可輕信。

落實實踐，也是一位男人對其摯愛的永恆忠貞。

西方歷史學家一般對帖木兒並不友善。蒙古征服編年史家約翰・約瑟夫・邵恩德斯（John Joseph Saunders）批評帖木兒「的絕對權力的累積是建立在百萬屍堆上」，認為在希特勒之前，帖木兒是歷史上「無靈性、負面軍事主義的最極端例子」。鑑於帖木兒所造成的破壞規模，上述結論的確有其實，對大部分的亞洲地區而言，他是末日製造者。然而此結論也言過其實，尤其是在六百多年後，該地區仍為伊斯蘭文明核心區是相當明顯的。儘管帖木兒無疑是濺血與破壞者，但他的軍事理念卻絕非毫無效益。他是帝國和紀念性建築積極建立者，創下的建築紀錄在亞洲到處可見，尤其是幾乎所有城市皆創新自他的城市撒馬爾干德。在他的強行資助下，文學與文化、音樂和視覺藝術大為興盛。在被動的情況下，伊斯蘭世界變得比數個世紀之前更加統一。伊斯蘭劍柄先是在伊斯蘭世界橫行霸道，然後全然地重新界定。

帖木兒朝建築（Timurid architecture）以強烈的比例概念，透過清晰的理性主義呈現全然的指標性特徵。帖木兒不僅為亞洲大陸帶來新的審美觀，也使用新工程技術和取得最奢華的材料。有別於其祖先們散漫、無獨特性建築，帖木兒朝建築為紀念性建築設計帶來形式與清晰線條，這在實際操作上意謂立方體、長方形、鐘乳石形、圓柱體和八邊形，利用橫向與創新拱形把窗戶嵌於牆壁中，讓自然光從各方向投入室內照明。[6]

無論世俗或宗教建築，帖木兒朝建築為龐然實體結合相當豐富的裝飾。在帖木兒之前，少有建築物會使用華麗裝飾，除了少數小規模紀念性墳墓建築外。從十四世紀末開始，這就成了範式，宮殿、清真寺和伊斯蘭經學院披著精緻釉磚，展現舞動濕壁畫與阿拉伯紋飾，以斑斕色彩對應中亞草原驕陽下的景色。在十邊形宣禮塔底部，大膽的庫法體書法沿著大理石板流動，成千上萬片上釉小瓷磚的藍色花朵和琥珀色花瓣貼在表面上。在這貧瘠的地表上，藍色是最令人心曠神怡的顏色，讓人聯想到流水與天堂中的愉悅。牆面板（dados）成為展現重複幾何圖形的珍貴石料寶庫，多邊形瓷磚、黑玉縞瑪瑙、黃金及青金石讓建築物更有生氣。

帖木兒城中心是其力量象徵，這裡是戒備森嚴的藍色宮殿（Gok Sarai），既是城堡、財庫、監獄，也是兵工廠，有俘虜來的工匠和盔甲技師被發配在此工作。巨大城牆在製作盔甲與頭盔、弓箭的敲打聲中微微顫動。其他人則是在為王宮吹製玻璃，鞋匠正為製作軍靴和涼鞋切割皮料。那裡堆積成丘的纖維與麻布都是為了製作麻繩，麻類植物（hemp）是帖木兒為城外耕地新引進的農作物，可以提供他的攻城車與攻城機繩子，以壓制那些對抗城市和碉堡。這裡還有檔案館與充滿錢幣的財庫、堆滿從亞洲各地搶來的財寶廳，以及君王偶爾接見覲見者的朝覲大廳。

這個時期最偉大的建築之一是帖木兒的白色宮殿（Ak Sarai），它並不在撒馬爾干德，而是在南方六十英里處，他的出生地Kesh（今日的名稱是夏赫里薩布茲〔Shakhrisabz〕）。此宏偉宮殿有一對高聳至將近七十公尺高的塔，夾著一座四十公尺高的華麗拱門。當卡拉維霍造訪時，幾千名石匠和各種工匠已在這裡工作了二十年，其目的就是要讓造訪者驚嘆，用石頭來傳達此世界征服者君主其絕對權力的訊息。這座指標性建築的規模是刻意規劃的，正如帖木兒曾說過：「讓那些懷疑我們力量的人看到我們的建築。」[7]

六百多年後，不對這些創造讚嘆是不可能的，無論這些建築是處於引人深思的廢墟狀態，或是在蘇聯時期被迪士尼化地整修過，它們都足以令人感慨、欣賞。在撒馬爾干德和亞洲各地，造訪任何帖木兒時期的紀念建築時，引頸仰望成為欣賞這些作品的必然動作，同時也偶爾會對其魅力與規模由衷讚美。

帖木兒擴大了從中亞游牧生活方式轉向定居生活的規模，帖木兒宮廷獨特的文化就源自這種游牧傳統、超凡軍事技術與更精緻的定居生活視覺藝術三者的融合。他更喜好奢侈地在其指定的王室大帳中就寢，而不是在磚牆內，還試著在這些富麗堂皇的營帳中舉行最重要的集會，如接見外國使節、主持家族婚禮，或是慶祝戰場上一次又一次的勝利。

軍事行動繼續著。一群騎在馬上的弓箭兵射出箭雨，並奮力砍殺，留下黑煙的斷壁殘垣與遍地的白骨，他們初時曾用頭骨堆成一座座骨塔，一隊又一隊馬車和駱駝車從最富有的城市裡，載走世界上最稀有的奇珍異寶。

然而，無論他如何不停地遊動，撒馬爾干德一直是帖木兒流動的中心。在他三十五年的征戰中，這座城市都是他一次次出征帶給敵人災難後歸來的地方。他在一三八一年洗劫了希拉特後回到這裡，在奪取了錫斯坦（Sistan）、扎蘭吉和阿富汗南部的坎達哈爾（Kandahar，又譯「坎達哈」）後，於一三八四年又回到這裡。一三九二年，當他殘暴地大勝金帳汗脫赫塔迷戌（Tokhtamish）後，再次回到這裡。撒馬爾干德驚愕地看著這位輝煌的帝王征戰全世界。一三九六年，當他在波斯、美索不達米亞及欽察草原的最新一次肆虐後，帖木兒又回到了撒馬爾干德。在他一生中唯一一次在這座城市裡停留一段長時間。

撒馬爾干德人夾道歡迎他們的吉星拱耀君王，在闊別四年後，他騎著高頭大馬昂首進入這座他鍾愛的城市。他寬闊的公園、葡萄園、花園與果園正花繁錦簇，撒馬爾干德張燈結綵，迎接這位一馬當先，率領身後將士載譽歸來的君王。這是一場專門刻意突顯帖木兒凱旋歸來的慶典，當時肆虐半個世界的軍隊湧入城市，他們載著從亞洲各地帶回來的戰利品。

十五世紀初的波斯宮廷史官夏拉夫丁·阿里·阿茲迪（Sharaf al din Ali Yazdi）在《勝利之書》（*Zafarnama*）中提及：「到處是裝飾著皇冠的花環，露天劇場上，樂手們表演最新樂曲來榮耀統治者。房屋的外牆上掛著地毯，屋頂上覆蓋裝飾，商店擺出最新奇的商品。街道上人頭攢動，馬匹踩過鋪著天鵝絨、綢緞、絲和地毯的街道。」[8]

在這喜氣洋洋場景中，低著頭的奴隸向前走，在穿越這座輝煌城市時幾乎不知所措。在他們的身後是騎兵弓箭手，穿著最豪華制服的縱隊無盡頭地流動著，伴著盛大慶祝活動的痛飲，喧鬧聲似乎已達雲霄。在熱情洋溢的慶典上，當帖木兒向臣民宣布三年免稅時，氣氛被推向最高潮。宴席開始之命令被下達，戰利品被分給重要的王公將領，囚犯與俘虜被鐵鍊鎖著遊街，並在圍觀的人群面前被吊死。宮廷作家阿茲迪說這是「金色年代」。

帖木兒的五年戰爭分四段完成，波斯領土已被收復、頑強的喬治亞再次征服、阿巴斯帝國權力被打斷、金帳汗國被消滅。河中地區現已無外部威脅。戰役中掠奪的巨大財富由疲憊的馬匹與駱駝運回撒馬爾干德，帝國從未如現在強大。在穆斯林世界中，十五世紀初，只有歐斯曼帝國才剛形成一股重要的未來挑戰，將很快地在他面前震懾。至於基督宗教歐洲，那個被黑死病肆虐，因政治衝突、無休止戰爭和無恥十字軍東征而陷入貧困的地方，完全不值得出兵。

這個時期，帖木兒在撒馬爾干德建造最神聖的建築是永生王（Shah-i-Zinda）的陵墓群。位於都城外東北方，早在帖木兒之前幾個世紀古老的阿芙羅西亞布（Afrosiab）定居處，陵墓群在帖木兒慷慨的支持下，發展成重要的穆斯林朝聖者中心，這是他想要撒馬爾干德成為中亞麥加之努力的一部分。阿拉伯半島從未落入帖木兒手中；只能總結這是因為沒有足夠的財富讓他的軍隊掠奪。

陵墓至少在十二世紀時就已存在這裡，除了一處重要例外，都被成吉思汗的軍隊從地表抹去。蒙古入侵的唯一倖存是建築群中心先知穆罕默德的堂兄弟庫薩姆・伊本・阿巴斯（Kussam ibn Abbas）的墳墓，他可能是在西元六七六年時抵達素特省（province of Sogdiana，又譯「粟特省」），省區包括撒馬爾干德與布哈拉。帶著宣教熱忱，庫薩姆的任務是讓瑣羅亞斯德教徒改信伊斯蘭教。但是，當地居民對這位外地傳教士並不友善，庫薩姆很快就被逮捕斬首。在傳說中儘管他的頭斷了，卻仍設法撿起頭，跳進一口井，從此以後，他一直待在那裡，等時機成熟繼續宣教。阿拉伯人尊他為殉教者，從此有了永生王的敬拜。過去幾個世紀，此陵墓如同今日繼續吸引著信徒。伊本・巴杜達記載說：「撒馬爾干德的居民在週日和週四晚上都會來這裡，韃靼人帶著牛、羊、金幣和銀幣也會來這裡祈願，這些錢財都被用以嘉惠這裡的醫院與這座受到祝福的陵墓。」[9]

帖木兒試圖將永生王陵墓轉為王室墓地，以提高其受歡迎程度與聲望。帖木兒的兩位姊妹及忠心為他服務的親戚、統領或親王都安葬在這裡，那是精湛手藝、石工技藝、書法和藝術之賞心悅目的展現，是一條藍色瓷磚匯聚而成的亡者之街。藍色圓頂在陽光下有如燈塔般發光，周圍一般陶土圓頂也在陽光下緩緩地烘烤。

二十世紀大部分的時期，在蘇聯主導殘酷歷史的轉折下，永生王陵墓淪為一座反伊斯蘭博物館。如今它擺脫了共產主義束縛，正成為撒馬爾干德吸引人的景點之一，沉浸在新文藝復興中。在某個午後，法爾哈德與我在現代朝聖中參觀此陵墓群。我們的司機是退休軍官，強烈反對政府在當時將帖木兒作為政權宣傳的一部分。蘇聯人擔心帖木兒成為象徵民族主義的力量，於是交替壓制和篡改此人物故事長達七十年，而獨立後的烏茲別克則報復式地大力宣傳他，街道和廣場以其名字命名、新婚夫婦在他的雕像前慶祝婚姻，還有他的肖像出現在面額最高的紙幣上、報紙刊頭和街邊臨時看板上，到處都是帖木兒的造型，但我們的司機卻沒有任何帖木兒造型的物品。

「你知道，現在他們在軍中向士兵們教導帖木兒是多麼偉大的戰士、怎麼贏得許多戰役，以及新生的烏茲別克軍隊如何以他的精神戰鬥，稱他為『正義力量』，所有這些關於帖木兒的談話都是垃圾，常提到他很好，但有何意義呢？今昔之間的比較甚至都不準確。帖木兒對他的士兵們很好，而我們獲得的退休金還不足以維持生活，這個政府甚至連自己的百姓都無法養活。」

這種令人沮喪的論調傳入我們耳中時，我們穿過美輪美奐的門廊和圓頂入口大廳，進入這複合建築群，這些入口大廳是由帖木兒的孫子，天文學家的國王烏魯別克（Ulugh Beg）所建造。我們立即碰到蓋在嘎吉．札達赫．魯彌（Qazi Zadeh Rumi）陵墓上熟悉的藍色圓頂，它是其中最大的建築物，有人相信這裡埋葬的是帖木兒的乳母。在一條狹窄街道上，兩側豎立著高大的紀念建築物，其中有最精緻的兩座墳墓。首先是夏迪．穆勒客—阿嘎（Shadi Mulk-agha，意即「偉大統治者夏迪」）的陵墓，建於一三七二年，埋葬著一位帖木兒的姪女，上面銘文寫著：「這是一座埋著好運珍寶的花園，這是已失去的奇異珍珠之墳」，以及帝王大姊圖爾韓—阿嘎（Turkhan-agha）。這是我看到的第二座簡單樸素的磚塊圓頂（第一座是撒馬爾干德市中心魯赫阿巴德〔Rukhabad〕陵墓），它的內斂樸素與上方蔚藍天空及下方精雕細琢的釉面瓷磚、交錯的飾板，形成鮮明對比，被公認是帖木兒朝早期陶瓷貼面最傑出的例子之一，整個立面和內部包括圓頂都使用精細的瓷磚工藝。

在陰暗墓室內，活躍的裝飾並無任何束縛跡象。襯著一個六邊形背景的圓章裝飾，大塊的矩形面板貫穿牆面，繩結造型的庫法體書法延伸牆壁四處，讓人有極精緻地毯之印象。室內牆角上有令人眼睛一亮的鐘乳石裝飾裝飾。抬頭看去，圓頂上有一顆八角星閃耀著，它的八個頂點向下延伸成線，將天堂分成八個部分，每一部分都延伸成一顆淚珠狀圓章，每一圓章都包含太陽和六個行星，閃耀著紅色、綠色及亮黃色。

在魯赫阿巴德正對面是戌琳．比卡—阿嘎（Shirin Bika-agha）陵墓，是另一座帖木兒的姊妹長眠之地，比魯赫阿巴德陵墓晚十年，這座建築物的馬賽克彩陶有藍色、黃色、白色和綠色的花草紋，用迴轉的葉蔓裝飾和書法吸引目光。在內部，雙圓頂下方，一個十六邊的柱體向下收窄成為一個八角形區域，陽光透過豎井，穿過彩色玻璃的石膏窗格將之照亮，顯示金色壁畫、綠色六邊形護壁板與飛翔的鶴（被視為天堂的鳥）。

這條街道盡頭是圖曼—阿嘎清真寺（Tuman-agha Mosque）和陵墓建築群，以帖木兒的年輕寵妻命名，他在四十歲時娶了十二歲的她，對她寵愛有加。天堂花園（Paradise Garden）也是尊榮她建造的。圖曼—阿嘎清真寺這座建築在一四〇五年完工，這一年也是帖木兒去世那年。在彩色瓷磚閃耀發亮的入口處下是一座美麗木雕大門，門楣上方有一行內容陰沉的銘文：「墓乃眾人皆入之門。」在清真寺大門上的銘文則略微令人振奮：「真主的使者，願平安降臨於他，他曾說過：『在入土之時到來前把握禮拜，在死亡來臨前趕緊悔改。』」陵墓裡，帖木兒的新娘長眠在永恆之夜的圓頂下，蔚藍天空與以黃金做成散落四處的星斗，俯瞰著樹木和花朵構成的鄉間景色。

在街道盡頭，經過帖木兒的另一位妻子庫特魯—阿嘎（Kutlug-agha）之墓後，即此朝聖之行目標——清涼的庫薩姆·伊本·阿巴斯陵墓，以三座大圓頂組成深入天際。這座建築的中央是重建於一三三四年的巡禮室（ziaratkhona），這是一個光亮瓷磚匯聚一堂的小宇宙，一座淺藍色多邊形精美壁裙環繞著墓室，外沿圍繞著綠色、藍色和白色的馬賽克瓷磚。

永生王墓群的神聖中心在一個小墓室裡，可以透過木隔窗看到。裡面是庫薩姆·伊本·阿巴斯的四層墳墓，每一層都貼著有古蘭經文的彩色瓷磚：「那些在真主道上被殺的人並沒死，他們的確是活著的。」

一四〇四年九月八日，從卡迪茲出發，歷經十五個月，走了將近六千英里路的西班牙大使卡拉維霍，風塵僕僕、疲憊不堪地和他謙卑的隨行人員一起騎馬進入撒馬爾干德。帶著當時歐洲人對東方的典型無知，他驚訝地發現這座城市居然比塞維耶還要大。❸那是大開眼界的經驗，他大聲讚嘆：

❸ 我們得多虧一四〇三年十一月在黑海地區的惡劣天氣，才讓卡拉維霍能有機會詳細描述巔峰時期的帖木兒和撒馬爾干德。卡拉維霍本來要在高加索東部會面帖木兒，當時這位君王在喬治亞戰事結束後正在那裡過冬，但是行程並未按照計畫進行。這位西班牙人的船在博斯普魯斯海峽遭遇船難，被迫在君士坦丁堡等了四個月，才有再出發的合適機會。第二年春天，他們繼續趕路，當時帖木兒已經動身前往撒馬爾干德。卡拉維霍快馬加鞭地追趕他，直到隔年秋天才抵達撒馬爾干德，他在那裡停留了三個月。這實在是歷史上運氣最好的船難之一。

「這個偉大都城和周邊地區的富麗與豐裕，簡直是令人嘆為觀止的奇蹟。」如同他一直相信的，基督宗教世界是無與倫比的。一三九六年，歐斯曼帝國蘇丹巴亞濟德一世（Bayazid I）在尼科波里斯（Nicopolis）大敗十字軍一事，無疑挑戰了他上述的想法；但他的內心還是相信基督宗教之劍能戰勝這些東方異教徒。此時此刻，當他站在撒馬爾干德挺立的華美大門前，注視絢麗奪目的土耳其藍圓頂，看到天堂般的花園和宮殿時，他大概壓制住內心許多令人討厭的思想。他在跨界旅行中已經見識到這個帝國，知道基督宗教世界無法與自誇等同此帝國統治者，歐洲突然間似乎是相當遙遠的小地方。

撒馬爾干德外圍是「廣闊的郊區」，人口密集，有規劃整齊的果園、葡萄園、街道和大廣場上的市集。

在撒馬爾干德郊外的這些果園中有最壯麗的房子，而帖木兒在這裡有許多宮殿和遊樂場所。宮廷要員的房地產、鄉間別墅也在這裡，每一座都有果園圍繞：因此撒馬爾干德城外就有數不清的花園和葡萄園，來到撒馬爾干德的旅客在接近城市時，只能看到這些高山般大樹，被環繞在其中的房子是看不到的。[10]

到卡拉維霍造訪時，帖木兒已贏得新榮譽與無數奇珍異寶，他在中東和印度次大陸的里程碑勝利被阿拉卜夏赫形容成「破壞的朝聖」。一三九八年，他穿越白雪覆蓋的興都庫斯山，自我意識地超越亞歷山大帝與成吉思汗，大軍橫掃德里，不停地掠奪金銀、珠寶、珍珠、奇珍異石、錢幣和奢華衣物及大量奴隸，他軍中最窮的士兵至少也抓了二十名奴隸，印度歷代蘇丹長年來累積難以想像的財富毀於一旦。古城阿勒坡在一四〇〇年受到帖木兒攻擊，依據十五世紀歷史學家塔葛里比爾迪（Taghribirdi）的記載，這座城市被屠殺到「屍體成堆」。在大馬士革，帖木兒與偉大的歷史學家伊本・哈勒頓於一四〇一年會面，隨後城裡百姓被凌辱屠殺，最好的紀念性建築、清真寺、宮殿和商旅客棧被燒成灰燼。伊斯蘭世界偉大奇觀之一的伍麥亞大清真寺也被這股煉獄之火破壞，被一支為得到戰士（Ghazi）或稱信仰鬥士頭銜的穆斯林軍隊指揮官所褻瀆。❹同年，巴格達為叛亂付出完全被併吞的昂貴代價，帖木兒為了讓這場勝利留下他戰無不勝的印記，用九萬顆受難者的人頭堆成一百二十座塔。底格里斯河裡混雜著受難者的血水與從圖書館中洗劫出來書籍的墨汁。在這之後的一四〇二年，帖木兒在安卡拉戰役（Battle of Ankara）中擊敗了歐斯曼帝國蘇丹巴亞濟德一世，這是歐斯曼帝國歷史上獨有一次蘇丹本人被俘虜的屈辱。這場勝利讓君士坦丁堡得以在突厥人越來越強大的壓力下，苟延殘喘半個世紀。有如餐後甜點，他又洗劫了基督宗教徒在小亞細亞的最後一個據點斯米爾納（Smyrna，又譯「士麥那」），用十字軍騎士頭顱轟炸逃竄的軍友作為勝利的結束。❺從此，他站上

❹ 大馬士革被洗劫不久前，伊本・哈勒頓看到他們在大馬士革城外紮營，他留下令人印象深刻關於帖木兒及其韃靼軍隊的描述：「他們人數不可計數。如果估計為一百萬人，也不過分。他們搭的帳篷填滿了所有空地，即使他們的軍隊進入開闊地面，平原對他們也實在太狹窄。在突襲、搶劫和殺戮定居人民，並用各種殘酷手段折磨他們上，這些人有著令人驚駭的例子。」Walter J. Fischel, *Ibn Khaldun in Egypt*, pp. 99–100.

❺ 阿茲迪提供一段關於兩位偉大統領在開戰前十分有趣的通信紀錄，其中包括帖木兒警告巴亞濟德一世：「既然你深不可測的野心之船已經沉沒在自戀深淵中，對你而言，聰明舉動應該是降低你輕率的船帆，誠信地把船停在悔過之港，這裡也是一個安全的避風港；否則，我們的復仇風暴將會讓你喪命在懲罰之海中，這是你應得的……」*The History of Timur-Bec*, vol. 2, pp. 148–50.

了伊斯蘭世界巔峰。

吉朋寫道：「從額爾齊斯河（Irtish）到伏爾加河（Volga，又譯「窩瓦河」），再到波斯灣；從恆河到大馬士革，再到群島區，亞洲被掌控在帖木兒手中。他的軍隊所向無敵，他的雄心沒有終點，他的熱忱激發了他的征服與改宗西方基督宗教王國的渴望，這些國家已聞其威名而戰慄了。」當帖木兒站在歐洲大門前時，歐洲虛弱、分裂又貧窮的國王們（英格蘭的亨利四世〔Henry I V〕、法蘭西的查理六世〔Charles VI〕、卡斯提勒的亨利三世），在得知這位不知從何而來的戰神已經派出令人心寒膽顫的軍隊時，實在是戰慄不安。他們急忙送出阿諛求饒的書信，給「戰無不勝、祥和的王子帖木兒」，寄望他不要入侵。其實他們根本就過慮了，帖木兒想要的是更豐富的戰利品。

皇帝召見卡拉維霍的地點是在引人注意的悅心園（Baghi Dilkusha），這是帖木兒最華美的花園之一，是在他停留首都的兩年間建造的，以慶祝一三九七年他迎娶蒙兀兒汗王希茲爾和卓（Khizr Khoja）的女兒圖卡樂（Tukal-khanum）公主。這座花園位於撒馬爾干德東方不遠處，這裡是著名的卡尼吉勒草原（meadows of Kani-gil）。撒馬爾干德城牆藍色大門外，有一條筆直的松樹大道通往這座夏宮。蒙兀兒帝國的創立者，也就是帖木兒的直系後裔子孫巴布爾在回憶錄中，曾經記載有許多畫作表現他祖先在印度的戰事。這座花園有三層樓和光亮的圓頂與如林廊柱，這是具帝國規模的建築。

卡拉維霍首先被領入一座大花園，通過一扇高聳大門，上面裝飾極美的藍色和金色瓷磚。有六頭從德里抓來的大象，與手持兵器的看門士兵一起守衛入口，每頭大象背上都有一座迷你城堡，上面的馴象師發出指揮命令。卡拉維霍與同伴們被一位大臣護送到下一位大臣，直到他們見到皇帝的孫子蘇丹哈利勒（Khalil）。他接過亨利三世國王的信，並把他們送到征服世界之王那裡。處處留心、小心翼翼的大使留下了關於這位東方大君的描寫，他坐在美麗宮殿入口的臥榻上。一座噴泉中漂著紅色蘋果，並噴出高高水柱。

殿下坐在一個看似小但填充厚實的坐墊上，坐墊披著刺繡花紋的絲布，他用臂肘支撐身體，靠在身後圓形靠墊。他穿著無任何刺繡的素色絲袍，頭上戴著一個白色高帽，鑲有巴拉斯紅寶石、珍珠及其他寶石裝飾。

這場拜會成功地完成，儘管帖木兒讓這個西班牙人毫無疑問地明白他視自己為世界主人，將西班牙君主以「你的國王是我兒子」看待。帖木兒被告知亨利三世「是法蘭克所有國王中最偉大的，他統治著遙遠的一部分疆土，他的人民是偉大知名的民族」，但那只是在不重要歐洲之法蘭克人土地。帖木兒的權力與財富完全是更高一層的規模，因此對一個小小的西方異教徒國王表現出高人一等的姿態。

卡拉維霍留下關於十五世紀初撒馬爾干德的描述空前未有，這座城市在當時正處於帖木兒帝國權力頂峰。這位使節簡直不敢相信自己的眼睛，至少有十五座稱為天堂花園（Garden of Paradise）、世界典範與崇高花園（Model of the World and Sublime Garden）之類的花園之特別設計，所有這些花園裡都有宮殿、草地、潺潺流水、湖泊、果園、涼亭和花卉。有一個花園名為方園（Garden of the Square），有兩層樓的四十柱宮（Palace of Forty Pillars）；還有懸鈴木園（Baghi Chinar），卡拉維霍曾目睹這座絕美花園的建立過程。在新園（Baghi Naw）周圍有四座高塔，每座高塔都以一面一英里長的高牆圍住，花園中心是一座果園，裡面有一座宮殿，內有大理石雕塑，地板上有精美的烏木和象牙馬賽克。根據巴布爾的記載，在門廊上的《古蘭經》經文是用大字母書寫的，因此在兩英里外都可看見。

透過如此設計的宮殿與花園網絡，帖木兒有如高貴雄獅般滑動，他在一處停留幾天後，就會寧靜地移到另一處。卡拉維霍抵達一週後，獲邀到另一個花園參加宮廷宴會，這個花園裡種滿果樹，有小徑和步道，環繞他的是掛有彩色織錦的絲綢帳篷以供乘涼。花園中央是一座華麗家具陳設的王宮，這位西班牙人在這裡瞥見君王臥室，鋪滿瓷磚的壁龕有銀色與鍍金的屏風，屏風後面是臥榻，上面擺放繡著金線的墊子。牆壁上蓋著玫瑰色絲綢掛飾，上面有銀色條帶，條帶上鑲嵌著翡翠、珍珠及其他寶石。絲綢的流蘇在微風中輕拂，這些房間的入口前擺著兩張金桌，上面放置七個金色水壺，其中兩個水壺上有著大顆珍珠、翡翠和綠松石，壺嘴鑲有巴拉斯紅寶石，它們旁邊有六個金杯，上面也有相似的珍珠與紅寶石。卡拉維霍把這一切都看在眼裡，深受震撼。

帖木兒最奢華創作之一的北園（Northern Garden），是在一三九六年至一三九八年間構思出來的另一項大工程，使用帝國最好的材料並僱用最著名的工匠。宮殿用的大理石是從塔不里茲進口，工匠和畫家也都從波斯請來。畫作中的場景就像倖存至今的那些描繪拉吉斯坦廣場畫作，對伊斯蘭不鼓勵具象藝術表現的傳統提出挑戰，這也許是帖木兒無可比擬權勢、自信和對待信仰之矛盾態度的最高象徵，尤其是這些畫面中出現帖木兒與手下暢飲美酒的場景。

不只是這些花園宮殿之美感動了卡拉維霍，其規模也讓他感到驚訝。在他停留在撒馬爾干德的兩年期間，帖木兒開始建造另一座範圍相當大的園區——Takhta Qaracha Gardens。據阿拉卜夏赫所言，有一位工人弄丟了馬，這匹馬自由自在地在這裡吃草遊蕩，六個月後才被主人找到。城市各地方種植了許多果樹，以至於一百磅水果「不值小量芥菜」。

這一片富饒之地有札拉夫襄河水澆灌，肥沃土壤生產大量小麥和棉花，葡萄園也到處都是，而且是適合放牧牛羊的草原。這位使節讚嘆地說：「這裡的牲畜相當優良，牛羊和禽類都是最好的品種。」這裡的綿羊尾巴肥，一隻重達二十磅，即使帖木兒和他的軍隊駐紮在寬闊的卡尼吉勒草原，肉量的需求很大，但一對綿羊的價格也不超過一枚杜卡特幣（ducat）。不管卡拉維霍面向何處，都能看到豐盛食物。儘管他滴酒不沾（這讓帖木兒很不悅），但這位西班牙人卻懂得吃，並留心物產的多種。各處都有麵包，米飯則是便宜又大量。到處有露天廣場，有肉商販賣熟肉、烤肉或燉肉，雞肉、雉雞肉與鷓鴣肉特別受歡迎。水果和蔬菜（包括美味的撒馬爾干德甜瓜）種植量十分大，許多風乾的瓜果可以保存一年。

住在城裡的三個月，卡拉維霍對商品琳瑯滿目的市集特別有深刻印象。撒馬爾干德位於呼羅珊大商路上，從巴格達往東直通中國邊境，在帖木兒統治時期成為重要貿易中心。當他摧毀金帳汗國後，北方商路南移，撒馬爾干德更是如此。札拉夫襄河澆灌了撒馬爾干德，貿易養育了撒馬爾干德，使她如此富饒。總是有一隊隊軍隊運輸湧入城裡，他們帶來最新的戰利品，常常有越來越多的地方統治者送來貢品。但商業及其帶來稅收才是帝國繁榮基石，這部分的收入總是得到帖木兒最用心呵護。他是最罕有的政治、軍事領袖，是一個製造焦土的征服者與具謀略的帝國奠基者，伊斯蘭世界將永遠不再出現如此人物。

未來印度總督兼大英帝國外交大臣喬治．柯宗（George Curzon）認為，「這是世界上最宏偉的公共廣場」，從拉吉斯坦的烏魯別克伊斯蘭經學院（Ulugh Beg Madrassa）的宣禮塔高處遠眺撒馬爾干德，那是一片藍色圓頂與大門的海。只有在地平線最遠處是潛藏在這片海洋邊的沙漠地，似乎瞬間要奪回這座城市，這時城市光輝才逐漸黯淡。拉吉斯坦東北方數百碼的地方，在燦爛陽光照射中矗立著帖木兒的驕傲和喜悅——畢碧母后清真寺（Bibi Khanum Mosque）。

碉堡清真寺（Cathedral Mosque）是他最偉大的工程計畫之一，一座如山高的建築，是伊斯蘭世界有史以來最龐大的紀念性建築物，這是向他無數軍功的致敬。工程是在一三九九年動工，也是這位君王更意識到人都會死，決心蓋一座建築物榮耀造物主，而不是一般他想要的世俗工程計畫。

在帖木兒早期建築中，圓頂建築有波斯風格的傾向，即圓頂外沿不會超出基座範圍。但是在畢碧母后清真寺與古爾阿米爾（Gur Amir）陵墓之巨大石榴形圓頂上，顯示一種新風格前兆。新風格在帖木兒死後被其帝國後代接納，並流傳到印度蒙兀兒帝國，最明顯的例子是在瑪哈樂皇冠（Taj Mahal，又稱「泰姬瑪哈」）陵寢，這種風格後來傳到俄羅斯，展現克里姆林宮的輝煌。

在畢碧母后清真寺的工程上，帖木兒傾注可怕的控制本能，要求每天都要向他呈上進度報告，並指派霍加．馬赫穆德．達吾德（Khoja Mahmud Daoud）和穆罕默德．嘉拉勒（Mohammed Jalal）這兩名統領，主持一支巨大的能工巧匠隊伍：他們是來自巴士拉與巴格達的大師匠人，來自亞塞拜然、法爾斯與印度的石匠，以及來自大馬士革的水晶工匠和撒馬爾干德的工匠。九十五頭大象——這在撒馬爾干德是前所未有的場面，拖著壯觀的兩百塊巨大大理石，從亞塞拜然、波斯和印度浩浩蕩蕩地走來。

一四〇四年當清真寺幾近竣工時，工人們驚訝地發現剛從五年戰爭獲勝的君王親自來到工地。帖木兒對清真寺入口的尺寸頗不滿意，命令拆除，立即挖掘新地基。負責工事的兩名將領被處死，嘉拉勒還被帖木兒以最殘酷的五馬分屍處死。

這位征服者隨後親自負責此工程，雖然他的健康狀況不佳，已經無法長久站立或是縱身上馬，但他本人還是每天被轎子抬到工地，向基地工人拋撒錢幣和肉，「有如向洞中的狗丟骨頭」。

有帖木兒在場，建築工程日夜不停，結果是驚人的，它的規模獨一無二，占地一百五十公尺乘以一百零七公尺面積，入口高達三十公尺，只比四十六公尺高的宣禮塔低，宣禮塔俯瞰著一片寬廣庭院，四周有由四百根大理石柱支撐的四百個小圓頂走廊。一位宮廷歷史學家諂媚地說：「其圓頂本該獨一無二，但是天空模仿了它；其拱門本該舉世無雙，但銀河卻與之成對。」

帖木兒的碉堡清真寺雖然宏偉，但是建造得太倉促。這位大帝對那兩位將領的處決，無疑導致工人們的狂怒，他們開始走捷徑，打算完成工作以保住性命。可能是地基挖得太淺，確實原因一直不明，過沒多久，這座建築物開始裂開。禮拜者被裂開的石頭嚇到，決定到別處禮拜。十九世紀，它成為棉花市場和沙俄軍官的馬廄，布哈拉的統領搶走了所有價值物件。一八九七年，撒馬爾干德經歷地震，這座清真寺遭到致命一擊。

我站在塔的頂端，在溫和風中俯瞰光亮的撒馬爾干德，穿過清真寺的大圓頂，湛藍光澤交錯瓷磚本應也覆蓋在這些斑駁陶土上。阿茲迪對碉堡清真寺的描述中強調的是它脫俗的規模，他說：「如此高大建築其頂層房間就是天堂了。為了估算其高度，必須是最聰明的人才不至於迷惑。」這一次宮廷歌頌作家之詞並不浮誇。

除了古爾阿米爾陵墓外，沒有什麼地方更適合向帖木兒道別。一四〇五年，時年六十九歲的他在對中國明朝皇帝戰爭途中去世，這是他認為值得攻打的所剩對手，但他不再得成。

四十公尺高的藍色豎紋圓頂，兩邊立著細長的宣禮塔，這是撒馬爾干德最好的建築物，也是全世界前所未見帖木兒時期的最卓越建築，是為了榮耀他珍愛的孫子穆罕默德（Mohammad）蘇丹而建造，最後成為這位征服者的長眠之地，被他的孫子哈利勒蘇丹埋葬於此，屍體用香樟、麝香和玫瑰水處理後，被放入一具黑檀木棺木中，安置在「金銀星座天空的天花板下」。

由波斯著名建築師穆罕默德．伊本．馬赫穆德．伊斯法哈尼（Mohammed ibn Mahmoud Isfahani）以八邊形設計建造，這座陵墓是規模、風格和簡潔的範例，是一座慶祝一位君王一生、朝代發展與歌頌至大全能真主的高貴建築。在凹凸有致的圓頂表面，閃爍著蔚藍、綠松石藍、黃色及綠色瓷磚，以超過三公尺的大庫非體書法寫著「真主是永恆」的銘文穿梭其間。曾有詩人受到大圓頂的震撼說：「若天空消失，此圓頂將取代它。」

這座陵墓中心是一個大而開闊的方形墓室，正好位於圓頂下方。在高拱門後面，琥珀色光線透過大理石格窗照射進來，照亮圓頂金色內頂與下緣藍色和金色鐘乳石裝飾，在色彩斑斕的星形幾何牆面之間閃爍著光澤。墓室中央有屬於帖木兒朝最重要六個人物的墳墓：勇敢的王子穆罕默德蘇丹、博學多才的天文學家國王烏魯別克、他聰慧的藝術贊助者父親夏赫魯賀（Shahrukh）、米蘭夏（Miranshah）——帖木兒最煩人的兒子。中間一塊突起大理石基座上是帖木兒之墳，以暗色石板製成，上面的玉石有著交錯繁複花紋，這曾是全世界最大塊的玉石，是在一四二五年由烏魯別克帶到撒馬爾干德，用來點綴他祖父的石棺。它的旁邊是另一座重要的墳墓，埋葬的是薩義德・巴拉卡（Sayid Baraka）大師。帖木兒曾下令將自己埋葬在他的精神、宗教導師足下，以顯示對博學者的尊崇。

帖木兒成功地把兩種相互衝突的認同交織在他的死亡上，長長的銘文如同講述神話故事般詳細地敘述他的身世，說他既是成吉思汗又是哈里發阿里的後代，以一種無畏又虛假的官方政治宣傳法將蒙古傳統和伊斯蘭遺緒結合。他的死就像是他的一生，都相當務實。儘管他讚頌普及的順尼伊斯蘭傳統，讓自己表現成什葉穆斯林，並埋葬在他的蘇非導師與靈魂伴侶身邊，但世界統治者的興趣高於微小的神學分歧。

這時有一位穿著邋遢西裝，頭戴著破舊小帽的年老守墓人走了進來，他指著自己的手錶，並且直接關燈。然後他停住了，為了幾美元，他願意向我展示帖木兒的「真墓」，我的心快速地跳動。墓石的第一層幾乎沒有裝飾，我們小心翼翼地走在一個隱蔽的階梯上，打開了一扇沉重大門，然後進入一個冷如冰庫，漆黑一片的地下室。開燈的一剎那，我看到一座樸素的磚石墓穴。

帖木兒的墳墓上蓋著簡單樸素的石板，上面刻有古蘭經文，在見過上面陵墓裡絢爛無比的色彩之後，這個樸素、幽暗的墓室實在令人沮喪、嘆息，這是一個狂掃亞洲，有如流星劃過天空者的墓地。短短數十年裡，他的後代們眼看著閃爍餘暉從天空中消失，到了十五世紀中葉，帖木兒帝國已式微。它最偉大的禮物是那些分散在亞洲各地的清真寺、伊斯蘭經學院、閃亮的宣禮塔、鳥語花香的花園和宮殿，如同失落文明的墓碑逐漸荒廢。只有在世界屋脊另一邊建立的蒙兀兒帝國回應著帖木兒帝國餘暉，其建立者是帖木兒的偉大後裔巴布爾。

在西方，帖木兒早就被遺忘，那些還記得這個名字的西方人，也許是記得馬爾洛威劇作中關於這位嗜血暴君的情節。但是對少數人以外的大多數人而言，偉大伊斯蘭帝國建立者的歷史比那齣戲劇還留下更多：名字。他所建造的城市絢爛無比，有著生動裝飾，曾經是令世界眼紅的地方，現在坐落在舊蘇聯帝國被忽略的南方邊陲，只有在這裡，他的記憶仍然鮮活。在陵墓大門上方有一句銘文：

這是輝煌、仁慈君主長眠之地，他是最偉大的蘇丹、威力無比的戰士、世界征服者帖木兒王。

【第九章】

君士坦丁堡
——世界渴望之城——
Constantinople–City of the World's Desire
（西元十五世紀）

伊斯坦堡以前是君士坦丁堡
現在是伊斯坦堡，而不是君士坦丁堡……

——吉米・甘迺迪（Jimmy Kennedy）作詞，
奈特・西蒙（Nat Simon）作曲，1953年

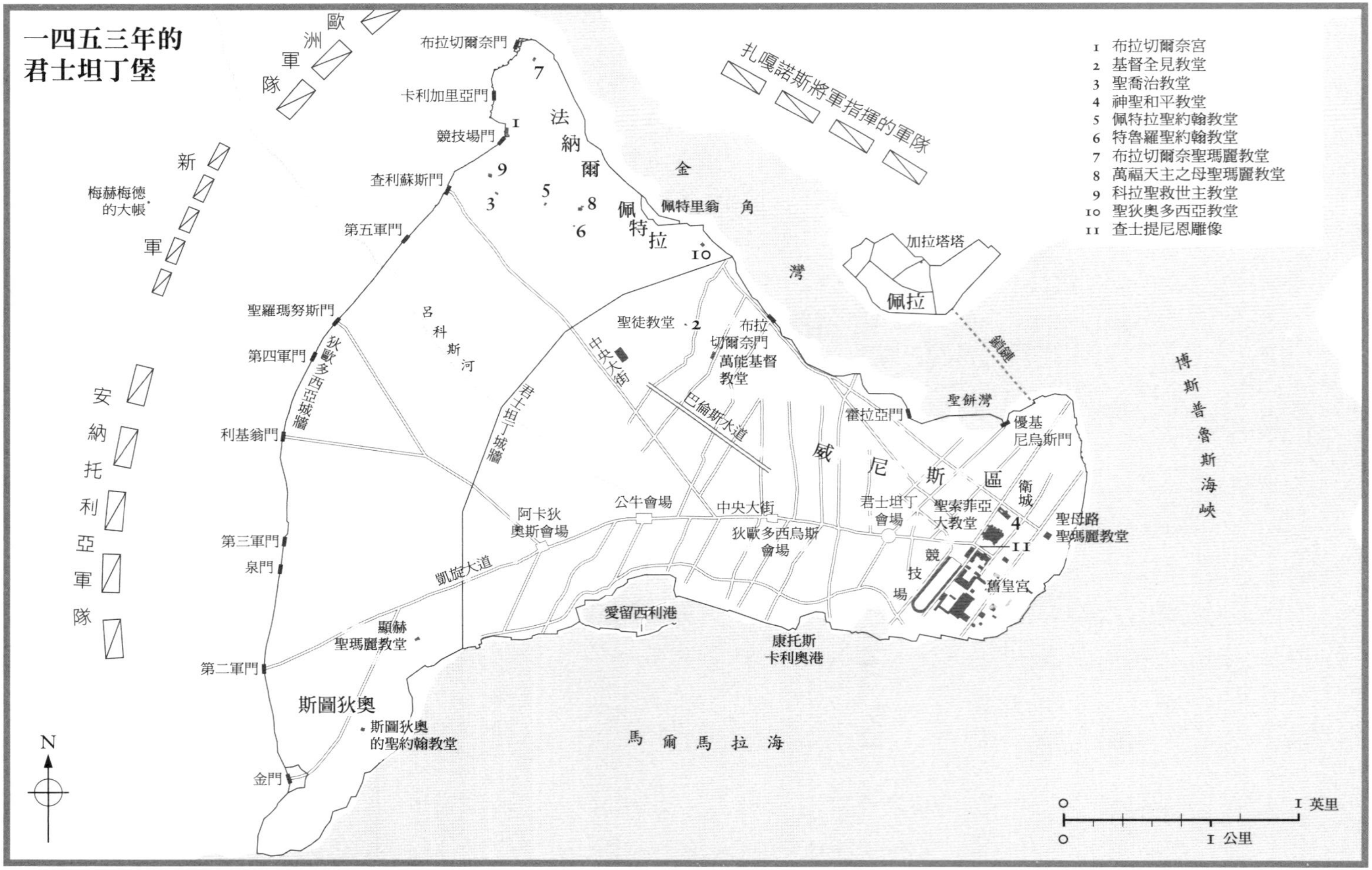
一四五三年的
君士坦丁堡
1 布拉切爾奈宮
2 基督全見教堂
3 聖喬治教堂
4 神聖和平教堂
5 佩特拉聖約翰教堂
6 特魯羅聖約翰教堂
7 布拉切爾奈聖瑪麗教堂
8 萬福天主之母聖瑪麗教堂
9 科拉聖救世主教堂
10 聖狄奧多西亞教堂
11 查士提尼恩雕像
歐洲軍隊
新軍
梅赫梅德的大帳
安納托利亞軍隊
扎嘎諾斯將軍指揮的軍隊
布拉切爾奈門
卡利加里亞門
競技場門
查利蘇斯門
第五軍門
聖羅瑪努斯門
第四軍門
利基翁門
第三軍門
泉門
第二軍門
金門
法納爾
佩特拉
金角
佩特里翁
灣
加拉塔塔
佩拉
鐵鏈
聖餅灣
霍拉亞門
優基尼烏斯門
博斯普魯斯海峽
呂科斯河
狄歐多西亞城牆
君士坦丁城牆
聖徒教堂
中央大街
布拉切爾奈門
萬能基督教堂
巴倫斯水道
威尼斯區
衛城
聖索菲亞大教堂
君士坦丁會場
聖母路聖瑪麗教堂
競技場
舊皇宮
阿卡狄奧斯會場
公牛會場
中央大街
狄歐多西烏斯會場
凱旋大道
愛留西利港
康托斯卡利奧港
顯赫聖瑪麗教堂
斯圖狄奧
斯圖狄奧的聖約翰教堂
馬爾馬拉海
N
0 1 英里
0 1 公里

一四〇〇年，也就是歐斯曼蘇丹巴亞濟德一世在尼科波里斯戰役大敗歐洲騎士兵團四年後，亦即帖木兒在安卡拉戰役中摧毀巴亞濟德一世軍隊兩年前，一位精疲力竭的東方君王抵達了倫敦。當他的都城君士坦丁堡正被歐斯曼人圍困時，唯一造訪英格蘭的拜占庭皇帝瑪努耶勒二世．巴列歐羅郭斯（Manuel II Palaiologos），來到這裡向西基督宗教世界的教胞求援。他與大臣們已經去了威尼斯、巴都阿（Padua）、羅馬、米蘭和巴黎，然後越過英吉利海峽碰運氣。感受到這位訪客的困境，亨利四世在聖誕節期間於艾勒薩姆宮（Eltham Palace）盡心地款待瑪努耶勒二世，舉行馬術、宴會及化妝舞會向他致敬，熟悉古典希臘歷史與哲學的英格蘭學者們興高采烈地會見這位學識淵博的軍人、政治家兼學者。然而，儘管他在這潮濕、天色灰暗的王國中獲得應有的王室榮耀、禮遇與慷慨招待，卻沒有得到軍事援助。亨利四世的宮廷威爾斯律師編年史家烏斯克的亞當（Adam of Usk）提及，為這位偉大的基督宗教領袖感到悲傷，「被異教徒力量」所驅，懷著不稱心的希望，他絕望、不顧一切地在整個歐洲大陸到處求救援。君士坦丁堡，世界矚目的焦點，正在最危急關頭：

> 上帝啊！出了什麼事，羅馬古榮耀怎麼了？今日眾人皆看到帝國的偉大成為廢墟……誰會相信呢？人民早已習慣你坐在尊貴寶座上掌控世界，如今到這個地步，已經無力為基督宗教提供任何幫助了嗎？[1]

這位威爾斯人的敘述顯示其背後濃濃的失落感，掌握君士坦丁堡早在數個世紀以來牢牢地凝結在基督宗教徒觀念中。不同於過去多神教的羅馬，君士坦丁堡是由君士坦丁大帝在西元三二四年建於拜占庭古老遺址，一開始就是一座基督宗教城市。西元四世紀末，它已經成為一個基督宗教帝國的基督宗教徒都城，就像羅馬分布在七座山丘上，它的城市規劃很明顯地具備帝都氣勢。亞歷山大大帝、凱撒、奧古斯都（Augustus）、迪歐克里狄恩（Diocletian）與君士坦丁大帝的雕像雄視著通往地標廊柱大道（Chalkoun Tetrapylon），一個有四面銅鑄拱門，位於城市中央大街（Mese）的交叉口上。中央大街是君士坦丁堡的主要街道，一條連接金角灣（Golden Horn）和馬爾馬拉海的大道，大約是現今沿路排列各式陵墓的迪凡攸魯路（Divanyolu Street）與烏尊查爾戌路（Uzunçarsi Street）之交叉處。[2]

古羅馬競技場如今轉變成另一個勝利地標，儘管那四匹銅製高頭駿馬已經在一二〇四年的十字軍災難中被搶走，用以裝飾威尼斯的聖馬可大教堂（St Mark' Basilica），但它進化為另一個勝利紀念建築物。君士坦丁大帝帶走三頭蛇柱（Serpent Column或Plataean Tripod）裝飾其帝國新都，三頭蛇柱本來豎立在德勒菲（Delphi），紀念西元前四七九年普拉塔亞戰役（Battle of Plataea）希臘人打敗波斯人的勝利。

這是一座有著帝王宮殿、原料市場、法庭、賽馬場與圖書館的城市。貿易商穿梭擠在市場與充滿船隻的港口、學者們聚精會神鑽研古代文本，而留著長鬚的虔誠修士和最熱心的修女們，則聚集大教堂與修道院的圓頂下時刻敬拜，敲響教堂的鐘，舉著閃閃發光的聖像畫、聖物和無價的基督宗教寶物，念著古老誦歌。

君士坦丁堡的重要核心紀念性建築聖索菲亞大教堂（Hagia Sophia，意即「神聖智慧」）之模式反映、界定基督宗教遺產，此教堂於西元五三七年由查士提尼恩（Justinian，又譯「查士丁尼」）完成，西元六世紀拜占庭歷史學家普羅科匹烏斯與所有見過者皆讚嘆道：「它高聳如天高，就像在眾建築物中升高俯視城市裡的其他建築物，它裝飾著這座城市，因為它是城市的一部分，但閃爍著自我美麗光輝……」他還繼續表示，它「散發著無法言喻之美」，聲稱這是一座「完全不可思議」的偉大建築。若非十世紀時來到君士坦丁堡履行偵察任務的基輔俄羅斯（Kievan Rus）聯盟見識到它華麗、動人感官之禮拜儀式，或許俄羅斯根本不會改信東正教。被這儀式震撼的他們報告道：「我們不清楚是在天堂還是地表，因為在地上不會有如此的輝煌華美，我們不知如何形容它，只知道上帝在此與人同在。」[3]

前文提過的那位教士夏爾泰的福勒薛赫曾把一〇九九年被屠殺的猶太教徒和穆斯林說是腐爛的果子，儘管在天主教與東正教之間存有深深的教派分歧，但當他讚美君士坦丁堡是人間天堂時，卻是為基督宗教世界許多人發聲：

> 多麼傑出美麗的城市啊！那麼多修道院、宮殿，美奐絕倫的設計，巧奪天工的手藝！城裡街道和街區裡有那麼多不可思議的傑作！列舉這城市所有貨品是煩人之事，這裡有金、銀、多種披風與聖物。商人在每季節航行至此，帶來所有人民之需。[4]

普羅科匹烏斯的意想不到、俄羅斯人的讚嘆、教士夏爾泰的福勒薛赫的驚嘆美妙，就是君士坦丁堡的環境。她坐落在開闊有點擠壓的三角形土地上，兩面臨海，第三面接陸地，由北到南，稍微彎曲的大防衛城牆畫出輪廓。其北邊是水深的金角灣，這是一個完美港口，往東是北通黑海的博斯普魯斯狹窄水道，南邊則是馬爾馬拉海，由此經過達達尼爾海峽控制點，通向愛琴海和地中海。君士坦丁堡受到漩渦、強烈水流及馬爾馬拉海致命風暴絕妙稱奇地保護著，這片海域對任何從海上的攻擊是牢不可破的障礙。而一條用木頭浮標拉在水面的三百公尺鐵鏈，橫亙在金角灣與城東的熱那亞城邦國（Genoese city-state）加拉塔（Galata）之間，以防備從那邊發動的攻擊。

最令人讚嘆的人造防禦系統是在幼童皇帝狄奧多西烏斯二世（Theodosius II，四〇八—四五〇在位）時建造的巨大城牆，在三角形陸地那邊綿延四英里長，這些城牆形成卓越嚴密的防衛。先是一條內側有雉堞牆的二十公尺寬護城河，然後是外側空地的殺戮場（Parateichion），那些越過護城河的進攻者會被城牆上守軍輕易射擊。這片空地會通往外層九公尺高的城牆，上面有塔和城垛通道。圍牆空地後面是令人生畏，厚達六公尺、十二公尺高的內牆，上以九十六座塔樓和防禦土牆強化。這些複雜的護城河與塔樓、雉堞、城門系統，構成古代世界有史以來最堅固的防禦工程，對進攻者而言，是最令人心生絕望的一道史無前例天塹。[5] 最後一道防禦工程則是一段防衛馬爾馬拉海岸的城牆，這裡有一百八十八座高塔，另一邊防衛從金角灣攻勢的城牆則有一百一十座塔。無論是對這座城市有如何的企圖與野心，這座城市就是如磐石般堅不可摧。

城牆對城市生活是相當重要的，君士坦丁堡甚至有城牆官（Count of the Walls），這是一個高階官職，其職責為在每一公民義務性協助下維護防禦。幾個世紀以來，除了一二〇四年的十字軍入侵之例外，這座石灰岩和磚石構築的城牆成功地將所有試圖攻破的敵人拒之城外。這套城牆防禦抵擋許多可能的征服者，從西元四四七年的匈奴人阿提拉（Attila）、六二六年的阿瓦爾人（Avars）、六七四年至六七八年的伍麥亞朝哈里發穆阿維亞、七一七年至七一八年的伍麥亞朝親王馬斯拉瑪（Maslama）、八六〇年的俄羅斯人、一二六〇年的尼西亞帝國（Nicaean Empire）與一四二二年的歐斯曼人。到了十四世紀中葉，君士坦丁堡已被圍攻了二十三次，其中只有一次屈服於敵人軍力。關於城牆發展之強烈傳奇形成圍繞城牆的防衛氣氛，當危機發生時，聖物總被拿來巡繞城牆，以尋求神力介入來戰勝帝國敵人。正如一位現代歷史學家所揭示的，雖然聖索菲亞大教堂為君士坦丁堡公民帶來精神救援，但是這座城牆呈現確實保證，「若教堂是他們的天堂視覺，城牆則是在聖潔瑪麗亞個人保護下，他們抵禦連續猛烈敵軍之盾牌」。[6]

自從西元五世紀中葉至十三世紀初，君士坦丁堡是歐洲最宏偉、富裕的城市，是繼承羅馬為帝國首都，是拜占庭基督宗教徒之驕傲，長期以來吸引穆斯林垂涎的目光。自從先知的掌旗者阿布·艾尤卜安刷里（Abu Ayub al Ansari）於西元六七四年左右在君士坦丁堡大門外殉難後，穆阿維亞對君士坦丁堡發動一再失敗的海上軍事活動，並於西元六八〇年潦倒而死之後，伊斯蘭教信仰者就開始賦予這座城市特別的神聖性，尤其是有了一系列聖訓（先知穆罕默德與其門徒之言行錄，有些內容比其他的更具權威性）之激勵，預言這座城市終將會落入穆斯林之手，其中一則預言確信，穆斯林「對君士坦丁堡的聖戰，真主不會原諒三分之一的穆斯林失敗；戰死沙場三分之一的穆斯林將成為殉教者；另外的三分之一將會獲得勝利」。還有另外一則在二十一世紀的伊斯坦堡依然有人提起，信心滿滿地斷言道：「他們的確將征服君士坦丁堡。他們的將領的確是傑出的。他們的軍隊確實相當英勇。」[7]

十四世紀對君士坦丁堡來說是不順的，在這個世紀的最初幾十年，一支新穆斯林勢力開始在安納托利亞高原西北部的古羅馬比提尼亞省（province of Bithynia）地區崛起。這支新興勢力的建立者歐斯曼（Osman，卒於一三二四年左右），是一位神祕莫測的土庫曼部族首領，他率先能結集、指揮一大批獨立的土庫曼部族，並在拜占庭帝國日漸式微的狀況下壯大勢力。[8] 一三二六年，位於君士坦丁堡南方一百英里處的帝國城市布爾薩（Bursa）落入歐斯曼人手中，成為新興歐斯曼國家的第一座首都。今日，這座城市存有歐斯曼華美如帳篷式的陵墓。在一次令人驚愕的大地震後，歐斯曼帝國蘇丹阿布杜阿濟茲（Abdulaziz）在一八六八年以優質巴洛克風格修復歐斯曼陵墓，覆蓋著銀線刺繡天鵝絨，以鑲嵌珍珠貝的屏風圍繞，向這位世界上最強大帝國之一的開國君王致敬。另一座地標性城市在這支新崛起的穆斯林勢力面前陷落，斯米爾納成為伊茲米爾（Izmir），古老城市尼西亞亦即著名基督宗教《尼西亞信經》（Nicene Creed）得名處——成為伊茲尼克（Iznik）。

旅行世界的摩洛哥人伊本·巴杜達曾造訪並讚美布爾薩的歐斯曼陵墓，他在一三三二年抵達君士坦丁堡，對其龐大規模留下深刻印象，儘管他認為帝都只是十三座田野隔開的村莊集合，而不是單一城市。他對這座城市的描述有一種無疑的式微氣味——斷橋、骯髒市場，與之對應的是強烈基督宗教認同、遺產與傳統，不僅聖索菲亞大教堂如此，整座城市都是。他被告知這座城市有「數千名」修士和神父，外加一座住有「超過一千名處女」的教堂。伊本·巴杜達是一個根深柢固的社會地位追求者，他成功獲得覲見皇帝安德洛尼科斯三世·巴列歐羅郭斯（Andronikos III Palaiologos）的機會，後者給他榮譽長袍與一匹馬，讓他可以騎著馬，在「喇叭、笛子、鼓」的奏鳴下參觀這座城市，讚美其「非凡奇景」。[9]這個摩洛哥人也為好處有所回報，好奇的皇帝向他打聽了許多關於伊斯蘭城市，包括耶路撒冷、岩石圓頂清真寺和復活教堂、大馬士革、開羅及巴格達。

從一三四〇年代開始，拜占庭皇帝就受到內戰、教義爭議，以及歐斯曼人與塞爾維亞人入侵的困擾。一三四七年，君士坦丁堡因鼠疫橫行，成為歐洲第一座具可疑特質的城市。同年，約翰六世·坎塔庫澤努斯（John VI Cantacuzenos）的登基大典上，被發現王冠上的珠寶是玻璃，而不是鑽石與寶石做的，這座王冠如今也保存在威尼斯聖馬可大教堂財庫中。曾經奢華無比的宴會餐具，如今已經簡化成陶土與錫製品。[10]然後在一三六二年，歐斯曼人軍隊攻陷阿德里亞諾波（Adrianople，今天土耳其的埃迪爾內〔Edirne〕），這座城市位於君士坦丁堡西北方一百五十英里處，君士坦丁堡所經歷的種種考驗與解決並非徒記於牆上，而是清楚地記載在地圖上，這座大都會越來越像一座被困在浩瀚穆斯林大海中的一座基督宗教徒島嶼。一三七一年，歐斯曼人在決定性的馬里特沙戰役（Battles of Maritsa）勝利後，拜占庭皇帝就成為蘇丹的封臣。在一三八九年的科索沃，塞爾維亞人完全失去靠山，因為寄望君士坦丁堡的基督宗教徒鄰居能夠支持他們反對正蒸蒸日上的穆斯林勢力付出代價。十四世紀末與十五世紀初之間，由匈牙利人領導的三方十字軍面臨類似命運：可恥的失敗，即在陶醉在自羅馬帝國以來歐洲第一支全職業聯合軍隊的機會中，卻敗給一支組織更有序、團結的敵人軍隊。

十五世紀初，歐斯曼公國勢力已達西起多瑙河，東至幼發拉底河。帖木兒帝國開創者在一四〇五年去世後，烏魯別克統治的國家只局限在中亞活動，而且勢力逐漸弱化。隨著拜占庭本身的式微衰弱，新生的歐斯曼帝國已成長茁壯。歐斯曼做過著名的夢，有一棵樹從他的肚子中長出來，開枝散葉，覆蓋天下，它的葉子變成一把把的劍，指向君士坦丁堡，如此場景似乎比歐斯曼生前時的可能性大得多，這個夢將變成歐斯曼帝國建立迴響不斷的神話。

卡拉維霍曾在十五世紀初約略描述君士坦丁堡，這位西班牙人外交官來自卡斯提勒，曾經被帖木兒在撒馬爾干德的王室建築所驚。一四〇三年抵達君士坦丁堡時，卡拉維霍以矛盾的口吻描述這裡的輝煌與衰弱；「城市各處都有宏偉宮殿、教堂和修道院，然而它們多數已經傾頹。但無疑地，先前君士坦丁堡巔峰時，這裡是全世界最高貴的城市」。這裡也有許多房屋，但多數「已破敗不堪」，就像之前的許多訪客，他也著迷於聖索菲亞大教堂「無比的圓頂」，在他看來這座教堂的中殿「是世界上任何地方所能見到最寬闊、宏偉、美麗且裝飾最華美的建築」。這座教堂是如此巨大，充滿奇妙景象，甚至到了毫無瑕疵的境界。關於卡拉維霍造訪此地半個世紀後所發生的事，其對君士坦丁堡最後描述，勾起歐斯曼蘇丹巴亞濟德一世在一三九四年至一四〇二年間長時間包圍遭遇失敗的回憶，其敘述引起現代讀者的注意：「突厥人的確是偉大民族，但奇怪的是他們圍城的行動是那麼沒有技巧，這一次他們確實完全失敗了。」[11]

歐斯曼人在一四二二年又失敗了一次，這次是新歐斯曼蘇丹穆拉德二世（Murad II）發動全方位圍城，決心拿下君士坦丁堡，那時瑪努耶勒二世和他的兒子約翰八世・巴列歐羅郭斯（John VIII Palaiologos，一四二五－一四四八在位）在沒有歐洲軍援情況下，於一四二一年梅赫梅德一世（Mehmed I）蘇丹離世時，再啟拜占庭人介入歐斯曼政權繼承事務的傳統策略，先是支持一位王子的王位宣稱後，再支持其對手。穆拉德二世建造一座從馬爾馬拉海延伸到金角灣的巨大堡壘，從那裡可以將炮火與巨石射向城裡。在猛攻城牆時，歐斯曼人突然亂了陣腳而撤退。雖然城牆再次抵擋住入侵者，但希臘人將勝利歸因於其愛戴的超自然守護者蒂歐托科絲（Theotokos，即聖母）。就像每當君士坦丁堡遭遇危機時，據說蒙福童貞瑪麗在歐斯曼人最猛烈的一波攻擊中出現在城牆上，為守軍帶來強悍精神與英雄情操，他們抵擋住攻擊，獲得勝利。拜占庭史家約翰・卡納努斯（John Kananos）目擊一四二二年的圍城，寫道防衛者突然開始禮拜讚頌聖母瑪利亞，以「一場隆重盛大、難以忘懷且值得稱羨的奇蹟」向她致敬。[12]

然而，勝利並非無大代價。在認清權力平衡轉變後，根據拜占庭史家朵烏卡斯（Doukas）的記載，年邁皇帝瑪努耶勒二世在一四二四年和蘇丹穆拉德二世協談，簽訂讓君士坦丁堡再次成為納貢城市的條約，每年要支付三十萬銀幣賠款。[13] 儘管君士坦丁堡再次得以倖免，但位於西邊三百七十英里處的帖薩洛尼卡（Thessalonica）就沒有這麼幸運了，這座威尼斯人守衛的城市同時受到歐斯曼軍隊包圍。一四三〇年，穆拉德二世帶領一支浩蕩大軍，提供此帝國第二大城市投降機會。這座城市拒絕和平地投降，證明被征服後的悲慘命運，這件事很快發生並觸發流血，伊斯蘭法律允許進城軍隊有三天的時間可以清城掠奪，有數千人被擄為奴隸，教堂及其他建築物遭到洗劫。穆拉德二世毫不浪費時間，立刻讓帖薩洛尼卡成為穆斯林新城市。受人尊敬的聖母教堂（Church of Virgin Acheiropoietos）馬上被改成清真寺，拜占庭第二大城市被歐斯曼人簡單一擊就併吞了。

西方勢力不可能不注意到此事，為勃根地伯爵菲利浦（Philip Duke of Burgundy）效力的一位勃根地間諜布羅基耶赫的貝赫唐登（Bertrandon de Brocquière），在一四三〇年代初抵達君士坦丁堡，從他的旅途日記《海外之旅》（*Le Voyage d'Outre-Mer*）中，不難看出對突厥人素質、頑強敏銳的軍事能力、高效率的組織能力，以及被證實的大規模戰役能力的欽佩。

> 他們勤奮，樂於早起，生活儉樸……他們有良馬，吃得少，有很強的跨越力且耐力強……他們對上級絕對服從。即使生命處於危險中，誰也不違抗上級命令……他們的軍隊，據我所知，通常有二十萬人。

儘管他們精通於戰事，但是這位正在幫助他的主人準備發起另一次十字軍戰爭的法蘭西人卻認為擊敗突厥人「並不困難」，他們不像許多人想像得「堅不可摧」。[14]

哥多華旅行家兼歷史學家佩羅．塔弗爾（Pero Tafur）在一四三七年到了君士坦丁堡，他提出當時歐洲人類似的典型傲慢判定，「我認為，如果突厥人要與西方軍隊對壘，他們是打不贏的，原因不是因為他們缺乏力量，而是他們對戰爭的諸多核心問題想得太多」。塔弗爾還讚揚君士坦丁堡堅不可摧的強大防禦，引用一個曾參與更早之前的圍城行動，領導挖掘地道工程的突厥人的話，據說他告訴蘇丹，君士坦丁堡是無法靠挖掘地道攻克的，因為「它的城牆堅固如銅鐵，永遠也不會倒塌」。

這位西班牙人對拜占庭衰微的觀察十分獨到，就像城市本身，皇帝的宮殿雖然有雄偉壯觀的大理石拱廊，擠滿了「各種古代著作和史書」，但是已經墮落到可悲地露出「人民遭受與仍然延續之邪惡」的地步。外表上盡可能地維持體面，但是事實已夠明顯，「皇帝的國家一如以往燦爛，古代慶典一項也不少；但確切地說，他就像是一個沒有教權的主教」。[15]

事實上，君士坦丁堡面臨的大海是逐漸升起的歐斯曼大潮輕輕拍打著城門。此時正是約翰八世展現拜占庭典型手腕的時候，他遵從父親瑪努耶勒二世在臨終前給的建議：

> 無論突厥人何時製造麻煩，立刻向西方派遣使節，提出接受聯合，盡可能拖延協商時間；突厥人特別害怕如此聯合，就會變得務實；但是因為拉丁國家的彼此憎恨，以致如此聯合無法達成！[16]

在歐斯曼大軍步步進逼下，被迫採取如此手段，約翰八世積極回應教宗優基尼烏斯四世（Eugenius IV）提出的召開大會提議，推動長久以來未竟的天主教會與東正教會聯合。

理論上，一四三九年的佛羅倫斯大會（Council of Florence）是一大勝利，因為基本上達成兩個教會的聯合。透過靈活處理東正教核心教義中的filioque（and from the Son，由〔聖父〕與聖子）的矛盾，這場會議將激烈對立的教會結合一起。但在實際操作上，許多君士坦丁堡的人將這場會議視為絕望且完全沒必要的投降，是對教會獨立性的放棄。它唯一達成的是，在對抗歐斯曼人所構成的存亡危機需求時，神聖化城市核心的分裂。大致而言，這一協議得到皇帝及其身邊人員與高級官員的贊同，卻被大多數教士和一般人民深惡痛絕。正是這種反對聯合的激烈情緒，使得同意協議神職人員的簽名在君士坦丁堡急忙撤回。在聖索菲亞大教堂裡沒有令人喜悅的慶祝，籠罩在一片死寂中。

一四四〇年代帶來一連串的逆勢加深了沮喪。一四四二年，皇帝約翰八世的兄弟迪米特里歐斯（Demetrios）在歐斯曼人的支持下，進攻君士坦丁堡（雖然沒有成功），這是歐斯曼人對拜占庭一貫陰謀詭計的反制。當城市被內訌所困擾，官員們在一位史家所稱「小朝廷」（Liliputian court）中，爾虞我詐地爭奪光鮮卻無意義的頭銜地位，中央正處於瓦解狀態。據說，「帝國有最高海軍司令卻沒有戰船，有總將領卻沒有幾個士兵」。[17]

從一四四三年起，摩里亞省（Morea，當時名稱為裴羅波尼斯〔Peloponnese〕）執政者君士坦丁（約翰八世的另一位兄弟）決心要停止腐化，他率先鞏固城防，修建了Hexamilion，這道穿過科林斯（Corinth）地峽六英里長的城牆，然後入侵了雅典與底比斯（Thebes）的歐斯曼領土，以展示他的軍力。如此行動很難被容忍而不挑戰。一四四六年，蘇丹穆拉德二世帶領猛烈的反撲，以一支怒火中燒的軍隊討伐摩里亞省，他們猛攻城牆，並在其中四處劫掠，有六萬名希臘人被抓走。一四四四年，藉由十字軍來緩解越來越嚴峻的歐斯曼威脅的前景破滅，匈牙利的瓦拉迪斯拉夫三世（Vladislav III）

帶領一支基督宗教聯軍，在瓦爾納戰役（Battle of Varna）遭到穆拉德二世痛擊後，君士坦丁堡更加孤立了。

約翰八世在一四四八年過世，之後一年，摩里亞省的執政者成為君士坦丁十一世．巴列歐羅郭斯（Constantine XI Palaiologos），正式頭銜是「基督護佑下的羅馬皇帝和獨裁者」，帝國如今掌控的是包含君士坦丁堡與周邊郊區，以及裴羅波尼斯的一些領土和幾座小島。其國家實質上是一個破產的歐斯曼附庸國，國家永被封建家族把持，首都受宗教分裂折磨。十二世紀曾經誇耀約一百萬的人口，如今已縮小到十萬上下，而這只是厄運的開始，令中世紀迷信的人民更加不安的是，君士坦丁十一世登基大典出現的反常事件，極不尋常的是他不在聖索菲亞大教堂加冕，而是在省城米斯特拉斯（Mistras）。反對與天主教會聯合的民眾仍在憤怒中，新皇帝害怕由首要親聯合派大牧首葛雷果利三世（Gregory III）主持的全面性登基，只會在宗教爭執火上澆油。[18] 在這種艱困現象裡，由於缺乏經費安排適宜交通，他不僅必須搭乘一艘加泰隆尼亞的便船到君士坦丁堡，而且加冕儀式還無法在帝都舉行。在這種細微但意義重大方式中，他一開始就受到傷害。

一四五一年，也就是君士坦丁令人失望、掃興的登基兩年後，蘇丹穆拉德二世去世，繼承者是蘇丹梅赫梅德二世（一四五一—一四八一在位），他是一位狡猾、精力充沛、善於算計、心狠手辣的十九歲青年，從孩提時就已盤算如何征服君士坦丁堡。這座自古以來的基督宗教城市，正如當時所流行的說法是「一塊卡在真主喉嚨裡的骨頭」，該是除掉她的時候了。

圍攻君士坦丁堡的故事已被講述相當多次，西方歷史學家可能出於文化同情心，敘述傾向把君士坦丁十一世和君士坦丁堡的防衛者置於舞臺中央。梅赫梅德二世及其歐斯曼軍隊往往不太被注意，幾乎是以令人尷尬或不舒服的事後添加小角色論及，彷彿此影響巨大的事件完全是肇因拜占庭分裂、不團結，與這位蘇丹超乎尋常的天分和軍事領導毫無關係。例如拜占庭帝國研究權威的歷史學家史帝文・朗其曼（Steven Runciman），在其著作一開始讚美希臘人「有不可滅之生命力與勇氣」，在故事裡被以「悲劇英雄」呈現。最糟糕的是西方史學的殘酷無知與狹隘宗教觀，在流露出其時代的偏見下，吉朋曾指責歐斯曼穆斯林是天生「褻瀆上帝且貪婪」，譴責梅赫梅德二世的「野蠻、放蕩本性」及其「虛偽、欺騙之最卑鄙」手段，為了更進一步批判，他還說：「我實在無法轉述，也確實不相信，其十四頁關於剖開人肚尋找遭偷竊甜瓜的故事，以及他為了讓新軍相信他們的主人不是愛情奴隸，而割下美麗女奴頭顱之事。」那些希臘人的「天生怯懦」和「基督宗教世界間矛盾處境與精神」，為最後結果提供了解釋。[19] 他在這件事上並未考慮到歐斯曼人的任何作為，而且在毫不含糊地高歌頌希臘人抵抗和防禦的英雄主義時，對這位史無前例成功蘇丹的功績沒有一點稱讚。

拜占庭—歐斯曼帝國關係的故事在君士坦丁十一世與梅赫梅德二世身上，突然有了兩個全新的主導者。關於這位蘇丹的性格與他如何處理此動盪不安關係，可以從一位年輕威尼斯商人在一四五三年底對梅赫梅德二世的生動描寫中略見。這位名為賈科莫・德・蘭古斯奇（Giacomo de' Languschi）的年輕商人，描述一位對歷史、地理和軍事務有著強烈興趣的君主，他是一位具有堅強意志，要為後代子孫贏得自我地位的領導者；他「堅持其計畫，行事大膽，有如馬其頓的亞歷山大般渴望聲名」；他善於言詞，命令官員每天都要為他朗讀歷史著作中關於戰爭、天主教教宗、歐洲各王國的內容，以及關於艾尼亞斯（Aeneas）、安契西斯（Anchises）和安特諾爾（Antenor）的故事；「他要求他們朗讀雷爾修（Laertius）、希羅多德、李維（Livy）、昆圖斯．庫爾提烏斯（Quintus Curtius）的著作與教宗編年史，還有羅馬皇帝、法蘭西和羅姆巴爾德（Lombard）國王的故事；他會說三種語言：突厥語、希臘語和斯拉夫語……在他身上燃燒著主宰的欲望」。從這個威尼斯人的描述中，可以清楚看到梅赫梅德二世已將自己視為一個改變世界、創造歷史的統治者。在他的統治時期，遊戲規則將有很大的變化，他「宣稱將會像歷史上西方人邁向東方一樣，從東方邁向西方。他說這個世界應該只有一個帝國、一種宗教和一個權威。為了完成如此一統，沒有別的地方比君士坦丁堡更適合」。[20]當大部分中東地區還在從帖木兒大屠殺中復甦時，這座典型的基督宗教城是這位穆斯林戰士兼政治家眼中最具吸引力的目標。

一份突厥語官方史料也提供類似形象——一位胸懷堅定無比帝國雄心的年輕人，雖然他繼承了一個偉大的王國與軍隊，但「並不覺得足夠，他立即像亞歷山大、龐培（Pompey）和凱撒及同類國王、將領一樣，以算計手腕統治世界」。[21]

那些人的功績是梅赫梅德二世的雄心，當他著手征服世界的計畫時，君士坦丁十一世的眼界則只局限於存亡，有使團被派往歐洲各國遊說，尋求基督宗教盟友的援助，其中最重要的是前往教廷。為了避開大眾對兩大教會聯合的反對，大牧首葛雷果利三世暗地前往羅馬，這更加深懸在城市上空的不祥預感。

一四五一年底，君士坦丁十一世對蘇丹梅赫梅德二世發出第一次直接挑戰，威脅要釋放身在君士坦丁堡的歐爾汗（Orhan）王子（梅赫梅德二世王位的唯一競爭對手），除非歐斯曼人給君士坦丁堡提供雙倍價碼，讓王子繼續被軟禁。年邁大臣哈利勒將軍（Halil Pasha）對這種拜占庭人的把戲早已了然於心，給了一個不耐煩的回答，強調這位新蘇丹立場與其更寬厚、隨和的父親大不相同。以此念頭，他警告拜占庭人：「你們這麼做的一切後果，就是把你們僅剩的也丟光。」[22]君士坦丁十一世的開場白只加強了蘇丹宮廷中那些正在催促蘇丹開戰的主戰派立場。

一四五二年春天，梅赫梅德二世開始在君士坦丁堡以北六英里的上游處，動土建造一座巨大堡壘Bogaz Kesen，此不祥名稱意為「喉嚨割開物」（Throat Slitter）。這座城堡也以魯梅利城堡（Rumeli Hissari，割喉堡）著稱，其意為歐洲城堡，在六千名工人的努力下，不到五個月就完工了。站在聖索菲亞大教堂頂端的希臘人看著遠處有一座令人膽寒的建築逐漸形成，令人不悅的證據顯示梅赫梅德二世正在策略性地進行一項計畫。面對拜占庭外交官抗議此舉破壞協約時，梅赫梅德二世輕蔑地直說：「下一位來我這裡抗議者將被活活毒打。」所有往來黑海和地中海之間的船隻都被課予交通稅，這對威尼斯與熱那亞海上貿易直接造成挑戰。梅赫梅德二世已經完全掌控博斯普魯斯海峽所有的海上交通，確保沒有補給能夠輕易地從黑海或地中海區的希臘人處送往南方。這是從他父親穆拉德二世在一四二二年失敗中學到的教訓，那一場圍城失敗確實未將海軍組成納入考量。隨後在秋天時，歐斯曼軍隊對裴羅波尼斯發動一場懲罰性陸路征伐，確保沒有任何補給能從這裡運送到君士坦丁堡。

當梅赫梅德二世緊鑼密鼓地做好準備時，基督宗教世界仍處於猶豫之中，就在一四五二年十二月十二日，一場在聖索菲亞大教堂為慶祝教會聯合所舉行極具爭議的儀式後，君士坦丁堡內部分裂加劇。相較於外在軍事威脅，希臘人更惱怒的是食用陌生未發酵麵包（譯注：指東、西兩大教會之間的教義分歧）。為了表達自認的憤怒，一位反對教會聯合的重要人物喬治・修拉里歐斯（George Scholarios）以其修士之名監納迪烏斯（Gennadios），發誓退隱至全能基督修道院（Pantokrator

Monastery，即今日的宰雷克清真寺〔Zeyrek Mosque〕），發表憤怒的譴責，警告其同胞市民說：

「你若拋棄信仰，將失去你的城市。」[23]

相較於君士坦丁堡圍城之詳細量多的歐洲資料，歐斯曼突厥文的資料就相當少。西方主要的敘述是源自希臘史家斯弗蘭齊斯（Sphrantzes），他是資深外交官與圍城戰目擊者；朵烏卡斯與查勒康迪里斯（Chalcondyles），無疑地以西方、反突厥人視野講述故事。考量這些記載的重要性與後代歷史學家的使用，合理地理解突厥人對此事件之視野就很重要。一份克利托福洛斯（Kritovoulos）的具批判性資料《征服者梅赫梅德史》（*History of Mehmed the Conqueror*），提供與親拜占庭編年史明顯不同的記載，他是愛琴海北部伊姆卜羅斯島（Imbros）的希臘前執政官，後來成為歐斯曼蘇丹的好友。

談到戰爭起因，景象則相當清晰。克利托福洛斯以超過八頁的篇幅，呈現了梅赫梅德二世在一四五三年初戰爭會議上的發言，回溯歐斯曼朝的崛起，以及君士坦丁堡是如何從一開始就不斷地反歐斯曼朝。總結數十年來的各種事件後，他強調君士坦丁堡是如何鼓動匈牙利的希基斯蒙德（Sigismund），即一三九六年被巴亞濟德一世在尼科波里斯徹底擊敗十字軍領袖。之後君士坦丁堡又如何鼓動突厥軍閥帖木兒，後者於一四〇二年在安卡拉給予歐斯曼人重重一擊，就連蘇丹本人都被羞辱地擄走。不久前，君士坦丁堡又在設計匈牙利將領約翰．洪亞迪（John Hunyadi），讓他發誓與突厥人為敵，戮力把突厥人趕出歐洲。這位將成為世界征服者的蘇丹以具正當性理由指出當前形勢，已「無法再容忍」。更確實的是權力的天秤已決定性地傾向歐斯曼人，他們富有、強大，擁有精良裝備大軍，而君士坦丁堡正處於史上最弱之谷底，掙扎在人口衰竭、資源匱乏的情境中，對和他們有宗教紛爭的義大利人能給予的真正支持也不抱希望，他們正處於「紛爭、動盪」，這是歐斯曼人一舉將之拿下的時機，只有一條路可行。「這座城市尚未終止，永遠不會終止，會一直對抗我們。只要允許其存在，君士坦丁堡就不會放棄對我們作戰找麻煩。我們必須徹底摧毀她，否則就會在他們手中被奴役。」[24]這是直接的宣戰。召集手下投票決定蘇丹的提議，他們給了他所要的答案：全數通過。

並非所有事情都是決定性的，梅赫梅德二世也不是一位沒有萬全準備就草率出擊的人。君士坦丁堡的衰弱眾所皆知，可是她在過去歷史中一次次抵擋住征服者攻勢，無論是穆斯林或他者都被擋在城外，一種強力的無敵感早在城內積聚。編年史描述蘇丹致力說服朝廷，讓他們相信君士坦丁堡並非不可戰，而且注定落入穆斯林手中，就如同聖訓提及的，這是前所未見最光榮的一場聖戰。史料顯示，梅赫梅德二世是一個認真研究先前歷史戰事的領袖，想理解前人如何與為何失敗，他埋首研究攻城戰之論述，向義大利顧問詢問西方最新的軍事科技，用最大努力讓實力的天秤傾向他那邊。

一四五二年夏天，當一位名為歐爾班（Orban）的匈牙利工程師起身到埃迪爾內覲見梅赫梅德二世時，千載難逢的機遇來了。這位以金錢為目的者去過君士坦丁堡，以巨炮創造者的身分尋求成功機會，巨型火炮正是炮兵技術在發展之關鍵。儘管熱衷於他的輔佐，但窮困的君士坦丁既付不出給他的錢，也無法提供所需原料。歐爾班於是去找歐斯曼人，在那裡受到蘇丹大大的歡迎，深深吸引蘇丹對他所能造出的興趣。例如，他被問及能否造出一尊可以穿透君士坦丁堡城牆的大炮？蘇丹得到明確回答：「我不但能以石彈把這些城牆炸毀，甚至連巴比倫的所有城牆也都可以。」[25]他為梅赫梅德二世製造的第一尊大炮被安裝在割喉堡上，並在一四五二年十一月二十六日創造毀滅性效果。威尼斯船長安東尼歐．禮佐（Antonio Rizzo）試圖闖越蘇丹的封鎖，忽略警示炮擊繼續往前闖，親眼看著彈雨呼嘯而來，摧毀他的船。蘇丹非常清楚殘酷處決能在敵營製造恐慌，於是將落水的船員抓起來砍頭，禮佐船長也被捅死在木樁上。

匈牙利人的第一尊大炮帶來悅人成果，蘇丹立刻命令他製造第二尊，這次的尺寸足足大上一倍，這尊巨炮的炮筒長達九公尺，有能力發射重達半噸以上的炮彈，是世界上的第一尊超級大炮。朵烏卡斯形容它是「一尊可怕、前所未見的怪獸」，克利托福洛斯則稱之為「令人聞風喪膽」，其威力「讓人不敢相信，也超出理解範圍」，除非親眼所見，否則沒有人相信會有這種武器。[26] 梅赫梅德二世下令在一四五三年一月，在埃迪爾內宮殿附近進行巨炮試射。大炮的引信被點燃，震耳的轟炸聲響起，大地隨之震動，一團龐大煙雲升起，炮彈在一英里外處砸出一個六英尺深的彈坑，雷鳴般的炮聲連十英里外也能聽到。這是一次響亮的勝利，梅赫梅德二世更設計讓此怪物般武器的消息能迅速傳到君士坦丁堡，心理戰是蘇丹攻勢的核心部分。兩百人組成的一支部隊被命令鋪設一條從埃迪爾內綿延一百四十英里長，直通君士坦丁堡的道路，六十頭公牛拉著大炮，緩緩穩健地一步步接近這座將被攻占的城市，他們行進的速度是一天走二．五英里。

三月二十三日，梅赫梅德二世率領一支強大步兵與騎兵部隊從埃迪爾內出發。一名跟在梅赫梅德二世身邊參與君士坦丁堡之戰的軍官圖爾遜．別克（Tursun Beg）後來在《征服者史》（*History of the Conqueror*）中如此描述：「當他們前進時，空氣就好像因為他們的銳利矛尖而緊張得凝結；當他們停下來時，駐紮的帳篷遮住了整片大地。」這本書是一部重要的歌頌寫作，裡面包含非常稀有珍貴的歐斯曼人圍城戰紀錄。[27]

有關蘇丹梅赫梅德二世投入的歐斯曼軍力規模，估計上相差很大。近年一份權威研究綜合指出軍力有二十萬，首先來源是一位不清楚背景，名為帖塔勒迪（Tetaldi）的佛羅倫斯商人兼目擊者，他最早提出有六萬士兵，超過一半是騎兵，其餘則是由各種人所組成，包括廚師、鐵匠、裁縫和小偷。不管梅赫梅德二世麾下的軍隊具體有多少人，首先可知的是他們於四月五日駐紮在城牆外，數量遠多於君士坦丁十一世皇帝能夠調動的孱弱守軍。依據曾被皇帝下令進行普查任務的斯弗蘭齊斯說法，守軍有五千名希臘人、三千名來自位於金角灣對面加拉塔殖民地的熱那亞人、威尼斯人，以及兩百名外國人。曾經強大無比東羅馬帝國大都城的全部城防系統（包括十二英里長的城牆），需要足夠的人力進駐，如今此任務只能靠著一群不到八千人，組織差的軍力負擔。此數字已足夠打擊士氣，因此君士坦丁十一世和斯弗蘭齊斯主張將此數字以機密掩飾。

在位於聖羅瑪努斯門（St Romanus Gate）和查利蘇斯門（Charisus Gate）之間的中段城牆（Mesoteichion）對面的梅勒提皮山丘（Meltepe Hill），地勢由此向下進入利庫斯山谷（Lycus Valley），蘇丹坐鎮在山丘上的金紅色華麗大帳中。這個地點是經過歐斯曼人研究與辯論後，得出城牆的兩處脆弱處之一，第二處脆弱點則在向北往金角灣的一處沒有護城河處。為了進一步對守軍製造恐慌，梅赫梅德二世炮轟位於附近博斯普魯斯海峽上方小山上的帖拉皮亞（Therapia）的兩處城堡，然後在斯圖狄烏斯（Studius）殺擄其守軍。所有生還者被捕處死，然後掛在城內守軍能看到的地方，展示膽敢抵抗蘇丹者的痛苦下場。

斯提凡．茨威格（Stefan Zweig）寫道：「東羅馬皇帝維護一千年的城牆和新蘇丹的加農炮之間的鬥爭開始了。」[28] 隨著軍隊就位，梅赫梅德二世的炮兵部隊帶著約七十尊大炮（包括歐爾班的超大巨炮）瞄準中牆，開啟從四月十二日到十八日的連續炮轟。這是歷史上第一次的不間斷炮擊，在君士坦丁堡守軍心中造成恐慌。

蘇丹絕對不留任何機會，他準備陸、海雙向同時進攻。一支龐大艦隊早已組建完成，指揮中心位於博斯普魯斯海峽歐洲沿岸雙行列碼頭（Double Columns quay），亦即今日塔克西姆廣場東邊貝戍克塔胥（Beşiktaş）的多勒瑪巴切王宮（Dolmabahçe Palace）。船艦大約有一百四十艘，其中包括單層戰船、運輸船和雙桅帆船，在海軍將領巴勒塔烏魯（Baltaoglu）指揮下備戰，四月十八日左右發動第一次攻擊，但未能成功突破橫跨金角灣的鎖鏈。兩天後，熱那亞海上補給船隊朝著君士坦丁堡駛來。因為之前未能突破鎖鏈而發怒，梅赫梅德二世下令海軍將領勇敢放手一搏，若是未能截獲熱那亞人，就不用活著回來。

歐斯曼人擋住歐洲船隻，之後幾個小時內，進行激烈近距離交火，城牆後面的希臘人和岸邊的歐斯曼人猛烈地火攻對方。戰局一下子有利於熱那亞人，一下子有利於歐斯曼人，直到一股有利熱那亞船隊的風突然颳起，使其船隊可突破封鎖線，把急需的物資送入城中，也展現了歐洲水兵技術的優勢。這是一次令人驚奇、公然的勝利，帶給守軍極大的鼓舞，相對也是對進攻者的沉重一擊。圖爾遜·別克報告說軍隊上下「絕望、混亂」，而蘇丹的伊斯蘭導師蘇非大師阿克夏姆斯丁（Akshemseddin）警告會有越來越多不同意見而導致危險，他建議以嚴刑峻法凝聚人心。君士坦丁十一世選擇在這個時機向梅赫梅德二世提出和平談判協約，這是一個顧及顏面的下臺階。梅赫梅德二世沒有理會，並為第二次可恥的海上逆轉而震怒，他拔除巴勒塔烏魯的頭銜和職位，並因其膽小無能而將之處以刺刑。在海軍將領和大臣們的求情下，他們提醒蘇丹這位海軍將領在戰鬥裡如何英勇，甚至在激戰中失去一隻眼睛，梅赫梅德二世才收回命令，對他的懲罰改成一百下鞭刑，並沒收權位、財產。海軍老將哈姆扎・別克（Hamza Bey）被任命接替巴勒塔烏魯的職位。歐斯曼軍隊絕不適合膽小者，成功將獲得超乎想像的獎賞，失敗則會遭到無情的處罰。

陸上炮轟幾天後，梅赫梅德二世推倒了部分外牆和幾座內牆中的防禦塔，迫使守軍在熱那亞將領喬凡尼・鳩斯提尼安尼・隆戈（Giovanni Giustiniani Longo）的領導下，進行徹夜瘋狂修復這些漏洞。他們用泥土、石頭和木材重建防禦設施，拚命去除歐斯曼人以同等的決心在白天造成的破壞。這是一種耗盡精力的循環，尤其對數量少得多的守軍而言十分不利。受到炮兵對城牆造成破壞的鼓舞，梅赫梅德二世在四月十八日日落兩個小時後，伴著猛烈戰鼓、鐃鈸與管樂聲中，發動第一次攻勢。蘇丹的精銳新軍在火把的光亮下勇往直前，大炮聲如雷灌耳，近距離戰鬥持續了四個小時，城市裡響起急切的鐘鳴聲。在狹小空間裡，歐斯曼軍隊處於劣勢，最終撤退。這對梅赫梅德二世而言是另一次挫敗，他對此的回應是發揮特有的敢作敢為個性，下令炮兵加強炮轟，使被包圍的守軍到達抵抗極限。

四月二十二日拂曉，在如何征服這座看似堅不可摧城市的泥沼中掙扎好幾天後，梅赫梅德二世檢閱駐紮在加拉塔北方的部隊，並評估停泊在雙行列碼頭艦隊的實力，他心裡清楚，久攻不下的圍城可能帶來兵變，因此他展現軍事策略家與領導者的天賦。只要他能控制金角灣，將可從城市另一側發動小規模攻勢，迫使君士坦丁十一世進一步分散捉襟見肘的資源，調離陸上對抗圍牆的兵力來保護北側城防。既然他的艦隊無法穿越海上的防禦鎖鏈控制金角灣，他就得做完全出乎意料、超乎想像之事。為了分散守軍注意力，歐斯曼軍隊對著鎖鏈和護衛的君士坦丁戰艦開炮，並趁機把他們的戰艦從水中抬到岸邊船架上，再用人力將船一艘接一艘地放在即刻準備好塗有動物油脂的木頭軌道上，軌道上有滾木，借助人力和牛力將戰艦拖了一・五英里遠，來到加拉塔後面的山丘上，高出水面七十公尺。膽寒又驚訝的基督宗教徒水軍目瞪口呆地看著眼前場景，有七十艘左右的戰船被從海上一艘接一艘地拉到陸地上行走，梅赫梅德二世這時靈機一動下達命令，讓水手們將船槳舉在空中，升起船帆，大聲歡呼慶祝，揚起彩旗並吹響號角，營造出更加超現實又令守軍害怕的場景。從山脊上，歐斯曼人小心翼翼地下山，繞過位於泉谷（Valley of the Springs）的防禦鎖鏈後，回到水面上。

以突進與小心刻意準備的絕妙行動，歐斯曼人沒有經過戰鬥就有效地控制金角灣。負責海軍行動的威尼斯人已徹底失去戰鬥力。讓海上悲慘局面雪上加霜的是，在四月二十八日，本是為了發動突襲以截獲燒毀歐斯曼艦隊的行動，變成嚴重的玩火自焚，熱那亞人和威尼斯人之間配合失當，導致祕密行動先是被延宕，還沒有執行就曝光。在另一次肉搏戰中，威尼斯人損失慘重，那些游上岸的倖存水兵被捕砍頭，掛在城牆上示眾。君士坦丁十一世以同樣殘酷手段回應，命令把被俘的兩百六十名歐斯曼俘虜帶到城牆上，一個接著一個殺死，而後把屍體掛在城牆上，對梅赫梅德二世的軍隊示威。

梅赫梅德二世持續對靠近聖羅瑪努斯門城牆與靠近布拉切爾奈王宮（Blachernae Palace）北段城牆猛轟，毫不留情的炮火齊射耗盡了守軍的精力、士氣，他們心知肚明，如果沒有西方依舊捉摸不定的救援，滅亡的命運就已經注定了。外交使團仍然馬不停蹄地在歐陸奔波，尋求裴羅波尼斯的補給、教宗的軍援、義大利王宮和歐洲宮廷的救援。然而，基督宗教世界仍舊熱衷分裂，以曖昧態度應付。天主教與東正教的分歧可回溯到一〇五四年的教會大分裂（Great Schism），兩大教會之間的衝突證明比穆斯林威脅還要強烈。

在四月底與五月六日，梅赫梅德二世兩度下令對城牆發動強悍攻擊，兩次的攻勢都在混亂肉搏戰中被擋了回來。五月十二日，北段城牆被攻出一個破口，歐斯曼騎兵衝進城中。君士坦丁十一世和鳩斯提尼安尼共同集結部隊，殺向戰場，歐斯曼人的攻勢被頂了回去。

經過反覆的挫敗後，有人可能要放棄了；但是梅赫梅德二世對於達成目標的決心絕非一般人能比，利用對金角灣的控制，他繼續展示其足智多謀與韌性，讓受困守軍感到害怕。五月中旬，蘇丹派出地道兵發動地下戰事，他們靜悄悄地向北段城牆挖掘地道，迫使守軍疲於奔命地採取反地道行動，領導者約翰・格蘭特（John Grant）是一位精明謹慎的蘇格蘭職業軍人。他們在城牆裡發現一連串的地道，在敵人能用來造成災難性效果前就加以搗毀。梅赫梅德二世絕對不讓壓力減輕，下令祕密建造攻城塔，並且在夜色的掩護下，將這座塔用輪車安放在查利蘇斯門對面。五月十九日黎明，被包圍士兵在堡壘上目睹令人震驚的場面：一座巨大的建築物呼嘯而來，被安置在距離他們只有十公尺外的地方。威尼斯船上的醫生尼科洛・巴爾巴羅（Nicolo Barbaro）在圍城日記中寫道：「他們全被嚇得如同死屍一般。」[29]

在攻城塔裡安全地被保護著，歐斯曼士兵有技術地掘土填入護城河，讓其他人能夠越過河攻打城牆。一條受到掩護的通道連接攻城塔與歐斯曼大營，源源不斷的士兵在其中暢通無阻。面對梅赫梅德二世最新展現出的天才，君士坦丁十一世準備了緊急對應辦法，當晚下令將火藥桶從堡壘上對著攻城塔滾去。巨大的爆炸點亮了黑夜，歐斯曼士兵被拋向半空中，被點燃的瀝青攻擊。這座城市又在一次試煉中存活下來，但是必須付出代價。

隨著漸漸枯竭的人力和資源供給，這座城市向注定命運低頭只是時間的問題。然而，梅赫梅德二世與君士坦丁十一世都知道雙方所剩時間不多。在軍中逐漸發生的謠言轉變成叛變咆哮聲之前，梅赫梅德二世需要加快動作。時間越拖越長，對蘇丹的反叛就會越明顯，在很多老臣的眼中，蘇丹太年輕、魯莽，人人皆知穆斯林勢力在之前的九百年中，已經兵敗君士坦丁堡城外十二次了。對這位未受考驗，尚未取得成功的蘇丹而言，對他效忠的程度有限。從歐斯曼人的視角觀之，一場決定性的攻勢實在至關重要；而就君士坦丁十一世的考量，只要西方能提供幫助，首都就能得救。

隨後在五月二十三日，一艘船成功突破歐斯曼人的封鎖，帶來令人畏懼的消息，沒有大艦隊或大軍來拯救拜占庭首都。在回應君士坦丁十一世的絕望訴求時，歐洲人卻掉頭而去，君士坦丁堡在這個危急的時刻只好自救自助。

克利托福洛斯記載這時候發生一連串讓全城人憂心「神的預示」，有「罕見奇怪的地震與地面酷熱、天空電閃雷鳴、刺破夜空巨大閃電照亮整個天空、有猛烈狂風，以及大雨和奔流的洪水」，星星反常運行或「冒煙」與全然不動。驚嚇的市民們相信上帝降下「全然改變的新秩序」。教堂裡的畫像、柱子和聖徒雕像冒出汗，而預言家也預測會有許多災禍，這令人想起古老神諭中的「諸事不利」，尤其是古老預言所說的君士坦丁堡將毀於名為君士坦丁的皇帝，「這一切使得所有人極為恐懼與困惑，對未來失去希望」。[30]

五月二十五日，虔信上帝的希臘人在面臨毀滅時做出最後的求助，他們向其保護者聖母瑪麗祈禱救贖，帶著最珍貴的〈聖母路〉（Hodegetria）聖像遊街，這幅畫據說是聖徒路加（St Luke）畫的。末日災難隨即出現，暴風吹倒聖像於地、電閃雷鳴與大雨交加，一陣冰雹和洪水般激流，嚴重到不得不放棄這場遊行。五月二十六日，梅赫梅德二世的猛烈炮擊持續，遮天蔽日的炮火伴隨著濃厚不像人間的大霧，然後是聖索菲亞大教堂的圓頂上出現一陣光芒，隨後消失。這一切無疑象徵末日的到來，上帝已經拋棄這座城市。梅赫梅德二世身邊的蘇非聖者們立刻判讀這些異象之真意，告訴他說：「這是偉大的跡象，這座城市的命運已定。」[31]

五月二十七日傍晚，梅赫梅德二世聚集將領，確定總攻擊日期是五月二十九日，提醒他們攻陷這座自伊斯蘭初期就敵視穆斯林城市君士坦丁堡的榮耀。他也以似乎不怎麼崇高的動機訂下洗劫物之分配規劃，在為期三日的洗劫中所獲得的奴隸與隨從、「金銀、寶石和珍珠」都歸他們所有。對於騎士兵的基本需求，他答應給「許多貌美婦人、那些從未被男人見過……年輕美麗的未嫁處女」，而對特殊傾向者則給高貴俊秀男孩。為了平衡對這座城市永不被攻占的恐懼，他強調其軍隊已成功填平護城河，並且在三個關鍵處轟倒高大厚重的城牆，為騎兵衝鋒做了完善準備。基督宗教軍隊人數可能從最初的八千人已經減少到約四千人。現在他們精疲力竭，每座防禦塔上只有兩、三個人。君士坦丁堡「被從陸上和海上圍困住」，就像被網住，已經逃不掉了。

為了完全利用守軍的筋疲力竭與人數劣勢，歐斯曼人將發動不同兵團輪流進攻，以便攻勢持續不斷，直到缺乏食物和睡眠的敵人被擊潰為止。梅赫梅德二世宣布將親自指揮衝鋒以鼓舞士氣，並下達詳盡指令給手下軍官。哈姆扎．別克將以海軍圍城，迫使守軍補充海防人力，然後用船衝上淺灘攻打守軍。當用加拉塔熱那亞酒桶製造的特殊浮橋能夠跨越金角灣，扎嘎諾斯將軍（Zaganos Pasha）就帶領人馬過橋攻擊北段城牆。卡拉加將軍（Karaja Pasha）及其巴爾幹基督宗教徒部隊則攻打皇宮附近。蘇丹將自豪地帶領新軍菁英，攻打脆弱的中牆，哈利勒將軍和薩拉加將軍（Saraja Pasha）則在旁邊策應，伊斯哈克將軍（Ishak Pasha）與馬赫穆德將軍（Mahmud Pasha）將在更南方處發動攻擊。在數週的激烈圍城炮轟下，君士坦丁堡命定被他們拿下。[32]

五月二十九日凌晨一點半，震天動地的歐斯曼軍號角在鼓聲和鐃鈸的配合下，齊聲發動總攻擊。

搭配著令人心驚膽戰的戰吼聲，梅赫梅德二世最可被犧牲的部隊（主要是由基督宗教徒的非正規軍與募兵所組成）衝出黑暗，伴隨著猛烈的炮火，衝向城牆及早已被打得破爛的堡壘。對被攻擊者而言，這是焚心反胃的嘆息。在不屈不撓的鳩斯提尼安尼指揮下，守軍向無秩序的暴民部隊發射希臘火球和傾倒熱油，他們想要撤退的企圖被嚴守命令的軍事警察與新軍的雙層防線擋住去路。凌晨三點半之後不久，這些最可被犧牲的部隊已完成目的，梅赫梅德二世派出安納托利亞重裝步兵。在猛烈炮火、十字弩和箭雨下，威尼斯人巴爾巴羅回憶道，他們「有如掙脫的獅子般對著城牆往前衝」。他們在登上城牆時遭受嚴重損失，最後殺出一條血路，衝到內外牆之間的平臺上。這是勝利時刻。但是防禦建築馬上發揮作用，安納托利亞軍團突然發現被圍困在一個封閉空間裡，對抗一群兵力，並在原地被砍死。凌晨五點半時，天色已稍亮，防守仍然堅持著。儘管君士坦丁十一世的希臘人、義大利人已經盡力到幾乎崩潰，卻仍然堅守所有據點，包括梅赫梅德二世用力猛攻金角灣、馬爾馬拉海岸。

蘇丹的策略幾乎耗盡，再過幾個小時，他就會成為創造歷史的勝利者或是可恥的致命失敗者。他最後的選項是菁英兵團：五千人之眾的重型步兵、弓箭手和長矛兵、其禁衛隊與新軍，「他們是裝備極精良、勇敢善戰的士兵，在經驗和戰力上遠比其他人優秀」。[33]這是勝利的最後希望，如果他們無法成功突破，遊戲就結束了。為了聚集軍隊，梅赫梅德二世帶著弓箭手和火槍兵來到壕溝前，在此發動令人膽寒的萬箭齊射、石炮轟炸及射擊。然後傳來又一次震天噪聲，即步兵前進時發出雷鳴般戰吼和軍樂隊戰鼓、號角和鐃鈸聲。在防線的另一邊，當戰事變得越來越絕望時，君士坦丁十一世、鳩斯提尼安尼、高階貴族與精銳士兵堅守陣地，他們聽到煉獄般的喊聲、士兵衝鋒聲、刀劍砍殺聲、嘶喊聲、呼嘯箭聲、炮彈擊中城牆和碉堡聲、冒煙聲、滾燙的油聲、熊熊烈火燃燒聲、傷者與死者的淒慘呻吟聲。兩股力量如潮起潮落在雙方之間流動，戰場優勢來回交替。隨後天秤似乎傾向一端，歐斯曼人的攻勢似乎後繼無力，失去強度。

有關此階段攻城的記載似乎強調逆轉戰事進展的兩個事件。首先是一組歐斯曼士兵炮轟穿過位於布拉切爾奈王宮附近堡壘內暗門處的競技場門，歐斯曼軍隊反覆的騷擾已使得此處防守被打開。從這個小開口處，五十名新軍衝了進去，在被砍倒地之前，於碉堡升起歐斯曼軍旗。第二個事件則是，陪在皇帝身邊的君士坦丁堡防禦象徵人物的將領鳩斯提尼安尼突然身受重傷，擾亂了熱那亞人。他的傷勢嚴重到必須撤出戰鬥，被抬到港口的戰艦上接受緊急治療。他從一道被君士坦丁十一世鎖死的門中被抬走，之所以會鎖住這道門是為讓守軍血戰到底，但卻變成一場災難，導致熱那亞人慌亂不已，跟著被抬走的將軍一起撤出。其他的希臘人也因為害怕戰爭已輸，爭先恐後地想要從那道小門逃走。

意識到防守鬆動，梅赫梅德二世立刻鼓勵他的人馬一鼓作氣，大聲喊道：「夥伴們，這座城是我們的！我們得到了，他們已經在逃跑了！」[34]新軍再次向前衝，帶著士兵們衝向碉堡，與上面的守軍展開時間足以讓他們升起歐斯曼軍旗的肉搏戰。一位魁梧的戰士烏拉巴特的哈山（Hassan of Ulabat）衝向守軍，完成使命後被砍成數段，卻鼓舞另一波士兵追隨其勇猛榜樣衝破防守。如潮水般攻勢終於壓制敵人。在血淋淋的混亂中，君士坦丁十一世和他最忠心的將領一起做出戰到最後一人的英勇抵抗。插在堡壘上的歐斯曼旗幟迎風招展，君士坦丁堡被攻破了。

歐斯曼的攻潮匯聚成激流，從聖羅瑪努斯門和查利蘇斯門攻入城中，沿著從西門通往城中心的三英里長街道，進入這座已經抵抗許久的城市。歷經幾週的匱乏與無盡防衛的譏諷後，他們有如「猛獸」，立即「沿路洗劫一切，有如借助旋風的烈火四處蔓延，或席捲一切的洪水」。男女老幼皆被殺，更多人則是被抓來奴役。房屋被洗劫、陵墓被踐踏、圖書館被放火，年輕婦女和男童被抓後，面對極危險的命運、妻離子散之慘劇，以及與「其他數不盡的更恐怖行為」。[35]

士兵們一路破壞，穿過狄奧多西烏斯會場（Forum of Theodosius）和公牛會場（Forum of the Ox），貪婪地衝過市中心中央大街，在那裡與從金角灣上岸穿過奧古斯都會場（Augustean Forum）的海軍水手會合，他們自豪地用各種千年帝國之戰利品紀念建築慶祝勝利，包括著名的起點里程碑（Milion zero-mile marker）——丈量拜占庭帝國國土距離的標誌，以及皇帝查士提尼恩的宏偉雕像，還有著名但褪色的競技場（Hippodrome），這裡是德勒菲蛇柱與更古老的法老王圖特摩斯三世（Thutmose III）的埃及方尖碑放置處。

而所有目光卻轉向聖索菲亞大教堂引人敬畏的圓頂，這是君士坦丁堡的基督宗教徒靈魂中心，也是這座城市一千年來最偉大的留存物。士兵們已經聽說各種隱藏寶藏的誇大故事，他們揮舞著戰斧開路，將聖地變成搶劫場和流血地，帶走聖像畫與祭壇，劫掠珍貴的聖物及每一件兩手可帶走的金銀物品。在一千一百二十三年的基督宗教徒敬拜後，此偉大教堂最後一次以基督名義舉行禮拜儀式。在驚嚇聚禮中的人於晨禱裡祈求奇蹟降臨，在場者不是被殺，就是被俘虜為奴。聖索菲亞大教堂徹底被洗劫一番，同樣遭到洗劫的還有佩特拉（Petra）聖約翰教堂、科拉教堂（Church of the Chora）及聖狄歐多西亞教堂（Church of the Saint Theodosia）。

梅赫梅德二世等待時機，他要確信皇帝已死。當天稍晚，君士坦丁十一世血跡斑斑的頭顱證明此事。蘇丹將人頭掛在奧古斯都會場的柱子上，向希臘人展示他們的皇帝已被推翻且喪命，他的屍體被填滿稻草，送到穆斯林世界各國宮廷中巡迴展示，希望所有人都知道他光榮地主宰一切。

對今日的土耳其人而言，一四五三年的偶像圖畫是蘇丹梅赫梅德二世騎馬從滿是屍體的查利蘇斯門勝利地進城，從此「法提赫（Fatih），征服者」成為他的綽號（查利蘇斯門從此被命名為埃迪爾內門〔Edirne Gate〕）。高舉著頂端有新月的軍旗，在綠色伊斯蘭旗幟的映襯下，纏著頭巾的軍官徒步圍在蘇丹的身邊，蘇丹擺出一副威力勢不可當的架式。黑煙從他身後的戰場上升起，如森林般林立的長矛、頭巾及紅色與綠色旗幟擋住一部分的景色。精力充沛的梅赫梅德二世和他身旁的戰士們，與無生命的屍堆形成鮮明對比，這就是伊斯蘭對異教徒的勝利象徵。對土耳其歐斯曼帝國歷史權威的哈利勒·伊納勒契克（Halil Inalcik）而言，「征服乃信仰行為」。[36]

梅赫梅德二世朝著聖索菲亞大教堂走去，當俯身感讚真主後，他宣布立即停止掠奪，召來伊瑪目進行禮拜前的喚唱（adhan，提醒禮拜時間已到），他步上祭壇——另一個伊斯蘭勝利象徵，並行禮拜。歐斯曼歷史學家圖爾遜·別克描述了後來梅赫梅德二世如何爬到大教堂屋頂，俯視其新擁有的帝國財富，這是一座宏偉、魅力無窮、充滿傳奇、難贏、腐化、血腥與被洗劫的城市。六百年前，情緒激動的阿巴斯朝哈里發哈倫·拉施德在他的巴格達宮殿中讀了一首阿布·阿塔西亞的詩歌後感慨生命易逝，在如今相似的場面中，梅赫梅德二世應該會吟出波斯詩人薩阿迪（Saadi）的詩句：

> 蜘蛛在凱撒大帝的宮殿中織網，
> 貓頭鷹在阿芙羅西亞布高塔上唱時間之歌。❶

克利托福洛斯認為，君士坦丁堡的災難比歷史上其他城市的陷落更嚴重，超越對特洛伊、巴比倫、迦太基、羅馬和耶路撒冷的洗劫，簡而言之，一切因為災難掏空了「財富、榮光、法治、壯麗、榮譽、人民的卓越、勇武、教育、智慧、宗教教派、領土」，曾是偉大壯麗的城市已經衰退到「匱乏、無尊嚴、恥辱、難堪、可恥的奴役」。兩位君主之間的爭鬥與長達五十三天的毀滅性圍城後，梅赫梅德二世終於將她摧毀，成為「不幸、可悲的深淵」。[37]在數百年的無功而返之後，正如聖訓中預言的，一支穆斯林軍隊最後征服了君士坦丁堡。命運已來臨，揭開歐斯曼人五百年統治的序幕，此伊斯蘭帝國將統治從西地中海延伸到中亞的世界。

我們坐在波阿濟其大學（Boğaziçi University）位於山坡上的頂樓辦公室裡，在梅赫梅德二世的魯梅利城堡威嚇陰影下，俯瞰灰濛濛的博斯普魯斯海峽，齊德姆・卡費斯其歐魯（Çiğdem Kafescioğlu）教授嗤之以鼻地說：「我覺得這可憐又可悲。」這位教授在談話中控制住失望地表示：「我們沒有一座城市博物館，卻有『征服』博物館，這正好顯示征服的概念是如何被視為重點營造，似乎這是國家自我認知的關鍵，至少這是不幸的。」[38]

我們正在談論的是一四五三歷史景象博物館（Panorama 1453 Historical Museum），這是總理雷傑普・塔伊普・艾爾多安（Recep Tayyip Erdoğan）在二〇〇九年揭幕的博物館。我從馬爾馬拉海的七塔城堡（Yedikule Hisari）出發，沿著狄歐多西亞城牆（Theodosian Wall）漫步，經過一些搖搖欲墜的坍塌牆段和積極過度翻修的區域，我看到了這座博物館。沿著城牆漫步是了解並充分體會蘇丹梅赫梅德二世偉大成就的最好方式之一，博物館大約位於南北走向牆段的中途，適當地靠近埃迪爾內門，這就是蘇丹當初以勝利者之姿進入君士坦丁堡處，今天這裡有徘徊的貓與一個紀念這段歷史的大標示牌。與其他數百名遊客一起，在強烈的伊斯蘭氣息下，我花了兩個小時大開眼界地觀看對這位勝利者的紀念及感受土耳其的國族主義，周圍有戴面紗的阿拉伯婦女與來自其他省分自豪的土耳其男人，偶爾會有一些戴著帽子、穿著羽絨衣的夫婦和興致勃勃的小學生。

這裡有三百六十度的全景彩色電影，展現梅赫梅德二世征服君士坦丁堡的輝煌。在新軍奏響的隆隆戰鼓、鐃鈸和管樂聲下，大炮對著殘破的城牆齊射。如同紅色海洋般的歐斯曼騎兵頭上纏著白色頭巾，手持彎刀，往已經被攻破的防線衝，彼此間呼喊著征服的口號。在爆炸聲中，受驚的馬嘶嚎，火

❶ 前人可曾警醒，舊時宮闕人去樓空；
先人已逝，功名利祿今何在？
親朋摯友離去，
空蕩的王座蒙塵，
無人回首滿滿功名簿。
今人站在先王故地，
可知此地曾有多少古人和滄桑故事？
君王啊，你選擇今生今世和世界的榮光享樂，
伴著耳邊的諂媚，
盡享榮耀與歡愉，
不知人之將死，
人間萬事一場空。

——阿布・阿塔西亞（七四八—八二五），巴格達

焰從炮彈中竄出。在散亂在地上的盾牌、箭和頭盔之間，也有丟棄的大炮。南方馬爾馬拉海岸有歐斯曼艦隊的徘徊監視，較靠近邊處有一面巨大拜占庭雙頭鷹旗幟從一座塔上掉下來，烏拉巴特的哈山衝上高塔，舉起一面招展紅色旗幟，然後就被砍倒在地。畫面的焦點是一棵枝葉繁茂的懸鈴樹，下面有紅色、白色和金色的旗幟。從這裡，騎在白馬上，身披紅色與金色斗篷的梅赫梅德二世高舉左手，指揮一尊冒黑煙的巨炮發起最後攻擊。這場面描繪了流血、死亡和破壞，但也是輝煌的征服，歐斯曼人處於勝利中。

我戴著語音導覽機，耳機的聲音以平緩語氣介紹著面前三十八公尺直徑的半球中，眼花撩亂的宏觀全景：「歐斯曼人的控制越來越強……伊斯坦堡必須被征服。」講解者讚揚梅赫梅德二世為一名盡職穆斯林，在總攻擊前夜禮拜，向真主許諾要對那些「否認」祂者「發起聖戰」。

對在凱末爾主義者推行的世俗化環境中長大的土耳其人而言，眼前的展覽是強烈、令人不安與不悅的內容。他們在二十世紀的大部分時間裡，受到的教育是現代國家的歷史始於一九二三年十月二十九日土耳其之父凱末爾．阿塔圖克（Kemal Atatürk）被選為總統，這是強烈、製造混亂、令人不悅的題材。❷政治學家阿列夫．契納爾（Alev Çinar）寫道：「如此混亂干擾了土耳其國家認同，因為不僅整個國家歷史被剔除了五百年，而且這被慶祝的時刻更是歐斯曼時代的一部分，被反應為與建構現代土耳其國家認同格格不入的『他者』。」[39]

征服六個世紀之後，梅赫梅德二世被捲入一場相當不同的國家認同爭執中，這是二十一世紀土耳其的一個鮮活議題。法魯克．比爾提克（Faruk Birtek）回憶他最近一次電視訪談所說：「你們這些冷酷無情者，我是真土耳其人：四分之一阿爾巴尼亞血統、四分之一庫德族血統、一半希臘血統。

九五%的土耳其人都是混血的，但卻不願意聽這種話。」他是一個好鬥、菸不離手的歷史學家，認為近年來政治性再造征服者梅赫梅德二世是愚蠢的。他提到國家領導權時表示：「他們與共和國對抗，必須製造代替凱末爾的英雄，這些人並不認為梅赫梅德二世是一位普世帝國開創者，最高階大臣在一百五十年中都是巴爾幹與拜占庭貴族，當時的人不太在乎宗教信仰。」

在貝戌克塔胥，距離貝戌克塔胥隊的足球場不遠處，文明研究中心（Civilization Studies Center）的阿嘎・卡爾利亞生加（Agah Karliaga）提出後凱末爾主義者不同的批評：「對我們來說，有六個非常重要的歷史人物，他們是阿勒普・阿爾斯蘭、歐斯曼、征服者梅赫梅德、蘇萊曼大君（Suleiman the Magnificent）、蘇丹阿布杜・哈米德（Abdul Hamid）及凱末爾。如果你要我只選一位，當然就是征服者梅赫梅德了，他憑一己之力結束了中世紀，開啟新時代，他是那位代表國家的人物，是我們的頭號英雄，是年輕世代的偉大榜樣。即使今日，你仍然能聽到有小孩子取名『Fatih』，如今我們正在尋找這樣的領導者。」

歷史學家艾則姆・艾勒迪姆（Edhem Eldem）則認為，事實是梅赫梅德二世一開始就被那些認同支持者重新假定，「這是對過去時代的懷舊，是對失去的樂園的理想化」。[40]對某些人而言，他是極完美的伊斯蘭戰士，是基督宗教君士坦丁堡征服者，是終極實現了先知穆罕默德預言君士坦丁堡會落入穆斯林手中的人；對另一些人來說，他是一個開明又世俗的君主、一個多文化匯集的爭議人物，他

❷ 作為世俗化改革的一部分，凱末爾在一九三五年命令將聖索菲亞從清真寺改為博物館。自此之後，將其恢復為清真寺的努力就間歇性地在土耳其政治中浮現。

削弱了伊斯蘭學者的權力，享受匯聚一堂的裸女，使得其子巴亞濟德一世厭惡他的缺乏伊斯蘭精神，把亞歷山大大帝視為榜樣，甚至還有謠傳說他曾考慮改信基督宗教。

一四五三歷史景象博物館告訴觀眾，對歐洲人而言，梅赫梅德二世的征服是「人類歷史上的最大災難」，與它相提並論的是耶路撒冷的毀滅和耶穌被釘上十字架。然而，這樣的結論應該歸因當代土耳其勝利心態與歐洲人的歷史誇大，對當時希臘人而言，這無疑是世界末日的災難。君士坦丁堡的陷落帶來一度光照世界的帝國和帝王的殘酷覆滅，幾乎所有守城士兵都喪生，另外有五萬人遭到奴役。

這座城市並未死亡，帝國的覆滅並不意謂大都會命運的終結，她延續、適應了下來。就像是吉朋在十八世紀時精闢評論道：「這個地方的特色總會戰勝時代與命運事件。」[41] 梅赫梅德二世將自己視為羅馬君主權位繼承者；而他的新首都Islambol（意為「伊斯蘭普及」，此名稱從來沒有被全面使用，歐斯曼突厥人持續稱為Kostantiniyye〔君士坦丁堡〕與Istanbul〔伊斯坦堡〕，後者源自拜占庭希臘人說的is tin polin，意為「to the city」），將是其多元帝國的大都會，除了占多數的穆斯林居民外，他甚至擬安置希臘人、亞美尼亞人、拉丁基督宗教徒和猶太教徒於此，這裡是歐斯曼公國轉型為帝國的中樞。

希臘人被安置在金角灣周邊的法納爾（Phanar或Fener）街區，這裡成為新主教區所在，而且直到近代都是希臘人聚居區。梅赫梅德二世免除了堅決反對教會聯合修士監納迪烏斯淪為奴隸，使他重獲自由，並任命他為東正教社群主教，先是面積和重要性都僅次於聖索菲亞大教堂的聖徒教堂（Church of Holy Apostles）的牧首，後來又換到萬福聖母教堂（Pammakaristos Church），這也是完好無損保留下來的教堂之一。雖然梅赫梅德二世無疑是一位開創帝國戰士，但同時也是一個有文化、寬容的人，他支持基督宗教信仰，讓人文學者和希臘學者效力宮廷，而且邀請威尼斯藝術家簡提勒·貝里尼（Gentile Bellini）到伊斯坦堡的宮殿中，完成濕壁畫和他著名的蘇丹肖像畫，這幅畫的落款日期是一四八〇年十一月二十五日，目前收藏於倫敦國家藝術館（National Gallery）。[42]蘇納和伊南·齊拉赤基金會（Suna and Inan Kiraç Foundation）轄下的佩拉博物館（Pera Museum）及伊斯坦堡研究中心（Istanbul Research Institute）負責人俄扎勒普·畢洛勒（Özalp Birol）說：「他就是那種混合型人物，是凱撒、蘇丹和哈里發權力的結合。他既是智識分子，也是詩人，而且是藝術贊助者，他從不讓宗教學者涉入政府事務，並在政治中持公平判斷，尤其是在征服這座城市後。對我而言，這是他最好的行動，創造出一種世俗環境。」[43]

在戲劇化層面上，這座城市的再創遠比所認知的從基督宗教轉為伊斯蘭更難以描述。卡費斯其歐魯表示：「土耳其國族主義者的歷史中，根深柢固觀點是突厥人的到來，創造了突厥化的穆斯林伊斯坦堡，這是拜占庭帝國的終結。這種伊斯坦堡突然成為突厥伊斯蘭城市的觀點，相當於簡化論與國族主義的觀點。我想說的另一種歷史比這種觀點有更多層次與複雜，它並非抹去原先痕跡，而是一種延續性的運行模式，是一種參考過去的變化模式。」

對一四五三年征服後六個世紀的大部分時間而言，伊斯坦堡保持如珍·莫里斯（Jan Morris）的亞力山大城，「一座不同人混雜的世界主義大都市」。直到二十世紀，希臘人仍是城市人口的重要成分。一九二七年，伊斯坦堡的希臘正教社群人口是十萬。在一九五五年的伊斯坦堡暴動後，希臘人開始逃離，因此一九六五年其社群人數減半到四萬七千人。根據希臘外交部的說法，今天仍居住在土耳其的希臘族裔只有三千五百人。[44]凱末爾的共和國加速了帝國時代多語言、多文化伊斯坦堡的結束。

在時間流逝中，瀰漫各處的希臘人悲劇感，對很多人來說至今依然存在，這種感覺也在歐斯曼帝國崩潰後，土耳其人感受到的悲痛共鳴，此共鳴可在諾貝爾文學獎得主的土耳其作家奧爾罕・帕慕克（Orhan Pamuk）的著作的《愁思》（*Hüzün*）中找到。❸這種苦甜愁思仍然潛存在城市中，縈繞在博斯普魯斯海峽木造大宅的記憶中、往返於歐亞兩岸（從Kadiköy區到Karaköy區）的破舊渡輪中、在破舊的蘇非修道中心（tekke）、擠滿失業男子的茶館、被泥土、鐵鏽和煙灰遮住顏色的公寓建築裡、霧裡傳來的輪船汽笛聲中，以及在曾經華麗無比，現已破損的大理石飲水噴泉中。他寫道：「甚至最偉大的歐斯曼建築都有一種反映出帝國滅亡愁思之卑微遲鈍，一種對歐洲人凝視日漸減少的苦痛屈服，進入如同難癒疾病般的古老貧窮，這是一種滋養伊斯坦堡內在靈魂的放棄。」[45]

雖然這一切還遠在未來。在所有各種變化中，一四五三年後出現一個立即的變化。在震撼的征服過後，每天、每月、每年發生的變化中，伊斯坦堡自然地逐漸伊斯蘭化。六座教堂很快轉成清真寺，另一座則改為伊斯蘭學院。站在無數座宣禮塔上喚拜者（muezzin）的叫拜代替了教堂鐘聲。金角灣的艾尤布（Eyüp）建蓋了先知門徒墳墓，直到六百年後仍有大量的穆斯林朝聖者成群結隊到此對這些古代信仰英雄頂禮致敬。❹城堡、宮殿與大型市集乃標準伊斯蘭城市的必要組成元素，這些都很快得以下令修建。圍繞清真寺建築群全新的穆斯林居住區建蓋形成，包含伊斯蘭經學院、慈善基金會、澡堂、商隊客棧及公共廚房，許多名字如法提赫（Fatih）、阿克薩萊（Aksaray，白色宮殿）、卡拉曼巴扎里（Karaman Pazari）皆存續至今。[46]

在所有新建設中最引人注目的是征服者清真寺（Fatih Mosque），於一四七〇年在荒廢的聖徒教堂原址建蓋。這是權力從基督宗教徒轉到向穆斯林的最有力象徵，聖徒教堂是一座可溯源至西元四世紀的教堂，由君士坦丁大帝在西元三三〇年左右致獻，而為了建清真寺被拆除。新建築群的最初規模，包括八所伊斯蘭經學院、一座圖書館、旅客招待所、市場、澡堂，以及為窮人提供飲食的廚房。

在清晨湛藍色天空的映襯下，兩座聳立在金角灣邊費茲維將軍大街（Fezvi Pasha Street）上的宣禮塔，以及綿延的小圓頂，已經成為今天伊斯坦堡城市天際線不可或缺的一部分。海鷗在清真寺上方盤旋，俯視建築群裡的一舉一動，在歐斯曼時代漂亮纏頭巾形石雕裝飾的墓碑附近有找食的貓，還有鴿子、烏鴉、喜鵲在廣場上輕巧移動，尋找做禮拜的信徒帶給牠們的麵包屑。十六世紀的詩人兼官員塔其札德·札法爾·切勒比（Tacizade Cafer Çelebi），曾為這座壯麗無比的地標建築動喜不自勝地寫道：

它的圓頂觸到七重天之巔
吸引日月之睛
在歲月中茁壯傑出
其冠直達天堂之頂。[47]

❸ 譯注：帕慕克著作的中文版將書名譯為「呼愁」。

❹ 這處陵墓和整區的名稱，即得名自先知穆罕默德最親近者阿布·艾尤卜·安刷里（卒於西元六七四年），他的陵墓是伊斯坦堡最神聖的巡禮地之一。

梅赫梅德二世選擇了一個山丘，讓他的希臘人建築師阿提克・錫南（Atik Sinan）建造一座其圓頂可俯瞰古老聖索菲亞大教堂的清真寺。即使未能蓋過，他也想要一座新宏偉建築能與城中的每座教堂在「高度、美觀及規模」較勁。

據傳，當建築師無法完成此任務時，在這座切勒比大力歌頌建築物處，蘇丹命令砍下他的手。因為這種令人絕對感到憤怒的當即判決，建築師向法官申訴，勇敢法官的判決是讓建築師砍下蘇丹的手。這個故事的後續發展是，建築師對伊斯蘭教的公正印象深刻，於是原諒蘇丹並改信伊斯蘭教。在這個聽起來明顯是後人穿鑿附會的故事中，蘇丹曾拔出劍，告訴法官，如果他不袒護蘇丹並做出不當判決，就立即殺死他。但是法官不受威脅，拔出自己的劍，對蘇丹說你若不服從真主的正義，他會出手殺死蘇丹。[48]

伊斯蘭藝術史家菊勒茹・內契波魯（Gülru Necipoglu）曾指出，梅赫梅德二世如何迅速為這座古老的基督宗教大都會如今是新伊斯蘭首都打上自己的印記。他決定以伊斯蘭的規模修建這座破損城市，以恢復先前的榮光。最先出現的是七塔堡（Yedikule Fortress），巧妙地把城堡結合到圍繞金角灣城牆中，從十六世紀開始，這裡因為是國家監獄所在地，人民唯恐避之不及。這位年輕的蘇丹對重建君士坦丁廢棄的大皇宮（Great Palace），或是入住自十一世紀以來拜占庭皇帝傳統居所的布拉切爾奈王宮都不屑一顧，他要走出自己獨特的路。第一座歐斯曼朝的宮殿，在綿延一英里的圍牆內有會議大廳、後宮、豪華亭臺樓閣、充滿各種野生動物的王室獵場、有優美噴泉的廣闊花園、狄歐多西亞紀念柱，以及孔雀、鴕鳥與各種珍禽。這座宮殿坐落在西元四世紀時的狄歐多西烏斯會場，後來是一座修道院的原址。

之後在一四五九年，開啟一項更加輝煌的工程。梅赫梅德二世想要建造一個「外觀、大小、成本和優美的程度都超越先前宮殿，一座更華美的宮殿」，於是在城市的歐洲部分沿岸的最東端，在占地六十萬平方公尺的古老衛星城的系列平地上，經過二十年的工程，建立一座有三個大庭院的優美新宮殿，每個大庭院前都有一座紀念性大門。當通過此宮殿時，宮廷建築平穩地從公共視線中引入私人領域，從鑄幣廠、醫院、行政辦公室、宮廷廚房、馬廄、司法與財政議事廳，到高級官員的辦公室、清真寺、蘇丹的接待廳、後宮和王室的生活區。較小的第四庭院包含一座有圍牆的高臺花園——以外圈的花園和延伸至海岸的葡萄園圍繞內圈的花園，其間有蘇丹私人休閒活動亭臺。整個建築表現出榮耀的蘇丹與普通臣民之間的實質區隔。今天被稱為托普卡普王宮（Topkapi Palace），這座宮殿群和聖索菲亞大教堂共同成為伊斯坦堡遊人造訪次數最多的景點，是歐斯曼王權輝煌的在地見證。就像一個十七世紀的歐洲人所說的：「如果你要追求財富，那就去印度；如果你要追求學問和知識，那就去歐洲；如果你要追求壯麗無比的輝煌，那就來歐斯曼帝國吧！」[49]

以歐洲基督宗教徒為代價換來的一連串進一步征服，在這個男人的眼前實現。一四五三年後，他將自己比為新的亞歷山大大帝，自稱為「兩洲和兩洋的君王」，這裡指的是魯梅利亞（Rumelia）、安納托利亞、黑海與地中海。[50]塞爾維亞和裴羅波尼斯於一四五〇年代末陷落，隨後在一四六〇年代陷落的是瓦拉奇亞（Wallachia）、波士尼亞，以及熱那亞人、希臘人在黑海地區的殖民地。阿爾巴尼亞和熱那亞人的克里米亞在一四七〇年被納入版圖。一四八〇年，歐特朗托（Otranto）陷落，羅馬城正在「戰爭閃電」、「陸地和海上神威勝利之君」不可抵擋的推進前顫抖。

只有在一四八一年，歐洲才得到暫時的喘息，梅赫梅德二世於這一年在他心愛的都城附近去世；但喘息時間是短暫的。到那時為止，君士坦丁堡的征服者已經建立了歐斯曼帝國，帝國在他離世不到一個世紀的時間，將在蘇丹蘇萊曼大君（一五二〇—一五六六在位）英武領導下，進一步在三大洲擴張，勢力從貝爾格勒（Belgrade）到巴格達、從北非到葉門，他麾下的軍隊在維也納大門外磨刀霍霍，帶給基督宗教世界夜不能寐的恐懼。

對很多土耳其人來說，即使是存疑學者，蘇丹梅赫梅德二世被世人讚譽為聖戰士，是「羅馬與全球皇帝」，乃歐斯曼帝國真正的創立者，擁有一座無人不知被二十一歲的他所征服的城市，這座城市作為伊斯蘭都城，至今仍是世界上最偉大、令人著迷的城市之一。

【第十章】

卡布勒
——群山間的花園——
Kabul–A Garden in the Mountains

（西元十六世紀）

卡布勒城堡中飲酒交際不停，
因為卡布勒集山岳、河流和低地於一身。

——默哈梅德大師（Mullah Mohammed），《如語者》（*The Riddler*），
摘自巴布爾（Babur），《巴布爾傳》（*Baburnama*）

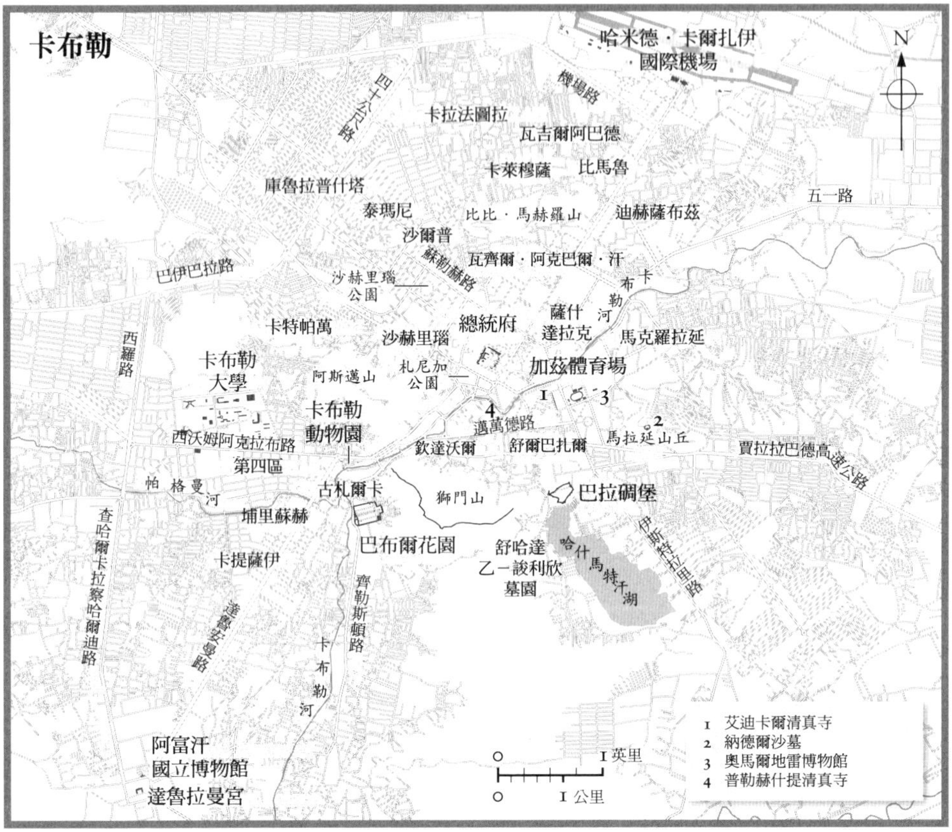
卡布勒
哈米德·卡爾扎伊
國際機場
N
四十公尺路
機場路
卡拉法圖拉
瓦吉爾阿巴德
卡萊穆薩
比馬魯
庫魯拉普什塔
五一路
泰瑪尼
比比·馬赫羅山
迪赫薩布茲
沙爾普
蘇勒赫路
瓦齊爾·阿克巴爾·汗
巴伊巴拉路
沙赫里瑙
公園
卡
布
勒
河
卡特帕萬
薩什
達拉克
馬克羅拉延
西羅路
沙赫里瑙
總統府
卡布勒
大學
阿斯邁山
札尼加
公園
加茲體育場
1
3
卡布勒
動物園
4
邁萬德路
2
西沃姆阿克拉布路
欽達沃爾
舒爾巴扎爾
馬拉延山丘
賈拉拉巴德高速公路
第四區
帕格曼河
古札爾卡
獅門山
巴拉碉堡
查哈爾卡拉察哈爾迪路
埔里蘇赫
巴布爾花園
伊斯特拉里路
卡提薩伊
舒哈達
乙－諡利欣
墓園
哈什馬特汗湖
齊勒斯頓路
達魯安曼路
卡
布
勒
河
1 艾迪卡爾清真寺
2 納德爾沙墓
3 奧馬爾地雷博物館
4 普勒赫什提清真寺
0
1 英里
0
1 公里
阿富汗
國立博物館
達魯拉曼宮

一九九六年冬天，神學士已在幾個月前占領阿富汗首都，並且忙著告訴城中驚慌的居民們怎麼做與如何過活。

街道上到處是標語：「在伊斯蘭吸毒在是非法的，酒飲摧毀智慧與良知，毒品破壞教育，且帶向慢性死亡。」

卡布勒是一座全然被毀的城市，數十年的衝突中，歷史建築被炮轟攻擊成碎片，城市被洗劫打爛，過去已被現在強迫抹去。這是一座宮殿被棄、工廠被摧毀、公園和花園荒蕪、房屋被棄、破洞泥牆與道路損毀的城市，整個城市的基礎構造有如被摧毀般，居民生活也已破滅，戰爭已把他們摧殘成可憐難民：有穿著罩袍（burqa）的寡婦、困頓教師、絕望的乞丐、被地雷炸殘者與截肢者、營養不良的兒童、窮困掙扎的父母，一切有如被衝突浪潮沖洗過的廢棄物和漂流物。

我造訪阿富汗是為了研究帖木兒的歷史，那時的卡布勒幾乎已近全毀，人群四散，感覺就像一座六個世紀前被帖木兒狂暴掃過的城市。灰頭土臉的小孩如同幽靈般，從被轟炸過的廢墟中浮現，男孩們追著揚起塵土的汽車奔跑，司機打開車窗，向這些義務修補路面破洞的孩子們拋下一些小額紙鈔。窮困的家庭用手工製作的手推車載著家當，走在坑坑窪窪的路面上。年輕神學士揮舞著鞭子，把女人從破舊的餐廳中趕向清真寺。沒有比這更絕望的情景了，這是一座城市的末日景象。

儘管遭受相當過分的大規模破壞，但卡布勒還是有一種超凡之美，誕生於比世界上任何城市建立都更的非凡環境。卡布勒塞擠在海拔一千八百公尺的狹窄谷地中，似乎從城市的髒亂中升起，其所依偎與都庫斯山峰形成的天然凹地（被中世紀阿拉伯地理學家稱為地球之充滿石粒的環帶地〔Stony Girdles of the Earth〕）形成這座城市的天然保護，白雪皚皚的山峰環繞著卡布勒城。

在卡布勒北方四十英里，位於潘吉戌爾谷（Panjshir Valley，五獅谷；西元前三二九年，亞歷山大大帝在征服波斯帝國途中曾於此紮營）的指揮所中，我在這裡見到魅力超凡的聖戰士（mujahid）領袖阿赫梅德．夏．馬司悟德（Ahmed Shah Massoud）瀟灑地歪戴著軟圓氈帽（pokol），他以因成功抵抗在一九八九年結束為期十年的蘇聯對阿富汗的占領聞名於世。俊帥到危險程度，這位潘吉戌爾之獅（這是他英雄般在此反抗俄國人時得到的外號），身旁圍繞著忠心耿耿的將領與各種武器。馬司悟德是一名典型戰士，正捲入對抗伊斯蘭主義者批判傳統信仰最新的致命衝突中。坦克穿過泥濘街道，經過裝甲運兵車、火箭發射器，以及手持隨處可見卡拉戌尼科夫步槍（Kalashnikov）被凍得發抖的士兵。在這個喧鬧軍事交響樂團中，一輛有遮光車窗的四輪驅動豐田（Toyota）汽車載著馬司悟德，以驚人速度來回穿梭。

馬司悟德以頗具預見性的方式談論戰爭，並展望將如何贏得戰爭；但他也談論對文學的熱愛，以及在神學士奪下卡布勒後，剛剛被轉移到潘吉戌爾谷有三千本藏書的圖書館。他最喜歡的作者包括薩那伊．生茲納維（Sanayi Ghaznawi）與阿布杜．嘎迪爾．貝迪勒（Abdul Qadir Bedil），以及著名的波斯蘇非大師陸彌（Rumi）和哈菲茲。馬司悟德可能是全世界最知名的聖戰士，但也是一位充滿書卷氣、高貴、溫和安靜的人。兩年後，他在〈致美國人〉（Message to the People of the United States of America）中提到擊敗伊斯蘭主義者的使命：「我們認為這是捍衛人類，反對偏狹、暴力和狂熱之禍職責的一部分。」[1]

憑藉他寬容的氣度、對詩歌的熱愛，以及對哈菲茲（一位痛恨宗教偽善者的愛酒人）的仰慕，馬司悟德讓我想起另一位偉大戰士作家，他曾在這個群山環繞處為自己立下輝煌基業。對十六世紀的蒙兀兒帝國創立者巴布爾（一四八三—一五三〇）的記憶，仍然在卡布勒被珍惜著，這裡曾是他所熱愛的首都。當我徒勞無功地尋找帖木兒帝國時期的遺跡時，阿布杜勒．巴己（Abdul Baqi）教授悲傷地對我說：「恐怕你在卡布勒找不到什麼，它們早已不存在了。」他坐在被戰爭破壞的大學立體派校園建築中的辦公室裡，告訴我或許巴布爾花園（Babur's Gardens）的形式較有可能見到。

血統高貴的巴布爾（父系血統來自帖木兒，母系血統來自成吉思汗），繼承了突厥征服者們對壯觀公園與花園的熱愛。他對自然界及所有園藝學事物的熱衷，贏得了「園丁國王」（Gardener King）的綽號。❶光是在卡布勒及其周遭，他就建了十座花園，其中巴布爾的花園（Bagh-e Babur）是他最鍾愛的。建於十六世紀中葉，這座花園是一大片長方形坡地，位於獅門山（Mount Sher-i-Darwaza）西麓，靠近冒泡的卡布勒河（Kabul River）。這是此城有史以來最宏大的建築，巔峰時期，這座占地十一公頃的花園鮮活驗證了巴布爾的輝煌文化遺續，引人遐思的暗示，一個引人想像這座城市在其盛期狀況的指示。

寫於一九七七年，即蘇聯入侵兩年以前，阿富汗文化遺產專家南希．哈瞿．杜普雷（Nancy Hatch Dupree）欣賞地描述巴布爾花園，讚美阿布杜．拉赫曼（Abdur Rahman，一八八〇—一九〇一在位）統領興建的「迷人夏亭」及「蒙兀兒人如此喜愛高大梧桐樹灑下的樹蔭」，「俯瞰許多噴泉點

❶ 在《八天堂花園》（*The Garden of the Eight Paradises*）中，歷史學家斯蒂芬．戴樂（Stephen Dale）曾用更現代的用語，形容巴布爾是「一個傳記作家、詩人、戰士、政治家、行政官員、名義上的穆斯林、偽善者、醉漢、大麻使用者、編年史作者、園丁、美學家、叛徒、復仇者、社會批評家、評論人、充滿父愛的父親、雙性戀者、文學評論家、有名無實的蘇非、自戀狂、偏執狂和樂善好施的慈善家」。

綴的連排花園」。[2]

二十年的戰爭讓一切都認不得了，杜普雷描述的景象宛如另一個世界。巴布爾花園變成了俯瞰千瘡百孔城市的荒蕪山丘，迫擊炮攻擊公園，彈坑取代花圃。整潔的草地曾經沿著山伸向城市，現在已不見蹤影。噴泉和水道已被炸平剷除，被地雷取代。曾經高大的梧桐樹現在只剩下枯黑樹幹，被砍倒作為珍貴柴火。絲柏樹也已消失蹤影。

我的花園嚮導是三十歲出頭的阿富汗人修庫爾（Shukur）。在卡布勒十六年前的一次火箭彈攻擊，導致他失去雙親後，就逃到巴基斯坦。在孩童時期，他常和家人來到花園，但是自從雙親罹難後，他就不曾回到卡布勒。目睹巴布爾心愛的花園遭到毀壞後，這位因為一九九〇年代對立聖戰士間的內戰受害者感到驚嚇。當我們步入這片荒蕪中，他淚流不止，手指著另一棵黑乎乎的樹幹說：「那裡以前有許多梧桐樹，那裡原來有花圃，開滿五顏六色的花，綠色的灌木到處都是。許多家庭都會在下午或週末到這裡野餐。這裡原本是很美的地方，現在全都不在了，戰爭毀了一切。」

我們繼續沿著光禿的山坡往上走，來到巴布爾的陵墓，旁邊是一座嚴重受損的大理石清真寺，是蒙兀兒帝國皇帝夏・賈汗（Shah Jahan，一六二八—一六五八在位）於一六四六年為了慶祝占領古城巴勒赫後建造的。清真寺旁邊是一個空的游泳池，裡面的瓷磚破裂，跳水臺也已損壞。巴布爾的陵墓本身位於一個高的平臺上，有簡單的大理石板，上面還有彈痕，大理石板上有一段哀悼碑文：

> 只有這座為聖人（蘇非大師）禮拜和純真者（天使）顯現而建造的美麗清真寺——高貴殿堂，方適合坐落於如此崇高聖地，因為它是大天使們之大道、天堂境域，這座光園是受真主原諒天使般國

王長眠天堂花園，他是征服者札希魯丁．穆哈梅德．巴布爾（Zahiruddin Mohammed Babur）的長眠之地。

天生唯美主義者的巴布爾細挑他的墓地，這裡是從遠處觀賞這座城市最佳地點。戰爭已改變了景象，許多聳立天際的建築已是無法修復，如骷髏般的廢墟。在這些傾頹花園下方的平地上，隱現外形參差不齊的哈比比亞（Habibiya）高中，一所被火箭彈攻擊太多次，以至看似水泥漏勺的學校。在它的遠處是受戰爭摧殘的達魯拉曼宮（Darulaman Palace）的外形，這是一九二三年為阿瑪努拉．汗（Amanullah Khan）國王興建的宮殿。然而，卡布勒的天然美景仍在，在絲毫無汙點的蔚藍天空下，薄霧從被群山圍繞的城市中裊裊升起。近年來，戰鬥在這裡益加激烈，但是繁盛綠色顯示一些公園和花園已蓋過殺戮，像是卡布勒在至少兩千五百年前被建立時一樣，卡布勒河在城中蜿蜒流淌。

巴布爾曾要求其墳上不應蓋上任何東西，以便甘霖滋潤、陽光照身。在阿富汗妻子蒙福的優淑芙札伊王后（Bibi Mubarika [Blessed Lady] Yusufzai）把他的遺體從阿格拉（Agra）帶到卡布勒一段長時間之後，方得償其遺願。但是在國王納迪爾．夏（Nadir Shah）統治期間（一九二九—一九三三），其墳上被放置一塊大理石，並興建一座亭子，防止天氣因素造成的破壞。但是近年來的戰爭卻不經意地助他實現遺願，槍炮已經打掉大部分亭頂，現在裸露的部分比瓷磚部分來得多。這似乎是一位天才的悲劇性不祥紀念，但陵墓至少保留下來。

修庫爾細聲說：「做這些事的人對我們的歷史一點都不尊重。他們不是好人，他們感興趣的是搶劫破壞，其他都不知道。」

聽著這些發愁的回憶，有關帖木兒橫掃中亞的六百年後，城市遭到破壞洗劫的故事讓我想到伊本・巴杜達對卡布勒的描述。一三三二年，他曾在史詩般的世界旅行中路過這裡，當時就像現在，破壞是日行工作。他寫道：卡布勒「曾是大城，現在卻處處都是廢墟」。[3] ❷

一五〇四年十月，當巴布爾站在卡布勒大門外時，他已走過長路。一四八三年，他出生在費爾嘎納山谷區（Ferghana Valley），撒馬爾干德東方的安迪姜（Andijan）城，即現今烏茲別克共和國。一四九四年的一次離奇事故中，這位帖木兒的直系後裔失去了父親。當時費爾嘎納山谷區統治者歐瑪爾大師（Umar Sheikh Mirza）是鴿子愛好者，他的鴿房建在山邊的城堡上，在一次土石流事件中與其鴿房一同墜入河裡。巴布爾卻更富加詩意地形容此事：「伴著他的鴿子和鴿房，在激流中，歐瑪爾大師化身成一隻雄鷹。」[4] 一四九四年六月九日，年僅十一歲的札希魯丁・穆哈梅德（意為「信仰捍衛者」），別名巴布爾（意為「老虎」），成為世界上最難掌控王國之一的統治者。位於從鹹海至興都庫斯山間之中亞心臟地區，正處於不同部族和領土融合時期，這些地方由成吉思汗與帖木兒的後代領主統治，先是蒙古帝國，後由帖木兒帝國打造的一統早不存在，該地區如今由數個分散小王國統治。巴布爾早年即充滿「渴望統治和征服的雄心」，這股力量在他的血液中流動著，他想要的不只是亞洲這一小塊地。[5]

在進一步離鄉背井，進行征服之前，他不得不與費爾嘎納外的兩位伯叔及境內具企圖心的貴族們鬥爭以確保王位，這些事只有他具智謀的祖母支持。十五歲時，在長達七個月攻城後，他拿下了撒馬爾干德，此未來帝國建立者在這裡想像到其祖先帖木兒的故鄉。雖然有高貴的好血統，但是巴布爾深知在這效忠不定的殘酷世界，只有武力方能前進發展。贏得這座著名的古老城市是一回事，如何掌握則是另外一回事。當費爾嘎納老家爆發叛亂，他班師回朝平亂時，一個競爭對手占據了撒馬爾干德，讓羽翼未豐的征服者巴布爾頓時失去容身之地。想奪回兩地方的努力徒勞無功，這位垂頭喪氣無領土的年輕國王只好到他處碰運氣。十六世紀的波斯歷史學家菲利戍塔（Ferishta），描述巴布爾在整個中亞流浪的這悲慘十年：「巴布爾就像是棋盤上的國王一樣，從一個地方到另一個地方，像海邊的鵝卵石被沖刷著。」[6]

一五〇四年，在他的命運跌到谷底後，一個機會突然在四百英里外的南方出現。巴布爾另一位卡布勒統治者的親戚去世，其襁褓中的兒子無法阻擋一位不受歡迎篡位者的控制。雖然時值冬季，手下的人力勸他等到氣候條件更好時再動手，但巴布爾還是堅決展開行動包圍卡布勒。城裡統治者穆基姆（Muqim）以拖延戰術與詭計，讓巴布爾深信唯有展示力量方能迫使這位覬覦王位者鬆手。巴布爾帶著軍隊逼近城市，下令他的軍隊與馬匹武裝備戰，監視著城牆以「驚嚇城裡的人」。一支前鋒小隊衝向城牆，達到預估效果。位於古老城堡北邊的東門，皮匠門（Curriers’ Gate）的守軍並未抵抗就逃進城裡，「一大群出來查看的卡布勒人在城堡外斜坡上逃跑時，揚起巨大塵土」。在接近城市的必經之路上，守軍設置了隱藏陷阱，巴布爾的一些騎兵因此落馬。但是在城內只發生小規模抵抗，穆基姆就把卡布勒交給巴布爾。談妥條件後，穆基姆被允許第二天帶著家人、隨從與財產有尊嚴地離開。黎明時分，巴布爾手下高官的宗教學者（mirza）與將領（beg）報告道：「出現暴徒和百姓騷亂。」他

❷ 伊本．巴杜達對阿富汗人的看法很悲觀，他寫道：「這是一個強大又暴力的民族，他們之中大部分的人是商路上劫匪。」

們告訴巴布爾，除非他親自進城，否則這座城市無法穩定下來，城中的人是無法控制住的，必須再次顯現威力，才能穩住城裡的百姓。這位將成為國王的男子當然明白應該怎麼做，「最後我親自上馬，射死兩、三人，又砍死兩、三人，於是暴動就這麼平息」。穆基姆被護送到卡布勒北方九英里處的營地。於是在一五〇四年十月，「在至高真主的慷慨憐憫下」，沒有戰鬥，毫不費力，巴布爾成為卡布勒的主人。[7]

巴布爾對卡布勒的想法不難理解，因為他寫下其時代最耀眼、冒險傳奇的詳細歷史。《巴布爾傳》是一部具歷史重要性的文學傑作，其回憶錄始於一四九四年他繼承其父王國開始，直到一五二九年他去世前一年突然終止。在敘述的數十年裡，他以流暢文筆、與眾不同的語言，講述了起伏人生、興趣和改變生命歷程的勝利，以及蒙羞的失敗。誠如一位伊斯蘭歷史學者在不久前提出的，他如此直言不諱、內容廣泛地書寫自己：「就像同時代的義大利人本維努托・切利尼（Benvenuto Cellini）以傳記呈現歐洲文明，他呈現了伊斯蘭文明，是十六世紀最完全公開的個人。」《巴布爾傳》的諸多讚美者中，愛德華・摩根・福斯特（E. M. Forster）將這部著作比作「高山上的泉水」，書中「句子之間的跳動就像摩肩接踵的人群」。對花費七年時間翻譯《巴布爾傳》的十九世紀蘇格蘭政治家、前孟買總督蒙特斯圖亞特・艾勒芬斯頓（Mountstuart Elphinstone）而言，巴布爾傳記完全沒有官方傳記的堂皇、沉悶與矯揉做作；而是「讓人看到王位上的他就像在平民生活中，有各種自然、生動、真情、直率的感覺和深情」。[8] 文字中的巴布爾完全不浮誇。

其回憶錄顯示巴布爾對大自然、野生動物、花果園與山水景色的激動。他對文字尊崇有加，在著作中對當時最知名詩人及其作品有權威尖銳的評斷，雖然其詩人名聲中庸，他的散文卻不凡。今日沒有任何作家會不同意巴布爾對長子胡馬雲（Humayun，一五三〇—一五四〇、一五五五—一五五六在位）提出的建議嗎？在一五二八年十一月二十七日的一封信中，他說：「未來寫作不虛飾，使用平易詞句，才不會對你和讀者造成麻煩。」[9]他的寫作中有關於在白雪覆蓋山間小道上毛骨悚然的驚人探險，有血腥戰鬥的描寫，有對當時最頂尖思想家和歌手、蘇非大師與宗教學者的審思評論，有酒過三巡後的派對趣事，還有對酒精混合大麻的溫和警告。

他在描述一次這樣失序的夜晚時說：「大麻派對與葡萄酒派對永不相得益彰」：

喝酒的人胡言亂語地四處找人聊天，大多數是受了大麻與吸食者的誘惑，甚至連長老（Baba Jan）喝酒時都會縱情亂語。那些喝酒的人向塔爾迪．汗（Tardi Khan）灌酒，使他發酒瘋。我們試著保持正常，但無效，太多噁心的喧囂，一場派對變得無法忍受而中斷。[10]

在其回憶錄中，二十八頁洋洋灑灑的文字讚頌這座城市，以激勵幾乎兵不血刃地閃電般征服卡布勒。[11]「這座城市不大，外面是群山環繞，裡面是城牆環繞，城牆連著另一座山，其緩坡上有花園，以巴拉朱宜上游水道（Bala Jui Upper Canal）灌溉之，這座水道至今依舊澆灌著巴布爾花園。巴布爾詳盡描述這裡的地形和地勢，並用了一句在接下來數百年不斷地印證的話總結道：「卡布勒所在國家外敵難以攻破。」

古老的巴拉碉堡（Bala Hissar）靠近巴布爾發動攻擊卡布勒的位置，驕傲地坐落在雙鷹丘（Uqabain）岩壁上，城牆圍繞的城市位於碉堡北端，俯視下面的牧場與大湖。北風帶來宜人的涼爽，甚至在最炎熱的夏天也舒服。在談論這座碉堡時，巴布爾不禁引用詩人默哈梅德大師詩作《如語者》，將之比作心愛之物與不時內心衝突的根源：

> 在卡布勒的城堡內外不停穿梭暢飲，
> 因為卡布勒是山岳、河流、城市和低地之集合。

不同於五百年後的神學士，大部分時間巴布爾對酒精不太在意。描述過地理與地貌後，下一個熱衷的興趣是貿易活動。他寫道，卡布勒位於連結印度與呼羅珊兩條商路的其中一條，有來自喀什噶爾（Kashgar）、費爾嘎納、突厥斯坦、撒馬爾干德、布哈拉、巴勒赫、希薩爾（Hisar）和巴達赫襄（Badakhshan）商隊。「卡布勒是一個優越貿易中心；商人若要去契丹（中國北方）或是魯姆（Rum，小亞細亞），可能得不到較高利潤。」每一年有七千至一萬匹馬到卡布勒，有一萬至兩萬商人隨商隊從印度來，帶來奴隸、白布、蔗糖、精製糖及香料根莖。商貿如此繁盛，很多商人甚至對三〇〇%至四〇〇%的利潤還不滿意。儘管他對貿易明顯有興趣，但是從這裡所提到的經濟和財政事務觀之，他對經濟的興趣不及詩歌。其著作中有一部分標題是「卡布勒的收入」，其中句子包括確實記錄的人頭稅收入、耕地與鄉村人口。指出這些收入金額是不算豐厚的「八拉克銀幣」（8 laks of shahrukhis），根據英國編輯的計算，這個數目在一九二二年相當於三萬三千三百三十三英鎊，即今天的一百七十四萬英鎊。

關於卡布勒，巴布爾之首重的是他處，他大為讚嘆這裡的天氣與豐沛天然物產。如果從卡布勒往外走一天的路程，即可到達絕對沒有雪的地方；而另一方向在兩小時行程內則是常年積雪的所在。城市西南方是「積雪盈尺的壯大雪山」，當卡布勒的冰庫缺冰時，可以由此處取冰雪冰鎮飲水。他喜歡卡布勒的諸多事物，感覺這裡的氣候完美無瑕，「如果世界上還有另一個如此令人愉快的地方，那它一定還不為人所知，卡布勒即使是在最熱的季節，晚上睡覺也一定要蓋毛被」。

在這樣的多種氣候條件下，有相當豐富的水果。園藝技術卓越的巴布爾把酸櫻桃的插枝帶到卡布勒，在這裡長得極好。他細數山坡上三十二種不同的野生鬱金香，並且對土地和果園的肥沃讚不絕口，這裡出產「豐富葡萄、石榴、杏桃、蘋果、榲桲、梨、桃、李子、杏仁（扁桃仁）和核桃」，橙橘、檸檬、大黃、甜瓜和甘蔗也有豐厚產出，養蜂人還能提供大量蜂蜜。在城市各處和山谷裡，有小村落散布，鳥鳴聲不絕於耳，這裡有夜鶯、蒼鷺、野鴨、黑鳥、畫眉鳥、鴿子、喜鵲、白鷺、秧雞，以及所有鳥種最華麗天堂鳥的仙鶴，「數不清的鳥類成群結隊，極為壯觀」。在卡布勒河及其支流的水流中，岸邊漁夫從水裡拖出豐盛漁獲。

柴火不會短缺，巴布爾以其典型精確、輕鬆活潑體裁敘述。在洋乳香木（mastic）、冬青櫟（holm oak）、扁桃樹（almond）和梭梭木（saxaul）中，他最鍾愛洋乳香：

> 它燒的火焰中帶有香味，產生許多熱灰，即使帶有水分也燒得很好。冬青櫟也是一流的柴火，雖然不如洋乳香木燒得旺，但也有熱灰與香氣。它有一個特性是，當許多帶葉樹杈點燃後會發出好聽的爆聲，火焰和裂開的聲音從底部升到上面。燃燒這種木柴特別有趣。

如此熱情洋溢的表達文字還包括卡布勒周邊六個牧場，他詳細記載牧場沒有那種驚擾馬匹的蚊子，這對巴布爾愈加龐大的精銳騎兵是絕非惹人厭之事。這裡的草提供理想的放牧環境。就像《劍橋印度史》（*Cambridge History of India*）所形容的：「其回憶錄的這部分內容讀來，有如出自一位熱愛和平的自然主義者，而非躁動戰士。」[12]

巴布爾對卡布勒的人口——這座他已成為主人的城市——感到著迷，就如同他對那裡的野生動物著迷一樣。他尤其對這片土地上多元化、通曉多種語言的居民印象深刻。這裡有許多部族，包括突厥人、蒙古人、阿拉伯人、波斯人與撒爾特人（Sart），他們的語言多達十二種，有阿拉伯語、波斯語、突厥語、蒙古語、信地語（Hindi，印度語）、阿富汗語、帕夏語（Pashai）、帕拉吉語（Paraji）、吉布里語（Gibri）、比爾其語（Birki）和拉姆嘎尼語（Lamghani）等，「是否另有國家含有如此多不同的部族與語言則不得而知」。誠如其征服者祖先帖木兒，巴布爾謹慎地推動商業自由，以帶來不可勝數的外國商人及其包容精神，這是他一心維護的。他是傳統順尼穆斯林，但是與卡布勒的納格戌班迪蘇非道團（Sufi Naqshbandi orders）導師聯姻，也支持軍隊中什葉派紅頭巾部族軍隊（Qizilbash troops），他的軍隊是典型的多元部隊，其中有阿拉伯人、塔吉克人、烏茲別克人、帕戌頓人（Pashtun，或譯普什圖人〔Pashto〕），以及其他中亞民族。

在談論葡萄的樂趣時，巴布爾表現了同性行為的放縱，以及多次受到折磨的質疑與羞恥。他和酒精的關係十分複雜，而且在其一生中發展變化。一五〇六年，當他造訪希拉特時，第一次描述引人入勝坦誠的內心交戰：該不該喝酒？希拉特是典型的具魅力與高水準城市，他形容這次旅行有如「鄉下年輕人進城的經典例子」。[13]

當時我雖然沒有犯酒醉，也沒有酒醉快樂的感受經驗，我不只想喝酒，內心更是慫恿我越過禁忌。

讀到這種精采敘述，讓人感受到那種隨著句子漸增的誘惑與緊張。他回憶童年時父親給他酒喝，但是他拒絕了，直到有「年輕男性慾望和漸增的性慾」時，卻無人遞酒給他。此時已抵達「如神話場景般」充滿著愉悅的城市希拉特，這是帖木兒之子夏赫魯賀（一四〇五—一四四七在位）時期的帝國首都，夏赫魯賀是一位藝術和科學的傳奇贊助者，曾說：「此時不醉，更待何時？」[14]很明顯地，或許他屈服於誘惑，並度過一個刻意安排的醺然夜晚。其中一場派對熱鬧喧天，有興致淋漓的唱歌與舞蹈。但是當酒醉越來越重時，整個夜晚淪為「無品味的羞恥」，就像一般的收場。

巴布爾在十月二十七日抵達希拉特，他的第一印象很不怎麼樣。巴布爾合理地對其年輕表親王公們的怠慢感到不悅，他們騎馬接他，先是遲到，而後又在另一次酒場上耽誤時間。巴布爾造訪其表親希拉特宮廷時，這座帖木兒朝耀眼文化之星城市正處於令人驚訝內爆邊緣。在某方面，他極力讚賞這座城市「舉世無雙」，在這裡的聚會嘉賓雲集、娛樂完備精緻、對話充滿智慧。藝術、詩歌、歌曲及舞蹈，把文化提升到極致閃耀。十五世紀的偉大希拉特詩人阿里·薛爾·納瓦伊（Ali Sher Navai，一四四一—一五〇一）是當時桂冠詩人，也是偉大慈善家與藝術家贊助者。但是對巴布爾而言，至少這種華麗精緻也有其陰暗面，宮廷的墮落已經到性放蕩程度，讓人內心不安。他對「伊斯蘭城市希拉特」的國王頗不以為然，其家族、人民與國家「有到處猖獗的墮落、惡習」。他嚴厲批判其宗教隨從人士，認為他們軟弱巧言、淫亂墮落。也有「假蘇非」寫一些「無品味、不值得尊重的」著作，那些著作「近乎褻瀆」又「謊話連篇」。對於「叛道」和「孌童」的事最好少說。

很明顯地，巴布爾對他在希拉特的見聞有著精闢觀察，他讚美這座城市的文化精緻及其宮廷對詩歌和哲學辯論傳統的熱愛、建築之精緻，以及從纖細畫家到書法家令人讚嘆的藝術、玉雕師與書匠；但是在這危險世界中，其領導權不祥而明顯有所缺失，「雖然這些王公們的社會風度十分出色，但是他們不懂軍事技術，不知如何作戰」。他們在敵人浮出地平線時，仍然神氣活現、忸怩作態。

巴布爾的話證明其先知先覺。一五〇七年，巴布爾之行還不到一年，這座城市就落入軍閥默罕梅德．謝巴尼．汗（Mohammed Shaybani Khan）的烏茲別克軍隊手中，滅熄了自從夏赫魯賀時代起就照亮中亞的最後一盞帖木兒朝明燈。希拉特放棄其無價寶藏：「如此眾多的華麗珍珠、翡翠、巴達赫襄紅寶石及其他各種寶石與金器皿，任何一位皇帝夢想擁有的財富都不及其十分之一。」[15] 身為唯一仍在位的帖木兒家族成員，即使實際意義有限，但巴布爾還是利用希拉特的陷落，將自己從王公貴族（mirza）提升到君王（padishah）。

從曾經是輝煌帖木兒帝國政治文化首都，希拉特已衰微到成為冉冉升起帝國建立者的誘人目標。伊朗薩法維朝建立者伊斯瑪儀勒一世（Ismail I）就是其中之一，從一五〇一年開始，經過十年血腥征戰，自阿拉伯軍隊於西元七世紀中葉橫掃伊朗以來，他首度統一了伊朗，從此結束長達八百五十年之久，被阿拉伯哈里發、突厥蘇丹和蒙古汗王統治的歷史。伊斯瑪儀勒的伊朗再次由伊朗人統治，並以什葉伊斯蘭為國教。一五一〇年，他在梅爾夫戰役（Battle of Merv）擊敗了默罕梅德．謝巴尼．汗，拿下希拉特。他把敵人分屍，頭顱貼上金箔，做成鑲嵌著寶石的器皿，作為終極戰士獎杯，後來為表示友好與地區權力新平衡的提醒，將之送給巴布爾。

若說希拉特式微的帖木兒家族王公們已無法在戰場上展現雄心威力，但這並不適用於巴布爾身上。他在一五〇六年十二月二十三日離開其表親，回程中被迫克服「一場驚人暴風雪」造成的艱困，他在回到卡布勒的路上展現出魅力非凡的領導力與適應力。他的人馬每向前走一步，都要從及腰及胸的積雪中努力挪動身體。積雪甚至到了馬蹬，甚至馬腹帶處，這很快就讓馬匹精疲力盡。巴布爾的耳朵已凍僵，許多人的手腳上也起了凍瘡。他後來回憶道：「在那幾天裡，忍受了許多艱難和悲慘，比我一輩子受的罪加起來還要多。」

巴布爾還將遭遇更多的無常變化，其中包括一五一一年至一五一二年間另一次不順利的短暫占有撒馬爾干德，這也是他最後一次保有這座城市，中亞此時有一波波的朝代征服與叛亂，造成該地區變得更動盪不安，難以駕馭，得依靠運氣。當烏茲別克人和薩法維人分別在北邊與西邊瓜分祖先帖木兒的領土時，這個未來的君王只能把目光投向別處，建立自己的帝國。

他寫道：「陌生人與古老敵人占據所有曾被帖木兒後裔擁有的國家……尚有一處在卡布勒，為我所有。敵人強大而我弱小，沒有協議能力，也沒有抵抗的實力。」面對「如此的力量和手腕」，他必須將自己與敵人之間分開距離。[16] 雖然一些巴布爾手下青睞東北方的巴達赫襄，巴布爾則胸有成竹，眼光已投向南方的印度斯坦。

誠如其最偉大的祖先，巴布爾對自己的歷史定位有所認知，其傳記《巴布爾傳》內容含括他的人生從童年時代直到去世前夕，是一本為其後代留下的證言。帖木兒曾把自己和先前歷史人物相比，藉由越過印度河拿下德里，其赫赫光芒戰功超越了亞歷山大大帝與成吉思汗。身為帖木兒的宮廷歷史學家夏拉夫丁·阿里·阿茲迪著作景仰者的巴布爾，已下定決心遠離其王國的雪山，前往旁遮普與更遙遠的炎熱平原追尋功名。

從一五一九年起，他發動了一連串偵查、劫掠的遠征，滿足手下對戰利品的不斷渴望，同時又刺探敵人的防禦，以評估他們的實力。利用引進火炮補充其火槍手的火力，他的軍隊得以更新進步。一五二五年十一月，他終於離開卡布勒，從容不迫地前往印度，還在群山之間舉行了系列酒宴。

不同於之前取道庫拉姆河谷（Kurram River Valley）的帖木兒，巴布爾選擇從海伯爾通道（Khyber Pass）挺進印度。這是一條極浪漫傳奇的路線，和征服世界帝國建立者們如大流士一世（Darius I）、亞歷山大大帝與成吉思汗的名字有所連結。在蒼茫群山間，道路曲折難以通行。這條戲劇性的路線因十九世紀英國人在阿富汗失敗的困頓而聞名，二十一世紀再次聲名大噪，被今日刻在石頭上的五顏六色軍團勛章紀念著。數千年來，這些高低起伏的山巒中有凹陷的緩坡，這些坡地的顏色從赭色變成灰色，再變成白色，靜靜地凝聚在那裡，見證創造歷史人物們的征程。

一五二六年四月二十一日，巴布爾穿越海伯爾山口，帶領一支一萬兩千人的軍隊離開他的王國，雖然後來得到新軍團的補充，但是人數也不超過兩萬人。他在帕尼帕特（Panipat，位於德里北方五十英里處）遭遇德里蘇丹易卜拉欣．洛迪（Ibrahim Lodi）帶領一支人數更多的阿富汗軍隊。巴布爾估計敵方軍隊有十萬人與一千頭戰象。在一連串出色的調動、佯攻（以及好運氣）下，巴布爾把敵人擠壓到狹窄的前線，他組織一道極富創造力的防禦線，同時能夠允許他的騎兵在一邊保護火槍兵，一邊保護大炮的七百輛牛拉戰車組成的戰線空間內展開衝鋒。這是對傳統草原和山地戰法的巧妙改變，配合歐斯曼炮兵的創新，這種重型火炮首次用於印度。槍炮的轟鳴讓洛迪的戰象驚慌失措，四處奔逃，踩死了自己人。

中午時分，戰鬥結束了，洛迪戰死，根據巴布爾的估計，阿富汗士兵的死傷人數高達一萬六千人。憑藉真主的恩典，「這支不可一世的軍隊，在半天內被塵封於泥土中」。[17]巴布爾花費不到一天的時間就推翻了一個帝國。他並未浪費時間確保獲得的勝利，派遣繼承者兒子胡馬雲前往阿格拉，快馬疾行地占據蘇丹洛迪的都城，同時又派另一支部隊前往德里。五月十日，巴布爾結束造訪德里的宮殿、聖陵和花園後，以慶典排場進入阿格拉城，以勝利者之姿騎馬進入先前敵人的王室城堡。這位園丁國王成為蒙兀兒帝國皇帝，開啟一個新的亞洲朝代，這個朝代將比先前帖木兒所建立的一切都更加成功久遠。他的手下從阿格拉的金庫中，得到豐厚的分配獎勵。

藉由此意義重大的征服，巴布爾成為該世紀內第四個在中東、中亞和印度次大陸建立重要國家的突厥語統治者。他追隨君士坦丁堡的征服者歐斯曼蘇丹梅赫梅德二世、在伊朗推行什葉派的薩法維國王伊斯瑪儀勒一世，以及成吉思汗後裔之一的烏茲別克統治者默罕梅德·謝巴尼·汗的軍事腳步取得成功。他們本身就是成功的領導者，然而他們也在各自敵對領土王權展示，自從正統哈里發、伍麥亞朝及阿巴斯朝初期世紀以來，伊斯蘭帝國已相當分裂。只有歐斯曼人較接近地再度統一，然而即使擁有橫跨大洲的帝國和伊斯蘭世界的大片領土，伊朗與印度次大陸將永不在其管轄內。整體而言，上述的四個統治者也表現出東方非阿拉伯伊斯蘭世界的強大與深度。這首四重奏中的任何一曲，都是由一位在族裔或文化上不是突厥人，就是突厥化蒙古人的統治者譜寫出來的，他們尊崇成吉思汗家族與帖木兒帝國的政治正當性，更甚於和阿拉伯世界的血緣聯繫。他們每一位都更重視波斯語，而非阿拉伯語，將波斯語尊視為東方伊斯蘭世界文學和文化語言。[18]

這或許是一般的期待認為，巴布爾應該在阿格拉設計一座八天堂花園（Garden of the Eight

Paradises）以慶祝勝利。這是他在印度設計建造的諸多花園之一，其他還有休閒園（Garden of Rest）、蓮園（Lotus Garden）、金輝照耀園（Gold-Scattering Garden），反映出他對自然世界的熱愛及對其祖先帖木兒在撒馬爾干德的園藝工程呼應。巴布爾對自己在八天堂花園裡成功栽種的果樹尤其稱讚，因為這讓他回憶在河中地區的家園及其首都——卡布勒。正如他後來所記載：「用這種方式在印度斯坦種植葡萄、甜瓜使我全然滿意。」[19]

對巴布爾的手下而言，他們已經習慣了阿富汗的沁涼群山、青蔥山谷、果園與激流，對印度平原的炎熱是無法忍受的。一年後，許多人在皇帝許可下離開，他們的任務完成，也獲得戰利品，這挑起巴布爾不捨的詩句：

啊，你們離開了印度之地，
你們自己深覺憂患痛苦，
掛念著卡布勒清爽的風，
你們馬不停蹄地離開印度。[20]

就他對其新王國的描述觀之，巴布爾並非立刻愛上她。他對印度長篇大論的批評，使得他在印度人中名聲不好。他曾說：「印度斯坦是一個少有吸引力的國家」，

那裡的人長相不好；缺少社交，無人相互造訪；那些人沒才能本事、禮貌；工藝製造上沒有形

式，也不懂對稱，技術品質不佳；這裡沒有良馬、血統名犬；沒有葡萄、香瓜或是上好水果；沒有冰、水；市集沒有好麵包或美食佳餚；沒有泡澡之地；沒有學院；沒有蠟燭、火把與燭臺。[21]

在這悲觀的憂鬱中，至少還有一道光，「印度斯坦的愉悅之事乃國土大，有大量金銀」。此外，這裡有「不可勝數的工匠、勞工」，其中有很多人不久就被巴布爾急速派去建設。他知道帖木兒曾用兩百名切石工人在一座清真寺工作，而他的規模更大，單是在阿格拉就有六百八十名切石工人，如果算上在希克里（Sikri）、巴亞納（Bayana）、卓勒普爾（Dholpur）、瓜里阿爾（Gwaliar）和摳勒（Kol）的建築工程，就有一千四百九十一人。巴布爾知道，其大多數士兵和官員對炎熱天氣、印度人的敵視、糧食匱乏，以及造成大量追隨者死亡的傳染病感到害怕，他們想要離開印度，回到阿富汗的家。意識到身邊人的這種「不穩定性」，他召開了一個會議，提醒他們之前共同的犧牲。他們已承受多年困苦、長途跋涉和「難以盡數的殺戮」，才有今天的新領土。他問道：「現在是什麼力量迫使我們？有什麼必要讓我們無緣無故就放棄那些用生命危險得來的國土？難道我們要留在卡布勒與貧苦作伴嗎？」[22]

他的最後一句話值得推敲，回想巴布爾在卡布勒時的財政收入，這句話是他把眼光投向南方的原因之一，他想在南方闖出一片天，因為卡布勒太小，容不下也無法供應越來越龐大的軍隊並作為帝都。在傳記較後期中，他在一五二八年時下了一個標題——「截至目前在勝利旗幟下從印度斯坦獲得的收入」，詳細記載從阿格拉到錫亞勒寇特（Sialkot）、從德里到迪帕勒普爾（Dipalpur）、從拉合爾到陸克瑙（Lucknow）的各種收入來源。巴布爾回憶錄的英文版譯者威廉・艾爾斯欽（William

Erskine），在一份一八五四年出版的研究中初步估計他的收入大約是四百二十萬英鎊，這個數目相當於今天的四億兩千九百萬英鎊，是他在卡布勒收入的兩百五十倍。這個計算數字有可能並不準確，但是無論如何，可以肯定的是征服印度讓巴布爾的金庫存量提升到與帝王身分相符的水準。

儘管帝王的命運迫使他從卡布勒南遷，但巴布爾從未喪失對這座城市的深愛。一五二九年二月十日，他寫了一封信給省長老友卡蘭大師（Khwaja Kalan），在信中直言他回到卡布勒的「渴望是大而無止境」，那裡的甜瓜與葡萄是如此可口，讓他最近在印度吃甜瓜時哭泣。除去巴布爾典型的對詩歌、園藝（「必須在那種最好的樹苗，修整草坪，邊線種上芳香草藥植物和顏色繽紛又有香氣的花」）、酒癮（有時候對葡萄酒的饞使我幾乎要落淚了）的一些離題話語外，這封信裡包含關於維修與為堡壘提供補給的詳細指示，提撥財政歲收興建一座聚禮清真寺、建蓋商旅客棧和公共澡堂，以及用「優雅和諧的設計」完成城堡內部的建築。信中細節十分詳盡，語調就像是在聊天，有如微風吹拂般生動。他告訴夥伴，一旦把印度事務安頓好，就會「立即」回到他心愛的卡布勒。[23]

事實並非如此，一五三〇年，在那封給卡蘭大師的真情信件的一年後，四十七歲的他離開人世，他留下的帝國從西邊的印度河綿延至東邊的比哈爾（Bihar），從北邊高聳的喜馬拉雅山延伸向馬澤亞—普拉迪戍邦（Madhya Pradesh）的瓜理歐爾（Gwalior）。

依照成吉思汗和帖木兒將統治者領土分封給兒子的歷史傳統，胡馬雲被授予今日印度的蒙兀兒帝國領土，而胡馬雲的同父異母兄弟卡姆蘭．米爾札（Kamran Mirza）則得到卡布勒與拉合爾，這是家族內部衝突的導火線。卡布勒從新興勢力的首都淪落為擴張帝國中的邊陲城市，在之後四百年裡，此帝國相繼將中心設在阿格拉、法提赫普爾—希赫里（Fatehpur Sikhri）、拉合爾，而後再回到阿格拉，然後夏賈汗阿巴德（Shahjahanabad）及最後的德里。

巴布爾的不朽聲名分為兩部分。效法英雄祖先帖木兒，他卓越不凡地克服年輕時沒有王權的痛苦，創立蒙兀兒帝國，帝國在一六〇〇年代末達到巔峰，掌控高達一億五千萬人的命運，這是當時世界人口的四分之一，他們遍布在一百五十萬平方英里的印度次大陸上，此帝國延續到一八五八年被英國人取代為止。[24]誠如帖木兒，戰場榮耀是之後輝煌文化的基礎。「讓那些懷疑我們實力的人來看我們的建築」，帖木兒提出的挑戰受到蒙兀兒人全然發揚。單就他們打破的建築紀錄，如胡馬雲陵墓（Humayun's Tomb）、阿格拉堡（Agra Fort）、拉合爾堡（Lahore Fort）、法提赫普爾—希赫里，以及建築界寶石夏．賈汗美得令人窒息的瑪哈樂皇冠陵墓，都吸引成千上萬人造訪，並為世界各地圖書館增添了令人讚嘆的相關書籍。在巴布爾後代的統治下，「蒙兀兒」成為強大、繁榮、宗教寬容、行政優越、燦爛及奢華的代名詞：鋪著大理石地磚的宮殿、有香水噴泉的芬芳花園、豪華宴會和富麗堂皇的招待排場，以及由真主在大地上的影子夏．賈汗蘇丹所贊助的「比天堂更華美」的孔雀王座，奢侈地使用黃金、珍珠與數不盡的珍貴珠寶打造而成，有十二根翡翠柱和兩隻金孔雀，每隻金孔雀喙上都帶有閃亮的紅寶石。高十四英尺、寬七英尺、長八英尺，使用將近一．二公噸的純黃金，據說這王座的花費是興建瑪哈樂皇冠陵墓的兩倍。[25]

巴布爾財富獲得最早顯示是來自其子胡馬雲不意的禮物，後者來到剛征服的首都，為其父送上世界最著名的鑽石——光之山（Koh-i-noor），儘管在這顆鑽石在起伏的歷史中，引起無數國王、女王、統治者與強盜的垂涎，曾顛沛於印度、伊朗、阿富汗、巴基斯坦和不列顛，最後這顆一百零五克拉的鑽石成為伊莉莎白女王（Queen Elizabeth）母后之后冠（Queen Mother）核心，二〇〇二年在她入殮時被放於棺蓋上。但是當初如此禮物並未引起巴布爾喜悅，「我到阿格拉時，胡馬雲將之獻給我，但我還給他」。[26]

至於其如先人成吉思汗、帖木兒傳統帝國建立者的成就，儘管沒有前兩人在整片大陸上造成前所未有災難的流血暴行，卻必須加上巴布爾令人尊敬的文學紀錄。除了是傳記作者與詩人外，巴布爾還正式受過詩學、音樂理論的訓練，而且是押韻、格律的權威。他不僅是高雅文學文化贊助者，本身也是一位活躍、文體多彩的作家，他的學術興趣就像祖先崛起的亞洲草原寬廣，他關於蘇非主義、法律和韻律學的著作，而且以波斯語與察合臺突厥語創作詩歌。他以察合臺語的創作被認為僅次於詩人阿里．薛爾．納瓦伊的詩作，後者被巴布爾視為獨一無二對等的詩人。《巴布爾傳》被世人們讚賞為「有史以來最迷人、浪漫的著作之一」，事實證明這本書比作者親手打造的帝國存續更長久。[27]

若是檢視胡馬雲，其父無疑為他的生涯烙下印記。胡馬雲在一五三〇年至一五四〇年期間遭遇一次又一次的叛亂、兄弟鬩牆，以及阿富汗人、拉吉普特人（Rajputs）不斷反抗。他於一五三〇年繼承的帝國在一五四〇年便失去，被一位來自蘇爾（Sur），名為薛爾．夏赫（Sher Shah）的阿富汗叛軍擊敗，因此如同父親般成為潦倒的流浪者。一五四三年，他先是逃到卡布勒，然後是坎達哈爾和希拉特，宮廷隨從可憐到只剩下四十人，依賴頭盔煮熟的肉糜維持生命。經過這樣的恥辱後，當他與其招待主人談論「世界不可靠和外在環境不穩定」時得到諒解。[28]

儘管他的帝國生涯正處於谷底，但是薩法維帝國的大臣認定希拉特應該為胡馬雲的到來給予盛大接待，因為理解到未來可與這位蒙兀兒君王有所聯盟，「這位掌有種種奢華的君王會有時來運轉的時機嗎？」[29]這樣的警惕和政治敏感，在薩法維國王塔赫瑪斯普（Tahmasp）身上明顯可見。最後靠著薩法維帝國的協助，以胡馬雲爭議性的改信什葉伊斯蘭為條件，此蒙兀兒君王才在一五五五年重新掌控在印度的帝國，從數度不忠的兄弟卡姆蘭．米爾札手中三次奪回卡布勒，胡馬雲勉強將他刺瞎流放。在龐大伊朗貴族組成的宮廷裡，胡馬雲重回寶座，這象徵蒙兀兒帝國重大的文化轉向，來自中亞傳統的突厥—蒙古影響力，逐漸被更強大的伊朗藝術、建築、語言及文學影響蓋過。

巴布爾是一位激情奔放的文學熱愛者，如果他不是一個書痴藏書家，如果他沒有由衷地在其兒子繼承者心中埋下閱讀種子的話，或許胡馬雲就能逃過歷史上悖謬的文學性死亡。在一五五六年一月二十四日這一天，胡馬雲聽到清真寺喚禮聲，這時候他正在圖書館，從一個高高的梯子上抱著一堆書往下爬。他下意識地彎下膝蓋，腳下一絆，摔到了頭，就這樣離開人世。他在德里的陵墓是一座巨大華麗建築，由紅色砂岩建造，中間是乳白色大理石圓形穹頂，周圍是象徵《古蘭經》裡描述的天堂的四道流水，流水穿過修剪整齊的草坪。這是印度次大陸上的第一座花園陵墓，也是蒙兀兒建築的第一座偉大不朽傑作。

一五五六年一個寒冬徹骨的夜晚——同年，坎特伯里（Canterbury）大主教湯瑪斯．克蘭梅爾（Thomas Cranmer）被判為異端，燒死在牛津的火刑柱上，一顆被砍下的人頭送到卡布勒古老的巴拉碉堡。這是好消息，這個傳統、染血的戰爭獎杯原來是黑姆（Hemu）的人頭，他本是硝石和蔬果貿易商，後來逐漸變成軍事統治者，並且是蒙兀兒帝國背上一根印度教的芒刺。在第二次帕尼帕特戰役（Battle of Panipat）中，胡馬雲的十三歲兒子繼承人阿克巴爾（Akbar，一五五六—一六〇五在位）戰勝印度人對手。當黑姆受傷被俘時，十三歲的少年君王得到手刃這位著名俘虜的機會；但是他卻拒絕了，讓將領護衛拜拉姆・汗（Bairam Khan）一劍了結對方。當黑姆的頭顱被送往六百英里外的卡布勒時，屍身被掛在德里城門的絞臺上。

從《胡馬雲與阿克巴爾回憶錄》（*Tadkhira Humayun wa Akbar*）中，可理解黑姆的人頭送達卡布勒後引起的興奮。這本書的作者巴亞濟德・巴雅特（Bayazid Bayat）是一名軍官，記載胡馬雲去世和他的年輕兒子上臺時，卡布勒內部與周遭爆發的戰鬥。在可預期的投機性下，一名蒙兀兒高官，來自巴達赫襄的蘇雷曼（Suleiman of Badakhshan）派出一支一萬人軍隊南向，圍攻巴拉碉堡守軍及王室眷屬。蘇雷曼在位於今日卡布勒南郊占地寬闊的舒哈達乙－設利欣（Shuhada-e Saleheen）墓園，和兒子的軍隊會合。在持續了六個月的圍城後，巴雅特得到城堡宮殿的鑰匙。

他的眼見資料提供十六世紀中葉，在圍城者和防衛者之間衝突與小規模戰鬥中的卡布勒之珍貴紀錄。當時懷著馬上達成協議，結束圍城的焦慮，蘇雷曼派出特使前往宮廷談判，「他得到足足長達四十天最好的水果、飲料和佳餚招待，這就是一場宣傳秀，似乎在說：『看吧！我們在堡壘中應有盡有！援軍正從印度趕來，今天或明天就會趕到。你就等著我們兩軍會合吧！你要怎麼越過興都庫斯山跑回到巴達赫襄呢？』」[30]條約終於敲定，在週五聚禮講道中會念到蘇雷曼的名字，讓他保有面子，而他解除包圍，帶著或多或少完好如初的尊嚴回到巴達赫襄。

當黑姆的頭顱被送達時，巴雅特得到命令將它掛在巴拉碉堡俯瞰全城的城門上，把人頭掛在那裡會對所有人有最大鼓舞士氣的效果。樂隊演奏起慶祝偉大勝利的歡快樂曲。依據阿克巴爾的傳記《阿克巴爾傳》（*Akbarnama*）的記載，敵人的死亡帶來「喧天的喜悅鼓聲」和盛大的「感恩、慶賀」，「這是對傲慢與自以為是的嚴厲警惕」。[31]

阿克巴爾在父親流亡期間，由叔父在卡布勒撫養長大，青年時就學會打獵和打鬥，傳統武術在他四十九年統治時間中不斷使用，以擴大鞏固其帝國，讓帝國範圍遠遠超越他小時候長大的城市，成為一個幾乎橫跨整個印度次大陸的帝國。儘管卡布勒對他在不斷更遷的首都而言是次要的，但它仍是貿易中心城市，尤其是馬匹貿易，也是一個進入中亞的入口，蒙兀兒人一直夢想著有朝一日能重拾中亞這片失去的祖先領土。[32]

對蒙兀兒的史家們而言，阿克巴爾大帝（Akbar the Great）一向是第三位偉大君王，這是在他未嘗敗績的軍事生涯後得到的稱號，他的軍隊由訓練有素的常備軍及非正規軍組成，擁有大規模大炮與戰象的裝備，並有強固堡壘網絡。[33]透過一系列的征服，蒙兀兒帝國的觸角穩健地伸向大陸各處。古加拉特（Gujarat）在一五七三年落入阿克巴爾手中、比哈爾在一五七四年取得，而洪水氾濫的孟加拉則是在一五七六年落入阿克巴爾囊中。一五八〇年，阿克巴爾的同父異母兄弟哈基姆（Hakim）領導一場對抗君王的叛亂。「在暴動火焰四起，爭吵的塵埃滿天飛」，阿克巴爾帶領著五萬騎兵、五百頭戰象、步兵和駱駝兵，討伐對他不忠的兄弟，後者曾「因為邪惡不幸的誘惑而偏離了服從的正道」，他們之間的一些重要宗教學者認為，君王的宗教政策是令人無法接受的放任，但叛亂還是被他平息了。[34]哈基姆逃走，出於對帝國懷念，阿克巴爾暫時搬到祖父巴布爾的城堡。他在一五八五年併吞卡布勒，直接加以控制，卡布勒從此就被印度蒙兀兒君王掌控，直到一七三八年納迪爾・夏的攻占。喀什米爾在一五八六年被納入版圖，隨後是一五九〇年的信地省（Sindh）、一五九二年至一五九三年部分歐里薩（Orissa）地區，以及一五九六年至一六〇一年大部分德干（Deccan）地區。阿克巴爾鞏固了古加拉特這個重要的航海、商業省分，以及農業中心的旁遮普和恆河盆地（Ganges basins），都為一個繁榮與多產的貿易帝國奠定經濟基礎。[35]

在阿克巴爾開明寬容的統治下，蒙兀兒帝國的文化發展也毫不遜色。阿克巴爾本人不識字，卻喜歡要求大臣們每天為他朗讀王室圖書館裡收藏的兩萬四千本印度斯坦文、波斯文、喀什米爾文、梵文、阿拉伯文、希臘拉丁文的手抄本。他在阿格拉、法提赫普爾—希赫里的宮廷，不只因黃金和寶石而閃耀，更以他所帶領的知識光芒而熠熠生輝。《阿克巴爾傳》的撰寫者阿布勒．法茲勒．伊本．穆巴拉克（Abul Fazl ibn Mubarak）是阿克巴爾所謂宮廷九大珍寶（Navaratnas）之一，這是一個耀眼群體，其中包括他的兄弟桂冠詩人法伊基（Faizi）、古典音樂家歌手坦森（Tansen），以及從戰士作家轉成財政大臣的拉加．托達爾．瑪勒（Raja Todar Mal）。

一五七五年左右，阿克巴爾設立了宗教論辯廳（Ibadat Khana），這是一個討論伊斯蘭法的論壇。隨後在一五七九年，他出手壓制保守派宗教學者（ulama），先是在週五聚禮講道中自稱哈里發，然後宣布除去一位重要宗教學者的伊斯蘭中律法、教義之詮釋者（mojtahed）資格。在阿克巴爾親自推動下，宗教中心擴大到在如今可能被稱作宗教對話智庫的規模，這裡的論證討論為思想家們做更寬廣的開放，從什葉派學者、蘇非行者到印度教徒、耆那教徒、祆教徒（Parsis）與基督宗教徒都有。他最喜歡的口語是「眾人平安」，顯示他身為一名統治超過數百萬穆斯林和非穆斯林臣民的君王形象，是一位天生寬容，在政治上也意圖包容的統治者，以推進帝國實力與團結為目標，削弱那些追求狹隘、利益分裂者與計畫，無論是穆斯林、印度教徒或其他信仰者。[36]對保守派宗教人士而言，他廢除對非穆斯林徵收的保護稅是最被痛恨的行為，比這件事更嚴重的就是他試圖設立一個受到蘇非主義影響的取代「伊斯蘭」之用詞（Din-i Ilahi，意為「信仰神，遵守其教義」），是一種基本上融合伊斯蘭與印度教，再加入一些基督宗教、瑣羅亞斯德教及耆那教元素的信仰，這是一個從未流行的嘗試。

有關對阿克巴爾的素質最傳神的見證是一個不太可能的來源，皮耶・杜・嘉立克（Pierre du Jarric）神父是十七世紀初的法國天主教傳教士兼耶穌會歷史學家，他曾留下對這位君王讚美有加的記載。

就天主教的全然傳統觀點，身為穆斯林的阿克巴爾將「無法逃過永恆的折磨」，皮耶・杜・嘉立克在一則篇幅夠長的頌詞，讚美阿克巴爾作為一個統治者所擁有的諸多美德中加入這樣一句話，但他特別指出阿克巴爾大帝對所有宗教的寬容、公正，「他是一個被所有臣民愛戴的君王，嚴格對待位高權重者，對那些出身卑微者友善，對所有人無論地位高低、鄰居或陌生人、基督宗教徒、薩拉森人（阿拉伯穆斯林）或異教徒都一視同仁；所以所有人都相信國王是支持他們的」。[37] 他在長久統治期間，加強並擴張帝國，比英格蘭統治者伊莉莎白一世（Elizabeth I）更傑出。雖然伊莉莎白一世奠定帝國擴張的基礎，卻在一六〇〇年把王室許可給了英國東印度公司（British East India Company），就此埋下蒙兀兒帝國未來滅亡的種子。

阿克巴爾在一六〇五年十月離世，他是一位超時代的多元文化主義者。

二〇一八年，十年後我首度回到卡布勒。這是一個被轉變的城市，四十年不間斷的戰爭已造成嚴重惡果，一場所謂的「反恐戰爭」殘忍地把卡布勒變成城市地獄。在城區北邊，出現一個新的「綠區」（Green Zone），這是一片被嚴密武裝保護的圈地，各國使館區擠在專門設置的圍地，圍地外又是安全營地，由全副武裝的衛隊保護，到處都是護欄、監視器、軍犬、沙袋、檢查站、路障、鐵絲網和防爆牆，高到擋住圍繞著卡布勒的白雪皚皚群山。然而，希望仍存在著。「和平之城卡布勒」是防爆牆上最常見的塗鴉。在我抵達的第二天，一個自殺式炸彈襲擊者殺死了六個阿富汗人。一週後，另一個襲擊者在宗教學者的集會中殺死了五十五人。

在不知道有何景象下，我前往巴布爾花園。十一公頃的地區在超過五百年的時間內反覆地變化，從帖木兒末期到蒙兀兒時期，有巴布爾、賈汗吉爾（Jahangir，一六〇五－一六二七在位）和夏．賈汗進行的各種建構，還有十九世紀末統領阿布杜．拉赫曼（一八八〇－一九〇一在位）的添加物，以及國王納迪爾．夏（一九二九－一九三三在位）所做的歐洲化改變。如今巴布爾花園又成為不一樣之處，乏味的棕色荒地已經變成一個綠意盎然的神奇地，一座位於中央的東西向水池與石頭鋪成的玫瑰花（巴布爾一定會認可並讚許這種嚴謹的幾何設計），穿過十五個造景的草坪、大理石水道、瀑布和盆地、樹木與花卉，這是動盪城市中一片宏偉的綠色寧靜。

許多年來，阿嘎．汗文化基金會（Aga Khan Trust for Culture）修復了巴布爾花園，將此工程作為重建阿富汗一些受到戰爭損害最重要歷史遺產計畫的一部分。包含來自阿富汗、印度、德國和南非的學者，團隊的全球多元文化層面修復呼應了多種族的蒙兀兒帝國。來自巴布爾的費爾嘎納山谷區的新大理石，由印度石匠專家雕刻，地雷和未爆彈也被小心翼翼地移除。

工程師阿布杜勒．拉提夫．科西斯塔尼（Abdul Latif Kohistani）是園藝工程主管，在當地被視為英雄，他聯絡了遠至希拉特，阿富汗各地的植物協會，騎著摩托車翻山越嶺，採集超過五千種植物裝飾花園。這裡有那些曾為園丁國王帶來無限歡樂的花草果樹：玫瑰、開心果、核桃、大道旁的懸鈴樹，其間點綴著桃樹和石榴樹、杏樹、蘋果樹與櫻桃樹，以及當然要有被巴布爾特別鍾愛的阿爾乇凡樹（Arghavan）——「當世界已盡了，那時若有像阿爾乇凡樹花盛開的地方，它們黃色和紅色交輝相映，我不會意識到它」。

科西斯塔尼驕傲地說：「我最喜歡的是懸鈴樹、阿爾乇凡樹、酸甜櫻桃樹和石榴樹。」他說將近三分之一的樹木是果樹，超過四〇%的樹木是觀賞樹或灌木，以搭配在花園最初被設計時巴布爾的平衡設計。看到完全修復的花園，「讓人相當興奮」。

卡布勒在這些時日的戰爭是工程師科西斯塔尼最不擔心的，他必須擔心讓植物枯萎的氣溫，這裡的夏季溫度高達四十度，冬天則會冷到零下二十度，還要擔心城市裡可悲的空氣汙染，他說：「對我而言，每一棵樹都是我的孩子，我不願意看到它們受罪。」

我詢問一個在卡布勒的阿富汗朋友，巴布爾是如何被今天的世人所記憶，他回答：「在這樣的時局，人們想不起巴布爾，每個人都在為生存而掙扎。」[38]

【第十一章】

伊斯法罕
——半天下——
Isfahan–Half the World

（西元十七世紀）

Esfahan nesf-e jahan，伊斯法罕半天下。

——伊朗諺語

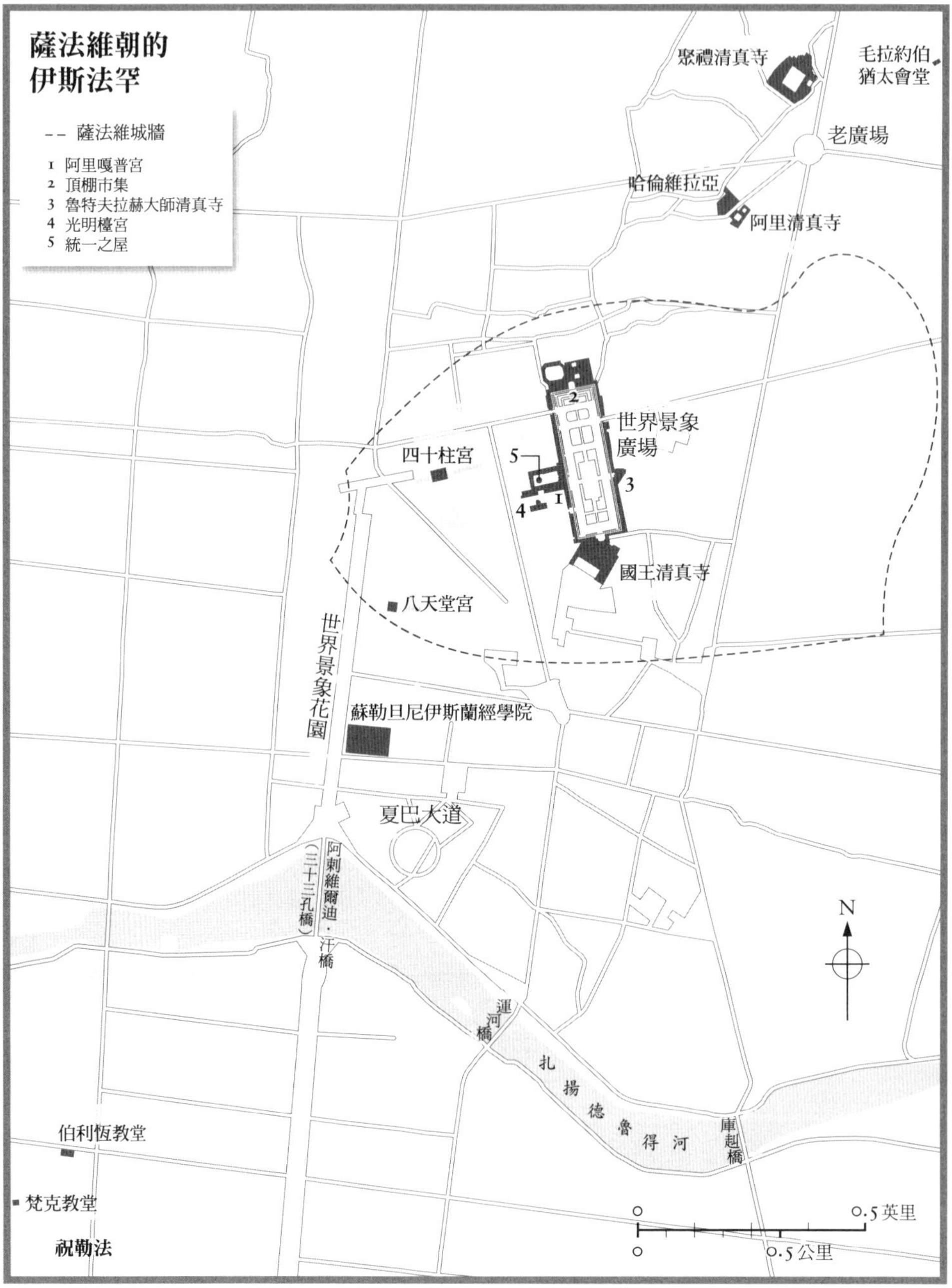

薩法維朝的
伊斯法罕
-- 薩法維城牆
1 阿里嘎普宮
2 頂棚市集
3 魯特夫拉赫大師清真寺
4 光明檯宮
5 統一之屋
聚禮清真寺
毛拉約伯猶太會堂
老廣場
哈倫維拉亞
阿里清真寺
世界景象廣場
四十柱宮
國王清真寺
八天堂宮
世界景象花園
蘇勒旦尼伊斯蘭經學院
夏巴大道
阿剌維爾迪・汗橋
(三十三孔橋)
運河橋
扎揚德魯得河
庫楚橋
伯利恆教堂
梵克教堂
祝勒法
N
0 .5英里
0 .5公里

姑且看一下伊斯法罕空拍圖。首先吸引目光的是扎揚德魯得河（Zayanderud River），這是一條西東向的灰泥色生命之河，將城市切成兩個不對等的部分。然後看到一條很長又形狀位於較大的北城之中心位置。拉近看的話，圖像就不清晰了。在河流北邊是一個細長的長方形之西北—東南向亮麗斜躺著的空間，完全控制了周遭的住宅和商業房地產。再次拉近視圖，會出現更多的細節。深綠色的小四方形聚落圍繞淺色中心，四周圍繞著圓形陰影圈。一條細長大道從中間向下延伸，穿過六條較小的支線，形成整齊網格。波紋狀邊界緊緊包著這塊和黃褐平坦沙漠同色的圈地，是這座古城發源處。該區域與圍繞它的蜿蜒曲折街巷、綠樹成蔭的公園及寬闊道路相比，這個位於一座熙攘市中心的大空間看似比例過大，使得周遭景物難以完全圍住它。

其世界景象廣場（Maydan-e Naqsh-e Jahan）之名稱相當適合，這是一位距離現今四個世紀前之人的傑作，他對伊斯法罕的重新構想，完全讓這座城市煥然一新。常言道：人死而留下印記，簡單來說就是紀念碑、一條新道路、這或那的吸引處或是如此。然而，的確鮮見留下更長久且全然的傑作，這種例子有哈里發曼蘇爾的巴格達，或許是沃司曼男爵（Baron Haussmann）的巴黎，以及皮耶赫·察勒斯·隆鋒（Pierre Charles L'Enfant）的華盛頓。

然而，歷史上少有男女如阿巴斯國王（Shah Abbas）為一座城市留下長久、奇觀創造的印記。這位伊朗君主從一五八八年至一六二九年統治超過四十年的光輝歲月，把薩法維帝國勢力帶到極致巔峰。伊朗統治的廣闊領土從西邊現今土耳其的部分領土，延伸到東邊巴基斯坦和阿富汗，從高加索南至科威特。其穩定的政治、武力的自信、出眾建築及令人驚嘆的藝術成就豔羨全世界。[1]

十七世紀時，伊斯法罕是一座無與倫比的城市，但它早在很久以前就是一座偉大城市。伊斯法罕的歷史可以追溯到伊斯蘭之前，十世紀時是伊朗布伊朝（Buyid Dynasty，九三二－一〇五五）的政治中心，這個朝代曾在西元九四五年控制巴格達無能力的阿巴斯朝哈里發，開啟這座伊斯蘭世界聖城之一長達一個世紀之久的什葉穆斯林統治。在這段伊朗人的歷史後（即所謂的阿巴斯哈里發政權與塞爾柱蘇丹國之間的「伊朗間奏曲」），從一〇四〇年至一一九四年，伊斯法罕是大塞爾柱突厥人（強悍的中亞部族聯盟）的首都，其帝國在十一世紀末發展至頂峰，掌控的領土範圍從東邊的興都庫斯山到西邊的愛琴海。這段期間，據遊走四方，曾生動記錄耶路撒冷與開羅的波斯詩人作家胡斯洛的記載，馬力克夏赫（一〇七二－一〇九二在位）統治下的伊斯法罕是世界上最輝煌璀璨城市之一。他提到：「這座城市有一個高大、堅固有城門、射擊孔和城垛的城牆環繞著，城市裡面有流水交錯的水道、精美的高大建築及一座華麗的聚禮清真寺。」十一世紀的作家馬法魯基（Al Mafarruki）在《伊斯法罕之美》（*Mahasen Isfahan*）中，讚揚這座城市及其人民之諸多優點，大力讚美城內四處延伸的花園與多數的紀念性建築。[2]

可惜的是，除了伊斯法罕這座全國最古老清真寺之一的聚禮清真寺（Friday Mosque），所有伊朗薩法維朝（一五〇一－一七二二）前的那些「精緻魁偉高大建築」未能倖存至今。這些早期建築遺產缺乏的原因很容易解釋。在十三、十四和十五世紀，毀滅性的入侵者都征服過伊斯法罕，先是蒙古人的血腥風雨，在一二二八年至一二四一年間發動一次次的攻城，在連續的血腥大屠殺中砍殺城民。一個世紀之後，城市已恢復部分元氣，足以讓伊本・巴杜達判定儘管仍有廢墟，但這座城市仍是「最大、最美好的城市之一」。[3]

爾後在一三八七年，伊斯法罕的冰涼流水和豐富果園有如荒漠平地上閃亮的翡翠與藍寶石胸針，帖木兒決定掠奪這座引人注目的閃亮城市。通常而言，迅速投降能夠免於受到徹底破壞；但是這一次有三千名駐軍在夜間的起義中被殺，使得帖木兒下達最凶狠的報復命令。敘利亞編年史作者阿拉卜夏赫曾見證帖木兒在一四〇一年洗劫大馬士革，記載這位征服者如何「下令喋血、褻瀆、屠戮、搶奪、破壞、燒毀莊稼、婦女的乳房被割下、嬰兒被弄死、軀體被肢解、榮譽被侮辱、依賴者受背叛逃離、虔誠者的拜毯被拿開，換來復仇被褥」。[4]這個命令就意謂屠城，每一個男人、女人及小孩都難逃屠刀。隨著士兵們爭先恐後地向將領匯報各自的屠殺數字，一個堆滿人頭的市集立即出現。一旦他們壓制了最初冷血砍殺穆斯林同胞的顧忌後，價格迅速跌落，一個人頭從二十金幣暴跌到半個金幣。在帖木兒的命令下極其示範，有七千個不到七歲的兒童被帶至平地上以騎兵踩死，總共有七萬名伊斯法罕人在血腥風雨中被殺。十五世紀的帖木兒宮廷史家哈菲茲・阿布魯（Hafiz-i-Abru）在屠殺不久後繞城半圈，親眼目睹帖木兒傳統的戰場標記。他計算有二十八座塔，每座塔以一千五百個人頭堆成。

隨著這些恐怖衝擊後，十五世紀時期只能說稍微緩和。在賈汗夏（Jahanshah，一四三八—一四六八在位）統治期間，伊斯法罕的起義反抗黑羊汗國（Qara Qoyunlu，一個土庫曼游牧部族組成的難以駕馭聯盟）領主招來殘酷的報復，這一次有五萬名伊斯法罕人遇害。

在連續三個世紀遭受外來的屠殺後，或許伊斯法罕轉運的時刻到了。十六世紀初是伊朗的復甦期，一支新勢力隨著伊斯瑪儀勒（Ismail）湧現，他是白羊汗國（Aq Qoyunlu）統治者烏尊・哈山（Uzun Hassan）的孫子，也是伊朗西北部阿爾達比勒（Ardabil）建立薩法維道團（Safavid holy order）蘇非導師謝菲的後代。他是以紅頭巾軍領袖崛起，帶領一個什葉穆斯林軍事運動，其成員來自安納托利亞、亞塞拜然與庫德斯坦（Kurdistan）的土庫曼部族，他們以頭纏紅巾得名。戰場上勝利的激勵使這位戰士在一五〇一年自宣伊斯瑪儀勒國王，當時早熟的他才十四歲。在他卓越且往往殘忍的領導下，被外來統治者控制九個世紀之後的伊朗，終於回到伊朗人的手中，這是自從西元七世紀引人入迷的阿拉伯征服後，伊朗首次在阿拉伯傳統邊界內成為一個獨特的政治實體。伊斯瑪儀勒的首都是塔不里茲，這是一個貿易興盛中心，絲綢貿易成為伊朗繁榮的基礎。[5]

然而對伊斯法罕來說，本土統治者之益並未立即顯現。從外在觀之，伊斯瑪儀勒只不過是一個教派偏執者，他在奪下城市時屠殺了五千名順尼穆斯林。當他在一五〇八年拿下巴格達後，慶祝的方式是處決重要順尼穆斯林人士，剷平受尊崇的順尼四大法學派之一的創立者阿布・哈尼法與傑出蘇非傳道者阿布都勒・嘎迪爾・吉蘭尼（Abdul Qadir al Gilani）的陵墓，並且下令巴格達的順尼清真寺轉變成什葉清真寺。

薩法維朝的創立者將在接下來兩個世紀中，把伊朗轉變成一個強大帝國，伊斯瑪儀勒是一位宗教開拓者，同時也是世俗軍領。他宣告什葉十二伊瑪目派為官方宗教，引發嚴重後果，直到五百年後在中東地區與更大範圍的全世界各地仍感受得到。❶伊斯瑪儀勒的統治，同樣也造成薩法維朝與西邊歐斯曼人及東邊烏茲別克人持續發生軍事對立。伊斯瑪儀勒在一五一〇年戰勝了烏茲別克人，一五一四年在查勒迪蘭戰役（Battle of Chaldiran）被歐斯曼人擊敗。這次的失敗使他的雄心大志受到挫折，無法成為自我心念中不可戰勝的彌賽亞。勝利的歐斯曼蘇丹瑟里姆（Selim）昂首進入塔不里茲，顯示出伊斯法罕的優勢，連同一五三五年和一五八五年歐斯曼軍隊的進犯，這一切成為薩法維朝國王們難忘的恥辱。一五一七年，蘇丹瑟里姆在一次決定性戰役後征服了埃及的瑪穆魯克政權，使得歐斯曼人不斷擴張的領土一躍成為包圍中東地區的強盛順尼穆斯林帝國，並且取得聖地麥加與麥地那，這對歐斯曼蘇丹宣稱其伊斯蘭世界之最高權威具有正當性。

薩法維帝國首都在一五五五年國王塔赫瑪斯普（一五二四－一五七六在位）與歐斯曼人簽訂和約後，從十六世紀初的塔不里茲遷到嘎茲文（Qazvin）。考慮到條約簽訂之前，歐斯曼軍隊動輒進入伊朗領土，把國家首都向東南方遷移三百英里的決定實具有戰略考量。

一五八八年十月一日，也就是英國女王伊莉莎白一世大破西班牙無敵艦隊不到一個月，十七歲的阿巴斯一世在至少九個伯叔及其他親戚遭到謀殺或刺瞎後成功存活，並宣布即位為國王。那些人是短命國王伊斯瑪儀勒二世（Ismail II，一五七六－一五七七在位）的不幸犧牲品，他殘酷地消滅所有王位競爭者及其背後支持者，這自然對阿巴斯一世的童年經驗留下長久影響，對可能威脅到王位者的懷疑和警惕成為不斷膨脹的力量，在他的統治時期幾乎變成瘋狂般沉溺，導致大量親戚被殺。

為了先發制人消除後代對王位的覬覦，他的兒子們通常被限制在後宮，而不像傳統擔任地方總督，學習君王之道。就阿巴斯一世短期執政觀之，這種做法確實有效，能創造政治穩定，讓這位新國王擴大薩法維朝的影響力。然而，就薩法維朝長遠發展而言，如此做法「有效地對能力繼任者的培養劃下休止符」，並且「毫無疑問地成為薩法維帝國衰微的主因」。[6] 阿巴斯一世有一個兒子被刺殺身

❶ 十二伊瑪目支派（Ithna 'Ashari Imamate）是什葉伊斯蘭主流，得名於追隨者相信自哈里發阿里（Ali ibn Abi Talib）起的十二位伊瑪目是受到真主引導的領袖，他們之中的最後一位是引導者穆罕默德（Muhammad al Mahdi），是隱遁伊瑪目，將在末日前重現，帶領穆斯林對抗邪惡、不公義，進入天堂。

亡，另外兩個則被刺瞎雙目。

家族內部事務相當複雜，另一個對抗來自那些頭纏紅白頭巾的部族人，即使他們在宮廷政變把阿巴斯一世推上大位，但是也能輕易地將他拉下臺，正如同他們殺了阿巴斯一世的母親與兄長那樣。阿巴斯一世透過提升奴兵勢力，迅速地消滅他們，粉碎其行政勢力與軍權壟斷。這些奴兵是改信伊斯蘭的奇爾卡斯人（Circassian）、喬治亞人和亞美尼亞人，他們是王室奴隸，只效忠國王。一六〇四年至一六〇五年的薩法維─歐斯曼戰爭，與阿巴斯一世在一六一三年至一六一七年間兩次出征喬治亞後，有將近五十萬名戰俘，其中包括多達三十萬亞美尼亞人與十六萬喬治亞人從高加索地區被送到伊朗。[7]他們被送到騎兵軍團、步兵軍團充當士兵和將領，也有一些從事行政官員、省長、農民及工匠。阿巴斯一世最創新的舉措之一是，從這些新來者中建構一支四萬人的常備軍。身為精明的推動現代化之統治者，他在伊朗歷史上首次大規模地普及炮兵，引入最先進的火炮技術與新火槍兵部隊。

他是對王位圖謀者的殘忍加害者，也是戰場上毫不留情的軍事將領。當他到伊斯法罕時，也是一位親和、開明及慷慨的君王，從登上王位第一天起，他就快速積極建設這座城市，至此，伊斯法罕一直是一個王室狩獵、宴飲與休閒度假地，他計劃定為都城。伊斯法罕位於扎格羅斯山脈（Zagros Mountains）東方的沙漠平地上，海拔一千六百公尺，有扎揚德魯得河的灌溉，位於嘎茲文東南方三百英里遠處，因此更能免於歐斯曼人的攻擊。伊斯法罕距離東邊的烏茲別克敵人更近（但他在一五九八年擊敗對方）；並且更接近戰略要地胡爾模茲（Hormuz，又譯「霍爾木茲」）港，那時他已成功從葡萄牙人手中奪得此地。

建設伊斯法罕的工程在一五九〇年以具大膽與決定性行動開始，伊斯法罕被宣告屬於王室，這在重要建設工程開啟前方便行事的王室特權，更任命一名資深官員默罕梅德·尼夏普里（Mohammed Nishapuri）為財政大臣。多才多藝詩人、哲學家、數學家、天文學家與伊斯蘭學者的巴哈丁大師（Sheikh Baha al Din，常簡稱為巴哈伊大師〔Sheikh Bahai〕），被任命為首席建築師。

阿巴斯一世的伊斯法罕絕非意外而成，一個五萬人口的不起眼古老城市，迅速成為一座在十七世紀末有六十萬人口，地球上最偉大的都會之一，一座可以媲美伊斯坦堡、巴黎與倫敦的城市，這並非一個令人高興的巧合。最近一位研究伊朗的學者指出，伊斯法罕「或許是世界上最燦爛、令人印象深刻的伊斯蘭建築藝廊」，[8]能有如此評價也絕非只是好運。這是經過計算和考量的帝國工程，建立在反映國王堅定意志的都市規劃基礎上，要使薩法維朝成為世界性偉大政權，使其首都展現無與倫比的燦爛輝煌。薩法維朝都城偉大對手的伊斯坦堡也許早已是「世界渴望之城」；但無論如何，伊斯法罕要蓋過之，在十七世紀阿巴斯一世及其後繼者統治時達到巔峰，成為半天下。

要從何開始？一開始，阿巴斯一世全心全力重新規劃這座舊城。這是一個傳統的伊斯蘭空間，有狹窄、曲折街巷，圍有泥土防禦城牆。當他面臨在地地產所有人的對抗時，並不打算強行壓制而使得他和人民疏離，因為這會對其統治造成不必要的不好開端，於是立刻決定從西南處的城牆下手展開新計畫。因此他為自己設計一張沒有邊界的藍圖，要在此突顯其紀念性、獨一無二的個人設計——一座刻意高調彰顯薩法維朝統治者的伊斯蘭、政治、社會及經濟優先性。[9]

阿巴斯一世在伊斯法罕最重要，也是第一個創造延續至今的建築，是偉大輝煌的世界景象廣場。這是一個長五百六十公尺，寬一百六十公尺的廣場，即使以「帝國的」形容詞仍無法道盡其規模。其地面平坦，四邊為拱形商店所圍，一開始只是一個樓層，後來兩層，二樓提供商旅住宿，以及妓女夜間工作空間。廣場有三層邊界，由黑色大理石水道、平整步道及法桐樹蔭構成。其地面是由扎揚德魯得河移來的乳白色沙子鋪成。廣場是一個廣大公共活動空間，白天是市集商人的活動，有時是馬球比賽場地，夜晚則有愉悅及墮落的娛樂活動，從舞蹈、雜耍、詩歌朗誦到滿天煙火及妓女的誘惑；然而廣場的設計並非只是務實考量，而是極度誇耀和精緻的建築，是氣派與實用性的結合。

拋開妓女不談，廣場上最吸引人的事情是安息射擊競賽這項古老傳統，騎手們全速衝向豎立在廣場中央的一根高大柱子，競賽者一旦騎馬衝過它，就會轉身對著柱子頂端的金杯射出一箭。獲勝者會得到一個金箭袋。這是一項高貴武術之追求，也是國王聲援的活動。下文將提到的法國旅遊家瓊—巴普提斯特．塔維爾尼耶赫（Jean-Baptiste Tavernier）曾目睹設菲國王（Shah Safi，一六二九—一六四二在位）在五次嘗試裡射中三個金杯。廣場部分還舉辦動物格鬥表演以娛樂國王，其中有獅子、熊、公牛、羚羊及鬥雞。

廣場西側，高立在商業場所上的是阿里嘎普宮殿（Ali Qapu Palace）大門口，穿過此大門公共空間會被連結到嚴密的王室花園區（世界景象花園〔Bagh-e Naqsh-e Jahan〕），這是廣闊的花園休憩區，其歷史可以回溯到帖木兒時代。阿巴斯一世特別喜愛這個花園，一年中會在這裡舉行重要慶典。十七世紀的傳記作家伊斯坎達爾．孟戌．別克（Eskandar Munshi Beg）記載，一六〇九年他在這裡慶祝波斯新年（Nowruz）。

伊斯坎達爾．孟戌．別克的珍貴研究《阿巴斯大君史》（*Tarikh-e Alamara-ye Abbasi*），描述阿巴斯一世如何以其尊對待大臣、侍從、傑出子民、商人與行會成員。每一群體被安置在各自區域涼亭裡，旁邊是穿過花園的潺潺流水，匯入湖中，此場景是他所喜歡「天堂花園」。他提到「長夜中天星羨慕地注視下面光亮場面」，阿巴斯一世悠哉閒逛，找人說話，「聲音甜美的歌手與熟練的樂手帶走了煩惱，臉頰緋紅的侍女們傳遞著美酒，讓觥籌交錯的賓客們盡歡」。[10] 這就是阿巴斯一世的治國方式：親和可近、專制決斷。

英國旅行作家羅伯特·拜倫（Robert Byron）在一九三七年描述阿里嘎普宮殿的高大入口塊狀設計時，蔑視它為「磚塊鞋盒」，這是比較伊斯法罕與伊斯坦堡輝煌宮殿的答案。[11] 它也是神聖禁地，嚴格禁止跨過門檻，甚至國王自己也得下馬，才能進入王室禁區。另一個顯現薩法維帝國正上升勢力的象徵是，從薩法維帝國對手（胡爾模茲的葡萄牙人與巴格達的歐斯曼人）擄來一排守衛王室禁區入口的大炮。

廣場西側代表王室政治勢力，北側則反映純經濟考量促進貿易與繁榮的投入，這裡是傳統市集（Qaysariya Bazaar）入口，蜿蜒曲折地連結新伊斯法罕與舊伊斯法罕——擁擠的老廣場（Maydan-e Kohna）市場中心。有別於販賣一般商品與日常用品的世界景象廣場戶外市集，街道寬闊的頂棚市集滿足了高階消費者，在這裡可以看到伊斯法罕的奢侈品世界，珠寶商人在這裡販賣黃金、白銀、珍珠、翡翠、紅寶石及各種珍貴寶石；這裡也是最多印度人經營的錢幣兌換店者和刺繡紡織品商販所在地，伊斯法罕的金、銀、銅貨幣鑄造廠也位於此。正如十七世紀學者諛里赫·嘎茲維尼（Mullah Salih Qazvini）所說的：「世界的中心在伊朗，伊朗的中心在伊斯法罕，伊斯法罕的中心則在頂棚市集，亦即我所在處。」[12]

今日，這個著名市場是一條長達一·二五英里的商店街，販售各種香料、水果、堅果、細密畫、手工藝品、花彩鑲嵌珠寶匣、筆、小飾品、皮貨、從地面堆到天花板的地毯、衣服、布料、穿著黑色長袍的人體模特兒、閃閃發光的罐子、托盤與金屬器皿，擠滿了抽水煙男人之煙霧繚繞茶館，還有餐廳裡忙得不可開交的服務生，端著熱騰騰的碎羊肉飯（beryani）、烤肉迎向血拼的遊客。

上面提及都是世俗的，廣場另外兩側則是最精采的部分。一六〇二年，阿巴斯一世開始在東側建造魯特夫拉赫大師清真寺（Sheikh Lotfollah Mosque），此名稱源自國王岳父，他是一位廣受尊敬聖人般宣教師。在十七世紀期間，諸多來到伊斯法罕歐洲旅行者的紀錄中很少有人提到這座清真寺及其精美絕倫的內部裝飾，原因是這座建築並不為基督宗教徒訪客或一般的伊斯法罕人所知。這是一座全然私人清真寺，專供王室成員使用。從外面看來，它沒有特別的吸引力，低矮的圓頂並未使用傳統閃亮的綠松石色，而是用了更加低調柔和的卡布奇諾咖啡色，參雜著白色、綠松石色和午夜藍的生動阿拉伯花紋使得圓頂更有生氣，上釉與無釉瓷磚的混合使用在陽光、光暗之間提供微妙的光影效果。

不濫用讚美之詞的拜倫說：「若外表抒情，內裡則是莊嚴。」他承認在此之前從未見過如此輝煌建築，將其富麗堂皇與凡爾賽宮、甸布倫宮（Schönbrunn）瓷器室、威尼斯總督宮（Doge's Palace）或聖彼得大教堂比擬，但皆相形見絀。[13]簡言之，伊斯法罕顯然是阿巴斯一世個人的偉大創作，而魯特夫拉赫大師清真寺則是他最傑出的作品之一。

不論個人宗教信仰、出身背景為何，探索這座清真寺裡是一種神聖經驗。高聳圓頂內部令人入迷，這是瓷磚藝術的神聖化，其錯綜複雜性相當令人忘我，不自禁地被吸引到閃亮的中心點，金色的花草紋匯聚成數不清的圖案。壯觀的鐘乳石裝飾是技藝高超纖細畫書法家阿里・禮札・阿巴西（Ali Reza Abbasi）之手，以藍色與七彩瓷磚工藝（haft-rangi）塑成，使得建築物在深藍底白色書法字體中閃亮。阿巴斯一世在阿里嘎普宮殿入口正對面處，興建一條密道穿越廣場通往魯特夫拉赫清真寺，此清真寺是薩法維朝之伊斯蘭正統性的最高建築象徵。它是紀念性建築，讓拜倫把伊斯法罕和雅典、羅馬相提並論，就建築而言，是「人性共同愉悅」。[14]

這使得拱廊商店可以進行第四次，也是最後一次建築特色的擴伸。位於廣場南端面對頂棚市集的是國王清真寺（Masjid-e Shah），這座王室清真寺是薩法維帝國在重要城市中建蓋的第一座聚禮清真寺。不同於魯特夫拉赫清真寺的王室專屬禮拜空間，國王清真寺是一座巨大的典型公共場所。在阿巴斯一世的認知裡，這是「在伊朗或整個文明世界無與倫比的」。建築物基石上的銘文「第二座天房已建」，簡明表達薩法維帝國領導伊斯蘭世界的雄心大志。[15]

清真寺建蓋時已是阿巴斯一世在位晚期，當時間轉為為珍貴時，國王害怕可能看不到清真寺的完工，於是急促地趕工。效法在撒馬爾干德的帖木兒給建築師、工人重大獎賞與嚴厲處罰，阿巴斯一世並未遭遇任何反抗。工人開始走捷徑，地基挖得不夠深，導致後來好幾個世代的難題。然而就最後結果來說，這是不重要的細節，這是國王長久統治期間最偉大的紀念性建築，在伊朗建築藝術上位處巔峰。

訪客會進入一個三十公尺以金色鐘乳石形門楣裝飾的高大入口，其外圈是綠色菱紋的玄關，裝飾著更多藍底白字的書法，以及兩座有頂部露臺的宣禮塔。向右轉四十五度，讚嘆的訪客會進入仿造麥加的寬闊庭院，全伊斯法罕最華麗宏偉的圓頂就在五十二公尺的上方，靈巧地伸向天堂，其規模如其裝飾之美般吸引人。工程使用大約一千八百萬塊磚與五十萬片瓷磚。據一六六四年造訪伊斯法罕的法國旅行家瓊・德・迭維諾（Jean de Thévenot）的說法，雖然這裡對大眾開放，但是只有對穆斯林，那些被認出來的基督宗教徒「會像狗般被棍棒趕出」。[16]

阿巴斯的伊斯法罕並無單一矚目焦點問題，他規劃的城市途徑是平衡發展。一五九六年，他啟動夏巴大道（Chahar Bagh，意指由四個花園組成的四邊形花園）工程，這條路以之前位於此的葡萄園命名，將是一條一．五英里長的宏觀道路，從千英畝公園（Hazar Jarib，位於魯斯坦王座山〔Mount Takht-e Rustam〕下的廣闊平地，有樹木、果園、亭臺與流水），跨過阿剌維爾迪．汗橋（Allahverdi Khan Bridge，又稱三十三孔橋〔Si-o-se pol〕），延伸至王宮旁的帝國大門（Imperial Gate）。這條路不僅是一條快速道路，大約有五十公尺寬，在宮殿北側的河岸由中央大理石水道兩側系列階地與縞瑪瑙邊緣的凹地組成。在漫長的夏季，修剪整齊的玫瑰在整排法桐下的水池旁盛開，水池後面有一開闊區供騎馬遊客使用，還有平鋪長廊、滿是鮮花的花圃，以及最後一排法桐樹，據說每棵樹都是在阿巴斯一世的面前栽下，他在每棵樹下的土裡埋了一枚金幣與銀幣。

這曾是一條讓外國使節印象深刻的王室大道，也為一般伊斯法罕人提供一個更親近聚集閒聊的空間，人民得以瞥見城中顯貴穿著華麗亞麻服飾昂首闊步或盤腿而坐，優雅地在傍晚時分野餐，伴著花與噴泉，啜飲一杯杯咖啡，香煙慵懶升入樹枝。商人沿著大道整理店鋪和攤位，為此地增添喧擾。一座兩層亭子位於大道北端，阿巴斯一世的後宮妻室佳麗在此觀看熱鬧人群，而不必被窺探目光打擾。大道旁邊拱廊外有一座格狀磚牆，通往阿巴斯一世恰如其分命名的許多王室花園，這裡有美麗亭臺與咖啡屋對大眾開放，包括夜鶯花園（Garden of the Nightingale）、桑椹花園（Mulberry Garden）、蘇非行者花園（Garden of the Dervishes）、八邊型花園（Octagon Garden）及王權花園（Garden of the Throne）。由人盡皆知的巴哈伊大師設計規劃的夏巴大道是結合公共與私人空間的建築，一部分是外交用途的炫耀誇飾；另一部分是私人休憩所在，是自然與人工建築設計和諧的結合。德國人亞當．歐里阿里烏斯（Adam Olearius）是霍勒斯泰因公爵（Duke of Holstein）的商業使團成員之一，他們在一六三七年來到伊斯法罕，一行人為伊斯法罕的美麗著迷，他認為「這是全世界最漂亮、迷人的地點之一」。據一位藝術史學者的說法，這條大道是「伊斯法罕的香榭麗潔大道」（Champs Elysées，又譯「香榭麗舍大道」）。[17]

阿巴斯一世的伊斯法罕，奢華是日常景象，是薩法維帝國輝煌文明與建築的準繩。跨越扎揚德魯得河的夏巴大道並非只是橋，而是跨越了有史以來最美麗的建築。一六〇二年至一六〇七年間建造的阿剌維爾迪．汗橋或稱三十三孔橋，是以阿巴斯一世的一位最信賴喬治亞出身奴兵將領命名，他一路往上晉升至薩法維政府之頂。這座橋約有三百公尺長，自從西元四世紀前建成以來，無論白天或夜晚，一直是伊斯法罕最吸引人的景色之一，每個親眼目睹這座橋的人都會被它深深吸引。別克．朱納巴迪（Beg Junabadi）寫道：「這座橋那麼長，就像在斗轉星移間環繞整個世界，永遠看不到盡頭。」朱納巴迪與阿巴斯一世國王同年代，也是《薩法維帝國花園》（*Rauzat al Safawiya*）一書作者，這本書記載從一五〇一年起到阿巴斯一世國王統治結束的斷代史。這並非是過去另一個出自王室供養的宮廷作家之諂媚奢華詞藻，柯宗勛爵在一八八九年看過這座橋後也有類似反應，認為這是「世界上最豪華的橋」。[18]

當卡斯提勒的亨利三世派出之西班牙大使卡拉維霍在一四〇四年造訪帖木兒的撒馬爾干德時，相較於伊斯蘭之劍與世界征服者帖木兒建立的帝國，他所代表的國家只是一個微不足道小國。然而，到了十七世紀，東西方之間的勢力已經是勢均力敵。一五七一年，當時世界最大規模的勒班托

（Lepanto）海戰過後，證明歐斯曼帝國是可以在海上被打敗的。十七世紀，在教宗英諾森特十一世（Innocent XI）指示下，歐洲各國開始結集共同打擊歐斯曼勢力，在一六八四年組成神聖聯盟（Holy League）。十五年後，於一六九九年簽訂的《卡洛維茨條約》（Treaty of Karlowitz）決定性地終結歐斯曼帝國對中歐大部分地區的控制，讓哈布斯堡王朝（Habsburgs）取而代之成為主導力量。同一時間，在基督宗教世界與伊斯蘭世界之間的接觸戲劇性地增加，新的旅行機會使得雙方更能了解對方。他們可能並不滿意所見，而且既有偏見很難消除；但是當他們造訪薩法維時期的伊朗後，正面經驗爆發，也驚訝地激增。

一六〇〇年以前歐洲旅客基本上不存在伊朗，但是在此之後，阿巴斯一世國王及其之後薩法維朝國王統治時期，歐洲旅客的人數從之前的屈指可數如狂流般激增，為國王提供相當不可抗拒的商業、技術、軍事與外交的機會，這是之前卡拉維霍望塵莫及的。這些旅客來自歐洲社會各階層，巧舌如簧的外交官和尋求財富的傭兵、富有商人與更受精神力量驅動的傳教士，例如苦修的加爾默羅教會（Carmelites，又稱「聖母聖衣會」）及信仰狂熱的奧古斯丁（Augustinians）教團接踵來到伊朗。這裡有尋求知識的學者、追求刺激的冒險家和探索新視角經驗的藝術家，歐洲人帶來新的技術，從火炮專家到最新的雙筒望遠鏡、鑽石切割師、鐘錶製造師、珠寶工匠及金匠皆有。這是一個包含不同西方人的群體，他們之中有許多人都留下精采的旅行紀錄、回憶錄與日記。

一份近年來的研究報告指出，從一六〇一年至一七二二年到伊朗的知名歐洲訪客名單十分有意思，其中有西班牙外交官董・嘎爾西亞・德・席勒瓦・菲給洛阿（Don García de Silva y Figueroa，他是第一位確認古伊朗首都波斯波利斯〔Persepolis〕的西方旅行家）；義大利作曲家兼旅行家皮耶特羅．德拉．瓦雷（Pietro Della Valle）；德國學者亞當．歐里阿里烏斯，以及荷蘭東印度公司（Dutch East Indies Company）於一六八〇年代總督科爾內利斯．斯皮勒曼（Cornelis Speelman）將軍。也有法國人，包含旅行家兼鑽石商瓊－巴普提斯特．塔維爾尼耶赫，他發現一百一十二克拉的塔維爾尼耶赫藍鑽（Tavernier Blue diamond），並在一六六九年賣給路易十四（Louis XIV），獲得相當於一百四十七公斤黃金的等額現金；還有自然科學家兼語言學家瓊．德．迭維諾；以及另一位珠寶商兼旅行家瓊．夏赫登（Jean Chardin），他撰寫了十卷關於伊朗與中東的權威著作，是報導該時代最全面寶貴的西方資料；年輕傳教士仿諛．善森（François Sanson）；德國自然學家兼探險家恩給勒伯特．凱姆菲（Engelbert Kaempfer）；著名的聖方濟會教士兼薩法維朝宮廷翻譯拉菲勒．杜．曼斯（Raphaël du Mans）神父，他從一六四七年至一六九六年在伊斯法罕生活了半個世紀，贏得伊朗人和歐洲人的愛戴；俄羅斯政治外交官阿特米．弗林斯基（Artemy Volynsky）；荷蘭藝術家兼旅行家科內利斯．德．布魯金（Cornelis de Bruijn）；東印度公司的外科醫師約翰．弗萊爾（John Fryer）；以及冒險家薛利（Sherley）兄弟——安東尼．薛利（Anthony Sherley）爵士和羅伯特．薛利（Robert Sherley）爵士，他們是傭兵，有時候也兼外交官，甚至是不放過任何機會、敢冒風險的逐利者。[19]

當阿巴斯一世追求自己的目標時，歐洲外交官的利益追逐也給他合縱連橫的機會，讓他與歐洲國家結盟對付歐斯曼人；同時也利用葡萄牙人、荷蘭人及英國人因東印度公司貿易產生的對立。一六二二年，他成功地迫使英國人提供協助，以他欠缺的海軍艦隊將葡萄牙人趕出胡爾模茲，此服務使英國人獲得阿巴斯港（Bandar Abbas）一半過路費作為回報。

無論代表哪一個國家，歐洲商人都必須小心對應國王極為專制的遊戲規則，沒有做到的人就會被踢出賽局。一六二八年，鐸德摩爾．科頓（Dodmore Cotton）爵士這位英國首位派駐波斯大使來到阿巴斯朝廷，目睹一支商隊抵達嘎茲文的場景，商隊有四十頭滿載菸草的駱駝，他們渾然不知特別痛恨菸草的國王最新發布的菸草禁令。阿巴斯一世對明目張膽違抗法令的行為感到震怒，下令嚴酷懲罰。隊商們全被割下耳朵、鼻子，菸草被堆放付之一炬。[20]從法國旅行家夏赫登的記載可了解另一個關於國王禁菸草的歐洲人故事，他記載阿巴斯一世是如何公開反對抽菸，命令用馬糞替代菸草送給他的侍從。當他問及那些不知情官員，新替代物為何時，所有人都告訴他是異常美好之物，他們知道一個輕忽的詞彙可能立即招致處死。阿巴斯一世對此不以為然，厭惡地咆哮道：「與馬糞沒有什麼不同的毒品應該被詛咒！」[21]

阿巴斯一世對在伊斯法罕發展的咖啡館成為一種上流社會時尚，抱持否定態度。瓊—巴普提斯特．塔維爾尼耶赫記載這是傍晚時分人們聚集談論閒聊國事的地方，他與國王一樣也不喜歡這些「不停抽菸和喝咖啡的人」。[22]許多顧客都是伊斯法罕的上層社會人士，包括家財萬貫富商，有權力的大臣官員、高級官員，甚至阿巴斯一世本人。安逸慵懶又多嘴的作家、詩人及智識分子組成的文人圈，為咖啡館帶來一種放蕩的波希米亞風情，他們在此閒話家常，在煙霧繚繞中擲出雙陸棋骰子或安靜地下象棋。還有其他客人享受著惡名昭彰的娛樂，濃妝打扮、衣著挑逗的喬治亞與奇爾卡斯男孩跳著煽情舞蹈，低聲細語色情故事滿足上年紀者的性慾，隨後與他們沒入交易的幽會。在不太可能成功的提高氣氛之企圖下，阿巴斯一世派出宗教學者（mullah）進入這些場所，提供宗教指導，以及法律與歷史教育；但不令人訝異地並未達成效果。夏赫登表示這些咖啡館是「雞姦店」，最後在一六五六年被阿巴斯一世的曾孫阿巴斯二世（Abbas II，一六四二—一六六六在位）關閉。[23]

歐洲人對十七世紀伊朗的記載被認為珍貴是有些原因的。關於伊斯法罕及其主要建築物與地點的描述，鉅細靡遺地描述阿巴斯一世開創性的城市規劃。雖然常常反映出當時人對伊斯蘭世界抱持的歐洲中心偏見（偏狹多於言不由衷的報復），但是那些最心胸開闊的作者對阿巴斯一世成就欣賞和讚美的表達令人驚訝，其描述口氣整體而言已不同於十字軍時代輕蔑冗長的咒罵。伊斯法罕明顯的輝煌及其人民、薩法維朝伊朗及其文明的寬度與深度，已使得歐洲人傳統上對伊斯蘭世界的尖刻批判暫時停止。

歐洲人在建築環境的態度比其他任何領域表現得更實際。毫無例外地，西方訪客全對薩法維帝國首都大加讚揚，誇獎它有如天堂。法國人瓊—巴普提斯特．塔維爾尼耶赫與杜．曼斯神父於一六六四年起在伊斯法罕待了五個月，就像許多的訪客，他為這座城市光芒四射的壯麗所傾倒。他描述阿巴斯一世的地標世界景象廣場「在諸多廣場中，是世界上最偉大、漂亮的一個」。東印度公司的外科醫生約翰．弗萊爾醫生於一六七七年造訪伊朗，他將倫敦的市場反比伊斯法罕的市集。他寫道：伊斯法罕的市集讓發現許多預期外的驚訝，光是阿巴斯一世都城裡「燦爛的天花板與壯觀的市集」就是「不斷映入眼簾的建築盛景」。在普遍的讚美中，唯一例外的是法國人瓊—巴普提斯特．塔維爾尼耶赫，他無疑是這些十七世紀旅行者中最小氣、心術不正的。他批判舊伊斯法罕狹窄街道中的馬糞與動物死屍導致「最骯髒的惡臭」，人們在街上撒尿，用流水洗私處，如果沒有水，就對著牆擦，「認為這是溫文儒雅的表現」。[24]

在關於宗教之間不耐煩的競爭衝突上，阿巴斯一世也是一個例外。在亞伯拉罕宗教（猶太教、基督宗教、伊斯蘭教）之間的寬容與相互尊重上，阿巴斯一世無疑提供有力統治者的帶頭。保羅・西蒙（Paul Simon）神父是在一六〇七年底抵達伊斯法罕的第一位加爾默羅教會的領袖，他記載在此之前的伊朗人極度迷信，並厭惡基督宗教徒是「令人不快的種族」，到了相當偏激的程度，若有人被基督宗教徒摸了衣服，就害怕受到汙染，會立即將衣服脫下洗淨。然而，在阿巴斯一世統治時期，如此偏見迅速消退。「如今因為國王對基督宗教徒很尊重，邀請他們作客，花時間與之相處，他們拋棄之前的一切，對待他們如同自己人；只有在一些十分偏遠的地方，一般人仍然保持舊俗。」保羅・西蒙神父視阿巴斯一世「精力充沛敏捷」，極健康、結實強壯，以至於「能用彎刀把一個人一分為二」。[25]阿巴斯一世對待基督宗教徒的開明立場並非完全出於利他思維，他透過使團和基督宗教傳教士發展與歐洲各國朝廷的密切關係，這全是他對抗持久不退的伊斯坦堡之威脅大計畫的一部分。

在幾個世紀的差異困頓、敵對衝突後，東西方之間和諧的外交更好轉。伊朗人仍抱持薩法維帝國在宗教和文化上全然優越的世界觀。約翰・弗萊爾說：「他們對外國人及其國家沒什麼興趣，看重自己的國土或能力，自認為在任何事情上都是程度最高的。」他用典型英國人的嘲諷方式，補充說明這種「自戀」簡直與法國人無異。[26]

伊朗人的文化偏見絕不限於異教徒，薩法維朝官方世界觀認為阿拉伯人是愚笨、沒有文化、偽善、暴力又縱慾的「吃蜥蜴者」；突厥人粗俗、固執又愚蠢；阿富汗人則是卑鄙、原始、無知的強盜；烏茲別克人天生就是邪惡、骯髒、「缺少宗教」；但最差的是俄羅斯人，「他們是所有基督宗教徒裡是最低等、惡名昭彰者」。[27]其多元文化思維有其局限性。

在文獻記載中，對外界的興趣與外交關係，並未被注入對西方或伊朗歐洲人之關注。伊朗官方史書很少把注意力置於此，這阻止了對歐洲人（Farangiyan，外國人）的評論。例如薛利兄弟是伊莉莎白一世時期的英格蘭旅行冒險家、外交官與傭兵，安東尼・薛利爵士曾被任命為阿巴斯的特使，而他的兄弟羅伯特・薛利爵士也在薩法維朝軍隊現代化中發揮關鍵作用。在充滿冒險的起伏人生中，安東尼・薛利爵士被女王伊莉莎白一世與國王詹姆士一世（James I）監禁，得過法國亨利四世的獎賞，是阿巴斯一世的王公特使，被神聖羅馬皇帝魯道夫二世（Rudolph II）派往摩洛哥，並被西班牙國王菲利浦三世（Philip III）任命為艦隊海軍司令，他如何興致勃勃地與薩法維朝國王（這位英格蘭人認知中的「Sophy」）自我膨脹的對談故事，甚至進入莎士比亞的《第十二夜》（*Twelfth Night*）劇本。❷儘管他們都效忠於伊斯法罕社會頂端，但是在任何一份伊朗編年史中都不曾提到薛利兄弟。伊斯坎達爾・孟戌・別克曾簡短提到英國人幫助阿巴斯一世把葡萄牙人從胡爾模茲趕走的角色；但整體而言，對西方人是徹底無聲，也許是伊斯蘭世界內在優越感的徵兆。[28]

歐洲訪客習慣正面評論所發現令人驚訝的知性氣氛，外國人在此極受鼓勵和伊朗同事，甚至是國王本人論辯。義大利人尼克勞・馬努奇（Niccolao Manucci）是蒙兀兒朝官員，也是《蒙兀兒朝史》（*Storia do Mogor*）的作者，他對比薩法維朝伊朗的表達自由與土耳其、阿拉伯半島、烏茲別克、蒙兀兒及帕坦人（Pathans）地區的嚴厲環境裡，質疑先知穆罕默德的法律很容易招致殺身之禍；然而在

❷ 第二幕第五場：華比恩（Fabian）：「即使波斯王給我幾千元退休金，我也不願放棄這種樂趣。」第三幕第四場：托比・別勒奇（Toby Belch）爵士：「老天，為何他是那麼邪惡？我從未見過如此的狠角色……他們說他是波斯國王（Sophy）的御用劍士。」

伊朗，「你可以辯論提問，不必擔心任何有關宗教事務的危險給答案」。[29]有自信的高階什葉宗教人士樂於在宗教辯論中挑戰外國人，這是人口逐漸增加之長期居住歐洲人常有的機會。

以無盡的能量及其火速創建輝煌新都，阿巴斯一世讓人聯想到創造歷史的阿巴斯朝哈里發曼蘇爾之建城紀錄。正如阿巴斯一世和曼蘇爾所理解的，一座真正偉大的城市不僅要依靠在地人才，更要對世界開放。阿巴斯一世的伊斯法罕與西元八世紀的巴格達有非凡相似處，是充滿朝氣、非同凡響的世界性大都會。

無論這兩座城市之間有何相似處，伊斯法罕與巴格達在重要的宗教問題上仍存有相當大的差異。就薩法維朝國王角度觀之，順尼派和什葉派之間的教義歧異使得伊斯蘭世界分裂了一千年，持續到今天；而事實證明，這比基督宗教徒與猶太教徒之間致命互動更難處理。在長久的宗派分裂中，伊斯蘭世界不經意地走向像基督宗教分裂之路。一〇五四年第一次分裂成東正教和天主教後，基督宗教之後又在一五一四年隨著馬丁．路德（Martin Luther）的到來，再度分裂出新教和天主教。順尼派與什葉派之間的紛爭，已證明它是伊斯蘭統一之難以逾越的障礙。

一六二三年，阿巴斯一世占領巴格達，並且試圖摧毀當地的順尼穆斯林社群，連同他們的財產與最重要的敬拜空間。上千名順尼穆斯林，還包括巴格達的最高宗教權威（mufti）遭到殺害；上千人被帶回伊斯法罕充當奴隸。極為重要的阿布．哈尼法和阿布都勒．嘎迪爾．吉蘭尼的聖地也遭到洗劫毀壞，這一殘酷的教派惡行呼應了首位薩法維朝國王伊斯瑪儀勒一世在一五〇八年於巴格達造成的破壞。

姑且不論巴格達，阿巴斯一世長時間的統治是一個世界性的時期，這呈現在其都城不斷擴建創作上。新郊區的阿巴斯城（Abbasabad）在夏巴大道的西邊應運而生，住在這裡的是一六一〇年薩法維—歐斯曼帝國戰爭中失去家園的塔不里茲難民。一個有五百間房屋的定居點，其面積在五十年內擴大了四倍，寬闊的林蔭大道與美觀的渠道使它成為一個時尚街區。

扎揚德魯得河的南方是祝勒法（Julfa），這是一個更壯觀的郊區，住的是被阿巴斯一世遷移到首都的亞美尼亞基督宗教徒社群，他們在此有興建於一六〇六年自以為傲的教堂，還有一系列宏偉宮殿，清晰地標示其商業主人的財富。到了薩法維朝於一七二二年瓦解時，祝勒法住宅區裡已有約三十座教堂和一座修道院，其他教堂則是在城市北邊與伊斯法罕各處建造的。亞美尼亞商人擁有自己的商旅客棧，靠近阿里嘎普宮殿，而他們也和穆斯林同行一樣在舊市集中擁有店鋪。阿巴斯一世允許祝勒法的亞美尼亞社群高度自治，有自己的市長（kalantar）負責稅收，在發布總體行政命令的穆斯林省長（darugha）下行事。

這是一座混合伊朗人、喬治亞人、亞美尼亞人、土庫曼人、印度人、中國人及具特色歐洲人社群之城市。穆斯林、基督宗教徒及人數更少卻興盛的猶太社群共同從事貿易；猶太教徒在商業、手工藝與新興的銀行業中表現十分出色，並擁有自己的猶太區（Yahudiyya）及三座猶太教會堂。然而，伊斯法罕猶太教徒的待遇與命運在整個世紀裡惡化，其中有間歇性的迫害，同樣的情況也在後來數十年中發生於其他少數族群。

處在伊斯法罕社會底層長期受苦的是古老族群。拜火的瑣羅亞斯德教徒被鄙視為泛靈信仰者或異教徒（gebr），他們住在扎揚德魯得河以南，精緻的祝勒法郊區東方，其住區因而被稱為泛靈信仰城（Gebrabad）。瑣羅亞斯德教徒是以勞工身分到此建造阿巴斯一世夢想中的伊斯蘭城市，卻住在距離他們辛勞建造的夢幻都市很遠處。一六七〇年代，生活在伊斯法罕的夏赫登發現這個被圍困的社群已縮小到只剩兩百個家庭。

在統治者心胸寬大的態度下，伊斯法罕的居民必須與許多不同的族群和多元宗教信仰來往，據西班牙外交官董．嘎爾西亞．德．席勒瓦．菲給洛阿的記載，伊斯法罕人「與外國人應對時非常開放，因為他們已經很習慣和不同國家的人往來」。夏赫登完全被此深深吸引：「波斯人是世界上最良善的人；他們有最動人及令人著迷的待人處事方式、最彬彬有禮的個性、最溫和與最讓人心動的口才，他們避免在談話的表達讓人有沮喪之思。」[30]

一六二九年一月十九日，當查理一世（Charles I）解散英格蘭議會，開始施行其事關重大的十一年個人統治時，阿巴斯一世離開了人世。據伊斯坎達爾．孟戌．別克的據實記載，這個世界頓時陷入悲痛，他是「光芒四射的太陽，在其公正的影子下，人們平靜的生活，如今太陽已落」。在他辭藻堆砌極華麗與諂媚的訃聞中，這位王室傳記作家附上一封來自教宗烏爾班八世（Urban VIII）的信，教宗在信中稱「這位君王是全世界人們的行為典範」，與歐洲最有權勢的君王相比，他「在威嚴、偉大及領土上更勝一籌」。[31]

阿巴斯一世曾是伊斯法罕照亮前程的光，點燃的火焰在他過世後繼續發光。儘管歷史沒有同樣肯定記錄他的許多作為，但是他至少某些方面受到尊敬，後續的幾位統治者成功保持文化輝煌將近一百年。因為他的繼承人不是有缺陷，就是被謀殺，繼任者不是他的兒子，而是孫子——詨菲，他在十八歲登基，隨即展開一場殺戮，將王位競爭對手、高階大臣與高層軍官殺死，完全複製其祖父當初的劇本。但是詨菲在戰場上的才華並不及阿巴斯一世強大，歐斯曼帝國得以進入薩法維帝國的亞美尼亞、伊拉克領土，他們重獲巴格達，歐斯曼蘇丹穆拉德（Murad）先是圍城，之後在一六三八年攻陷巴格達。誒菲的統治時期也值得關注，就結果觀之，這段時期在高加索南部與伊拉克發生持久的歐斯曼—薩法維戰爭。這場戰爭（一六二三—一六三八）在一六三九年簽署《朱哈布條約》（Treaty of Zuhab）後落幕。這是伊斯坦堡對伊斯法罕的勝利，它劃定了兩方邊界。亞美尼亞東部，連同喬治亞東部、達吉斯坦（Dagestan）和亞塞拜然從此落入伊朗人的控制；而喬治亞西部、亞美尼亞西部及伊拉克則被承認為歐斯曼帝國屬地。

姑且不談政治、戰役，誒菲在歷史中的形象是薩法維朝裡最浪蕩的嗜酒與吸毒者。薩法維人對葡萄酒態度、關係的論述相當模糊，但誒菲的葡萄酒癮與鴉片癮卻很清楚，歐洲使節目睹這位國王手拿酒杯處理國家重要事務。統治者的酩酊大醉可能會帶來致命後果，一六三三年，當誒菲與阿巴斯國王的將軍阿剌維爾迪·汗（Allahverdi Khan）之子戌拉茲總督——伊瑪目享里·汗（Quli Khan）喝酒時，國王突然下令處死這個人及其兩子。可能是神對酒醉下胡亂殘酷行為的處罰，誒菲在一六四二年年僅三十一歲時就死了，「過度飲酒和其他荒唐放縱，讓他的死提早到來」。[32]

薩法維朝歷代國王之間，飲酒和吸菸盛行的程度就像潮起潮落般波動。在父親惡名昭彰的十年酗酒歲月後，一六四二年，年僅九歲的阿巴斯二世登基後頒布禁酒令，如此意圖對孩童而言是可行的。一六四九年，他已十七歲，並親自執政，禁酒的承諾就被拋開，狂飲行為再度大行，吸菸也於王室圈中興起。一六五〇年，當年輕的阿巴斯二世開始飲酒生活時，一絲不苟的宗教學者阿里·納基·卡瑪拉希（Ali Naqi Kamarahi）去世，他曾是伊斯法罕伊斯蘭長老，不遺餘力地教導信徒遠離邪惡的藥草，並命令將之銷毀。人民幾乎都能耳聞那些聲名狼藉的大臣如何重拾菸習，如果阿巴斯二世能夠更聽從那位備受尊崇長老的勸言，或許可以活得更久。一六六六年，阿巴斯二世在三十四歲過世，只比其父稍微長命，兩者皆死於酗酒，這種情況在薩法維朝家族歷史中不斷重演。

歐洲人經常受到這些嗜酒成癮王室成員邀請，而拒絕邀約是不明智的。于貝赫・德・雷黑瑟（Huybert de Lairesse）是荷蘭東印度公司的代表，在一六六六年收到陪阿巴斯二世在馬贊達蘭（Mazandaran）飲酒的邀請，這場酒宴讓國王在兩週後才清醒。喝酒在王室中受歡迎的程度，可以從一六六六年供給王室的葡萄酒產量衡量：五萬曼（man），相當於十四萬五千公升。[33]有一些國王喜歡逼迫不願喝酒者陪飲，完全不顧對方意願。國王蘇雷曼（Sulayman，一六六六－一六九四在位）就以喜歡羞辱不喝酒的宰相阿里・汗（Ali Khan）大師而惡名昭彰，有一次這位倒楣官員因為拒絕國王的放縱而暫時被免職，蘇雷曼最喜歡看著爛醉的酒友如同屍體般被拖走。

此時的伊斯法罕持續發展中。在世界景象廣場誇耀王室奢華的鳥瞰圖裡，在其西邊還有另一塊四方形深綠地，與蜘蛛網般的大道縱橫交錯。這裡就是阿巴斯二世在一六四七年建造的四十柱宮（Chihil Sutun Palace），作為最輝煌的王室接待與娛樂場所，其名稱源自支撐亭臺的華麗木柱及其前方水池中倒影柱子之總數。四十柱宮在當時是國家宮殿建築群（Daulatkhana）中最大的，圍繞其外的是面積七公頃的圍牆花園。其建築外觀是薩法維帝國輝煌文明與政治勢力的縮影，內部裝飾更有保存至今最好的伊朗壁畫。引人注目的大面積、華彩繪畫場景畫講述了薩法維朝的故事：伊斯瑪儀勒一世國王與烏茲別克人作戰、塔赫瑪斯普國王接待蒙兀兒蘇丹胡馬雲、阿巴斯一世國王接待烏茲別克統治者瓦利・默罕梅德・汗（Vali Mohammed Khan）。宮殿裡也有具在薩法維朝廷中歐洲人的風格描繪，以及宴飲和狩獵場面，大膽作樂違抗伊斯蘭教禁酒規定，壁畫中甚至一再出現盈滿酒杯的描繪。

整體觀之，整座四十柱宮就是一個明顯的誇耀。[34]

在西南方緊鄰的是伊斯法罕城中心第三塊，也是最後的寬闊綠色空間。八天堂宮（Hasht Bihisht Palace）是蘇雷曼國王在四十柱宮之後時隔二十年建造的，這座宮殿幾乎可以被視為薩法維朝最輝煌巔峰時期裝飾城市天際線華麗亭臺建築的最佳典範，八天堂宮因為有八個房間圍繞在兩層樓的中央圓頂大廳周圍得名。

相較於阿巴斯一世統治最初幾十年的昌隆，在十七世紀後期的伊斯法罕就不那麼幸運了。歷史記載在一六六二年、一六六八年至一六六九年悲慘饑荒席捲此處，並且在一六七八年至一六七九年再度如末日災難般來臨，有七萬多人被奪走性命。

誠如之前巴格達的阿巴斯朝哈里發們，伊朗薩法維朝歷代國王也在歲月中從強大君主轉變為躲在前人陰影下的宮廷人。阿巴斯二世是薩法維朝最後一位在戰場上的勝利者。在十七世紀末的歲月中，王室世界逐步局限於美麗公園、花園，宮殿與亭臺樓閣中，目光不再望向戰場為帝國開疆拓土上。

過去幾個世紀裡，伊斯蘭世界的女性公共與政治角色極微小，生活領域通常被認為是家庭空間，這種觀念至今仍存在許多穆斯林國家中。然而在薩法維朝的最高階層，女性可以擁有相當大的影響力，這在國王年幼繼位時顯而易見，如同阿巴斯二世的例子。這是微妙、攸關生死的時期，需要在機敏帶領下穿過危險叢生的宮廷政治。夏赫登觀察道：「波斯國王母親的權力在他們年幼時期無所不在，阿巴斯二世的母親就很有權力，其影響力是絕對的。她們〔太后們〕與高階大臣緊密聯繫，會相互幫助……薩魯・塔基（Saru Taqi）是太后代理人兼密友；他可以為她聚集巨大財富。透過大臣，她以其意志統治波斯。」[35]

國王政治權力的喪失可以透過極力興建輝煌建築彌補，蘇勒旦・胡塞因（Soltan Hosayn，一六九四—一七二二在位）國王即為明例，他是薩法維朝最後一位投入興建伊斯蘭經學院、市集及商旅客棧建築群的國王，也是另一位對酒精與鴉片宣戰的統治者，但是如同對葡萄酒著魔的前統治者，他對鑲嵌鑽石水晶杯裡的戌拉茲葡萄酒和宮廷宴飲喜愛有加，「他極度投入宗教，放棄國政，讓強勢宗教階層代勞，自己退隱深宮中，這是比喻，也是實況」。[36] 隨著薩法維朝家族的放任行為，什葉派宗教人士的權力與影響力達到頂峰，這並不令人意外，同時權傾朝野的還有奴隸宦官。

宗教的歧視與迫害也在蘇勒旦・胡塞因統治期間相應增多，頒布強迫瑣羅亞斯德教徒改宗的命令，他們的敬拜空間遭到摧毀，以清真寺替代；猶太教徒和基督宗教徒必須繳納保護稅。如果有任何命令可顯示暴君特徵，必然是禁止非什葉派信徒在下雨時離開室內，因為擔心會汙染其所在地。[37]

就末代君王而言，蘇勒旦・胡塞因在建築上可以因蘇勒旦尼伊斯蘭經學院（Soltani Madrassa）而被銘記，他是此建築物背後的支持者。這是薩法維朝經典建築的令人愉悅活動，以讚頌王室贊助、宗教虔誠與學術研究。這座學院貼有明亮的瓷磚，將目光從寬敞庭院和花圃上吸引到充滿明亮陽光的圓頂上，圓頂兩邊各有一座耀眼的宣禮塔，伊斯蘭經學院沉入其莊嚴地位，一對高大、鉅額花費的銀製大門正對著王室的夏巴大道。直到二十世紀，這是在伊斯法罕興建的最後一座具紀念性建築。

在薩法維朝十七世紀和十八世紀漸熄的餘輝中，蘇勒旦・胡塞因統治時期（很難說他實質「統治」）的頹廢和衰弱感受相當明顯。國王對政治完全沒有興趣，這使他有了「沒問題」（Yakshi dir）的綽號，這是其下高官向他提出任何提議時都會聽到的回答。歷史紀錄提供一個例子，宗教學者們從王室酒窖拿出六萬瓶葡萄酒當眾銷毀。[38]宗教人士對這樣的宮廷放縱與酗酒看不下去，而這也是薩法維帝國敵人們收到來自天堂的好禮。

一連串對伊朗邊境的攻擊可以說是在試水溫。一六九九年，巴魯其（Baluch）部族侵占克爾曼（Kerman），然後在一七一七年，短暫的阿富汗霍塔基朝（Hotaki Dynasty）攻擊呼羅珊，導致另一位重要的王室女性極想要停止惡化情況。蘇勒旦．胡塞因的曾姑母——謝菲一世的女兒瑪莉亞姆（Maryam）公主，曾有力地協助他登上王位，警告他若不扭轉正在惡化的形勢，將丟掉其王國，她也會失去自由。她促成對一場軍事出征的經濟與外交支持，其中包括得到英國東印度公司和荷蘭東印度公司的協助，但卻不足以扭轉頹勢。一七二一年，高加索南部的列茲秦人（Lezgins）開始在達吉斯坦與戍爾萬（Shirvan）發動叛亂。一年後，更糟糕的災禍降臨。

在一七二〇年和一七二一年再度發生進犯後，一群人數少、裝備不足的阿富汗軍隊，在軍閥馬赫穆德．吉勒札伊（Mahmud Ghilzai）帶領下，於一七二二年初抵達距離伊斯法罕十二英里的戈勒納巴德（Golnabad）。這次攻擊是因為薩法維人殘酷地試圖強迫順尼派阿富汗穆斯林改信什葉伊斯蘭，此危險政策先是導致叛亂，之後就是全面入侵的報復。蘇勒旦．胡塞因的反應有兩方面：他先是延遲出兵，直到占星家判定吉時；然後下令部隊要喝一種使阿富汗人看不見人身的迷幻湯，這在詮釋薩法維朝軍隊被擊敗上似乎是多餘的。[39]

從三月開始，伊斯法罕就被包圍，城裡情況更加惡化。荷蘭東印度公司的重要商人尼古拉斯．修雷爾（Nicholas Schorer）留下關於這場從三月至八月的《圍城戰日記》（*Dagregister*），有報告說無以為生的人民居然落得吃鞋上皮革和樹皮，甚至還有吃人肉的記載。馬赫穆德．吉勒札伊提出懲罰性贖金的要求；同時這也導致陰謀、算計與背叛，以及混亂、徒勞的籌款努力。

在輝煌的征服和英勇的抵抗所爆發之火花間，基督宗教的君士坦丁堡已落入蘇丹梅赫梅德二世手中。要蘇勒旦．胡塞因在此攸關命運時刻做出類似振興應是太過苛求。當時刻到來時，伊斯法罕的陷落只是恰到其時。為了籌款，這位薩法維朝末代國王來到都城中發臭的街道，到處堆著屍體，人民幾乎因為饑餓而發生暴動。一七二二年十月二十一日正式向馬赫穆德．吉勒札伊投降，伊朗最光輝的一段歷史就在抽泣聲中結束。

在蘇勒旦．胡塞因毀滅性政權的後續也相對不光榮，對薩法維朝家族而言，這是一場末日災難。在精神紊亂造成的暴怒下，馬赫穆德．吉勒札伊幾乎親刃每位仍存活的薩法維朝王子。對伊朗而言，這無疑是一場災難。競爭對手勢力（尤其是俄羅斯人與歐斯曼人）壓制了伊朗，以一七二四年簽訂的《君士坦丁堡條約》（Treaty of Constantinople）方式瓜分薩法維帝國，這時候的蘇勒旦．胡塞因正被軟禁中。隨著伊斯法罕陷落後引發的動盪，薩法維帝國喪失大片領土，更沉重的恥辱還有歐斯曼帝國在一七二六年由阿赫梅德將軍（Ahmed Pasha）帶領的另一次入侵。他寫了一封言詞冒犯的信給新阿富汗領袖阿戌拉夫．吉勒扎伊（Ashraf Ghilzai），稱呼對方是沒有正當性的亂匪，並威脅扶持蘇勒旦．胡塞因復辟。有一個殘忍簡易方式能避免這件事，已被推翻的薩法維朝國王在自己宮殿亮閃鏡廳（Hall of Mirrors）裡跪著被斬首。他的頭顱被送到歐斯曼將軍手中，附帶著阿戌拉夫．吉勒扎伊送來一封寥寥幾行字的信，告知這只是一個開頭便箋，更完整的回覆將會由他的刀刃完成。[40]

順尼伊斯蘭在西元七世紀建立以來，薩法維人建立了一個最強大的伊朗帝國，儘管他們的結局不光榮，但他們的遺續卻是愉悅的。他們帶來高效能政府機關、藝術贊助與建築自信，透過開放貿易政策，治下的伊朗再度成為一股不容忽視的經濟力量。在所有遺續中最持久的要算是薩法維人成功地把伊朗變成什葉伊斯蘭堡壘，就像這個國家的盟友與敵人看到的，依然無所所懼、強韌不屈直到今天。

【第十二章】

特里波利

——海盜窩——

Tripoli–Pirates' Lair

（西元十八世紀）

我不怕戰爭，那是我的職業。

—— 特里波利總督優素夫．卡拉曼里（Yusuf Karamanli，1753－1832）

特里波利舊城
城牆
1 阿赫梅德·帕夏·卡拉曼里清真寺
2 納嘎赫清真寺
3 鐘樓
4 哈魯巴清真寺
5 舊英國領事館
6 東正教教堂
7 蘇非清真寺
特里波利港燈塔
地中海
巴赫爾門魚市
拉哈港
希迪薩里姆清真寺
馬爾庫斯·歐雷里烏斯凱旋門
本薩博清真寺
比勒大街
古爾吉清真寺
希迪蘇萊曼清真寺
哈拉卡
達爾胡特總督清真寺
沙特路
庫尼什路
馬赫穆迪清真寺
聖瑪莉亞教堂
突厥市集
利比亞中央銀行
薩拉雅湖
猶太會堂
馬可尼路
卡爾彥街
達爾古特清真寺街
薩法爾街
紅色堡壘宮
烈士廣場
公共花園
希迪歐姆蘭街
馬蒙街
拉戌德街
奧馬爾赫穆塔爾路
海馬噴泉
N
0
0.25 英里
0
0.25 公里

我的利比亞銀行業者朋友阿迪勒（Adel）說：「沒錯，我覺得你可以稱為fitna。」在齋月開始的一個初夏暖和傍晚，我們坐在他家面對地中海的一樓露臺上。不遠處，年輕夫妻手牽手在海灘上浪漫散步，穿著游泳短褲的男子在打沙灘網球，孩童們追逐玩耍，獨自一人的行人沿著海岸快步行走，或是在厚厚的沙灘上沉思。

阿迪勒和我正在討論利比亞的局勢，過去三年裡，我都在這個國家工作。在二〇一一年革命動盪、經常流血後，利比亞現在有三個政府、兩個議會、兩家中央銀行、兩個官方投資部門、兩家國有石油公司，以及數不清的民兵組織，利比亞是一個被衝突撕裂的國家。

就像許多阿拉伯詞彙，fitna可以有多層含義。在《古蘭經》中，此字以不同意義出現，在不同語境中，其意義包括試煉、誘惑、迫害、分歧與不和。❶現代語意中通常指衝突、鬥爭、叛亂、失序與分裂。我們的對話是發生在突尼斯，而不是特里波利，原因正是前面提到的那些麻煩。綁架已經變成特里波利的重大問題，所以去特里波利對阿迪勒太危險，他已經多年沒有返回這座城市，安全性不再，混亂常是。

事實並非一直如此，特里波利是我第一座造訪的阿拉伯城市，當時我十幾歲，陪同父親出差。那次是我與這座被利比亞人驕傲稱為海洋新娘（Arus al Bahr）的城市三十年愛戀之始。一九八〇年代

❶「要是他們同你出發，他們除了給你增加麻煩以外沒有別的，並匆匆穿梭在你們之中搬弄是非，而且你們之中有為他們探聽的。阿拉深知不義的人。以前他們確實搬弄是非，他們以對你設下陰謀，直到真理到來，以及阿拉的命令實現，他們是不喜歡的。」《古蘭經》九：四七—四八。

末並無內戰問題，然而在很多地區，人民恐懼與厭惡的穆安瑪爾．乍達非（Muammar Gaddafi，又譯「格達費」）上校威權，當時絕對不容挑戰，人民噤若寒蟬，敢怒不敢言。那些膽敢對抗政權的勇者立即被關進監獄，許多人遭到處決，甚至那些逃離利比亞流亡外國的異議人士也不見得安全，乍達非的「走失狗」（Stray Dogs）政策專門暗殺這些海外人士。

父親警告我：「不要跟計程車司機或任何外人聊政治，任何人都有可能是天線（antenna）。」然後環視我們所在的海門飯店（Bab al Bahr）大廳，有穿西裝的人在那裡走來走去，靜靜地觀察來往者。「天線」是利比亞人對通報者的稱呼。

那些日子裡逃不開乍達非，其傲視畫像在大街小巷中盯著你，電視、廣播電臺、報紙、街邊看板、郵票、公司行號、工廠、商店、餐廳、飯店及一般家中無處不在。乍達非是揮舞拳頭的革命者、是打破制裁的大眾英雄、是狡猾的非洲鷹、是老大哥、是全球性理論家、是大阿拉伯利比亞人民社會主義共和國（Great Socialist People's Libyan Arab Jamahiriya, GSPLAJ）最高導師。我曾讚許一幅令人難忘的乍達非宣傳畫，上面把乍達非畫成一個人工河流建造者，水流從一條巨大水管噴湧而出，把一片有駱駝、椰棗樹及沙丘的景色變成肥沃農田，上有四散放養的綿羊、各種豐收光亮水果和蔬菜，這一切都在這位被金色流蘇裝飾獨裁者慈愛目光的注視下。當時飯店經理立刻注意到我很感興趣，並把它當成禮物送給我，作為大阿拉伯利比亞人民社會主義共和國的弟兄情誼與祝福。三十年後，當我寫下這句話時，這幅宣傳畫仍然掛在我的書房牆上。

特里波利是一個美麗又憂鬱的地方，在亮白陽光下相當明亮；然而，這座位於在地中海岸的城市卻奇怪地確實有一股被喚起的憂傷。父親的老友穆罕默德（Mohammed）是一位矮個子、飽經憂患的老菸槍，他常常開著破舊汽車載我們跨城市探險。我們經常把車停在綠色廣場（Green Square），其名稱來自生達非在一九六九年九月一日發動的革命，廣場外側有高大棕櫚樹和古老堡壘。儘管數十年來，這座城市最引人注目的地點從未變過，但是其名稱卻一直在改變，是利比亞二十世紀歷史的主要顯現。一九一一年，爭奪殖民地的歐洲列強義大利人入侵利比亞，此後在義大利占領時期與墨索里尼（Mussolini）統治期間，於一九三九年墨索里尼命名利比亞為義大利的第四海岸（Quarta Sponda），而這個廣場的名稱則是義大利廣場（Piazza Italia）；一九五一年至一九六九年伊德里斯（Idris）國王的君政時期，其名稱變成獨立廣場（Maydan al Istiqlal）；而今日，其名稱則為烈士廣場（Maydan al Shuhada）以紀念二〇一一年革命的犧牲者。

有時在進入舊城前，我們會繞著傲視地中海的紅色堡壘宮（Al Saraya al Hamra）大遺跡逛逛，它靜靜見證三千年來，由腓尼基人、迦太基人、希臘人、羅馬人、汪達爾人、劫掠維生的海盜、拜占庭人、阿拉伯人、諾曼人、西班牙人、歐斯曼人、義大利人及英國人主導的戰爭、征服與陰謀。水面波光粼粼的特里波利港是由那些畢生四處航行的腓尼基水手建造的，他們是特里波利的最早定居者，西元前七世紀左右，他們稱此處為烏里亞特（Uiat），後來改稱為歐伊阿（Oea）。

海風拂面，我們走進樸實的哈瓦拉門（Bab Hawara），這是古老熱鬧的穆戌爾市集（Suq al Mushir）入口。一七三七年至一七三八年間，由新政權創立勇者建蓋的阿赫梅德·帕夏·卡拉曼里清真寺（Ahmed Pasha Karamanli Mosque），在其八角形宣禮塔上，喚拜者正發出悠揚的宣禮。不為全能至大真主的永恆呼喚所動，一些穿著如白床單傳統（farrashiya，其祖輩幾個世紀以來皆穿這種衣服）的主婦，以及一些包著華麗頭巾的女子與毫不妥協的店主交戰，在附近的絲綢市集（Suq al

Harir）及黃金市集（Suq al Dahab）中，激烈地為服飾、珠寶討價還價。

隨著男人、女人與小孩的人潮，我們緩緩走入到處是白色街道的安靜舊城中，經過連續幾座清真寺：城裡最古老的納嘎赫清真寺（Al Naqah Mosque）、夏伊布・艾因清真寺（Shaib al Ayn Mosque）、哈魯巴清真寺（Kharruba Mosque），以及曾經華麗的獨棟住宅，這些房子年久失修，牆壁斑駁、陽臺搖搖欲墜。我們走進目的地——一家老舊咖啡館，其庭院露天，周圍是一邊喝著濃又甜的茶，一邊手拿紙牌，慵懶抽著水菸的人，他們的水菸壺發出咕嚕咕嚕的聲音。在哈拉大街（Al Hara al Kabir Street）東邊，距離十九世紀古爾吉清真寺（Gurgi Mosque）不遠的是特里波利唯一留存至今的羅馬遺跡，是馬爾庫斯・歐雷里烏斯（Marcus Aurelius）的四面凱旋門，紀念他及其收養兄弟魯西烏・維魯斯（Lucius Verus）在一六四年戰勝安息人（Parthians〔帕提亞人〕）。這座建築雖然令人讚嘆，但特里波利年輕人在此小便的行為卻令人噁心。更晚近的歲月裡，英國政治人物及外交官把這座凱旋門的照片放在社群媒體上當作背景，顯示他們在特里波利努力工作。

對特里波利的書迷而言，條條道路（至今依然如此）通達爾・費爾吉阿尼（Dar al Fergiani）書店。這家著名書店坐落在當時的九月一日街（1 September Street），現在這條街被改為十二月二十四日街（24 December Street，該日期是一九五一年獨立日）。我就是在這家書店裡首次見到《一八一八—一八二〇年北非行旅記》（*A Narrative of Travels in Northern Africa in the Years 1818–20*），這是一本描述英國人冒險，激發探險家很久之後的穿越沙漠之旅，並且提供關於利比亞文化的深入見解。訪客常訝異於利比亞人日常見面打招呼時的長久寒暄，如此禮儀與兩百年前的習慣並沒有什麼不同，就像英國探險家喬治・弗朗西斯・里昂（George Francis Lyon）在一八一九年的發現：

非常親密的熟人舉起右手，然後親吻彼此的手背，用最快的速度重複地說「你好嗎？是的，最近可好。感讚真主，你好嗎？真主保佑你，一切都好吧！」如此寒暄在有教養者身上絕不少於十分鐘；無論接下來的談話內容為何，這是良好教養的呈現，偶爾還會一本正經地鞠躬，然後問「你好嗎？」即使問題的回答絕不是要緊事，這麼問也未必是真問，他也可能在想別的事情。[1]

有時候我們會開車去撒卜拉塔（Sabratha）或稱大雷普提斯（Leptis Magna），這兩座城市再加上古代的歐伊阿，羅馬人稱為三城（Tripoli），組成皇帝迪歐克里狄恩在西元三〇三年左右創造的三城省（provincia Tripolitania）。撒卜拉塔很小、優雅且緊密，其高聳的三層樓羅馬劇場是眺望欣賞地中海美景之處，也是世界上最令人回味無窮的古代建築遺址之一。因為醉心於再造羅馬帝國計畫，墨索里尼十分鍾愛此劇場，在一九三七年為它重新揭幕，並演出索夫克勒斯（Sophocles）的劇作《俄狄浦斯王》（*Oedipus Rex*，又譯《伊底帕斯王》）。在造訪雷普提斯之前，他在撒卜拉塔的訪客手冊上提字：「在羅馬的過去與未來之間。」雷普提斯的寧芙神廟（Nymphaeum）噴泉，被他命名為「墨索里尼眺望臺」（Mossolini's Belvedere）。[2]他的妄自尊大幾乎被原諒。從二〇一五年起，撒卜拉塔因為兩個被厭惡的原因而惡名昭彰，有一段時間，這裡成為北非最大的移民偷渡中心，也是伊斯蘭國跨國恐怖組織的避風港，他們克盡無成地重建其所謂的二十一世紀哈里發政權。他們失敗了，在二〇一六年被當地民兵逐出。[3]

撒卜拉塔呈現的是秀麗之美，而雷普提斯則是撼人帝國的遼闊之美，它是羅馬的第一個非洲皇帝塞普提米烏斯．塞維魯斯（Septimius Severus，一九三—二一一在位）浮華性的莊嚴紀念建築。這是雄厚財富與一個在地男孩想要榮耀家鄉渴望的結合，以及帝國內高級材料、建築師和工匠，將雷普提斯提升到輝煌城市的巔峰。在這些造景中，有一座兩層大理石鋪砌設計精美的大教堂，卻無助地傾頹，聳立的柯林斯式石柱被紅色埃及花崗岩裝飾著。

事實證明，雷普提斯是英國、法國君主們無法抗拒誘惑的寶藏。一六九二年，特里波利統治者穆罕默德．夏伊布．艾因（Mohammed Shaib al Ayn）授權給法國人，將雷普提斯石柱運往法國，這些柱子最後被用在凡爾賽宮。來自雷普提斯的大理石料也可以在盧恩大教堂（Ruen Cathedral）與巴黎聖日耳曼德普雷修道院（Abbey of St-Germain-des-Prés）中發現。英國人也不甘落後，十九世紀時獲得其份，當時有探險家開始穿過非洲內陸，從特里波利出發，穿越沙漠的地理探險和商業探索，他們所用的駱駝是塞普提米烏斯．塞維魯斯在幾乎兩千年前為了促進撒哈拉貿易而鼓勵繁殖的駱駝後代。三十七根花崗岩和大理石柱子在一八一七年以喬治四世（George IV）的名義擄走，一併帶走的還有十個柱頭、二十五個基座及各式各樣的石板。英國御用建築師傑弗利．衛阿特維爾（Jeffrey Wyatville）爵士在十年後將之安排在弗吉尼亞瓦特（Virginia Water），作為「廢墟羅馬神殿」的壯麗仿造，至今仍矗立著。[4]

非同一般的是，考慮到這個遺址的輝煌，訪客常常能獨自欣賞雷普提斯。沿著海岸閒逛，不受限制地在這些被忽略的建築、斷壁殘垣之間攀登，頭上是一片無邊無際的北非天空，這是人們最好的享受。塞普提米烏斯．塞維魯斯的城市深藏在漫漫黃沙的深處，被蔓延的樹木與植被阻塞，沉睡在微風中，這個地方的熾熱和靜謐擁有壓倒一切的力量。對於在一九三五年造訪這裡的藝術史學家伯納德．

貝倫森（Bernard Berenson）而言，大雷普提斯的廢墟「引人回味又浪漫到無以復加、難以誇張的地步」。[5]

二〇一一年九月，特里波利尚無動亂跡象。然而，大眾的心情則充滿革命愉悅。在沒有分裂的情況下，利比亞人團結在推翻生達非的喜悅中。長久以來對政權的恐懼，阻止特里波利人在八月底城市解放後的幾天內上街慶祝，但是烈士廣場的慶祝活動從試探性的數百人迅速匯集成千上萬人，他們舉著君主制時期的紅、黑、綠三色舊利比亞國旗，在地對空大炮和AK-47機槍的慶祝鳴響聲中，高聲唱著剛剛恢復的國歌。他們高唱著歌曲：「抬起頭！你是利比亞自由人！」（Arfa rasuk fawq! Enta Leebee hour!）人民在街上唱歌、跳舞，擁抱外國人，高聲慶賀，用噴漆畫出一道好幾英里長，嘲笑生達非的塗鴉牆。醫生、工程師拉著商人、數位活動人士、軍人、虔誠的伊瑪目和激昂的人權抗議者的手。在西部政權基礎尚未被瓦解之前，這場革命在「特里波利是我們的首都」的大旗下於東部燃起，那時沒有分歧，分裂尚未發生。當時的利比亞人是一統民族。

女人也像男人一樣挺身而出，工程師尤斯拉．馬蘇兀迪（Yusra al Massoudi）決心對外國記者說明，她在傍晚的廣場面帶燦爛笑容說：「這是利比亞的真情。太好了，我感覺極好。我難以相信，一輩子從來沒有對我的國家有過如此感覺。利比亞就像生達非的農場。現在，只有在現在，我人生中第一次為當一個利比亞人感到驕傲，這是我的國家！」

這是一個新的利比亞，在那興高采烈的二〇一一年，任何事似乎都有可能。在獨裁者鐵拳下過了四十二年後，利比亞人終於擺脫枷鎖。世界革命先知在自己的國家被一場革命推翻了，現在特里波利將成為一個利比亞人可以自由決定自己國家未來的首都。這將是一個和平安定的穆斯林國家，有伊斯蘭式民主，成為地中海杜拜，或是任何一個利比亞人在乍達非政權灰燼下共同期盼的國家。就如同亞里斯多德在將近兩千五百年前觀察道：「利比亞總有新氣象。」[6]

西元六四三年，也是先知穆罕默德去世的十一年後，亦即革命斷送乍達非上校性命，血腥、侮辱結局的一千三百六十八年前，特里波利出現新變化。一支阿拉伯軍隊帶著伊斯蘭教至此，其領導者是征服埃及的阿穆爾·伊本·阿斯。從那時起，特里波利成為阿拉伯穆斯林城市，直到一五一〇年。期間有一段短暫的基督宗教徒插曲，即從一一四六年至一一五八年，剛剛征服西西里與馬爾他的諾曼人在特里波利建立一個軍事基地。

十世紀時的旅行家兼地理學家伊本·昊嘎勒，在描述非洲的著作中記載，特里波利是「一座最富有強勢的城市，有大市場……商品充足，例如本地羊毛、生動的藍色及精美黑色製品極具價值。這些商品被放到船上，源源不斷地送往歐洲和阿拉伯人地區」。[7]然而，伊本·昊嘎勒沒有記載的是，這座城市的財富也來自穆斯林船隊定期突擊西西里與義大利南部，以及從販賣基督宗教徒人口（尤其是女人）中獲得的利潤。惡名昭彰的柏柏海盜搶劫及跨越沙漠的奴隸買賣這兩項貿易活動，超過一千年以來都是特里波利的經濟支柱。

數個世紀以來，這座城市趣聞軼事的延續是對特里波利強光照昏頭旅行家的描述。飽學的突尼西亞旅行家阿部·穆罕默德·阿布杜拉·提加尼（Abu Mohammed Abdullah al Tijani）在一三〇七年寫道：「當我們靠近時，被城市裡白熱陽光照到必須遮住眼睛，我深深理解到特里波利為何會被稱為『白色城市』。」他口中的「白色城市」正是特里波利的別稱Al Bayda（意即「白色」），位於今日利比亞東部。特里波利的日誌作家兼英國領事的姊妹涂莉小姐（Miss Tully）在一七八五年這樣寫道：「白色的方形房屋，外面是檸檬樹，在這樣的氣候中迎接最熾熱的陽光，鮮豔奪目。」她花費十年觀察這座城市的風俗文化。西班牙探險家與間諜賓多明哥．巴迪阿．勒卜里奇（Domingo Badia y Leblich）於一八〇四年來到特里波利，化名阿里．貝．阿巴西（Ali Bey al Abbasi）隱瞞身分，他對特里波利也有相似的感受，曾說特里波利比任何一個摩洛哥城鎮都來得好，「它的房子整齊，建蓋得堅實，而且都是讓人眼睛一亮的白色」。當代利比亞作家希夏姆．瑪塔爾（Hisham Matar）曾描寫班本嘎吉（Benghazi）城東的光有其元素，建築上甚至比石頭還重要：「你幾乎能感受到它照射在人與物上的重量。」[8]

提加尼在其遊記中讚美特里波利的乾淨與街道的寬闊，就以前就存在的羅馬規劃為模式，交叉串連，從一處可以快速到達另一處，就像「棋盤」般四通八達。他大為讚嘆「古老不朽的」馬爾庫斯．歐雷里烏斯凱旋門驚人的細緻堅實，以及對令人毛骨悚然的墳墓感到驚嚇，裡面堆滿屍體，以至於「無法看到巴掌大的土地上沒有骷髏或白骨」。[9]

一五一〇年七月二十五日，一場災難降臨特里波利，西班牙的佩德羅．納瓦羅（Pedro Navarro）伯爵在壓制地方的抵抗後奪取這座城市。這是一四九二年阿拉岡的費迪南（Ferdinand of Aragon）和卡斯提勒的伊莎貝拉（Isabella of Castile）西邊前線對抗伊斯蘭世界，改變歷史性地擊敗格拉納達最後一位阿拉伯國王。阿拉伯人在一五〇二年全被驅逐出西班牙，安達魯斯從被珍愛的家園和生活方式變成一種遙遠的劇痛回憶。如同那些特里波利的早期訪客，納瓦羅也有這種讚賞感受，他說：「我到過世界上那麼多的城市，還沒有找到任何一座能和特里波利相比的，無論是在堡壘防禦或乾淨整潔方面，它看起來像一座帝王城市。」那時城市外有一條深壕溝與雙層城牆，環行一英里的城牆上有塔樓和碉堡，俯瞰著能停靠四百艘船的大港口。從一五三〇年至一五五一年，特里波利被聖約翰醫院騎士團占領，他們發誓要捍衛「在野蠻沙漠中的基督宗教徒綠洲」。[10]

他們占據這些海岸的時間實屬有限。十六世紀中葉，歐斯曼帝國在北非的勢力大增，曾是羅馬內海（Roman Mare Nostrum）的地中海逐漸變成歐斯曼內海（Mare Ottomanicum）。一五五一年，突厥人同時海陸攻擊特里波利，使得防禦無效。希南總督（Sinan Pasha）不滿海面的艦隊由一百一十二艘帝國戰艦、兩艘大風帆戰船（galeasse）、五十艘前桅橫帆雙桅船，以及載著一萬兩千名士兵與圍城工程師的運輸船所組成。這是歐斯曼帝國海軍與海盜力量的結合，即以收編海盜的達爾胡特總督（Darghut Pasha，後有「特里波利之恐怖」的綽號），與穆拉德．阿嘎（Murad Agha）的勢力強化之。❷在第一次炮擊的八天後，編制小且幾乎無支援軍力的聖約翰醫院騎士團就投降了，他們只有不及千人的兵力。西班牙人的攻擊及後來的掠奪對特里波利造成相當的破壞，迫使歐斯曼人必須重建新近取得城市的防禦系統，修復納嘎赫清真寺，並為達爾胡特總督建造一座宮殿，他約在一五五四年接替穆拉德．阿嘎成為總督。

在落入異教徒統治的恥辱後，歐斯曼人征服特里波利，使該城又回到穆斯林手中，儘管歐斯曼人也是外來統治者。它還帶來持續三百六十年穆斯林在地中海一角勢力穩定的時期，儘管馬爾他騎士團（Knights of Malta）與西班牙的菲利浦二世（Philip II）曾多次嘗試再奪下特里波利。歐斯曼人在特里波利的勝利與一五一六年的占領阿爾及爾（Algiers），開啟歐斯曼人在北非的進一步勝利，在一五五七年拿下古老的伊斯蘭學術中心蓋拉萬，一五五八年取得加爾巴（Jerba），一五六九年和一五七四年兩度奪下突尼斯。

連同西邊的阿爾及爾與東邊的突尼斯，特里波利落入伊斯坦堡歐斯曼蘇丹冊封的攝政總督（dey）統治。儘管這些攝政總督對宗主的忠誠度不一，但是向宗主國的納貢金額卻穩定維持，為了支付這筆錢，需要有活躍穩定的貿易。

立即可見的明顯結果是海盜活動激增，柏柏海盜在地中海西邊出沒，以靈活、機動的輕便船為主，沿著西非的大西洋沿岸活動，從十六世紀開始，甚至用更大的船隻在北大西洋、南美洲活動。從他們在特里波利、突尼斯、阿爾及爾、撒列及拉巴特基地出發，對商船和沿海城鎮發動致命掠奪性攻擊，劫擄船隻與基督宗教徒奴隸賣到歐斯曼人的奴隸交易中。

絕非非洲奴隸貿易中微不足道的附帶活動，這是一齣在遼闊大海上的浪漫冒險故事，白人奴隸貿易也是極重要且產生巨大破壞性的現象。從一五〇〇年至一八〇〇年間，柏柏海盜從英國、愛爾蘭、法國、西班牙、義大利、荷蘭、美洲及冰島擄掠多達一百萬人。到了一五八〇年，這種情形變得相當嚴峻，以至水手離開義大利時最流行的道別語是：「願上帝讓你免於碰到特里波利的船。」海盜中多數是穆斯林，其中最著名的是西吉爾船長（Hizir Reis，約一四七八—一五四六）和歐魯瞿船長（Oruç Reis，一四七四—一五一八），他們更以巴爾巴羅薩弟兄（Barbarossa brothers）聞名，

❷ 所謂叛教者（renegade）是指改信伊斯蘭教的歐洲基督宗教徒，即英文的「turned Turk」（轉變成突厥人），這些人加入海盜船隊，從十六世紀開始，以北非沿岸為基地，搶劫往來商船。

輝煌海盜生涯使他們從米迪利島（Island of Midilli或萊斯博斯島〔Lesbos〕）發跡，一路躍升到阿爾及爾的政治權力巔峰。西吉爾甚至更往上升，從歐斯曼海軍司令、北非最高總督（甚至獲得伊斯蘭之最〔Hayreddin〕的榮稱），到一些希臘島嶼（包括羅德島、由比亞島〔Euboea〕及希奇歐斯島〔Chios〕）的統治者。這些海盜中尚包括惡名昭彰的歐洲叛教者，如英國人約翰．瓦爾德（John Ward），他吹噓道：「我若在海上遇到自己的父親，也會搶了他賣掉。」十七世紀初，英國駐威尼斯大使亨利．沃頓（Henry Wotton）爵士批評他「無疑是從英格蘭出海的最大惡棍」。[11]

歐洲人開始對歐斯曼帝國海軍在地中海的優勢膽寒，後來在一五七一年，西班牙、熱那亞、威尼斯與教皇國聯軍在勒班托海戰中擊敗歐斯曼艦隊。歐斯曼帝國損失令人驚訝的兩百三十艘戰船，有四萬多人喪生、一萬人受傷，如此死傷規模僅次於西元前二一六年坎內戰役（Battle of Cannae）中，漢尼巴（Hannibal）殺死五萬八千名羅馬人的單日戰鬥損失。[12]這場戰役的長期重要性應該是在心理上，就像希羅多德在西元前四九〇年的馬拉松戰役（Battle of Marathon）後所說的，戰爭結果讓希臘人打破波斯人軍事上風的宿命（「在這一天之前，每個希臘人聽到波斯一詞都會害怕」）。同樣地，勒班托海戰後，據《唐吉訶德》（*Don Quixote*）作者塞萬提斯（Cervantes，他在戰役中失去左臂）所說的，它「打破歐斯曼人的驕傲，讓世界覺醒突厥人的艦隊並非不敗」。[13]然而，突厥人掌握時間重建受損的艦隊。一五七二年夏天，他們已經成功在短短五個月內建造一百五十艘裝備完全的戰艦。一年後，威尼斯人受辱地把賽普勒斯拱手讓給歐斯曼帝國。

為了對應持續對歐洲商業運輸的威脅與協商贖金、簽訂條約，歐洲在北非發動外交攻勢。在特里波利，荷蘭、英國、法國及威尼斯都開始設立領事館，其必要性即確保海上貿易與恪守條約。第一任英國駐特里波利領事是薩謬勒・圖克（Samuel Tooker），在一六五八年與一支戰艦隊同時抵達。他達成保護商船不受海盜攻擊的協議，交換代價是一大筆錢，這明顯是勒索保護費。面對海盜的靠山，即令人恐懼的歐斯曼帝國海軍，歐洲人別無選擇，只好按照遊戲規則行動或是承受直接後果。一種新外交商業區域在特里波利港口旁出現，其中有領事館與倉庫（fanadiq）、新市場，還有沿著南北走向的古羅馬大道旁的存放設施，這裡現在已改名為市集街（Bazaar Street）。

十七世紀後期，特里波利海岸線上再生動亂。一六七五年，英國海軍上將約翰・納爾波洛（John Narborough）爵士被授予打壓柏柏海盜的任務，他乘船前往特里波利，要求釋放被海盜扣押的三艘英國船隻。這個要求遭到拒絕後，他封鎖港口，炮轟城市的防衛系統，在半夜派出炮船，燒船救出所有英國奴隸。正如海軍隨行牧師亨利・騰格（Henry Teonge）在一六七六年一月三十日的日記裡記錄的：「我們在這裡得自約翰爵士令人振奮的消息，四艘敵船在港口被燒毀；得知他們船上的守衛是如何先被解決，然後放火焚燒，我們的人安然地全身而退。」[14] 十年後，法國人做了幾乎完全相同的事，炮轟城市，焚燒敵船，釋放城裡的各國奴隸。

英國在特里波利最早領事之一的托瑪斯・貝克（Thomas Baker）在一六七七年至一六八五年間服役，其日記提供十八世紀初關於這座城市的有趣紀錄。一六七九年六月九日，他提到特里波利愚蠢邪惡的攝政總督畜生野蠻地砍下八個年輕僕人（kuloghli）的手臂與腿。這些僕人是騎兵和官員混血族群，即歐斯曼帝國的新軍與當地阿拉伯人、柏柏人通婚的後代。這種對當地政府的厭惡觀點絕非歐洲人獨有，十八世紀來自利比亞米蘇拉塔（Misrata）的編年史家伊本・生勒本（Ibn Ghalbun），也是該時期少數的阿拉伯資料來源，他也抱持著同樣態度，在描述攝政總督時表示：「他個性邪惡、凶殘，總是暴君式的衝動。」托瑪斯・貝克任職時，正好是特里波利歷史上非常混亂時期。從一六七二年至一七一一年，總共有二十四位攝政總督如跑馬燈般匆匆來去，有方濟會成員在一六八六年提到，很少有攝政總督在位能超過一年，只要其統治不受歡迎，「任何一個醉漢都能喚起全城人砍下他的頭」。[15]

在這動盪中期，有人於一七一一年有所行動。當時正是前所未有的一段混亂期，三週內有三位攝政總督被任命、謀殺，由其他競爭者取而代之。家族可能源自安納托利亞卡拉曼（Karaman）的阿赫梅德．卡拉曼里（Ahmed Karamanli）是僕人的領導者，他所展現的狡猾敏銳，在之後幾年中讓他得到很大利益。他先以計謀勝過一位特里波利大位爭奪者，造成對方被殺，然後又算計暗殺另一位。這次遭殃的是伊斯坦堡派來的總督哈利勒將軍。阿赫梅德．卡拉曼里的地位越來越穩固，但是仍有危險，他還有阻擋在面前的最後一個障礙。先前多虧新軍的支持，他才能趕走伊斯坦堡派來的軍隊，阿赫梅德．卡拉曼里隨即宣布將在宅邸舉行一場盛大宴會，其宅邸所在地為門希亞（menshia），這是一個夏季度假綠洲與一些村鎮，位於城牆外一英里處，裡面有椰棗樹、無花果、石榴、橄欖和茉莉花。傳統上，門希亞是僕人的居住地，在沒有得到特殊許可前，他們不能進入特里波利，而且進城時不能攜帶任何武器。

在開胃菜後，阿赫梅德．卡拉曼里端上驚人的主餐。一個接著一個高級官員騎馬來到宅邸，在樂手們歡快的曲調節奏聲中下馬，跨過雙道門，進入一條有許多黑暗小房間的狹長走道，阿赫梅德．卡拉曼里的黑奴們在黑暗處埋伏，每進來一人就會被埋伏者拉進小屋裡，幾秒鐘內就被勒死。這些人成為對權力與阿赫梅德．卡拉曼里的馬基維利式計畫的供品，一個小時內，三百名新軍無聲地窒息而亡。為了先發制人地應對宗主國對這場屠殺不可避免的盛怒，阿赫梅德．卡拉曼里將被殺官員們的宅邸和錢財洗劫一空，然後送給蘇丹阿赫梅德三世（Ahmed III）。伴隨著這些貢品，還有一封諂媚信，要求蘇丹大方核准他這一赤裸裸的奪權動作，而這一切只是將來的預演。[16] 阿赫梅德．卡拉曼里被視為十三世紀英國男爵們與義大利梅迪奇（Medici）家族的結合體，有軍事、外交能力及優越行政才能，對其利比亞同胞判讀敏銳，更不用說視情況需要的心狠手辣。

特里波利普遍存在的無政府狀態，很快就被清理新軍殘黨的行動、小常備軍的建立壓制，以及提拔忠心官員、親信與歐洲叛教者擔任高位等活動壓制下來。謀殺凶手迅速被流放，強盜立即被肢解刑罰，劫掠維生的部族人也被控制。對猶太教徒社群頒布新的稅制，在近期動亂後，貿易復興，且於一七一二年與荷蘭人及熱那亞人簽訂有利的和平與商業條約。在阿赫梅德．卡拉曼里掌權的頭十年，控制一連串內部叛變與推翻他的企圖，表現出極大的韌性。在一七二一年最後一次企圖取代他的努力失敗後，伊斯坦堡方面一年後只能務實地接受現實，並且派船帶來官方詔書，宣布他是歐斯曼帝國在當地的最高統治者——特里波利總督，一個新的朝代因此誕生。

在維持國內和平安全上，阿赫梅德．卡拉曼里無情高效，與伊斯坦堡名義宗主的關係，他的身段既柔軟又精明，更精明地與歐洲各國勢力的關係掌控得宜。他首先面對的挑戰是法國人，對方在一七二八年派出一支六人的攻擊小隊，有兩艘戰船和三艘炮艇到特里波利，他們的任務是更新和平協議，尋求能獲得之前被特里波利海盜劫掠船隻的賠償。阿赫梅德．卡拉曼里對法國人要炮轟城市的威脅不為所動。伊本．生勒本記載其反應，他在大臣委員會默默注視下表示：「至於錢，沒有人同意要付，沒有人會收到這筆錢。至於你說的炮轟，我們不怕；如果你們想要的話，那就請便。」[17] 隨後他面對法國人的重炮攻擊懲罰，忍耐到法國艦隊無法登陸獲得淡水和新鮮補給品，在風向之助下，法國船隻可能在背風岸處擱淺，他們對城市展開如雨般的炮轟，直到精力耗盡才要求和談。展現出令人讚許的無所畏懼與顧忌，阿赫梅德．卡拉曼里直接拒絕。法國艦隊只好無功而返，對城市造成的破壞很快就得到修復，因為特里波利有取之不盡的奴隸勞動力，而且海盜們繼續他們的營生，很快就虜獲二十一艘法國船。一年後，在另一支法國武力發出威脅後，阿赫梅德．卡拉曼里同意和平協議，向法國人開出的條件是法國軍隊必須幫助他成功鎮壓南方菲贊省（province of Fezzan）的內部叛亂。該省的造反省長及其兒子在省城穆爾祖克（Murzuk）被俘，預期下場是立即被處決，但是總督卻關禁他們，隨後置於奴隸市場販賣，再以兩枚銅板的羞辱價格買來，並送他們離開。這是對待桀驁不馴對手的高明手腕，此後再也沒有叛亂。

這位天才總督以一座華麗清真寺在特里波利留下了恆久印記，這座以其名命名的清真寺屹立至今。建於一七三八年，卡拉曼里清真寺占據舊城入口處，其高大綠白色具陽臺的宣禮塔矗立在諸多圓形屋頂與優雅柱廊中。受到優渥薪水的吸引，義大利石匠與埃及濕壁畫藝術家並肩工作，創造了一座被三百年後的利比亞人珍愛的紀念物。其內部裝飾十分華麗，雕刻的濕壁畫、瓷磚和大理石裝飾尤受人喜愛。二〇一四年，一名槍手攻擊這些內部裝飾，破壞了清真寺。就像某些利比亞人所說的，二〇一四年是動亂重返特里波利的一年，這種不穩定也影響了特里波利其他的建築遺產。與此同時，伊斯蘭民兵遭指控曾去除，也可能是破壞了那座建於一九二〇年代義大利統治時期的裸女愛撫羚羊的著名銅像，它是另一個受人喜愛的特里波利地標。

阿赫梅德．卡拉曼里還建造調引水入城堡中水道，興建新市場和倉庫，以滿足經由貿易及海盜活動穩步繁榮與不斷擴大的城市需求。海盜活動帶來新的基督宗教徒奴隸與船隻的供應，將之置於市場以獲取更高利潤。和英國、法國、荷蘭、瑞典、丹麥簽訂的合約為總督的金庫帶來大筆收入，特里波利還把大使派往這些國家，加強和歐洲主要航海國家的外交關係。一七二八年，總督的姪子嘎西姆·切勒比（Qasim Chelebi）被派任為卡拉曼里朝第一位駐倫敦大使，引起喬治二世（George II）朝廷轟動，他在西敏寺和倫敦西區穿著金銀織錦織成花環裝飾圍繞的華麗絲綢服飾招搖過市，身邊的隨從包括「宮廷小丑、侏儒啞巴、其裁縫與理髮師，以及掌管衣物僕人、廚師、咖啡師和一些黑奴，所有人都穿著代表職務的華麗服裝」。姑且不論大使的怪癖，倫敦當局了解要讓特里波利總督支持的必要性。誠如資深的英國領事班傑明·羅丁騰（Benjamin Lodington）在一封要求送更多禮品給阿赫梅德·卡拉曼里的信中指出：「雖然他們不會幫助我們，但是如果他們切斷我們對歐斯曼帝國和黎凡特貿易的話，就會帶來重大傷害。」[18]

在海盜活動繼續提供總督的財政收入時，古老的非洲奴隸貿易也是經濟上不可或缺的，一旦阿赫梅德·卡拉曼里在特里波利省全境有了安全保障，就會使得從特里波利到內陸的貿易路線重新開放，貿易活動繼續快速成長。十八、十九世紀中，非洲商隊的四條主要路線中有三條都會取道利比亞，其中的兩條商路分別是：特里波利—菲贊—卡瓦爾（Kawar）—波爾努（Bornu），以及特里波利—嘎達米斯（Ghadames）—嘎特（Ghat）—艾爾（Air）—卡諾（Kano），皆以總督的首都為起點與終點。[19]革命後幾年內，無法無天與無政府狀態造成的後果，使得近年來利比亞海岸的移民販運活動又勾起歷史上人口貿易的回憶。二〇一七年，美國CNN新聞網的利比亞內部奴隸拍賣報導引起一場國際風暴，利比亞政府則否認指控。[20]

若商隊們能從跨越一千五百英里，穿越沙漠時常致命的旅程，頭頂烈日，疲憊不堪地帶著悲慘非洲奴隸、金沙、小金條或金環、獸骨、鴕鳥毛與皮、非洲靈貓、棉花、皮革、藝術涼鞋、山羊皮水袋（gerbas）、蜂蜜、胡椒、象牙及可樂堅果（gooroo nuts）到達特里波利，活著入城就是一種獎賞的奢華。沿著相同路線南下，商人們則帶著馬匹、念珠、珊瑚、針（「四根針就能買一隻好雞」）、絲綢、銅罐與銅壺、鏡子、劍（「長、直、雙刃被圖拉里克人〔Turarick〕熱愛爭購」）、有時有手槍和長槍、火藥與來自特里波利的地毯、威尼斯玻璃、平織布、絲綢和阿拉伯長袍、披肩與羊毛披風等進行買賣。[21]

阿赫梅德．卡拉曼里在位末期的一項作為，殘酷地呼應了他最初掌權時的行動。一七四二年的酷熱夏天，一支朝聖商隊從麥加回到阿爾及爾。同行者中有朝聖者穆罕梅德（Haj Mohammed），他是阿爾及爾王位覬覦者。在得到間諜提供這位年輕人想要奪權的消息，並與鄰居阿爾及爾總督商量後，阿赫梅德．卡拉曼里邀請這位旅人以貴賓的身分到特里波利休息。毫無防備的穆罕梅德將武裝留在城外，帶著幾個隨從進入城堡，隨後被阿赫梅德．卡拉曼里埋伏的手下勒斃。城門外，總督的新軍包圍穆罕梅德的阿爾及利亞士兵，並且全部殺害。總督心狠手辣的屠殺獎勵是這支商隊的所有物被毫不猶豫地洗劫一空，帶給他五十萬寶石亮片、兩百匹阿拉伯馬、兩百五十頭駱駝，對這短短時刻完成的工作而言，實在是豐厚收益。江山易改，本性難移就是如此。

一七四五年，阿赫梅德．卡拉曼里已經是眼盲體弱的老人。作為以己名稱之，幾乎獨立於歐斯曼蘇丹的朝代建立者，他在特里波利的歷史上留下濃彩印記。此後，他召集一個文官會議，把權力交給繼承人兒子穆罕梅德．卡拉曼里（Mohammed Karamanli），不久後離開人世，可能是死於自殺，享年約六十歲。

在穆罕梅德．卡拉曼里的短暫統治期間（一七四五—一七五四），與英國和法國的條約重新被確認，海盜活動持續以最猖獗氣焰對待那不勒斯、日耳曼、荷蘭與熱那亞的航運，使得總督的金庫不斷擴大，導致歐洲宮廷與商業家族大為憤怒，特里波利港再次擠滿戴著腳鐐的歐洲奴隸。

穆罕梅德．卡拉曼里在一七五四年去世後，權力以家天下的方式轉移到他的兒子阿里將軍（Ali Pasha）。他在一七五四年至一七九三年長期統治，見證其祖父開創的黃金時代逐漸衰落。阿里將軍掌權下的政府，包括作為國家最高統領的總督，其下是軍事將領的別克（bey）；阿嘎（agha）是新軍首領；卡赫亞（kahya）是總理；拉伊斯（rais）是海盜首領；國家財政大臣為哈茲那達（khaznadar）；主管特里波利行政的是宗教學者（sheikh）、市長和宗教群體；國家要事則由貴族委員會決定。[22]

歷史對阿里將軍各方面的評價幾乎都是負面的，《伊斯蘭百科全書》（*Encyclopedia of Islam*）表示：「在其統治期間，行政當局的支配力變得越鬆散，偷竊、謀殺造成特里波利的生活變得悲慘，軍餉無法準時發放。旅行家阿里．貝．阿巴西說：「他的性格邪惡，德不配位，他的失去王位、喪命都是因為他的資質不佳。」在阿里將軍統治末期，法國領事提供尤其生動的評論道：「他在位統治，卻得不到遵從。他的深處後宮……沒有任何建設、修復，全都任其崩潰。」一般認為阿里將軍通常透過一位名為「艾瑟女王」（Queen Esther）的女人，受猶太社群影響，依一七八〇年代法國副領事瓦里耶赫（Vallière）的說法，據聞這個女人完全掌控了他的房事。[23]

十八世紀前半葉的富裕和繁榮普及景象後，特里波利在後半世紀遭遇一些毀滅性的饑荒。先是在一七六七年至一七六八年，然後是在一七七八年至一七八〇年，貨幣隨之貶值且經濟崩潰。一七八四年至一七八五年間，傳染病降臨城市，這時候城內情況被不懈的英國領事姊妹的日誌作家涂莉小姐詳細記錄下來，她於一七八四年八月二日在領事館裡寫道：「目前，此地的饑荒已到了最糟狀況，走路或騎馬出門都讓人恐懼的地步，路上不斷出現餓死者。」從世紀中葉起，英國領事館搬到宏偉漂亮的大理石地板的庭園房屋，位於麵包師街（Sharaa al Kuwash），今日這條街名稱為哈拉大街，緊鄰古爾吉清真寺。最初是為了逐漸越衰老的阿赫梅德．卡拉曼里於一七四四年建造的，但是幾年內就成為英國領事館。在乍達非時期，這座建築物上有一塊標示牌，清晰地表達該政權對歐洲人在非洲的角色判定：「所謂的歐洲對非洲的地理和探索性科學考察就是從這座建築物開始的，就其本質，他們事實上要使非洲成為殖民地，使殖民者占領與殖民非洲具重要戰略意義。」

在這場傳染病中，許多特里波利的猶太人逃到立弗爾諾（Livorno，英文Leghorn），使得商品變貴且難以買到，涂莉小姐聲稱是因為「這裡的貿易主要由猶太人經手」。幾乎每天都有數百人死亡。到了一七八五年七月二十日，此英國女士記載已有四〇％的穆斯林、一半猶太教徒（全部的猶太教徒約三千人），以及令人驚訝的九〇％基督宗教徒死亡。對她估計人口為一萬四千人的小城市而言，這是致命的打擊，但是更糟糕的才要來臨。

她聲稱，即使隔離是最有效舒緩傳染病的方式，但是如此做法「不合摩爾人的觀念」，他們較喜歡找蘇非聖者（marabout）或是宗教長老（imam）；而基督宗教徒則是盡全力以奇異的麩、樟腦、沒藥、蘆薈及火藥混合物煙燻房子。總督的一位高階官員告訴涂莉小姐：「君主是最大的保護。」非但沒有提議總督進行衛生和隔離預防措施，反而「讓摩爾人不要抵抗命運之手」。宿命觀普遍存在最高社會階層裡，在狹窄、擁擠的道路和不透風的城堡房間中，傳染病置無數人於死地，許多在王族成員，包括王子、公主及大部分高級官員都在痛苦中死亡。

這時特里波利的存活者徹底絕望，活著講述那些故事。那些抵擋不住傳染病者身上長滿紅瘢與膿包，躺在摔倒處，當街嘔吐，在腐爛屍堆中痛苦地受折磨致死。絕望的親屬們圍在死者身邊無計可施。其他人在街上蹣跚而行，精神恍惚，滿口瘋話。每天有數百人死亡，城市臭氣熏天。面對在城牆外埋葬死人要繳交的稅，猶太社區的猶太教徒據說只好將死人在自家庭院裡以淺墳埋葬。屍體在夏天炎熱中很快就腐爛了，城中傳播更多看不見的疾病。涂莉小姐一度震驚地講不出話，她說：「一般大眾的恐懼已無法描述。」然而，無論對穆斯林的宿命觀如何看待，她也得承認這場災難同樣帶出當地人最慷慨、無私地的人性面，「摩爾人當前所表現的善良舉動，在基督宗教世界的大部分地區，若是遇到這種可怕情況，是很少見到的」。在所親歷到無法言語形容的恐懼間，堅忍的涂莉小姐成功地存活講述故事，她曾在封鎖的領事館足不出戶十三個月，領事館房屋是僅剩的隔離場所。[24]

如同其他史料，歐洲人的記載必須小心看待，因為帶有當時的人文化上的預設立場與偏見。當談到十八世紀末特里波利女性的最私密生活時，涂莉小姐提供無疑稀有珍貴的視野。大家族的女人出門相當有格調，她記載道：「有一種馱轎，四周完全用亞麻布遮蓋，放在駱駝背上。」王室婦女走在城裡時「萬分謹慎小心」，會去清真寺或舉辦奉獻儀式，她們常常在午夜左右離開城堡，在嚴密的守護下出行，隊伍外圈是女黑奴隔離圈，內圈則是穆斯林僕人與貼身隨從。隊伍前方有衛兵吆喝，警告路人隊伍的出行，所以會清空街面。他們所有人在一起形成盛大醒目的場面，隨從人員舉著數不清的燈火與「點燃的濃郁薰香」，在金銀鑲嵌工藝的瓶子中盛有玫瑰水和橙花水，這是用來抑制過旺的薰香，因此這些貴族婦女的隊伍是在最馨香的雲霧繚繞中行進。若是有任何男人膽敢故意偷窺王室隊伍，將會惹禍上身，因為「其法律規定，當王室婦女通過時，仍留在街上的閒雜人等或從窗戶偷看者，其處罰是死刑」。在此女人少數的世界外，中產階級家庭的婦女通常會步行外出，但是身邊很少沒有跟隨一名女奴或陪伴者，「她們包裹得非常緊密，除了身高外，很難看出什麼，更不用說是胖瘦了」。她們被一．五公尺乘以五公尺的巴拉坎（baracan）緊緊地護著，只能從窄小的縫隙看到外面。猶太女子的穿著與她們類似，唯一的例外是她們有露出雙眼空間，「穆斯林女子若要顧及名聲就不會這樣做，否則她的聲譽就會全毀」。[25]

與此同時，沙漠奴隸貿易繼續供應特里波利攝政的經濟基本來源。根據英國十九世紀傳教士、探險家及反奴隸貿易鬥士詹姆斯．理查森（James Richardson）的描述，這是「世界上有史以來最大的罪惡制度」，它帶著成千上萬被活捉的非洲人經過特里波利。一七〇〇年代的領事報告指出，每年經過特里波利的奴隸是五百至六百人，在一七五〇年代增加到兩千人，世紀末時則減少為一千五百人左右。十八世紀末，特里波利有兩個頂棚市集，其中一個非常大並提供「各式各樣商品」，另外較小的則是奴隸市場。涂莉小姐聲稱：「人被當作大捆商品挑選買賣的概念，對於血肉之心是十分令人嫌惡的，而這是他們主要貨流模式。」[26]

一七七八年，涂莉領事接到一項指示，提供「在特里波利總督領土上進行的奴隸貿易數目紀錄」，其中包括每年買賣數量，以及奴隸來源的細分，從非洲、亞洲何處的細節，並且「報告男性奴隸是否會常例性去勢」。

在英格蘭，大眾的反奴隸貿易逐漸強化。一七八七年，倫敦的一群貴格會基督宗教徒（Quakers），成立促進廢止奴隸貿易協會（Committee for Effecting the Abolition of the Slave Trade）。小威廉．皮特（William Pitt the Younger）首相發言支持廢止奴隸貿易，艾德蒙．伯克（Edmund Burke）和後來的外務大臣查爾斯．詹姆斯．福克斯（Charles James Fox）也加入行列。但是威廉．威勒貝佛爾斯（William Wilberforce）這位以嗓音甜美，被稱為「下議院夜鶯」的年輕議員，才是廢除奴隸貿易的政治支持者。一七八九年，他在下議院發言，對奴隸貿易擁護者的「扭曲與盲目」發起有力撻伐，批判「由於他們的行為，非洲的居民已被他們推向比最野蠻、凶殘的國家更糟糕的劫難」。[27]經過激烈的反對後，議會終於在一八〇七年投票判定奴隸貿易非法。一八四八年，歐斯曼帝國蘇丹阿布杜勒梅吉德一世（Abdulmejid I）禁止特里波利的總督與官員從事奴隸買賣，並在一八五六年宣布奴隸制在歐斯曼帝國全境非法。

然而在實際運作中，這種貿易仍然持續，但是數量已經減少。一八七八年，正好是寄給涂莉領事那封信的一百年後，時任英國領事的法蘭克．德魯蒙得—亥以（Frank Drummond-Hay）報告英國外務部門：「因為地方當局為逃避禁令而包庇奴隸貿易，有必要意識地關注奴隸貿易，以獲得從內陸來的奴隸商隊訊息，以及相關的裝運和其他許多事項」，因此有理由要求大幅調薪。[28]於此，所有人都有各自利益的盤算。

在經常是密謀溫床的城堡內部，阿里將軍的兒子們開始進行權力操作以取得先機。一七九〇年，最年輕具野心的優素夫引誘兄長哈山．卡拉曼里（Hassan Karamanli）參與一場小心翼翼在城堡裡預謀的圈套，讓他死在他們母親的懷裡，他對著這個倒楣者近距離開槍，然後黑奴們一湧而上，將他亂刀刺死。優素夫隨即在門希亞舉行盛大勝利慶祝，一年後發兵攻打特里波利，在兒子攻打父親的過程中造成城市恐慌，動亂再現，人民遭殃。

英國領事館立刻變成「希臘人、馬爾他人、摩爾人及猶太教徒」的庇護所，同樣到此避難的還有法國、威尼斯領事，他們把所有的財產都帶在身上。[29] 一七九三年夏天，一份歐斯曼朝廷公文隨著艦隊到達此地，在混亂中重新確立歐斯曼統治，帶頭的是一位喬治亞皈信投機者阿里．布爾古勒（Ali Burghul），他在不久前是被阿爾及爾總督驅逐的海盜頭子，推翻困境中的阿里將軍取得權力。正如一名研究卡拉曼里朝的歷史學家所言：「殘酷、貪婪著稱的阿里．布爾古勒被阿爾及爾總督驅逐，使得他位居敗類名單之首。」[30]

當新總督伴隨歐斯曼艦隊雷鳴般的禮炮聲昂首闊步進入城堡時，嚇壞的猶太教徒從街上被驅逐。猶太商人被抓捕折磨，財產被收繳，那位惡名昭彰的「艾瑟女王」被送進地牢，鎖上鐐銬，然後向其家族索取十萬巴塔克（pataque，相當於三萬三千英鎊）贖金，那些卡拉曼里朝最重要的支持者們被一網打盡勒死。在古老的城堡廢墟處，官邸和歐洲領事館的屋頂上，卡拉曼里旗匆忙地被取下，換上了深紅色的星月旗。

歐斯曼人的統治殘暴是過渡期，突厥人造成的威脅刺激了卡拉曼里家族的短期團結。一七九五年在突尼斯總督的支持下，阿哈梅德（Ahmed）兄弟與優素夫帶領一支三萬人軍隊重新奪回城市。眼看局勢對自己不利，阿里．布爾古勒下令最後一次洗劫，將地牢中的所有犯人處決，然後撤出城市。困頓的阿里將軍在一七九五年宣布退位給兒子阿哈梅德，但是勇猛的優素夫關閉城門，反對其兄弟繼位，並自任總督。

他開始長期統治（一七九五—一八三二），以鐵血手段確保政權，濫用死刑，甚至連最小的冒犯也難逃處決。誠如其曾祖父的結束混亂與無政府局面，優素夫的鐵血手段證明如此足以刺激商業活動。為了鼓勵經濟血脈的猶太貿易商從義大利的流亡中回歸，他鬆綁對猶太社群的懲罰性措施，其中包括猶太教徒必須從頭到腳穿著黑色服裝的命令。特里波利港口迅速出現船隻集結的熱鬧景象，商船來往地從事剛恢復的沙漠商隊貿易。在叛教者穆拉德船長（Murad Rais）的命令下，來自迦太基（Cartagena）的西班牙造船工人日夜趕工建造快速海盜船隊，這位頭目是蘇格蘭改宗者，原名彼得・萊勒（Peter Lyle），從一艘英格蘭船逃脫並皈信伊斯蘭，他把賭注全押在這位新總督身上。在一八〇〇年，特里波利船隊已經有十一艘艦船，到了一八〇五年，數目翻倍到二十四艘，還有許多小艇。[31]那對海盜岸線（Barbary Coast）與這位最東邊新統治者一直保持警惕的人民而言，對優素夫心裡的算盤幾乎沒有什麼疑問。

十九世紀開端，國際勢力再起對特里波利的興趣，優素夫被迫在歐洲權力政治紛爭的水域中航行，一七九八年開始，拿破崙就開始拉攏這位總督，好在巴黎與開羅間出動一支可行部隊支援他對埃及的征服。另一方面，為了抵消法國人的影響力，尼勒生（Nelson）勛爵的艦隊也向他施壓，還來自伊斯坦堡的官方傳令使命令優素夫支持對土倫（Toulon）與馬爾他的封鎖，並提供攻打埃及的軍隊。總督維持對法國人心照不宣的暗中支持，同時又務實地模糊其賭注。

從一七九五年至一八〇五年，特里波利增強的海軍實力導致與西班牙、法國及威尼斯簽訂十分有利的條約。那些因為不願接受開價與遵守保護費原則而未能達成協議者，如丹麥、荷蘭和瑞典，很快就發現必須付出被夾擊的代價，甚至冒著被扣留船隻、船員被賣為奴隸的風險，如此代價絕不比之前付錢簽約來得划算。

這時的美國發現自己在特別處境中，一七七六年獨立後，英國的保護不再適用於美國船隻，使得華盛頓當局要先依賴法國，然後當此政策也有缺失時就決定自己掌控情況。在一七八六年舉行會談，美方代表是瓊恩．亞當斯（John Adams，又譯「約翰．亞當斯」）和湯瑪斯．傑弗生（Thomas Jefferson，又譯「湯瑪斯．傑佛遜」），特里波利方面則是其駐倫敦大使希迪．哈吉．阿卜杜勒．拉赫曼．阿迦（Sidi Haji Abdul Rahman Adja）。這場會談一方面而言出乎尋常，因為這是「美國與穆斯林世界的第一次直接外交互動」，但另一方面卻無任何結果。[32]事實上，傑弗生的傳記作者詹姆士．帕爾桐（James Parton）認為，這兩位美國人與特里波利大使之間的談話「與其說是一七八六年的事，不如說是發生在西元一百年」。在被問到特里波利為什麼要攻擊對其沒有造成傷害的那些國家時，聽說這位大使的回答想必讓傑弗生與和亞當斯不愉快地停下來思考：

> 在《古蘭經》說所有不承認先知的國家都是罪人，穆斯林搶劫這種人以奴隸賣掉是正當且必要的；每一位穆斯林在這種戰爭中被殺後都會進入天堂。[33]

無論《古蘭經》在此議題上怎麼說，美國與特里波利在一七九六年最後簽訂條約，一年後設置領事館。紙上的和平是一回事，接下來幾年總督開始認為相較於鄰國阿爾及爾所得的報償，這種保護太便宜了，於是開始要求更多的錢，但卻一次次地遭到拒絕。

優素夫並不怕引起戰鬥。一八〇一年五月十一日，總督的軍隊包圍美國領事館，然後衝進去砍倒國旗旗桿。這意謂大膽宣戰，原因是華盛頓方面拒絕支付一筆突然要求的兩萬五千美元費用與同意重談條約，並同意一筆每年二十五萬美元的貢稅，這兩筆錢分別相當於今天的四十五萬美元和四百五十萬美元。雙方致命性地誤解對方，美國把特里波利視為阿爾及爾附庸，而優素夫則堅持以主權國家談判。

對美國逐漸強大的海軍自信滿滿，一七九四年的《海軍法案》（Naval Act）建立了美國永久服役海軍，這是對柏柏海盜在海岸沿線船運掠奪挑戰的直接反應，花費令人難以置信的六十八萬八千八百八十八・八二美元打造了六艘護衛艦。新當選的總統傑弗生決定從海盜政權中最弱的特里波利開始，採取強硬立場，並派遣三艘護衛艦組成的戰隊來到地中海。[34]在一八〇一年八月一日的首次交鋒中，縱帆船企業號（Enterprise）上的美國水手虜獲總督巡洋艦之一特里波利號（Tripoli），並且拆下船上的大炮與裝備，使得優素夫怒火狂燒。為了懲罰艦長帶來的恥辱，總督下令他圍著一圈發臭的羊腸騎在驢上遊街，這是阿拉伯世界長久以來的傳統羞辱方式。

一八〇二年，傑弗生下令派遣較大的六艘新戰艦船隊封鎖特里波利，燒毀敵人的船舶，並搶劫物品。一八〇三年，一千兩百四十噸，有三十六門炮的護衛艦斐拉德勒非亞號（Philadelphia）在特里波利港口外擱淺，迫使艦上指揮官只能舉旗投降。超過三百位軍官、水手被俘下獄，護衛艦被虜獲並洗劫一空。雖然官員們受到善待，但是依水手威廉・瑞（William Ray）的說法，一般船員遭到佩戴馬刀、火槍、手槍的新軍吐口水，俘虜被推趕著「到他們手掌大權的可怕尊貴首領面前」。他坐在精美的鑲嵌馬賽克，鋪著富麗「發光小亮片」又裝飾金邊天鵝絨坐墊的高臺王座上。美國人被銬上鐐銬時，那不勒斯人奴隸偷走他們的衣服，之後他們靠著十分貧瘠的食品配給度過兩週。他們隨後被送到工地，作為奴隸工搬運石頭和沙包，修建特里波利城牆。據海員伊萊賈・修（Elijah Shaw）之後的記載，描述他和獄友是如何光著頭、腳被太陽晒傷，被以生皮革打結的鞭子定期抽打，還有一群人鎖在一起做沉重工作，「那些突厥人監工好像很享受殘酷地對待我們，他們認為我們不用力做工時，就會毫不留情地鞭打我們」。[35]

海軍上尉史提汾・迪卡圖爾（Stephen Decatur）決心不能讓斐拉德勒非亞號護衛艦落入敵人手中，成為總督手中最強大的海盜船，他帶領一群偽裝的水手和陸戰隊員乘著虜獲的雙桅縱帆船無畏號（Intrepid），於一八〇四年二月十六日夜晚到特里波利港口。他們登上斐拉德勒非亞號，用短劍悄悄殺死二十個海盜船員，在意識到這艘船的狀況無法遠航後，就以爆炸物炸毀，所有人全身而退。這項行動不單是一種警告，尼勒生勛爵肯定這次突襲的大膽與意義，宣稱這是「本世紀最大膽無畏的行動」。[36]美國隨後更進一步發動軍事遠征以推翻優素夫，並將其兄弟阿哈梅德推上王位，這是美國人第一次試圖推翻一個國家的統治者，也是美國首度在國外土地上作戰。在前突尼斯領事威廉・伊騰（William Eaton）領導下，快速從亞力山大港出發，跨越六百英里的增援後，導致利比亞東部城市德爾納（Derna）被占領，優素夫在一八〇五年快速接受和平協議。在一八〇一年至一八〇五年第一次柏柏海盜戰爭的兩百年後，這次戰爭仍在美國海軍陸戰隊軍歌開頭歌詞紀念著：

從蒙特茲馬會堂（Halls of Montezuma），
到特里波利海岸；
我們為國家作戰
陸、海、空……

一開始，總督抗拒，誇口說：「我不怕戰爭，那是我的職業。」美國人在一場里程碑的戰爭中，以勝利者身分興起，以軍事強國之勢躋身世界舞臺。正如教宗庇烏斯七世（Pius VII）的評論：「美國，儘管才剛誕生，但是已經讓非洲海岸上反基督宗教徒的野蠻人謙卑，比所有歐洲國家長時間以來做得還多。」[37]

從美國人擬極力推翻卡倖存後，優素夫在拿破崙戰爭的波濤中狡猾地運作，戰爭所造成的混亂和不確定性適得其海盜國家性。但是在之後幾年裡，隨著歐洲勢力再起造成的壓力越來越大，其財源收入與權威也隨之衰落到就連對一八一四年至一八四六年間在特里波利效力的英國領事韓默·瓦靈騰（Hanmer Warrington）都感到害怕，套用其法國同行的話：「他在這個國家比總督更像主人，他揮手就足以讓總督顫抖。」[38]這樣的戲劇性例子在一八一六年時真的發生了，當時瓦靈騰備受爭議地堅持要吊死一個奪取英國保護下的漢諾威（Hanoverian）船的海盜船長，突顯其權威的事實是這位領事成功地要求他的基督宗教徒水手，而非總督的穆斯林官員，在甲板上公開執行處決。

還有更恥辱的事，一八一九年，一支英法聯合艦隊迫使總督釋放在特里波利的基督宗教徒奴隸與犯人，並接受一項相當於壓制海盜活動和繳納保護費的協議。一八二七年，在歐斯曼蘇丹命令優素夫提供更多的海軍支持，以對付希臘獨立戰爭後，優素夫派出剩餘的殘破海盜艦隊，在歐斯曼海軍將領的嘲諷下，這些船隻簡直就和幾艘簡陋武裝的漁船差不多，很快就在納瓦利諾戰役（Battle of Navarino）被擊沉。一支帝國勢力從緩慢的退潮，變成一場全面撤退的狀況已經開始。

在實力的完全逆轉下，英國與法國開始要求優素夫向他們繳納冒犯行為的懲罰性賠款，無論是真是假，冒犯是否真有其事，對英、法領事們而言幾乎沒有什麼差別。一八三〇年，法國以此為由索求八十萬法郎的賠款，大約與此同時，英國也以外交上的冒犯為名要求二十萬銀元（piastre）。[39]

歐洲列強的實力正在提升，法國在一八三〇年占領阿爾及爾，給予柏柏海盜沉重一擊。到了一八三〇年代中期，英國與法國海軍力量已清空地中海海盜，這大概是自從羅馬時代以來的第一次。這對特里波利脆弱的經濟造成致命破壞，[40]苦於繳納貢金，無法從飽受攻擊的奴隸貿易中得到更多的收入，嚴重背負外債，優素夫揮霍性的特里波利攝政正等待著破產的來臨。一八三二年，為了付英國和法國總價值五十萬美元的債務，他急於提高稅金，導致叛亂和政變，他只好公開揮淚，退位給兒子阿里．卡拉曼里（Ali Karamanli）。他曾建議阿里：「不要任性治理，我政府的垮臺與罪惡皆導因於此。」[41]

這是一位曾經總是把實利性和生存放在所有考量之上的殘酷統治者之最後運作，而特里波利攝政的獨立地位已不再。一八三五年五月二十六日，為了回應新總督在一場內戰所提出軍事援助的要求，以及考慮到歐洲勢力在北非的不斷增長，二十二艘戰船組成的歐斯曼帝國艦隊來到特里波利。隔天，五千人的軍隊帶著火炮下船，進駐城市裡的清真寺與戰略要地，下達禁止攜帶武器和使用特里波利當地貨幣的命令。五月二十八日，阿里．卡拉曼里受邀登上旗艦去見蘇丹代表穆斯塔法．納吉卜（Mustafa Najib）將軍，阿里．卡拉曼里隨即遭到拘禁。納吉卜立即下船直接進入城堡，宣布蘇丹已經恢復對特里波利的直接控制，並任命他為總督。穆罕默德別克（Mehmed Bey）隨後自殺，其兄弟阿赫梅德逃到馬爾他，其餘所有的卡拉曼里族人全被送到伊斯坦堡，唯獨例外的是年老的優素夫，老態龍鍾又極虛弱，而且在其子阿里．卡拉曼里搶走他所有的財產和地產後陷入貧窮，被允許在這座他曾經不可一世統治的城市裡度過餘生。

始於一場叛亂，卡拉曼里朝在一百三十四年後被一場政變終結，特里波利的地位立刻下滑。幾個小時內，特里波利的攝政地位變成歐斯曼帝國的省區（vilayet）。

乍達非的政權也是類似地建立在反對遙遠君主的叛亂，它為利比亞帶來繁榮，但也曾是歐洲與美國背後的一根芒刺。如同卡拉曼里家族，乍達非政權十分殘酷，而有別於無所畏懼卡拉曼里家族的是，乍達非政權一代而終，在二〇一一年血腥瓦解時並未讓多數利比亞人感到悲傷。利比亞是近年來倒臺國家的標竿，許多利比亞人已抱怨在乍達非的統治下過得比較好，就像許多伊拉克人抱怨在薩達姆．胡賽因（Saddam Hussein）統治下的日子較好。阿拉伯人需要強勢領導者，他們常常尚未準備好接受自由民主。那些拒絕接受阿拉伯人無法在沒有獨裁狀態中過好日子者卻不這麼認為，他們認為如此混亂、殺戮和無效政治正是那些獨裁政權留下的遺緒，而不是那些為自由與更好日子的戰鬥者的錯。

無論是哪一種觀點，曾被人民夢想的後乍達非時代之利比亞民主烏托邦已變成一個混亂社會，對立的民兵組織肆虐特里波利，謀殺、綁架、勒索、人口販運屢見不鮮。在一個擁有非洲最大石油儲量的國家，利比亞百姓難以為自己的車加油，男男女女得在街頭露宿等著銀行提款，新一代的人陷入窮困潦倒。我的朋友加利勒表示這是「災難與落後」（Nakba wa naksa），他是陷入困境的特里波利政府官員。Fitna能毀掉一切。

二十一世紀初，特里波利的命運落入谷底。相較之下，兩百年前地中海東端，一個歐斯曼帝國內的幸福故事正要展開，一座城市正蓄勢待發，以達其最大輝煌。

【第十三章】

貝魯特
——地中海東岸區（黎凡特）遊樂場
Beirut–Playground of the Levant
（西元十九世紀）

……她已死千次，更重生千次。

——娜荻雅．圖葉尼（Nadia Tuéni），
《貝魯特》（*Beyrouth*），1986年

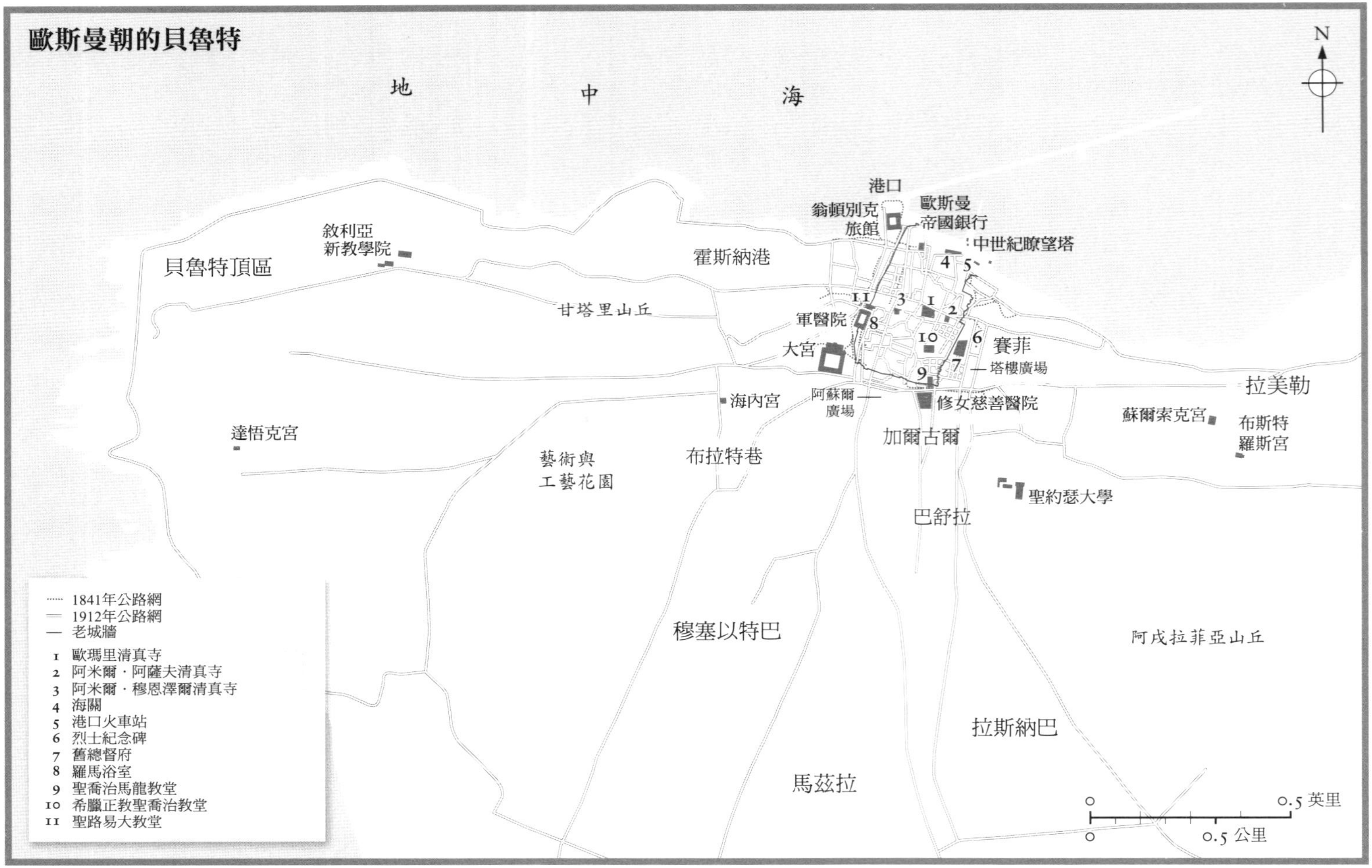
歐斯曼朝的貝魯特
N
地 中 海
港口
翁頓別克
旅館
歐斯曼
帝國銀行
中世紀瞭望塔
貝魯特頂區
敘利亞
新教學院
霍斯納港
甘塔里山丘
軍醫院
大宮
賽菲
塔樓廣場
拉美勒
海內宮
阿蘇爾
廣場
修女慈善醫院
蘇爾索克宮
布斯特
羅斯宮
達悟克宮
加爾古爾
布拉特巷
藝術與
工藝花園
聖約瑟大學
巴舒拉
穆塞以特巴
阿戎拉菲亞山丘
拉斯納巴
馬茲拉
0
0.5 英里
0
0.5 公里
1841年公路網
1912年公路網
老城牆
1 歐瑪里清真寺
2 阿米爾・阿薩夫清真寺
3 阿米爾・穆恩澤爾清真寺
4 海關
5 港口火車站
6 烈士紀念碑
7 舊總督府
8 羅馬浴室
9 聖喬治馬龍教堂
10 希臘正教聖喬治教堂
11 聖路易大教堂

貝魯特令人讚嘆不已。披著白雪黎巴嫩山（Mount Lebanon）下地中海岸舒適的環境與湛藍的天空貢獻給這城市極致的享樂，這不只是在美好春日，更幾乎是在整個十九世紀中。從一個沉睡不起眼的小港口一躍而起，具活力與風格地登上世界舞臺，成為繁榮的商業共和國、阿拉伯文藝復興的蓬勃中心、追求享樂者的遊樂場，以及人人心目中的「中東巴黎」。

十八世紀末、十九世紀初之間，幾乎沒有人認為貝魯特命定在這個令人活躍的時代發展。自然地理賦予它許多好處，貝魯特所在位置幾乎是地中海東岸中間點，處在北邊的安提歐克與南邊的嘎札之間，也位於跨越三千公尺高的黎巴嫩山，延伸向敘利亞的大沿海平原中間點。雖然沿著這條海岸線還有其他幾個同樣得天獨厚，條件稍不同的港口，例如宰達（Sidon，阿拉伯文Saida，又譯「賽達」）、蘇爾（Tyre，阿拉伯文Sur）、特里波利和阿嘎。雖然有城市港口在歷史中揚名，但是沒有一座比貝魯特更經歷了繁榮、輝煌和榮耀，甚至災難不幸，這一切界定了十九世紀及之後的貝魯特。

貝魯特的非凡崛起並非必然。然而就最更寬廣的層面而言，自遠古時起自內在本能的貿易嗅覺刺激了這條海岸線居民將眼光望向遠方。希羅多德說，在西元前四千年末期的史前陰晦暗中，無可遏止的腓尼基人海運、商人與製造力就從東地中海「開始展開長途貿易之旅程」了，其龐大帆船載滿亞述和埃及商品。[1]

腓尼基人的水上超凡技術和優勢受到整個地中海地區的讚賞與畏懼，波斯帝國偉大的國王澤克西斯（Xerxes）在西元前四八〇年決定為他的多民族船隊舉行一場航海比賽，作為入侵希臘的部分準

備，比賽獲勝者是率達腓尼基人。❶

貝魯特令人驚訝的發展是任何城市故事中最引人注目的一個，其成功的原因不能只以地理因素解釋，而是來自當地人才能和積極態度結合的脈動、世界性的活力、幾個大國的干預競爭（主要是歐斯曼帝國、法國、英國與埃及），還有最難理解之各種因素與好運氣所帶來的，所有這些原因將貝魯特在數十年間從一座平凡、不起眼的中世紀小城，推向都市繁華、光彩與精緻成熟的巔峰。

自然環境確實對貝魯特有利，當造訪者從海上靠近港口時，其目光先看到三角形海角，舊城就坐落在阿戌拉菲亞（Achrafieh）與穆塞以特巴（Musaytbeh）兩山丘之間，這兩座山丘是背景中高山延伸至此的山坡。然後他們的目光慢慢地從柏樹、角豆樹（carobs）、西卡摩樹（sycamores）、霸王仙人掌、無花果和石榴樹小種植地，轉到蓊鬱的香蕉樹、橄欖樹、橙樹、檸檬樹與桑樹上，其後方是黎巴嫩山緩坡上的高大松樹，這幾乎是一幅極致美景。當腓尼基人在西元前十四年殖民此地時，龐培已經在西元前六十四年時征服此地，羅馬人稱古貝魯特為Colonia Julia Augusta Felix Berytus，這是紀念奧古斯都的女兒，視此地為「快樂海岸」。

雖然宗教並不確保今生後世的幸福，但是貝魯特的較晚歷史將血腥地證實，這座城市的鄰近聖地確保了她在基督宗教早期傳播的角色。貝魯特周邊的早期基督宗教歷史更提到聖彼得（St Peter）曾在此停留，而且使徒猶大（Jude）的殉教與聖芭爾巴拉（Saint Barbara）之死都在此發生。在傳說故事中，聖喬治（Saint George）殺龍之處就在貝魯特，城市北海岸的名稱聖喬治灣（Saint George Bay）即紀念這件事。戰爭中受損而荒蕪的聖喬治飯店（Saint George Hotel）即坐落於此，這是一九三〇年代的標竿，如今正為其生存對抗貝魯特最大、最具爭議的房地產公司索利兌赫（Solidere），進行極

艱巨抗爭。❷

早於君士坦丁堡與亞力山大城之前，貝魯特已成為後來羅馬帝國的法律研究中心，其法律學院負責狄奧多西烏斯二世（君士坦丁堡長存城牆的建造者），以及後來的查士提尼恩所推行之羅馬法典編纂。雖然這是一個依賴生產絲綢與葡萄酒繁榮的重要貿易殖民地，但貝魯特在法律上的卓越成就，為她贏得了「法律之母貝魯特」（Berytus Nutrix Legum）的稱號。❸預期在十九世紀回歸過去榮光，貝魯特成為著名的哲學、語言和文學研究學術中心。在四十八卷巨作、現存最長篇幅的古代史詩《戴歐尼修斯譚》（*Dionysiaca*）中，西元五世紀的希臘歷史詩人巴諾波里斯的農諾斯（Nonnos of Panopolis）描述了拜占庭貝魯特（或Beroë），說它是「人類生活主軸、愛之港，堅實以海為基處，有美麗島嶼和蒼翠樹林……是生活之根、城市保母，是王公貴族之誇耀、最早存在之城，與時間並存，和宇宙同在……」[2]

唉，極樂巔峰隨著長遠之路而落，經歷從西元三世紀至六世紀的黃金時代後，這座城市如同悲劇般、文學性地從天際落入凡塵，被西元五五一年的一場大地震所毀，地震造成大海嘯，奪走多達三萬

❶ 歷史之父希羅多德也主張，腓尼基文明首先設計出字母系統，並為歐洲命名，從希臘神話故事中，蘇爾的公主歐羅巴（Europa）被克里特島人（Cretan）以牙還牙地綁架的故事，開啟了《歷史》。

❷ 飯店網站上如此解釋：「聖喬治飯店坐落於聖喬治灣上，此地得名自傳奇英雄在此殺死了威脅海岸的龍。今天，這個海灣及其居民正在面臨一個混種大怪獸公司發起的新攻擊，這個怪獸就是索利兌赫地產公司；它既非私有，亦非公有，藉由吞噬公家與私人財富為其幕後支持者們服務。這家巨大的地產公司驅逐聖喬治灣所有合法地主和租賃人，只留下聖喬治飯店孤獨地打一場『大衛與歌利亞』式戰鬥，以阻止索利兌赫地產公司為了建造更多高樓而填海造陸的長期計畫。」

❸ 直到今日，Berytus Nutrix Legum仍是成立於一九一九年貝魯特律師協會（Beirut Bar Association）徽章的一部分。

人的性命，將「法律之母」變成廢墟。古代文化和智性的卓越又在西元五六〇年遭到一場大火吞噬，徹底沉淪至無盡黑暗中，成為地中海東岸的一個寂靜角落，只剩下法律學院散落一地的石柱殘骸，只有南北走向的主要幹道還能提醒此城市先前的偉大。一個明顯的證據說明，因時間流逝，此城市重要性已經消失殆盡，西元七世紀的伊斯蘭開疆擴土時，征服許多地方的阿拉伯人並未特別提及此地。在成書於西元九世紀《開疆擴土史》一書，作者巴拉朱里記載附近大馬士革的陷落，並在注腳提及貝魯特，一同出現的還有一長串在西元六三五年最輝煌的大馬士革征服之後，臣服於攻無不克的伊斯蘭戰士面前的城鎮。

貝魯特（歐洲十字軍稱為Baruth）在一一一〇年從穆斯林的統治落入基督宗教徒的耶路撒冷王國，被其國王波勒德溫一世（Baldwin I）攻占洗劫。除了一一八七年薩拉丁曾攻陷該城，短暫控制九年外，貝魯特一直留在十字軍手中，直到一二九一年才在一次艱困的圍城戰後被埃及瑪姆魯克人趕走。十字軍興建的聖約翰教堂（Church of Saint John）轉為增建一對宣禮塔的歐瑪里大清真寺（Al Omari Grand Mosque）。今日，在其南方幾步路處是一七六七年建造的希臘正教聖喬治教堂（Saint George Greek Orthodox Cathedral），是城內現存最古老的基督宗教徒禮拜場域。此時港口呈半月形，最遠的兩端各有一座高聳防禦塔，中間有一條鎖鏈相連，能在受到攻擊時保護船隻與城市。

十四世紀時，貝魯特北邊奇斯拉萬區（Kisrawan）的什葉穆斯林受到瑪姆魯克人迫害，埋下後來宗教衝突的種子，吸引了馬龍教徒（Maronites，古老的當地基督宗教支派，與羅馬教教廷交融），在之後幾世紀裡以什葉德魯茲為代價進入黎巴嫩山區，德魯茲派是伊斯瑪儀里支派中一個採折衷主義的小分支，很久前就定居於此。

雖然宗教衝突部分的基礎是根植於黎巴嫩山坡地區本地，但其他部分則是來自更遠的地方。一四五〇年，馬龍教會主教已有羅馬教廷派駐顧問，這開啟歐洲人長久介入對當地保護的開端。然而，決定性介入導致影響是在一六三九年，法國國王路易十三世（Louis XIII）宣布黎巴嫩山地區馬龍教徒從此都歸他「保護與特別照顧」。[3]這對歐斯曼蘇丹而言是一個標記，因為帝國對此地的保護權受到外來挑戰，這也造成一個信息，讓那些長久以來想要脫離穆斯林統治的馬龍教徒受到鼓動，後來的德魯茲—基督宗教徒競爭將經常出現在黎巴嫩和貝魯特人的歷史中。此一八六〇年衝突的核心危機也是造成更大區塊的一九七五年至一九九〇年內戰的重要原因，將城市打成瓦礫灰燼。

十六世紀時，東地中海地區出現一股新勢力。蘇丹梅赫梅德二世征服君士坦丁堡六十年之內，瑪姆魯克人就徹底退場。歐斯曼蘇丹瑟里姆徹底擊潰瑪姆魯克人，先是在一五一六年發生在敘利亞的達比哥草原戰役（Battle of Marj Dabiq），之後在一五一七年的開羅城外，歐斯曼人都是勝利者，造成中東統治秩序的震盪與洗牌。把從敘利亞和巴勒斯坦到埃及與阿拉伯半島的穆斯林領土，從式微的伊斯蘭政權手轉移到活力四射的穆斯林繼承者之手。歐斯曼帝國掌控貝魯特並非沒有受到挑戰，在一七六八年至一七七四年的俄突戰爭（Russo-Turkish War），一支俄羅斯艦隊於一七七二年炮轟占領貝魯特，並在一七七三年至一七七四年間重演，當時的貝魯特人口據估計不超過六千人。這是最短暫的中斷，當時貝魯特人被命令下馬，對著一幅掛在主城門上的巨大凱薩琳女王（Catherine the Great）的畫像鞠躬。[4]更重要的是，這是歐洲人對正在衰微帝國構成挑戰的前兆。儘管面臨當地與國際上的困境，但歐斯曼帝國對貝魯特和包括三大聖城之內的中東大部分地區的掌控仍將持續，直到有史以來最大災難的第一次世界大戰爆發。

即使經過先前幾個世紀中的巨大考驗與憂患，貝魯特的迷人之美依然持續，成為城市代表性特徵，有如天房之於麥加、伍麥亞清真寺之於大馬士革，或君士坦丁堡的城牆。閱讀歐洲喜愛冒險旅行家的記載可知，世界旅行變得更容易的十九世紀初開始有少數人來到此地，在一八四〇年代後才開始源源不斷的大批到來，這座城市令人無法抗拒的喜愛與吸引力是掩藏不住的。法國作家、攝影師兼旅行家馬克辛．杜坎姆（Maxime Du Camp）於一八五〇年陪同福樓拜（Flaubert）到貝魯特，立即就被迷住了，相較於城市本身，他們更喜愛周邊地區。他用華麗辭藻描繪「石松樹森林」，散布路邊的仙人掌、桃金孃和石榴樹，以及「黎巴嫩樹木覆蓋伸入天空的乾淨山稜線」。對這個具浪漫傾向的法國人來說，貝魯特是「讓那些冥思者、幻想破滅者及為存在受傷者的避靜地；對我而言，則是在那裡什麼都不做，只看著山與海，快樂地過日子」。[5]

當然，旅行作家往往傾向如此隨意興致的紫色狂想曲，而杜坎姆絕非唯一。美國旅行家史提汾．歐林（Stephen Olin）在一八四〇年提到：「經過一片東方城市少有的引人注目、華美地方，我們走向這座城市，這座城市被花園和桑樹覆蓋著，毫不掩飾地被滿眼蒼翠綠葉掩蓋。」晚近的已故黎巴嫩歷史學家薩米爾．卡西爾（Samir Kassir，是一位對他出生的這座城市熱愛研究的作者）曾說，這裡是「一座看起來從天堂落入凡間的半島」。她彷彿是「當性感被分布於阿拉伯城市時，精靈們決定貝魯特為舒適、樂活的城市」。[6]

貝魯特具備得天獨厚的環境，無人有異議。而在過於沉迷之前，值得注意的是杜姆坎本身並不喜愛這座城市，他認為貝魯特「卑微無光彩」。如果說這是十九世紀中葉時的簡單斷言，那麼有一位比他早五十年來的訪客比他更失望。在十九世紀大部分的時間中，外在美尚未得到內在美配合。

十九世紀初的貝魯特是一個有著七個主要城門、不起眼的中世紀城鎮，其微小面積從南到北是五百七十公尺，從東到西則是三百七十公尺，城外卻是永遠都被讚頌的蒼翠景色。貝魯特的核心建立圍繞在其命脈上，即港口與防波堤，由鏈塔（Burj al Silsilah）與燈塔（Burj al Fanar）雙塔保護著。就建築而言，除了港口外，一般注意力集中在三個地標建築：第一個是位於城防東北角的十字軍碉堡（Burj al Hashesh）；第二個是新碉堡（Burj al Jadid），位於更高的山丘，在一八五三年成為大宮殿（Grand Sérail）所在地，直到今日；最後一個則是位於城牆東南角的瞭望塔（Burj al Khashef），後來成為塔樓廣場（Sahat al Burj）所在地，是貝魯特的最核心區。一八六〇年代以後，快速增加的人口才開始蔓延到古代城牆外。

在不規則的四邊形中，這座城市並非光亮愉悅，而是陰暗髒臭。高牆間蜿蜒的狹窄街道與三、四層樓無窗房屋，組成讓訪客困惑的迷宮。載著堆高貨物的毛驢穿梭在狹窄小巷和低矮市集拱門中，其主人不耐煩地驅趕牠們。搬運工拉著堆滿包裹的車，偶爾有駱駝昂首走過防禦的城門。衛生設備很原始，氣味古老。

在一八三〇年代初，貝魯特的人口是八千左右，與俄羅斯人在六十年前炮轟占領此地時沒有什麼變化。法國歷史學家兼作家瓊・約瑟夫・弗朗詼・浦朱拉（Jean Joseph François Poujoulat）聲稱，他從未見過這種比中世紀阿拉伯城鎮建築更「怪異、不規則且異常的」；「拱廊、祕密出口、幽暗小巷，狹長交織的街道，使得想要逛市鎮的遊客感到眼花撩亂；每間房屋都像是難以進入的土牢」。一八三二年，法國浪漫主義詩人兼政客阿勒方豐斯・德・拉瑪赫登（Alphonse de Lamartine）驚嘆這裡地景之豐饒，「無與倫比的氣候和……得天獨厚的位置」，他發現貝魯特是一座完全「讓人著迷」的城市。以那種熟悉的東方主義語調不著邊際地遐想這裡「深居在女眷區的」女人，以及那些在港口前蹄下跪載貨的「駱駝悲鳴」。拉瑪赫登的法國同胞作家愛德華・布隆勞迭勒（Edouard Blondel）曾於一八三八年至一八三九年間住在貝魯特，倒是沒有那麼受到浪漫啟發，他觀察了許多清真寺、教堂和接待外國人的旅館，視之為「破舊，毫無興趣可言」。[7]

稱這種狀況為如畫般的沉寂或許有些誇張，然而貝魯特確實得等到埃及人突如其來地出現後，才終於改變狀況。俄羅斯人於十八世紀末測試歐斯曼帝國在這些沿海地方的實力後，一八三一年輪到埃及人上場，他們用較為大膽的方式測試歐斯曼帝國的防守力量，並且取得更長久的效益。在早先戰役壓制邵德家族（House of Saud）並肆虐希臘大部分地區後，易卜拉欣總督（Ibrahim Pasha），亦即「現代埃及之父」穆罕默德・阿里（Mohammed Ali，一八〇五—一八四八在位）總督積極活躍的長子，他沿著地中海東岸區發起一長串征服，先把嘎札、海法（Haifa）、亞法納入統治，然後是一些著名古代城市，包括蘇爾、率達、阿嘎、特里波利、霍姆斯、拉達基亞（Lataqiya）及伍麥亞朝舊都大馬士革，貝魯特在一八三二年未動槍炮就被拿下。雖然易卜拉欣總督短暫地提出向伊斯坦堡進軍的威脅，但他後來還是撤兵到新近征服的敘利亞領土，以鞏固其勢力。

對貝魯特而言，埃及人的征服巧合地與蒸汽船發明及船運變革同時發生，由英國帶頭，法國和其他歐洲列強隨後跟進，把貝魯特從一個大馬士革與阿勒坡的敘利亞內部之冷清轉口港，從東轉變為朝西發展的港口城市。在地中海區商貿、出口絲綢及原物料，進口從英國蘭開夏郡棉衫到巴西咖啡豆的世界產品。由於大量貨櫃運輸與船隻吃水加深的需求，使得貝魯特開始超越鄰近的競爭港口城市，如率達、蘇爾和特里波利，這座未來的城市適時適地存在發展。

直接又意想不到的立即獲益是易卜拉欣總督拆除貝魯特軟砂岩的城防系統，為城市的擴大打開大門，使得密集的人口開始擴散到城牆外。若要了解從一八三一年至一八四〇年這段「埃及統治」十年的轉變重要性，只要查閱海關及船隻進出紀錄即可。根據約翰·伯寧（John Bowring）爵士在英國下議院所做英國對敘利亞的貿易報告，一八二四年有十五艘船進入貝魯特港，進港船隻的數目在一八三〇年年增加為二十二艘，一八三三年則是二十八艘。到了一八四〇年，進入貝魯特港的英國船隻就有一百五十艘。海關稅收在一八三〇年至一八四〇年間成長了四倍。易卜拉欣總督統治下的貝魯特諮商委員會主席馬赫穆德·納米別克（Mahmud Nami Bey）證明他是貝魯特積極且具活力的統治者。一八三五年，因應不斷增加的運輸量，建造新防波堤，同年總共有三百一十艘船入港。到了一八三八年，這個數字已經增加一倍多，達到六百八十艘。英國領事在報告中表示，貝魯特已「從三級阿拉伯城鎮轉化成有歐洲各國居民的繁榮商業都市——在此居住」。[8]幾年內，這些居民中包括有美國、俄羅斯、奧地利、普魯士、圖斯卡（Tuscan，又譯「托斯卡納」）、薩爾迪尼亞（Sardinian，又譯「薩丁尼亞」）、西班牙、荷蘭及希臘領事，他們緊隨英國人、法國人而至，追求成倍利益的商機。

這十年尾聲時，已有六十九家公司在貝魯特設立，其中一半是外國公司。基礎建設與衛生環境有所改善，也有柏油路，設立了傳染病檢疫所提供隔離設施，在埃及人的現代化改革下，港口和關稅運作也有所規範。一名耶穌會傳教士在一八三六年說：「它無疑變成東方的港口，正在擴大，而且該國的基督宗教徒人數也急速增加。」從一八三〇年代的一年五萬噸進入貝魯特的全部貨運量已迅速增加十二倍，在一八八六年達到六十萬噸。[9]

外國人在貝魯特的利益是一把深深插入社會的雙刃劍，一方面刺激商業擴張，在十九世紀不斷極速深化，使得許多當地人致富；另一方面，人口平衡開始有了改變，後來甚至引燃教派衝突。一場預警性動盪在一八三八年發生，當時掌控黎巴嫩的埃及人利用基督宗教馬龍教會的勢力，打壓黎巴嫩山地區的德魯茲穆斯林叛亂，後者在傳統上歸屬順尼穆斯林戌哈卜（Shihab）家族酋長統治，此事立即對兩社群的關係造成毒害，並帶來不祥的後果。❹德魯茲穆斯林、基督宗教徒及什葉穆斯林等開始向宗主國歐斯曼蘇丹請願，要求讓他們從埃及人暴政解放，這件事開啟外力介入之濫觴。

歐斯曼帝國正面臨越來越嚴峻的壓力。內部，民族主義運動正高漲，基督宗教徒的塞爾維亞人、希臘人是帶頭者，他們在塞爾維亞革命（Serbian Revolution，一八〇四—一八一七）、希臘獨立戰爭（Greek War of Independence，一八二一—一八二九）成功地獲得自治與獨立。外部，歐洲列強開始以保護基督宗教徒少數族群的名義，對歐斯曼帝國事務逕行干涉。一八二七年，英法俄聯合艦隊在納瓦利諾戰役擊敗穆罕默德．阿里帶領的歐斯曼艦隊（得到特里波利的優素夫．卡拉曼里不盡力支持），這場失敗象徵歐洲人在地中海霸權的開端，強大穆斯林帝國趾高氣昂控制衰弱西方異教徒的時光，似乎已成逐漸遠去的回憶。

一八三九年，在試圖將帝國推向現代化以趕上西方列強，好贏回歐斯曼帝國歐洲臣民的努力下，歐斯曼帝國宮廷發布《玫瑰園詔書》（Imperial Edict of Gülhane），宣布歐斯曼帝國的所有臣民，不論宗教、種族一律享有平等權利。歐斯曼帝國和歐洲列強之間在一八三八年到一八四〇年簽訂的一系列自由貿易協定，更提供貝魯特商業利益。蘇丹馬赫穆德二世（Mahmud II）在一八三九年推動的開放性再造改革（Tanzimat reforms）持續到一八七六年，透過一系列詔書與政令的頒布，推動國家體制基礎的改造。歐斯曼帝國臣民被賦予人身安全和財產保障，軍隊開始重組專業化。效法法國頒布新法典，同時還有歐式法庭與人民宗教信仰的法律平等地位。同樣以法國制度將稅制標準化，廢除非穆斯林傳統上的保護稅。發行新紙幣，工廠代替同業行會，成立衛生部和教育部，以及大學、師範學校、中央銀行、證交所、郵局及科學院。奴隸制在一八四七年被廢除，同性戀行為在一八五八年合法化，比英國早了一百多年。改革者採用的大部分方法被認為是歐洲人最佳傳統。但是就貝魯特角度觀之，在一些人眼中這些平等承諾是令人不快的諷刺，尤其是德魯茲穆斯林，使得突然更具信心的馬龍教會快速證明比其他人更平等。[10]

當歐洲人開始在貝魯特追求利益時，不經意地發現介入理由以保護各自利益。一八四〇年，英國駐伊斯坦堡大使龐森比勛爵（Lord Ponsonby）的強勢代理人理查·伍德（Richard Wood），開始鼓動馬龍教會和德魯茲社群發動叛亂，推翻他們的埃及統治者。一八四〇年九月十一日，一場英格蘭、歐斯曼與奧地利聯合艦隊出現在聖喬治灣，並開始猛烈炮轟，在登陸之前提供馬龍基督宗教社群火炮和步槍。埃及人在十月投降，穆罕默德·阿里在旋風式的十年改革後失去敘利亞，他在當地留下的遺續之一是把「防禦堅固的稅收農場，變成地中海貿易的開放港口城市」。[11]雖然出於善意，但較負面的是穆斯林與基督宗教徒同名額城市委員會的設立導致教派政治，從此困擾著貝魯特與大黎巴嫩區。埃及人離開的同一年，貝魯特的重要性愈加受到認同，她取代了阿嘎，成為擴大的率達省（vilayet

❹ 統領巴希爾·戌哈卜二世（Bashir Shihab II）自一七八九年至一八四〇年統治著黎巴嫩山區，他本人屬於馬龍教徒，是這個家族改信基督宗教後，第一個以基督宗教徒身分統治山區公國的政權。

Saida）首都。這使得貝魯特立即具有相較於其他地中海東岸港口城市的優勢，如蘇爾、率達與特里波利，貝魯特已經有數量不斷增加的歐洲國家領事館，得以善加利用此契機。

儘管爆發了暴力，但在黎巴嫩山的松林和桑樹園下，貝魯特持續發展。自從一八三〇年代末起，貝魯特就有「東方巴黎」之美稱。從一八四二年至一八五〇年住在地中海東岸的英國旅行家斐德立克．尼勒（Frederick Neale），提供關於這座城市的鮮明洞見。他記載在八年間多次造訪此地，但每一次都發現比上一次所見「又有更多進步」。貝魯特的「財富快速穩定地發展，人口越來越多，面積也在擴大……龐大的新宅邸，闊氣商人的地產，每天都有新建工程」，以及富裕中產階級商人的漂亮郊區別墅和夏季度假場所。旅館、撞球俱樂部、歐洲設備蒸汽機驅動的絲綢紡織廠，「如雨後春筍般四處出現」，提供千百男女就業機會。貝魯特機敏地將「實用」結合「宏偉」。傍晚舉行的方陣舞派對，使得社交生活更有生氣。在顯要人物舉辦的舞會裡，貝魯特的阿拉伯和歐洲社會菁英交融地跨越文化區隔。歐洲人投入舞池，跳著波樂卡（polka）和華爾滋，旁邊端著茶杯的突厥總督一邊抽水菸，一邊與隨從興致勃勃地看著歐洲人跳舞，只是對那些「不合體統」地跳舞的基督宗教徒女人稍感驚訝。年輕的歐洲人徹夜縱情於派對，依依不捨地離開舞廳，跑進辦公室，「每天都喝掉大量的氣泡水，但卻很少在工作」。十九世紀中葉有關貝魯特令人感興趣的記載裡，也「在德魯茲社群與馬龍教會間經常出現爭論」的議題上投下長影。理查．伍德的評論符合這種狀況，他表示不同派系「對彼此痛恨」——到了一八六〇年，將災難性地從黎巴嫩山區擴散到貝魯特的每個角落。[12]

十九世紀貝魯特最顯著的發展是由歐斯曼人啟動，外國人主導的教育驅動，這將為貝魯特帶來持續到二十一世紀的複雜結果。一八二〇年代起由新教傳教士帶頭創立，學校開始在城市各處出現，以教育新一代的貝魯特人，在此之前，其受教育機會頂多是最基本的。這並非唯一的西方計畫，因為歐斯曼行政機構一直重視優秀穆斯林的教育，一方面競爭，另一方面也補充了慈善性與帝國主義結合的歐洲人和美國人之教育事業。穆斯林學校中具領導性的是在一八七八年設立的伊斯蘭慈善會（Magasid Benevolent Society），它很快就成為順尼穆斯林社群的基本醫療和教育中心，兩年後科技學院（Dar al Funun）跟著成立。

在第一次世界大戰爆發前，貝魯特的人口已增加到十三萬人，隨著法國的文化影響力在整個十九世紀普遍化，各種法國天主教教團在此都有自己的學校與機構，耶穌會和拉匝祿會（Lazarists，又譯「遣使會」）、方濟會與方濟卡布生會（Capucins）、基督宗教學校修士會（Frères des Écoles Chrétiennes，又譯「喇沙會」）、聖母昆仲與姐妹會（Marist Brothers and Sisters）都在此活動，其組織包括貝桑松慈善姐妹會（Soeurs de Besançon）、聖約瑟修女會（Soeurs de Saint-Joseph）、聖約瑟之靈修女會（Soeurs de Saint-Joseph-de-l'Apparition）、拿撒勒慈善修女會（Soeurs de la Charité de Nazareth），以及西翁聖母修女會（Soeurs de Notre-Dame de Sion）。其中一八四七年到貝魯特的拿撒勒慈善修女會的修女潔拉（Sister Gélas），在一年後成為當地對抗三大傳染病（天花、傷寒、霍亂）的女英雄。新教徒無法和如此的法國集體行動相提並論，他們設立了美國女子學校（American School for Girls）與不列顛敘利亞盲童學校（British Syrian School for the Blind），而希臘天主教徒可以進入牧首主教學院（Patriarchal College），希臘正教徒則進入國立學院（National College）。這種影響已經到了某些街區甚至開始以當地外國機構命名的程度：穆塞以特巴山丘上的巴特拉基亞（Batraqiya）街區是源自牧首主教學院、耶穌亞（Yasuiyyeh）是因為位於聖約瑟大學（Université

Saint-Joseph）附近的耶穌會（Jesuit），阿戌拉菲亞山丘上的那斯拉（Nasra）則取名於拿撒勒慈善修女會。[13]

加劇的外國影響力並不只是在貝魯特，整個十九世紀，英國人與法國人的炮艇染指整個北非和中東地區，日益加劇。拿破崙在一七九八年進入埃及，開啟自十字軍以來的第一次大規模西方對伊斯蘭世界的入侵，揭開之後加速的殖民戰爭序幕，也是一九一六年英、法瓜分中東與二十一世紀伊拉克及利比亞戰爭的前奏。穆斯林世界最強大的力量目前仍屬歐斯曼帝國，但是它在十九世紀已益加衰微。以英、法為帶動者，歐洲人進入中東和北非的腳步越來越快。一八二〇年，英國強加條約於波斯灣停戰諸國（Trucial States of the Gulf）地區一份酋長國條約，這是其於一八九二年在波斯灣地區建立戰略性保護領地的序曲；而法國人則在一八三〇年占領阿爾及爾後，重新回到北非的海盜岸線，然後在一八八一年把突尼西亞據為保護領地。不甘落後的英國以英國東印度公司的名義，在一八三九年占領亞丁（Aden），一八八二年和一八九九年分別使埃及、蘇丹淪為該國保護地。

在漫長的十九世紀裡，沒有一座城市能像貝魯特，一方面領先財富及輝煌的快速成長；另一方面也因為西方影響力介入不斷加大而變得脆弱、危機重重。

萬花筒美麗如魔術，隨著轉動不斷變換的彩色圖案讓小孩深深著迷，但其圖案是如此脆弱、易逝，當它搖晃得太劇烈，和諧平衡就會被破壞，萬花筒因而容易損壞。

一八六〇年，內部張力不斷升高的數十年後，黎巴嫩山地區的多元文化平衡突然瓦解。其裂解跡象早已顯露，曾受到馬龍教會支持，但德魯茲社群反抗的埃及占領，如今因為傳統統治結構而四分五裂，使得社群關係受到毒害。接下來歐斯曼帝國對黎巴嫩山地區行政治理的再造，形成雙行政區（two qaimaqamat administrative regions）：馬龍教會社群控制北邊，德魯茲社群控制南方，而雙方社群並不只分布在武斷劃分的邊界，如此更進一步強化派系分裂。

隨後在一八五六年，歐斯曼人重新審視改革敕令（Reform Decree）中關於非穆斯林社群特權的棘手問題。歐斯曼帝國蘇丹宣布：「在我的帝國裡，一切因宗教、語言或種族差異而讓任何一個階層低於另一個的命令，都應該永遠被排除在行政方案之外。」這對黎巴嫩山地區的基督宗教徒而言是嘉惠之舉；但相反地，在帝國境內許多穆斯林中激起憤怒。一位大馬士革穆斯林法官表示，這些措施表現出「對真主永恆伊斯蘭法的可恥違背」。[14]

至於一八六〇年血腥之夏是如何開始的，至今仍然有所爭議，雙方都聲稱是對手率先挑起爭端。但無可爭議的是，一八六〇年春天，起初是針對馬龍教會社群和德魯茲社群的搶劫與謀殺，一連串的小規模衝突迅速升級為全面黎巴嫩山地區內戰，到了五月底，不同社群間的衝突全面展開。五月二十七日，三千名基督宗教徒在艾因達拉村（village of Ain Dara）附近，與人數少很多的六百人左右的德魯茲教徒發生激戰，並被打得很慘，造成超過兩百個基督宗教徒的村子全數被破壞的序曲，村民遭到集體屠殺。當德魯茲派控制了山脈南部和貝卡阿山谷（Bekaa Valley）時，街道上血流成河。在黎巴嫩山地區發生的最後傷亡數字約一萬一千人左右，在大馬士革則是一萬兩千人。至少有超過此數字一倍的人身受重傷，成千上萬人流離失所，這是「歐斯曼治下敘利亞歷史上最嚴重的動亂」。[15]

歐洲國家開始對歐斯曼帝國施壓，這是「為介入準備輿論環境」外交政策的前奏，這樣事情在之後兩百年裡一直在西方介入中東事務時出現，如此情勢讓歐斯曼帝國外交大臣福阿德將軍（Fuad

Pasha）率領四千人軍隊被派往該地區。大馬士革省長立刻遭到處決。人頭落地是一個決定性行動，但卻不足以讓法國人打消介入的念頭，由查理・德波佛弗・朵特普（Charles de Beaufort d'Hautpoul）將軍在八月中旬帶領六千人遠征軍登陸該地區。

血腥衝突造成的難民從黎巴嫩山區大批湧向貝魯特，在八月的兩週內，難民人數從一萬增加到兩萬。貝魯特已經難以負荷湧入的難民，城市裡的房屋、學校、宗教機構、墓地、廣場和花園，甚至是停在港口的船隻，都擠滿驚駭的難民，他們在一八六〇年繼續湧入城內。儘管有溫暖人心的穆斯林和基督宗教徒的善行與熱心幫助，但是城內情況已經令人絕望，衛生問題更是可怕。隨著難民不斷湧入，許多貝魯特最富裕的居民，因為受到街上可怕場景的驚嚇，擔心即將來臨的健康危機，於是用行動表達，靜靜地坐上蒸汽船前往亞力山大城、雅典及斯米爾納。[16]

一八六〇年黎巴嫩山地區大屠殺的最重要後果，就是結束了雙省長制度（qaimaqamat dual governorate）。大流血一年後，在貝魯特召開一場列強會議，歐斯曼帝國與英、法、俄、普、奧簽訂條約，黎巴嫩山地區從此變成自治區（mutasarrifiya），由歐斯曼帝國基督宗教徒子民執政，並確立馬龍教會社群的掌控權力。

對貝魯特而言，這場山區災難的後續發展有相當戲劇性的變化，導致貝魯特的人口統計地圖完全重新劃定。一八三八年，據估計，穆斯林和基督宗教徒占城市人口比例各是四五％。一八四六年，兩社群人數仍各占四七％。但是到了一八六一年，馬龍教會社群集體遷移逃離，穆斯林人口占三八％，而基督宗教徒則占五八％。如此人口比例隨著本世紀時間推移，朝著越來越有利基督宗教徒的發展局面，穆斯林人口在一八八二年只剩下二九％，是基督宗教徒人口比例的一半。到了一八九五年，人口比例則是穆斯林占三〇％和基督宗教徒占六三％。貝魯特迅速地成為基督宗教徒多數的城市。集體人口移動也改變了三大基督宗教支派間的人口比例。一八四六年，貝魯特的希臘正教徒占二三％、馬龍教派占九％、希臘天主教占七％。到了一八六一年底，馬龍教派已經提高到二一％，緊追希臘正教的二九％之後。[17]

數字只顯示部分故事，基督宗教徒難民湧入的其他重要後果是城市裡財富分配的改變，使基督宗教徒決定性地壓過穆斯林對手。內戰也使得城市和山區間關係的轉變停止，黎巴嫩山地區曾是貝魯特人危急時刻的避難所，此後人民則是逃離山區與敘利亞內陸，前往安全的貝魯特。

在一八六〇年暴力爆發之前，教派緊張關係也開始出現在首次的改革。正如歷史學家蕾拉·塔拉吉·法瓦茲（Leila Tarazi Fawaz）所寫的，一八六〇年之前，「基督宗教徒迫害基督宗教徒的事情遠比穆斯林迫害基督宗教徒改宗者的情形來得普遍……貝魯特的教派敵對就像主要社群內部的矛盾一樣多」。然而在本世紀後半葉，當許多基督宗教徒與不少穆斯林在這段期間發了財，使得社群之間的對立尖銳。在此時期，史料中反覆提及穆斯林社群和基督宗教徒社群間爆發的暴力事件，從小規模到流血與更嚴重的衝突都有。一八七一年，一群基督宗教徒遭到穆斯林以木棒毆打。十年後的一八八一年，穆斯林和基督宗教徒男孩們在遊戲中發生小爭吵，但是這很快就演變成有成年人參與其中的砍殺致死衝突。一八八八年，一些基督宗教徒男孩發現他們遺失的山羊遭到砍頭，便對貝都因女人丟擲石頭，這幾乎導致一場全面性暴動。木棍很快被更強力的武器代替。一八九六年、一八九七年與一八九九年，槍械被用於一連串的教派事件中。到了二十世紀初，「基督宗教徒與穆斯林衝突已司空見慣，很少有一週沒有發生暗殺事件，或是一年沒有發生暴亂」。[18]

社群之間的猜疑在此時期受到強化，例如生於一九〇三年的英裔黎巴嫩作家兼活動人士愛德華·阿兌亞（Edward Atiyah）的著作，預言長久後的麻煩。根據他的說法：「基督宗教徒對陣穆斯林是我關於集體人際關係的第一個概念。」他在關於貝魯特的著作《阿拉伯人自述其故事》（*An Arab Tells His Story*）中表示：「我在五、六歲時認為世界是由彼此憎恨的穆斯林和基督宗教徒組成的……。」如同許多在他之前與之後者，阿兌亞忍不住讚美貝魯特的珊寧山（Mount Sannin）影子下「的絕美自然風光」，但是到了一九二五年，他發現貝魯特「除了恐懼、懷疑和仇恨之外，未能孕育其他任何東西」。他顫抖地說：「這是卑鄙邪惡的人類痛處。」[19]

然而，這只是一位作者從一九四六年有利情況之殘酷的論斷批判，他曾在一八六〇年內戰裡失去曾祖父，經歷從一九二三年至一九四六年敘利亞和黎巴嫩淪為法國保護地的動盪時期（多數穆斯林反對一九二〇年創造出來的新大黎巴嫩國，而期待大馬士革為其未來）。❺他所說的狀況背離貝魯特基督宗教徒和穆斯林日常互助合作的情況，這在最常見的商業界得到證明。十九世紀的大部分時間裡，商業活動中利益的考量總是比感情更被考量。頻繁與不受歡迎的暴力在貝魯特窮人生活中經常可見，有同如背景雜音，而非城市主導性音樂。雙方陣營的教派極端分子煽動衝突火花，但是城市裡的多數人都拒絕點燃火把。穆斯林和基督宗教徒總是能找到共同陣地，不只是在商業活動中，也在城市委員會裡，地位平等的代表一直在城市委員會、知識分子階層，甚至在地下政治運動維持著。

十九世紀末，由於缺乏強力而有效的警力，對立的基督宗教徒和穆斯林幫派持續威脅貝魯特的安全。幫派在地下犯罪中的猖獗活動，包括賭博、走私、收取保護費及謀殺。一位最惡名昭彰的幫派領袖（abadi）是歐斯塔·鮑里（Osta Bawli），他是希臘正教徒社群成員。阿兌亞寫道：「他是受人尊敬的戰士，受到基督宗教徒的愛戴和讚美，遭到穆斯林憎惡，每一位與穆斯林或歐斯曼政府有過節的基督宗教徒都是他的跟班；每一位被謀殺的基督宗教徒肯定都會被他或其手下尋仇。」他穿著長袍，繫腰帶，神氣活現，身上藏著匕首和左輪手槍。[20]歐斯塔．鮑里就像其他的幫派領袖，活躍在穆斯林和基督宗教徒奪命謀殺與報仇的無盡循環中。

一八九六年，歐斯塔．鮑里好運不再，如同太多人的結局，他在沿著當時貝魯特人所喜愛的濱海路上散步時，遭人從背後捅死。其葬禮讓貝魯特的很多地方落入寧靜中，也引發通常互相憎惡的希臘正教徒、馬龍教會、天主教徒和新教徒，難得一見的團結作用，皆為他的死感到悲傷。奔喪者在街道上排隊唱著詆毀穆斯林和歐斯曼帝國的歌曲，女人們也歌頌其為大眾英雄烈士。後來在蓋棺之前，他的一個仰慕者突然出現，胸前別著玫瑰花，手絹散發著香氣，走到棺木前彎腰親吻屍體，然後小聲說著聽不到的話，可能是要為這個幫派領袖報仇的許諾。三天後，同一人走進一家菸草店，開槍殺死三個與歐斯塔．鮑里被暗殺毫無關係的穆斯林，「榮譽」被落實了。

沿著樹木排列的蘇爾索克大街（Sursock Street）往東走，位於阿戌拉菲亞山丘中心有一座小而別致的豪華住宅，從其私人山丘俯瞰下方港口，美麗噴泉在這昂貴住宅區噴湧著，這裡是貝魯特最高級的梅菲爾（Mayfair）住宅區。穿過精雕細琢的鐵門，拾大理石階梯而上，進到房屋裡，經過一對十七

❺ 譯注：歐斯曼帝國於第一次世界大戰落敗後，其中東地區的領土被瓜分，英國獲得巴勒斯坦和伊拉克，法國則取得大敘利亞區，此後法國更把此地區切割成黎巴嫩與敘利亞兩個國家。

世紀的弗雷蒙（Flemish）踏毯，眼前是三十五公尺的大廳，裝飾著四組華麗的黎巴嫩式三拱廊、大理石柱及古典東方地毯。繁茂的棕櫚樹、柏樹圍繞四周，地中海風光就在眼前，這一切布置顯示著主人的富有。

這是一八六〇年穆薩・蘇爾索克（Musa Sursock）在黎巴嫩山地區還是血流遍地時興建的豪宅，他是貝魯特老一輩基督宗教徒暴發戶富商。今日，蘇爾索克宮（Sursock Palace）是貝魯特現存最大的十九世紀私人宅邸，是其家族住所，位於尼古拉斯・易卜拉欣・蘇爾索克博物館（Nicolas Ibrahim Sursock Museum）對面，後者是在一九一二年建造的更華麗白色豪宅，風格受到威尼斯和歐斯曼建築影響。尼古拉斯・蘇爾索克（Nicolas Sursock）在一九五二年過世後，這棟建築物就遺贈給貝魯特，之後成為總統卡米耶・夏蒙（Camille Chamoun，一九五二—一九五八在位）的貴賓接待場所，後來在一九六一年成為博物館和活躍的一九六〇年代貝魯特沙龍聚會場地。黎巴嫩小說家哈南・薛赫（Hanan al Shaykh）懷念地說：「我們都自信滿滿，參加過〔沙龍活動〕的無一不是有頭有臉者……是社會菁英中的菁英。他們參加是因為名聲，而不是對藝術感興趣。」[21]

時至今日，在賺到第一桶金將近三個世紀後，曾驕傲地執貝魯特商業成功之牛耳的希臘正教蘇爾索克家族，仍是這座城市裡最繁盛的家族之一。這個有創造才能、不知滿足又有深厚雄心的家族成員們完成了「在十九世紀最超凡的社會階層晉升」。[22]從一個在土耳其的歐斯曼稅收農（Ottoman tax farmers），就像當時許多其他基督宗教徒商人，透過領事保護並從中得到改變一切的種種特權，不用向國家繳稅的權利只是其中一項。例如在一八三二年，迪米特里・蘇爾索克（Dimitri Sursock）為剛上任美國領事館代表口譯員，其家庭成員分別得到希臘、法國或俄羅斯領事的保護。

蘇爾索克家族成員是糧食運輸商與代理人、銀行家、證券交易所投機者及房地產大亨，在今日黎巴嫩、敘利亞、埃及、土耳其、以色列與巴勒斯坦領土擁有整片村莊地產。他們還是棉花廠商與狂熱絲綢貿易商，自一八五三年起，絲綢乃貝魯特最重要出口商品。他們毫無困難、出手闊綽地投資大型基礎建設工程，例如蘇伊士運河、貝魯特—大馬士革公路與港口。他們的商業帝國從貝魯特、伊斯坦堡、亞力山大城延伸到開羅、巴黎及曼徹斯特。當俄羅斯大公尼古拉斯（Grand Duke Nicholas）在一八七二年造訪貝魯特時，立即要求見尼古拉斯．蘇爾索克，此人在當時的年收入據說有六萬英鎊，等同今日的六百二十萬英鎊。蘇爾索克家族毫不費力地和歐洲貴族建立良好關係，也與他們聯姻，同時和歐斯曼帝國及外國勢力高層維持密切關係，從一八六三年至一八七九年統治埃及的總督伊斯瑪儀勒之所以能維持其權力，部分是因為蘇爾索克家族的高額貸款和投資。其華麗宮殿和別墅「與任何義大利宮殿同美」。簡言之，蘇爾索克家族身處貝魯特社會的最上層，也是「商業權貴中最有權勢的家族」。[23]

蘇爾索克家族並非唯一。一八五七年至一八五八年，貝魯特新開幕的歐斯曼銀行會計師路易斯．法爾利（Lewis Farley）於著作《在敘利亞的兩年記》（*Two Years in Syria*）中表示：「幾年前，我們主要的商業客戶都是外國人，現在則是本地人；他們現在從事各種進出口生意，還會委託外國商船。」[24]雖然在貝魯特不乏外國公司營業，如英國的運輸和保險集團亨利．希勒德（Henry Heald，於一八三七年抵達貝魯特，其同名公司至今仍在營業），但是貝魯特的商業動力主要仍來自本土。

布斯特羅斯（Bustros）家族是當地的希臘正教徒商人，其家族發達史也很類似，是從布斯特羅斯及其姪子開始，從事與地產、貿易及金融相關的商業和投資，同時經營橄欖與桑椹園。如同蘇爾索克家族，他們也是代理商、糧食貿易商與投機者，和歐斯曼官員及歐洲總領事有良好關係。在蘇爾索克宮的不遠處，布斯特羅斯宮（Bustros Palace）如今是黎巴嫩外交部所在地。其他的希臘正教徒商人家族，還包括拉曼家族（Aramans）、布特羅斯家族（Boutroses）、巴索勒家族（Bassouls）、法雅德家族（Fayads）、菲阿尼家族（Fianis）、菲爾納伊尼家族（Fernainis）、澤貝利家族（Jbeilis）、格大伊家族（Gedays）、特拉德家族（Trads）及圖葉尼家族（Tuénis，本章引言詩歌即出自該家族的娜荻雅·圖葉尼之詩作《貝魯特》等，所有這些家族都競相躋身「貝魯特七大家族」中，這是吸引人的稱呼，究竟是哪七個家族則從來沒有固定的答案；而穆斯林社群也有如此家族。

希臘正教徒可能是貝魯特商人階級的佼佼者，但是還有空間讓其他人也累積大量財富。在重要的希臘天主教徒家族中，來自黎巴嫩山地區的米達瓦爾（Medawar）家族因為坐擁大量土地、貿易企業與金融利益而興起，所有這些家族都有法國領事保護，類似者還有法拉溫家族（Pharaon）和札納尼利（Zananiri）家族。

就像從其出生與生活的這座城市向外散布，這裡的基督宗教徒商人社群有如自助餐的多種菜色。有馬龍派的馬勒哈瑪家族（Malhamas）及卡堅家族（Khazens）——來自黎巴嫩山地區的封建領主家族，還有羅馬天主教的阿畢拉家族（Abelas），他們是傑出商人與地產業主，其祖先是一名曾陪同拿破崙到阿嘎的馬爾他人醫生。

大規模的商貿繁榮絕非基督宗教徒所獨有，一般而言，基督宗教徒商人在追求發財致富時會把目光朝向西方，而少有歐洲人脈和外國領事保護的穆斯林同行，則將目光放在東方的敘利亞區內地。因此在一八四〇年代末，貝魯特有二十九個從事英格蘭貿易的大家族，其中只有三個是穆斯林家族，這個比例在整個十九世紀都沒有什麼變化。二十世紀的最初十年，穆斯林家族擁有的絲綢出口少於總數的一％。

貝魯特既有的歷史悠久家族，如封建領主家族戌哈卜家族、巴爾比爾家族（Barbirs）、貝胡姆家族（Bayhums）、伊塔尼家族（Itanis）及阿嘎爾家族（Aghars）；也有新來的，如阿努提家族（Anutis）、阿亞司家族（Ayyases）、薩爾杜各家族（Sarduqs）、薩拉姆家族（Salams）、橄杜爾家族（Ghandurs）、伊賴西家族（Iraysis）、達悟克家族（Daouks）、雅欣家族（Yasins）、胡薩米家族（Husamis）、塔巴拉家族（Tabbaras）、比葛達胥家族（Biqdashes）及貝頓家族（Bayduns）等，大部分都是在大馬士革、巴格達、埃及和範圍更廣的歐斯曼帝國的穆斯林境域內貿易。貝胡姆家族是商業貴族，他們和黎巴嫩山地區的傳統統治者希哈比（Shihabi）大公們有密切聯繫，而且擁有大量都市和鄉村地產，從事農產品貿易，尤其是香料、絲及棉花。一般而言，最富裕的穆斯林是那些全力投入與西方國家貿易者，他們進口歐洲的便宜產品在敘利亞市場出售。

不論是對穆斯林還是基督宗教徒、順尼或什葉穆斯林、東正教徒或天主教徒而言，貿易都是十九世紀貝魯特的生命線。就像是法國領事早在一八二七年提出的評論，貝魯特是「一個商人共和國，有其自我實力與法規」。[25]黎巴嫩非常精明能幹、願意在商業冒險的商人和貿易者，在整個地中海地區與中東極負盛名（有時是聲名狼藉），直到今天依然如此。

事業成功把貝魯特商人提高到支配社會地位。若是沒有人像今天的貝魯特人那樣無顧慮地消費（二〇一二年，貝魯特取代洛杉磯成為全世界醫美手術之都），那麼十九世紀貝魯特顯眼炫耀超級富豪們的消費作風絕對是鐵定的。希臘正教徒三大家族——蘇爾索克、布斯特羅斯和圖葉尼家族，開啟在山丘上建造豪宅的先例；順尼穆斯林達悟克家族緊隨其後，在貝魯特頂區（Ras Beirut）建造別墅，而希臘天主教徒法拉溫家族則是選擇祖古各巴拉特區（Zuquq al Blat）。奢華是主題宗旨，浮誇是指導原則。

追求歐式品味意謂有私人花園的房子，而且窗戶要向外開，這與穆斯林傳統大異其趣，後者建築傳統是在簡單牆上往內開窗，面對封閉式庭院。在折衷主義的建築風格中，巴洛克、新哥德搭配些許摩爾人風格（Moorish），有內部大理石柱、彩繪天花板及仿歐洲貴族最宏偉宅邸的家具與家飾。桌子、椅子代替了地板靠墊，分隔的臥室和飯廳開始在十九世紀的最後二十五年間流行。鏡子和刀叉變成常見日用品，長袍漸漸被燕尾服所取代。甚至人們的名字也開始歐化：Sursuq變成Sursock、Firaawn轉成Pharaon、Frayj拼成de Freige、Tuwayni成為Tuéni等歐式名字。基督宗教徒的名字遵循此風尚：Jirjis現在拼成Georges、Butrus變成Pierre、Yusuf成了Joseph。[26]

就定義而言，這個鍍金的富豪世界並非人人得以進入，華宅精巧雕花鐵門緊緊地把窮人、衣著隨便的民眾排除在外。黎巴嫩裔美國流放詩人紀伯倫（Kahlil Gibran）在一九〇八年的短篇故事集《病態靈魂》（*Al Arwa al Mutamarrida*）中，嚴厲批評他認為腐敗的特殊商人菁英：「看那些精緻住處和高貴華宅，那是有權勢、富有者生活處……在牆壁之間掛著絲綢布處，過著偽善、狡猾的生活……在華麗金色天花板下面住著謊言和虛假。」他們賺的每一筆財富都有對貧窮與壓迫的故事。有時候這會以罷工和暴動的形式激烈浮現，就像一九〇三年發生在港口的搬運工僱用爭端，工人們被英國總領事惡毒地描述成「地中海東岸區的……敗類、賤民」。[27]

處於貝魯特社會頂端者汲汲營營於積聚財富與鞏固地位時，應該會把眼光朝向西方，歐洲影響力在這些圈子中無所不在。但還是有一些人，如米薛勒．戍哈（Michel Chiha，一八九一—一九五四）這位不屈不撓的基督宗教徒銀行家、政治家兼記者（後來的黎巴嫩立憲之父）則把眼光放得更遠，在歷史中尋找貝魯特最古老的商業精神泉源，他相信這股商業精神是在地人的精神核心。他將這個蒸蒸日上的商業共和國視為腓尼基城邦再生，如蘇爾港，就像《聖經》中先知以西結（Ezekiel）所描述的，戍哈的貝魯特是：

這城市位於海的邊緣，
人民散居各海岸邊從事生意……
當你的貨物出海，
滿足各個國家的需求；
國王們因你們豐富的貨物而致富。[28]

在夏日炎炎的二〇一三年七月五日，敘利亞抗議者在大馬士革郊區達拉亞（Darraya）走上街頭抗議阿薩德政權。他們稱這一週的示威為「覺醒起身的週五，同志們」。這是自發性向一八七八年易卜拉欣．亞茲吉（Ibrahim al Yazjji）的一首詩歌致敬，那首詩是「覺醒！阿拉伯人，起來！」黎巴嫩歷史學家法瓦茲．塔拉布勒西（Fawwaz Traboulsi）稱這首詩為「早期阿拉伯民族主義世代的結集呼籲」，是喚醒人民反歐斯曼帝國的吶喊。這首詩首次被誦讀的兩年間（發表公然鼓動革命的詩句太危險），詩句出現在貝魯特與大馬士革牆上，導致敘利亞總督米德哈特（Midhat）被解職、作者被放逐

之醜行。[29]

對貝魯特人而言，這是覺醒（nahda）時刻，是挑戰傳統宗教束縛之文化徹底覺醒或復興，強調強力的世俗主義，這也逐漸將貝魯特推上阿拉伯文化生活的前線，使之成為阿拉伯世界的智性首都。一八二一年，埃及學者里法阿・塔赫達維（Rifaa Tahtawi）在開羅成立出版社，灌輸歐洲文藝復興理念，埋下種子後，立即開啟「覺醒運動時代與應有態度」。[30]也許是金錢使得全世界運轉，貿易或許是純然美好，但是古早時在建立世界上最偉大城市的許久以前，阿拉伯人就已經崇尚其沙漠文化，尤其是口語及書寫語言之光榮。現在掌握最新技術，貝魯特的智識分子、作家與記者們毫不費時地立即投入騷動的思想世界中。

一八四七年出生於貝魯特的易卜拉欣・亞茲吉，如同他的語法學家與翻譯家父親——納西夫・亞茲吉（Nasif al Yaziji，一八〇〇—一八七一），致力於傳統古典阿拉伯語言的解放，他是覺醒運動中最耀眼之星，是孜孜不倦博學家、《聖經》翻譯者，還出版同義字辭典，以及有關醫學、音樂、藝術和天文學的著作。除了其具爭議的詩歌外，他為人所記憶的是創造阿拉伯文格里高利曆（Gregorian calendar），與發明一種簡化適合打字機使用的字體，這種字體將阿拉伯字母從三百減到六十個，使得文本複製得以快速進行。[31]

這一切之所以成為可能，要多虧貝魯特的一場印刷革命，革命每一步都像貝魯特的商業生活，至少起初基督宗教徒的作用很大——第一家出版社於一七五一年開業，老闆為希臘正教教士。第二家出版社成立於一八四三年，歸功於來自馬爾他的美國傳教士。報紙立刻上市，隨後便以飛快目眩速度成倍增長。黎巴嫩的第一份報紙《消息之園》（*Hadiqat al Akhbar*）發行於一八五八年，緊隨其後的是

《真理》（*Al Haqiqa*）、《敘利亞之清聲》（*Nafir Suriya*）、《發言人小花園》》（*Lisan al Hal*）、耶穌會的《報信者》（*Al Bashir*）、《藝術之果》（*Thamarat al Funun*），最早的伊斯蘭報紙是《花園》（*Al Jinan*）、《天堂》（*Al Janna*）及《小花園》（*Al Junayna*）。幾年內，貝魯特已經有了比阿拉伯世界任何其他城市更多的報紙、雜誌和刊物。貝爾克德（Baedeker）旅遊指南報載，在一八九四年貝魯特有十三個出版機構與十二家阿拉伯文報紙。[32]阿拉伯諺語說：「開羅寫，貝魯特印，巴格達讀。」其實這句話模糊了更大的實情，十九世紀時貝魯特在這三方面穩穩領先。

布特魯斯・布斯塔尼（Butrus al Bustani），別名「大師」（Al Muaalim），是改宗的新教徒，也是出版家、記者、百科全書編者、書刊編輯、教育家、該地區首家世俗教育機構——國家學院（Al Madrasat al Wataniya）創辦人，以及敘利亞阿拉伯民族主義最早提倡者之一。其口號「宗教屬於神，國家屬於人民」，被放在他創辦的報紙《敘利亞之清聲》作為首頁標語。此外，尚有小說家如布特魯斯・布斯塔尼的兒子薩里姆・布斯塔尼（Salim al Bustani，一八四八—一八八四）及喬治・宰丹（Jurji Zaydan，一八六一—一九一四），以及無人可媲美的爭議性作家阿赫梅德・法利斯・戌的亞哥（Ahmed Faris al Shidyaq，一八〇五—一八八七），他突破體裁的異端性著作《性交》（*Leg over Leg*），被視為第一部阿拉伯小說，是一本遊記小說，呈現阿拉伯語文的豐富，並毫無保留地攻擊宗教的假正經，他使用中世紀阿拉伯委婉語詞描述人體私處，如女性私處是「鉗子」（the gripper）、「噴壺」（the sprayer）和「啪啪響」（the large floppy one）；男性私處是「老鷹站立處」（the falcon's stand）、「小男人」（the little man）；肛門是「吹哨子的」（the whistler）、「彈弓」（the catapult）、「沒牙的」（the toothless one）；以及性行為是「把眼影筆插進眼影罐」（to stick the kohl-stick in her kohl pot）。那個時代的精神是知性探索超越宗教分歧。一八五七年，德魯茲大公穆罕默德・阿爾斯蘭（Mohammed Arslan）與他人共同創辦敘利亞科學會（Al Jamiya al Ilmiya al Suriya），在一八六〇年黎巴嫩山地區悲劇發生時，完全摒棄政治，投入文學。當時最傑出的穆斯林才智者，有宗教學者優蘇夫・阿西爾（Yusuf al Asir，一八一五—一八八九），他是法官，也是作家，與阿布杜勒・生迪爾・嘎巴尼（Abdul Qadir Qabbani，一八四七—一九三五）共同創辦《藝術之果》報紙，也是極受推崇之《聖經》阿拉伯文譯版策劃者。[33]

覺醒運動受到敘利亞新教學院（Syrian Protestant College, SPC）進一步推動，該學院於一八六六年創建，其面積極廣闊，實際上占據貝魯特舊城東部的貝魯特頂區的整個海濱北邊地帶，這裡是今日貝魯特美國大學（American University of Beirut, AUB）莊嚴校園所在地，這不是一般大學，那些夠幸運能進入貝魯特美國大學就讀的學生應當發現即使貝魯特在地教育亦有其奢華之處。六十一英畝的校園有運動場、鳥園、考古博物館、地理博物館及自然歷史博物館、一家出版社、一座蒐集著本土和外國植物的重要植物園，而且因為這裡是貝魯特，所以還有一片從濱海公路延伸至此的私人海灘。大學校園外沿風景如畫，卜利斯路（Bliss Street）得名於敘利亞新教學院創辦人傳教士丹達尼勒・卜利斯（Daniel Bliss），沿著校園南側延伸，形成校園南沿。這所學校的知性紀錄也相當出色，從一八七〇年第一批畢業生起，敘利亞新教學院校友就是黎巴嫩社會、政治和商業生活菁英。他們在城市現代化過程中也扮演相當重要角色，一八七一年，城市有第一批醫學系畢業生。一八八九年，教育出十五個藥劑師。從敘利亞新教學院與同類天主教聖約瑟大學（一八七五年由耶穌會創立）畢業的年輕醫生，很快在如雨後春筍般出現的新醫院中任職。第一間醫院是歐斯曼帝國軍醫院，成立於一八四六年，隨後是德國人在一八六七年成立的約翰尼特醫院（Johanniter Hospital），以及一八七八年成立的希臘正教聖喬治醫院（Greek Orthodox Saint George Hospital）。當法國地理學家維塔勒・瞿涅（Vital Cuinet）在一八九〇年代初到貝魯特時，他計算有六間醫院、五十所醫療機構及三十家藥局，更不用提的是三間賭場、兩個馬戲團、二十五家旅館、三十家鐘錶製作廠、三十個市集、二十三間警察局，以及貝魯特人喜好的五十五家咖啡館與四十五家珠寶店。到了一九〇〇年，他可能得在這份清單加上四十家妓院。[34]

各式各樣的咖啡飲者、購物者、遊手好閒者、尋歡作樂者都被吸引到塔樓廣場，這個位於舊城牆東邊，不斷改名的地方是貝魯特的公共生活中心，是娛樂、商業及尋找聲色活動處。這裡是旅館和咖啡館聚集的地方，有音樂演出亭、辦公室、商店、聚賭處、運輸公司、酒吧與妓院。這是觀察路人的好地方，對喬治・宰丹而言，這裡的景象更令人畏懼，他曾在一八七〇年代替父親打工，擔任旅館行李員，被迫必須穿梭在廣場周圍的破舊街道上，接受那些在街上遊蕩的偏離正常者、流浪漢、醉鬼、賭徒及妓女之挑戰。從十九世紀晚期起，紅燈區就以穆塔納比街（Mutanabbi Street）開始環繞著廣場擴大，此街道名稱源自十世紀伊拉克詩人，後來因為瑪莉卡・艾斯匹雷朵內（Marica Espiredone）的不尋常人生而聞名（聲名狼藉），她是飽受欺凌的希臘孤兒，在一九一二年身無分文來到貝魯特，後來當了妓女，又成為全城最美麗，無人不知的富有交際花，傳奇性瑪莉卡集團老闆，一九四〇年代和一九五〇年代時曾僱用一百位年輕女子來滿足富人與名人的慾望。她以霓虹燈招牌大膽地廣告其妓院的誘人女色，如金髮的蕾拉・夏克拉（Leila al Chacra the Blonde）、法國翁端內特（French Antoinette）或英國露西（English Lucy）。此紅燈區被當地人反諷地稱為貞節者市集（Suq al Awadem），直到一九七五年至一九九〇年內戰的初期。[35]

如同一些歐洲偉大公共廣場，廣場成為「王公貴族與資產階級的華麗炫耀場所」，貝魯特第二個主要廣場是位於舊城西南的蘇爾廣場（Sahat al Sur），一個更髒亂、熱鬧又尚未多方規劃處。那裡是新歐斯曼帝國電報局、公共澡堂和有軌電車路線交會處，有無數的咖啡館、鞦韆、旋轉木馬，黎明時分，擠滿心懷希望的勞工，在此等待他們急需的建築臨時工作。一八六九年，這裡被改造成公園，一九〇〇年時還裝飾了一座八公尺高的白色大理石噴泉，今日這裡稱為利雅德・蘇勒赫廣場（Riad al Solh Square），得名自黎巴嫩獨立時兩次執政的首位總理（一九四三—一九四五和一九四六—一九五一）。這兩個非常不一樣的廣場，在十九世紀末被一條美麗、綠樹成蔭的人行道大街連結，此大道名為巴希爾將領大街（Rue Emir Bashir）。作為歐斯曼帝國政府推動貝魯特現代化的一部分，兩條主要幹道在一八九四年被大幅拓寬，從原來的五公尺變成十五公尺大道。[36]

也許如同喬治・宰丹對貝魯特的放蕩和失落作嘔，歐斯曼人對歐洲影響力在帝國境內大行其道也感到不悅，對此做出的反應就是建造突顯帝國勢力、現代性之建築營造環境。在歐斯曼政府的主導下，城市的發展和進步，即交通、基礎設施、街道照明、衛生設施、娛樂，在十九世紀後半葉開始快速發展。一連串的地標建築物開始聳立，指向天際，先是一八五三年的碉堡，之後成為大宮殿，此處是帝國樸實軍營，位於俯瞰貝魯特城的甘塔里山丘（Qantari Hill），一八三二年起的埃及占領時期，易卜拉欣總督也將駐軍設在同一地點。此處忠實地反映歐斯曼帝國的新體制（Nizam-i Djedid）。建築物至今仍在，有超過八十公尺長的兩側，裡面有四百三十個房間、五百八十八個圓頂拱廊。在內戰中遭到嚴重毀損後，今日這座建築已恢復往日光輝，並且進一步擴大，是黎巴嫩總理官邸。

一八五六年，歐斯曼帝國銀行（Imperial Ottoman Bank）開幕，使具軍事象徵意義的碉堡加入商業力和聲望。位在前翁頓別克客棧（Antun Bey Inn）的華美舊址，銀行面海，並有自己的碼頭。一八六三年，法國建築師艾德蒙．杜托（Edmond Duthoit）以羅馬拜占庭混合風格設計了聖路易大教堂（Saint Louis Cathedral），這為已經被布滿城市天際線中的希臘正教和希臘天主教建築，加入了方濟卡布生會色彩。同一年，在長期居住貝魯特的法國企業家艾德蒙．德貝赫兌（Edmond de Perthuis）伯爵領導下，承包商歐斯曼帝國貝魯特—大馬士革公司（Compagnie Impériale Ottomane de la Route Beyrouth à Damas）完成貝魯特通往大馬士革的道路工程。這使得傳統上依賴騾子和毛驢得花四天時間艱險、所費不貲（更別提還有土匪劫盜的危險）的商隊路程，如今用驛站馬車只要十四個小時就能到達。

在歐斯曼人推動的帝國發展方向中，也加入當地建築創新。優蘇夫．阿夫提穆斯（Yusuf Aftimos）、瑪爾迪羅斯．阿勒圖尼安（Mardiros Altounian）及巴夏拉．阿凡迪（Bechara Affendi）三人成為黎巴嫩建築奠基之父。在市政主席易卜拉欣．法赫里．別克（Ibrahim Fakhri Bey）委託下，巴夏拉．阿凡迪設計位於鐘樓北側的優雅小華宅（Petit Sérail），於一八八四年揭幕，是當地政府的辦公地。這棟建築物具有活潑外顯的「折衷『西方主義』」（eclectic Occidentalism），其扎實的幾何結構以渦捲形入口減輕沉重感，華麗拱頂和小八角形塔樓變得輕巧。小華宅構成優美背景，襯托位於廣場中心的哈米德（Hamidiye）公園，該公園是為了致敬歐斯曼蘇丹阿布杜．哈米德二世（Abdul Hamid II）而得名，他在一八七六年至一九〇九年主政，帶來新式學校、醫院、警察局、飲用水噴泉及一間歐斯曼郵局。從一九二〇年代起，作為城市地標建築的小華宅就是歷屆黎巴嫩總統官邸的所在地，但後來卻淪為一九五〇年開發商手下的受害者——在自由鬥爭的貝魯特，這是一個日益迫切的主題，因此遭到拆除，取而代之的是利沃里電影院（Cinema Rivoli），而後者在一九九〇年代的戰後重建中也被拆除了。[37]

歐斯曼人主導的貝魯特現代化首次引進城市規劃，其意義遠遠超過象徵性與美學作用。一八八九年至一八九四年之間，城市繁榮之動力的港口進行全面現代化改造與擴建，有新的停泊設施、防波堤及貨倉。在貝魯特龐大的商人族群鼓勵下，貝魯特港口、碼頭及倉庫歐斯曼帝國公司（Compagnie Impériale Ottomane du Port, des Quais et des Entrepôts de Beyrouth）再次在德貝赫兌及其合夥人薩里姆．梅勒哈梅（Salim Melhame）積極運作下成功動起來，城市裡現存的城牆和舊十字軍碉堡被推平，成為商業擴張的代價。

十九世紀末，貝魯特的發展速度是如此迅猛，許多貝魯特人對時間毫無感知。即使當時沒有時鐘，也無助於對穆斯林的報時。誠如總督在一八九七年時寄給「總理閣下」的訴求信中所說的，許多外國機構裡都有帶著西洋時鐘的鐘樓，「由於沒有公共時鐘幫助穆斯林查看禮拜時間，因此甚至連官員、公務員都不得不心存不悅地使用外國時鐘」。[38] 如果敘利亞新教學院能自有鐘樓，馬龍教會也不介意使用時鐘，耶穌會、法國醫院也沒意見，那麼穆斯林呢？這個問題的回答就是一座歐斯曼鐘樓（Ottoman Clocktower），這是優蘇夫．阿夫提穆斯設計的貝魯特大笨鐘，一座二十五公尺高的垂直勝利象徵，高於城市裡的每一座建築，兩面是阿拉伯數字，另外兩面則是拉丁數字。就像其建築風格融入歐斯曼式、哥德式及新東方主義者特色，材料也採用來自朱尼亞（Jounieh）的石灰岩、貝魯特砂岩、大馬士革玄武岩及來自迪勒卡瑪爾（Deir al Qamar）紅色石頭的混合材料，如同旁邊的大宮殿，從幾英里之外的海上與岸上都能看見。

貝魯特門庭若市、熱鬧非凡。一八八八年，經過請願和抗議，成為新設立的貝魯特省省城，這是其勢不可擋的經濟發展與重要性象徵。一年後，貝魯特又有了一座燈塔，在之後一個世紀中的歷史，對向人民揭示公共建築與私人發展需求之間的矛盾，在此例子裡，這座地標建築物在一九九〇年代中期完全被一片高層公寓樓方陣取代。隨著時間邁向十九世紀末，貝魯特街景中的新事物開始以令人喘不過氣的速度倍增。一八九三年，一座新賽馬場開張。一八九五年，貝魯特有了自己的火車站。

一八九八年十一月五日早晨，德國皇家輪船霍亨佐連號（Hohenzollern）停靠貝魯特港口時，人民歡聲雷動，小學生在岸邊排排站揮動旗幟。登岸處，旗桿和花環下方豎立一座華美亭子，旁邊是全都穿著整齊制服的貝魯特要人，準備迎接德國皇帝威廉二世（Wilhelm II）及其妻子奧古斯塔·維多利亞（Augusta Victoria），這對伉儷是德國最後的皇帝、皇后，也是普魯士的末代國王、女王。他們搭乘火車前往大馬士革，途中有馬龍教會村民站在陡峭岩壁上，對他們揮舞著棕櫚、花朵致意，他們還造訪了巴阿勒巴克廢墟，隨後回到貝魯特，皇帝騎著駿馬，旁邊是其坐在馬車裡的妻子，兩人在歐斯曼帝國的將軍和喧鬧人群的歡呼簇擁下接受勝利歡迎。關於這次德皇造訪的官方報導指出：「人民的歡呼、喜慶與感激的道別超乎想像力之極限。」德國皇帝感動地宣稱，貝魯特是「padishah（歐斯曼蘇丹頭銜，意即『偉大國王』）王冠上的寶石」。[39]

由於這是因為貿易迅速崛起的城市，其城民將在之後數十年中，在世界上以熱衷奢侈消費、喜好美好生活與輝煌名聲著稱，即使面對悲劇亦然。一九〇〇年，完全契合貝魯特人貴雅的「東方哈洛德百貨」——歐羅司迪·巴克（Orosdi Back）百貨公司出現。一九〇〇年九月一日，為紀念蘇丹阿布杜．哈米德登基二十五年，還有什麼能比這棟三層樓消費殿堂更適合起始二十世紀大門？在兩面臨海的百貨公司後方，有高大窗戶、壁柱、花柱、花架、壁龕、雕像、雕花欄窗、歐斯曼之星與塔樓，穿著制服的門房會打開安裝金光閃閃黃銅把手的玻璃大門，歡迎顧客盈門，在這裡，一抹法國香水會讓購物者心跳加速。貝魯特的這家新百貨公司必然具備讓顧客驚嘆的室內電梯、電話，還提供最新款的Bally名牌鞋、喀什米爾羊毛衫、精緻骨瓷碗盤、純銀餐具及絲綢羽絨被的新潮貨品，其銷售額總能超越在突尼斯、亞力山大、開羅及阿勒坡的同類百貨公司。

我的父親於一九三八年在貝魯特出生，我的祖父是義大利人，祖母則是普魯士人，為了逃離逐漸顯見的歐洲大戰，他們先前往貝魯特，再到開羅、耶路撒冷與大馬士革。儘管父親小時候對貝魯特並不熟悉，但是在他的記憶中，貝魯特仍有特殊地位。這些年來，他總是在出差時回到那裡，之後似乎以流亡面對一九七五年至一九九〇年的內戰傷痛，那場戰爭殺死將近十二萬人，把他出生的城市、世界最精緻華麗的城市之一轉變成斷壁殘垣。如同貝魯特本身，我的父親是一位世界主義者，其祖母（我後來在撰寫本章內容時發現）是來自貝魯特南方二十五英里的賈吉那（Jezzine）山區小鎮的黎巴嫩馬龍教會信徒。

多年前，當第一次來到這座城市時，我漫步穿過烈士廣場（Sahat al Shuhada）。從一九三一年起，塔樓廣場被更名為烈士廣場，以紀念一九一六年五月六日被歐斯曼敘利亞「屠夫」省長賈瑪勒．嘉札爾（Jamal Pasha Al Jazzar）處決的十五位民族主義者。我來到這裡時，蕭瑟似乎降臨在貝魯特市中心上空，街道上一塵不染，建築物閃閃發亮，商店光彩奪目，秩序可能過分地被索利兌赫地產公司

（為前總統與億萬富豪拉菲克・哈利里〔Rafik Hariri〕地產大亨創辦並擁有部分產權）恢復了。就某種意義而言，這個從廢墟中崛起的貝魯特是城市重建過程中鼓舞人心的勝利，在世界上最大的城市重建工程中，戰爭破壞已成歷史。正如十九世紀的法國地理學家耶利傑・黑克呂（Élisée Reclus）對貝魯特的評論：「這是一座必須在此生活，並重新搬回到此生活的城市，無論如何都需要這麼做。征服者來去，貝魯特在他們走後重生。」[40]然而，在他們破壞性重建貝魯特的白板哲學（tabula rasa，編按：意指完全抹去過去的痕跡，在全新的基礎上重新開始）裡，經歷內戰的破壞後，房地產商再把生命力從這個地方吸走，萬頭攢動的舊市集變成空調購物中心，老式法國風格砂岩立面、紅瓦片屋頂及拱廊走道以嬌柔拼湊模仿重現。

內戰期間，烈士廣場是把城市剖成兩邊的分界線，就像詩人娜荻雅・圖葉尼所說的，這是一個「被白熱化詞彙加熱的城市」。[41]但自那場慘烈衝突後，人民的激情已經平息，不過對索利兌赫地產公司四百五十五英畝（一百八十萬平方公尺）的貝魯特市中心再造工程的情緒仍然高漲，這裡從一八三〇年起就匯集整座城市發展歷史的腳印，今日依然。

索利兌赫地產公司是一個新宗教、族群派系，該公司的捍衛者有黎巴嫩資深社會學家薩米爾・哈拉夫（Samir Khalaf），他是貝魯特美國大學的元老，也是這座他心愛都市的歷史學家，他批評同胞「非常隨意地，而且經常以濫用態度」對待其建築環境。他指責黎巴嫩人對「任何對他們生活空間的品質提升和維護或特別關注，都存在一種內建的文化厭惡」，他一直認為這家公司是「高品質修護與重建的代名詞」。然而，許多批駁索利兌赫地產公司的人認為它是一項腐敗、空洞對城市空間密集進行過度商業重整的工程，他們描述索利兌赫地產公司的工程是「歷史假肢」、「假的」、「一座死亡城市」、「迪士尼樂園」、「騙小孩的故事」、「對國際資本妥協」、「一種戒嚴形式」、「一個位於某種失憶、懷舊之間從未出現的烏托邦」。對黎巴嫩建築師兼城市規劃師阿西姆·薩拉姆（Assem Salaam）而言，「在貝魯特中心，那些聲稱要救贖、重建的人所做出不可挽回的破壞，比在十五年間的炮轟及逐屋格鬥還多」。法迪·胡里（Fady al Khoury）是聖喬治飯店老闆，與索利兌赫地產公司進行長達二十年的訴訟戰爭，他把這件事稱為「世紀搶劫，他們非法地從擁有這座城市的人手中將其奪走，然後再把一個沒有人的貝魯特空殼放回去。他們對城市所做的是末日災難」。[42]

十九世紀貝魯特的天賦是使用最大膽的建築元素，從歐斯曼拱廊、威尼斯拱門和熱那亞托臂，再到伊斯蘭裝飾帶、法國託管統治風格大門，從這種折衷混合得到和諧風格，是地中海東岸區城市獨特的內涵。如此建築和諧只有在貝魯特相對的才華下方有可能，這要歸因於各種信仰、宗派與民族的人口混合，形成一個更大、或多或少和平共處的整體能力。今日，世界主義是黎巴嫩在承認十八個不同族群的憲法下施行的官方政策。❻

閃亮世界主義的鏡子背後，貝魯特故事較悲慘的一面是黑暗宗派主義死結與競爭衝突的國家認同，這是在更強力的敘利亞陰影下，作為黎巴嫩人的意義為何的糾葛。這些既有的分裂並未在一九九〇年內戰結束後消失，本章提到三個人的故事裡，即承載這些糾葛在貝魯特歷史中一直存在的悲劇見證。

二〇〇五年情人節這一天，前總理拉菲克·哈利里車隊在經過聖喬治飯店時遭到猛烈的汽車炸彈炸死。這場暗殺引發黎巴嫩人所稱的獨立起義（Intifadat al Istiqlal），西方國家更常稱為雪松革命（Cedar Revolution）。一個月後，娜荻雅·圖葉尼的兒子、知名記者兼政治人物吉布蘭·圖葉尼

（Gebran Tuéni），在熱情洋溢的一百萬群眾面前發表演說，這個人數是全國人口的四分之一，人民擠進極具象徵意義的烈士廣場，揮舞著紅、白色黎巴嫩國旗。他大聲疾呼：「以真主之名起誓，我們穆斯林和基督宗教徒發誓要維護我們的團結直到最後一日，如此才能更好地保護我們的黎巴嫩。」[43]十二月十二日，他在另一場汽車炸彈事件中遭到暗殺。

二〇〇五年六月二日上午十點三十分，薩米爾．卡西爾坐進愛快羅密歐（Alfa Romeo）汽車裡，發動引擎，隨後立即被安裝在汽車下方的炸彈炸死，他尚未完成其出色的貝魯特歷史著作最後修訂，這座城市是造就他的城市，然而其中難分難解的敵對性也摧毀了他。在這一次的政治謀殺發生後，沒有人因此被逮捕，幾乎所有人都認為這起事件是敘利亞所為。貝魯特是陽光親吻的地方，熱情、好客，但是也危險、沾染血漬與殘酷。

貝魯特從十九世紀後半葉開始興盛，並且繼續不顧一切的賺錢與對立，直到二十世紀末。在一九五〇年代和一九六〇年代，聖喬治飯店曾舉行有阿嘎．汗（Aga Khan）、碧姬．芭杜（Brigitte Bardot）、大衛．洛克斐勒（David Rockefeller）和英國間諜金．菲爾比（Kim Philby）參加的派對；而其競爭對手，沿著法赫里丁（Fakhreddine）大街兩分鐘車程的腓尼西亞飯店（Phoenicia Hotel）則

❻ 這十八個群體由四個穆斯林派別（順尼、什葉、阿拉維〔Alawi〕及德魯茲），十三個基督宗教派別（亞述、敘利亞天主教、敘利亞正教、加色丁禮天主教、馬龍派、羅馬天主教、希臘正教、希臘天主教、亞美尼亞正教、亞美尼亞天主教、新教福音派、科普特派和更小的基督宗教支派），以及猶太教組成。

正在招待如馬龍・白蘭度（Marlon Brando）、溫姆・庫樂孫姆、菲魯茲（Fairuz，黎巴嫩重量級女歌手）、凱撒琳・丹尼芙（Catherine Deneuve）等名人。一九七五年至一九九〇年內戰的陰霾為這一切歡樂劃下句點。

二十世紀帶來震撼性伊斯蘭帝國的結束，轉變為較大範圍的阿拉伯世界。一九一六年，《賽克斯—皮科協定》（Sykes-Picot Agreement）可恥地在歐斯曼帝國中東領土畫上一條線，從阿嘎的「e」直到基爾庫克（Kirkuk）的「k」，北邊劃歸法國控制，南邊則交給英國，伊斯蘭帝國現在變成基督宗教徒帝國。

之後還有更深遠的滑落和失望，經過第二次世界大戰的破壞後，北非和中東被撕裂成一塊塊領土，大部分地區落入阿拉伯民族主義、阿拉伯社會主義、泛阿拉伯主義和納瑟爾主義（Nasserism）的奴隸與誘惑承諾中，所有這些名詞都悲劇地證明不能滿足時代要求和人民需要，壓抑人民的獨裁統治成為當時的秩序。

然而，有一座阿拉伯世界的城市脫穎而出，在二十世紀帶來出乎預料的聲望和無限財富，以至於貝魯特在相較下幾乎相形見絀。這是一個超凡的成就，事實上在十九、二十世紀之交前，這座城市本身甚至還不存在。

【第十四章】

杜拜

——先建，他們就會來——

Dubai–Build It and They Will Come

（西元二十世紀）

凡對商人有利的，即對杜拜有利。

——拉戌德・賓・薩伊德・瑪克圖姆（Rashid bin Said al Maktoum）酋長

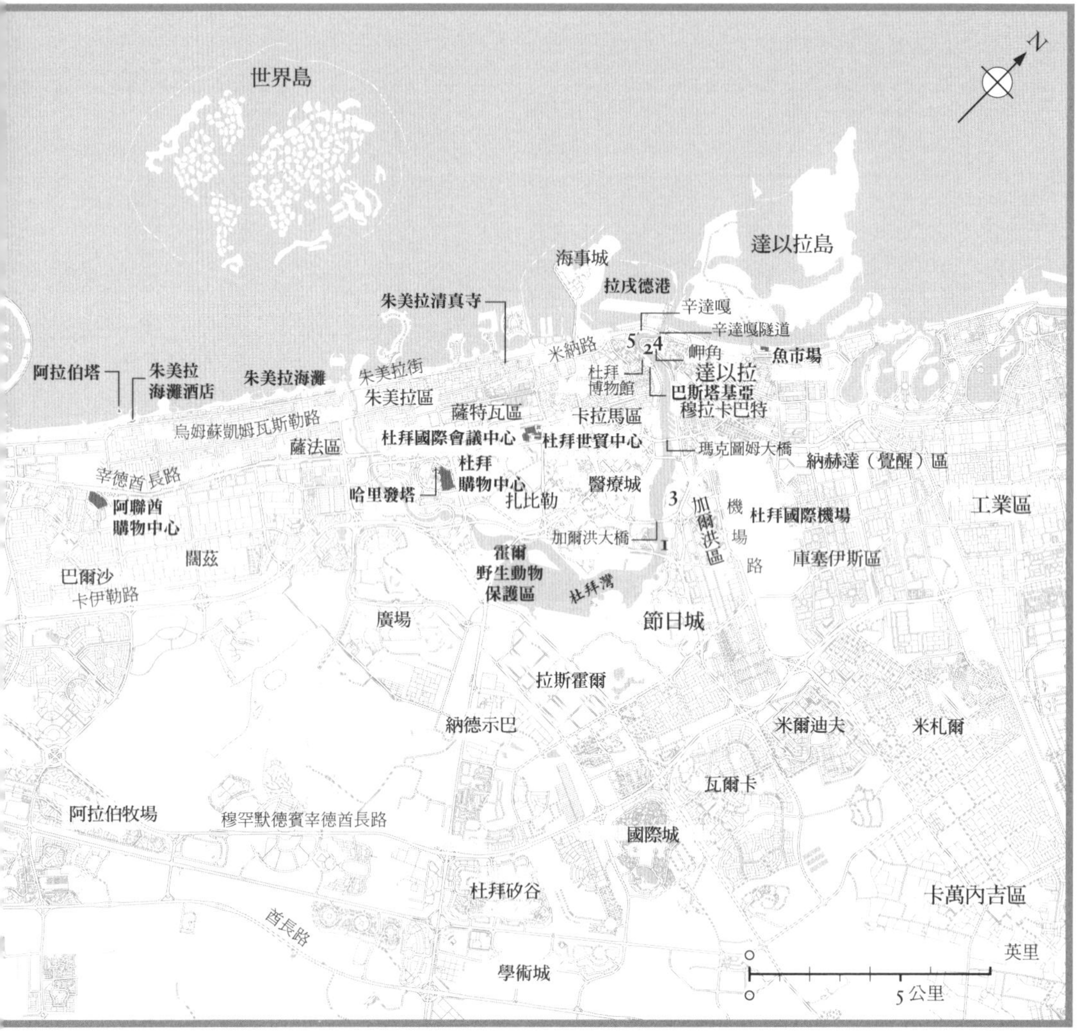
世界島
達以拉島
海事城
拉戌德港
朱美拉清真寺
辛達嘎
辛達嘎隧道
米納路
5
2
4
岬角
魚市場
阿拉伯塔
朱美拉
海灘酒店
朱美拉海灘
朱美拉街
朱美拉區
杜拜
博物館
達以拉
巴斯塔基亞
穆拉卡巴特
薩特瓦區
卡拉馬區
烏姆蘇凱姆瓦斯勒路
薩法區
杜拜國際會議中心
杜拜世貿中心
瑪克圖姆大橋
納赫達（覺醒）區
幸德酋長路
杜拜
購物中心
哈里發塔
醫療城
扎比勒
3
加爾洪區
機場路
杜拜國際機場
工業區
阿聯酋
購物中心
加爾洪大橋
1
闊茲
霍爾
野生動物
保護區
杜拜灣
庫塞伊斯區
巴爾沙
卡伊勒路
廣場
節日城
拉斯霍爾
納德示巴
米爾迪夫
米札爾
瓦爾卡
阿拉伯牧場
穆罕默德賓辛德酋長路
國際城
杜拜矽谷
卡萬內吉區
酋長路
學術城
英里
5 公里
0
0

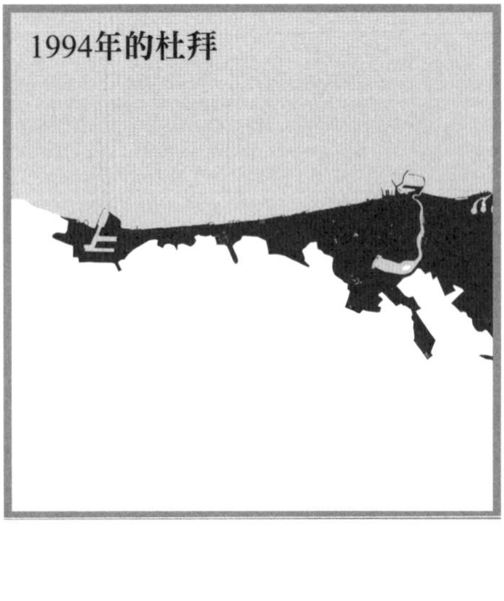
1994年的杜拜

2019年的杜拜

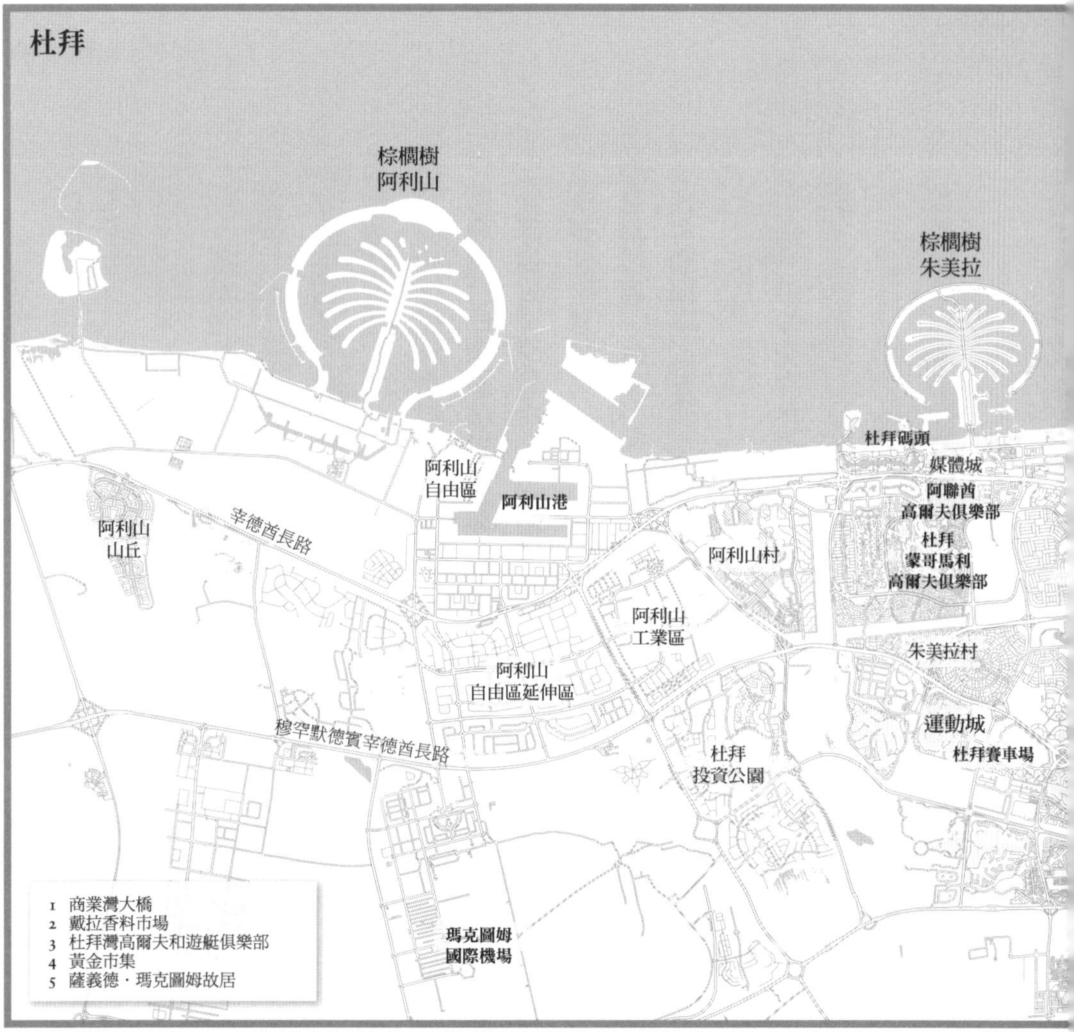
杜拜
棕櫚樹
阿利山
棕櫚樹
朱美拉
杜拜碼頭
媒體城
阿聯酋
高爾夫俱樂部
杜拜
蒙哥馬利
高爾夫俱樂部
阿利山
自由區
阿利山港
阿利山
山丘
宰德酋長路
阿利山村
阿利山
工業區
朱美拉村
阿利山
自由區延伸區
運動城
穆罕默德賓宰德酋長路
杜拜賽車場
杜拜
投資公園
瑪克圖姆
國際機場
1 商業灣大橋
2 戴拉香料市場
3 杜拜灣高爾夫和遊艇俱樂部
4 黃金市集
5 薩義德・瑪克圖姆故居

1950年的杜拜

1972年的杜拜

杜拜的故事得從珍珠開始。早於七千多年前的某個時候（具體時間就像阿拉伯灣平靜大海深不可見）一位運氣好的潛水採珠人深入海床，撈起一堆牡蠣，努力憋著氣衝回水面，一邊咳嗽，一邊大口喘氣。在他的收穫中，當他開始把貝殼們撬開，第一顆閃亮發光的珍珠就這樣被人類發現。

雖然這位無名的石器時代潛水採珠人無法知道其發現將對波斯灣沿岸的人帶來生活重大改變，對之後的七十三個世紀造成影響，以及後來的人從中能賺到財富。他四處下水的辛苦勞動啟發了未來一代代的潛水採珠人、全世界的富人、美麗女人脖子都以這些色澤光亮的海石裝飾，珍珠貿易就是這樣開始的。❶

隨著時間推移，此地區的珍珠很可能成為世界上有記載最早長距離海上貿易網絡之組成部分，新石器時代的東阿拉伯半島居民曾與美索不達米亞最南端的村莊進行貿易。[1] 在常常被認為是世界上第一部偉大文學著作——源自西元前三千年的《吉勒嘎美戌史詩》（*The Epic of Gilgamesh*，又譯《吉爾伽美什史詩》），有一段引人遐思的描述，讓人不禁懷疑那就是潛水打撈珍珠活動，或至少是在描述這種技術。故事中來自美索不達米亞的神話英雄吉勒嘎美戌（Gilgamesh，又譯「吉爾伽美什」）潛入海底深處，尋找一種令人困惑的「永生花」：

> 他在腳上拴上沉重石頭，
> 然後潛入到海洋深處。[2]

儘管很難想像今天的阿拉伯沙漠熔爐在石器時代是一片濕草原，游牧民和漁獵社群放牧地移動綿羊、牛及山羊。在一千年的時光裡，阿拉伯半島的火烈陽光塑造出更嚴酷的氣候與景觀。對遺世獨立的濱海人口而言，漁獵和採集珍珠成為他們主要的收入來源。歲月流逝，數百年就這樣過去，但是生活方式卻大致沒有變化。這是一種艱苦、令人無精打采的存在，必須在荒涼大地，在沙漠暴風（simoom，字意為「毒風」）和使皮膚裂開的大海之夾縫中謀生。男女繁衍後代，然後下一代中能夠活到成年的就繼續勞動，他們感謝神，死後被埋葬在沙地下的淺墳，就是生命律動。

在過去大多數七千年的時間裡，濱海不同定居點之間幾乎沒有什麼區別，但是考慮到此地區歷史，第一次提及杜拜時就與古代珍珠採集活動相關有其意義。關於杜拜的記載出現在一五九〇年，威尼斯國家珠寶商、商人兼旅行家加斯帕洛．巴勒比（Gaspro Balbi）在《東印度遊記》（*Viaggio dell'Indie Orientali*）中，長篇大論地描寫他在一五八〇年代穿越中東與印度的旅行，在如沙漠乾燥的地方中包含「Dibai」，而作者將這個地方列入能找到最大、最美珍珠的清單中。[3]

巴勒比還介紹珍珠採集的機器與技術，他描寫帳篷、茅屋組成的臨時住處如何在那些被認為最有利於尋找牡蠣的海岸線上蓬勃出現。在幾艘武裝船保護下，珍珠採集船在十六至十八英尋（fathoms，二十九至三十三公尺）的地方停下，放下一些掛著石頭的繩子潛入海床上。潛水員用夾子把鼻子夾緊，耳朵塗上油脂，抵抗水壓，然後沿著繩索向下，把牡蠣放到袋子或籃子裡，如果他們準備好要浮上水面，就會猛然一拉繩索，上面的人就把他們拉上去。巴勒比解釋道：「如果他們不快速動作的話就會死亡，這種事常常發生。」潛水會持續到傍晚，然後船員再帶著精疲力盡的身軀和他

❶已知最早從中間穿孔，用於首飾的珍珠是在科威特北部發現的，其歷史可以追溯至約西元前五三〇〇年。

們的收穫回到岸上。牡蠣得放置一陣子，等到死亡或幾乎要爛掉時再開殼，因為這樣較容易處理。隨後珍珠會用銅篩分成四個等級，葡萄牙人最喜歡圓珍珠，比較不規則和有凹陷的珍珠會被分別送到印度東部的孟加拉與西南部的卡納拉（Karana），而「最差、最小的」珍珠則是送去古加拉特，那裡會有商人「以眾所皆知的定價」收購。儘管細節略有不同（特別是取消了須向葡萄牙國王繳納捕撈權費的規定），這一套流程大致上便構成了海灣沿岸珍珠貿易的基本樣貌。[4]

十六世紀和十七世紀，葡萄牙有對波斯灣地區軍事、商業的影響力與控制權，他們在一五一五年占領了胡爾模茲，到了一六二二年，在薩法維帝國統治者阿巴斯國王的鼓勵下，主導權才從葡萄牙手中轉到英國—波斯手中。英國承繼了殖民勢力，十八世紀時一直是該地區強權，十九世紀時更決定性地鞏固地位。

巴勒比在一五九〇年的一句話提及後，就幾乎沒有再聽到關於杜拜的訴說。直到一八二二年，寇耿（Cogan）中尉及其東印度公司孟買海軍陸戰（Bombay Marine）軍官同僚，編訂一份「杜拜逆水三角區計畫書」（Trigonometrical Plan of the Back-water of Debai）。寇耿中尉及其水手都是大英帝國的忠實僕人，他們的航海圖清楚展示其英國同胞對測量的狂熱，尤其是與貿易有關的事務，他們對沿海和內陸進行一系列精細調查。他們更感興趣的是「逆水區」，亦即杜拜灣（Khor Dubai），而不是杜拜居住地本身；而所謂的Khor Dubai真正意義是閉塞區。兩百年後，看著這幅精心繪製的地圖，首先映入眼簾的是其樸實之美。在標記海洋深度數字粗體字的西側，向南繞過如女巫鼻子般的內陸，「杜拜」的阿拉伯語源دبي記述一個微小、完全無法引起注意的二十五座建築物之小聚落，靠在杜拜灣（Dubai Creek）西岸，前方有「C」形的泥牆。它是如此的小，事實上四個特徵描述就足以概括：

酋長房屋；一個位於居住區東北角的瞭望塔和兩座城門（一在西北方、一在西南方）；兩個細長椰棗樹種植園；以及一口位於沙漠東邊村子裡的淡水井。這個不起眼的小漁村的人口大約一千人，附屬在阿布札畢（Abu Dhabi，又譯「阿布達比」）酋長國之下。簡言之，這一切就是十九世紀初的杜拜。

寇耿中尉的地圖並非隨性之作，那是英國對波斯灣地區有愈加強勢主張的圖表證明，下定決心要毀掉在他們看來無法接受對英國貨運產生威脅的「海盜岸線」，尤其是夏爾加（Sharjah，又譯「沙迦」）的統治者生瓦希姆（Qawasim）家族。❷一八一九年，英國決定採取強勢帝國主義式懲罰行動，派出有史以來最大規模的海軍前往波斯灣地區。這有如美國「強力速戰速決」（shock-and-awe）戰略的十九世紀預演，英國艦隊擊潰了生瓦希姆酋長的船隊，將沿著海岸線六十英里的所有堡壘與港口（從拉斯黑瑪〔Ras al Khaimah，又譯「拉斯海瑪」〕的岬角〔Al Rams〕到夏爾加）打成碎片。幾天後，沿海的酋長們要求和談。從一八二〇年起，英國與酋長國達成一系列協議，保障英國船隻不受襲擊。一八三五年，作為停止一切海上敵對活動（包括各部族之間的爭鬥）的回報，英國答應繼續承擔防禦這些被稱為停戰諸國的責任，簽訂一項包括阿布札畢、杜拜、阿吉曼（Ajman）、夏爾加的生瓦希姆家族、拉斯黑瑪，以及位於波斯灣對岸伊朗一側的臨生（Lingah）在內的條約，類似的保護條約也和歐曼（一八二九年）、巴哈連（一八六一年）、科威特（一八九九年）與嘎塔爾（一九一六

❷ 英國版本的歷史一直遭到夏爾加強烈地否決，現今的統治者蘇勒坦・賓・穆罕默德・生希米（Sultan bin Mohammed al Qasimi）長期以來孜孜不倦地討論這個議題，他的著作包括《在波斯灣的阿拉伯海盜迷思》（*The Myth of Arab Piracy in the Gulf*）和《在占領旗下》（*Under the Flag of Occupation*）。

年）達成。

今日英國作者與阿拉伯作者的視野明顯不同，尤其是英國作者所強調波斯灣酋長積極尋求英國保護的觀點；阿拉伯歷史學家則認為這些條約及其結果的不列顛治世（Pax Britannica）是被迫的。[6] 基於海上和平，珍珠與範圍更廣的各種貿易之興旺，統治家族每年都與英國再確認這些條約，直到《一八五三年海上永久停戰條約》（Perpetual Maritime Truce of 1853）為止。或許認為面對英國人壓倒性軍事優勢，酋長們別無其他選擇。一九三六年以前，這些條約是由駐布戌爾（Bushir）的英國駐地政治官（Political Resident）監督執行的，此後改為駐在巴哈連，這是一個非常重要的高階職位，以至於柯宗勛爵稱擔任此職務的人是「整個波斯灣之無冕王」。[7] 一八九二年，停戰諸國阿布札畢、杜拜、夏爾加、阿吉曼、拉斯黑瑪和溫姆顧維恩（Umm al Quwain，又譯「歐姆庫溫」）同意將其外交權交由大不列顛掌控，以換取英國保護的保證。

英國保護是一把雙刃劍，為波斯灣帶來和平，使七個越來越活躍的君主能在之後的二十世紀組成阿拉伯聯合大公國，相較其中東鄰國，這是一個和平發展的國家，從此急速超越。然而，英國保護也「僵化此地區」，在醫療衛生、教育與政治方面幾乎不被鼓勵開放改革。近年來，一位杜拜歷史的美國作者表示，「自視甚高的英國代理人把這些阿拉伯領導人當成小孩看待」，批評英國「炮艦外交」霸凌。[8] 無論對英國和波斯灣各公國的關係抱持何種觀點，這是長期存在完好，直到一九七一年突如其來的獨立才結束。

杜拜歷史最偉大時期是在二十世紀時，可說是世界上任何地方有史以來所見最令人驚嘆的城市轉變。然而，之所以有如此可能，要歸功於更早發生的關鍵發展。一八三三年，亦即寇耿中尉及其孟買陸戰隊軍官在杜拜灣附近閒晃，還有針對阿布札畢酋長哈利法・賓・夏赫布特・納赫揚（Khalifa bin Shakhbut Al Nahyan）兩次叛亂被血腥鎮壓的十年後，有八百位部族男女脫離酋長國，在雅斯部族（Bani Yas）分支的卜法拉薩家族（Al Bu Falasah）戰士帶領下穿越沙漠，在杜拜定居，從此開始依附在阿布札畢之下，住在灣口的辛達嘎半島（Shindagha Peninsula）。❸帶領他們遠走高飛的領袖是烏拜德・賓・薩義德（Ubaid bin Said），在不久後的一八三六年去世，其姪子瑪克圖姆・賓・布提（Maktoum bin Buti）從此成為唯一的統治者，直到一八五二年過世，這時候哈利法・賓・夏赫布特・納赫揚酋長已經接受杜拜從他手中分離的痛苦現實，從此領導杜拜的瑪克圖姆朝（Al Maktoum Dynasty）誕生。

在更強大且經常敵對的鄰國（尤其是阿布札畢的納赫揚朝〔Al Nahyan Dynasty〕和嘎希米〔Al Qasimi〕家族）面前，瑪克圖姆家族採取中立與區域平衡的政策，這有助於迅速吸引商人到其海岸上。從瑪克圖姆・賓・穆提（Maktoum bin Muti）可以得知，在他掌權後不久，杜拜市集就有超過四十家商店及一百個貿易商人。一八八〇年代，外國訪客已經注意到，雖然阿布札畢仍然主導政治與軍事，但杜拜已是「波斯灣沿岸的主要商港」。[9]

❸從十九世紀末開始，辛達嘎就成為瑪克圖姆家族某種意義上的小塊圈地，它位於杜拜灣潮溝入口處，是日益繁榮杜拜的源頭。對統治者家族來說，它有顯而易見的戰略吸引力，可以監視所有來往商船。一九八六年，薩義德酋長有兩千平方公尺的大房子從廢墟修繕一新，成為一座博物館，故居面向麥加，有四方庭院與四座風塔，讓人感受到杜拜在二十世紀初的不斷繁榮。就政府所言，這座故居提供「一個民族意志的見證，證明一個民族如何用智慧克服惡劣環境，並取很少數人能達到的成就」。

在瑪克圖姆的孫子瑪克圖姆．賓．哈戌爾．瑪克圖姆（Maktoum bin Hasher al Maktoum，一八九四—一九〇六在位）酋長統治下，此後由該家族持續主導的獨立經濟政策（極少干預、免稅及善待貿易）下，為杜拜啟動前進的馬達。在不受質疑下，他藉由提供外商免稅待遇，並著手打破其他的貿易障礙，取消關稅和船隻執照要求，開啟一八九四年的榮景。其結果立竿見影，採珍珠業與貿易擴大範圍繁榮，迅速吸引新波斯灣商人，因此在二十世紀初，杜拜已經發展成擁有一萬人的城市，人民主要居住在三個地方：杜拜灣北邊的辛達嘎；杜拜西邊的法西迪堡（Al Fahidi Fort）為中心，加上許多船隻卸貨地方，這裡聚集越來越多的印度人；還有在杜拜東邊的達以拉（Deira，行政區），這是城內最大的居住區，人口中有阿拉伯人、伊朗人及巴魯其人（Baluchi），有一千六百間房屋與三百五十家店鋪。❹總之，杜拜是一個低調，但不斷擴張的簡約定居處，有用棕櫚葉蓋的棚屋（arish house或barasti house）分布在三千公尺乘以一千公尺的範圍內。

一九〇〇年代，據一位傑出大公國歷史學者的說法，杜拜已從容地興起為「一個日益成長的多族群、依海為生之珍珠業與貿易社群」。[10] 在一九〇二年，當伊朗開始對有大量阿拉伯貿易商的臨生港加稅時，瑪克圖姆酋長對該地區商人發出一個有力的訊息，反而取消所有進口商品關稅。此舉帶來預期效果，臨生的商人決定用行動表達意見，離開以表達他們的不滿，登船駛過波斯灣，在杜拜安頓下來。起初只是暫時的，但是當他們意識到德黑蘭（Tehran）當局沒有改善商業環境的前景時，立刻永久安住杜拜。印度貨物也湧入杜拜，這裡成為波斯灣地區轉運中心。合法貿易和非法走私之間的界線從一開始就十分模糊，杜拜金融服務管理局（Dubai Financial Services Authority, DFSA）的阿里夫．薩義德．卡吉姆（Arif Sayed al Kazim）說：「我年輕時，有帆船把貨物走私運送到印度。」（至今懷疑仍這麼做）。[11]所有人都心知肚明，但是瑪克圖姆家族並不打算出手把事情複雜化，他們有一座城市要建造。

從約翰・戈登・洛里漻（John Gordon Lorimer）在一九〇八年和一九一五年出版的《波斯灣、歐曼與中阿拉伯半島地名誌》（*Gazetteer of the Persian Gulf, Oman and Central Arabia*）的兩冊五千頁內容，可再次理解杜拜商業發展與大英帝國對調查統計的投入。這本旁觀各種情況的調查記錄了許多細節，其中包括杜拜是波斯灣國家裡僱用最多珍珠業勞工的國家（六千九百三十六人），採珍珠船數量僅次於阿布札畢（三百三十五艘，阿布札畢則是四百一十艘），杜拜統治者稅收僅次於阿布札畢（四萬一千三百八十八盧比，阿布札畢則是四萬三千九百六十四盧比），以及在停戰諸國中，人口最多的是四萬五千人的夏爾加（當時包括後來獨立的酋長國法加以拉〔**Fujairah**，又譯「富傑拉」〕與拉斯黑瑪），其次則是阿布札畢（一萬一千人）和杜拜（一萬人）。[12]

洛里漻的「杜拜」描述有兩個評論十分顯眼。首先，他提到杜拜灣「太淺難以進入」，這是一個根本限制，將帶來五十年後杜拜史上最大孤注一擲之賭。其次，他指出城裡貿易「十分可觀」且「擴張得十分迅速」，他將此歸功於當時才去世不久的瑪克圖姆酋長之開明政策。一個世紀後，瑪克圖姆家族繼續將杜拜設定為自由貿易國，向全世界任何經商者開放。而當前統治者穆罕默德・賓・拉戍德・瑪克圖姆（**Mohammed bin Rashid al Maktoum**，二〇〇六年即位至今）甚至創造「杜拜公司」

❹ 建於一七八七年，法西迪堡是杜拜現存最古老的建築物，曾是瑪克圖姆朝開創者瑪克圖姆・賓・布提的居所。在今日這座城市國家的摩天大樓影子中，距離杜拜灣邊宮殿咫尺之遙的這座淺黃色堡壘，以及其三座塔和各種大炮的收藏，都是這座城市過去的難忘提醒。

（Dubai Inc.）這個用語形容此城市國家的商業帝國，美國《富比士》（*Forbes*）商業雜誌甚至譽為「全球投資和發展中最非凡成功故事之一」。[13]

現在所談論的杜拜昔日尚未變成今日之杜拜，早在杜拜掀起全球採購狂潮前，其有限繁榮乃依賴珍珠貿易維持。此歷史悠久貿易在二十世紀初，尤其是一九一二年左右達到巔峰，然後迅速於一九五〇年代初結束，這對很多人是災難。

儘管這種高度專業性貿易屬於過去的時代，但它仍在人民存在的記憶中主導杜拜人生活。在最近的口述歷史中，珍珠潛水夫比拉勒．哈米斯（Bilal Khamis）在回憶其職涯時，嚴肅地提醒我們，雖然這項工作在想像中很浪漫，但事實上往往有如海上地獄。在載著最多六十人的船上，潛水夫要花三至四個月時間在海上生活，遠離家人，忍受烈焰夏日，這是對人類承受力的極限考驗。

條件簡陋，糧食不多，菜單只有魚、米飯及椰棗。早上只喝一點咖啡，飲用水很少，所以「我們一整天都覺得口渴」。潛水工作從早到晚，他們在水面上停留幾分鐘喘息，大口吸氣，然後再鑽進水裡，反反覆覆如此工作，潛到水下十五公尺深處，感覺心臟劇烈跳動，肺像是要爆炸。距離從巴勒比描述的珍珠採集已經過了三百多年，但是一切幾乎都沒有改變，潛水夫還是用鼻夾防水，用一個棕櫚纖維做的籃子掛在脖子上盛裝牡蠣，在腳踝上掛石頭或鋅塊。有一些人會戴上皮指套，穿上棉質防護衣防止水母。這是一份非常折磨人的工作。

精疲力竭不是放棄的藉口，「我們知道還得再下水。有一些船主會打人，因為出船是很花錢的事，必須帶珍珠回去。潛水夫對此無可奈何，因為他們積欠船主債務，他們從不說不，必須下水」。幾個月的海上生活，沒有淡水洗澡，潛水員的皮膚變得粗糙、龜裂又疼痛。夜裡，精疲力盡的他們倒在椰棗葉做的墊子上，墊子下面是令人無法入眠的活貝類。只要醒著，恐懼如影隨形，「我們在水下可以看到水母或鯊魚靠近，但是得生活，潛水是為了錢、為了食物——為了生存。這就是我們的生活」。另一位珍珠潛水夫祝馬阿·巴提戌（Jumaa Batishi）也對這個行業做出類似的痛苦論斷，他談論半個多世紀以前的水下苦難：「潛水是地獄的一部分，那是非常辛苦的工作，而且極其艱困。那不是旅遊。」

珍珠業有其用語，在波斯灣地區的阿拉伯語珍珠，可以是lulu、dana、hussah、gumashah與hasbah。珍珠依形狀、大小、顏色差異而有不同名稱：梨形的sujani、上長下半圓的khaizi、粉色的sindaali、黃色的sofri，以及珠中至寶的黑珍珠sinjabassi。最神祕的珍珠則是majhoolah，這是一種既大又醜的珍珠，但有時候裡面會包含著一顆較小的完美珍珠。

累到腿軟的潛水夫會被拉出水面，將成堆的牡蠣倒在甲板上，在監工警戒的目光下，將貝殼撬開，並在嚴密監視下拿出珍珠，以防止有人偷走。然後將珍珠分成七個等級，從高至低依序為jiwan、yakka、golwa、badlah、khashar、nawaem和bouka。❺品質最高且價格也最高的jiwan，通常是白色帶玫瑰色，圓潤無比，表面無瑕，散發光亮。當船上有了這些價值連城、容易藏匿的貴重物品時，儘管有預防措施，但是偷竊行為仍然存在，船主會把那些貴重珍珠放在一個木箱裡隨身攜帶，片刻不離身。比拉勒·哈米斯如此回憶道：「船主會躺在上面睡覺。」[14]

一九二〇年代，杜拜隨著珍珠貿易蓬勃發展而變得越富裕且國家更擴大。一九二五年，德黑蘭

---

❺ Jiwan一詞來自G-one，意為第一等。也有人說這個詞彙是波斯語jiwan的誤傳，意為年輕或幼稚。

孤行無效率的政府推行更多進出口的嚴苛限制，促使那些早期從臨生到杜拜定居的商人開始利用薩義德．瑪克圖姆（Said al Maktoum，一九一二—一九五八在位）酋長給予的居留權，並將家人遷徙過來。另一波商人則從波斯灣對岸加入，其中有許多人是來自伊朗南部波斯省（province of Fars）的巴斯塔克（Bastak），他們獲得緊臨法西迪堡東側土地，這裡靠近杜拜灣，方便船隻裝卸貨，於是形成巴斯塔基亞（Bastakiya）新區，這裡有杜拜所剩無幾、沒有被怪手推平的歷史建築。今天，儘管讓人覺得修繕過度，但是那些狹窄又蜿蜒曲折的小巷，低矮而傳統的建築仍保留著舊世界的魅力。

伊朗移民除了為杜拜帶來世界性商業理念和他們在亞非洲廣闊貿易網絡之外，還帶來新建築風格，這表示從棕櫚棚屋的簡樸向華麗升級。聳立在距離地面十五公尺處的巴爾吉勒（barjeel）風塔，開始直接注入新居民區的天際線中，這是現代摩天大樓的前身，將在短短數十年內改變杜拜的面貌。它們以伊朗紅土及石頭、石膏、石灰石、柚木、檀香木、棕櫚樹葉與樹幹等材料的混合黏稠物製成基座，上有四個凹面，通常有著精美柱子、拱門、石膏與珊瑚裝飾，將冷氣從任何方向吹到下方的居住區，這種風塔建築被認為是世界上最早的空調。

杜拜及其數十年珍珠貿易穩定發展驅動力在一九二九年受到嚴重衝擊，經濟大蕭條就像病毒，從美國開始傳到歐洲，並迅速感染全世界。一夕之間，對杜拜唯一閃亮出口品的需求就崩潰了，以信貸為基礎的珍珠貿易在信貸崩潰狀況下已無法運作。一九三〇年，珍珠船上工作人員在捕獲季最後一天滿載而歸，傳統上在此時等待他們的應該是慶祝安全返航和經濟獲利的歡樂氣氛，但卻訝異那些本該在岸邊迎接慶賀的外國珍珠商人早已不在。正如同曾在一九五〇年代幫助家族事業從一家在杜拜傳統（紡織品）市集（Suq Bur Dubai）的小店鋪，發展成在中東地區最大瑞士手錶代理商的杜拜商人阿布杜馬吉德．西迪奇（Abdulmajid Seddiqi）所說：「這是一場規模無法想像的災難。在那些日子裡，已經存在好幾代人的城鎮陷入一場沒有答案的危機。」[15] 珍珠不得不賤賣給印度商人，珍珠業的估值從一九二〇年代的三百萬英鎊，下跌到一九四〇年代只有剩二十五萬英鎊。[16]

這不是一旦全球經濟復甦，對波斯灣珍珠的需求就會恢復的簡單問題。經濟大蕭條是一回事，但更糟糕的是波斯灣珍珠業正面臨永久瓦解訊息。日本企業家御木本幸吉改良養殖珍珠的生產技術後，到了一九三〇年代，養殖戶的珍珠產量已達上百萬。大規模生產高品質，又比海洋捕撈天然珍珠便宜四分之一的價格，養殖珍珠於是引起跟進，吹響了有七千年歷史的波斯灣珍珠貿易突然災難性瓦解的號角。從一九二九年至一九三一年間，珍珠價格暴跌七五%。一九四七年，印度政府對進口的波斯灣珍珠徵收新稅，對該產業做出最後致命一擊。[17] 對杜拜和沿海地區鄰國而言，採珍珠是一種古老悠久的生活方式，幾乎是城鎮人們的唯一工作，如此發展無異於滅頂之災。

經濟衝擊與隨之而來的貧困、營養不良和不幸，使得薩義德這位傳統、隨和的酋長大受打擊，他沒有能力從位於灣邊小房子治理在如此危機中的大社群。當魚、米與椰棗用盡後，陷入困境的居民只能吃樹葉、蝗蟲和蜥蜴，[18] 其地位被嚴重削弱。

讓經濟以多元化的努力振興模式於是啟動。一九三七年，英國與杜拜簽署一項付款給杜拜，以換取帝國航空（Imperial Airways）飛艇著陸權的航空協議。這種租借國家模式主導後來幾年的運作。同年，薩義德酋長和英國的伊拉克石油公司子公司特許石油有限公司（Petroleum Concessions Limited）簽署重要的石油探勘協議。薩義德酋長給英國二十五年獨家開採權，以換取六萬盧比的簽約金，以及一旦發現石油之後的更多收入。但是在數十年中，石油的期待一直是殘酷的海市蜃樓，希望燃起，卻無所得。

對杜拜而言，經濟毀滅是史無前例的惡性現象，帶來政治動盪，例如一九二九年薩義德的堂兄弟馬尼．賓．拉戌德（Mani bin Rashid）失敗的密謀政變，形勢十分激烈。一九三四年，又發生一次嚴重的攤牌與企圖暗殺事件，在英國人展示實力下衝突才緩和，也就是在傳統炮艦外交實例外，加上英國皇家空軍戰鬥機隊呼嘯飛越城鎮上空。

薩義德統治的挑戰來自一場日益強化的改革運動，儘管專制的瑪克圖姆家族保有獨裁權力，但是在近一個世紀裡，一直能感受得到改革運動信條。一九三八年出現緊要關頭，當時杜拜信心十足的商人社群中最具權勢家族成立一個十五人組成的諮商議會（majlis），由哈戌爾．賓．拉戌德．瑪克圖姆（Hasher bin Rashid al Maktoum）酋長領導，薩義德酋長擔任主席。此舉是為了限制統治者的權力，迫使他分享政府收入的八五%，進而將這些款項使用在公共事務上。一個新教育部成立了，重新打開自從經濟崩潰後就關閉的學校大門。議會推行福利計畫，並且積極地擴建港口。薩義德隨意地參加幾次會議後，就拒絕任何和大會有關的事，挑戰演變成僵持不下的對立。

緊繃的關係在一九三九年三月二十九日達到沸點。當納粹軍隊已占領捷克兩週，張伯倫（Chamberlain）正在與希特勒對波蘭構成的威脅角力時，杜拜的新議會展示實力，宣布薩義德酋長將只能得到一萬盧比的定額個人收入，他和英國人達成的石油與航空協議的收入現在必須繳交國庫，而非流入私人口袋。薩義德將此舉視為對他不能接受的公開羞辱，改革者擔心他會以軍事武力回應，因此奪取控制杜拜灣的達以拉，封鎖入灣通道，杜拜正在全面衝突邊緣搖搖欲墜。

隨後，陷入困境的薩義德發動一次大膽驚險反擊。此時，其子拉戌德正在準備和拉蒂法．賓特．

哈姆丹．納赫揚（Latifa bint Hamdan Al Nahyan）公主舉行婚禮，以鞏固瑪克圖姆家族和阿布札畢統治家族之間的聯盟關係。在婚禮前，薩義德鼓勵其數百名忠誠的貝都因人盟友，和平地前往達以拉舉行慶祝活動，這顯然是在向商人示好。這是一個小心策劃的妙計，一到達以拉，貝都因人就占據屋頂沙袋後方的位置，在夜幕降臨後縱火燒死哈戌爾．賓．拉戌德．瑪克圖姆及其兒子。商人家族們慌亂了，在沒有造成更多流血的情況下投降。薩義德取得勝利，野心勃勃又麻煩的馬尼．賓．拉戌德酋長神祕消失，卻繼續密謀推翻薩義德。那一年稍晚，在聽說又有一次反對他的陰謀傳言後，薩義德逮捕了五個人。他下定決心要永久粉碎之後任何的反對，命令用烙鐵挖出那些人的眼睛。英國駐地政治官聲稱人民對這樣野蠻行徑普遍反感，儘管英國在波斯灣地區強化其意志時，也常常樂於訴諸暴力。[19]

所有這些考驗都對薩義德帶來巨大損失，從一九四〇年代起，他仍困在被暗殺的恐懼中，開始把一些權力交給野心勃勃的長子繼承人拉戌德。雖然第二次世界大戰並未直接觸及波斯灣停戰諸國，但是其威脅效應卻無遠弗屆。今日，這段時期成為饑餓時期（waqt al ji）的記憶，這是一段破產、饑荒、英國配給券及為生存而走私的時代。那時候的米、茶、糖嚴重匱乏，有時沒有柴火，只能吃生魚，那些富裕到擁有奴隸者也只能賣奴隸換錢買食物，而饑餓難忍的人民只能煮沸椰棗的空袋子，好擰出最後一點營養。有些人將配給走私到伊朗而致富，這些人是一九五〇年代和一九六〇年代走私黃金而發財者的先驅。

一九四〇年代末，杜拜開始從最灰暗時期邁向現代世紀。第一家診所在一九四三年出現，之後是在一九四六年開設的第一家銀行。英國中東銀行（British Bank of the Middle East）在灣邊的達以拉開幕，這個位在岬角的地方後來視為杜拜的時代廣場。值得注意的是，它不僅有顯眼的風塔，更有杜拜最引人注目，位於水面的廁所，曾不止一次被誤認為郵筒。儘管十分簡易，但仍是當時的奢侈物。當時有很多廁所都是在地上挖洞的茅坑，兩邊各鋪一塊磚，以便在上面蹲著。由於杜拜的土壤具有流動性，因此解便有可能是一件很危險的事。在城裡的民間記憶裡仍留存一些可怕的故事，比如糞坑塌陷，人被活埋在裡面。[20]

在英國探險作家維爾弗雷德・塞西者（Wilfred Thesiger）描寫騎著駱駝穿越魯卜哈利沙漠（Rub' al Khali）的著作《阿拉伯沙漠》（*Arabian Sands*），留下關於一九四九年杜拜簡短但有價值的描寫。這裡生活著兩萬五千名具生命力、多元文化的人口，城中心位於擠滿各種船隻的杜拜灣及周遭市集，「這裡有來自科威特的boom船、來自蘇爾的sambuk船，還有jaulbaut船，甚至是壯觀的baghila船」。在這個東方威尼斯，赤身裸體的孩子們在淺灘處戲水，水面兩側同時有船隻載著旅客擺渡。休閒、禮儀、交談是備受重視的生活內容，「生活因而帶著過往傳統與時俱進」。在喧鬧熙攘碼頭後面，商人們盤腿坐在頂棚市集陰涼處，周圍有成堆商品。蒼蠅圍繞著屠夫掛在鉤子上的肉打轉，驢車在曲折小巷裡蹣跚而行，路過昂首闊步地向前邁步的駱駝與一隊三兩成群的山羊。「市場裡擠滿了各色人種：臉色蒼白的阿拉伯城市人、目光銳利蠻橫又佩戴刀劍的貝都因人、黑人奴隸、巴魯其人、波斯人和印度人。我還注意到他們之間有一群戴著醒目氈帽的卡戌加伊（Kashgai）部族人，還有一些索馬里人（Somalis）正從來自亞丁的sambuk船下來。」[21] 塞西者的造訪是在電力供應之前，正好是石油時代來臨前夕，石油將徹底改變波斯灣停戰諸國。當作者浪漫化阿拉伯半島歷史悠久的生活方式、物質的匱乏、部族貴族及傳統時，大多數阿拉伯人高興地接受地下「黑金」提供的財富承諾。杜拜蘊藏的石油可能比鄰居們來得少，尤其是比不上石油豐富的阿布札畢，但事實證明這是相對的優勢，杜拜的石油足以帶動起步，但意想不到的好處是不會完全依賴石油。換言之，財富必須從他方賺取，而且需要聰明才智，如果瑪克圖姆家族想掌握權力，就有責任表現才智。

杜拜的黃金走私在一九五〇年代就開始了，從英國與美國以每盎司三十五美元的市價輸入黃金，然後謹慎地帶往印度，在尼赫魯（Nehru）政府的統治下，當時在印度進口黃金是非法的，所以走私進入的黃金可以賣到兩倍以上價格。帆船製造匠賽義夫・穆罕默德・生伊茲（Saif Mohammed al Qaizi）回憶道：「有很多人的口袋深極了，當時已有很多人口袋滿滿，我蓋了一間新房，還娶了兩位妻子，那是一個黃金時代，我們覺得日子會一直這樣下去。」他常常一天到晚忙著為走私客造船與修理舊船，這些走私客和印度海岸警衛隊、警察玩著鋌而走險的貓抓老鼠遊戲。一旦他們到了印度海岸，就會把昂貴貨物放在腰間皮帶裡，並對著在那裡等候的漁船發出預先商定的暗號，如果海岸線上是安全的，漁船就會去接他們。生伊茲透過造船的生意賺了不少錢，自己也從事走私生意。[22]

一九五八年九月十日，如此快樂的日子被一個悲傷的消息打斷。上午七點三十分過後不久，杜拜喚拜者傳出悲傷聲音，為全城蒙上陰影。清真寺宣禮塔的大喇叭傳出古蘭經文和讓所有人害怕的消息。薩義德酋長在人生中飽受各種考驗：珍珠貿易崩潰、經濟大蕭條、三番兩次的政變與陰謀暗殺，這位將杜拜穩定帶入現代新繁榮者去世了。城中男男女女都自覺地含淚默念對死亡的傳統回應：「我們確屬真主，我們必回歸祂。」這句經文。在杜拜酷熱夏日中，城市沉靜下來。大多數的人民甚至一輩子也沒有經歷過其他統治者的統治。那天稍晚，多達一萬五千位男女，幾乎是全杜拜的一半人口，前來目睹或加入送葬沿街隊伍裡。當棺木經過時，女人痛哭流涕，人民向阿拉真主祈禱，淚水與塵土交織著，標記一個時代的結束。

接著是杜拜歷史上最大的賭博：透過債券、特別稅及當地銀行在地籌募的二十萬英鎊，還有從科威特貸款的四十萬英鎊，總共相當於當時杜拜好幾年的國民生產毛額（Gross National Product, GNP），如今杜拜的這項統計數字已經是一千三百萬英鎊了。拉戌德酋長下了極大賭注，他不能失敗，告訴議會：「一切都靠它了。」阿拉伯聯合大公國退休銀行業者阿瑪爾・夏姆斯（Ammar Shams）表示：「疏濬杜拜灣潮溝是一九五〇年代的第一次大賭注，如果結果不好，杜拜就垮了。他借貸超出極限的外債，賭上國家所有的一切。」[23]杜拜的國家收入在當時並不高，甚至就算把進口商品稅提高到四%，每年也只能籌到六萬盧比，根本不足以支撐如此大型基礎建設工程。

杜拜灣是這個城市國家之肺，是杜拜與世界的紐帶，也是「杜拜的心臟和靈魂，及其存在的理由」。[24]杜拜依賴貿易而繁榮，但是如果船隻無法進出，一切免談。正如洛里瀃早在一九〇八年所描述的：「杜拜灣入口淺而難以進入。」在他記下這些文字的幾年後，杜拜灣變得更淺，也更難進入，淤積導致每年冬天出口都要縮短六百多公尺。在退潮時，水深還不足一公尺，所以滿載貨物到杜拜的船隻只能在離岸邊一英里的地方下錨，費力地卸貨到接駁船上，即使是漲潮時，也只有接駁船能進入潮溝。急忙的船長們乾脆放棄杜拜，不值得為那些麻煩操心。

拉戌德酋長已經打定主意突破萬難，湊成一筆鉅額資金。挖泥船、挖掘機及升降機在一九五九年底隆隆作響地來到杜拜灣。一九六〇年底，英國威廉哈勒克婁爵士公司與合夥公司（Sir William Halcrow and Partners）及奧地利的阿司特海外公司（Overseas AST）已實質完工。空拍照片顯示出白色、積滿泥沙，被沙床夾得窄窄的杜拜灣潮溝變成一條清澈深水，五百噸船隻已可暢通無阻。彷彿要顯示怠惰的危險，一場嚴重的沙漠夏季風暴（shamal）在一九六〇年從伊朗颳來，把大量沙子吹進夏爾加的大港口並完全將之封住。這個港口關閉十年之久，徹底重創經濟，迫使另一批商人移到杜拜。他們之中有許多人在疏濬過程裡，從達以拉一側產生的新土地上興建房屋做生意，這片土地由不懈的企業家拉戌德出售，獲利頗豐。杜拜再次從波斯灣伊朗另一側的臨乍搶來生意，現在正從近鄰把商人吸引過來。

杜拜灣只是開端，至於杜拜為什麼沒有自己機場的問題，英國駐地政治官看到一九三二年就在營運的夏爾加機場回答拉戌德酋長說不需要機場。拉戌德酋長不在乎謹慎與克制。一份英國行政官員在一九六二年的報告中寫道：「這位統治者早已打定主意，拒絕英國人的建議，決定建造一座噴射機機場。」[25]這展現瑪克圖姆家族對英國官員作風的正確懷疑，拉戌德酋長背著英國駐地政治官，直接得到其上司的許可，不需要英國人資助就推動計畫。❻他對自己親手安排人選的議會表示：「杜拜必須領先，而不是被牽著。」該議會後來被稱為「阿拉伯卡梅洛特議會」（Arabian Camelot），亦即美國甘迺迪總統執政國會的波斯灣版。[26]這座機場在一九六〇年九月三十日啟用，並且設有整個地區第一家免稅店，這也正是杜拜自由開放的另一個典例。在商業、政治、宗教的三角關係中，商業總是首要考量。第一條柏油跑道在一九六五年啟用，到了一九八〇年代中期，杜拜機場已有四十多家航空

❻ 這種特質在拉戌德酋長的繼承者兒子身上延續下來。穆罕默德．賓．拉戌德．瑪克圖姆在*My Vision*一書中提到：「官僚體制本身就是扼殺變革的敵人，沒有什麼能像官僚體制殺死創造力和簡單有效的問題解決方案了。我不喜歡官僚體系，也不喜歡裡面的官員。」

公司進駐。麻煩出現在一九八四年，當時杜拜機場的主要營運者，也就是有阿布札畢撐腰的海灣航空（Gulf Air）施壓拉戌德酋長提供具誘因條款，如優先降落權等。當該公司突然把每週定期航班數從八十四減少到三十九，逼迫拉戌德酋長順其意願時，陷入困境的拉戌德酋長並未退縮，而是以典型瑪克圖姆家族式霸行，拒絕顧問們的建議（這已經不是第一次了）。然後他借了一千萬美元，從巴基斯坦國際航空（Pakistan International Airlines）租用波音七三七（Boeing 737）客機，在一九八五年創辦自己的航空公司——阿聯酋航空（Emeriates）。到了一九九九年，杜拜機場已超越吉達機場，成為波斯灣地區最繁忙的機場。今天阿聯酋航空已坐擁中東最大營運商寶座，也是全球最大航空公司之一。[27]

此時，無論是伊斯蘭或其他傳統帝國已過時。一九二二年，也就是歐斯曼在安納托利亞高原西北部建立曾經強盛無比的歐斯曼帝國大約六百年後，隨著土耳其青年黨（團）革命（Young Turk Revolution）和蘇丹政權被廢除後，帝國瓦解。一九二三年，在凱末爾總統統治下的土耳其共和國宣布成立，一年後，曾經具權勢的哈里發制度不意地遭到廢除，即使末代哈里發阿布杜馬吉德二世（Abdülmecid II）力抗卻無濟於事，也無法保全其年功俸的增加。凱末爾無情地答道：「您的哈里發職位已是明日黃花，無存在之法理性。您若膽敢要求我的祕書處，就是無理取鬧！」[28]

大英帝國也同樣正在落幕，隨著二十世紀向前邁進，大英帝國因為兩次世界大戰而瀕臨破產，以及美國的崛起，在全球影響力已式微。❼中東地區是英國的傳統勢力範圍，如今英國卻得跟隨美國人的腳步。英國駐吉達大使在一九四四年發出怨言：「以跟班身分在美國的號令下亦步亦趨……對女王陛下的政府有失顏面，這讓人難以接受。」英國外交官們可能不喜歡如此，但是無論體面與否都得忍受。在美國的軍事、經濟影響力擴大的同時，英國不斷失去其所掌控的。受猶太恐怖分子（Irgun terrorists）所迫而離開巴勒斯坦，以及隨後在擁有巨大經濟支持的美國錫安主義分子手法細密地遊說運動作用下，英國人於一九四八年不再過問此地，以色列於焉誕生。一九五二年，自由軍官（Free Officer）發動的政變推翻了埃及法魯克（Farouk）國王，這也使得英國失去其造王者的重要角色，淪為旁觀者。隨後在一九五六年，蘇伊士運河事件使得英、法兩國遭受恥辱，這也是具魅力的埃及領袖賈瑪勒・阿卜迪勒・納瑟爾（Gamal Abdel Nasser）的政治勝利，他是新興的泛阿拉伯主義、反帝國主義領袖，在整個中東民眾裡掀起狂熱風潮。一九五八年，英國支持下的伊拉克君主政體在巴格達的亂槍中應聲倒下，最後一個強大的英國代理人國家也沒了。正如英國首相哈羅德・麥克米倫（Harold MacMillan）在一九五二年悲傷談到的，英國如今已經從受美國「尊敬的盟友」轉成「被以憐憫和慈悲支持」的對象。[29]

一九六八年，首相哈洛德・威勒森（Harold Wilson）宣布英國軍隊將從「亞丁以東」地區撤軍，又一個突發舉動引發華盛頓當局的輕蔑諷刺。美國國務卿丁・魯斯克（Dean Rusk）對英國同行喬治・布朗（George Brown）抱怨道：「天啊！像個英國人吧！」[30]倫敦的聲明立即為停戰諸國帶來憂慮，於是在英國支持下，倉促地在一九七一年提出成立阿拉伯聯合大公國方案。杜拜是六個公國成員之一，其他還有最富裕強大的阿布札畢、夏爾加、阿吉曼，溫姆顧維恩和法加以拉。一九七二年，第

---

❼ 二〇〇六年十二月二十九日，英國完成對美國國庫四千三百萬英鎊的轉帳，終於清償華盛頓當局在一九四六年提供倫敦四十三億四千萬美元的貸款。

七個公國拉斯黑瑪也加入。對於一個倉促成立，在歷史上既敵對又如兄弟般迥異的酋長國組成的全新國家而言，阿拉伯聯合大公國從那時起就令人驚訝地證明其成功，這個國家位於全世界最具挑戰性地區之一，卻成為一座政治穩定、宗教溫和、經濟成長的燈塔。

誠如巴格達在七六〇年代阿巴斯朝哈里發曼蘇爾的統治下，在美索不達米亞土地上建立，一九七〇年代的杜拜亦然，在拉戌德酋長違反常理的工程計畫下全面快速地發展。英國顧問一次次驚訝又猶豫地對酋長的新計畫潑冷水，他們嘖嘖表示，風險太大了，誰會用它呢？太多要求，資金要從哪裡找？拉戌德酋長一再地證明他們錯了，杜拜不斷地茁壯。一九六〇年，這裡是只有六萬多人的小城，無序地擠在杜拜灣周邊兩平方英里的區域內。一九七〇年，這裡有十萬人口，占地七平方英里。五年後，這裡十八平方英里的土地上住著十八萬三千人。到了一九八〇年，杜拜的面積擴張到三十二平方英里，有二十七萬六千人。[31]人人都認為不可能做到，但是做到了，事實就是如此。自從拉戌德成為統治者以後，成為區域集散地的杜拜，其貿易數字就飛速增加。一九五八年，他即位那一年，進口數字是三百萬英鎊。十年後，有如衝上天的火箭，達到七千萬英鎊。[32]

然而，這一切並非順利得到的。一九五〇年代的杜拜經歷自身波動，隨著賈瑪勒．阿卜迪勒．納瑟爾執政埃及，革命與反殖民主義聲音在整個阿拉伯世界回響激盪。埃及軍官叛亂一年後，透過杜拜民族陣線（Dubai National Front，成立於埃及軍事叛變一年後），阿拉伯民族主義的聲音在杜拜也越來越高漲。正如一名杜拜銀行家與商業大亨伊薩．薩利赫．古爾格（Easa Saleh al Gurg）在回憶錄裡提到的，對於英國人及其整個地區的「實質殖民」存在著一股強烈的「悲憤感」；「為了自身利益，他們快速蠻橫地介入我們的社會管理中……如此做法得到的是廣泛憤恨」。[33]在一九五六年暴動期間，英國駐地機構所在建築物被一位憤怒的暴民燒毀一部分。最後，杜拜民族主義的基礎被削弱了，英國勢力和瑪克圖姆家族領導階層合力阻止運動，趕走那些對年輕學生煽風點火地宣傳納瑟爾主義的外籍阿拉伯教師，重整警察機構、司法系統，以及最關鍵的是一九六六年石油的發現，完全讓局勢轉變。

商人曾在一九三〇年代對瑪克圖姆政權提出最有力的挑戰，從此以後，統治者和被統治者之間的社會契約依賴於滿足商人的致富要求。今日，許多杜拜最富有的男女都來自古老商人家族，如福泰伊姆（Al Futtaim）家族、古雷爾（Al Ghurair）家族及哈卜圖爾（Al Habtoor）家族，商人的聲音響徹統治者的議會。穆罕梅德・吉爾嘎維（Mohammed al Gergawi）是成功商人之子，自二〇〇六年開始就是穆罕默德酋長的大臣與最親近顧問，他是杜拜最新發展的指揮者之一。

一九六〇年代末，在嘎塔爾和沙烏地人的支持下，杜拜有了道路照明，第一座適宜跨越杜拜灣的橋梁，以及一條通往拉斯黑瑪的碎石柏油公路。但是這種成就和接下來發生的相比，簡直不值得一提。在不顧指責他過於冒進的謹慎聲音下，拉戌德酋長撕碎已小心規劃好四座碼頭港口的建造藍圖，要求碼頭數目增加到十六座，顧問們只好忍氣吞聲。一九七一年，十六個碼頭的拉戌德港（Port Rashid）正式啟用。到了一九七六年，由於需求量擴大，碼頭數量不得不增加到三十五座。隨著時間過去，拉戌德酋長的野心似乎失控了，在拉戌德港揭幕使用不到一年，他就決定在阿利山（Jebel Ali）再建造一個更大規模的深水港，此處是距離杜拜灣二十英里的珊瑚沙灘，這個地方將會被完全挖空，竣工後將提供比舊金山更多的運輸空間。顧問和外交界人士全都倒吸一口氣，但拉戌德酋長還是堅持到底，他是帶著使命的人，已無時間可浪費。

一九七九年是豐收的一年，英國女王伊莉莎白二世（Elizabeth II）親自造訪，為一系列具里程碑意義的規劃揭幕。在拉戌德酋長陪同下，英國女王揭幕斥資十六億美元，長一．二五英里，有六十六座碼頭的阿利山港（Jebel Ali Port），這是世界上最大的港口之一，巨大的乾船塢立即招致《華爾街日報》（*Wall Street Journal*）的質疑，其諷刺標題是「杜拜的乾船塢會不會是一個又高又乾的海市蜃樓？」[34]答案是否定的。緊接而來的是杜拜鋁業（Dubal Aluminium），這是一家價值十四億美元的鋁冶煉廠，也是杜拜計畫的關鍵部分，利用蓬勃發展的石油收入實現多元化與工業化。而後是一九八〇年成立的杜拜天然氣廠（Dugas）與一九八一年的杜拜電纜公司（Dubai Cabling Company）。這些都是龐大的「杜拜公司」逐步發展之基礎。

如同當初的阿利山港和杜拜鋁業讓人覺得怪異，就建築而言，到目前為止最令人感到驚奇的是杜拜世貿中心（World Trade Centre），它是這座城市的第一棟摩天大樓，令那些迷信的人感到害怕，也讓那些對任何事情都不樂見的否定者感到困惑，覺得這是華而不實，是在浪費時間遠離杜拜灣的喧囂，會被遺忘在一片蚊蟲孳生的空曠沙漠中。這棟三十九層（英國建築師約翰．哈里斯〔John Harris〕擬建三十三層，但是拉戌德酋長堅持要更高）的高樓，甚至不在杜拜區域內，它是杜拜未來走向的一個標記。杜拜遙遠的阿利山港是「一種新城市理念的實驗場：大片土地首次與城市無關。城市化現在和非城市做結合」。[35]在一九六〇年代與一九七〇年代，外國公司執行部門接踵進入杜拜時，常常必須和其他客人共用旅館房間。突然間，他們能夠訂到套房，並且享用波士頓龍蝦餐點搭配冰涼美酒。這個世貿中心位於現在有十二線道、吵雜的宰德酋長路（Sheikh Zayed Road）入口處，將被沙漠陽光照射得閃亮發光的摩天大樓分成兩片。這棟拉戌德酋長的摩天大樓是瑪克圖姆家族的「先建，他們就會來」哲學扎實生動之展示，宰德酋長路及這座無庸置疑在無限擴張的城市國家正是這句話的體現。瑪克圖姆家族建城，全世界就紛紛到來。

表面上看似瘋狂到妄想和喪失心智的地步，但實際上這種開發衝勁既冒著極大風險，卻也有冷靜的理性。一九六六年，離岸法提赫（Fateh，意即「征服者」）油田發現期待已久的石油，並從一九六九年開始生產，這為拉戌德酋長與英國、法國、西班牙、德國和美國公司有夥伴關係，剛成立的杜拜石油公司（Dubai Petroleum Company）帶來新收入。重點是四十億桶的石油儲量對杜拜而言極有限，只能允許拉戌德酋長在有限時間內讓未來數十年的經濟達到多元性。在可以預見的將來，像石油資源豐富的阿布札畢（九百二十億桶儲量）及其他波斯灣國家那樣依靠石油收入，對杜拜而言從來就不在選項之中。現在大多數的人都同意，如此情況是好事。一九九一年，杜拜日產量達到四十二萬桶石油的巔峰，此後就開始逐步下降。石油在全盛時期約占杜拜經濟產出的三分之二，如今的比重不超過二%。[36]

石油為波斯灣國家帶來說不清的財富，讓生活水準提升到在先前數十年做夢也想像不到的程度。穆罕默德酋長文化研究中心（Sheikh Mohammed Centre for Cultural Understanding，該中心的箴言是「敞開大門，開闊思想」）的達赫里亞．卡伊德（Dahlia Kayed）說：「那些曾住過帳篷的祖父輩，如今居住在全世界最高級城市之一的別墅豪宅裡。」該文化中心是杜拜另一個包容環境的象徵，但政治議題例外地明顯仍嚴格受限。[37]在許多例子裡，這種輕鬆得來的錢所帶來的更消極後果是，視放縱財富為理所當然、低生產力及依賴外國勞力坐收利益的國家文化。

所有一切都是以後發生的事，拉戌德酋長一點都不放縱，他是以一天工作十八小時出名的工作狂，行程表填滿親自檢視主要基礎設施工程的活動，回去又會參加傍晚的議會，以傳統酋長之尊聽取問題與抱怨，直到深夜。一九八一年五月九日，經過定型的一日勞累後，以接待印度總理英迪拉·甘地（Indira Gandhi）的晚宴為結束，他嚴重中風，再也不曾完全康復。

一九八三年，拉戍德酋長的妻子拉蒂法王妃在倫敦驟逝，兩人的婚禮在一九三九年薩義德擊退商人對他構成的權力挑戰中發揮至關重要的作用，在長達四十四年的婚姻後，對這位即將七十一歲的虛弱統治者是一個絕望打擊。周圍的人都說他再也不如從前，從公共生活淡出後，他如同數十年前的父親薩義德，越來越把權力交給兒子們，自己度過夜晚的方式就是在樸素的札比勒王宮（Zaabeel Palace）陽臺上，看著他在沙漠中建造的城市。一九九〇年十月七日晚上十點，在統治國家三十二年後，他歸真了。

他的老友阿布杜拉·畢宰德酋長在葬禮上悼念道：「拉戍德酋長是我見過最傑出的領導人之一，現代的杜拜就是他遠見卓識的見證。」[38]來自世界各地的悼文湧入，媒體稱讚這位「商人酋長」用短短的時間就把沉睡的波斯灣小鎮變成一座城市，現在有很多人會將杜拜與香港及新加坡相提並論，視為世界貿易標記。拉戍德酋長在年輕時曾經夢想將杜拜標示在世界地圖上，使之赫赫有名，成為全球注目之地，人人皆知、羨慕且想要造訪的地方；但是當初很少有人願意為他提供實現這個不被認同野心的機會，即使是小小建議。但是不知如何，這位不休息、精力充沛的酋長證明了懷疑者的錯誤，讓杜拜得以聞名於世。阿拉伯聯合大公國詩人哈立德·波度爾（Khaled al Bodour）表示：「杜拜是一個人的願景。」拉戍德酋長帶領人民踏上一段「比阿拉伯人在數百年裡做任何事情都更激動人心的旅程」。[39]

波斯灣國家代表諷刺道：「杜拜有什麼可以成為旅遊勝地？那裡除了潮濕的空氣、酷熱的太陽、滾燙的沙子及寸草不生的沙漠以外，什麼都沒有。」[40]那是在一九八五年，在一次波斯灣地區領導人的會議上，已經從父親手中接下越來越多責任，時年三十六歲的穆罕默德・賓・拉戌德・瑪克圖姆，對會議上可預想而知關於伊朗與巴勒斯坦局勢冗長無止的討論感到精疲力盡。只有熱氣，沒有結果。為什麼？他詢問同僚們，為什麼波斯灣國家不開始思考如何讓這個地區成為旅遊中心？杜拜正計劃成為世界上最受歡迎旅遊目的地之一。他得到的唯一回應是一片尷尬的沉默。

穆罕默德酋長並未因為完全沒有景點而氣餒收手，他把精力投入創造從零開始的旅遊業。一九五〇年代，來訪的貴賓除了住在英國政治代理機構（Political Agent）外，別無其他選擇。杜拜的第一家飯店位於拉戌迪亞（Al Rashidiya），即一九六〇年於杜拜機場啟用，有三十五個房間的航空旅館（Airlines Hotel）。杜拜的第一家酒吧——紅獅酒吧（The Red Lion）是一家典型的英式酒吧，於一九七九年開業，商業大亨哈樂夫・哈卜圖爾（Khalf al Habtoor）在拉戌德酋長的鼓勵下，於當時並不被看好的沙漠中興建大都會飯店（Metropolitan Hotel，今日這裡是哈卜圖爾城〔Al Habtoor City〕所在地，在宰德酋長路上形成摩天大樓四重奏，包含三家豪華飯店和一家提供「拉斯維加斯感覺」的劇院）。[41]一九九〇年，杜拜有了豐厚的石油收入，商業繁榮，每年吸引六十萬遊客，而這些遊客可以在七十多家飯店中選擇。到了二〇〇〇年，國際遊客的人數再次加倍成長，達到三百四十萬人次。二〇一八年則是一千五百九十萬人次。

杜拜並非對所有人都具吸引力，對一些人而言，它的張揚風格、鋪張的消費方式，以及歷史遺跡的稀少，讓人無意願造訪。我第一次去杜拜是在二〇〇二年的記者採訪任務。*Time Out Dubai*（一本宣傳杜拜旅遊的雜誌）用一對光鮮亮麗的西方夫婦作為背景，男人西裝革履，女人除了鑽石外，幾乎未著什麼衣物，文章標題寫道「百萬富翁遊樂場」。「跑車、古巴雪茄、豪華遊艇、客製化建案」。紅色法拉利（Ferrari）和黃色藍寶堅尼（Lamborghini）在宰德酋長路上飛馳而過，大道兩旁都是摩天大樓。當時杜拜最新五星級飯店斐爾蒙特大廳裡，有一群多國背景的妓女在積極拉客，還有穿著白色長衫，戴著搭配頭飾的酋長國人民在旁邊瞪大眼睛盯著。我沿著杜拜灣漫步，這是舊杜拜最實在的記憶，這裡仍有忙碌生意和滿身汗水的水手在船上隨意晾晒洗好的衣服，身邊經過一艘艘忙碌的小帆船，上面載滿來自世界各地的商品，被送到琳瑯滿目的傳統市集，這裡是一個突然冒出來的古老世界，有香料商人、布匹商、小咖啡館和傳統作風的商人。我去蒙哥馬利（Montgomerie）球場轉了一圈，這是一座全新的高爾夫球場，是由英國球手柯林·蒙哥馬利（Colin Montgomerie）設計，擁有全世界第一個三百六十度發球臺。杜拜好炫耀與新奇，世界上最高建築（哈里發塔〔Burj Khalifa〕，八百二十八公尺）、最大的購物中心（杜拜購物中心〔Dubai Mall〕）、最大室內主題公園（IMG冒險世界〔IMG Worlds of Adventure〕）、最重的沙威瑪（四百六十八公斤）、最長的畫（一萬零八百五十公尺），任何事情，不管是多新奇或怪異，都會連人帶錢一同被引進。[42]

要鄙視杜拜很容易，批評者對杜拜的負評有很多原因。當記者爭先恐後地用超級誇飾名詞與形容詞，描述這座城市的近年發展如「全力衝刺的曼哈頓」、「天際線上的裂縫」和「類固醇資本主義的夢幻」一時，這座城市裡急速發展、不要多過問的財富也有著黑暗面。[43]那些阿拉伯和西方遊客流連忘返的遊樂場，是踏在最貧窮的南亞工人背上建造的。只要有一棟閃耀新摩天大樓在不斷變化的天際線上閃亮發光，就會有一大批薪水低微的移工生活在不合標準、時而駭人聽聞的居住條件中，他們生活在守衛森嚴的營地，與他們幫助創造的奢華生活相距甚遠。國際媒體與人權組織對被剝削、虐待的工人生活做了令人不安的報導，在這種被描述為現代奴隸制度形式，每年有數百萬名工人來到杜拜，在開始工作前，護照就會先被沒收，前外勞仲介阿勒馬斯・帕爾迪瓦拉（Almass Pardiwala）說：「現在我嚴肅期盼全世界能夠覺醒，檢視這些光鮮亮麗背後實質的黑暗。」[44]對那些令人目眩神迷商務和旅遊圈外的人而言，放任自由的生活方式有著巨大的人力消耗，在杜拜兩百五十萬人口中，有七一％是亞洲人。以自由港口與區域貿易樞紐聞名的低干預態度，也吸引「大規模走私、槍枝走私、人口販運及洗錢」，其中一些活動已和全球恐怖主義網絡交織一起。[45]例如，一位極端「抨擊杜拜」的英國記者將這座城市描述為一座建立在「生態破壞、壓迫和奴隸制」上的「成人迪士尼樂園」。

早已習慣被批評挖苦的杜拜居民只是翻翻白眼，然後指出那些「自以為是、自我滿足、幸災樂禍、坐著飛機進來再坐著飛機離開的記者們」，只不過逛了幾家百貨公司和一棟摩天大樓，就自以為了解杜拜全部。具影響力的阿拉伯聯合大公國評論家蘇勒丹・蘇悟德・生西米（Sultan Sooud Al Qassemi）在推特（Twitter）上，針對最近一篇關於杜拜的美國雜誌文章發文表示：「這等於是我第一次去芝加哥，用一天的時間到西孟盧（West Monroe）和生爾菲樂公園（Garfield Park）逛一圈，就寫說這座城市是一個暴力、殺人橫行、危險的地方，《紐約客》（*New Yorker*）會允許我刊登這則評論嗎？」那篇文章說杜拜是「全世界的拉斯維加斯」和一座「不存在的城市」。[46]

我上次去杜拜時住在節慶城（Festival City），這又是一棟亮晶晶的摩天大樓叢林，位於杜拜灣東南邊，靠近米爾迪夫（Mirdif）。自從我第一次造訪杜拜以來，各式各樣的「某某城」就在杜拜四處冒出來，如學術城（Academic City）、高爾夫城（Golf City）、醫療城（Healthcare City）、國際人文城（International Humanitarian City）、網路城（Internet City）、物流城（Logistics City）、海事城（Maritime City）、媒體城（Media City）、汽車城（Motor City）、運動城（Sports City）和工作室城（Studio City）。杜拜已不像是滴在地圖上的一個墨點，而是地圖上如漣漪般逐漸漫開的地方。兩棟巨大棕櫚樹狀的豪華住宅大樓出現在阿拉伯灣，離岸三百座小島組成的「世界島」等待買家的到來，這是杜拜結合遠見與奢華的最新案例。一位報社編輯欽佩地談論到穆罕默德酋長想把瑪克圖姆國際機場（Maktoum International Airport）建成世界最大，年度旅客量超過兩億兩千萬人次機場的計畫。一位銀行業者強調杜拜是如何比其他鄰國更革新、女性社會角色與女權的領先，以及提升政府和外交服務事務女性高層職員的比例。

納赫揚．穆巴拉克．納赫揚（Nahyan Mubarak al Nahyan）王子是彬彬有禮的阿拉伯聯合大公國文化部長，他乘坐直升機參加年度文學節的揭幕儀式，文學節如同杜拜無數的事物，已成為該地區規模最大的類似活動。他的演說是阿拉伯聯合大公國人在一個被派系衝突撕裂的地區，對多元接納和包容的呼籲，對臺下不同背景的阿拉伯、非洲、亞洲、美國與歐洲聽眾說：「文學擁抱所有文化、民族、性別、所有語言、國家、宗教、各種思想、教育程度、年齡及每種觀點。」在中東，除了杜拜，還有哪裡能出現這樣的言論、這樣的聽眾、這樣來自多國的作家陣容——更別提這樣一場資金充裕、規劃周密的盛會？這場文學節活動是杜拜不斷增強軟實力的縮影，在經濟與商業的成功，和不斷變化的多國人口的支持與擔保（以這次為例，贊助商是阿聯酋航空）。

身為土生土長的杜拜人，到了一定年齡後，就意謂見證並經歷不同尋常的城市變化。穆罕默德酋長這位「CEO酋長」，追隨其父的腳步，為國民設定一個有時候得費力才能接受的節奏。他說：「我做決定後就會馬上行動，油門一腳踩到底。」認同感問題無可避免地懸浮在這座城市上空，阿拉伯聯合大公國的男女只占總人口一〇%。阿拉伯聯合大公國大學（UAE University）政治學家瑪爾雅姆・魯塔赫（Maryam Lootah）博士說：「當你不是大多數群體時，就會擔心文化認同感。阿拉伯聯合大公國人的身分認同仍在塑造中。」退休銀行業者阿瑪爾・夏姆斯指出：「所面臨的挑戰是，如何在這樣的成長速度中保持我們的身分與傳統。」詩人波度爾曾說，他不得不訓練自己去接受，自己出生的這座城市所經歷的讓人迷惑持續不斷的更新，朱美拉（Jumeirah）舊海灘的消失，被除了觀光客外什麼也沒有的空蕩沙灘所取代。他說：「我不知道她正在往何處走，有時候我也不在乎。我已經適應了，不得不這樣活在當下，並且訓練自己不要活在記憶裡，也不要擔心未來。」對資深衛生部官員魯該雅・巴斯塔基（Rugaya al Bastaki）而言，巴斯塔基亞區也是如此得名的，她的家族於一百年前就定居在巴斯塔基亞區。對她來說，有時候會感覺自己是自己國家裡的陌生人。她表示：「現在對杜拜的感覺更不熟悉，她已經完全變了，現在在這裡說著那麼多種語言。」[47] 杜拜具有的許多矛盾之一是，一個身處波斯灣地區的阿拉伯國家已經變得如此國際化，人人說英語，以致阿拉伯語本身都面臨威脅。

如果說在這麼短的時間裡，城市面貌閃電般變化讓人感到又悲又喜；如果說有棘手身分認同問題需要面對，同樣可以合理感到驕傲的是從空曠沙漠中建立一座如此了不起的城市。也許犯罪率會更高，陌生的新住宅區可能會從沙漠中出現，童年記憶被推土機夷為平地，但是本地人對這座城市的愛一直是發自內心的。魯該雅說：「感讚真主，我們生在這裡，從原來到今天的樣子是一段多麼精采的旅程，杜拜現在是世界上最好的城市，我無法以任何其他城市交換杜拜，沒有任何城市像她。」

另一些人謹慎地抱怨「一個超級自大狂把令人心曠神怡的城市，變成臃腫不堪的超大都會」。[48]這種謹慎是明智，甚至是必要的，如果不想進監獄的話。穆罕默德酋長聲稱他對杜拜的靈感源於十世紀的哥多華，現在可能不像當初那麼異想天開。安達魯斯首都曾經是開放、友善貿易和世界性的地方，是一個文學展現的泉源，也是智性探索實驗室。然而，鑑於阿拉伯國家長久以來專制統治傳統，沒有理由認為伍麥亞時期的哥多華會比瑪克圖姆朝的杜拜更容忍政治異議或是具有言論自由。杜拜的沒有言論自由就如同今天幾乎所有的阿拉伯國家都沒有言論自由，唯一的例外可能是突尼西亞。杜拜和任何一座二十一世紀的阿拉伯城市同樣開放，但是對統治家族的批評或任何政治活動都完全受到禁止。

事實是若非被債務壓到喘不過氣的南亞移工，在如火豔陽下為最新的摩天大樓或酋長靈機一動帶來的巨型工程出賣勞力，若非政治活動人士、人權鬥士或愛挖掘的記者，杜拜是一座很好的城市。就像所有偉大的城市，她吸引全世界的人，如同一千兩百多年前阿巴斯朝早期哈里發統治下的巴格達。來自兩百多個國家的人稱這座城市為家。她也如同任何城市般有其問題，其中永續性是最重要的問題之一。然而，她已經面對批評太久，就其既有的成就來說，成績不能輕易地一筆勾銷。她是阿拉伯世界近幾十年來最成功的故事之一，是一個自有的城市現象，也是令人難以置信何為現代都會之阿拉伯——全球的重新想像。

莉瑪．薩班（Rima Sabban）博士是杜拜的宰德大學（Zayed University）社會學教授，她一邊喝咖啡，一邊笑著。我們當時正在討論一些批判杜拜的阿拉伯人，他們常常批評杜拜太新、太假、太炫、太缺乏歷史與文化，是一個街道區中自以為是的年輕小孩，但所有的這些批評歸根究柢或許都可說是嫉妒心作祟。

她說：「給我找一個敘利亞人、伊拉克人、黎巴嫩人、突尼西亞人、阿爾及利亞人、摩洛哥人、蘇丹人或埃及人，他們有誰不想住在杜拜？他們都想住在這裡！」[49]

【第十五章】

朵哈

——珍珠城——

Doha–City of Pearls

（西元二十一世紀）

改變正戲劇性地發生。這全然是典型變化。我總在朵哈迷路。新摩天大樓四處竄起，新路、區域、商店、餐館和博物館比比皆是。全都改變了。我極喜愛她。

——嘎塔爾大學（Qatar University）瑪莉嫣．易卜拉希姆．穆拉（Mariam Ibrahim al Mulla）博士

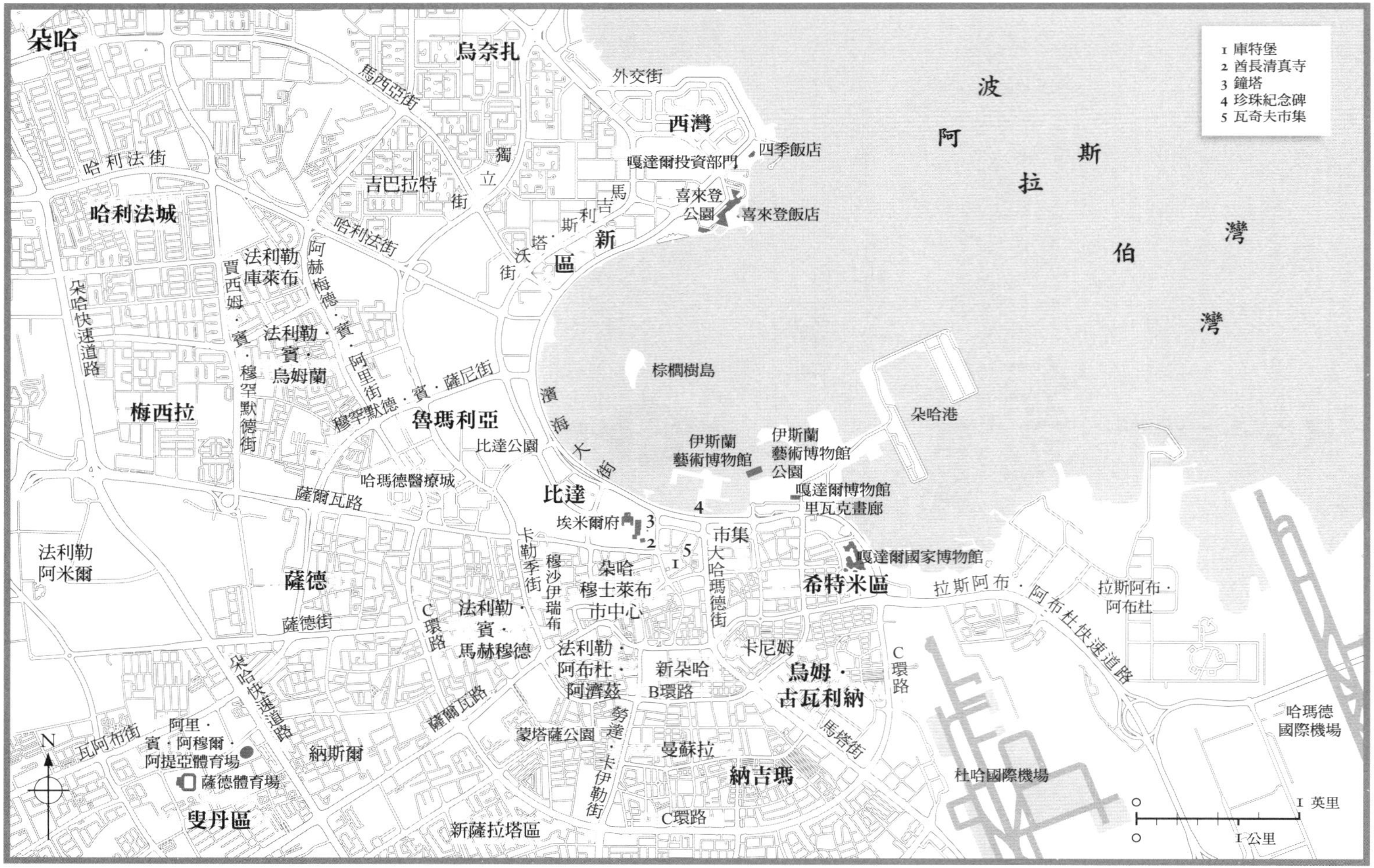

朵哈
烏奈扎
外交街
馬西亞街
西灣
四季飯店
嘎達爾投資部門
哈利法街
吉巴拉特
獨立街
馬吉利斯塔沃街
新區
喜來登公園
喜來登飯店
哈利法城
哈利法街
法利勒庫萊布
阿赫梅德·賓·阿里街
賈西姆·賓·穆罕默德街
朵哈快速道路
法利勒·賓·烏姆蘭
穆罕默德·賓·薩尼街
梅西拉
魯瑪利亞
濱海大街
棕櫚樹島
朵哈港
比達公園
伊斯蘭藝術博物館
伊斯蘭藝術博物館公園
哈瑪德醫療城
嘎達爾博物館
里瓦克畫廊
比達
薩爾瓦路
4
埃米爾府
3
2
市集
5
1
嘎達爾國家博物館
法利勒阿米爾
卡勒季街
穆沙伊瑞布
朵哈穆士萊布市中心
大哈瑪德街
希特米區
拉斯阿布·阿布杜快速道路
拉斯阿布·阿布杜
薩德
C環路
法利勒·賓·馬赫穆德
薩德街
法利勒·阿布杜·阿濟茲
新朵哈
B環路
卡尼姆
烏姆·古瓦利納
C環路
朵哈快速道路
薩爾瓦路
勞達
卡伊勒街
曼蘇拉
馬塔街
哈瑪德國際機場
瓦阿布街
阿里·賓·阿穆爾·阿提亞體育場
納斯爾
蒙塔薩公園
納吉瑪
杜哈國際機場
N
薩德體育場
叟丹區
新薩拉塔區
C環路
1 英里
1 公里
0
0
1 庫特堡
2 酋長清真寺
3 鐘塔
4 珍珠紀念碑
5 瓦奇夫市集

在西灣高層辦公室裡，億萬富翁淮薩勒・賓・生西姆・薩尼（Faisal bin Qassim al Thani）酋長——淮薩勒控股公司（Al Faisal Holding）創辦人、董事長和執行長，有如守在巢裡的老鷹，回憶著早期的朵哈。在這棟閃閃發亮、有著空調，其商業帝國總部的摩天大樓外面，棕櫚樹在熱浪中枯萎，鴿子在令人目眩的水面無精打采地拍打翅膀。波斯灣的陽光總是這麼強烈，整個城市籠罩在白茫中。在這陽光強烈，濕氣黏衣的大蒸籠裡，放縱一下似乎可以被原諒，更是完全適當。

然而，在這位六十多歲商業大亨的非凡職涯中，除了堅持不懈地勤奮投入外，似乎別無其他可言。早在一九六〇年代初，十幾歲的淮薩勒（嘎塔爾酋長塔敏・賓・哈瑪德・薩尼〔Tamim bin Hamad al Thani〕的遠親）開始經營汽車零件銷售生意。半個世紀後，這位商人的身價已高達二十一億美元，手中掌握的企業集團參與房地產、建設、貿易、交通、娛樂、教育、資訊科技，以及從華盛頓的聖雷吉斯旅館（St Regis Hotels）到倫敦的W飯店（W Hotels），再到開羅的四季飯店（Four Seasons Hotels）。[1]

無須過於強調淮薩勒有關朵哈慢慢崛起歷程的記憶，即使在他出生後，朵哈仍只是一個以採珍珠和捕魚為生的小村子。他說：「朵哈一開始是避難且安全的地方，是部族逃亡者的避難所，這就是朵哈的作用和它的歷史。對嘎塔爾人而言，最好時光不是二十一世紀的大繁榮，而是從一八〇〇年至一九二〇年之間，也就是珍珠貿易在一九三〇年代崩潰和第二次世界大戰災難到來之前，就像杜拜及其他波斯灣沿岸濱海定居處，這兩場災難也造成朵哈遭到破壞。「我們從反對武力戰鬥進入反饑餓的戰鬥，英國人與德國人在波斯灣到處破壞船隻。直到一九四四年時，人民已經幾乎衣不蔽體，酋長和所有人都挨餓，有許多人餓死。」

儘管才六十多歲，但淮薩勒說話的感覺像是對現代不適應的老人，他停頓一下才說：「文化改變了很多。一九八九年，如果你給我一百萬里亞勒（riyal），讓我帶著家人到外面吃晚餐，這是絕對不可能的，還會被人瞧不起，但是現在卻沒什麼。」嘎塔爾的首都在他生平已變得認不出來，他說：「那時候很簡單，我認識這個國家的每個人，也知道所有人的車。」[2]

愛車的人絕對不能錯過朵哈對訪客的異常吸引力，沿著城市西北走向的杜罕高速公路（Dukhan Highway）開車十三英里（在朵哈，距離變得越來越讓人感覺不出來，這是世界上城市面積擴張最快的城市之一），有一個建於一九九八年，融合不同風格的沙漠城堡，淮薩勒・賓・生西姆・薩尼酋長博物館（Sheikh Faisal bin Qassim al Thani Museum）即坐落於此，裡面有他在旅程中蒐集的一萬五千件個人愛好收藏（而且數目仍在增加中），這些收藏裡的侏羅紀化石，以及世界上最小與最大的《古蘭經》版本，反映其個人特殊品味。物品中與嘎塔爾人配戴的傳統兵器收藏並列的，還有一件一九一〇年歐斯曼時期的卡巴罩布（kiswa），上面有著極為華麗的金線與銀線刺繡書法。❶他的收藏品中還有歷經滄桑的珍珠捕撈帆船，以及一磚一瓦搬到嘎塔爾的整棟十八世紀敘利亞傳統民宅。淮薩勒退役的私人飛機「波斯灣之鷹」（Falcon of the Gulf），俯瞰著大廳中擺滿的賓士豪華車和雙座敞篷車、美式雙門車與活動式頂篷車、骨董地毯、古怪摩托車、一對秀珍炮，以及一組穿著阿拉伯傳統部族服飾的人偶模型。下一個展廳中有實體尺寸的馬和駱駝模型，其周圍的豔麗畫作為該展廳增添輕鬆活潑的氣氛。這是一個紀念品和收藏品的世界，收藏稀有昂貴的寶藏、庸俗物品與旅遊劣質品。最為怪異的收藏中包含一張陷入宗教激情狀態中的苦行修士照片，苦行者用鐵線或木棒穿過胸部或下顎。就伊斯蘭正統觀點而言，此博物館最偉大的寶物毫無疑是天房大門的黃金鑰匙，在二〇一八年一月公告進入館藏。

但迄今這座博物館最大量的收藏，則是他蒐集超過六百輛的各式汽車，別克（Buick）、龐蒂克（Pontiac）、野馬（Mustang）與雪佛蘭（Chevrolet）、凱迪拉克（Cadillac）及道奇（Dodge）整齊排列陳示。我在參觀時看到一列列普通汽車，以美國車居多，從一九五〇年代的肌肉車到兩人座跑車，再到卡車和年久失修及無人問津的各種皮卡貨車，靜靜地停在那裡蒙塵，即使博物館館長的策展團隊竭力想要為這批散亂無序的收藏建立秩序，也仍顯得徒勞。在相鄰的一個車庫裡，存放著賓利（Bentley）、勞斯萊斯（Rolls-Royce）和賓士（Mercedes），以及等待維護的摩托車與二十世紀初的老爺車。

疲憊的伊斯蘭藝術館長阿布杜勒阿吉茲（Abdulaziz）說：「問題是我們一直在擴增，他從未停止收購！他繼承其父的收藏習慣，看到有意思的東西都會買下，送貨箱子總是一個接一個送過來，他每天晚上都會過來，指示物品擺置。所有的收藏品都得不斷重新安排，這都是為了策劃如何展示，敘述並不重要。對我們而言，困難的是要不斷放置標示牌與重新分類收藏品，我們試著以專業的方式來經營這家博物館。」[3]

淮薩勒・賓・乍西姆・薩尼酋長博物館表面上似乎專注於伊斯蘭藝術、嘎塔爾遺產、錢幣和貨幣及美國老爺車，但事實並非如此。它吸引我視其非一般博物館，而為嘎塔爾的縮影——亮眼財富、擁有與消費、權力、地位及伊斯蘭遺產的主張宣示，以及或許最重要的是一座城市的潛在認同追求，人

❶ 卡巴罩布是很大的刺繡黑色布，每年麥加朝聖季時會被罩在卡巴聖壇上。

民發現自己是國家中的少數群體，而且人數越來越少，有時甚至令人困惑的突然致富的少數群體。❷

就二十一世紀重新想像與重塑形象的新伊斯蘭帝國首都來說，朵哈實不足論，但是無疑有一種活力充沛的新阿拉伯穆斯林力量，這股力量也出現在國際環境裡，勇敢地提出自我主張，不想再屈服於鄰國沙烏地阿拉伯，準備好介入幾個國家與衝突中，甚至組織具有爭議的聯盟，依賴深不見底的資金支持，朵哈已拋棄傳統上小心謹慎的保守主義，大步登上世界舞臺。有些人可能會激動地表示，她兢兢業業地急於將自己定位為世人認同的新伊斯蘭力量。

在城市另一端，另一棟大樓的七樓，胡塞因·阿勒法爾丹（Hussein Alfardan）置身於其寶貴收藏品中，和善地微笑著。那些收藏品讓人回想起，這個如今擁有世界第三大天然氣儲量（超過兩百四十億立方公尺），崛起為全世界國內生產毛額（Gross Domestic Product, GDP）最高國家的財富來源。[4] 阿勒法爾丹是一位儒雅的八旬老人，乃著名珍珠商人哈吉·易卜拉西姆·阿勒法爾丹（Haj Ibrahim Alfardan）之子。哈吉·易卜拉西姆·阿勒法爾丹是家族之長，一九八一年以年過百歲的高齡辭世，他以珍珠業為家族立基，他的能力得到當地人以「外科醫師」稱呼，因為曾在幾週內去除一顆外型難看的majhoolah珍珠薄外層，呈現一顆美麗無比、光芒四射的寶珠。胡塞因·阿勒法爾丹在孩提時期，曾在父親的注視下駕駛珍珠船出海，並且親身經歷當時老人的珍珠買賣。一九五四年，在戰後蕭條時期，阿勒法爾丹只在嘎塔爾的第一家銀行（當時的東方銀行股份有限公司〔Eastern Bank Limited〕，即今日渣打銀行〔Standard Chartered Bank〕）工作兩年，就獨立出來開設一家小珠寶店。

他回憶道：「珍珠貿易沒落後，我們經歷一段非常困難的時期，整個地區突然遭遇可怕的貧窮，很多人不得不變賣家當。許多年後，石油財富才惠及普通人階層。」[5]

從以其名命名的珠寶折扣店，這位年輕人用六十年的時間，把阿勒法爾丹集團（Alfardan Group）發展成投資珠寶、汽車、房地產、銀行及旅館業，價值數十億美元的家族企業集團。二〇一三年《富比士》將阿勒法爾丹列為第四十七位最富有的阿拉伯人，資產淨額有四億五千三百萬美元。[6]

一部分是博物館，另一部分則是交易廳（一朝珍珠商，終身珍珠商），阿勒法爾丹的塔瓦戌畫廊（Tawash Gallery）是世界上最大的波斯灣天然珍珠收藏館之一。照明展示櫃中展示著令人目瞪口呆的稀有珍珠首飾：大量垂懸項鍊（其中包括一串價值兩百萬美元的項鍊、鑲有鑽石和珍珠的羽毛頭飾、珍珠流蘇垂吊耳環、珍珠與紅寶石、珍珠與祖母綠、珍珠與藍寶石，以及珍珠與黃金。在這些珍珠收藏中，有一顆世界上最大，重達兩百七十六克拉的珍珠，巧妙製成戒指，被放在珍珠中價格最貴的位置，還有引人注目的三顆法貝赫傑彩蛋。

阿法勒爾丹不斷微笑的另一個原因，也許是因為他近年來的另一項收穫。在我們會面的兩個月以前，工藝大師法貝赫傑製作的皇家彩蛋（Imperial Egg，最著名的是彼得・卡爾・法貝赫傑〔Peter Carl Fabergé〕為俄羅斯沙皇亞歷山大三世（Alexander III）與尼古拉二世（Nicholas II）在十九世紀

❷ 卡達王室的汽車收藏不斷變化，近年來包括一些稀有車型，如獨一無二的帕加尼Zonda Uno、特別訂製的科尼賽克CCX R、兩輛價值一百五十萬萬英鎊的藍寶堅尼Murciélago LP670-4 SuperVeloces、一輛法拉利599 GT B Fiorano，以及一輛紫色夜光的藍寶堅尼Aventador，這些都顯著提醒著人們——或者說是警告？——沒有人能超越薩尼家族的統治分支。

末和二十世紀初製作的彩蛋），在一九一七年以來首次現世，這為朵哈帶來一場可預期的國際熱潮。其中有一顆「珍珠蛋」（Pearl Egg），設計靈感來自珍珠在牡蠣中的形成過程，上面裝飾了三千三百零五顆鑽石、一百三十九顆來自阿勒法爾丹私人收藏的天然珍珠、雕花水晶，以及鑲嵌在白金和黃金的珍珠母貝，這顆珍珠蛋可以在底座上旋轉，分六段式打開，最後露出一顆十二克拉的灰色波斯灣珍珠。這顆法貝赫傑彩蛋是由二十位技藝高超的珠寶工匠精心打造，花費兩年的時間才完成。搭配一條用白珍珠、鑽石和珍珠母貝組成扇貝圖案及十九克拉白珍珠吊墜的法貝赫傑項鍊，這件藝術品花費胡塞因・阿勒法爾丹未公開的七位數字價碼。[7]

法貝赫傑的寶藏讓人聯想一個曾經完全依賴珍珠維生地方的歷史。一八六三年，當時的嘎塔爾統治者穆罕默德・賓・薩尼（Mohammed bin Thani）曾告訴英國阿拉伯學者兼探險家威廉・吉弗爾德・帕勒格拉夫（William Gifford Palgrave）：「我們從高層到基層都是珍珠奴僕，所有思考、交談、工作就業都與珍珠有關，其餘都是次要的。」[8]

珍珠貿易早已不存在，但是被畢生所獲得獎品和榮譽包圍其間的老人似乎一如六十年前般對生意充滿熱忱，他提到公司的大規模房地產投資，一座占地約四百萬平方公尺的人工島——被一群摩天大樓團團圍住的較小中央島，無疑被稱為珍珠島。阿勒法爾丹說：「我帶貝盧斯科尼（Berlusconi，義大利前總理）逛珍珠島，『他對我說是哪個瘋子想出這個主意的？』我告訴他是我。我就是瘋狂，用五億里亞勒進行一項一百八十億的工程，現在其市價已超過八百億（一百五十五億英鎊）。」

在結束與阿勒法爾丹談話時，他對執政者薩尼家族的智慧表示敬意，並且特別讚揚統治者酋長哈瑪德・賓・哈利法・薩尼（Hamad bin Khalifa al Thani），他從一九九五年起統治嘎塔爾，在二〇一三年出人意料讓位給兒子塔米姆（Tamim）。今日，嘎塔爾人都尊稱他為統領之父（Father Emir）。

阿勒法爾丹表示：「我眼見所有變化，並參與其中。在統領之父上臺前，變化是很緩慢的。在他上任兩年後，陽光照到嘎塔爾，市場開放了。他剛來時，西灣（West Bay）什麼都不是。有這幾位偉大的領導人是我們的幸運，他給每個人機會參與國家的發展。他支持銀行、公司、人民，他造就了嘎塔爾。」這是一個真誠儀式，是阿拉伯人對全然權力領袖的致意。在這裡，權力是透過遵從斡旋，而不是民主。

＊

自二十一世紀初開始開發以來，西灣迅速成為朵哈的經典地標。難怪年紀較長的居民會對城市裡急遽變化感到茫然，直到一九八〇年代，清真寺的宣禮塔還是城市最高建築物。當初在西灣唯一值得一提的建築物是喜來登飯店（Sheraton Hotel），這是一棟三角形樓頂的十五層金字塔形建築，屹立在填海造陸的地基上，一九八二年開幕營業。當初它曾孤獨地俯瞰下方海面，如今已被周圍一棟棟「星級建築師」設計的玻璃摩天大樓叢林遠遠超越。在這些新建築物中特別吸引目光的是瓊・努貝勒（Jean Nouvel）設計的，造價一億兩千五百萬美元，高兩百三十二公尺，於二〇一二年竣工的朵哈塔（Burj Doha），它是用鋁製網狀防晒罩包住建築，展現這位法國人所謂的「徹底陽剛氣概」，而被人稱為「保險套」。[9]此外，還有扭曲、旋轉且發光的比達阿塔（Al Bida a Tower），以及高聳入雲、布滿格子的陀爾納朵塔（Tornado Tower，龍捲風塔），就像西灣的其他地方，這棟令人聯想到沙漠暴風的大樓也是在夜間才會展現最佳效果，當太陽帶走最後一道晚霞，天空被染成靛藍色後，朵哈的大樓就會上演鬼魅般的燈光秀，彩虹色波浪從塔樓上翻滾而下，白色燈光閃耀如群星，這是波斯灣對香港的回應，十年內構思並執行。

誠如朵哈的大範圍發展，西灣是很多嘎塔爾人自豪感的來源，也是城市遊客不能錯過風景區。但是也有當地人抱持反對意見，有些人擔心這種急於朝著天空發展的摩天大樓計畫欠缺周全考慮，並沒有為居民創造適宜的居住空間。白天，高樓大廈中擠滿了銀行業者、律師、會計師、石油工人、房地產開發商、公共關係顧問、安全顧問，越來越多的西方僑民被誘人的免稅「菸酒店」所吸引，還有更多來自印度次大陸的移工，其勞動力讓這座城市運轉。到了夜晚，除了燈光秀的奇觀外，西灣簡直就是鬼城。

嘎塔爾工程師穆罕默德．阿卜都拉（Mohammed Abdullah）說：「它的設計不當，晚上有什麼呢？什麼都沒有，沒有地方喝咖啡，也沒有停車空間，沒有地方可走。外國公司進來，說你要一個中央商務區，他們建完就離開。」[10]

外國評論家更是語帶嘲諷。英國《金融時報》（*Financial Times*）表示，這裡的城市景觀帶有一種「開發商的貪婪」與「建築自閉症」氣息，「造型笨拙的樓群」從孤立的街區中冒出來。阿拉伯城市作家荻娜．嘎杜米（Dena Qaddumi）說：「這裡沒有城市遺產，但有強烈的文化、語言和禮儀，可是這座城市幾乎都是外國人建造的。嘎塔爾建築師並不多，只有區區幾位執業。」無論是嘎塔爾人或外僑，人人嘴上掛著「杜拜」之名。一位西方外交官表示：「人民真擔心會失去認同感，而成為另一個杜拜。」雖然薩尼家族宣稱他們奉行的是一種另類的城市發展，官方刻意避開其公國鄰居那種隨心所欲、炫目、大眾旅遊性質的途徑，並指出更貼近伊斯蘭價值，但並不是所有嘎塔爾人都認同。穆罕默德·阿卜都拉說：「問題是為什麼人民相信我們不是走在杜拜路線上呢？所有的事情都朝著那個方向進行。我們的飯店裡有酒精飲料，他們也有。他們說我們不是杜拜，我要問為什麼我們不是杜拜？有何不同？」一個在專制君主體制下的國家沒有或者少有機會能質疑嘎塔爾及其首都的發展方向。決定者是薩尼王室，而不是嘎塔爾人，薩尼家族是設定發展速度和發號施令者。如同許多嘎塔爾人，穆罕默德·阿卜都拉也發現不停發展帶來過於昂貴的成功代價，他又說：「我不記得在人生中是否有過一個月沒有聽到施工的聲音，就是錘打聲、挖土聲、施工與蓋房子的聲音。人民開始逃離如此噪音，在國外尋找平和、安寧，那些負擔得起的人會在巴黎或倫敦置產，你不能住在工廠或工地。」[11]

有人表示這些建設雖然造成不便（而且在朵哈工作，感覺像是住在巨大建築工地），但這是創造現代世界級城市必要的前奏曲。地標建築如曼則拉·易瓦爾斯（Mangera Yvars）設計的嘎塔爾伊斯蘭研究學院（Qatar Faculty of Islamic Studies），外型如同一艘迷人的雙電纜宣禮塔太空飛船，是真正了不起的建築圖騰形象。但是對於這些現代性賦予的刺激和環境建構，工程師穆罕默德·阿卜都拉的話也代表許多嘎塔爾人的心聲，他抱怨快速發展帶來明顯的後果之一是，「嘎塔爾人開始覺得自己是首都的少數群體，這並非好感覺。我們是少數群體，只有一〇%，幾年後的比例可能還會更低。我個人覺得這樣很危險，那些在市政、教育、健康、建設及隨便舉例的部門中做重要決定者將不再是嘎塔爾人。我們應該更小心，不能只是說我們正在發展，甚至說我們需要更多的人口，僅此而已」。

對於嘎塔爾要往哪個方向發展的問題，很多人有不確定感，卻很少有人公開表達，目前還需要一個滿意的答案。西方人喜歡公開透明，而薩尼家族的嘎塔爾卻不透明，沒有人知道接下來會發生什麼。二十一世紀的朵哈唯一不變的就是快速變化，王室對迅速提高人民生活水準的期待是構成答案的首要部分，但是就長遠而言，問題在於治理、政治權利和更廣泛的參與。誠如穆罕默德．阿卜都拉，許多嘎塔爾人反對嘎塔爾人在國家發展中被以極少數群體看待的模式。朵哈也許是存在特殊的城市現象，但是對很多觀察家而言，她對當代阿拉伯國家治理的指標性並不那麼重要。

就在西灣環礁湖正對面，在眺望天際線最佳位置提供一棟文化調和的建築物，已經成為朵哈的標竿。貝聿銘設計的朵哈伊斯蘭藝術博物館（Museum of Islamic Art）放棄圓頂的結構，雖然招致一些人批評，但是在他九十多歲時完成的這棟建築，已經成為這座珍珠城裡的一顆寶石。

博物館坐落在事先劃定珊瑚礁南邊的獨立島嶼，參觀者通過棕櫚樹圍繞的河濱大道進入博物館。這是近年來該地區最大膽的建築之一，是一棟酷建築，以方形與八角形模塊堆疊呈現出立體主義特性，組成像堡壘的建築物，具有寧靜、簡潔、力道與優雅的風格。博物館的外觀讓人印象深刻，內部也是。薩尼王室斥巨資購買諸多伊斯蘭藝術品，以追溯過去伊斯蘭帝國統治者與藝術贊助者們源遠流長的脈絡。這裡收藏用石油美元（petrodollar）從伊斯蘭世界各個角落及曾經統治伊斯蘭世界最偉大朝代蒐集的珍寶——阿巴斯朝的九世紀陶瓷器與十世紀黃銅星盤；十三世紀瑪穆魯克朝敘利亞的鍍金琺瑯掛燈；十七世紀印度蒙兀兒帝國穆斯林禮拜禱告詞的雕刻翡翠門牌與鑲嵌寶石的琺瑯金獵鷹；伊朗薩法維朝詩人菲爾杜西（Ferdowsi）創作的《帝王之書》（*Shahnameh*）插圖手抄本，精采記載波斯帝國史；十四世紀帖木兒遼闊帝國中心烏茲別克的上釉綠松石、鈷藍與午夜藍陶瓷紀念物；一系列哥多華伍麥亞朝閃耀之城的雕花柱頭；鑲嵌鑽石與紅寶石極奢華炫耀的十九世紀土耳其咖啡杯托（zarf）。博物館收藏品中最美麗精緻的珍品之一是一本十三世紀的插圖手抄本，作者是著名阿拉伯地理學家兼自然歷史學家扎卡利亞．伊本．穆罕默德．嘎茲維尼（Zakariya ibn Mohammed al Qazwini，一二〇三—一二八三），書名是《奇異造化與稀珍存在》（*Ajaaib al Makhluqat wa Gharaaib al Mawdujat*）不可思議地與這座博物館及朵哈相稱。

當這間博物館在二〇〇八年揭幕後，許多人認為它是伊斯蘭世界的新奇觀。然而，正如瑪莉嫣．易卜拉希姆．穆拉（嘎塔爾國家博物館〔Qatar National Museum〕前館長兼嘎塔爾大學樂於直言的歷史教授）回憶，當地有很多人對這個地標建築加以批評：「人們說：『它完全摧毀我們的認同感。』我問：『為什麼？』他們回答：『它看起來就像是一個軍事建築物，沒有圓頂，全是鋼架，這不是伊斯蘭。』這全然是嘎塔爾人的態度，先是批評、拒絕，然後開始愛上它。就像在一九九〇年代，他們先是認為瓦奇夫市集（Suq Waqif，常設市集）是不合宜的嘎塔爾建築，但現在所有人都愛它。」[12]

誠如珠寶商變成企業大亨的阿勒法爾丹，穆拉也尊敬前任統治者哈瑪德．賓．哈利法．薩尼，她對那些表示外國人大量湧入使得嘎塔爾正失去認同感的批評不表同意，俐落地說：「如果你不對外國人開放，嘎塔爾就不會發展這麼快。在哈瑪德酋長之前，這個國家是停滯的。」

在這些巨型工程成為頭條新聞的同時，更多的國內發展也以匆促態度全速展開。瓦奇夫市集西南方的阿斯瑪赫（Al Asmakh）和納嘉達（Al Najada）是具歷史性居民區，是來自印度次大陸低收入移工世代居住區，正受到新建築浪潮的威脅。根據一項研究顯示，阿斯瑪赫區約有一半的建築物已被通知要搬遷、拆除。[13]

雖然現在掌權的薩尼政權被視為等同嘎塔爾及其首都，自從二〇一七年與沙烏地阿拉伯、阿拉伯聯合大公國、巴哈連和埃及斷交後，榮耀的塔米姆（Tamim al majd）黑白畫像即出現在汽車前後保險桿上、摩天大樓、商店櫥窗、手機殼、旗幟、海報及水泥牆上，但這是相對較新的現象。這個家族在嘎塔爾的重要性，直到十九世紀中葉，穆罕默德・賓・薩尼（一八五〇—一八七八在位）統治時才顯現，當時被稱為比達阿（Bidaa）的朵哈這時才開始大量出現在史料上。

對比達阿的描述最早出現在一八〇一年，英國在穆斯卡特（Muscat）的代表大衛・瑟騰（David Seton）船長和歐曼統治者一同航行到此，當時這裡是一個很小的沿岸定居點。「北邊山丘上有一座城牆防禦工事，在山谷裡有臨時工事，裡面有兩門炮；南邊山丘上有兩間具防禦性的房屋，向南半英里，靠近山脊處有另一個插旗桿的方形建築……」[14]

英國對比達阿的著筆帶有軍事上的明顯目的。瑟騰認為這個蘇維迪（Al Suwaidi）部族是一個海盜基地，對英國的商業利益構成威脅。由於當地海灘水淺，戰艦無法靠近小鎮進行炮轟，令英軍感到氣餒，最終放棄任務，返回穆斯卡特。

二十年後的一八二一年，英國東印度公司的雙桅橫帆船貞女號（Vestal）做到瑟騰未能達成的事，炮轟摧毀這座小鎮，因為她被認為違反海洋和平協議。儘管這裡的居民既未簽署條約，也不知道城鎮為何被毀，但是這對英國人而言並不重要，英國人的行徑迫使多達四百名部族居民只能到鄰近島嶼避難。一年後，當寇耿中尉和他的同事在整理關於附近的杜拜調查報告時，孟買海軍陸戰隊的侯騰（Houghton）中尉正在發現號（Discovery）甲板上描繪比達阿的速寫畫，泥土小屋與碉堡塔樓組成畫面中的天際線，這是印度事務處（India Office）記錄文獻中有關嘎塔爾的最早記載。[15]

一八三〇年代末，比達阿和朵哈兩個定居點之間的距離還不到一英里（因此訪客常常弄錯兩者），由於沒有一個強勢的嘎塔爾領導人，這段波斯灣沿岸地區正成為海盜與不法者的避難所，導致英國人於一八四一年再次炮轟，報復對航運更多的攻擊。由於無法完全以現金支付三百美元罰款，撒樂敏・賓・納西爾・蘇維迪（Salemin bin Nasir al Suwaidi），即比達阿的素旦（Sudan）部族首領，只能退而求其次向英國人送上四十二個銀手鐲、一把劍、一個銀髮飾、四對金耳環、一對銀耳環、兩把匕首及九條珠鍊。[16]

在不斷變化沙漠中起伏的部族似乎難以理解、令人困惑，日期難確定、文字記載很有限、不完整或不存在。在嘎塔爾清楚可知的是一八四八年至一八五〇年間，薩尼家族從北邊的嘎塔爾定居處福維里特（Fuwairit）遷移到朵哈，在之後五十年間，他們勇敢地將其名字記入國家的輝煌中。薩尼家族屬於瑪阿吉德（Maadhid）部族，宣稱祖先來自阿拉伯半島中部的塔米姆（Bani Tamim）部族。如同許多部族人，他們在沙漠中遷徙，從一個定居地移動到另一個，十八世紀時遷移到嘎塔爾南部，然後到祖巴拉（Zubara），再於十九世紀來到朵哈以北五十英里的福維里特。趁著強勢的賓・阿里（Al Bin Ali）部族首領以撒・賓・塔立夫（Isa bin Tarif）去世時，穆罕默德・賓・薩尼酋長策略性地遷移到朵哈，此舉最終成為關鍵性的轉折。

一八六〇年，查爾斯・泃勒丁・康斯塔勃（Charles Golding Constable）船長與英國印度海軍的A・W・斯迪非（A. W. Stiffe）中尉提供有關朵哈的簡述。康斯塔勃是一位具優雅藝術家族氣質的製圖師，他是風景畫家約翰・康斯塔勃（John Constable）的次子。他們對城鎮的描述連同第一張詳細的「比達阿」地圖，出現在一八七九年出版的《波斯灣領航員》（*The Persian Gulf Pilot*）中：

朵哈是一個有部分圍牆與幾座塔樓的城鎮，位於那薩岬（Ras Nesseh）西南方半英里處，其面積沿海岸線約有八百碼。酋長的房子位於海灘的一座大圓塔上，海灘上有一根旗桿，大約位於城鎮中心點。塔的西邊則是一個小海灣，有船隻被拖上岸修理。

除了比達阿東南防線一．五英里處有一小塊農地以外，「整個國家都是沙漠」。[17]大約同時，帕勒格拉夫留下對這個地方的隨意描述。如同其他訪客，他也混淆了這兩座城鎮，誤以為自己住在比達阿，而實際上是在朵哈。他發現這裡是「在令人難受省分中的一座可憐省城」，一座荒蕪、太陽炙燒的山丘，泥濘的流沙海灘被淤泥與海藻覆蓋，石頭堆積著，牧原沒有草，以及「惡劣，極惡劣的」泥土房屋與棕櫚樹葉小屋，這些村莊「狹小、醜陋、低矮」。在前往城堡的路上，他認為自己被提供的住處與其說是住人，不如說是貨倉，後來他被介紹給穆罕默德．賓．薩尼酋長：

他是一位精明、謹慎的老者，身形略顯削瘦，以謹慎與風度翩翩聞名；然而，他的性格很拘束，是討價還價的難纏對手。總之，其氣質更像是貪婪的珍珠商人（確實如此），而非阿拉伯統治者。[18]

穆罕默德．賓．薩尼酋長的精明是無庸置疑的，他顯示出一位沙漠酋長應有的典型領導力。一八五〇年代，他在角逐中勝過對手──巴哈連的哈里法（Al Khalifa）與沙烏地領導人費諗勒．賓．土爾其（Faisal bin Turki），後兩者當時彼此競爭，試圖成為巴哈連的霸主。一八六七年，穆罕默德・賓・哈里法・哈里法（Mohammed bin Khalifa al Khalifa）和阿布札畢統治者宰德・賓・哈里法・納赫揚（Zayed bin Khalifa al Nahyan）酋長聯手，造成沃克拉（Wakra）、比達阿及朵哈「在極其野蠻的情況下」被洗劫一空。[19]短期觀之，這造成大破壞，但就長遠而言，對薩尼家族的領導是有利的，促使英國人在一八六八年罷黜巴哈連的統治者，同時承認薩尼家族的權力，朵哈從巴哈連獨立。然而，完全獨立還要等一個世紀，一八七一年朵哈的治權結束時，統治者是歐斯曼人而非英國人，當時這裡的規模是一千間房屋與四千人。一八九三年，現代嘎塔爾建立者賈西姆・賓・穆罕默德・薩尼（Jassim bin Mohammed al Thani，一八七八—一九一三在位）在瓦吉巴戰役（Battle of Wajba）擊敗了歐斯曼人，這是一場非常小的軍事衝突，卻造成一個國家誕生，從此歐斯曼朝廷在嘎塔爾半島不再被視為一股戰無不勝的力量。

此後，歐斯曼人在這裡的統治只能輕微感覺到，這種狀況延續到一九一五年，當時英國軍艦抵達波斯灣，迫使歐斯曼人撤離。八月二十日，英軍「沒有遇到任何阻擋登上海灘」，繳獲各種被丟棄的武器，其中包括一門山炮、兩門野戰炮及十四支步槍與一百二十匣的彈藥，並在「政治官員建議下」，將步槍、彈藥交給「提供我們各種幫助的嘎塔爾酋長」。[20]隔年，經過阿卜都拉・賓・賈西姆・薩尼（Abdullah bin Jassim al Thani，一九一三—一九四九在位）與英方裴西・考克斯（Percy Cox）少校的談判，於一九一六年簽署英、法兩國祕密瓜分中東的《賽克斯—皮科協定》，朵哈成為新的英國託管國嘎塔爾之首都，這是第九個停戰諸國，也是最後一個被英國託管的國家。

至此可說嘎塔爾及其新興首都幾乎並未引起世界注意，她在大英帝國的遙遠角落，基本上不為外人所知，但是這種情況在一九三五年開始有了變化。對英國而言，這一年是喬治五世（George V）

的銀禧年，對嘎塔爾則是一個里程碑。一月二十四日，英國的《每日快報》（*Daily Express*）刊登一則轟動的報導，描寫嘎塔爾統領有史以來第一次官方訪問英國，參加英國銀禧慶典。報紙標題是「有八十四位妻子的珍珠國王」，為這篇關於「阿拉伯半島酋長」的文章定下基調，這篇報導不適當地夾雜在一則假牙廣告與訴說一位維多利亞時代退役重量級拳擊手的文字之間。阿卜都拉統領是現代嘎塔爾建立者賈西姆．賓．穆罕默德．薩尼（一八七八—一九一三在位）的兒子，這份報紙告訴讀者一個有「占星師、小丑、舞女及聲稱有先知性質的蘇非行者」異國情調的宮廷。正如嘎塔爾作家兼商人穆罕默德．薩尼（Mohammed al Thani）在他對賈西姆統領的研究中尖銳表示的，那篇報紙報導不可能讓「故事妨礙事實」。[21]

《每日快報》文章刊登三天後，《人物報》（*People*）又有一篇充滿類似東方主義想像，關於阿卜都拉統領的文章，說他躺在絲絨靠墊上，周圍陪伴著後宮美女與四千名奴僕，這篇文章是過於俗豔的特寫。這次訪問被美國石油公司故意洩露給媒體，出乎意料地公開展現英國與美國對中東石油的爭奪，[22]特別是美國對英國依賴石油特許權在波斯灣地區獲得祕密壟斷所發起的挑戰，嘎塔爾統治者只能在英國人允許下才能簽署協議。在這一百年中，美國人在波斯灣的挑戰將會更強勁，英國對抗挑戰的能力也逐漸減弱。正如保守黨政治人物伊諾赫．波爾勒（Enoch Powell）在一九四〇年代末警告成為未來首相的同事安東尼．艾登（Anthony Eden）時所說的：「美國人是我們在中東最大的敵人。」[23]

英國人和阿卜都拉統領的談判是一場費時持久考驗。在讀到英國人關於雙方之間博弈的記載，就會讓人想到帕勒格拉夫先前對穆罕默德．賓．薩尼酋長是「如生意人」的評價——「討價還價的強硬顧客」。被任命為駐地政治官的中校全查爾德．克拉文．威廉．弗勒（Trenchard Craven William

Fowle）爵士——是柯宗的「整個波斯灣之無冕王」，認為酋長的經常性拖延讓人十分沮喪，他在寫給印度辦事處的信中抱怨阿卜都拉統領有一種「近乎孩子氣的多疑」。嘎塔爾人的統治者一點也不孩子氣，他對英國人動機抱持懷疑是完全合理的。在其鄰國的伊本・蘇兀德（Ibn Saud，羅馬化轉寫Ibn Suʿūd）不能在沒有沙烏地人允許簽署特許權之壓力下，面對提出明顯更好條件的美國公司加利福尼亞標準石油（Standard Oil of California, Socal）角逐的同時，他決心要從英國人身上得到最後的妥協保障，包括保護免受外部攻擊並認可其子哈瑪德繼承人的政治保證，這是維持其政權對未來任何對手握有優勢的關鍵。阿卜都拉統領對英國銀行轉帳的提議並不信任，堅持在簽訂協議前要親眼看到支付的款項，即簽字當下支付四十萬盧比，然後五年的十五萬盧比，以及第六年開始每年的三十萬盧比，直到特許權到期為止。如果發現石油的話，統治者將會得到每噸三盧比的報酬。這位狡猾的統領最後與英波石油公司（Anglo-Persian Oil Company）簽訂為期七十五年的協議，然後在一九三五年五月十七日，英波石油公司馬上轉為石油開發（嘎塔爾）有限公司（Petroleum Development (Qatar) Limited）。[24]

開始的進展具鼓勵性。一九三九年十月十一日，即阿爾伯特・愛因斯坦（Albert Einstein）寫信給富蘭克林・羅斯福（Franklin Roosevelt，又稱「小羅斯福」）總統指出原子彈可行性的那一天，巴哈連政治代理發出一封爆炸性電報給駐地政治官：「嘎塔爾石油開發公司已經在澤克里特（Zekrit）附近的探勘發現石油跡象，鑽井作業正在進行。」在一九四〇年一月十四日的信件中，政治代理寫信給阿卜都拉統領：「最誠摯地祝賀您，嘎塔爾已經發現石油了。我衷心希望公司將進行的未來鑽井作業會證明嘎塔爾擁有具價值的油田。」[25]

雖然不是立即發現，但的確如此，遲至世界大戰爆發時才真正發現，石油與之後的天然氣源將改變嘎塔爾依賴珍珠業的傳統經濟發展方向。假以時日，石油與天然氣終將使昏睡小城的朵哈變成一座難以置信的繁榮擴大之全球性都會，並將芝麻大的嘎塔爾半島確實標注在世界地圖上，嘎塔爾注定要從地球上最貧窮的地方之一變成最具企圖心的繁榮地。

然而，這得數十年後才達成，當前迫近的挑戰是如何維持下去，克服第二次世界大戰帶來珍珠業的完全崩潰。一九四七年，以歷史中心瓦奇夫市集為中心拍攝的朵哈照片顯示城鎮有許多地方完全處於廢墟狀態。大約在一九四九年，嘎塔爾出口第一批原油，首位派駐嘎塔爾的英國駐地政治官約翰．亞瑟．威勒騰（John Arthur Wilton）爵士匯報，朵哈有如「被空襲後的狀態」。[26]

七十年後的今天，瓦奇夫市集已轉變。透過二十一世紀的全面性重新修復，擴及在舊帆船碼頭南側、港口和伊斯蘭藝術博物館的西南方，占地十六萬四千平方公尺。

在瓦奇夫市集獵鷹醫院（Suq Waqif Falcon Hospital）裡，一隻戴頭罩站在橫棍上的鳥吸引行人的注意，在牠身後是一個大螢幕展示可能會被誤認為超市販售雞隻的X光圖像。身穿藍色醫護服的工作人員忙碌地走來走去，查看病例表並比較其長羽毛病人的病例筆記。這家醫院擁有來自穆斯林世界各地（從巴基斯坦到伊拉克）的三十名獸醫和員工，為獵鷹及其富有的主人提供醫療服務，他們都是熱愛獵鷹活動者，獵鷹活動是國王的古老運動。如果你的獵鷹與翎頷鴇相鬥而掉了一根羽毛，這家醫院有存量豐富的羽毛庫提供所需；若是翅膀受傷了，這隻鳥可接受鳥類外科手術；有消化問題，就要做糞便與血液檢查，也許會吃一些藥和做毒理學分析。這裡有非常昂貴、最尖端的科技設備，讓許多國家的醫療部門相形見絀。伊拉克裔英國醫學工程師哈卡姆（Alhakam）說：「我們接待來自沙烏地阿拉伯、科威特及波斯灣各國客戶帶他們的獵鷹來看診。」[27]

瓦奇夫市集的歷史可以追溯到十九世紀中葉，比波斯灣獵鷹享受如此豪奢醫療服務的歷史久遠得多，市場名稱來自當地人與沙漠貝都因人曾經常在這裡站立做生意。市集坐落於姆舍利布谷河（Wadi Msheireb River）邊，這裡是魚、山羊、綿羊、駱駝、羊毛交易處。一九九〇年代末，當時的嘎塔爾人已經擁抱朵哈的空調購物中心與精品店時，受到冷落的市集落入年久失修狀態，二〇〇三年被一場大火燒毀。當地人發聲呼籲當局能夠為這座滿是推土機、吊車工地的城市僅存的歷史遺跡提供維修。在哈瑪德酋長及其妻子慕札・賓特・納西爾（Moza bint Nasser）帶領下（在嘎塔爾所有的決定都來自高層），大規模整修計畫於二〇〇四年啟動，領導整修工程的是嘎塔爾藝術家穆罕默德・阿里・阿部杜拉（Mohammed Ali Abdullah）。整個場域以十億嘎塔爾里亞勒（約一億九千七百萬英鎊）的價格買下，外加三億里亞勒（五千九百萬英鎊）的修護投資。現代建築被拆除，鐵皮屋頂被傳統的當地dangeel木材與竹子代替，並且以黏土和稻草黏合。依照當地方式重現舊建築，以陽光曝晒磚柱支撐外露的梁柱，用泥漿塗抹牆壁。[28]

今日，雖然瓦奇夫市集可能會讓一些遊客感覺太新，缺少大馬士革、開羅、法斯、伊斯坦堡等的老市集那樣古意盎然、充滿戲劇性又破舊的濃郁氣息，但是瓦奇夫市集已經再生為朵哈的遺產工作中心，提供當地商人、居民及遊客使用。嘎塔爾人和外國人漫步在新傳統小巷裡，在煙霧繚繞中，不期而遇地看到穿著栗色背心的搬運工用高超技術推著高高堆滿商品的手推車，這是一個能找到各種所需之地，烏德琴、香料、糧食、衣服、地毯、披肩、骨董、巧克力甜點、居家什物、皮貨、手袋、各式小物件（例如「I ♥ QATAR」圖案的棒球帽、印有塔米姆酋長圖像的圍巾）、動物標本、女生的刺繡布（bukhnoq）頭巾應有盡有、身穿一九四〇年代灰白色制服的騎警小心翼翼地注視一切。在寵物區裡，金絲雀、虎皮鸚鵡、小鸚哥，以及染成粉色、紫色、綠色或橘色小雞時時刻刻發出叫聲（肯定會讓西方人覺得敏感不安），還有在籠子裡喘著氣，彼此擠在一起的貓、兔子和毛茸茸小狗。❸當逛街者盡興後，很多人都會走入大街上連成線的各式餐廳，或到兩層樓高，朵哈歷史最悠久的以真主之名旅館（Bismillah Hotel）吃冰淇淋或喝咖啡。

在市集邊的博美咖啡館（Caffe Bormet）裡，五十歲的嘎塔爾航空（Qatar Airways，又譯「卡達航空」）退休飛行員哈立德·阿布·賈西姆（Khaled Abu Jassim）仍然保持著單獨的清醒，追憶已變得讓他不認識的舊有事物。對他這一代的人而言，瓦奇夫市集是一個感覺熟悉、安心的小綠洲，處於正衝向未知的城市裡，處於嘈雜的掘鑿機、挖土機、液壓震動打樁機、發電機及高空鷹架中，他說：「若有一天不過來，我就會覺得難過，這個地方一直在我心裡。」[29]

回到獵鷹醫院裡，我想知道那些曾經翱翔天際，現在未能救活的獵鷹要如何處理，牠們會被埋葬嗎？哈卡姆搖頭說：「我們樓上有焚化爐。」

在提案由九個公國組成聯盟的外交協商破裂後，嘎塔爾於一九七一年九月三日宣布獨立，朵哈的人口已經從一九五〇年代的一萬四千人左右（在二十世紀前半葉或多或少維持在這個數目）增加到八萬三千多人。這時候嘎塔爾的社會依然貧困、落後。在一九七〇年的人口普查中，十五歲以上的嘎塔爾人有三分之二是文盲。[30]

獨立改變了遊戲規則，從一九七二年開始，越有自信的嘎達爾公國（Diwan al Emiri）政府開始執政，政府行政部門位於朵哈舊城西區帆船碼頭對面的珊瑚礁南端。在受到被認為是日薄西山的大英帝國剝削後，嘎塔爾果斷行動，重新確立對能源部門的完全控制。一九七三年，嘎塔爾政府收購嘎塔爾石油公司（Qatar Petroleum Company）陸上特許經營權與二五%的嘎塔爾殼牌石油公司（Shell Company Qatar）所有的近海特許經營權。一年後，政府表示將收購這兩家公司剩餘的股份，而到了一九七七年，嘎塔爾就完成石油國有化。

建設城市的時機到了。從一九七四年開始，在酋長哈里法・賓・哈瑪德・薩尼（Khalifa bin Hamad al Thani，一九七二—一九九五在位）的領導下，政府啟動一項大規模的疏浚和填海造陸計畫，它的面積超過六百三十公頃，創造了「朵哈新區」（New District of Doha），當地人稱為Dhafna（葬地）。把朵哈灣（Doha Bay）區重新塑造成一個優雅的新月形，其北邊尖端是今日的西灣商務區。此新區還提供大量土地，用於開發住宅、外交和政府區域、嘎塔爾大學校園及濱海公園與大道，成為城市裡最耀眼的公共空間之一。從那時起，環形路一直是城市焦點，是由一系列的環路往內陸輻射深入到沙漠的半圓形區域。

一九七〇年代見證了一波土地強制徵收，以獲得市中心九〇%的私人地產，進而主導城市發展方向。推土機開進來，越來越多的人口搬到新郊區建案中。傳統的曲折小巷被足以通車的筆直道路取代，圍繞著小庭院的泥磚住宅先是被兩層樓的現代獨棟屋取代，而後被更高的大樓代替。政府高階規劃師

❸ 二〇一四年夏天，當氣溫竄升到攝氏四十度造成許多動物死亡後，上千人簽署改善動物處境的連署書。

哈利布・阿布杜勒・嘎迪爾（Harib Abdul Qadir）說：「我們有很多錢，但是不知道怎麼花。」[31]一旦有液化天然氣出口收入進帳，就有越來越多的錢進入政府財庫中。這個世界上最大的天然氣田於一九七〇年代初在海上被發現，一九九一年開始投入生產，創造出驚人財富，吸引移民潮，並為資本的持續擴張提供資金。與伊朗共享的南法爾斯／北方氣田（South Pars/North Dome gas field）的儲量有五十一兆立方公尺，面積達三千七百平方英里。

天然氣及其帶來的經濟成長有效地創造一個新國家，在一九七一年獨立時，嘎塔爾的國內生產毛額是三億八千八百萬美元，到了一九七四年，國內生產毛額已飆升至二十四億美元，之後在一九八〇年代和一九九〇年代小幅上漲，隨後在二〇〇〇年代後呈現加倍成長，從二〇〇〇年的一百七十八億美元，飆升到二〇一四年的兩千零六十億美元的高峰。這對一個在二〇一七年時有兩百六十萬人的國家而言，幾乎是難以估計的財富，在這些人口中，嘎塔爾人只有三十一萬三千，是總人口的一二％，排在印度人（六十五萬）與尼泊爾人（三十五萬）之後。[32]

這種地理（或說是真主神聖之手）扭轉命運的祝福，嘎塔爾利用天然氣產業不斷增加的收入，為國內雄心勃勃的發展挹注資金，並且採取日益自信的外交政策，以提高影響力和海外聲望。

那些習慣與一個國土小、邊緣化的保守波斯灣國家打交道之外部世界的人會發現，自從一九九〇年代中期以來，嘎塔爾積極活躍的外交政策成為一個矛盾難解的謎題。儘管盟友和敵人都對朵哈提出批評，但是嘎塔爾並不打算放棄以石油美元支持其在伊斯蘭世界採取更積極介入的立場，這使其作為一個安靜背後調解者的傳統角色成為歷史。

一九九六年，哈瑪德酋長就任統領一年後，嘎塔爾成為第一個與以色列建交的波斯灣國家。

與此同時，嘎塔爾也加強和鄰國伊朗的關係（這引發華盛頓和波斯灣地區的順尼阿拉伯國家，尤其是沙烏地阿拉伯的憤怒）；另一方面也與美國強化關係，接受美國設立的烏代德（Al Udeid）、塞利亞（Sayliyah）兩個大型軍事基地。二〇〇六年，嘎塔爾支持真主黨（Hezbollah）和嘎札的哈瑪斯（Hamas）。二〇一一年在反對獨裁政權壓迫的阿拉伯之春（Arab Spring）革命期間，嘎塔爾積極支持民主運動，同時也為伊斯蘭主義組織提供金援與武器，甚至有人說他們支持的人中有恐怖分子，但朵哈當局駁斥如此指控。當利比亞革命同一年在街頭爆發後，嘎塔爾前所未有地加入北大西洋公約組織（NATO）對生達非政權的軍事行動，然後單方面祕密支持嘎塔爾授意的地方派系，甚至直接支持敘利亞境內挑戰阿薩德政權的力量，並且支持埃及短暫執政的穆斯林兄弟會（Muslim Brotherhood）政府。[33]

如同鄰國杜拜，朵哈也利用其石油美元投資海外，進行高消費與炫耀財富的實力。嘎塔爾投資部門（Qatar Investment Authority）及其子公司三千三百五十億美元的旗艦國際投資項目，包含倫敦卡納立（金絲雀）碼頭（Canary Wharf）和歐洲最高建築夏爾德摩天大樓、哈洛德百貨、巴黎聖日耳曼足球俱樂部，以及福斯汽車（Volkswagen）、德意志銀行（Deutsche Bank）、保時捷、俄羅斯石油公司（Rosneft）、嘉能可（Glencore）、Sainsbury's、西門子及瑞士信貸等世界知名公司。據報導，英國女王在參觀哈瑪德酋長重修的四千平方公尺、十七間臥室，位於倫敦公園巷（Park Lane）一〇〇號的杜德利大宅（Dudley House）後，留下深刻印象，表示相較之下，白金漢宮「看起來遜色多了」。[34]

朵哈在二十世紀後半葉的擴張速度，不亞於那些經濟數據與奢侈消費的速度。城市總面積從世紀中葉的一百三十公頃，增加到一九九五年的七千一百多公頃。這一年，新任統領哈瑪德酋長開始透過一系列開放改革，讓嘎塔爾對世界開放。[35]在其較保守父親哈里法酋長時期，發展緩慢的能源產業在他手下飛速發展。

一九九六年，他出資一億五千萬美元冒險成立半島電視臺（Al Jazeera）。對數十年來只會播放關於大西洋海岸到波斯灣無聊政治宣傳的阿拉伯媒體世界而言，半島電視臺對地區和國際政治直言不諱的評論就像霹靂之聲。到了一九九九年，其頻道已全天二十四小時播出。此電視臺表現出朵哈大膽新外交政策中的媒體權威，帶來的影響立即且具爭議性，它曾惹怒阿拉伯世界從利雅德、拉瑪拉（Ramallah）和拉巴特到大馬士革、巴格達、開羅及科威特城的政策制定者與領導人，以及那些在華盛頓、耶路撒冷和其他許多城市首腦。

我在二〇〇二年第一次前往朵哈是為了替《金融時報》執行任務，入住城市最新旅館。這家價值五億四千五百萬美元的麗思．卡爾頓飯店（Ritz-Carlton）建立在兩座人工島上，位於當時城市北緣（今天它與阿勒法爾丹的珍珠業發展並立，比較卻相形見絀），麗思．卡爾頓飯店今日是奢侈無節制的代名詞，加拿大室內設計師曾被告知其想像力或建築花費並無限制，他的任務就是建造整個中東地區最奢華的旅館之一。它擁有一盞由兩千塊水晶組成，高七．五公尺的施華洛世奇（Swarovski）淚珠形吊燈，還有數英畝的金箔和銀箔、義大利大理石、十八世紀掛毯及十數間全然豪華套房，他看似已經成功。即使嘎塔爾的首都已不再是寂靜、無生氣的採珍珠漁村，卻一點也不令人興奮。二〇〇八年，《孤獨星球》（*Lonely Planet*）評為世界最無聊城市。[36]

我直接步向半島電視臺，當時這家電視臺正像今日般飽受各方攻擊。行銷部主任阿里．穆罕默德．卡瑪勒（Ali Mohammed Kamal）對這一切並不在意。他諷刺地笑說：「巴哈連資訊部長說半島電視臺是錫安主義分子所擁有的，科威特說我們是伊拉克的聲音。美國說我們是伍薩瑪・賓・拉登（Osama bin Laden，又譯「奧薩瑪・賓・拉登」）的中介，以色列人說我們是巴勒斯坦媒體，巴勒斯坦人則說我們是以色列媒體。真難相信我們同時有那麼多的股東，如撒達姆（Saddam）、夏隆（Sharon）和阿拉法特（Arafat）在一起。」[37]

若說半島電視臺對嘎塔爾阿拉伯諸鄰國來說，是一塊難以下嚥的「硬骨頭」（對美國也是，分別在二〇〇一年和二〇〇三年轟炸電視臺位於卡布勒與巴格達的辦公室），那麼朵哈登上二十一世紀世界政治舞臺的投機性同樣充滿爭議。二〇一〇年十二月二日，讓朵哈興奮，世界震驚的狀況下，國際足球總會（FIFA）主席塞普・卜拉特（Sepp Blatter）宣布嘎塔爾成功獲得二〇二二年世界盃（World Cup）主辦權。這一驚人決定立刻招致賄賂和腐敗的指控，以及美國聯邦調查局（FBI）的調查，使得當時穩固的卜拉特被拉下臺，嘎塔爾則一直極力否認任何不當行為的指控。

對薩尼家族政權統治者而言，把嘎塔爾推到鎂光燈下並非沒有代價。批評者一直攻擊這個城市國家包庇恐怖與極端分子，如哈瑪斯領導人、神學士、穆斯林兄弟會及其他具爭議性伊斯蘭主義分子。在呼嘯而過的豪華轎車與緩緩滑過水面的帆船之間，「朵哈已經成為一個奇異組成之家，成員中有戰士、金融家、意識型態理論家，就像是冷戰期間中立城市維也納，或波斯灣版《星際大戰》（*Star Wars*）電影的虛構海盜酒吧」。突然將大量資金投入國外，並且隨著對打擊恐怖與極端分子的模糊態度，導致沙烏地阿拉伯、阿拉伯聯合大公國、巴哈連和埃及在二〇一七年與嘎塔爾斷交，並對嘎塔爾實行陸、空封鎖，被認為是該地區數十年來最嚴重的政治危機。[38] 長期以來已習慣自視為波斯灣地區主導者的沙烏地阿拉伯（自認為順尼伊斯蘭世界對抗什葉伊朗理所當然的領導者），對待其暴富鄰居施行獨立自主外交政策的努力並不客氣。二〇一八年，傳統上親如兄弟的利雅德和朵哈之間的關係，惡化到沙烏地阿拉伯宣布計劃在兩國邊境上挖掘一條四十英里的溝渠，讓嘎塔爾變成島。[39]

嘎塔爾明顯的慷慨和無畏的勢力，所要強調的是想直接被注意的期待。在很大的程度上，像嘎塔爾和沙烏地阿拉伯與該地區許多專制國家中，個人自我相當程度地驅動國家政策。一位西方學者說：「這裡是一人獨斷，這裡的傳統完全是如何展現聲威以留住追隨者。當杜拜建造摩天大樓時，他們也會想建造，阿布札畢建造羅浮宮分館也是如此。」[40] ❹

自我性驅動在既存建築物環境競爭是很明顯的，有人議論說朵哈的發展帶有「盲目崇拜性質」，使嘎塔爾和其波斯灣鄰國較勁，建造一級方程式賽車（Formula One, F1）賽車道、越高的摩天大樓、體育場館、博物館、大學校園，視之為「象徵性資本」，肯定國家在「現代性的世界性詮釋」下的領先位置。[41]

然而，今天的嘎塔爾人卻不太擔心外國社會學家對其城市的看法，而更專注於享受新發現的財富和美好生活裡，許多年輕專業人士只是享受他們的人生。老一輩的嘎塔爾人可能會有不安感，但是對年輕世代而言，隨著其夢幻般富有的國家首次對世界打開大門，提供給這一代的嘎塔爾人巨大的機會，而他們的祖父輩還經歷過難以想像的艱辛日子，靠著最基本的物資生活，極度自豪和興奮是當初難以想像的。瑪莉嫣·易卜拉希姆·穆拉博士表示：「一切都改變了，我絕對相當熱愛這一切。」

朵哈顯然仍處於發展的過程中，所有城市皆然，都是動態的、不斷變化的中心，起起伏伏，興衰成敗，影響著人民與國家的命運。正如希羅多德在兩千五百年前精采地說（本書開頭也引用了這句話）：「許多曾經是偉大城市幾乎都變得弱小，而那些在我們當代偉大的城市，過去也曾微不足道。」[42]朵哈在其統治者和許多人民的腦海裡，既有雄心又有成就偉大的資本。

伊斯蘭境域的偉大，曾經在世界各地寫下其勢力與輝煌，震撼寰宇的城市如巴格達、大馬士革、哥多華、法斯、開羅、撒馬爾干德、伊斯法罕及伊斯坦堡是偉大文明中心，在二十一世紀初則更難辨別。從阿拉伯半島微小國家嘎塔爾放眼整個中東地區，事實讓人深感不安。

分裂、失序的統治已然形成，在葉門、敘利亞與伊拉克，衝突、流血、動盪、貧困，甚至是人類災難已駭然到處皆是。從中東、北非的一端到另一端，惡性的**fitna**（分裂與鬥爭的古老瘟疫）再次爆發。

我自己在卡布勒、特里波利及巴格達的經歷，正好與極具爭議的外國干預吻合。這些干預助長加深分裂，其後果將在今後數年內產生影響。卡布勒最近的痛苦經歷，先是一九九六年在神學士統治下，而後則是二〇〇一年美國人帶頭的戰爭中，使得阿富汗從國際事務的邊緣進入核心。就某種程度而言，這個動盪不安國家與被群山環抱的首都，近數十年來的歷史是西方和穆斯林世界複雜麻煩關係的一個研究案例。今天的特里波利敘述了淒涼故事，從反對被人民痛恨獨裁者的革命變成混亂、內戰和絕望；而且發生在緊接著阿富汗與伊拉克戰爭（被喬治・沃克・布希〔George Walker Bush，又稱

❹ 阿布札畢羅浮宮博物館（Louvre Abu Dhabi）在二〇一七年十一月八日由法國總統艾曼紐・馬克宏（Emmanuel Macron）、阿拉伯聯合大公國副總統穆罕默德・賓・拉戌德・瑪克圖姆與阿布札畢王儲穆罕默德・賓・宰德・納赫揚（Mohammed bin Zayed al Nahyan）共同揭幕。

「小布希」」總統貼上「十字軍」標籤）的災難後，特里波利的狀況發出西方干預伊斯蘭世界的危險警告。

在探討阿拉伯之春抗議運動的種種起因後，世界上最流行的通用語包含專制、獨裁、政治腐敗、侵害人權、失業、通貨膨脹、盜權統治、貧窮和教派意識等。關於阿拉伯世界現狀準確與令人痛心的控訴，以二十六歲的突尼西亞街頭攤販穆罕默德．卜阿濟吉（Mohammed Bouazizi）自我犧牲收場，他在遭到當局不斷騷擾後，於二〇一一年一月四日自焚，激起擴散到整個地區的一連串革命。[43]八年後，所有國家不久前仍然迴盪著抗議者怒吼著「人民推翻體制！」（Al shaab yurid isqat al nizam!）即使人民持續並抗爭貧困、大規模失業，但只有突尼西亞有看似些許的自由。

年輕革命者希望和夢想被熄滅後，阿拉伯之春變成以更具專制特徵的阿拉伯之冬（Arab Winter），像在敘利亞、伊拉克，伊斯蘭極端主義和恐怖主義再起。近幾十年的悲劇之一是曾經是歷代伊斯蘭帝國具存的德政，今日在伊斯蘭中土地區，即使不是所有的地方，德政似乎已成為諷刺用語，埃及變成警察國家；伊拉克深陷血腥混亂；利比亞陷入動亂；葉門正面臨世界上最糟的人道主義災難；阿富汗人繼續無休止的衝突；敘利亞埋葬了數十萬人，戰爭死亡的確切人數已無法確定。世界最古老城市之一的大馬士革，在此之前一直是不同社群間持久和平、穩定與和諧為榮的地方，但是現在卻成為屠殺、教派衝突及獨裁統治荒誕暴行的同義詞，近十年的衝突造成國家空洞破碎。整個地區的情況已變得嚴峻，以至於有人將之與歐洲的三十年戰爭（Thirty Years' War，一六一八—一六四八）期間相比，這是一場基於根深柢固教派分裂與民族國家對抗的破壞性衝突，造成八百萬人的死亡。[44]

這些城市過去和現在之間最顯著的區別之一是在人口結構，隨著時間推移，異質性城市變得越來越同質。大多數城市都曾是充滿活力的世界性大都會，是二或三種亞伯拉罕宗教與多層不同社群的熔爐和馬賽克式結合。在這些城市的城牆內，猶太教徒和順尼及什葉派穆斯林摩肩接踵，阿拉伯人、阿富汗人、伊朗人、庫德人、柏柏人、歐洲人、希臘人、熱那亞人、威尼斯人、突厥人、塔吉克人、土庫曼人、印度教徒、蒙古人、祆教徒、亞茲迪人生活在一起，甚至還有令人覺得古怪的英國人、法國人或義大利人，與亞述人、亞美尼亞天主教徒、科普特人、加勒底人（Chaldean）、馬龍教會、拜占庭正教會（Melkite）、聶斯托里、敘利亞教會派、新教和東正教等眾多教派分支的基督宗教徒一起。

這些城市的力量既來自於這些多樣化的人口，也孕育了這些多樣化的人口。一九一七年，巴格達的猶太人是世界上歷史最悠久、最重要的猶太人社區之一，他們幾乎占該城市人口的四〇%，在商業、金融和貿易領域蓬勃發展。一個世紀以後，經過不斷驅逐、財產剝奪及一九四一年的屠殺，從尼布查尼札爾洗劫耶路撒冷，將猶太教徒送往巴比倫為奴以來，在伊拉克生活兩千五百年的猶太社群萎縮到個位數。在以色列外，猶太社群在中東地區正慢慢消失，而信仰誕生於這片沙漠地區的基督宗教徒已經在埃及、敘利亞、伊拉克成為瀕危群體。

今日，在中東和北非擁有代價高昂、得來不易的秩序與穩定的國家裡，自由是最明顯的代價。對比近幾十年來大步邁向更自由和民主的其他地方，如亞洲、非洲及南美洲，曾經是阿拉伯天才文明見證的中東地區如今逆流而動、自我萎縮。

伊斯蘭諸帝國無一例外都曾是向外、生機勃勃、充滿求知慾，而且常是當時寬容的代表；但現在大部分地區受到外部與內部的攻擊，變得不寬容、內縮和停滯，被從來不是女性強權者挾持，未能帶領人民進入更自由、安全的現代世界。專制君主制在西方是普遍常規時，伊斯蘭地區則達到高點；當民主在十九世紀逐步在歐洲扎根後，中東伊斯蘭世界從未進行相似的轉變，儘管有企圖心強的現代主義者在十八、十九世紀的開羅、伊斯坦堡、貝魯特及德黑蘭做過斷斷續續努力，[45]政府治理的危機仍然存在此地區極痛苦掙扎中。

這裡代表二十世紀和二十一世紀的兩座城市提出更積極的面向，其中杜拜最有趣，也最能讓人聯想過去的阿拉伯偉大城市，其開放、自由貿易與寬容政策深植於政策中。在缺少大規模能源儲量的地方，人民必須依賴統治者的才智成功，而朵哈可以坐看天然氣帶來的收入源源不斷湧來。這兩個大公國尋求明顯不同的發展方式，杜拜把重點放在商業和貿易而非政治上；嘎塔爾近年來則更加支持政治路線，和伊斯蘭主義運動的互動導致地區內很大不安，並沒有為大公國贏得許多國際朋友。但是無論如何，在重現西元八、九世紀巴格達與十四世紀撒馬爾干德的經濟繁榮上，世界正在頻頻走向這兩座城市。儘管在政治自由和包容方面，這兩個國家無疑仍有進步空間，但是杜拜確實表現寬容、自由貿易和高效治理的智慧與效益。阿拉伯人也許會對杜拜嗤之以鼻，認為她只不過是一個世界舞臺新人，沒有歷史、沉溺於享樂中，但是這並不妨礙阿拉伯人成群湧向那裡，創造新生活和財富。

城市是一種理念，雖然不完美，卻是人類美好未來渴望的實現。義大利小說家伊塔羅・卡爾維諾（Italo Calvino）寫道：「當一個人在荒野中騎行已久時，就會感覺到對城市的渴望。」每一天，世界各地都有移民從荒野地區進入無數城市中，以追尋不定的許諾。對十四世紀的伊本・哈勒頓而言，城市雖然是「一個文化高雅、道德敗壞的空間」，但是這並不妨礙好幾個世紀以來，無數男女回應伊斯蘭城市不可抗拒的向心力，直到今天。[46]

今日，偉大的伊斯蘭帝國不復存在，其首都光彩也已經哀傷地黯淡。幾乎所有在本書討論到的城市，其最光輝的時光可能已逝，就像那些更早帝國在首都雅典、羅馬和倫敦。然而，當我們身處於這個亞洲世紀裡，或許仍然可在杜拜、朵哈這類城市看到其輝煌、寬容與創新，以及那些不停歇、多種族和語言、勇於冒險的人民。今日，在伊斯蘭中土世界的動盪裡，我們不該忘記歷史上伊斯蘭世界的偉大成就及其未來可能性。

謝詞

我十幾歲時就開始在中東、北非旅行，此後三十年間從未停過。在旅行的過程中，從地區的一端到另一端，我欠下許多人情，總是享受到東道主的謙虛和盛情好客。

在大馬士革，多虧有胡塞因・欣納維（Hussein Hinnawi），他是這座被內戰破壞城市的知識庫。這場內戰在我撰寫本書時已經是第八年了，而且仍在持續著。還要感謝加州大學聖塔芭芭拉分校的史提汾・漢福里（Stephen Humphreys）教授。

要感謝許多在巴格達為我的前一本著作《巴格達：和平之城、血流之城》（*Baghdad, City of Peace, City of Blood*）提供協助的朋友，在這裡也要再次感謝他們，尤其是要感謝Tim Spicer（官佐勳章獲獎者）中校、James Ellery（司令勳章獲獎者）旅長、沙伊爾・阿里（Thair Ali）博士和瑪納夫・達姆魯吉（Manaf al Damluji）。

我要深深感激Monica Vinader、Nick Zoll在Pablo Mansilla與Santiago Muñoz-Machado精心策劃下，安排哥多華的充實研究及暢飲里歐哈（Rioja）葡萄酒的行程。要知道，並非每天都能有鬥牛士（José Luis Moreno Ruiz）和音樂家（Manuel Ruiz 'Queco'），帶你遊覽他們熟悉與熱愛城市的機會。感謝Casa de Sefarad的Sebastián de la Obra，這個地方是安達魯斯發現猶太教徒歷史的寶庫，以及安達魯斯圖書館的María Jesus Viguera Molins和María Sierra Yébenes Roldán、哥多華副市長David Luque Peso、哥多華穆斯林協會主席Kamal Mekhelf、哥多華大教堂法政牧師Manuel Gonzakz Muñana，以及我之前的導師David Abulafia教授，他是劍橋大學地中海歷史教授。

感謝Bashar Nuseibeh教授、哈濟姆．努塞貝赫博士及Sari Nuseibeh教授，與我分享耶路撒冷苦痛與甜蜜的回憶。

我在十八歲時前往開羅學習阿拉伯語，此後就常常回去。在那裡有太多人要感謝，但是我要特別感謝Mandi Mourad，他總是幫我找到正確的人，從跨宗教關係專家，如Ali Gomaa（埃及的最高宗教權威）、埃及聖公會主教Mouneer Anis、伊斯蘭事務最高委員會的Ali al Semman博士，再到女權主義前鋒，如電影導演Inas al Deghedy、Hind al Hinnawy，後者是該國最著名也最惡名昭彰的單親媽媽，兩人都是打破社會禁忌的名人。我要感謝的人還有Gamila Ismail、Amir Salem、Laila Soueif、Hani Shukrallah、Assem Deif教授、Heba Saleh、Alaa Al Aswany、Bahaa Taher、馬克思．羅登貝克、Galal Moawad、Issandr al Amrani、Bothaina Kamel、Khaled Abul Naga、Salima Ikram教授、Ehab Gaddis、Nasry Iskander博士，他是埃及文物保護與保存組織總幹事，被公認為埃及博物館木乃伊之父，以及穆斯林兄弟會的Abd al Monem Abu al Futuh，伊本．哈勒頓民主研究中心主席Saad Eddin Ibrahim，以及Rabab Abdelaziz Othman，她是（據我所知）在我的訪談者中，唯一能在頭上頂著點燃燭臺跳舞者。

法斯是另一個我在十幾歲時就經歷過的地方。我與老友Anthony Pask去過兩次，第一次在一九八〇年代末，然後是二十五年後，我去賣掉我們在里夫山（Rif Mountains）上擁有的年久失修老房子。

至於在最近為了研究法斯的馬林朝時巔峰期的造訪，則要感謝Conseil Régional du Tourisme de Fès-Boulemane觀光委員會的阿赫梅德．山提西與Hassan Janah、建築師阿濟札．夏戊尼烏尼、歷史學家Said Ennahid、調香師拉戌德．歐德希利及我的妻子Julia，她在二〇一七年首度造訪。

在撒馬爾干德，我要致謝的是駐聖詹姆斯宮廷的烏茲別克大使Alisher Faizullaev和及其同事Mardon Yakubov、記者Eric Walberg與我的翻譯法爾哈德，他是一位有耐心的嚮導，帶著我們越過沙漠、草原和高山追尋帖木兒。我感激東方研究所（Institute of Oriental Studies）研究帖木兒歷史學教授Omonullo Boriyev與Turgun Faiziev、撒馬爾干德國立大學（Samarkand State University）的Anvar Shakirov博士、Asom Urinboyev博士、帖木兒統領博物館長Nozim Khabibullaev、帖里亞大師清真寺（Tellya Sheikh Mosque）圖書管理員Murad Gulamov、檔案保管員Gulsara Ostonova、塔戌坎特國立大學（Tashkent State University）國際關係與外交系主任Misrob Turdiev、詩人兼歷史學家Akbar Piruzi、歷史學家Fazlidin Fakhridinov，以及和卓阿布迪．達倫清真寺（Khoja Abdi Darun Mosque）的伊瑪目Ahmed Rustamov。

當我在關注蘇丹梅赫梅德二世與他在一四五三年改變世界的君士坦丁堡征服時，有幸與許多出色專家交談，包括波阿濟其大學歷史教授齊德姆．卡費斯其歐魯和最近獲選為法蘭西學院（Collège de France）土耳其與歐斯曼歷史國際主席的艾則姆．艾勒迪姆，以及英國化社會學家、歷史學教授法魯克．比爾提克，他慷慨地校讀第九章。感謝歷史學家Norman Stone、Philip Mansel、Caroline Finkel、Nilay Özlü、Roger Crowley、Hilmi Kaçar、John Scott、蘇納和伊南．齊拉赤基金會（Suna and İnan Kıraç Foundation）下轄的佩拉博物館負責人俄扎勒普．畢洛勒，以及伊斯坦堡研究所的Yasmine

Seale、Alev Scott、Ismini Palla與Bahçeşehir大學的阿嘎・卡爾利亞生加。我很珍惜由Jeremy Tayler和旅行者俱樂部（Travellers Club）的Tom Sutherland，在博斯普魯斯海峽舉辦熱情盛大晚宴（Divan Dinner）的美好回憶，感謝Ömer M. Koç主辦，讓英國人和土耳其人來賓齊聚一堂，來賓包括Jason Goodwin、Anthony Sattin、Barnaby Rogerson及Jeremy Seal，還要感謝妻子Julia與朋友，在二〇一八年陪我沿著巨大狄歐多西亞城牆漫步。

外號「阿富汗的祖母」的卡布勒大學阿富汗中心已故主任南希・哈瞿・杜普雷，曾在我剛開始研究巴布爾時，溫暖又慷慨地帶我進入卡布勒的歷史。她為我引薦阿富汗國家博物館館長Mohammed Fahim Rahimi與Jawan Shir Rasikh，兩位從遠方提供我很大的幫助。非常感謝Bruce Wannell和Charlie Gammell的引薦，讓我認識來自綠松石山基金會（Turquoise Mountain）的Tommy Wide，這個組織進行大量傑出的工作修復並保存卡布勒遺產，以及身為建築師的Jolyon Leslie，她在阿嘎・汗文化基金會對巴布爾花園的活化再利用中扮演領導角色。我要向工程師阿布杜勒・拉提夫・科西斯塔尼對他工作的回憶致敬，他是一位騎著摩托車到處收集植物的英雄式園藝家。最近還要感謝內閣辦公室的Bryony Taylor、Emily Poyser和Sophie Wheale，讓我能在多年後回到阿富汗。

至於伊斯法罕，我要特別感謝英國伊朗委員會主管Hillary Sheridan，與英國波斯研究所負責人Ali Ansari教授，他們幫助我理解十七世紀薩法維巔峰時期的這座城市，還要感謝Niloofar Kakhi博士的慷慨支持，其中包括他對第十一章的校讀。

我對特里波利的首次經驗要歸功於已故父親Silvio Marozzi，他在不知不覺中播下我騎駱駝穿越利比亞撒哈拉沙漠探險的種子。儘管我懷疑他應該更想要我繼承家業，但是身為一名作家、記者和歷史學家的我，仍然對利比亞保有一份興趣。最後一位偉大的沙漠探險家維爾弗雷德·塞西者爵士對我與Ned Cranborne一起旅行沙漠，提供有益的建議，同樣令我獲益匪淺的，還有英國皇家地理學會（Royal Geographical Society）的Shane Winser，與英國駐特里波利領事Noel Guckian博士。二〇一一年利比亞革命的血腥動盪，從那時候起就一直動搖著這個國家，在革命期間，我與記者朋友們一同提供報導，其中也包括已故的Marie Colvin、Anthony Loyd、Jon Lee Anderson、Suliman Ali Zway、Osama al Fitory、Ruth Sherlock與Portia Walker，我要感謝Simon Haselock讓這些造訪成行。最近，我以利比亞政府顧問前往特里波利，這個角色的落實多虧許多人協助，包括成功的英國大使Peter Millett、Frank Baker及他們出色的團隊，尤其是Iona Thomas、Angus McKee、Helena Owen、Alero Adetugbo、Mohammed Saffar、Nameer al Hadithi、Nicholas Jaques、David True、Ellie Gunningham、Youcef Marzooq、Asma Siyala、Louise Hopper、Charlotte North和Emmeline Carr。在利比亞一方，我要感謝總理Faiez Serraj和他的團隊：Jalal Othman是一位堅定的朋友和同事，還有Fadeel Lameen、Serraj Alhammel、Moayed Othman、Hassan al Huni、Tarek Erwimed、Mazin Ramadan、Moutaz Ali、Huda Abuzeid、Omar Matoq、Rafaat Belkhair、Ali Sherif和Nayla Muntasser。感謝Gavin Graham和Gardaworld團隊，在二〇一六年以來每月一次的訪問中保障我的安全。非常感謝Adel Dajani與Rula Dajani在突尼斯無盡熱情地接待。歷史學家喜歡追溯過去與現在之間的連結，因此沒有比採訪Ahmed Fadl Karamanli和Ibrahim Karamanli更令人欣喜的，他們是傑出的卡拉曼里朝後裔，在十八世紀和十九世紀的特里波利以藐視歐斯曼帝國、歐洲列強及美國為榮，這也是第十二章的重點。

貝魯特是我父親於一九三八年出生的地方，是一座美麗又脆弱的城市，有許多撕裂這地區和人民的分裂。我非常感謝牛津大學現代中東史教授Eugene Rogan，感謝友人David Gardner，他是《金融時報》長駐貝魯特記者，也是中東聰睿指南。感謝前英國廣播公司（ＢＢＣ）阿拉伯語部門撰稿人Fayed Abushammala，以及黎巴嫩學者、政治家和聯合國利比亞特派團現任團長Ghassan Salamé。我還要向已故的薩米爾．卡西爾的歷史著作*Beirut*致謝。

因為過度的物質主義化與缺少歷史，杜拜受到許多人嘲諷，但是成功地避免許多鄰國面對的動盪，這必然是正確的，至少在某方面如此。在此要感謝阿拉伯聯合大公國駐英國大使Sulaiman Almazroui閣下，並向杜拜阿聯酋航空文學季發起人Isobel Abulhoul（官佐勛章獲獎者）表達衷心感謝。我十分感激她的優秀團隊，尤其是Sam al Hashimi協助我採訪Khaled Budour、達赫里亞．卡伊德、Heyam al Bastaki、Noura Noman和Rafia Ghubash博士。感謝《國家報》（*The National*）的Clare Dight與Nicholas Leech慷慨特約金及有益建議。感謝Jamal bin Huwaireb、穆罕默德．賓．拉戌德．瑪克圖姆基金會的Wes Harry、Ammar Shams、Omar Hadi、積習難改的Justin Doherty、宰德大學教授Chris Brown和Justin Thomas、《金融時報》杜拜撰稿人Simeon Kerr、出色的杜拜口述歷史（我免費獲得的）出版者Pamela Grist、新的出色阿拉伯聯合大公國歷史的作者Michael Quentin Morton，以及Jane Bristol-Rhys教授和出色的莉瑪．薩班博士，其精確評論構成第十四章的最後幾句話。我也要感謝榮耀的蘇勒坦．賓．穆罕默德．生希米閣下，他也以Sheikh Sutan III的稱呼為人所知，他是夏爾加統治者，感謝他在倫敦和在阿拉伯聯合大公國夏爾加國際圖書節上的盛情招待，還要感謝Tony Mulliken、Steven Williams及他們在Midas PR公關公司優秀團隊提供的絕對支持。

作家們並非總有無限資金，所以我對英國文化協會的慷慨解囊獻上敬意，他們帶我飛往朵哈，為我安排一系列精采採訪。感謝當時的英國大使Nicholas Hopton、英國文化協會嘎塔爾辦事處主任Martin Hope及其同事Sophie Partarrieu。口述歷史學家與時裝設計師Fahad al Obeidly是我在朵哈溫文儒雅的嚮導。此外，還有Abdulaziz Al Mahmoud、王室家族歷史學家顧問Abdul Rahman Azzam、Dena Qaddumi、Abdullah Naimi、Sahar Hassan Saad、Hamad al Naimi、Ali Willis、朵哈居民老友Paul Jessup和Sholto Byrnes，以及嘎塔爾大學令人尊敬的瑪莉嫣．易卜拉希姆．穆拉博士，她是嘎塔爾國家博物館前館長，其熱情洋溢的評論開啟第十五章。故事從朵哈的珍珠開始，因此我還要感謝從珍珠業轉行的大亨胡塞因．阿勒法爾丹關於其城市與致富的回憶。朵哈的故事也是由薩尼家族寫成的，我感恩淮薩勒．賓．乍西姆．薩尼酋長，他是淮薩勒控股公司創辦人、董事長與執行長，也是王室大亨，很樂意和我分享年輕時對朵哈的記憶。感謝Matthew Teller、Burhan Wazir和Louis Allday。最後，我要謝謝Robert Carter博士，他是在朵哈研究的倫敦大學學院阿拉伯和中東考古學教授，是「朵哈和嘎塔爾的起源」（Origins of Doha and Qatar）計畫的策劃者，該計畫結合考古、歷史研究及口述歷史，他出人意料地撥冗校讀朵哈這一章。

誠摯感謝歷史學家Robert Irwin，校讀全篇書稿，提供許多洞見，並更正許多錯誤。當然，如有任何錯誤都是我的問題。感謝我的超級經紀人Georgina Capel，讓我們進入一場有時會讓人感覺是在進行一部史詩工作的寫作之旅。

在出版社中，得感謝Stuart Proffitt委託撰寫本書，感謝Helen Conford的編輯，感謝不屈不撓的Bela Cunha在文字編輯的細緻工作，並用培根和酪梨三明治維持士氣。還要感謝Richard Duguid、Holly Hunter、Ben Sinyor及Pen Vogler。謝謝Cecilia Mackay為本書提供的精采圖片，也感謝Ed Merritt

提供的精美地圖。

最後，衷心感謝我長久以來飽受煎熬的妻子Julia，她總是在我不在時照顧家務，還要感謝我們的女兒Clemmie，謝謝她們這些年來的愛和耐心，希望這一切都是值得的。

注釋

前言

1 William Shakespeare, *Coriolanus*, Act 3 Scene 1.

2 'Erdoğan: Turkey is the only country that can lead the Muslim world', Yeni Şafak, 15 October 2018 (https://www.yenisafak.com/en/world/erdogan-turkey-is-the-only-country-that-can-lead-the-muslim-world-3463638).

第一章

1 'Saudis hit back over Mecca castle', BBC , 9 January 2002 (http://news.bbc.co.uk/1/hi/world/middle_east/1748711.stm).

2 For a highly critical commentary on the twenty-first-century redevelopment of Mecca, see Ziauddin Sardar, *Mecca: The Sacred City*, pp. 345–7.

3 'Mecca under threat: Outrage at plan to destroy the "birthplace" of the Prophet Mohamed and replace it with a new palace and luxury malls', *Independent*, 12 November 2014 (http://www.independent.co.uk/news/world/middle-east/mecca-under-threat-outrage-at-plan-to-destroy-the-birthplace-of-the-prophet-mohamed-and-replace-it-with-a-new-palace-and-luxury-malls-9857098.html).

4 'Builders flock to Mecca to tap into pilgrimage boom', Reuters, 9 June 2011 (http://www.reuters.com/article/2011/06/09/us-saudi-mecca-development-idUSTRE7581G320110609).

5 For a summary of the redevelopment of Mecca and reactions to it, see 'Mecca's mega architecture casts shadow over hajj', *Guardian*, 23 October 2012 (http://www.theguardian.com/artanddesign/2012/oct/23/mecca-architecture-hajj1).

6 Bukhari, *Sahi Bukhari*, 1:2:48 (http://www.usc.edu/org/cmje/religious-texts/hadith/bukhari/002-sbt.php#001.002.048).

7 Author interview, 16 November 2014.

8 Quoted in Sardar, p. 106.

9 Henri Lammens, 'Mecca', *Encyclopedia of Islam*, vol. 5, p. 439; Henri Lammens, *Islam: Beliefs and Institutions*, p. 16.

10 Quoted in Francis E. Peters, *Mecca: A Literary History of the Muslim Holy Land*, p. 21.

11 Quran 14:37.

12 Lammens, 'Mecca', p. 439.

13 Ibn Ishaq, *The Life of Muhammad*, p. 46.

14 Mahmud Ibrahim, *Merchant Capital and Islam*, p. 35.

15 Peters, p. 3.

16 See Fred M. Donner, 'The Historical Context', in *The Cambridge Companion to the Quran*, p. 33; Patricia Crone, *Meccan Trade and the Rise of Islam*, p. 204; G. H. A. Juynboll, *Studies on the First Century of Islamic Society*, p. 2.

17 Fred Donner, *Muhammad and the Believers: At the Origins of Islam*, p. 51.

18 Crone, p. 134.

19 Tom Holland, *In the Shadow of the Sword: The Battle for Global Empire and the End of the Ancient World*, p. 303.

20 Azraqi, *Kitab Akhbar Makka*, 1:66, quoted in Zayde Antrim, *Routes and Realms: The Power of Place in the Early Islamic World*, p. 44.

21 See Quran 2:125–7.

22 Peters, p. 3.

23 Quran 6:92; 42:7.

24 Montgomery W. Watt and M. V. McDonald, *The History of al-Tabari*, vol. VI: *Muhammad at Mecca*, p. 52.

25 'Scandal of the hajj pilgrims who are cheated by devious tour operators', *Guardian*, 8 October 2016 (https://www.theguardian.com/money/2016/oct/08/scandal-hajj-pilgrims-cheated-devious-tour-operators).

26 Karen Armstrong, *Muhammad: A Prophet for Our Time*, p. 28.

27 For a summary of this development, see Ibrahim, pp. 41–2.

28 M. J. Kister, 'Some Reports Concerning Mecca: From Jahiliyya to Islam', *Journal of the Economic & Social History of the Orient*, 15 (1972), p. 76.

29 A key figure among the revisionists, Patricia Crone dropped a bombshell into the field with her sceptical and groundbreaking 1987 work, *Meccan Trade and the Rise of Islam*. For a summary of the debate and an overview of life in pre-Islamic Arabia, see Gene W. Heck, ' "Arabia without Spices": An Alternate Hypothesis: The Issue of "Makkan Trade and the Rise of Islam" ', *Journal of the American Oriental Society*. More recently Tom Holland has added further fuel to the controversy with his *In the Shadow of the Sword: The Battle for Global Empire and the End of the Ancient World*. For one of the latest academic contributions to this debate, see Glen Bowersock, *Crucible of Islam*, pp. 48–63.

30 This date is also problematic. It is more likely that Abraha's attack took place in around 547 since he is not thought to have ruled long after

553. The eighth-century historian Ibn al Kalbi writes that Mohammed was born twenty-three years after the Year of the Elephant. See Paul Gwynne, *Buddha, Jesus and Muhammad: A Comparative Study*, n. 45, p. 21.

31 For an extraordinary view from the top, see 'The Crescent atop the Makkah Clock Tower is Home to a Prayer Room' (http://www.urban-hub.com/landmarks/the-crescent-atop-the-makkah-clock-tower-is-home-to-a-prayer-room/).

32 Quran 96:1–5.

33 Ibn Ishaq, p. 106.

34 Ibid., p. 119.

35 Ibid., pp. 143–5.

36 Shibli Nomani, *Sirat al Nabi*, p. 242, quoted in Sardar, p. 47.

37 Ibid., p. 464.

38 Ibid.

39 For selected Muslim reactions to the massacre of the Qurayza, see Andrew G. Bostom (ed.), *The Legacy of Jihad: Islamic Holy War and the Fates of Non-Muslims*, pp. 17–19. For European reactions, see M. J. Kister, 'The Massacre of the Banu Qurayza: A Re-examination of a Tradition', *Jerusalem Studies in Arabic and Islam*, 8 (1986), p. 63.

40 Quoted in Francis E. Peters, *Muhammad and the Origins of Islam*, p. 225.

41 Ibn Ishaq, p. 547.

42 Ibid., p. 548.

43 Ibid., p. 552.

44 Peters, *Mecca*, p. 89.

45 Crone, p. 244.

46 Peters, *Mecca*, p. 91.

47 Azraqi, pp. 306–38.

48 For the full Tabari story, see G. R. Hawting, *The Idea of Idolatry and the Emergence of Islam: From Polemic to History*, pp. 130–32. For the version in Ibn Ishaq, see pp. 165–7.

49 Sardar, p. 360.

第一章

1 Acts 9:11. 'And the Lord said unto him, "Arise and go into the street which is called Straight, and inquire in the house of Judas for the one called Saul of Tarsus; for behold, he prayeth.'

2 A comprehensive damage assessment of Syria's largest cities conducted by the UN in 2018 found a total of 109,000 damaged structures, a quarter of which were in Damascus, second only to Aleppo. See 'Damage Caused by the Syrian Civil War: What the Data Say', 27 June 2018 (https://towardsdatascience.com/damage-caused-by-the-syrian-civil-war-what-the-data-say-ebad5796fca8).

3 Cited in Guy Le Strange, *Palestine under the Moslems: A Description of Syria and the Holy Land*, p. 237. Ibn Battuta, the peripatetic, fourteenth-century 'Traveller of Islam', deemed it 'the city which surpasses all other cities in beauty and takes precedence of them in loveliness'. See H. A. R. Gibb, *The Travels of Ibn Battutah*, vol. 1, p. 118.

4 Ibn Asakir, *Tarikh Madinat Dimashq*, 1:47–90, cited in Zayde Antrim, 'Ibn Asakir's Representations of Syria and Damascus in the Introduction to the *Tarikh Madinat Dimashq*', *International Journal of Middle East Studies*, 38 (2006), p. 113.

5 See Philip Hitti, *The Origins of the Islamic State. Being a Translation from the Arabic, Accompanied with Annotations, Geographic and Historic Notes of the Kitab Futuh al-Buldan of al-Imaam abu-l 'Abbas Aḥmad ibn Jabir al-Baladhuri*, p. 10. For Abu Bakr's rallying of Muslim warriors for the conquest of Syria, see p. 165.

6 Ibid., p. 187.

7 N. Elisséeff, 'Dimashq', *Encyclopedia of Islam* 2, vol. 2, p. 280.

8 Hugh Kennedy, *The Byzantine and Early Islamic Middle East*, p. 17.

9 R. Stephen Humphreys, 'Syria', in Chase F. Robinson (ed.), *The New Cambridge History of Islam*, vol. 1, p. 512.

10 Ross Burns, *Damascus: A History*, p. 103.

11 'The zeal and virtue of Ali were never outstripped by any recent proselyte. He united the qualifications of a poet, a soldier, and a saint; his wisdom still breathes in a collection of moral and religious sayings; and every antagonist, in the combats of the tongue or of the sword, was subdued by his eloquence and valour. From the first hour of his mission to the last rites of his funeral, the apostle was never forsaken by a generous friend, whom he delighted to name his brother, his vicegerent, and the faithful Aaron of a second Moses.' Edward Gibbon, *The Decline and Fall of the Roman Empire*, vol. 5, pp. 381–2.

12 Cited in Gérard Degeorge, *Damascus*, p. 31.

13 For a portrait of Umayyad Damascus, see Philip Hitti, *Capital Cities of Arab Islam*, pp. 61–84.

14 Cited in Burns, n. 25, p. 285.

15 Robert Hoyland, *In God's Path: The Arab Conquests*, pp. 228–9.

16 Peter Frankopan, *The Silk Roads: A New History of the World*, p. 90.

17 Yaqubi, *Tarikh ibn Wadih*, vol. 2, p. 283. Cited in Philip Hitti, *Capital Cities of Arab Islam*, p. 68.

18 J. B. Chabot (tr. and ed.), *Chronique de Michel le Syrien*, vol. 2, p. 475. Cited in Humphreys, p. 520.

19 Finbar Barry Flood, *The Great Mosque of Damascus: Studies on the Makings of an Umayyad Visual Culture*, p. 1.

20 Robert Hoyland (tr.), *Theophilus of Edessa's Chronicle*, pp. 199–200.

21 Ibn Asakir, *Tarikh Madinat Dimashq*, pp. 25–6, cited in K. A. C. Creswell, *Early Muslim Architecture*, Part 1: *Umayyads* 622–750, p. 102.

22 Le Strange, p. 233.

23 Tabari, *The History of al-Tabari*, vol. 26: *The Waning of the Umayyad Caliphate*, p. 194.

24 Oleg Grabar, *Formation of Islamic Art*, pp. 64–5. Cited in Humphreys, p. 521.

25 Flood, pp. 5–8.

26 R. J. C. Broadhurst (tr. and ed.), *The Travels of Ibn Jubayr*, pp. 306, 300.

27 'Protesters stage rare demo in Syria', Al Jazeera, 15 March 2011 (https://www.aljazeera.com/news/middleeast/2011/03/20113151834383782.html).

28 N. Elisséeff, *La Description de Damas d'Ibn Asakir*, pp. 24–5. For a collection of Muslim writers' impressions of the Umayyad Mosque, see also Degeorge, pp. 35–8 and Nancy Khalek, *Damascus after the Muslim Conquest*, p. 137.

29 Mary's refuge is referred to in Quran 23:50; Abraham's Damascus connections are referenced in Genesis 14:15 and 15:2.

30 Cited in Creswell, p. 130.

31 Hoyland, *In God's Path*, pp. 171–2.

32 Ibid., p. 199.

33 Kenneth Baxter Wolf, *Conquerors and Chroniclers of Early Medieval Spain*, p. 145.

34 Edward Gibbon, *The History of the Decline and Fall of the Roman Empire*, vol. 6, p. 470.

35 Abul Faraj al Isfahani, *Kitab al Aghani*, vol. VI , p. 126. Cited in Robert Hamilton, *Walid and his Friends: An Umayyad Tragedy*, p. 20.

36 Betsy Williams, 'Walid II ', Metropolitan Museum of Art, 12 June 2012 (https://www.metmuseum.org/exhibitions/listings/2012/byzantium-and-islam/blog/characters/posts/walid-ii).

37 Hoyland (tr.), p. 242.

38 Ibid., pp. 35–7.

39 Ibid., p. 246.

40 Ibid., p. 253.

41 Cyril Glassé, *The New Encyclopedia of Islam*, pp. 11–12.

42 Hugh Kennedy, *When Baghdad Ruled the Muslim World*, p. 8.

43 Roy Mottahedeh, 'The Abbasid Caliphate in Iran', in *The Cam-bridge History of Iran*, vol. IV: *The Period from the Arab Invasion to the Saljuqs*, p. 57.

44 See Chase F. Robinson, 'The Violence of the Abbasid Revolution', in Yasir Suleiman (ed.), *Living Islamic History: Studies in Honour of Professor Carole Hillenbrand*, p. 236.

45 Al Maqrizi, *Book of Contention and Strife Concerning the Relations between the Banu Umayya and the Banu Hashim*, p. 92.

46 Degeorge, p. 43.

47 Hitti, *Capital Cities of Arab Islam*, p. 70.

48 Hugh Kennedy, *The Early Abbasid Caliphate: A Political History*, p. 24.

49 Burns, p. 124.

50 Cited in Degeorge, pp. 42–3.

51 Humphreys, p. 525.

52 Ibid., pp. 533–5.

53 Hoyland, *In God's Path*, p. 230.

第三章

1 Al Muqaddasi, *The Best Divisions for Knowledge of the Regions*, p. 108.

2 'Iraqi campus is under gang's sway', *New York Times*, 19 October 2009.

3 See Guy Le Strange, *Baghdad during the Abbasid Caliphate*, pp. 10–11.
4 Quoted in Gaston Wiet, *Baghdad: Metropolis of the Abbasid Caliphate*, pp. 10–11.
5 Cited in Jacob Lassner, *The Topography of Baghdad in the Early Middle Ages*, p. 56.
6 Ibid., p. 49.
7 Masudi, *The Meadows of Gold: The Abbasids*, p. 33.
8 Hugh Kennedy, *When Baghdad Ruled the Muslim World*, p. 132.
9 Ibid., p. 65; Edward Gibbon, *The History of the Decline and Fall of the Roman Empire*, vol. 1, p. 964.
10 Muqaddasi, p. 60. Cited in Peter Frankopan, *The Silk Roads: A New History of the World*, p. 94.
11 Philip Hitti, *Capital Cities of Arab Islam*, p. 94.
12 André Clot, *Harun al-Rashid and the World of the Thousand and One Nights*, p. 218.
13 Masudi, p. 123.
14 Ibn al Zubayr, *Kitab al Hadaya wa al Tuhaf* (*Book of Gifts and Rarities*), pp. 121–2.
15 For a brief summary of the Darb Zubayda, see Marcus Milwright, *An Introduction to Islamic Archaeology*, pp. 162–4.
16 For accounts of Arib, see Abu al Faraj al Isfahani, *Kitab al Aghani* (*The Book of Songs*), vol. XXII, pp. 348–59. See also Ibn Kathir, *Al Bidaya wal Nihaya* (*The Beginning and the End*), vol. XIV, p. 630.
17 Diarmaid MacCulloch, *A History of Christianity: The First Three Thousand Years*, p. 3.
18 Tabari, *The History of Al Tabari*, vol. I: *The Reign of Abu Jafar al Mansur 754–775*, p. 144.
19 MacCulloch, p. 264.
20 For Benjamin's description of Baghdad, see Marcus Nathan Adler, *The Itinerary of Benjamin of Tudela*, pp. 35–42.
21 See Tabari, vol. XXXI: *The War between Brothers: The Caliphate of Muhammad al Amin* AD *809–813/*AH *193–198*, pp. 145–7.
22 Jim Al Khalili, *Pathfinders: The Golden Age of Arabic Science*, pp. 67–78.
23 Ibid., p. 78.
24 Quoted in Jonathan Lyons, *The House of Wisdom: How the Arabs Transformed Western Civilisation*, p. 73.
25 Al Khalili, p. 75.
26 Ibid., p. 149.

27 Ibid., p. 134.

28 Amira Bennison, *The Great Caliphs: The Golden Age of the Abbasid Empire*, p. 90.

29 For an entertaining discussion of Abu Nuwas's poetic life, see 'Dangling Locks and Babel Eyes: A Profile of Abu Nuwas', in Philip Kennedy, *Abu Nuwas: A Genius of Poetry*, pp. 1–19. See also Alex Rowell, *Vintage Humour: The Islamic Wine Poetry of Abu Nuwas.*

30 'Mystery surrounds Iraqi statue's missing glass of wine', http://www.al-monitor.com/pulse/originals/2015/08/iraq-baghdad-monuments-memorials-sabotage-destruction.html.

31 Ibn Khallikan, *Ibn Khallikan's Biographical Dictionary*, vol. I, p. 208.

32 Tabari, quoted in Kennedy, p. 120.

33 Gaston Wiet, *Baghdad: Metropolis of the Abbasid Caliphate*, pp. 76–7.

34 See Julia Ashtiany et al. (eds.), *Cambridge History of Arabic Literature*, vol. 2: *Abbasid Belles-Lettres*, p. 81.

35 See Charles Pellat, *The Life and Works of Jahiz*, pp. 265–7.

36 Wiet, p. 76; Kennedy, pp. 124–5.

37 Kennedy, p. 214.

38 Tabari, quoted in ibid., p. 285.

39 Masudi, p. 239.

40 For a full account of his visit to Baghdad, see Roland J. C. Broadhurst (tr. and ed.), *The Travels of Ibn Jubayr*, pp. 226–32.

第四章

1 Quoted in R. Hillenbrand, 'The Ornament of the World: Cordoba as a Cultural Centre', in Salma Jayyusi (ed.), *The Legacy of Muslim Spain*, p. 112.

2 Author interviews, 13–14 November 2016.

3 Enrique Sordo, *Moorish Spain*, p. 24.

4 Richard Fletcher, *Moorish Spain*, p. 53.

5 D. F. Ruggles, 'Madinat al Zahra and the Um Palace', in María Rosa Menocal, Raymond P. Scheindlin and Michael Sells (eds.), *The Literature of Al Andalus*, p. 27.

6 See Katharina Wilson, *Hrotsvit of Gandersheim: A Florilegium of Her Works*, p. 29.

7 Hugh Kennedy, *Muslim Spain and Portugal: A Political History of Al Andalus*, p. 83.

8 See Maribel Fierro, *Abd al Rahman III – The First Cordoban Caliph*, pp. 105–8.

9 Quoted in David. Wasserstein, *The Caliphate in the West: An Islamic Political Institution in the Iberian Peninsula*, p. 11.

10 Ibid., p. 14.

11 Fierro, p. 105.

12 On the challenges of Al Maqqari as a source and the wider historiography of Medinat al Zahra, see Ann Christys, 'Picnic at Madinat al-Zahra', in Simon Barton and Peter Linehan (eds.), *Cross, Crescent and Conversion: Studies on Medieval Spain and Christendom in Memory of Richard Fletcher*, pp. 87–108.

13 Sordo, pp. 29–30.

14 Ibid., pp. 30–31.

15 Quoted in Ann Christys, *Christians in Andalus 711–1000*, p. 64.

16 Nuha Khoury, 'The Meaning of the Great Mosque of Cordoba in the Tenth Century', in *Muqarnas*, vol. 13, p. 80.

17 Amira K. Bennison and Alison L. Gascoigne (eds.), *Cities in the Pre-Modern Islamic World: The Urban Impact of Religion, State and Society*, p. 76.

18 For a brief summary of Hakam II 's additions to the Great Mosque, see María Rosa Menocal, *The Ornament of the World: How Muslims, Jews and Christians Created a Culture of Tolerance in Medieval Spain*, pp. 94–6.

19 Évariste LéviProvençal, *L'Espagne Musulmane*, vol. 3, p. 385.

20 Quoted in Menocal, p. 16.

21 'Two arrested after fight in Cordoba's former mosque', *Guardian*, 1 April 2010 (http://www.theguardian.com/world/2010/apr/01/muslim-catholic-mosque-fight?INTCMP=ILCNETTXT3487); see also 'Cordoba rejects Catholic Church's claim to own mosque-cathedral', *Guardian*, 13 March 2016 (https://www.theguardian.com/world/2016/mar/13/cordoba-catholic-churchs-claim-mosque-cathedral).

22 Ruggles, p. 28.

23 Quoted in Menocal, p. 84.

24 See, for instance, Kennedy, p. 107; Fletcher, p. 65; Fierro, p. 110. For a more sceptical view, see Christys, 'Picnic at Madinat al-Zahra'. *The*

New Cambridge Medieval History prefers a population of 90,000 (vol. 3, *c. 900 – c. 1024*, p. 68). On the reliability of Al Maqqari, see Christys, *Christians*, p. 15.

25 Sordo, p. 37; Fletcher, p. 65.

26 Ibn Hawqal, *Configuración del Mundo (Fragmentos Alusivos al Magreby España)*, pp. 63–4. Quoted in Christys, *Christians*, p. 14.

27 Kennedy, pp. 98–9.

28 Quoted in Fletcher, p. 64.

29 Ibid., p. 63.

30 See Eliyahu Ashtor, *The Jews of Moslem Spain*, p. 284.

31 Menocal, p. 86.

32 Quoted in Menocal, Scheindlin and Sells (eds.), p. 83.

33 For a brief summary of Ziryab's remarkable career, see Dwight Reynolds, 'Music', in ibid., pp. 64–6. See also Robert W. Lebling Jr, 'Flight of the Blackbird', *Saudi Aramco World*, July–August 2003 (https://www.saudiaramcoworld.com/issue/200304/flight.of.the. blackbird.htm).

34 Menocal, Scheindlin and Sells (eds.), p. 308.

35 Ibid., p. 309.

36 Ibid., p. 313.

37 Ashtor, p. 255.

38 Sordo, p. 18.

39 For an opposing view to Menocal, *The Ornament of the World*, see, for example, Dario Fernandez Morera, *The Myth of the Andalusian Paradise: Muslims, Christians and Jews under Islamic Rule in Medieval Spain*.

40 Ibid., p. 55.

41 Fierro, p. 98.

42 Wilson, pp. 34–5.

43 Menocal, pp. 85–8.

44 See Ashtor, pp. 157–9.

45 Ibid., p. 182.

46 Georg Heinrich Pertz (ed.), *Vita Johannis Gorziensis, Monumentae Germanica Historiae* SS IV, pp. 335–77, quoted in Christys, p. 110.

47 Ibid., p. 111.

48 Quoted in Kenneth B. Wolf, 'Convivencia and the "Ornament of the World" ', Address to the Southeast Medieval Association, Wofford College, Spartanburg, South Carolina, October 2007.

49 Quoted in Alexander E. Elinson, *Looking Back at Al-Andalus: The Poetics of Loss and Nostalgia in Medieval Arabic and Hebrew Literature*, pp. 6–7.

50 Christys, Picnic at Madinat al-Zahra', p. 6.

51 Menocal, p. 100.

52 Fletcher, p. 80.

53 Wasserstein, p. 27.

第五章

1 Jerome Murphy-O'Connor, *The Holy Land: An Oxford Archaeological Guide from Earliest Times to 1700*, p. xix.

2 ' "This land is just dirt": A rooftop view of Jerusalem', *Guardian*, 23 October 2017 (https://www.theguardian.com/cities/2017/oct/23/jerusalem-rooftop-divided-israel-season-culture).

3 Paul M. Cobb, *Race for Paradise: Islamic History of the Crusades*, p. 20.

4 Ibid., pp. 20–21.

5 John Wolffe, *Religion in History: Conflict, Conversion and Coexistence*, p. 57.

6 Carole Hillenbrand, *Crusades: Islamic Perspectives*, p. 270.

7 Simon Sebag Montefiore, *Jerusalem: The Biography*, p. xx.

8 *The Itinerarium Burdigalense by The Anonymous Pilgrim of Bordeaux (333 AD)*, p. 28 (https://www.scribd.com/doc/37368846/The-Itinerarium-Burdigalense-by-The-Anonymous-Pilgrim-of-Bordeaux-333-a-d).

9 Cobb, p. 34.

10 Sebag Montefiore, p. 173.

11 Steven Runciman, *The First Crusade*, p. 1.

12 Sebag Montefiore, p. 175.

13 Author interview with Dr Hazem Nuseibeh, 4 June 2016.

14 Ibn Battuta, *Travels in Asia and Africa: 1325–1354*, p. 55.

15 Nancy Khalek, *Damascus after the Muslim Conquest*, p. 141.

16 Zayde Antrim, *Routes and Realms: The Power of Place in the Early Islamic World*, p. 50.

17 Runciman, p. 19.

18 Sebag Montefiore, p. 201.

19 Kamil Jamil Asali (ed.), *Jerusalem in History*, p. 118.

20 Hillenbrand, p. 49.

21 Moshe Gil, 'The Political History of Jerusalem During the Early Muslim Period', in Joshua Prawer and Haggai Ben-Shammai (eds.), *The History of Jerusalem: The Early Muslim Period, 638–1099*, n. 33, p. 30.

22 Robert Ousterhout, 'Rebuilding the Temple: Constantine Monomachus and the Holy Sepulchre', *Journal of the Society of Architectural Historians*, vol. 48, no. 1 (March 1989), pp. 66–78.

23 For his account of Jerusalem, see Nasir-i-Khusraw, *Diary of a Journey Through Syria and Palestine* (tr. Guy Le Strange).

24 Annalist of Nieder-Altaich, 'The Great German Pilgrimage of 1064–65' (tr. James Brundage) (https://legacy.fordham.edu/Halsall/source/1064pilgrim. asp).

25 A. C. S. Peacock, *The Great Seljuk Empire*, pp. 61–4.

26 There are five versions of Pope Urban's address. See August C. Krey, *The First Crusade: The Accounts of Eyewitnesses and Participants*, pp. 23–36; Dana C. Munro, 'Urban and the Crusaders', *Translations and Reprints from the Original Sources of European History*, vol. 1, pp. 5–8; Thomas F. Madden, *The Concise History of the Crusades*, p. 8; Dana C. Munro, 'The Speech of Pope Urban II at Clermont, 1095', *The American Historical Review*, vol. XI , no. 2, pp. 231–42.

27 Jonathan Riley-Smith, *The First Crusade and the Idea of Crusading*, p. 1.

28 Hugh Goddard, *A History of Christian–Muslim Relations*, p. 90.

29 Andrew Sinclair, *Jerusalem: The Endless Crusade*, p. 50.

30 Amin Maalouf, *The Crusades Through Arab Eyes*, pp. 39–40.

31 Christopher Tyerman, *God's War: A New History of the Crusades*, p. 153.

32 James A. Brundage, 'Adhemar of Le Puy: The Bishop and his Critics', *Speculum*, vol. 34, no. 2 (April 1959), p. 201.

33 Riley-Smith, pp. 48–9.

34 Sebag Montefiore, p. 211.

35 Ibid., p. 212.

36 See Malcolm Lambert, *Crusade and Jihad: Origins, History and Aftermath*, p. 97.

37 Fulcher of Chartres in Edward Peters (ed.), *The First Crusade: The Chronicle of Fulcher of Chartres and Other Source Materials*, pp. 91–2.

38 Cobb, p. 101.

39 Maalouf, pp. 50–51.

40 Thomas Asbridge, *The First Crusade: A New History*, pp. 317–18.

41 Tyerman, p. 159.

42 Peters, p. 98.

43 Francesco Gabrieli, *Arab Historians of the Crusades*, p. 12.

44 Maalouf, p. xiii.

45 Ibn al Athir, *The Chronicle of Ibn al Athir for the Crusading Period from Al Kamil Fi'l-Tarikh*, Part I: *The Years 491–541/1097–1146 – The Coming of the Franks and the Muslim Response*, p. 22.

46 Maalouf, p. xvi.

47 Cobb, p. 103.

48 Author interview, 6 June 2016.

49 ' "This land is just dirt": A rooftop view of Jerusalem', *Guardian*, 23 October 2017 (https://www.theguardian.com/cities/2017/oct/23/jerusalem-rooftop-divided-israel-season-culture).

第十八章

1 Stanley Lane-Poole, *The Story of Cairo*, p. 20.

2 André Raymond, *Cairo*, pp. 29–30.

3 Maria Golia, *Cairo: City of Sand*, pp. 52–3; Philip Hitti, *History of the Arabs*, p. 165; Nasser Rabbat, *The Citadel of Cairo: A New Interpretation of Royal Mameluk Architecture*, p. 3.

4 Max Rodenbeck, *Cairo: The City Victorious*, p. 68.

5 Heinz Halm, *Fatimids and Their Traditions of Learning*, pp. 73–4; Shafique N. Virani, *The Ismailis in the Middle Ages: A History of Survival, a Search for Salvation*, p. 92.

6 Raymond, p. 62.

7 Philip Hitti, *Capital Cities of Arab Islam*, p. 122.

8 Rodenbeck, p. 97.

9 A huge amount has been written about the Geniza documents. For an introduction and Cambridge University's digitized collection, see https://cudl.lib.cam.ac.uk/collections/genizah. The dowry list is available at https://cudl.lib.cam.ac.uk/view/MS-TS-NS-00264-00013/1. See also S. D. Goitein, *A Mediterranean Society: The Jewish Communities of the World as Portrayed in the Documents of the Cairo Geniza*.

10 See Judith Olszowy-Schlanger, 'Learning to Read and Write in Medieval Egypt: Children's Exercise Books from the Cairo Geniza', *Journal of Semitic Studies*, 48 (1) (Spring 2003), pp. 47–69.

11 Michael Brett, *The Rise of the Fatimids: The World of the Mediterranean and the Middle East in the Fourth Century of the Hijra, Tenth Century* CE, p. 338.

12 Maryanne Stroud Gabbani, 'The Mogamma Game in 2012' (http://miloflamingo.blogspot.com/2012/09/the-mogamma-game-in-2012.html).

13 Raymond, p. 45.

14 Rodenbeck, p. 101.

15 Raymond, p. 46.

16 See Doris Behrens-Abouseif, *Islamic Architecture in Cairo: An Introduction*, pp. 9–10; Raymond, pp. 59–60.

17 For the Mustansir Crisis, see Nelly Hanna (ed.), *Money, Land and Trade: An Economic History of the Muslim Mediterranean*, pp. 74–80; Halm, pp. 77–8; Rodenbeck, pp. 79–80.

18 For a detailed study of the Mosque of Al Hakim, see Jonathan M. Bloom, 'The Mosque of al-Hakim in Cairo', in Oleg Grabar (ed.), *Muqarnas I: An Annual on Islamic Art and Architecture*, pp. 15–36. For the Aqmar Mosque, see Doris Behrens-Abouseif, 'The Façade of the Aqmar Mosque in the Context of Fatimid Ceremonial', in Oleg Grabar (ed.), *Muqarnas IX*, pp. 29–38.

19 Lane-Poole, p. 71.

20 Raymond, p. 74.

21 Ibn al Athir, *Kamil al Tawarikh*, vol. XI , p. 242, cited in Hitti, *Capital Cities*, p. 124.

22 See Nasser Rabbat, *The Citadel of Cairo: A New Interpretation of Royal Mameluk Architecture*, pp. 3–8.

23 Ibn Jubayr, *The Travels of Ibn Jubayr*, p. 52.

24 Abdul Rahman Azzam, *Saladin: The Triumph of the Sunni Revival*, p. 145.

25 Golia, p. 57.

26 Jonathan Phillips, *The Crusades 1095–1204*, p. 162.

27 Azzam, p. 197.

28 Ibid., p. 135.

29 Rodenbeck, p. 81.

30 Herodotus, *Histories*, 1.5, p. 5.

第七章

1 See Paul Bowles and Barry Brukoff, *Morocco*, pp. 32–9 (http://www.paulbowles.org/fez. html).

2 Mohammed Mezzine (ed.), *Fès Médiévale: Entre légende et histoire, un carrefour de l'Orient à l'apogée d'un rêve*, p. 40, quoted in Simon O'Meara, *Space and Muslim Urban Life: At the Limits of the Labyrinth of Fez*, p. 57.

3 For a summary of its growth over the centuries, see Al Qaraouiyine Rehabilitation Presentation Panels. Courtesy of Architect. Aga Khan Award for Architecture, 2010 (https://archnet.org/system/publications/contents/9386/original/DTP101869.pdf?1396260501). See also Fauzi M. Najjar, 'The Karaouine at Fez', *Muslim World*, vol. 48, issue 2 (April 1958), pp. 104–112; Edith Wharton, *In Morocco*, p. 96; Guinness World Records website (http://www.guinnessworldrecords.com/world-records/oldest-university) and 'Medina of Fez' on UNESCO's website (http://whc.unesco. org/en/list/170).

4 Leo Africanus, *The History and Description of Africa*, vol. II , p. 421. On the Pope Sylvester II story, see, for example, Mohammed Lebbar, 'La Ville de Fès et Sylvestre II' (http://wissensraum-mittelmeer.org/wp-content/uploads/2017/03/Lebbar_-_Syl vestre_II.pdf); Attilio Gaudio, *Fès: Joyau de la Civilisation Islamique*, p. 20. Author interviews, October 2017.

5 ‘World’s oldest library opens in Fez: “You can hurt us but you can’t hurt the books” ’, *Guardian*, 19 September 2016 (https://www.theguardian.com/cities/2016/sep/19/books-world-oldest-library-fez-morocco); ‘Profile: Khizanat al-Qarawiyyin, the oldest library in the world, set to re-open after multimillion-pound restoration’, *The National*, 20 September 2016 (http://www.thenational.scot/world/14871162.Profile__Khizanat_al_Qarawiyyin__the_oldest_library_in_the_world__set_to_re_open_after_multimillion_pound_restoration/).

6 Abul Hassan al Jaznai, *Kitab Zahrat al As fi bina Madinat Fez*, p. 61 (tr. Alger, 1923, p. 132), quoted in Maya Shatzmiller, *The Berbers and the Islamic State: The Marinid Experience in Pre-Protectorate Morocco*, p. 110.

7 Ibn Abi Zar, *Roudh el Kartas*, p. 46 (tr., p. 40), quoted in O’Meara, p. 59.

8 Abul Hassan al Jaznai, p. 24 (tr., p. 50), quoted in O’Meara, p. 60.

9 For a summary of the foundation legends, see, for example, Roger Le Tourneau, ‘Fas’, *Encyclopedia Islamica*, pp. 818–21; ‘Fès’, in Aomar Boum and Thomas K. Park (eds.), *Historical Dictionary of Morocco*, pp. 188–9; Simon O’Meara, ‘The foundation legend of Fez and other Islamic cities in light of the Prophet’, in Amira K. Bennison and Alison L. Gascoigne (eds.), *Cities in the Pre-modern Islamic World*, pp. 27–42.

10 On the city’s favourable location, see Roger Le Tourneau, *Fez in the Age of the Marinids*, pp. 3–5.

11 Ibn Khaldun, *The Muqaddimah: An Introduction to History*, pp. 63–4.

12 Rom Landau, *Morocco*, p. 87.

13 Susan Gilson Miller, Attilio Petruccioli and Mauro Bertagnin, ‘Inscribing Minority Space in the Islamic City: The Jewish Quarter of Fez (1438–1912)’, *Journal of the Society of Architectural Historians*, vol. 60, no. 3 (September 2001), p. 1; Titus Burckhardt, *Fez: City of Islam*, p. 1; Wharton, p. 79.

14 Leo Africanus, *The History and Description of Africa*, vol. II, p. 418; Abdelaziz Touri, ‘L’oratoire de quartier’, in Mezzine (ed.), p. 102; Ronald A. Messier, *The Almoravids and the Meanings of Jihad*, p. 218.

15 See Roger Le Tourneau and H. Terrasse, ‘Fez’, in C. Edmund Bosworth (ed.), *Historic Cities of the Islamic World*, p. 138.

16 Al Idrisi, *Description de l’Afrique et de l’Espagne par Edrisi*, pp. 87–8.

17 Ibn Abi Zar, quoted in Burckhardt, p. 42.

18 *Al Dhakhira al Saniya fi Tarikh al Dawla al Mariniyya*, p. 35, quoted in Shatzmiller, p. 50.

19 Ibn Abi Zar, p. 396. See also Burckhardt, p. 42.

20 For an excellent summary of the Marinid Dynasty, see Maya Shatzmiller, ‘Marinids’, in *Encyclopedia Islamica*, pp. 571–4; Burckhardt, p. 42.

21 Ibn Khaldun, *Histoire des Berbères*, vol. 4, pp. 39–41, quoted in Shatzmiller, *Berbers and the Islamic State*, p. 159.

22 See Hicham Rguig, 'Le Mellah de Fès: Genèse et évolution', in Said Ennahid and Driss Maghraoui (eds.), *Fez in World History: Selected Essays*, p. 84. See also Shatzmiller, *Berbers and the Islamic State*, p. 60.

23 Rguig, p. 86.

24 See Leo Africanus, vol. II, pp. 471–7.

25 Ibid., vol. III, p. 1018.

26 See Robert S. Lopez and Irving W. Raymond (trs.), *Medieval Trade in the Mediterranean World: Illustrative Documents*, pp. 74–5.

27 Al Jaznai, *Zahrat al As*, quoted in Halima Ferhat, 'Marinid Fez: Zenith and Signs of Decline', in Salma Jayyusi, Renata Holod, Attilio Petruccioli and André Raymond (eds.), *The City in the Islamic World*, pp. 248, 258.

28 For an essay on the gold trade and the economic foundations of the Marinid Dynasty, see Maya Shatzmiller, 'Marinid Fez: The Economic Background of the "Quest for Empire" ', in Ennahid and Maghraoui (eds.), pp. 7–33.

29 Mohammed Hamdouni Alami, 'Contes et légendes', in Mezzine, p. 136; Landau, p. 98.

30 Quoted in O'Meara, p. 11. On Marinid *madrassa*, see also Sheila S. Blair and Jonathan M. Bloom, *The Art and Architecture of Islam, 1250–1800*, pp. 121–3.

31 Tim Mackintosh-Smith (ed.), *The Travels of Ibn Battutah*, pp. 275, 3.

32 Shatzmiller, *Berbers and the Islamic State*, p. 90.

33 Ibid., p. 61.

34 Ferhat, pp. 256–8.

35 Leo Africanus, vol. II, pp. 420–23.

36 Ibid., quoted in Ferhat, p. 248.

37 Author interview, 8 October 2017; Gwendolyn Wright, *The Politics of Design in French Colonial Urbanism*, p. 137; Bowles.

38 Burckhardt, p. 9.

第八章

1 This chapter is based on Justin Marozzi, 'Samarkand, the "Pearl of the East": 1396–1398', in *Tamerlane: Sword of Islam, Conqueror of the*

World, pp. 201–240; Christopher Marlowe, *Tamburlaine the Great*, Part 1, Act III, Scene iii, pp. 44–5.

2 Tacitus, *Agricola*, 1.30.

3 On loving Samarkand like a mistress, Marozzi, p. 207; Ruy González de Clavijo, *Embassy to Tamerlane 1403–1406*, p. 171.

4 Ibn Battuta, *Travels in Asia and Africa 1325–1354*, p. 174.

5 Ahmed ibn Arabshah, *Tamerlane or Timur the Great Amir*, p. 314; Clavijo, pp. 287, 142.

6 On Timur's 'soulless militarism', see J. J. Saunders, *The History of the Mongol Conquests*, p. 174. For Timur's removal of craftsmen to Samarkand, see Wilfrid Blunt, *The Golden Road to Samarkand*, p. 174; for a survey of Timurid architecture, see Lisa Golombek, 'From Tamerlane to the Taj Mahal', in Abbas Daneshvari (ed.), *Essays in Islamic Art and Architecture in Honour of Katharina Otto-Dorn*; Monika Gronke, 'The Persian Court between Palace and Tent: From Timur to Abbas I', in Lisa Golombek and Maria Subtelny (eds.), *Timurid Art and Culture: Iran and Central Asia in the Fifteenth Century*; Lisa Golombek and Donald Wilber, *The Timurid Architecture of Iran and Turan*.

7 Geoffrey Parker, *Power in Stone: Cities as Symbols of Empire*, p. 74.

8 Sharaf al Din Ali Yazdi, *The History of Timur-Bec, Known by the Name of Tamerlain the Great, Emperor of the Moguls and Tartars: Being an Historical Journal of his Conquests in Asia and Europe*, vol. 1, p. 529.

9 Battuta, p. 174.

10 For the Spanish ambassador's description of Samarkand, see Clavijo, pp. 218–300. See also Hilda Hookham, *Tamburlaine the Conqueror*, pp. 163–84; Harold Lamb, *Tamerlane the Earth Shaker*, pp. 105–112.

第九章

1 C. Given-Wilson (tr. and ed.), *The Chronicle of Adam of Usk 1377–1421*, p. 121. For an account of Manuel II's remarkable visit, see Donald Nicol, *A Byzantine Emperor in England: Manuel II's Visit to London in 1400–01*; Cecily J. Hilsdale, *Byzantine Art and Diplomacy in an Age of Decline*, pp. 222–4.

2 Doğan Kuban, *Istanbul: An Urban History: Byzantion, Constantinopolis, Istanbul*, p. 33; Jelena Bogdanovié, 'Tetrapylon', *Encyclopaedia of the Hellenic World, Constantinople* (http://www.ehw.gr/l.aspx?id=12429).

3 Quoted in Roger Crowley, *Constantinople: The Last Great Siege, 1453*, p. 18.

4 Edward Peters (ed.), *The First Crusade: The Chronicle of Fulcher of Chartres*, p. 62.

5 See Stephen Turnbull, *The Walls of Constantinople ad 324–1453*, pp. 11–16.

6 Crowley, p. 84.

7 Barnaby Rogerson, *The Last Crusaders: The Hundred-Year Battle for the Centre of the World*, p. 84.

8 Eugenia Kermeli, 'Osman I', in Gabor Agoston and Bruce Masters (eds.), *Encyclopedia of the Ottoman Empire*, pp. 444–5.

9 For Ibn Battuta's impressions of the city, see H. A. R. Gibb (tr. and ed.), *Ibn Battuta: Travels in Asia and Africa 1325–1354*, pp. 159–64.

10 Crowley, p. 35.

11 For his report on Constantinople, see Ruy González de Clavijo, *Embassy to Tamerlane 1403–1406*, pp. 71–90.

12 Donald M. Nicol, *The Last Centuries of Byzantium, 1261–1453*, p. 333; Turnbull, p. 44.

13 Stephen Reinert, 'Fragmentation (1204–1453)', in Cyril Mango (ed.), *The Oxford History of Byzantium*, p. 276.

14 Bertrandon de Brocquière, *The Travels of Bertrandon de Brocquière*, pp. 286–97.

15 Pero Tafur, *Travels and Adventures 1435–1439*, pp. 144–5; Michael Angold, *The Fall of Constantinople to the Ottomans: Context and Consequences*, p. 181.

16 Roger Crowley, *1453: The Holy War for Constantinople and the Clash of Islam and the West*, p. 67.

17 Crowley, *Constantinople*, p. 46.

18 Donald M. Nicol, *Byzantium and Venice: A Study in Diplomatic and Cultural Relations*, p. 390.

19 Steven Runciman, *The Fall of Constantinople 1453*, p. xiii; Edward Gibbon, *The Decline and Fall of the Roman Empire*, vol. III (1185–1453), pp. 748–53, 761, 784.

20 Franz Babinger, *Mehmed the Conqueror and His Time*, pp. 112, 410.

21 Kritovoulos, *History of Mehmed the Conqueror*, p. 13.

22 Donald M. Nicol, *The Immortal Emperor: The Life and Legend of Constantine Palaiologos, Last Emperor of the Romans*, p. 52.

23 Gibbon, p. 760.

24 Kritovoulos, p. 28.

25 Quoted in Crowley, *Constantinople*, pp. 90–91.

26 Marios Philippides and Walter K. Hanak, *The Siege and the Fall of Constantinople in 1453: Historiography, Topography and Military Studies*, p. 451; Kritovoulos, p. 45.

27 For a brief study of Tursun Beg, see Halil İnalcik, 'Tursun Beg, Historian of Mehmed the Conqueror's Time', *Wiener Zeitschrift für die Kunde des Morgenlandes*, vol. 69 (1977), pp. 55–71.

28 Stefan Zweig, *Shooting Stars: Ten Historical Miniatures*, p. 51.

29 Quoted in Crowley, *Constantinople*, p. 170.

30 Kritovoulos, p. 35.

31 Nestor-Iskander, *The Tale of Constantinople: Of its Origin and Capture by the Turks in the Year 1453*, p. 81.

32 For Mehmed's call to arms, see Kritovoulos, pp. 60–66.

33 Ibid., pp. 68–9.

34 Ibid., p. 71.

35 Ibid., pp. 72, 75, 73.

36 See Halil İnalcik, 'Istanbul: An Islamic City', *Journal of Islamic Studies*, 1 (1990), pp. 1–23.

37 Kritovoulos, pp. 79–80.

38 Author interview, Istanbul, 30 January 2017.

39 Alev Çinar, 'National History as a Contested Site: The Conquest of Istanbul and Islamist Negotiations of the Nation', *Comparative Studies in Society and History*, vol. 43, no. 2 (April 2001), p. 379.

40 Author interview, Istanbul, 30 January 2017.

41 Gibbon, p. 779.

42 Halil İnalcik, *The Ottoman Empire: 1300–1600*, pp. 29–30.

43 Author interview, Istanbul, 30 January 2017.

44 Jan Morris, *Among the Cities*, p. 13; Savvas Tsilenis, 'The minority of Orthodox Christians in the official statistics of modern Turkey and the urban space' (http://www. demography-lab.prd.uth.gr/DDAoG/article/cont/ergasies/tsilenis.htm); 'The Greek Minority and its foundations in Istanbul, Gokceada (Imvros) and Bozcaada (Tenedos)', Hellenic Republic Ministry of Foreign Affairs website, 25 February 2018 (https://www.mfa.gr/en/issues-of-greek-turkish-relations/relevant-documents/the-greek-minority-and-its-foundations-in-istanbul-gokceada-imvros-and-bozcaada-tenedos.html).

45 Orhan Pamuk, *Istanbul: Memories and the City*, p. 85. On *hüzün*, see pp. 81–96.

46 Çiğdem Kafescioğlu, *Constantinopolis/Istanbul: Cultural Encounter, Imperial Vision and the Construction of the Ottoman Capital*, pp. 178–98.

47 Çiğdem Kafescioğlu, 'Heavenly and Unblessed, Splendid and Artless: Mehmed II's Mosque Complex in the Eyes of its Contemporaries', in Çiğdem Kafescioğlu and Lucienne Thys-Ş enocak (eds.), *Aptullah Kuran için Yazılar/Essays in Honour of Aptullah Kuran*, p. 213.

48 Rabah Saoud, 'Muslim Architecture under Ottoman Patronage 1326–1924', *Foundation for Science, Technology and Civilisation*, July 2004, p. 3.

49 Kritovoulos, p. 140. For a survey of Mehmed's post-1453 construction in Istanbul, see Gülru Necipoğlu, *Architecture, Ceremonial and Power: The Topkapi Palace in the Fifteenth and Sixteenth Centuries*, pp. 3–13. See also Doğan Kuban, *Ottoman Architecture*, pp. 169–89 and Caroline Finkel, *Osman's Dream: The Story of the Ottoman Empire 1300–1923*, pp. 52–6. Seventeenth-century saying quoted in Philip Mansel, *Pillars of Monarchy*, p. 17.

50 İnalcik, *Ottoman Empire*, p. 29.

第十章

1 Ahmed Shah Massoud, 'A Message to the People of the United States of America' (1998) (http://www.afghan-web.com/documents/let-masood.html).

2 Nancy Hatch Dupree, *An Historical Guide to Afghanistan*, p. 88.

3 Ibn Battuta, *The Travels of Ibn Battuta: In the Near East, Asia and Africa, 1325–1354*, p. 98.

4 Babur, *The Baburnama*, p. 13.

5 Ibid., p. 92.

6 Quoted in Abraham Eraly, *Emperors of the Peacock Throne: The Saga of the Great Mughals*, p. 7.

7 Babur, pp. 198–9.

8 Stephen Frederic Dale, 'Steppe Humanism: The Autobiographical Writings of Zahir Al-Din Muhammad Babur, 1483–1530', *International Journal of Middle East Studies*, vol. 22, no. 1 (1990) pp. 37–8; E. M. Forster, 'The Emperor Babur', in *Abinger Harvest*, pp. 301–303; John Leyden and William Erskine, *Memoirs of Zehir-Ed-Din Muhammad Babur, Emperor of Hindustan*, p. 432.

9 Babur, p. 627.

10 Ibid., p. 386.

11 For his description of Kabul, see ibid., pp. 199–227.

12 E. Denison Ross, 'Babur', in *Cambridge History of India*, vol. 4: *The Mughul Period*, pp. 1–20.

13 W. M. Thackston, 'Babur Mirza, *Baburnama*', in *A Century of Princes: Sources on Timurid History and Art*, p. 247.

14 Ibid., p. 273. For Babur's visit to Herat, see pp. 270–75.

15 Quoted in C. P. W. Gammell, *The Pearl of Khorasan: A History of Herat*, p. 119.

16 Babur, p. 340.

17 Ibid., p. 474.

18 See Stephen Dale, *The Gardens of Eight Paradises: Babur and the Culture of Empire in Central Asia, Afghanistan and India (1483–1530)*, pp. 17–18.

19 Ibid., p. 686.

20 Babur, p. 584.

21 Ibid., p. 518. For his portrait of Hindustan, see pp. 480–521.

22 Ibid., p. 525.

23 For the full letter see ibid., pp. 645–8.

24 John Richards, *The Mughal Empire*, p. 1.

25 Fergus Nicoll, *Shah Jahan*, p. 207.

26 Babur, p. 477.

27 Thackston, p. 258; Denison Ross, p. 20.

28 *The Akbarnama of Abul Fazl*, vol. 1, p. 413, quoted in Gammell, p. 136.

29 Gammell, p. 137.

30 Bayazid Bayat, *Tadkhira Humayun wa Akbar*, p. 205 (tr. Bruce Wannell).

31 *Akbarnama*, vol. 2, pp. 85, 56.

32 C. W. Woodburn, *The Bala Hissar of Kabul: Revealing a Fortress-Palace in Afghanistan*, p. 3.

33 Ruby Lal, *Domesticity and Power in the Early Mughal World*, p. 140.

34 *Akbarnama*, vol. 3, pp. 434, 532.

35 F. Lehman, 'Akbar I', *Encyclopaedia Iranica* (http://www.iranicaonline.org/articles/akbar-i-mughal-india).

36 Ibid.

37 For his assessment of Akbar, see Pierre du Jarric, *Akbar and the Jesuits: An Account of the Jesuit Missions to the Court of Akbar*, pp. 203–208.

38 Author interviews, 15 March 2017 and 13 November 2018; Babur, p. 217. See also Robin Lane Fox, 'The Garden King of Kabul: Babur's legacy lives on in Afghanistan', *Financial Times*, 5 February 2016 (https://www.ft.com/content/5631b7ae-c4ed-11e5-808f-8231cd71622e); Lalage Snow, 'Kabul's hidden gardens offer Afghans haven from war', *Financial Times*, 13 September 2013 (https://www.ft.com/content/f1b9f768-1635-11e3-a57d-00144feabdc0).

第十一章

1 See Rudi Matthee, 'Was Safavid Iran an Empire?', *Journal of the Economic and Social History of the Orient*, vol. 53, nos. 1/2 (2010), pp. 233–65.

2 Sussan Babaie, *Isfahan and its Palaces: Statecraft, Shiism and the Architecture of Conviviality in Early Modern Iran*, pp. 73–4.

3 Ibn Battuta, *Travels in Asia and Africa 1325–1354*, p. 91.

4 Ahmed ibn Arabshah, *Tamerlane or Timur the Great Amir*, p. 45.

5 See Roger Savory and Ahmet Karamustafa, 'Esmail I Safawi', *Encyclopaedia Iranica* (http://www.iranicaonline.org/articles/esmail-i-safawi).

6 H. R. Roemer, 'The Safavid Period', in Peter Jackson and Laurence Lockhart (eds.), *The Cambridge History of Iran*, vol. 6, pp. 189–350; Roger Savory, 'Abbas I', *Encyclopaedia Iranica* (http://www.iranicaonline.org/articles/abbas-i).

7 Sebouh Aslanian, *From the Indian Ocean to the Mediterranean: The Global Trade Networks of Armenian Merchants from New Julfa*, p. 1; David Blow, *Shah Abbas: The Ruthless King Who Became an Iranian Legend*, p. 174.

8 Michael Axworthy, *Iran: Empire of the Mind: A History from Zoroaster to the Present Day*, p. 136.

9 For a comprehensive survey of Isfahan's Safavid architecture, see Sussan Babaie with Robert Haug, 'Isfahan X: Monuments (1): A Historical Survey', *Encyclopaedia Iranica* and following essays (http://www.iranicaonline.org/articles/isfahan-x1-a-historical-survey).

10 Eskandar Beg Monshi, *History of Shah Abbas the Great* (tr. Roger Savory), vol. 2, p. 977.

11 Robert Byron, *The Road to Oxiana*, p. 153.

12 Sussan Babaie, Kathryn Babayan, Ina Baghdiantz-McCabe and Massumeh Farhad, *Slaves of the Shah: New Elites of Safavid Iran*, p. 1.

13 Byron, p. 199.

14 Ibid., p. 196.

15 Monshi, vol. 2, pp. 1038–9.

16 Jean de Thévenot, *The Travels of Monsieur de Thévenot into the Levant*, vol. 2, p. 81.

17 Wilfrid Blunt, *Isfahan: Pearl of Asia*, pp. 91, 73.

18 Quoted in Blow, p. 199. For a potted biography of Mirza Beg Junabadi, see Stephen Blake, *Time in Early Modern Islam: Calendar, Ceremony and Chronology in the Safavid, Mughal and Ottoman Empires*, p. 116.

19 See Rudi Matthee, 'Safavid Iran through the Eyes of European Travellers', *Harvard Library Bulletin*, vol. 23, nos. 1–2 (Spring–Summer 2012), pp. 10–24.

20 Blow, p. 204.

21 Sir John Chardin, *Travels in Persia 1673–1677*, p. 146.

22 Jean-Baptiste Tavernier, *The Six Voyages of John Baptista Tavernier*, p. 153.

23 Blow, pp. 203–204.

24 De Thévenot, vol. 2, p. 79; John Fryer, *A New Account of East India and Persia Being Nine Years' Travels 1672–1681*, p. 260; Tavernier, pp. 149–50.

25 Rudi Matthee, 'Between Aloofness and Fascination: Safavid Views of the West', *Iranian Studies*, vol. 31, no. 2, *Historiography and Representation in Safavid and Afsharid Iran* (Spring 1998), pp. 227–8. For more on Father Paul Simon, see H. Chick (ed.), *A Chronicle of the Carmelites in Persia: The Safavids and the Papal Mission of the 17th and 18th Centuries*, pp. 155–163.

26 Quoted in Matthee, 'Between Aloofness and Fascination', p. 241.

27 Ibid., pp. 223–34.

28 Ibid., p. 226. For the story of this fraternal triumvirate, see also Sir Anthony Sherley, *The Three Brothers, or The Travels and Adventures of Sir Anthony, Sir Robert and Sir Thomas Sherley in Persia, Russia, Turkey, Spain etc.*

29 Matthee, 'Safavid Iran', p. 21.

30 Blow, p. 206; Clare Williamson, 'Safavid Persia through the Eyes of French Travellers', *La Trobe Journal*, no. 91 (June 2013), p. 19.

31 For the full obituary notice, see Monshi, pp. 1301–307.

32 Rudi Matthee, *The Pursuit of Pleasure: Drugs and Stimulants in Iranian History, 1500–1900*, p. 54.

33 Ibid., p. 56.

34 See Sussan Babaie, 'Shah Abbas II, the Conquest of Qandahar, the Chihil Sutun, and its Wall Paintings', *Muqarnas*, 11 (1994), pp. 125–42. See also Wolfram Kleiss, 'Safavid Palaces', *Ars Orientalis*, vol. 23 (1993); Gülru Necipoğlu, 'Framing the Gaze in Ottoman, Safavid, and Mughal Palaces', *Ars Orientalis*, vol. 23 (1993).

35 Babaie et al., *Slaves of the Shah*, p. 44.

36 Babaie with Haug.

37 Rudi Matthee, 'Soltan Hosayn', *Encyclopaedia Iranica* (http://www.iranicaonline.org/articles/soltan-hosayn).

38 Roy Mottahedeh, *The Mantle of the Prophet: Religion and Politics in Iran*, p. 204.

39 Matthee, 'Soltan Hosayn'.

40 Roemer, pp. 325–6; Michael Axworthy, *The Sword of Persia: Nader Shah, from Tribal Warrior to Conquering Tyrant*, p. 88.

第十二章

1 George Francis Lyon, *A Narrative of Travels in Northern Africa in the Years 1818–20*, p. 53.

2 Massimiliano Munzi, 'Italian Archaeology in Libya: From Colonial Romanità to Decolonization of the Past', in Michael L. Galaty and Charles Watkinson (eds.), *Archaeology Under Dictatorship*, p. 85.

3 On migrant-smuggling in Sabratha, see 'Libya's hub for migrant smuggling empties after controlling militia is ousted', *The Star*, 1 January 2018 (https://www.thestar.com/news/insight/2018/01/01/libyas-hub-for-migrant-smuggling-empties-after-controlling-militia-is-ousted.html). For a brief summary of Daesh's role in post-revolution Libya, see 'When the Islamic State came to Libya', *The Atlantic*, 10 February 2018 (https://www.theatlantic.com/international/archive/2018/02/isis-libya-hiftar-al-qaeda-syria/552419/).

4 On Louis XIV and Leptis, see Nancy Thomson de Grummond (ed.), *Encyclopedia of the History of Classical Archaeology*, p. 675. For the Crown Estate's use of the ruins, see 'The Leptis Magna Ruins', https://www.thecrownestate.co.uk/media/5311/leptis-magna-ruins.pdf.

5 Mary Berenson, *A Vicarious Trip to the Barbary Coast*, p. 23.

6 Aristotle, 'History of Animals', in *Complete Works of Aristotle*, vol. 1, p. 946.

7 John Wright, *A History of Libya*, p. 65.

8 Ibid., p. 68; Miss Tully, *Narrative of a Ten Years' Residence at TripolIIn Africa*, p. 2; Ali Bey, *Travels of Ali Bey in Morocco, Tripoli, Cyprus, Egypt, Arabia, Syria and Turkey between the Years 1803 and 1807*, p. 233; Hisham Matar, *The Return: Fathers, Sons and the Land in Between*, pp. 123–4.

9 Ludovico Micara, 'Ottoman Tripoli: A Mediterranean Medina', in Salma Jayyusi, Renata Holod, Attilio Petruccioli and André Raymond (eds.), *The City in the Islamic World*, vol. 2, p. 386; Simonetta Ciranna, 'Roman Persistence and Re-use of Ancient Remains', in *The Mediterranean Medina: International Seminar*, p. 297; Werner Diem and Marco Schöller, *The Living and the Dead in Islam: Studies in Arabic Epitaphs*, vol. 3, pp. 292–3.

10 Jayyusi et al. (eds.), p. 387.

11 For a modern survey of Barbary Coast piracy, see Robert C. Davis, *Christian Slaves, Muslim Masters: White Slavery in the Mediterranean, the Barbary Coast, and Italy, 1500–1800*; Fernand Braudel, *The Mediterranean and the Mediterranean World in the Age of Philip II*, vol. 2, p. 885; Barnaby Rogerson, *A Traveller's History of North Africa*, p. 229; Glen O'Hara, *Britain and the Sea Since 1600*, p. 48.

12 Hugh Bicheno, *Crescent and Cross: The Battle of Lepanto 1571*, p. 278.

13 Herodotus, *The Histories*, 6.112; H. G. Wells, *The Outline of History*, p. 332.

14 Henry Teonge, *The Diary of Henry Teonge: Chaplain on H.M.'s Ships Assistance, Bristol and Royal Oak 1675–1679*, p. 125.

15 For Baker and Ibn Ghalbun's comments, see C. R. Pennell, *Piracy and Diplomacy in Seventeenth-Century North Africa: The Journal of Thomas Baker, English Consul in Tripoli, 1677–1685*, p. 61; Wright, p. 78.

16 Seton Dearden, *A Nest of Corsairs: The Fighting Karamanlis of the Barbary Coast*, p. 35.

17 Ibid., p. 50.

18 Ibid., pp. 62–3, 58.

19 Ronald Bruce St John, *Libya: From Colony to Independence*, p. 34.

20 'People for sale', CNN, 14 November 2017 (https://edition.cnn.com/2017/11/14/africa/libya-migrant-auctions/index.html).

21 For an early nineteenth-century perspective on the Saharan trade, see Lyon, pp. 152–60.

22 Ettore Rossi, 'Tripoli', in *Encyclopedia of Islam*, p. 816.

23 René Basset, 'Karamanli', in *Encyclopedia of Islam*, pp. 746–7; Ali Bey, p. 235; Wright, p. 80.

24 For her eyewitness account of the plague in Tripoli, see Miss Tully, pp. 79–106.

25 Ibid., pp. 5–6.

26 Ibid., p. 6.

27 *The Speeches of Mr. Wilberforce, Lord Penrhyn, Mr. Burke, Sir W. Young, Alderman Newnham ... &c. &c. on a motion for the abolition of the slave trade, in the House of Commons, May the 12th, 1789. To which are added, Mr. Wilberforce's twelve propositions*, p. 8.

28 Justin Marozzi, *South from Barbary: Along the Slave Routes of the Libyan Sahara*, p. 23.

29 Miss Tully, p. 273.

30 Dearden, p. 129.

31 St John, p. 36.

32 Ibid., p. 40.

33 James Parton, *Life of Thomas Jefferson: Third President of the United States*, p. 299.

34 Joseph Wheelan, *Jefferson's War: America's First War on Terror 1801–1805*, p. 70.

35 For the American accounts of their captivity in Tripoli, see John Wright, *Travellers in Turkish Libya 1551–1911*, pp. 68–71.

36 Joshua London, *Victory in Tripoli: How America's War with the Barbary Pirates Established the U.S. Navy and Shaped a Nation*, p. 165.

37 Spencer C. Tucker (ed.), *The Encyclopedia of the Wars of the Early American Republic, 1783–1812: A Political, Social and Military History*, p. 433; Alexander Slidell Mackenzie, *Life of Stephen Decatur, a Commodore in the Navy of the United States*, p. 122.

38 John Wright, *Libya, Chad and the Central Sahara*, p. 62.

39 M. H. Cherif, 'Algeria, Tunisia and Libya: The Ottomans and their Heirs', in B. A. Ogot (ed.), *General History of Africa*, vol. 5: *Africa from the Sixteenth to the Eighteenth Century*, p. 260.

40 For the demise of the Karamanli dynasty see Wright, *A History of Libya*, p. 81.

41 Kola Folayan, *Tripoli during the Reign of Yusuf Pasha Qaramanli*, pp. 145–6.

第十三章

1 Herodotus, *The Histories*, 7.44.

2 Nina Jidejian, *Beirut through the Ages*, p. 54.

3 Philip Mansel, *Levant: Splendour and Catastrophe on the Mediterranean*, p. 92.

4 See William Persen, 'The Russian Occupations of Beirut, 1772–4', *Journal of The Royal Central Asian Society*, vol. 42, issue 3–4 (1955), pp. 275–86.

5 Quoted in Samir Kassir, *Beirut*, p. 109.

6 Stephen Olin, *Travels in Egypt, Arabia Petræa, and the Holy Land*, vol. 2, p. 457; Kassir, pp. 6, 11.

7 T. J. Gorton (ed.), *A Beirut Anthology: Travel Writing through the Centuries*, pp. 33–5; Kassir, p. 98.

8 Mansel, p. 93.

9 Samir Khalaf, *Heart of Beirut: Reclaiming the Bourj*, p. 53; Mansel, p. 93; Kassir, p. 106; Leila Tarazi Fawaz, *Merchants and Migrants in Nineteenth-Century Beirut*, p. 61.

10 For a survey of the Tanzimat reforms, see the 2011 paper by Ishtiaq Hussain, *The Tanzimat: Secular Reforms in the Ottoman Empire*, pp. 5–11 (http://faith-matters.org/images/stories/fm-publications/the-tanzimat-final-web.pdf).

11 Jens Hanssen, *Fin de Siècle Beirut: The Making of an Ottoman Provincial Capital*, p. 32.

12 Frederick Arthur Neale, *Eight Years in Syria, Palestine and Asia Minor: From 1842 to 1850*, pp. 208–9; Mansel, p. 98.

13 Mansel, p. 97; Hanssen, p. 122; Kassir, p. 180.

14 Eugene Rogan, *The Arabs: A History*, p. 92.

15 Leila Tarazi Fawaz, *An Occasion for War: Civil Conflict in Lebanon and Damascus in 1860*, p. 226.

16 Ibid., p. 60.

17 For a breakdown of the nineteenth-century population, see ibid., pp. 131–2.

18 Ibid., pp. 108, 115.

19 Edward Atiyah, *An Arab Tells His Story: A Study in Loyalties*, pp. 10, 132.

20 Ibid., p. 11.

21 'The place to see and be seen: Beirut's legendary museum rises from the ashes', *Guardian*, 7 October 2015 (https://www.theguardian.com/artanddesign/2015/oct/07/beirut-sursock-museum-reopening).

22 Fawaz, *Merchants and Migrants*, p. 91.

23 Ibid., pp. 93–4; Lorenzo Trombetta, 'The Private Archives of the Sursuqs, a Beirut Family of Christian Notables: An Early Investigation', *Rivista degli Studi Orientali*, Nuova Serie, vol. 82, fasc. 1/4 (2009), pp. 197–228.

24 Fawaz, *Merchants and Migrants*, p. 84.

25 Mansel, p. 93.

26 Kassir, pp. 154, 219; Mansel, p. 150.

27 Quoted in Hanssen, pp. 231, 107.

28 Kamal Salibi, *A House of Many Mansions: The History of Lebanon Reconsidered*, p. 179.

29 Fawwaz Traboulsi, *A History of Modern Lebanon*, p. 67. On Ibrahim al Yaziji and the poem, see Alex Rowell, 'Translation of Ibrahim al-Yaziji's "Awaken and arise, O Arabs" ' (http://thedisgraceofgod.blogspot.co.uk/2015/04/translation-of-ibrahim-al-yazijis.html). On Midhat Pasha's downfall, see Leila Hudson, *Transforming Damascus: Space and Modernity in an Islamic City*, pp. 28–9.

30 Kassir, p. 168.

31 For a brief portrait of Yaziji *père et fils*, see ibid., pp. 165–6.

32 Ibid., pp. 172–3; Mansel, p. 149; Gorton, p. 58.

33 For a recent review of *Leg over Leg*, see Robyn Creswell, 'The First Great Arabic Novel', *New Yorker*, 8 October 2015 (http://www.nybooks.com/articles/2015/10/08/first-great-arabic-novel/#fn-1). On Mohammed Arslan and the Syrian Scientific Society, see George Antonius, *The Arab Awakening: The Story of the Arab National Movement*, p. 53; Kassir, p. 167.

34 Hanssen, pp. 195–6; Mansel, p. 153.

35 Khalaf, p. 188. On Beirut's Red Light district and Marica Espiredone, see Khalaf, pp. 211–22; Emad Bazzi, 'Inside Beirut's Most Notorious Brothels during the "Mad Years" ' (http://raseef22.com/en/life/2017/03/22/inside-beiruts-notorious-brothels-mad-years/).

36 Hanssen, pp. 55, 219.

37 Ibid., p. 243; Khalaf, p. 64.

38 For the full letter, see Hanssen, pp. 243–4.

39 For an illustrated history of the Kaiser's visit, see Sawsan Agha Kassab and Khaled Omar Tadmori, *Beyrouth et le Sultan: 200 photographies des albums de Abdul Hamid II (1876–1909)*; for the official account of the visit, see *Das Deutsche Kaiserpaar im Heiligen Lande im Herbst 1898 (The German Imperial Couple in the Holy Land in Autumn 1898)*, p. 378.

40 Gorton, p. 1.

41 Nadia Tuéni, *Lebanon: Poems of Love and War*, p. xxviii.

42 For his views on Solidere, see Khalaf, pp. 137–48. See also Saree Makdisi, 'Beirut, a City without History?', in Ussama Makdisi and Paul Silverstein (eds.), *Memory and Violence in the Middle East and North Africa*, p. 212; Assem Salam, 'The Role of Government in Shaping the Built Environment', in Peter G. Rowe and Hashim Sarkis (eds.), *Projecting Beirut: Episodes in the Construction and Reconstruction of a Modern City*, p. 132; Craig Larkin, 'Remaking Beirut: Contesting Memory, Space, and the Urban Imaginary of Lebanese Youth', *City & Community*, vol. 9, issue 4 (December 2010) (https://www.researchgate.net/publication/229919784_Remaking_Beirut_Contesting_Memory_Space_and_the_Urban_Imaginary_of_Lebanese_Youth); Ghenwa Hayek, *Beirut, Imagining the City: Space and Place in Lebanese Literature*, p. 131; Tarek Saad Ragab, 'Who Won the Battle of Beirut Downtown? Revisiting the Crisis of Cultural Identity in Rehabilitating Post-War Beirut', in Roderick Lawrence, Hulya Turgut and Peter Kellett (eds.), *Requalifying the Built Environment: Challenges and Responses*, p. 129; Hadi Makarem, 'Downtown Beirut: Between Amnesia and Nostalgia' (http://blogs.lse.ac.uk/mec/2012/10/17/downtown-beirut-between-amnesia-and-nostalgia/); Saree Makdisi, 'Laying Claim to Beirut: Urban Narrative and Spatial Identity in the Age of Solidere', *Critical Inquiry*, vol. 23, no. 3, *Front Lines/Border Posts* (Spring 1997), p. 674; 'Is Beirut's glitzy downtown redevelopment all that it seems?', *Guardian*, 22 January 2015 (https://www.theguardian.com/cities/2015/jan/22/beirut-lebanon-glitzy-downtown-redevelopment-gucci-prada).

43 Tarek Osman, *Islamism: What it Means for the Middle East and the World*, p. 134.

第十四章

1 Robert A. Carter, *Sea of Pearls: Seven Thousand Years of the Industry that Shaped the Gulf*, p. 4.

2 Andrew George (tr.), *The Epic of Gilgamesh*, p. 98.

3 Gasparo Balbi, *Viaggio dell'Indie Orientali*, p. 49.

4 Quoted in Carter, p. 79.

5 'Trigonometrical Plan of the Back-water of Debai by Lieut. R. Cogan under the direction of Lt. J. M. Guy, H. C. Marine. 1822. Drawn by M. Houghton' (1/2), British Library Map Collections, IOR/X/3690 (https://www.qdl.qa/en/archive/81055/vdc_100024141117.0x000002).

6 For a summary of this argument, see James Onley, 'Britain and the Gulf Shaikhdoms, 1820–1971: The Politics of Protection', Occasional Paper No. 4, Center for International and Regional Studies, Georgetown University of Foreign Service in Qatar (2009), pp. 1–10 (https://repository.library.georgetown.edu/bitstream/handle/10822/558294/CIRSOccasionalPaper4JamesOnley2009.pdf).

7 Michael Quentin Morton, *Keepers of the Golden Shore: A History of the United Arab Emirates*, p. 70.

8 Ibid.; Jim Krane, *Dubai: The Story of the World's Fastest City*, pp. 33–4.

9 Christopher Davidson, *Dubai: The Vulnerability of Success*, p. 68.

10 Frauke Heard-Bey, *From Trucial States to United Arab Emirates: A Society in Transition*, p. 242.

11 Author interview, Dubai, 12 December 2014.

12 John Gordon Lorimer, *Gazetteer of the Persian Gulf, Oman and Central Arabia*, vol. 2: *Geographical and Statistical*, pp. 455–6.

13 'DubaI Inc.', *Forbes*, 3 March 2006 (https://www.forbes.com/2006/03/02/dubai-DPWorld-Emmar_cx_daa_0302dubai.html).

14 Bilal Khamis's story is told in his own words in Julia Wheeler and Paul Thuybaert, *Telling Tales: An Oral History of Dubai*, pp. 22–5. For Jumaa al Batishi's recollections, see 'The perils of the pearl divers', *The National*, 21 June 2009 (https://www.thenational.ae/uae/the-perils-of-the-pearl-divers-1.559014). On pearling vocabulary, see Eileen Khoury, 'Servants of the Pearl', *Aramco World*, vol. 41, no. 5 (September/October 1990) (http://archive.aramcoworld.com/issue/199005/servants.of.the.pearl.htm).

15 Graeme Wilson, *Rashid's Legacy: The Genesis of the Maktoum Family and the History of Dubai*, p. 56. On the Seddiqi family business, see the group's website (http://www.seddiqi.com/en/article/the-origins/the-story.html).

16 Anthony Mayo, Nitin Nohria, Umaimah Mendhro and Johnathan Cromwell, 'Sheikh Mohammed and the Making of "DubaIInc." ', Harvard Business School Case 410-063 (February 2010, revised August 2010), p. 2.

17 Morton, pp. 90–92.

18 Krane, pp. 28–9.

19 See Rosemarie Said Zahlan, *The Origins of the United Arab Emirates: A Political and Social History of the Trucial States*, p. 161; Morton, p. 115.

20 Wheeler and Thuybaert, p. 100; Krane, p. 42.

21 Wilfred Thesiger, *Arabian Sands*, p. 220.

22 Wheeler and Thuybaert, p. 66.

23 Wilson, p. 130; author interview, Dubai, 11 November 2014.

24 Sheikh Mohammed bin Rashid al Maktoum, *My Vision: Challenges in the Race for Excellence*, p. 86.

25 Graeme Wilson, *Rashid: Father of Dubai*, p. 126.

26 Wilson, *Rashid's Legacy*, p. 178.

27 Davidson, pp. 109–10.

28 Jacques Benoist-Mechin, *Turkey 1908–1938: The End of the Ottoman Empire*, p. 222.

29 James Barr, *Lords of the Desert: Britain's Struggle with America to Dominate the Middle East*, pp. 58, 150.

30 Ibid., p. 338.

31 Krane, pp.76–7.

32 Donald Hawley, *The Trucial States*, p. 200.

33 Quoted in Davidson, pp. 39–40.

34 Krane, p. 78.

35 'Story of cities #43: How Dubai's World Trade Centre sold the city to the world', *Guardian*, 16 May 2016 (https://www.theguardian.com/cities/2016/may/16/story-of-cities-43-dubai-world-trade-centre-turned-sand-gold-uae).

36 'DubaIIs stronger for steering clear of oil-based economy', *The National*, 10 May 2015 (https://www. thenational.ae/business/dubai-is-stronger-for-steering-clear-of-oil-based-economy-1.126843); 'Go inside the Middle East's ultramodern city of extravagance', *National Geographic*, 20 November 2018 (https://www.nationalgeographic.com/travel/destinations/asia/united-arab-emirates/dubai/pictures-globalization-tourism-middle-east/).

37 Author interview, Dubai, 8 March 2016.

38 Wilson, *Rashid's Legacy*, p. 502.

39 Author interview, Dubai, 11 March 2016; Krane, p. viii.

40 Pranay Gupte, *Dubai: The Making of a Megapolis*, p. 188.

41 'Al Habtoor City: The Dawn of a New City' (http://alhabtoorcity.com).

42 '8 "world's biggest" records held by Dubai', *ShortList*, 19 September 2016 (http://www.short listdubai.com/around-town/article/10048-8-worlds-biggest-records-held-by-dubai).

43 Syed Ali, *Dubai: Gilded Cage*, p. 1.

44 See 'The Slaves of Dubai', a film by the BBC reporter Ben Anderson, 8 August 2012 (https://www.youtube.com/watch?v=gMh-vlQwrmU).

45 Davidson, p. 277.

46 Justin Thomas, *Psychological Wellbeing in the Gulf States: The New Arabia Felix*, p. 4; 'Why Dubai bashing is not clever', *Arabian Business*, 13 May 2010 (https://www.arabianbusiness.com/photos/why-dubai-bashing-is-not-clever-269236.html?page=0&img=0). See also 'Sultan Al Qassemi's response to the latest Dubai-bashing article is perfect', *What's On*, 27 April 2017 (http://whatson.ae/dubai/2017/04/sultan-al-

qassemis-response-latest-dubai-bashing-article-perfect/).

47 Mayo, Nohria, Mendhro and Cromwell, p. 16; author interview, Dubai, 10 March 2016; author interview, Dubai, 11 November 2014; author interview, Dubai, 11 March 2016; author interview, Dubai, 9 March 2016.

48 Author interview, Dubai, 9 March 2016; Krane, p. 191.

49 Author interview, Dubai, 14 November 2014.

第十五章

1 'Faisal Bin Qassim Al Thani', *Forbes*, 30 January 2018 (https://www.forbes.com/profile/faisal-bin-qassim-al-thani/).

2 Author interview, Doha, 28 April 2015.

3 Author interview, Doha, 25 April 2015. Names have been changed where indicated.

4 'Qatar Facts and Figures', OPEC website (http://www.opec.org/opec_web/en/about_us/168.htm), consulted 12 February 2018; according to the World Bank, GDP per capita in Qatar was $127,728 in 2016. The figures for the US and UK were $57,638 and $43,081 respectively (http://databank. worldbank.org/data/reports.aspx?source=2&series=NY.GDP.PCAP.PP.CD&country=).

5 Author interview, Doha, 29 April 2015; Eileen Khoury, 'Servants of the Pearl', *Aramco World*, vol. 41, no. 5 (September/October 1990), (http://archive.aramcoworld.com/issue/199005/servants.of.the.pearl.htm); 'From pearls to skyscrapers–Qatar's Alfardan sticks to family model', Reuters, 8 November 2015 (https://uk.reuters.com/article/us-qatar-alfardan-family/from-pearls-to-skyscrapers-qatars-alfardan-sticks-to-family-model-idUKKCN0SX0RO20151108).

6 'The World Richest Arab 2013', *Forbes* (https://www.forbesmiddleeast.com/en/list/the-world-richest-arab-2013/item/47/).

7 'Fabergé revives the tradition', Fabergé website, 25 February 2015 (https://www.faberge.com/news/an-objet-d-art-masterpiece-the-faberge-pearl-egg-191); 'Fabergé Unveils New "Imperial Egg" at Baselworld 2015 and Names its Buyer', *Forbes*, 23 March 2015 (https://www.forbes.com/sites/anthonydemarco/2015/03/23/faberge-unveils-new-imperial-egg-at-baselworld-2015-and-names-its-buyer/#f0d83b367b77).

8 William Gifford Palgrave, *Narrative of a Year's Journey Through Central and Eastern Arabia 1862–63*, vol. 2, p. 387.

9 'Vanity Mirror: Jean Nouvel's Message in a Bottle', *Vanity Fair*, April 2008 (https://www.vanityfair.com/news/2008/04/beauty-ysl-nouv).

10 Author interview, Doha, 8 January 2015. His name has been changed.

11 'Bridge in the Gulf', *Financial Times*, 11 February 2011 (https://www.ft.com/content/dd454d60-3563-11e0-aa6c-00144feabdc0); author interviews, Doha, 7–8 January 2015.

12 Author interview, Doha, 27 April 2015.

13 On the threats to historic Doha neighbourhoods, see Ashraf M. Salama, Simona Azzali and Florian Wiedmann, 'The everyday urban environment of migrant labourers in Gulf Cities: The case of the old centre of Doha, Qatar', in *City, Territory and Architecture*, vol. 4, 5 (February 2017) (https://cityterritoryarchitecture.springeropen.com/articles/10.1186/s40410-017-0061-5).

14 Sultan Mohammed al Qasimi (ed.), *The Journals of David Seton in the Gulf 1800–1809*. For a useful timeline of Doha, see 'A History of Doha and Bidda: Historical References to Doha and Bidda before 1850', Origins of Doha and Qatar Project, led by Dr Robert Carter of UCL Qatar (https://originsofdoha.files.wordpress.com/2015/03/a-history-of-doha-and-bidda1.pdf).

15 Habibur Rahman, *The Emergence of Qatar: The Turbulent Years 1627–1916*, p. 31. The 1823 'Trigonometrical plan of the harbour of El Biddah on the Arabian side of the Persian Gulf' is available at Qatar Digital Library (https://www.qdl.qa/en/archive/81055/vdc_100000010848.0x000001).

16 Rosemarie Said Zahlan, *The Creation of Qatar*, p. 34.

17 *The Persian Gulf Pilot*, archive editions.

18 Palgrave, pp. 386–7.

19 For more on this attack, see Rahman, pp. 75–6.

20 Ibid., p. 260.

21 Zahlan, p. 11; Mohammed al Thani, *Jassim the Leader*, p. xi.

22 Khaled Adam, 'Rediscovering the Island: Doha's Urbanity from Pearls to Spectacle', in Yasser Elsheshtawy (ed.), *The Evolving Arab City: Tradition, Modernity and Urban Development*, pp. 219–20; Zahlan, p. 11.

23 James Barr, *Lords of the Desert: Britain's Struggle with America to Dominate the Middle East*, p. xi.

24 In 1963 Petroleum Development (Qatar) Ltd became Qatar Petroleum Company, today's Qatar Petroleum. The 1935 Qatar Oil Concession can be seen at https://www.qdl.qa/en/archive/81055/vdc_100023599463.0x000002.

25 For the telegram of 11 October 1939, see Dr Mark Hobbs, 'Qatari History: Pivotal Moments Revealed in India Office Records', Qatar Digital Library (https://www.qdl.qa/en/qatari-history-pivotal-moments-revealed-india-office-records). The letter of 14 January 1940 can be seen at Qatar Digital Library (https://www.qdl.qa/en/archive/81055/vdc_100024164774.0x000065).

26 *A History of Doha and Bidda*, p. 19.

27 Justin Marozzi, 'Welcome to the falcon hospital of Doha', BBC , 26 May 2015 (http://www.bbc.co.uk/news/magazine-32842338).

28 For the story of Suq Waqif's restoration, see Hassan Radoine, *Souk Wakif On-site Review Report*, edited by Aga Khan Award for Architecture, 2010 (https://archnet.org/system/publications/contents/8722/original/DTP101221.pdf?1396271815). See also Djamel Boussaa, 'Rehabilitation as a Catalyst of Sustaining a Living Heritage: The Case of Souk Waqif in Doha, Qatar', *Art and Design Review*, vol. 2, no. 3 (2014) (http://file.scirp.org/Html/4-1250021_49452.htm).

29 Author interview, Doha, 29 April 2015.

30 For the growing size of the city, see Florian Wiedmann, Ashraf M. Salama and Alain Thierstein, 'Urban evolution of the city of Doha: An investigation into the impact of economic transformations on urban structures', *METU Journal of the Faculty of Architecture*, vol. 29, no. 2 (December 2012), p. 41 (https://pureportal.strath.ac.uk/files-asset/38618741/Urban_evolution_of_the_city_of_Doha_Wiedmann_Salama_Thierstein_35_61_8_.pdf). On the 1970 census, see Kristian Coates Ulrichsen, *Qatar and the Arab Spring*, p. 24.

31 Sharon Nagy, 'Dressing up Downtown: Urban development and government public image in Qatar', *City & Society*, vol. 12, issue 1 (June 2000), p. 134.

32 See World Bank data for Qatar at https://data.worldbank.org/country/Qatar; on Qatar's demographics, see 'Population of Qatar by Nationality – 2017 report', Priya DSouza Communications, 7 February 2017 (http://priyadsouza.com/population-of-qatar-by-nationality-in-2017/).

33 For a discussion of Qatar's foreign policy, see Faisal Mukhyat Abu Sulaib, 'Understanding Qatar's Foreign Policy, 1995–2017', *Middle East Policy*, vol. XXIV, no. 4 (Winter 2017); Marc Pierini, 'Qatar's Foreign Policy Under the New Emir', Carnegie Europe, 28 June 2013 (https://carnegieeurope.eu/strategiceurope/52236).

34 On the Qatar Investment Authority, see, for example, 'Qatar's investment arm streamlines its strategy', Oxford Business Group report 2016 (https://oxfordbusinessgroup.com/analysis/new-approach-country%E2%80%99s-investment-arm-streamlining-its-strategy). On Sheikh Hamad's restoration of Dudley House, see 'Sheikh Shack', *Vanity Fair*, February 2015 (https://www.vanityfair.com/style/2015/01/dudley-house-london).

35 Wiedmann, Salama and Thierstein, p. 44.

36 See Ali A. Alraouf, ' "Dohaization": An Emerging Interface between Knowledge, Creativity, and Gulf Urbanity', in George Katodrytis and Sharmeen Syed (eds.), *Gulf Cities as Interfaces*, pp. 47–68.

37 Justin Marozzi, 'Get the Message from the Gulf: The US and Baghdad both Criticise Al Jazeera, the Arabic Language Satellite Station. Perhaps

It Is Doing Something Right', *Financial Times*, 14 September 2002.

38 See, for instance, Kristian Coates Ulrichsen, 'Qatar and the Arab Spring: Policy Drivers and Regional Implications', Carnegie Endowment for International Peace, 24 September 2014 (http://carnegieendowment.org/2014/09/24/qatar-and-arab-spring-policy-drivers-and-regional-implications-pub-56723); Tom Keatinge, 'Why Qatar is the focus of terrorism claims', Centre for Financial Crime and Security Studies, BBC , 13 June 2017 (http://www.bbc.co.uk/news/world-middle-east-40246734); 'How Qatar is funding the rise of Islamist extremists', *Daily Telegraph*, 20 September 2014 (http://www.telegraph.co.uk/news/worldnews/middleeast/qatar/11110931/How-Qatar-is-funding-the-rise-of-Islamist-extremists.html); 'Qatar Opens Its Doors to All, to the Dismay of Some', *New York Times*, 16 July 2014 (https://www.nytimes.com/2017/07/16/world/middleeast/doha-qatar-blockade.html).

39 'Saudi Arabia may dig canal to turn Qatar into an island', *Guardian*, 1 September 2018 (https://www.theguardian.com/world/2018/sep/01/saudi-arabia-may-dig-canal-to-turn-qatar-into-an-island).

40 Author interview, Doha, 28 April 2015.

41 On sustainability in Doha, see Andrew M. Gardner, 'How the City Grows: Urban Growth and Challenges to Sustainable Development in Doha, Qatar', in Paul Sillitoe (ed.), *Sustainable Development: An Appraisal from the Gulf Region*, pp. 343–66.

42 Herodotus, *Histories*, 1.4.

43 'Arab Spring', Wikipedia (https://en.wikipedia.org/wiki/Arab_Spring).

44 See, for example, Brendan Simms, Michael Axworthy and Patrick Milton, 'Ending the New Thirty Years' War', *New Statesman*, 26 January 2016 (https://www.newstatesman.com/politics/uk/2016/01/ending-new-thirty-years-war). For a counter view, see Lorenzo Kamel, 'There is no Thirty Years' War in the Middle East', *The National Interest*, 29 August 2016 (https://nationalinterest.org/feature/there-no-thirty-years-war-the-middle-east-17513). See also Peter H. Wilson, *The Thirty Years War: Europe's Tragedy*, p. 4.

45 See, for example, Christopher de Bellaigue, *The Islamic Enlightenment: The Modern Struggle Between Faith and Reason*.

46 Italo Calvino, *Invisible Cities*, p. 7; Gardner, 'How the City Grows', in Sillitoe (ed.), *Sustainable Development*.

譯名對照表

為方便讀者查閱本書譯名對應，特製譯名對照表，掃描 QR 碼即可下載參考。

參考書目

本書參考書目請掃描左方 QR 碼下載。

歷史大講堂

走讀伊斯蘭：從聖城麥加到富都朵哈，定義伊斯蘭千年文明的15座城市

2025年6月初版　　定價：新臺幣750元

有著作權・翻印必究

Printed in Taiwan.

著者	Justin Marozzi
譯者	苑默文
審訂	林長寬
叢書主編	王盈婷
副總編輯	蕭遠芬
校對	蘇淑君
內文排版	林婕瀅
封面設計	許晉維

出版者	聯經出版事業股份有限公司
地址	新北市汐止區大同路一段369號1樓
叢書主編電話	(02)86925588轉5316
台北聯經書房	台北市新生南路三段94號
電話	(02)23620308
郵政劃撥帳戶第0100559-3號	
郵撥電話	(02)23620308
印刷者	文聯彩色製版印刷有限公司
總經銷	聯合發行股份有限公司
發行所	新北市新店區寶橋路235巷6弄6號2樓
電話	(02)29178022

編務總監	陳逸華
副總經理	王聰威
總經理	陳芝宇
社長	羅國俊
發行人	林載爵

行政院新聞局出版事業登記證局版臺業字第0130號

本書如有缺頁，破損，倒裝請寄回台北聯經書房更換。　ISBN 978-957-08-5739-9 (平裝)

聯經網址：www.linkingbooks.com.tw

電子信箱：linking@udngroup.com

國家圖書館出版品預行編目資料

走讀伊斯蘭：從聖城麥加到富都朵哈，定義伊斯蘭千年文明的15座城市/ Justin Marozzi著．苑默文譯．林長寬審訂．初版．新北市．聯經．2025年6月．576面．17×23公分（歷史大講堂）
譯自：Islamic empires: fifteen cities that define a civilization
ISBN 978-957-08-5739-9（平裝）

1.CST：伊斯蘭教 2. CST：都市 2. CST：中東史

735 110002996